관료제론

-이론, 역사, 실제-

유광호 · 박기관 지음

도서출판 대영문화사

머 리 말

문명비평가인 루이스 멈포드(Lewis Mumford)는 국왕을 정점으로 한 지배 체제를 최초의 거대한 인간의 기계로 파악했다. 그는 이것을 떠받치는 두 가지 기둥으로서 성직자와 관료제를 제시했다. 전자는 자연과 초자연에 대한 신뢰할 수 있는 지식을 제공했고, 후자는 명령을 내리고 이를 수행하는 정교한 구조였다. 이런 점에서 가장 오래된 직업으로서 주술사(呪術師)와 행정가가 꼽히는 것은 자연스러운 일일 것이다.

과거에 비할 바 없이 거대화된 관료제가 우리의 삶의 구석구석에 촉수를 뻗치고 있는 현상에 주목해, 우리의 시대를 '관료제의 시대'로 규정하기도 한다. 그것은 공적인 영역뿐만 아니라, 사적인 영역에서도 진행되는 생의 관료제화와도 연관된 것이다. 우리는 관료제에 대해 우려하고 개탄하면서, 동시에 관료제를 필요로 하고 거기에 의지하기도 한다. 관료제는 이처럼 양면성을 갖는다. 관료제에 대한 찬가도 나오고, 거기에 조종(弔鐘)을 울리는 이도 있으나, 당분간 어느 누구도 거기서 벗어나지 못할 것이다. 최초의 거대한 인간 기계는 그 형태를 바꾸어서 여전히 움직이는 것이다.

이 책은 관료제, 특히 정부관료제에 대한 '입문서'로서 구상된 것이다. 대체로 기존의 논의를 중심으로 여러 관점들을 소개하는 데 주력했으므로, 독자들은 이를 통해서 관료제의 다양한 면모를 접하게 될 것이다. 이러한 다양성이야말로 관료제가 갖고 있는 독특한 성격의 하나인 것이다. 입문서로서의 체제를 염두에 두고, 논리의 일관성을 위해서 애썼으나, 성과는 미지수이다. 간결성을 취하지 못한 것은 관료제의 맥락이 그만큼 복잡하고, 이해에 어려움이 따르기 때문이다. 이 책이 관로제에 대한 좀더 깊은 이해의 디딤돌이 된다면, 저자의 의도는 어느 정도 충족된 셈이다. 미진한 부분은 앞으로 더욱 다듬을 작정이다.

그동안 옆에서 지켜 보아 주신 양시호, 윤우곤 두 분 선생님께 고마움을 표하고 싶다. 관료제에 대해 관심을 갖게 된 것도 두 분의 가르침에 힘입은 바 큰 것이다. 더불어서 어려운 사정임에도 출판을 위해 힘써 주신 임춘환 사장님과 편집부 여러분의 노고에 감사드리며, 특히 색인 작업을 도와 준 대학원의 이병헌 군에게 고마움을 전한다. 고단한 삶을 함께 해온 아내와 딸에게 조그만 기쁨이었으면 싶다.

1995년 5월
유광호

「증보판」에 붙여

이 증보판은 공동 저자로 참여한 박기관에 의해 전적으로 이루어졌다. 차제에 책이름을 「관료제론」으로 바꾸고 일부 문장과 표현을 다듬었으며, '반관료제 이론과 비판적 대안', '관료제의 접근 방법과 이론 부문'을 새롭게 추가했다. 또한 '각국 관료제' 및 '한국 관료제' 부문도 최근 자료로 보완했으며, 핵심 용어와 관련 학자 등을 부록으로 처리하여 관료제를 이해하는 데 도움이 되도록 했다. 이 부분은 기존 행정학 및 인명사전이나 현대 사회학 등에서 핵심 용어로 정리된 것을 일부 발췌하여 정리했음을 밝힌다. 여전히 미흡한 점이 남아 있어, 앞으로도 계속 수정 및 보완 작업을 할 것이다. 이번 출간에도 많은 도움을 주신 대영문화사 관계자 여러분들께 깊은 감사를 드린다.

2007년 8월
유광호 · 박기관

차 례

PART_II 관료제의 역사

PART_Ⅲ 관료제의 실제

서 언 관료제의 시대

인간을 상징의 동물로 정의한 이는 카시러(Ernst Cassirer)였다. 그는 인간의 언어 형식, 예술적 심상, 신화, 종교 의식 등 의미의 세계와 관련된 문화의 여러 국면을 인간의 점차적인 자기 해방의 과정의 산물로 보는 것이다. 인간의 이러한 자기 인식이 철학의 주요한 탐구 대상임은 주지의 사실이나 이는 철학의 영역에만 국한되지 않는다. 인간과 세계의 이해를 위해 우리는 끊임없이 시대의 성격을 규정하고 사회 현상을 기술한다. 나아가서 정치가 있어야 하는 방식을 논의하고, 역동적인 사회 변동에 관한 이론을 수립하려고 시도한다. 그리고 이러한 작업의 구체적 성과는 대부분 언어라는 매개물을 통해 획득된다.

그러나 우리가 사용하는 언어는 사물의 본질을 기술하는 데 완벽하지 않고 오히려 모호함과 불투명성을 그 특징으로 한다. 언어 자체가 비유적이고, 세계를 보는 일정한 태도를 반영하기 때문이다. 가령 네덜란드의 역사가인 호이징가(John Huizinga)는 중세의 조락기인 14, 5세기를 '중세의 가을'로 지칭한 바 있다. 그러나 그는 몰락해 가는 것에 등을 돌리고 새롭게 태어나고 있는 것에 눈을 뜨는 시대의 전환기에서 오히려 신생의 동인(動因)을 발견한다. 이런 점에서 언어 형식으로 표현되는 세계와 인간에 대한 이해는 객관적 현실에 대한 주관적 이해의 반영이라고 할 수 있다. 따라서 한 시대를 특징적으로 묘사하거나 성격을 드러내는 특정의 용어가 가치 함축적인 경우는 적지 않다. 한 정치학자는 현대 정부의 기능 증가에 주목하면서 우리 시대를 행정국가로 부른다. 이 때 행정국가란 입법・사법기구가 없는 국가로서가 아니고, 적어도 양적인 측면에서 행정조직과 작용이 우월한 국가를 뜻한다.[1] 일견 가치 중립적인듯이 보이는 이 용어도 실은 거대정부, 새로운 리바이어던(leviathan)의 출현으로 시사되듯이 가치 함축적이다. 이는 행정국가의 본질이, 국민이 권력에 예속된 상태에서 삶을 영위할 뿐만 아니라 제도적인 복합조직에 의해 서비스를 제공받고 또한 규제되는 체제 하에 놓여 있음을 뜻하기 때문이다.[2]

우리는 정부의 활동이 우리 생활의 모든 영역과 국면에 걸쳐 연계되어 수행됨을 알고 있다. 예컨대 정부는 개인의 여가활동, 레크리에이션, 교육 및 보건서비스, 쾌적한 주거공간의 확보와 같은 영역에 관여한다. 나아가서 개인의 내면적 사고의 영역에까지 침투해 일상생활을 제어하기도 한다. 이때 정부의 활동은 고도의 합리성과 능률성을 특징으로 하는 대규모 조직인 관료제에 의해 수행된다. 이런 관점에서 관료제에 대한 올바른 이해는 행정국가의 본질에 대한 적절한 이해의 발판을 마련하면서 궁극적으로는 가치판단에 관한 문제에까지 이르게 한다.

그러면 관료제란 무엇인가? 관료제에 관한 이론의 계보는 어떻게 형성되어 전개되었는가? 관료제가 행정이론과 관련되는 방식은 어떠하며, 관료제는 역사적으로 어떻게 전개되어 왔는가? 선·후진국을 포함한 각국의 관료제의 실상은 어떠하며, 관료제가 제기하는 문제점은 무엇인가? 이 책에서 시도하는 것은 위에 제시된 질문에 대한 하나의 응답이다. 우리는 관료제 개념의 다의성과 불투명성으로 인해, 또한 논의 대상의 포괄성과 광역성으로 인해 체계적인 응답이 어려운 과업임을 인정한다. 그러나 관료제에 대한 이해 없이 행정국가의 본질과 현대 행정의 성격에 대한 이해가 거의 불가능하다는 점에서, 나아가서 현대의 조직사회에서 전개되는 인간의 삶의 방식을 포착하기 어렵다는 관점에서 항해에 나설 것이다.

주지하다시피 많은 논자들이 관료제의 문제를 우리 시대의 중심 과제로 인식하면서 관료제의 압도적인 영향에 관해서 관심과 우려를 표명한 바 있

---

1) F. M. Marx, *The Administrative State*(Chicago: The University of Chicago Press, 1957), p. 2.

2) Emmett S. Redford, *Democracy in the Administrative State*(New York: Oxford University Press, 1969), pp. 38-39.

다. 가령 세계의 관료제화에 주목하는 한 학자는 우리 시대의 중심 과제를 관료제로 파악하면서 합리적 행정의 비합리적 권력 행사로의 전환, 강제력의 행사에 대한 통제력의 결여, 국가의 존속 그 자체를 위협할 정도로 권력이 증대된 것이 이 시대의 성격이라고 규정짓는다.[3] 또 다른 학자는 좀더 포괄적인 관점에서 관료제를 인식하고, 그것이 지금까지 세 가지 측면에서 비판을 받아왔다고 주장한다.[4] 하나는 관료제가 무력하다는 견해인데 여기서는 관료제가 비능률적이고, 무디고, 낡아빠진 사회적 장치로 파악된다. 관료제에 대한 두 번째 비판은 실존주의 철학자로부터 뉴레프트(new left: 新左翼)에 이르기까지 주로 인간 정신의 측면에서 관료제의 타락, 즉 인간 정신의 파괴 및 도덕적 타락에 초점을 맞추는 관점이다. 끝으로 관료제를 정치적 억압의 장치로 보는 견해가 있는데, 이는 관료제의 권력이 시민적 자유를 제한하는 것으로 본다. 여기서 제기된 세 가지 측면에서의 비판은 관료제가 각각 유능하고, 인간주의적이고, 정치적 책임을 지는 것과 대응되어 있다.

관료제에 대한 이러한 우려와 비판적 성찰은 관료제가 단순히 정치행정적 국면에만 연관된 것이 아니고 인간의 근원적인 실존에 관한 영역에까지 연계되어 있음을 시사한다. 우리가 논쟁적인 개념인 관료제로 이 시대의 성격을 규정짓고자 하는 것도 바로 이 때문이다. 앞으로 상세히 논의되지만, 관료제의 시대란 공적 부문뿐만 아니라 사적 부문에서도 진행되고 있는 세계의 합리화 혹은 관료제화와 연계되어 있다. 사실상 관료제에 관한 대부분의 논의는 '마법으로부터의 해방'이라고 하는 세계의 합리화 혹은 관료제화라는 맥락에서 관료제의 이론을 전개한 독일의 사회학자 베버(Max Weber)에게 빚지고 있는 것이다. 인간의 미래가 에덴의 동산이 아니고 쇠우리가 될 것으로 생각한 베버의 통찰이 여전히 유효한 이 시점에서 관료제의 시대가 함축하는 의미망을 이론적·실천적 측면에서 분석하고 설명하는 작업은 유용한 과업일 것이다.

---

3) Henry Jacoby, *The Bureaucratization of the World*(Berkeley, California: University of California Press, 1973), p. 2.

4) Lewis C. Mainzer, *Political Bureaucracy*(Glenview, Ill.: Scott, Foresman & Co., 1973), pp. 1-3.

우리는 이제까지 논의된 관료제에 관한 이론과 경험적 자료들을 선택적으로 활용하면서 관료제의 이론, 관료제의 역사적 전개, 현대 관료제의 실제를 검토할 것이다. 여기서의 주된 관심사는 공적 부문인 '정부관료제'에 기울여질 것이다. 이 책의 편제는 다음과 같다.

제1편은 관료제의 이론을 다룬 부분이다. 여기서는 관료제에 관한 기존의 시각을 정리하고, 관료제 이론이 어떻게 전개되었는가를 베버를 기준 시점으로 그 이전과 이후로 구분해 검토하게 된다. 그리고 관료제가 현대의 행정이론 속에 어떻게 투영되었는지를 분석하게 된다. 이를 통해서 우리는 관료제의 또 다른 모습을 접하게 될 것이다.

제2편에서는 관료제의 역사적 전개 과정을 개괄적으로 검토한다. 이를 위해서 행정과 관료제가 역사와 연관되는 맥락을 검토하고, 관료제에 관한 역사적 관점들을 분석할 것이다. 여기서는 이 분야의 뛰어난 업적들을 중심으로 논의가 전개된다. 그리고 이를 토대로 서구를 중심으로 전개된 관료제의 역사가 개관된다.

제3편에서는 한국을 포함한 선·후진국의 관료제의 실제를 비교·분석하고 관료제가 제기하는 여러 쟁점들을 선택적으로 논의하게 된다. 아울러 산업사회에서의 생(生)의 관료제화 문제를 검토한다. 여기서는 기존의 경험적 자료들이 널리 활용될 것이다. 더불어 관료제가 있어야 하는 방식에 관한 논의가 규범적 차원에서 다루어진다. 삶의 기회의 증대와 상호성이 관료제를 평가하는 잣대가 되어야 한다는 하나의 제안으로서 끝을 맺는다.

제 1 편

관료제의 시각과 이론

영국의 한 행정사가는 인류의 가장 오래된 직업의 하나를 관료의 출현으로 파악한다.[1] 물론 이와 다른 견해도 제시된 바 있다. 예컨대 하우저(Arnold Hauser)는 화가 겸 마술사를 인류 최초의 전문화된 직업으로 간주한다.[2] 이들은 식량 조달의 책임을 부분적으로 면제받고 어느 정도 특권적 지위를 향유하며 생애의 상당한 부분을 예술의 습득과 실천에 소비하면서 하나의 독립된 직업을 형성했다는 것이다. 그러나 당시에 정치와 종교가 미분화 상태에 있었음을 상기한다면 이들의 견해가 근본적으로 상충되는 것은 아닌 듯하다.

관료들은 생산활동에 종사하는 하위 계층보다 상위인 사회의 중간층을 형성하면서 통치자의 방침 및 지시에 따라 활동했는데,[3] 이는 여러 문명권에서 발견되는 보편적 현상이었다. 비교적 단순했던 고대사회의 경우, 통치자와 관료 간의 기능상의 엄격한 구분은 어렵지만, 정치적 수장(首長, political executive)의 과중한 업무는 관료들을 필요로 했고, 고대 바빌론 및 이집트에서 보듯이 '의자의 혁명(chair revolution)'으로 불리는 관료에 의한 통치 방식은 사회의 복잡성의 증가와 더불어 불가피한 현상으로 나타난다. 따라서 관료들에 의한 행정은 공동체적 삶의 존속 및 발전을 위해 필요불가결한 요소였다고 규정될 수 있을 것이다. 우리는 여기서 통치활동의 한 부분으로서, 또는 그 하위 형식으로 전개된 행정의 핵심적 요소를 '정부관료제'에서 찾고, 관료제 개념의 형성 및 이론의 전개, 그리고 현대 행정이론과의 연계 속에서 그 의미망을 조망하고자 한다. 이러한 개념 전략은 관료제에 관한 기존의 풍부한 문헌과 논의들을 여기서 자의적으로 배제한다는 의미는 아니다. 다만 우리의 관심이 공적 부문에 집중되어 있고 공공행정의 존재 양식이 '정부관료제'의 존재 양식과 조응한다는 관점에서 이 방식을 취하는 것이다. 따라서 위의 개념적 전략에 구애받지 않고, 여기서는 이 부분의 선구적 업적들이 광범위하게 검토될 것이다.

1) E. N. Gladden, *A History of Public Administration*, Vol. 1(London: Frank Cass, 1972), p. 6.
2) A. Hauser, *The Social History of Art*, Vol. 1., 백낙청(역), 『문학과 예술의 사회사』(서울: 창작과비평사, 1976), pp. 27–28.
3) E. N, Gladden, *op. cit.*, pp. 1–2.

제 1 장 관료제에 관한 시각

우선 여기서 관료제란 용어의 기원에서부터 관료제를 바라보는 여러 시각들을 검토하고자 한다. 관료제에 관한 다양한 시각이 존재한다는 것은 그것이 매우 논쟁적인 개념임을 시사하는 것이다. 기존의 논의 중에서 우리에게 시사적인 몇 가지 관점들의 이해를 통해 관료제의 다면적인 모습을 보게 될 것이다.

제 1 절 용어의 기원

관료제(bureaucracy)라는 용어의 기원이 반드시 명백한 것은 아닌 것 같다. 마르크스(F. M. Marx)에 의하면, 이 용어의 전반부는 라틴어 burrus에서 유래되는 바, 그 의미는 어둡고 음산한 색－엄숙성을 드러내고 또한 평판이 나쁜 행위를 은폐하기에 적합한－을 뜻한다.[1] 고대 프랑스어의 경우와 관련된 용어인 la bore는 특히 정부 당국자가 연설하는 탁상 위에 사용하는 일종의 천(布)을 의미했다. 그러나 후에 천으로 덮인 탁상이 bureau라

1) F. M. Mark, *The Administrative State*(Chicago: The University of Chicago Press, 1957), pp. 17-18.

는 이름을 얻고, 다시 이 용어는 사무실 자체를 가리키는 의미로 전환되었다. bureau와 지배를 뜻하는 접미사가 결합된 bureaucratie라는 프랑스어 형태로 최초로 사용한 사람은 18세기 프랑스의 상공대신이었던 구르네(Vincent de Gournay)로 알려져 있다.[2] 즉 프랑스의 철학자인 그림 남작(Baron de Grimm)이 1764년에 남긴 기록에 의하면, 구르네는 정치 형태에 관한 그리스의 고전적 분류－군주정, 귀족정, 민주정－에 새로운 정치 형태인 bureaucratie를 추가하고 있는데, 이는 새로운 지배집단에 의한 통치 방식을 의미하는 것이다. 그런데 새로운 집단에 의한 통치 방식이 국민의 불만을 사게 된 것은 그들의 고유 권한을 넘는 비합법적 행위 때문이 아니고 통치 그 자체가 목적이었던 점에서였다. 따라서 관료제는 관직이 존재하기 위해 공공 이익이 있다는 역설적 상황에서 비판적 개념으로 등장한 것이다.

일반적으로 프랑스에서 처음으로 등장한 관료제라는 용어는 발자크(Honoré de Balzac)의 소설 『고용인(*Les emiployée*)』(1836)에 의해 널리 보급되었다고 하나, 1873년판 『Littré 사전』에서는 신어로 취급되고 있다. 특히 1896년까지도 『프랑스정치학사전』은 이 용어가 독일에서 탄생해 발자크에 의해 프랑스에서 대중화되었다고 기술하고 있다.[3] 이러한 사실은 관료제라는 용어의 기원이 반드시 명백한 것은 아니지만 대체로 19세기에 유럽 각국에서 이 용어가 널리 사용되었음을 예증하는 것이다.

제 2 절 19세기의 개념

영국에서는 대체로 관료제를 민주주의와 자유의 적(敵)으로 파악하고 있는 것 같다. 칼라일(Thomas Carlyle)은 관료제를 대륙 계통의 해악이라고 혹평하고 있는데,[4] 이는 밀(John S. Mill)의 관료제에 대한 일관된 입장과도 일치된다. 밀은 『정치학원리』(1848)에서 대륙계 국가들을 과도하게 지

2) Martin Albrow, *Bureaucracy*(London: Macmillan, 1970), p. 16.
3) *Ibid.*, p. 18.
4) *Ibid.*, p. 21.

배함으로써 뚜렷한 특징으로 나타나게 된 정치활동의 저급한 능력을 초래한 주된 원인이 관료제에 있다고 파악하고 있다. 이 견해는 그의 『자유론』(1859)에서도 전개되고 있다.

밀은 관료제의 본질을 직업적인 관리(官吏)들이 정부의 과업을 수행한다는 점에서 찾고 있다. 이에 따라 관료제를 통해 행해지는 모든 부문에서 관료제가 반대하는 일은 전혀 일어날 수가 없다고 본다.[5] 그리고 이 체제하에서는 피치자가 통치자의 노예인 것처럼 통치자도 그가 만든 집단과 규율의 노예가 되므로, 관료집단의 견제를 위해 끊임없이 비판할 수 있는 세력이 존재해야 한다는 점을 밀은 강조한다.[6] 밀의 이러한 견해는 영국의 개인주의의 전통과도 맥락을 같이한다. 즉 그보다 앞선 세대의 벤담(Jeremy Bentham)도 관료제가 민주헌정의 실현을 위해, 또한 개인의 권리를 확보하고 유지하기 위한 노력에서 비롯되었으나 관료들은 합리적 통제의 방식에 종속되어야 함을 주장하고 있는 것이다.[7]

『영국헌정론』(1867)의 저자인 배조트(Walter Bagehot)도 당시의 군사적 승리에서 비롯된 프러시아의 국가 체제에 대한 터무니없는 찬사에 대해 경고하고 있다.[8] 관료제는 루틴(routine)화된 과업에 대해서는 능률적일 수 있으나 새롭게 발생된 문제에는 신축성 있게 적응하지 못하기 때문이다. 실제로 배조트는 관료제의 능률성에 대해 밀보다 더욱 과소 평가한다. 그는 숙련된 관료제는 비록 과학의 외관을 갖춘 듯하지만 관리기술의 진정한 원리와는 상반된 것으로 본다. 그러나 배조트가 적재적소에 배치된 전문가에 대해서 적대적 태도를 취한 것은 아니다. 그는 오히려 새로운 정당이 집권했을 때 모든 공직을 독점하는 미국의 체제를 가치 있는 것으로 생각하지 않았는데, 그가 영국 관리의 무지와 관리 기술교육의 취약점을 비판한 것도 이러한 이유에서였다. 그는 영국 관료제가 지닌 결함에도 불구하고 그 강점을 장관의 교체에 의한 루틴화의 방지에서 찾는다. 왜냐하면 새롭게 충원된 관리들은 외부의 여론에 민감한 반응을 보이므로 일련의 행정

5) J. S. Mill, *On Liberty*(Harmondsworth: Penguin Books, 1974), p. 184.
6) *Ibid.*, pp. 184-185.
7) L. J. Hume, *Bentham and Bureaucracy*(Cambridge: Cambridge University Press, 1981), pp. 257-258.
8) M. Albrow, *op. cit.*, pp. 23-24.

과정에 생기를 불어넣을 수 있다고 보기 때문이다.

또한 공무원 개혁운동에 깊숙이 관여한 노스코트 경(Sir Stafford Northcote)도 관료제의 독단을 경고하면서 관료제가 이미 외국의 것이 아니며 그 위험이 영국에까지 침투되어 있음을 지적한 바 있고, 역사학자인 뮈르(Ramsay Muir)도 영국 정부에서 강력한 영향력을 행사하는 집단을 관료집단으로 보고 관료제가 비(非)영국적이라고 하는 과거의 사고에 대해 비판을 제기한다.[9]

한편 독일의 경우, 영국과는 다른 맥락에서 관료제의 개념이 형성되었는데, 그것은 프러시아가 나폴레옹에게 패배한 이후 경험한 행정의 이론과 실제의 급격한 변동과 밀접한 관련을 맺고 있다. 이른바 '합의제 관청(collegium)'이 '독임제 관청(bureau, einheitssystem)'으로 대치되면서, 하인젠(K. Heinzen)은 관료제를 한 사람의 관리가 행정을 통제하는 행정구조라고 하는 가치 중립적 입장에서 파악하고 합의제 관청과 대비되는 개념으로 보고 있으나 그도 관료제의 무제한적인 권력의 성격에 주목한다.[10]

정치학자인 몰(Robert Von Mohl)은 역사적으로 관료제의 의미는 bureau system으로서의 의미가 선행되는 것이며, 당시 그것이 오용되고 있음을 지적하고 있다.[11] 즉 관료제에 대한 비판의 내용은 사회집단에 따라 달라지는 바 특권 계급은 특권의 상실에 대해서, 상인은 상업활동에 대한 간섭에 대해서, 기술자는 문서주의에 대해, 과학자는 무시당하는데 대해서, 행정가는 업무의 지체에 대해 각각 불평을 한다는 것이다. 그리고 각각의 불평의 배후에는 관료제를 직업적 관리에 의해 수행되는 국가의 사무라고 하는 잘못된 개념으로 파악하는 보편적 사고가 뒷받침되고 있다는 것이다.

프랑스의 사회학자인 르 플레(Frédéric Le Play)는 관료제를 법적 개념보다는 조직구조의 개념으로 파악하고 행정의 합리성보다는 질적인 측면에 관심을 두었는데, 그는 중간관리층에서 관료제의 본질을 발견한다.[12]

우리는 위에서 앨브로(Martin Albrow)의 저서에 전적으로 의지하면서

---

9) *Ibid.*, pp. 25-26.
10) *Ibid.*, p. 28.
11) *Ibid.*, p. 29.
12) *Ibid.*, p. 30.

관료제의 개념이 19세기의 서구에서 어떻게 이해되었는가를 살펴보았다. 앨브로는 이 시기에 전개된 관료제의 주요한 개념으로서 세 가지를 제시한다. 즉 ① 관료제를 하나의 정치 형태로 보는 관점, ② 19세기에 독일의 행정 체제가 취한 특수한 형태, 다시 말하면 합의제 관청과 대비되는 개념으로 파악하는 관점, ③ 유급 관리에 의한 지나친 간섭으로 파악하고 대중들의 불만의 표적으로 보는 관점이 그것인데, 관료제에 대한 정치적 욕설은 주로 세 번째 관점과 연결되어 있다.

제 3 절 정의를 위한 모색

관료제의 개념에 관한 정의는 관료제를 바라보는 시각과 연계된다. 관료제를 어떤 시각 혹은 관점에서 파악하느냐에 따라 관료제 개념의 함축성이 달라지기 때문이다. 따라서 관료제의 개념을 이해한다는 것은 관료제에 관한 관점을 이해한다는 의미이기도 하다. 우리는 여기서 관료제에 관해 논의된 다양한 관점들을 선택적으로 검토하고자 한다. 이러한 작업을 통해서 우리는 관료제의 의미망을 더욱 선명하게 드러낼 수 있을 것이다.

1 '관료제적' 대 '비관료제적'

비담(David Beetham)은 관료제의 개념을 파악하기 위해서 우선 특정의 사회과학에서 통용되는 용법의 이해가 필요하다고 본다.[13] 그는 지금까지 논의된 관료제에 관한 여러 관점의 분석과, 관점들의 관계 규명을 통해서 관료제에 대한 일관성 있는 정의를 내리고, 적절한 이해의 발판을 마련할 수 있다고 본다.

그런데 우리는 현실을 파악하거나 대상의 지각을 위해서 준거 틀(framework of reference)에 의지한다. 이 준거 틀은 우리의 지각활동이나 현실 인식을

13) David Beetham, *Bureaucracy*(Milton Keynes: Open University Press, 1987), p. 3.

가능케 하면서 동시에 사고의 방향을 정해 주고 또한 그것을 제약하기도 한다. 즉 준거 틀은 인간의 지적 창조물로서 우리로 하여금 어떤 대상에 체계적으로 접근하도록 해 준다. 저명한 한 정치학자는 이 점을 의식하고 우리가 어떤 사물에 대해 체계적으로 사고하려면 모형을 사용한다고 지적한 바 있다.[14] 이 때 모형은 최소한 두 가지 요건을 갖추어야 한다. 하나는 모형이 경험적 실체를 닮은 적절성을 구비해야 하고, 다른 하나는 현실보다 단순해야 한다는 경제성이다.[15]

비담은 사회과학의 모형은 ① 용어의 정의를 위한 기초(definitional test), ② 규범적 기준(normative standard), ③ 설명적 틀(explan-ationary framework)의 계발이라고 하는 세 가지 차원을 지닌다고 본다.[16] 이를 관료제 모형에 적용시키면 다음과 같은 진술이 가능하다. 관료제의 정의적 모형은 관료제로 규정될 수 있는 기준을 명확히 제시해 준다. 이 모형은 우리가 관료제를 어떻게 식별하는가 하는 질문에 대답한다. 관료제의 규범적 모형은 조직의 능률성과 효과성의 확보를 위한 필요 조건을 어떻게 충족시킬 수 있는지를 탐구하는 데 활용된다. 이 모형은 관료제가 얼마나 능률적인가 하는 문제에 대답한다. 관료제의 설명적 모형은 관료제가 실제로 움직이는 방식과 정책 형성 및 집행의 결과를 설명하는 틀을 제공한다. 이 모형은 관료제가 어째서 그러한 기능을 수행하는지에 대해 답한다. 물론 위의 세 가지 유형의 질문이 상호 연관성이 있으나, 구분이 필요하다. 그 이유는 관료제를 둘러싼 개념 및 이론 구성 등에서 빚어지는 혼란이 부분적으로 각 모형이 지닌 서로 다른 차원들의 혼용에서 기인하기 때문이다.[17]

비담은 관료제에 관한 다양한 정의가 자의적인 인식에서 비롯된 것이 아니고, 서로 다른 학문적 배경－조직사회학(sociology of organization), 정치경제학(political economy), 공공행정학(public admini-stration)－에서 파생된 것으로 본다. 그런데 관료제를 이해하는 전통적 시각은 하나의 통치 방식, 즉 관청에 의한 지배로 파악하는 것이었다. 이미 앞에서 검토했듯

14) Karl W. Deutsch, *The Nerves of Government*(New York: The Free Press of Glencoe, 1963), p. 13.
15) *Ibid.*, pp. 16-17,
16) D. Beetham, *op. cit.*, p. 9.
17) *Ibid.*, p. 10.

이 19세기 관료제 개념의 주류를 형성했던 이 입장은 밀로 대표된다. 이 때 관료제는 각료의 직위가 경력직 관리에 의해 충원되고, 세습군주에 순응하는 체제로서 대의제와 대비되는 개념이다. 20세기에 들어와서 관료제적 통치는 세습군주제에서와 같이 군사독재 혹은 일당 체제의 양상을 갖추며, 여전히 의회민주주의와 대비된다.[18] 이제 비담의 견해에 의지하면서 관료제 개념이 상이한 학문적 배경에 따라 어떻게 파악되고 있는지 살펴보고자 한다.

첫째, 조직사회학은 공적이든 사적이든, 신성하든 세속적이든 대규모 조직이 지닌 가장 보편적 특징을 규명하고 조직의 능률성을 확보하기 위한 조건들의 이론화 작업을 통해서 관료제의 성격을 규정한다.[19] 이 관점은 현대 조직사상의 기초를 마련한 베버(Max Weber)의 업적에 기반을 두고 있다. 베버에게서 관료제는 통치 형태가 아니고 규칙에 따라 훈련받은 전문가에 의해 행정 업무가 수행되는 것을 뜻한다. 이후에 다시 논의되지만 관료제에 관한 베버의 정의적 모형은 계층제, 지속성, 비인격성, 전문성 등으로 구성되어 있고, 행정 체제가 이러한 요건을 갖추고 있으면 그것을 '관료제적'이라고 부르게 된다.

그러면 행정과 행정 체제는 무엇을 의미하는가? 여기서 행정이란 조정 혹은 집행으로 파악되고, 행정 체제란 정책이 조직의 일선에서 집행되도록 지시로 전환시키는 장치를 말한다. 그러므로 관료적 조직에서 일하는 모든 사람이 관료(bureaucrat)는 아니다. 행정가로서의 관료는 위로는 조직의 수장(首長, chief)과 아래로는 일선 종사자(front line worker)와 구분되는 중간에 위치하게 된다. 베버는 조직이 자신이 제시한 모형과 유사하면 할수록 더욱 능률적이라고 주장함으로써 그의 정의적 모형은 사실상 규범적 모형으로서의 성격을 함께 지니게 된다. 즉 베버는 순수하게 관료제적 조직은 기술적 관점에서 최대의 능률성을 확보할 수 있고, 발전된 관료제적 조직을 다른 형태의 조직과 비교하는 것은 기계에 의한 생산 방식과 그렇지 않은 것을 비교하는 것과 같다고 주장한다.[20] 베버 이후의 조직사회학자들

---

18) *Ibid.*, p. 3.
19) *Ibid.*, p. 11.
20) *From Max Weber: Essay in Sociology*, trans., H. H. Gerth and C. W. Mills

은 베버의 관료제에 관한 정의를 수용하고 있으나 관료제가 가장 능률적인 조직이란 점에 대해서는 의문을 제기한다. 이 점과 관련해 여기서 두 가지 사항이 지적될 수 있다. 관료제는 우리가 현재 알고 있는, 또한 가까운 장래에 예견할 수 있는 다른 어떤 형태의 조직보다 우월하며, 따라서 관료제가 폐지되거나 새로운 조직으로 대치될 가능성이 당분간은 없을 것이란 점이 그 하나이다.[21] 다른 하나는 베버의 관심이 조직의 능률성보다 관료제적 권력의 증대에 경사되어 있으므로 베버의 정치사회학에 대한 검토가 필수적이라고 하는 점이다. 요컨대 조직사회학은 사회생활의 모든 영역에 존재하는 조직에 대한 폭넓은 관심을 기울임으로써 관료제에 대한 정의는 배제적이라기보다 포함적이다. 그리고 조직사회학은 관료제가 구조화되는 방식의 규명에 관심을 갖기 때문에 개인의 퍼스낼리티, 퍼스낼리티 유형으로부터 출발하는 접근 방법과 대칭되는 곳에 위치한다. 나아가서 어느 시대, 어느 장소에도 구애받지 않고 독립적으로 존재하는 추상적 인간으로부터 관료제의 이론을 구성하는 관점과도 구분된다.

둘째, 정치경제학적 접근 방법은 추상적 인간을 상정하는 바, 용어가 시사하듯이 경제학적 관점에서 관료제를 파악한다.[22] 이 관점에서 관료제는 비시장조직(non-market organization)으로 규정되고, 시장에 제품을 판매함으로써 운영되는 조직과 대비된다. 비시장조직의 대부분이 공적 부문에서 발견되는 것은 사실이나 교회, 자선단체, 자발적 결사체 등과 같이 그렇지 않은 경우도 많다. 또한 정부기관일지라도 철도사업처럼 시장에 제품을 판매하는 경우 관료제에서 제외된다. 이것은 관료제를 대립적인 사회적 조정(social coordination)의 두 가지 방식인 '시장(market)'과 '계층제(hierarchy)' 중에서 후자에 한정시킴을 의미한다. 여기서 시장이란 개인의 자유를 침해하지 않고 수평적으로 사람들의 행위를 자동적으로 조정하는 장치이다. 반

(London: Routledge & Kegan Paul, 1970), p. 214; Max Weber, *The Theory of Social and Economic Organization*. trans., A. M. Henderson & T. Parsons(New York The Free Press, 1954), p. 337.

21) Charles Perrow, *Complex Organization: A Critical Essay*(Glenview, Ill.: Scott, Foresman & Co., 1972), p. 7.

22) D. Beetham, *op. cit.*, p. 24. 더 상세한 논의는 다음을 참조할 것. P. M. Jackson, *The Political Economy of Bureaucracy*(New jersey: Barnes and Noble Book, 1983).

면 계층제란 의도적으로 구조화된 권위와 강제력을 행사함으로써 수직적으로 사람들의 행위를 조정한다. 이는 두 가지 유형의 계층제, 즉 시장 내에 위치한 것(상사, firm)과 그렇지 않은 것(정부 혹은 관료제)으로 구분된다. 따라서 정치경제학의 관료제에 관한 정의는 조직사회학과 달리 배제적이다. 바꾸어 말하면 시장 내에 위치하지 않은 계층제만이 관료제인 것이다.

우리는 여기서 정치경제학의 관료제에 관한 분석 방법 및 모형 설정이 조직사회학의 그것과 다르다는 점을 유념할 필요가 있다. 조직사회학이 사회의 총체성과 관료제가 구조화되는 방식에서 출발한다면, 정치경제학은 합리적으로 자신의 이익을 추구하는 목적 지향적 행위자로의 개인으로부터 출발한다. 그런데 개인은 자기 충족적이지 못하기 때문에 자신의 목표 달성을 위해 도움을 필요로 한다. 이것이 바로 교환 관계(relations of exchange)이다.[23] 우리의 일상생활에서 교환관계는 호혜적 이익에 기초해서 묵시적이고 인격적으로 이루어지나, 그것이 다수에 의해 반복적으로 이루어질 때 우리는 시장이라고 부른다. 그리고 시장의 거래는 재화와 용역의 수요 공급에 따라 명시적·비인격적으로 행해진다. 이곳에 일정한 보상과 처벌, 유인과 제재의 시스템이 작동되고 있음은 말할 필요도 없다. 그러나 우리 생활의 모든 것이 교환 관계에 의해, 그리고 모든 경제활동이 시장 관계에 의해서만 수행되는 것은 아니다. 현대 경제에서 시장은 시장 내에서 구성되는 상사와 시장 밖에서 구성되는 정부 혹은 관료제의 조력을 필요로 한다.

우선 상사의 경우를 살펴보자. 복합적 생산 과정에서 모든 개별적 경영이 개별 생산자에 의해 이루어진다면 시장에서의 재화와 용역의 교환 과정에서 의사소통 및 정보 획득에 따르는 비용과 더불어 엄청난 자원의 낭비가 수반될 것이다. 시장 선택(market selection)은 단일의 상사 내에 비시장적 원리에 근거한 경영활동의 조정을 통해서 비용의 감소를 가져온다. 그리고 시장 조건에 의해 외부적으로 조정되는 자발적 분업은 행정 수단에 의한 내부적·의도적 분업의 조정으로 대치되고, 그것은 계층제의 형상을 갖춘다. 내부적 조정이 계층제의 형상을 갖추는 이유는 비시장 관계에서

23) D. Beetham, *op. cit.*, p. 25.

개인주의적 성향을 갖는 개인들을 조정·감독하기 위해서이다. 이 방식을 통해서 개인의 활동을 점검하고, 최대 한도의 작업 성과를 올리기 위한 보상과 처벌의 시스템을 마련할 수 있기 때문이다.

우리가 상사를 시장 내에서 움직이는 계층제로 파악한다면, 정부의 관료제는 시장 밖에서 움직이는 계층제로 규정할 수 있을 것이다. 시장 밖에서 움직이는 계층제의 존속이 필요한 이유는 자명하다. 시장이 작동하기 위해서는 개인과 재산의 안정성, 계약의 성실성, 화폐 제도의 건전성 등이 법적으로 뒷받침되어야 하기 때문이다. 이러한 장치는 시장의 원리에 의해 스스로 마련될 수 없고 정부의 조세를 통해서 재정적으로 뒷받침되어야 한다. 정치경제학에서는 이러한 행정적 계층제를 관료제로 부른다. 관료제를 이렇게 규정하는 것은 재정의 원천이 능률성 여부를 결정하는 데 매우 중요하다는 점을 시사한다. 우리는 계층제를 유지하는 목적이 내부적 분업의 조정뿐만 아니라 감독의 필요성에서 기인된다는 점을 이미 지적한 바 있다. 상사 내에서 감독 기능을 궁극적으로 뒷받침하는 것은 유인과 제재－예컨대 업무 지체, 책임 전가 등이 광범위하게 확산되면 상사는 도산될 것이다－이다. 그러나 관료제는 비시장조직이므로 도산되지도 않고, 엄격한 감독과 필요 이상의 고용에 대한 압력도 초래하지 않는다. 그렇다고 적극적 유인 체제가 마련되어 있지도 않다. 관료제는 조직의 능률성보다 조직의 확장을 통해서 실질적으로 자신의 이익을 증가시킨다. 왜냐하면 그들의 권력, 위신, 수입 등이 규모에 의존적이기 때문이다.

상사와 관료제를 이처럼 뚜렷이 구분하는 시각이 정치경제학의 관점에서 있는 모든 학자들의 동의를 얻고 있는 것은 아니다. 적어도 두 가지 점에서 양자 사이에 유사점이 발견된다.[24] 첫째, 기업의 소유와 통제의 분리로 인해서 중요한 결정을 하게 된 고위경영자도 관료와 마찬가지로 봉급생활자이다. 그들의 급여 수준이 조직의 규모에 의존적이므로 고위경영자도 관료들이 조직의 성장에 관심을 갖는 것과 같은 이해를 공유한다. 비록 조직의 규모 확대가 비능률을 수반하고, 규모의 경제가 내부비용의 증대로 상쇄될 수도 있지만 동시에 가격 결정, 신참의 배제 등을 통해서 시장에 영

24) *Ibid.*, p. 29.

향력을 행사한다. 바로 이 점 때문에 양자의 두 번째 유사성이 나타난다. 실제의 시장은 이론에서 가정하듯이 완벽하지도 않고 불완전경쟁이 지배적이다. 이러한 것이 능률 측면에서 상사가 관료제에 비해서 높은 이점을 향유하는 것을 저해하는 것이다. 요컨대 상사와 관료제를 명확히 구분하는 이 모형은 하나의 이념형이다. 공공선택 이론가들이 정부와 기업에 동시에 적용될 수 있는 관료제에 관한 일반이론의 구성을 시도하는 것도 이 때문이다.[25]

셋째, 행정학의 관점에서 관료제에 접근하는 방식은 공공행정과 사행정 사이에 질적인 차이점이 존재한다는 점에서 출발하고, 전자만이 관료제로 규정된다.[26] 조직사회학과는 대조적으로, 그러나 정치경제학과는 동일하게 행정학은 관료제에 대한 배제적 정의를 취하는 것이다. 비록 관료제에 관한 정치경제학과 행정학의 관점에 공통점이 있는 것은 사실이나 몇 가지 차이점이 존재한다. 우선 정치경제학은 공적 부문이나 사적 부문을 불문하고 비시장조직을 관료제로 규정한다. 또한 정치경제학은 공적 부문 혹은 정부를 대체로 부정적 시각으로 인식하며, 시장이 개념적으로 정부보다 선행하는 것으로 보고 정부의 역할을 시장이 수행할 수 없는 잔여의 기능으로 한정시킨다. 그리고 사회적 조정 방법으로서의 시장은 적어도 원리적으로는 선호되는 것으로 간주되는데, 그것은 시장이 자발적·수평적·분권적이라고 한다면 공적 부문은 강제적·계층제적·집권적이기 때문이다. 따라서 공적 부문은 시장을 유지하는 데 필요한 최소 한도의 기능으로 한정되지 않으면 안 된다.

그러면 공공성(公共性, public)이란 무엇인가? 이 용어는 행정학 문헌에서도 쟁점이 되어 있는데,[27] 비담은 공공성에 관한 몇 가지 용법을 제시한다.[28] 우선 공공성은 모든 시민, 전체로서의 사회(whole society)의 여러

25) *Ibid.*, p. 31.

26) *Ibid.*, p. 33.

27) 왈도는 사회학의 구조 기능적 접근 방법과 문화인류학의 중심에 위치한 문화의 개념을 채용해 공공성의 성격을 규정짓는다. 그는 전자에 의해 공공성의 편재성을 발견하고, 후자의 개념을 통해서 공공성의 다양성을 확인한다. Dwight Waldo, *The Study of Public Administration*(New York: Random House, 1955), pp. 5-11.

28) Beetham, *op. cit.*, pp. 33-34.

장치와 관련된 것으로 파악되며 이는 공적 행위의 대상이 되는 것이다. 그리고 공공성은 일반적 관심사일 뿐만 아니라 공중의 견해를 따라 공개적으로 추구됨을 의미한다. 물론 그 정도와 규모는 정치 체제에 따라 차이가 있으나 공적 통제와 책임성이 수반된다는 점이 사적 부문과 구분되는 중요한 특징이다. 또한 공공성은 공무원의 규범에 따라 공중을 위해 수행되는 행정의 형태로 이해되기도 한다. 비담이 제시한 차원 이외에도 공공성은 정치적 맥락에서 전개되는 과정으로도 파악된다.[29] 공공성의 이러한 누적적 특징들이 사적 부문과 공적 부문의 구분을 가능케 하고, 공공행정과 사행정의 차이점을 낳는다. 즉 공공행정은 ① 그 목표가 흔히 행정부의 통제 밖에 있는 정치 체제에 의해 수립되며, ② 제공되는 서비스는 독점성이 강한 것이 일반적이며, ③ 이윤이 행정활동의 성공 여부를 가늠하는 주요한 척도가 아니며, ④ 행정활동이 사회의 엄중한 감시 하에 놓여 있고, ⑤ 행정가는 자신의 존립을 법적 기초에 의지한다.[30] 우리는 최근에 공공행정과 사행정 간의 경계선이 불분명해짐을 알고 있다.[31] 공공행정과 사행정이 중첩되는 이른바 '제3의 영역'의 출현과 그 증대는 이와 같은 경향을 반영하고 있는데, 그것은 공적 부문의 역할 증대에 힘입은 바 크다. 그러나 '제3의 영역'의 증대에도 불구하고 공공행정과 사행정의 구분은 여전히 유용하며, 나아가서 능률성의 개념, 조직의 모형 그리고 조직 속에서 파생되는 인간 행태에서 양자 간에 현저한 차이점을 설명해 준다.

비담은 이미 검토했듯이 관료제를 어떻게 정의할 것인가 하는 문제를 세 가지 관점에서 포착한 후 이들 관점의 통합을 시도한다. 그는 관료제에 관한 세 가지 관점이 지닌 공통점에 일차적 관심을 기울인 후 거기서 발견되는 차별성에 주목할 것을 제안한다. 즉 비담이 제시하고 있는 개념적 전략은 베버적 의미로 관료제를 파악하고 관료제의 유형화를 시도하는 것이다. 그러면 관료제의 유형화를 위한 기준은 무엇인가? 조직사회학의 경우 주요

29) Thomas Vocino & Jack Rabin, eds., *Contemporary Public Administration*(New York: Harcourt Brace Jovanovich, Inc., 1981), p. 10.

30) Harold F. Gortner, *Administration in the Public Sector*, 2nd edition(New York: John Wiley and Sons, 1981), pp. 3-13.

31) Felix A. Nigro & Lloyd G. Nigro, *Modern Public Administration*, 3rd edition (New York: Harper & Row, 1973), pp. 16-18.

한 변수는 조직의 구조이다. 정치경제학의 경우 현저한 차별성의 표지는 조직의 재원 조달 방식이고, 행정학의 경우 주요한 변수는 조직의 책임성이다. 따라서 관료제의 차별성의 세 가지 원리는 다음의 <표 1-1>로 제시될 수 있다.[32)]

〈표 1-1〉 관료제 유형화의 차원

구 분	관료제적	비관료제적
조직의 목표, 산출물	경직된 조직구조	신축성 있는 조직구조
재원의 조달	공공재적	산출물의 판매
조직의 책임	공적	사적

자료: David Beetham, *op. cit.*, p. 44.

여기서 세 가지 차원은 독립변수로 취급될 필요가 있고 또한 특정한 관료제적 조직에 대한 적절한 이해를 위해서 필수적 요소들이다. 비담은 조직사회학, 정치경제학, 행정학의 관점들이 왼쪽 칸의 특징들을 '관료제적', 오른쪽 칸의 특징들을 '비관료제적'이라고 부를 만한 뚜렷한 경향성을 보여준다고 주장한다. 그러나 비담이 사용한 개념적 전략에 의하면 조직이 베버적 기준에 일치하는 한 모든 조직은 관료제적이고, <표 1-1>에 제시된 차별성은 관료제적 조직 유형 간의 차이를 의미하는 것이 된다. 또한 <표 1-1>의 쌍이 필수적으로 상호 배제적인 것은 아니다. 즉 하나의 조직 내에서도 상이한 재원 조달 방식과 조직의 책임성이 결합된 양상을 발견하는 것이 가능하기 때문이다.

우리는 지금까지 비담이 전개하고 있는 관료제에 관한 논의를 주로 정의적 모형에 초점을 맞추어 살펴보았다. 사실상 비담의 관료제에 관한 논의는 정의적·규범적·설명적 모형과의 상호 연관성 속에서 관료제에 관한 포괄적·심층적 분석을 시도하고 있으나 여기서의 범위를 넘어서므로 생략하기로 한다. 다만 우리는 여기에 제시된 서로 다른 학문적 배경에 근거한 관점도 관료제를 사회적·역사적 맥락에서 절단하고 추상화하여 자족적인 대상으로 취급하고 있다는 점만을 지적해 둔다. 비담이 관료제적 권력에

32) D. Beetham, *op. cit.*, p. 44.

초점을 맞추고 역사사회학파인 베버와 마르크스의 관점을 면밀히 분석하는 것도 이러한 이유에서이다.

요약컨대, 비담은 사회과학에서의 모형을 정의적 규범적·설명적 차원의 것으로 구분한다. 그리고 관료제의 정의의 문제는 조직의 능률성의 개념에 의존적임을 지적하고 조직사회학, 정치경제학, 행정학에서 관료제를 어떻게 이해하고 있는가를 분석한다. 그리고 세 가지 관점의 통합을 시도하는데, 이는 비담의 개념적 전략에 의거한 것이다.

2 관료제의 세 가지 얼굴

메데이로스(James A. Medeiros)와 슈미트(David E. Schmitt)－이하에서는 메데이로스로 약칭한다－의 『공공관료제: 가치와 전망』이라는 저서는 비록 미국이라고 하는 특정 국가의 관료제에 관한 분석으로 한정되기는 했지만 관료제의 세 가지 측면을 부각시켰다는 점에서 우리의 관심을 끌기에 충분하다.[33] 메데이로스는 우선 특정한 목표를 달성하기 위해 인간을 구조화하는 방식으로 관료제를 파악한다. 그리고 관료제의 성격을 특정한 조직화의 원리, 즉 기능의 전문화, 규칙에 따른 행동, 피라미드의 정점에 권력이 집중되는 계층제와 권위구조로 규정한다.[34] 메데이로스의 관점은 관료제가 공적이든 사적이든 함께 분석될 수 있음을 시사하고 있으나 메데이로스의 분석 단위는 미국 연방정부 수준의 정부관료제이다. 그리고 그가 제기하는 핵심적 질문은 관료제가 인간의 존엄성에 대한 도덕적 의무를 고려하면서, 책임성 있고 효과적인 방법으로 기능할 수 있는가 하는 점이다. 그는 여기에 답하기 위해서 관료제를 기계적(machine), 인간주의적(humane), 정치적(political) 관료제라고 하는 세 가지 범주의 구조적 틀 안에서 분석한다.[35]

---

33) 이들의 관점은 마인저(Lewis C. Mainzer)의 영향인 듯이 보인다. James A. Medeiros & David E. Schmitt, *Public Bureaucracy: Values and Parspectives*(North Scituate, Mass.: Duxbury Press, 1977), Chapter I의 각주 23 참조.

34) *Ibid.*, p. 1.

35) *Ibid.*, p. 21.

기계적 관료제는 전통적 관리이론에서 특정한 목표 달성을 위한 가장 효과적인 장치로 파악되며, 이론적 유산은 베버의 이념형과 테일러(F. W. Taylor)의 과학적 관리법에서 물려받은 것이다. 비록 오늘날 그 이론들이 수정되고 정교화되었으나, 그들이 미친 영향력은 지속적이고 능률성의 가치, 행정 결정의 탈정치화의 필요성, 공식구조의 중요성에 대한 신념은 변하지 않고 있다.[36] 오늘날 기계적 관료제는 조직의 목표와 능력에 초점을 맞춘다. 그것은 여전히 목표 달성을 위한 수단이다. 만약 목표 달성이 이루어지지 않으면 새로운 전략이 고안되고, 실패는 목표에 있는 것이 아니고 실행의 방법에 있는 것이다. 기계적 관료제의 배후에는 적어도 구조의 변화나 새로운 기술전략에 의해 문제가 해결될 것이라는 낙관적 견해가 뒷받침되어 있다. 이런 점에서 기계적 관료제가 강조하는 가치는 공공정책의 형성과 집행에 따르는 기술과 절차이다. 따라서 개인적·정치적 가치가 아니라 기술적 가치가 정책 결정에 영향을 미치며 전문성, 정책대안의 강구, 객관적 규칙 작성, 업무 성과 등이 중심 과제가 되며, 조직 내 권위의 계층제적 흐름의 유지, 산출물의 평가, 에너지의 극대화가 강조된다.[37]

반면 기계적 관료제는 '지나치게 기계적'이어서 조직구성원의 욕구 성취를 저해한다. 또한 역설적이게도 관료제가 '적절하게 기계적'이지 못해 능률성과 합리성이 제한된다는 비판을 불러일으킨다. 일반적으로 기계적 관료제에 대한 비판가들은 관료제를 대치할 새로운 조직의 창설을 주장하는 것은 아니고, 관료제가 더 한층 완벽해져야 한다는 입장을 견지한다.

다양한 인간적 요인에 주목하는 인간주의적 관료제는 기회의 평등, 의미 있는 작업과 같은 가치의 실현에 관심을 기울인다. 즉 그것은 관료제가 전통적으로 부과해 온 계층제적·비인격적 역할 지위로부터 인간을 해방하고, 기술적 가치를 넘어서는 인간의 존엄성 확보, 자기 실현의 성취를 지향한다. 여기서 개인은 두 가지로 분류된다. 하나는 관료제의 내부 구성원이고 다른 하나는 시민으로서의 개인이다. 그런데 메데이로스가 강조하는 개인은 전자이다.[38] 왜냐하면 내부구성원의 인간주의적 가치의 실현을 통해

---

36) *Ibid.*, p. 72.
37) *Ibid.*, pp. 29-30.
38) *Ibid.*, p. 30.

서 시민들이 인간주의적, 민감한 방식으로 대우받고 궁극적으로는 사회 정의의 실현이 증진된다고 보기 때문이다. 이런 점에서 인간주의적 관료제의 유산은 전통적 관리이론에 대한 반명제로 출발한 인간관계론부터 최근의 조직발전 이론까지를 포괄하는 폭넓은 영역에서 찾아볼 수 있다.[39] 그리고 그 근저에는 더욱 근원적인 인간 존재에 대한 부단한 탐구와 이해의 폭을 반영하는 지적 전통과 연결되어 있음을 확인할 수 있다. 따라서 메데이로스가 루소(Jean J. Rousseau)를 인용하고 있는 것은 시사적이다. 그는 "인간은 자유롭게 태어났으나 어디서나 속박되어 있다"는 『사회계약론』의 첫머리를 인용하면서, 그것이 정치적 자유의 종언이라고 규정한다. 그리고 루소의 이 외침은 조직이 개인의 창의성과 인간 사이의 의미 있는 활동의 고양을 질식시키는 또 다른 감금 상태라고 생각하는 사람들에게 호소력 있게 수용되었다고 본다. 이런 관점에서 관료제가 더욱 완벽해져야 한다는 입장에 서 있는 기계적 관료제에 대한 비판가들과 달리 인간주의 관료제를 옹호하는 이들은 새로운 형태의 조직의 창설을 주장하는 것이다. 가령 베니스(Warren G. Bennis)는 미래의 조직이 '일시적 조직 혹은 적응적 구조'가 될 것이라고 다음과 같이 지적한다.

> 미래의 조직의 사회적 구조는 얼마간 독특한 성격을 지니게 될 것이다. 핵심적 용어는 '일시성'이다. 이것은 적응적이고, 신속하게 변화하는 일시적 체제가 될 것이다. 이것은 문제 해결을 위해 다양한 전문적 기술을 갖춘 낯선 사람들로 조직된 전문기동반(task force)이 될 것이다. 이 작업집단은 기계적 모형이기보다 유기적 모형에 바탕을 두고 구성될 것이며, 계획된 역할기대보다는 문제에 대한 대응으로서 움직이게 될 것이다. 따라서 집행부는 여러 전문기동반 사이의 조정자 혹은 연결고리가 될 것이다.[40]

관료제의 승리를 예견한 사람이 베버였다면, 최초로 확신을 갖고 관료제

---

39) 인간관계론에 대한 비판도 적지 않음을 부기한다. Charles Perrow, *op. cit.*, pp. 101-106: Edgar E. Huse & James L. Bowditch, *Behavior in Organization* (Reading, Mass.: Addison-Wesley Publishing Co., 1977), p. 24.

40) Warren G. Bennis, *Organization Development: Its Nature, Origins, and Prospects* (Reading, Mass.: Addison Wesley Publishing Co., 1969), p. 34.

의 붕괴를 예언한 사람이 베니스였다고 생각하는 미래학자 토플러(Alvin Toffler)도 미래의 조직을 애드호크라시(ad-hocracy)로 규정한다.[41] 여기에서 애드호크라시란 "신속하게 움직이고, 정보가 풍족한 미래의 활동적 조직으로서 일시적 세포들과 고도의 이동성을 지닌 개인들"[42]로 이루어진 것이다. 요컨대 인간주의적 관료제를 옹호하는 사람들은 조직을 개인의 욕구–개인의 성장, 자아 실현 등–에 적응시킬 것을 주장한다.

기계적·인간주의적 관료제의 관심 영역이 주로 관료제의 내부적 차원에 머물러 있다면, 정치적 관료제의 관심사는 관료제를 둘러싼 외부로부터의 요구와 통제를 정당한 요청으로 승인하는 것으로 확대된다.[43] 따라서 정치적 관료제의 관점에서 제기되는 관료제에 대한 비판이 다양한 정치적 가치와 이해에 무감각하고 무반응적인 점에 집중되어 있는 것은 이해할 만한 일이다. 그러므로 정치적 관료제가 추구하는 가치 중에는 관료제가 정치적 요구의 정당성을 인정하고, 자신들의 행위에 대해 시민과 선출된 정치 엘리트에게 책임을 지는 것이 포함된다. 또한 시민들은 절차적 보장을 통해서 변덕스럽거나 가혹한 처우로부터 보호받아야 하며, 시민들의 권력과 영향력에의 접근 및 그 공유가 민주적 정책 결정의 필수요건임을 수락하는 것이 여기에 포함된다. 나아가서 정치적 관료제의 가치는 시민에게 동등한 기회를 부여하고 경쟁적인 정치적 가치의 정당성을 승인하도록 하는 데에도 관심을 기울인다. 그리고 관료제에 대한 정치적 통제와 견제의 중요성을 강조한다. 물론 관료제에 대한 정치적 통제에 관해서는 의견이 나뉜다. 행정 영역에 대한 정치적 관여의 제한 또는 배제를 선호하는 견해도 있고 정치 엘리트에 의한 관료제의 통제를 옹호하는 견해도 있다. 그러나 우리는 여기서 이 문제에 대한 상세한 논의는 유보하고 관료제의 궁극적 목표가 사회의 요구에 부응하는 것이며, 그것은 주인이 아니고 봉사자

---

41) 특히 토플러는 미래 정보화 시대의 관료 체제를 다음과 같이 언급하고 있다. 탈대량화한 소규모의 작업 단위, 임시적 조직·애드호크러시 또는 더욱 복잡해지는 조직협력체와 컨소시엄이 움직임이 완만한 관료 체제를 대체한다. 위계질서는 의사결정을 신속히 하기 위해 평면화되거나 폐지되고, 지식의 관료적 조직화는 흐름이 자유로운 정보 체제로 대체된다(이종수·윤영진, 2002: 455).

42) Alvin Toffler, *Future Shock*(New York: Bantam Books, 1971), p. 144.

43) Medeiros & Schmitt, *op. cit.*, p. 29.

임을 강조하고자 한다. 요컨대 정치적 관료제는 시민, 여러 집단들, 그리고 정치적 조직과의 반응적 상호작용과 관련된 관료제의 외부적 차원에 주로 초점을 맞춘 관점인 것이다.44)

우리는 위에서 메데이로스가 제시한 관료제의 세 가지 얼굴의 윤곽을 그려 보았다. 그리고 메데이로스가 관료제의 어느 특정한 얼굴을 선택적으로 강조한 것이 아니란 점도 확인했다. 그에게서 관료제가 추구하는 세 가지 차원의 가치는 '이것이냐 저것이냐' 하는 선택의 문제가 아니고, 이들 간의 조화로운 통합의 문제인 것이다. 그럼에도 불구하고 관료제의 세 가지 차원의 가치들은 서로 충돌한다. 예컨대 기계적 가치의 강조는 인간주의적 가치의 상실을 수반한다. 관료제 내부 구성원의 권리와 욕구에 대한 강조는 그들에 대한 정치적 통제의 약화를 가져온다. 메데이로스가 아리스토텔레스의 이른바 중용(中庸)의 덕목 이상의 것이 요청된다고 보는 것은 이러한 이유에서이다. 그는 세 가지 차원의 가치의 통합을 위한 요소로서 ① 공공 서비스의 제공을 위해 그 구성원을 훈련시키는 방식, ② 이념과 행동 분야에서의 협력을 유도하기 위한 조직의 내부적 기제를 제시하고 있다.45)

3 관료제적 경험

관료제에 관한 뛰어난 통찰을 담고 있는 허멜(Ralph P. Hummel)의 『관료제적 경험』(1982)은 다음과 같이 시작된다.

> 모든 사람들이 관료제로 인해 고통을 받는다. 시민과 정치인은 다루기 힘든 관료제적 장치의 통제를 위해, 관리자는 그것을 운영하는 데서 고통을 겪는다. 고용인은 관료제에서 일하기 싫어한다. 고객은 거기서 긴요한 것을 얻을 수 없다. 교사는 관료제를 총체적으로 이해하는 데 곤란을 경험한다. 학생들은 관료제의 복잡성으로 인해 미궁에 빠진다.46)

---

44) *Ibid.*, p. 140.
45) *Ibid.*, pp. 171-172.
46) Ralph P. Hummel, *The Bureaucratic Experience*, 2nd edition(New Yock: St. Martin's Press, 1982), p. vii.

이 인상적인 진술은 고도의 암시성을 지니면서 동시에 관료제의 구체적 실상을 보여 준다. 허멜은 공적이든 사적이든 합리성의 원리에 따라 조직화된 모든 조직을 관료제로 정의하고, '관료제의 생활'은 '사회의 생활'과 근본적으로 다르다고 본다. 그리고 양자의 차이점이 사회적 · 문화적 · 심리적 · 언어적 · 정치적으로 충돌한다고 지적한다. 허멜은 이 차이점을 보여 주기 위해서 관료제에 관한 그릇된 생각과 올바른 생각을 다섯 가지 차원에서 제시한다.[47)]

〈표 1-2〉 관료제에 대한 견해

	그릇된 생각	올바른 생각
사회적으로	관료들은 사람을 다룬다.	관료들은 사건을 취급한다.
문화적으로	관료들은 우리가 행하는 것과 동일한 것에 관심을 갖는다: 정의 · 자유 · 폭력 · 억압 · 질병 · 죽음 · 승리 · 패배 · 사랑 · 미움 · 구원 · 파멸	관료들은 통제와 능률성에 관심을 갖는다.
심리적으로	관료들은 우리와 같은 부류의 사람이다.	관료들은 새로운 퍼스낼리티 유형-이성이 없고 영혼이 없는-이다.
언어적으로	관료와의 의사소통이 가능하다. 우리는 모두 동일한 언어로 말한다.	관료들은 무엇이 발생하는 것인가에 대해 의사소통을 하는 것보다, 그것을 궁리하고 고지하는 일에 관심을 갖는다. 관료들은 자신만의 비밀스러운 언어를 창조한다.
정치적으로	공공관료제는 사회에 책임을 지는 봉사기관이다.	공공관료제는 사회를 지배하는 통제기관이다.

자료 Ralph P. Hummel, *op. cit.*, p. 3.

허멜은 위에 제시된 다섯 가지 차원에서 우리가 관료제를 어떻게 경험하고 있는가를 섬세하고도 실증적 방법으로 접근한다. 그러므로 허멜의 논의들은 사변적이거나 추상적 수준이 아니고 관료제의 구체적 실상이 제시되면서 전개된다. 예컨대 '새로운 사회로서의 관료제'에서 허멜이 접근하는

47) *Ibid.*, pp. 2-3.

방식은 다음과 같다.

우선 사람들이 관료제적 장치 내에서 어떻게 행동하는가를 구체적 사례를 통해서 예증한다. 그리고 전문가들—베버, 슈츠(Alfred Schutz), 버거(Peter Berger)—이 이 차원을 어떻게 분석하고 있는지 검토한다. 그리고 어떻게 새로운 방향이 모색될 수 있는지를 또 다른 이론가—뢸로프스(H. Mark Roelofs)—의 견해를 통해 제시한다. 따라서 허멜의 저서는 관료제의 세계에 대한 실증적·종합적 분석서라고 규정될 수 있을 것이다. 요컨대 허멜의 관료제는 새로운 사회, 새로운 문화, 새로운 유형의 퍼스낼리티이다. 그들은 새로운 언어의 세계에서 살고, 새로운 방식으로 권력을 행사하는 것이다.

4 테크놀로지로서의 관료제

시러큐스대학교의 맥스웰 스쿨에서 슈바이처(Albert Schweitzer) 교수로 12년간 봉직했던 왈도(Dwight Waldo)의 마지막 학기는 11회의 연속 고별강연으로 진행되었다. 그중 '제6강'의 연제는 「관료제와 민주주의」였다. 관료제와 민주주의가 20세기를 형성한 두 개의 주요한 세력이라는 전제하에서 행해진 '제6강'에서 관료제에 관한 지금까지의 관점들이 분석되고 있다. 왈도는 관료제를 파악하는 두 가지 주요한 흐름이 있는데, 하나는 대중적·경시적(popular-pejorative) 관점이고, 다른 하나는 기술적·분석적(descriptive-analytical) 관점이라고 본다.[48] 왈도는 우선 대중문화의 한 부분으로 편입된 전자의 관점은 부정확하고 상충되는 국면을 지닌다고 본다. 예컨대 관료들은 소심하고 비능률적이면서 동시에 권력을 추구하는 위험스러운 존재인 것이다. 학문적 방법과 연결된 후자의 관점은 다시 밀과 베버의 견해를 반영하는 두 가지 흐름으로 구분된다. 밀의 시각은 『사회과학백과사전』의 관료제 항목을 집필한 라스키(Harold Laski)의 기술 속에, 그리고 프랑스의 관료제를 형식주의, 규칙의 구속성, 비인격성으로 규정한 크로지어(Michel Crozie)의 『관료제적 현상』(1964) 속에 극명하게 나타나

48) D. Waldo, *The EnterPrise of Public Administration*(Navato, California: Chandler and Sharp Publishers, Inc., 1980), p. 86.

있다.

한편 베버의 경우, 관료제는 제6강의 명제와 관련해 적어도 네 가지 뚜렷한 특징을 지닌다고 왈도는 지적한다.[49]

첫째, 이념형으로서의 관료제에 대한 분별력 있는 특성이 제시되어 있다. 그것은 잘 알려진 계층제, 전문성, 규칙에 근거한 행정 등과 같은 현대 조직의 속성들인데, 이는 역사의 조류인 행정적 기술을 활용한 업무 수행의 양식인 것이다.

둘째, 관료제의 성립은 가산제, 가부장제, 봉건제와 같이 원시적 스타일과 구분되는 법적·경제적 체제, 합리적 종교, 과학의 발전과 연결되어 있다. 즉 관료제는 개화된 문명의 총체인 것이다.

셋째, 관료제와 민주주의의 관계에서 상반된 두 개의 힘이 작용한다. 관리를 충원할 때 과거의 한정적·귀속적 기준 대신 보편적·업적 지향적 기준이 채용됨으로써 능력과 전문성을 갖춘 관료제는 유능한 자에게 기회가 부여된다는 민주적 가치와 조화를 이룬다. 반면 계층제의 원리는 평등성의 원리에 반하고, 훈련과 감독의 필요성은 자유의 원리와 충돌한다.

넷째, 관료제는 목표 달성을 위한 가장 '능률적'인 조직 또는 집단적 행위의 양식이다.

왈도는 베버 저작의 중심적 위치에도 불구하고 관료제의 의미가 불분명하며, 베버가 실제로 주장한 것은 관료제가 가장 '합리적'인 조직의 양식이었음을 지적한다. 왈도는 합리성이 변화무쌍한 개념임을 승인하면서 자신은 이 문제에 관해 논평할 만한 자격을 갖추지 못했다는 겸양을 보인다. 요컨대 왈도의 관료제에 관한 시각은 기술적·분석적 관점에 서 있고, 그가 보는 관료제는 조직 형태에 관한 문헌에서 널리 활용되는 방식, 즉 대규모적·공식적·복합적이고 그리고 동시에 관리되는 것을 의미한다. 왈도의 관료제에 관한 이러한 개념 규정은 현대 행정이 테크놀로지를 폭넓게 활용하고 있음을 시사한다.

---

49) *Ibid.*, pp. 87-85.

5 관료제의 일곱 가지 용법

관료제란 용어가 "개인과 추상적 조직 간의 역사적 논리적 연계성 이상을 말해 주는 바가 없다"[50]는 관점에 서 있는 앨브로는 오늘날 관료제의 개념이 얼마나 다양성을 지닌 채 사용되고 있는가를 우리에게 예증한다. 이러한 사태는 이념의 빈곤을 은폐하기 위해 불필요한 새로운 용어를 고안하는 이들을 포함해서 사회과학자에게 선택의 문제를 야기한다. 선택을 위한 개념적 전략이 다양함을 재언할 필요는 없다.[51] 관료제의 정의를 수집해 그 가운데서 공통점을 찾는 것도 하나의 방법이다. 다수의 견해를 따를 수도 있다. 또한 관료제란 용어가 적용되는 대상을 고려해 새로운 정의를 시도할 수도 있다. 그러나 우리의 관심사는 관료제에 관한 간결하고 요령 있는 정의를 시도하는 것이 아니고 다양성을 확인하는 데 있다. 앨브로의 분류 방식에 의존하면서 관료제에 관한 다양한 관점의 현장으로 시선을 옮겨 보자.

1) 합리적 조직으로서의 관료제

베버의 관료제 이론의 난점 중 하나는 합리성의 개념과 그가 제시한 이념형 관료제의 특징 간의 관계를 어떻게 이해하느냐에 있다.[52] 일반적으로 합리성과 베버가 제시한 이념형 관료제의 특징 간에 필연적 관계는 없다고 보는 견해가 유력한데, 이 관점에 선다면 관료제를 개념화하는 데 두 가지 방식이 존재한다. 블라우(Peter M. Blau)의 다음과 같은 진술은 이 입장을 대표한다.

> 베버는 관료제를 능률성을 극대화하는 사회적 메커니즘으로서, 또한 특정한 성격을 지닌 하나의 사회조직 형태로서 파악한다. 그런데 위의 두 가지 기준은 정의의 일부가 될 수 없다. 왜냐하면 사회적 제도의 속성과 그 결과의 관계는

50) M. Albrow, *op. cit.*, p. 125.
51) *Ibid.*, p. 85.
52) *Ibid.*, p. 87.

경험적 검증의 문제이지 정의의 문제는 아니기 때문이다.[53]

그러나 블라우의 견해는 그의 또 다른 저서에서 동요를 나타낸다. 즉 『현대사회의 관료제』(1956)에서 관료제를 "행정의 능률성을 극대화하는 조직 혹은 행정의 능률성을 위해 제도화된 사회적 행위의 조직 방식"[54]으로 파악한 바 있으나, 스코트(W. R. Scott)와의 공저인 『공식조직』(1963)에서는 관료제를 "가치 중립적인 것으로서 조직의 행정적 국면을 가리키는 데 사용된다"[55]고 밝히고 있다.

관료제를 합리적 조직으로 이해하는 관점이 능률성을 강조했던 미국의 관리이론가에 의해 호응을 얻었다는 점은 널리 알려진 사실이다. 그러나 사이먼(Herbert A. Simon)이 지적했듯이 합리성의 개념이 교시적·규범적 성격을 지니므로 조직의 능률성을 이상적으로 실현할 수 있는 확고한 절차는 존재하지 않는다. 따라서 관료제를 합리적 조직으로 보는 것과 조직구성원이 그의 활동에 합리적 기준을 적용하는 조직과는 구분할 필요성이 있다.[56]

2) 비능률적 조직으로서의 관료제

관료제를 합리적 조직으로 보는 관점이 학문적 전통과 연관된 반면, 여기서의 관점은 학문적 전통과 비교적 무관하다. 비록 이 관점이 관료제를 합리적 조직으로 보는 학자들에 의해 제공된 개념적 틀에 의존하고 있는 점은 명백하나, 대체로 그것은 단편적이며, 관료제에 대한 대중의 일반적 감정과 일치하는 양상을 보여 준다. 디목(Marshall Dimock)은 관료제의 개념을 행정의 활성화와 관리의 창의성에 대한 반명제로 정의한다. 이는 관료제가 경직성과 비인격성을 반영하는 제도적 징표임을 의미한다.[57] 스트라우스(E. Strauss)도 관료제를 대규모 조직의 구조와 기능에서 발견되

53) Peter M. Blau, *The Dynamics of Bureaucracy*, rev. edition(Chicago, Ill..: University of Chicago Press, 1963), p. 251.
54) P. M. Blau, *Bureaucrary in Modern Society*(New York: Random House, 1956), p. 60.
55) Peter M. Blau & W Richard Scott, *Formal Organization*(London: Routledge and Kegan Paul, 1963), p. 8.
56) M. Albrow, *op. cit.*, p. 89.
57) *Ibid.*

는 여러 결함으로 규정하고 여기에 선례에의 집착, 창의성의 결여, 업무의 지체, 각종 양식의 홍수, 업무의 중복성, 기관할거주의 등을 포함시킨다.[58]

또한 관료제에 관한 세 가지 용법—관청에 의한 통치, 집단적 활동에서의 합리성, 저속한 일상적 어의(語義)—을 제시하는 크로지어도 관료제적 조직을 과오를 통해 배움으로써 그 행동을 시정할 수 없는 조직으로 규정한다. 이 견해는 정상적인 경우, 조직이 끊임없는 정보의 피드백에 의해 그 과오가 검토되고 시정될 수 있는 장치임을 전제로 한 것이다.[59]

3) 관리의 지배로서의 관료제

구르네와 밀에게서 단초가 발견되는 이 관점은 전통적 정치이론과 결부되는 바, 여기서는 관료제가 상당한 정도의 권력을 장악하고 행사하는 관료집단에 의한 지배로서 규정된다. 라스키의 관료제에 관한 영향력 있는 정의는 이 관점을 대표한다.

> 관료제란 정치의 통제력이 관료의 수중에 완전히 장악되어 있어서 그들의 권력이 일반 시민의 자유를 위태롭게 하는 통치 형태를 지칭할 때 사용되는 용어이다. 이러한 통치의 특성은 틀에 박힌 행정에의 집착, 규칙 준수에 따르는 신축성의 상실, 의사 결정의 지체, 새로운 모험에 대한 거부 등이다. 극단적인 경우 관료들은 자신의 이익을 위해 통치기구를 존중하는 세습계급이 될 수도 있다.[60]

권력을 합법적 명령권과 업무처리권으로 구분하는 브레히트(Arnold Brecht)도 관료제를 관료에 의한 통치로 규정한다. 그는 관료들이 존재하는 곳이면 어디서나 관료들은 두 가지 권력을 전적으로 혹은 부분적으로 보유하고 있으며, 이런 의미에서 관료제를 갖지 않은 국가는 존재하지 않는다고 본다.[61] 브레히트의 견해는 관료적 권력의 범위를 제시함으로써 서

---

58) *Ibid.*, pp. 89-90.

59) Michel Crozier, *The Bareaucratic Phenomenon*(Chicago: The University of Chicago Press, 1964), pp. 186-197.

60) Harold Laski, "Bureaucracy," *Encyclopedia of The Social Sciences*, vol. 3, quoted in D. Waldo, ed., *Ideas and Issues in Public Administration*(New York: McGraw-Hill, 1953), pp. 36-37.

로 다른 사회의 관료제적 권력 상황을 비교 분석할 수 있는 비교론적 시각을 제공해 주었다고 볼 수 있다. 또한 수력사회(hydraulic society)라는 개념적 장치를 통해서 총체적 권력(total power)이 행사되는 전제주의 체제의 출현을 설명하는 비트포겔(Karl A. Wittfogel)도 중국과 같은 역사적 제국의 계급구조가 민중과 국가기구의 관계에 기초하고 있으며, 국가기구의 중심이 바로 관료라고 본다.[62] (비트포겔의 관점은 제4장에서 상세하게 검토된다.)

4) 공공행정으로서의 관료제

여기서는 관료제가 대체로 가치 중립적인 개념으로 인식되면서 국가에 의해 고용되어 한정된 기능을 수행하는 공무원집단으로 이해된다. 우리가 공공행정을 공무원이 수행하는 업무로 규정한다면, 개념의 초점은 업무의 성격이 아니라 그들이 공유하는 공통의 이해, 즉 국가에 의해 고용되었다는 점에 맞추어진다. 관료제를 공공행정과 동일시하는 이 관점도 1960년대에 들어와서 다소의 변모를 보인다. 즉 좀더 광범위한 비교연구, 또는 정치에 대한 일반 체제 접근 방법에서 분석의 단위로 활용되고 있으며, 관료제는 행정 과정보다는 압력집단으로서 또는 사회적 가치에 대해 형성적 영향력을 미치는 집단으로 간주된다.[63]

널리 알려진 관료제에 관한 한 비교연구에서 관료제는 네 가지 유형으로 분류된다. 즉 송왕조(宋王朝)가 대두하기까지 중국의 관료제와 프레데릭 윌리엄(Frederick William)이 즉위한 이후의 100년 동안 러시아에서 발견되는 후견적 관료제(guardian bureaucracy), 오직 계급으로부터 관리를 충원하는 계급적 관료제(caste bureaucracy), 19세기의 영국 및 잭슨 대통령 시대의 미국에서 발견되는 정실주의적 관료제(patronage bureaucracy), 일정한 자격 요건에 의해 충원되고 신분 및 안전성이 법적으로 보장되는 실적제적 관료제(merit bureaucracy)가 그것이다.[64]

---

61) Arnold Brecht, "How Bureaucracies Develop and Function," quoted in Martin Albrow, *op. cit.*, p. 93.

62) Karl A. Wittfogel, *Oriental Despotism: A Compararive Study of Total Power*(New Haven: Yale University Pless, 1957).

63) M. Albrow, *op. cit.*, p. 95.

역사적 관료국가의 정치 체제에 대한 사회학적 분석을 시도한 아이젠슈타트(S. N. Eisenstadt)는 관료제에 관한 정의를 하지 않았으나, 정치적 경쟁에 참여하는 지배 엘리트 다음으로 중요한 집단 즉 관리집단을 관료제로 본다. 그들은 추구하는 목표나 견해에서 동질적 집단이 아니며, 상이한 위계질서 내에서의 사회적 · 경제적 · 종교적 차별성이 존재한다.[65] 그는 역사적 관리집단의 정향에 따라 관료제를 유형화한다. 여기에는 ① 봉사 지향적 관료제, ② 지배자에게 예속된 관료제, ③ 자율성 · 자기 지향성 · 서비스 목표가 전치된 관료제, ④ 정치 체제에 대한 서비스 지향과 결합된 자기 지향적 관료제가 포함된다.[66] 그는 역사적 관료국가의 관료제가 정향상의 중첩성을 나타내는 것은 사실이지만, 일반적으로 하나의 경향이 부분적으로는 우세하게 나타난다고 본다(아이젠슈타트의 역사적 관료국가는 제4장에서 상세히 다루어진다).

프린스턴대학교의 정치발전론 시리즈 중 하나인 『관료제와 정치발전』(1963)에 수록된 여러 논문들도 여기서의 관점으로 관료제가 파악된다. 예컨대 '정보에너지 모형'을 적용해 베트남의 관료제와 정치 발전을 다룬 도시(J. T. Dorsey)는 관료제를 "정치 체제의 공적 혹은 민간 정부행정의 구성 요소"로 규정하고 관료제를 단순한 중립적 수동적 장치로 인식할 수 없다는 입장을 취한다.[67] 같은 책의 편집자인 라팔롬바라(J. LaPalombara)는 관료제 개념의 모호성을 승인하면서 이른바 손풍금식 개념화를 시도한다. 즉 관료제는 모든 공무원을 포함하는 것이지만, 주로 관심을 갖는 계층은 관리적 역할을 담당하는 중간 및 최고관리층이다.[68] 관료제에 대한 손풍금식 개념화는 부분적으로 공공행정의 개념의 불확정성에서 비롯된다.

---

64) F. M. Marx, *op. cit.*, pp. 54-72.

65) S. N. Eisenstadt, *The Political Systems of Empires*(Glencoe, Ill.: The Press, 1965), pp. 157-158.

66) *Ibid.*, p. 276.

67) J. T. Dorsey, Jr., "The Bureauerасy and Political Development in Vietnam," in Joseph Lapalombara, ed., *Bureoucracy and Political Development*(New Jersey: Princeton University Press, 1963), p. 322.

68) J. LaPalombara, "An Overview of Bureaucracy and Political Development," in *Ibid.*, pp. 6-7.

5) 관리에 의한 행정으로서의 관료제

여기서 관리(official)란 엄밀하게 공적 부문에만 한정된 것이 아니고 가톨릭의 사교(司敎), 군대의 장교, 공장의 관리자 등을 포함해서 주로 임명된 자를 지칭한다. 그러므로 여기서는 관료제가 그들의 업무 및 영향력이 모든 조직에서 발견되는 '관리의 구성체'라고 하는 집합적 용어로 인식된다.[69]

르네르(Karl Renner)는 모든 조직이 관료제적 장치를 갖추고 있는데, 이 장치가 별도로 분리된 것은 유럽의 사회계층 내에서 오랜 관행으로 굳어진 위신을 배분하는 방식에 의해 강화되었다고 주장한다.[70] 미국의 정치학자인 세이어(Wallace Sayer)는 대규모 복합조직의 행정이 지닌 특성에 관한 목록을 작성한 바 있는데, 여기에는 업무의 전문화, 권위의 계층제, 규칙의 체계, 문서 기록, 전문적 기술과 역할을 지닌 관리 등이 포함된다.[71] 요컨대 관리에 의한 행정으로 관료제를 파악하는 이 관점은 공적·사적 부문에 공통적으로 적용되는 것으로서, 다음에 검토할 조직으로서의 관료제라는 관점과 연결되어 있다.

6) 조직으로서의 관료제

조직으로서의 관료제는 베버 이후의 학자들이 관료제를 논의하면서 하나의 출발점으로 설정한 관점이다. 예컨대 파슨스(Talcott Parsons)는 "현대 사회의 가장 두드러진 구조적 특징 가운데 하나는 다소 느슨하게 관료제로 불리는, 전문화된 기능을 가진 비교적 대규모 조직이 우세하다는 것[72]이라고 기술한다. 하이네만(Charles S. Hyneman)의 다음과 같은 진술도 이 관점을 반영한다.

69) Martin Albrow, *op. cit.*, pp. 41-42.
70) Karl Renner, *Demokratie und Bureaukratie*, quoted in *Ibid.*, p. 98.
71) W. S. Sayer, "Bureaucracies: Same Contrasts in Systems," *Indian Journal of Public Administration,* Vol. 10, 1964, pp. 219-229.
72) Talcott Parsons, *Strucfure and frocess in Modern Societies*(Glencoe, Ill.: The Free Press, 1960), p. 2.

> 관료제는 현대 정부의 불가피한 귀결이다. 오늘날 정부가 수행하는 업무는 단지 법률 제정만으로 달성될 수 없다. 정부의 정책을 집행하려면 많은 사람들이 고용되어야 한다. 대규모 조직에 업무 수행을 위해 모인 사람들이 관료제를 구성한다. 추상으로서의 관료제는 대규모 조직이고, 어떤 대규모 조직도 관료제인 것이다.[73)]

또한 프레스터스(Robert Presthus)는 우선 조직을 권위에 의해 등급화된 역할 체계로 정의한다. 그리고 조직과 관료제적 구조를 동의어로 간주하고 이 제도에 의해 마련된 전체적 여건을 관료제적 상황이라고 규정한다.[74)] 관료제를 조직의 동의어 가운데 하나로 보는 에치오니(Amitai Etzioni)는 이 용어가 두 가지 결함을 갖고 있다고 본다. 하나는 조직이 중립적 용어인데 반해 관료제는 일반인에게 흔히 부정적 의미를 풍기며, 다른 하나는 관료제가 베버의 저작에 친숙한 사람에게는 베버가 명시한 원칙에 따라 조직화된 단위를 뜻하는데, 오늘날의 많은 조직은 기술적 의미에서 관료제가 아니라고 주장한다.[75)]

에치오니가 지적한 두 번째 결함은 사실상 일부 학자들의 호응을 얻고 있는 부분인데, 그것은 어떤 차원으로 조직의 성격을 규정하느냐에 달려 있다. 일부의 학자는 특정의 목표를 지향하는 단위로서 이해하고 또 다른 학자들은 조직의 개념을 포괄적으로 인식하고 관심의 초점을 복합적 혹은 대규모적 혹은 현대 조직에 맞춘다. 예컨대 헤디(Ferrel Heady)는 "관료제를 이해하는 가장 유용한 방식은 기본적 구조의 특징을 지닌 제도로 보는 것이다. 관료제는 조직의 한 형태이다. 조직이 그러한 특징을 갖고 있는지의 여부에 따라 관료제이기도 하고 아니기도 하다"[76)]고 주장한다. 비록 헤

73) Charles S. Hyneman, *Bureaucracy in A Democracy*(New York: Harper & Brothers Publishers, 1950), p. 3.

74) Robert Presthus, *The Organizational Society*, rev. edition(New York. St. Martin's Press, 1978), p. 2.

75) Amitai Etzioni, *Modern Organizations*(Englewood Cliffs, New Jersey: Prentice-Hall, Inc., 1964), p. 3. 그로스(E. Gross)와의 공저에서는 조직이 중립적 용어란 구절이 삭제되어 있다. E. Gross & Amitai Etzioni, *Organization Society*(Englewood- Cliffs, New Jersey: Prentice-Hall, Inc., 1985), p. 6.

76) Ferret Heady, *Public Administration: A Comparative Perspective*, fourth edition (New York: Marcel Dekker, Inc., 1991), p. 72.

디가 관료제의 기본적 구조의 특징에 대한 실질적 합의가 이루어졌다고 보나-그는 관료제의 구조적 특징으로 계층제, 분화와 전문화, 자격 혹은 능력을 제시한다-실제로 이 점에 관해서는 다양한 목록이 작성될 수 있다. 따라서 조직으로서의 관료제를 이해하는 시각에도 행정으로서의 관료제와 같이 난점이 존재한다. 이런 점에서 조직으로서의 관료제는 그것이 더 넓은 의미의 관료제, 즉 현대 사회 그 자체의 한 부분으로서 파악될 때만 여기서의 관점이 유용성을 지닐 것이다. 왜냐하면 현대 사회에 널리 퍼져 있는 것이 바로 계층제, 규칙, 분업, 경력 등이기 때문이다.

7) 현대 사회로서의 관료제

관료제로서의 사회가 모스카(Gaetano Mosca)에 의해 논의된 이래, 사회가 관료들에 의해 지배될 것이라는 견해의 서구적 표현은 번햄(James Burnham)의 『경영자 혁명』에서 발견된다. 이는 관료제가 된 사회가 아니고 관료제에 의해 지배되는 사회라는 의미에서 관료제적 사회인 것이다.[77] 사실상 만하임(Karl Manheim)이 지적했듯이 20세기의 사회구조의 변동은 국가와 사회라고 하는 이원론적 대립을 낡은 것으로 만들 만큼 공적 책임이 사회의 전반적 조직에 혼재되어 있다.[78] 우리는 이미 조직의 기제가 사회구조의 반영이라는 점을 시사한 바 있는데, 이것은 관료제를 사회의 한 유형으로 보는 것과 상응하는 관점인 것이다. 우리는 여기서 관료제화라는 용어를 상기할 필요가 있다. 그것이 관료제의 성장을 의미하든, 관료제에 의한 과도한 지배를 의미하든 조직의 성장은 불가피하게 사회의 관료제화를 야기한다. 이러한 진술이 시사하는 것은 사회가 관료제로서의 양상을 보여 준다는 것인데, 이것이 바로 현대 사회로서의 관료제인 것이다.

우리는 위에서 관료제란 용어의 기원을 출발점으로 하여, 오늘날 관료제의 개념이 얼마나 다양하게 사용되고 있는지를 검토했다. 관료제에 관한 이러한 다양한 개념적 정의는 마치 '문학'에 관한 다양한 정의를 우리에게 상기시킨다. 여기서 중요한 것은 하나의 정의를 선택하는 것이 아니라, 다

77) M. Albrow, *op. cit.*, p. 103.
78) Karl Mannheim, *Freedom, fower and Democratic Planning*(London: Routledge and Kegan Paul, 1951). pp. 43-44.

양한 시각에 대한 이해라고 하는 점이다. 따라서 관료제를 간결하게 정의하는 것이 관료제의 이해에 별다른 기여를 하지 못한다는 것을 인식하는 것 그 자체로서 우리는 관료제의 이해에 한 발자국 다가선 것이다. 정의를 위한 모색이란 바로 이러한 노력을 가리키는 것이다.

제 2 장 관료제 이론의 전개와 비판

우리는 제1장에서 관료제란 용어의 기원을 단초로 관료제에 관한 다양한 시각과 그 용법의 이모저모를 개관했다. 이러한 조망이 관료제를 이해하는 유용한 출발점이 된다고 생각한다. 그러나 여기에는 일정한 한계가 있다. 우선 우리의 조망이 선택적이고 한정된 자료에 의존한 점, 그리고 논의가 충분히 전개되지 못한 점 등이 지적될 수 있다. 이런 한계점을 인식한 토대 위에서 관료제 이론의 전개 과정을 검토하고자 한다. 우리는 이를 통해서 관료제가 논의되는 맥락과 여러 관점들이 더 한층 선명해질 것으로 기대한다.

여기서 논의되는 순서는 베버를 분기점으로 그 이전과 이후이다. 왜냐하면 베버의 관료제 이론은 그의 역사 해석에 대한 근거를 제공하고 있을 뿐만 아니라 "공식적 구조에 대한 가장 중요한 일반적 진술"[1]이며, 베버의 이론을 비판적으로 논의하는 학자들도 정도의 차이는 있지만 그의 선구적 업적에 크게 빚지고 있기 때문이다. 그런 까닭에 제1장에서 언급된 베버에 관한 단편적이고 부분적인 진술과 해석들이 여기서는 전체적 조망 속에서 재조명될 것이다.

---

1) Dwight Waldo, "Theory of Organization: Status and Problems," in Amitai Etzioni ed., *Readings on Modern Organization*(Englewood Cliffs, N.J.: Prentice-Hall, Inc., 1969), p. 14.

제1절 베버 이전

1 마르크스

관료제의 개념이 마르크스 사상의 중심에 위치한 것은 아니지만, 관료제 및 관료제와 사회의 권력구조 간의 관계에 대한 그의 견해는 이 문제를 둘러싼 초기의 논점을 이해하는 단초로 인식된다.[2] 실제로 마르크스(Karl Marx)의 시각은 그에 대한 뛰어난 비판가이며 동시에 영향을 받기도 했던 베버와 미헬스 같은 관료제 연구자들에게 하나의 준거틀을 제공했다. 마르크스는 관료제의 현상을 관찰하고, 그 개념을 국가행정이라는 제한된 맥락에서 파악했다. 따라서 마르크스의 관료제에 관한 견해는 그의 계급갈등 이론, 자본주의의 위기 및 공산주의의 출현이라는 포괄적 준거틀 내에서만 이해될 수 있다.

마르크스는 헤겔(G. W. F. Hegel)의 국가철학을 비판함으로써 관료제의 개념을 정교화한다.[3] 헤겔에게서 관료제는 국가와 시민사회를 연결하는 교량으로 파악된다. 이 때 국가는 보편적 일반이익을 반영하는데, 국가관료제는 특정이익의 일반이익으로의 전환을 가능케 하는 매개물로 인식된다. 마르크스는 헤겔의 국가와 시민사회 간의 구분을 수용하나, 그 내용에 관해서는 수정을 가한다. 즉 마르크스에 의하면 국가는 일반이익이 아니라 지배계급의 특정 이익을 구현하기 때문에 특정한 사회집단으로 구성된 국가관료제는 다른 사회계급에 대한 지배를 가능케 하는 도구인 것이다. 따라서 국가관료제는 지배계급의 분파적 권력이 그를 통해서 제도화된 행정기관인 것이다.[4] 이런 관점에서 국가제에 구현된 권위의 형식적 위계(位階)

2) Nicos P. Mouzelis, *Organisation and Bureaucracy: An Analysis of Modern Theorier* (Chicago: Aldine Publishing Co., 1967), p. 8.
3) Eva Etzioni-Halevy, *Bureaucracy and Bureaucracy: A Political Dilemma* (London: Routledge and Kegan Paul, 1983), p. 9.
4) Anthony Giddens, *Capitalism and Modern Social Theory*(Cambridge: Cambridge University Press, 1971), p. 237.

는 헤겔이 파악하듯이 시민사회와 국가 간의 연계를 낳는 것이 아니라 정치 권력을 집중시키고, 그것을 시민사회 구성원의 통제로부터 벗어나게 하는 작용을 한다. 더구나 그것이 견고하게 구축되어 있으므로 관료제는 무책임한 행정의 형태로 규정된다.

> 관료제는 어느 누구도 벗어날 수 없고, 고리가 된다. ……관료제는 사적 소유물처럼 국가의 정수(精髓), 사회의 정신적 정수를 지닌다. 관료제의 보편적 정신은 내적으로는 계층제를 통해서, 외적으로는 폐쇄된 조합을 통해서 유지되는 비밀, 불가사의한 존재이다.[5]

마르크스가 여기서 강조한 것은 명백하다. 권력과 형식주의로 가득 찬 관료제는 이 세계를 관리 대상으로 보고 그 촉수를 가능한 한 멀리 뻗친다. 마르크스는 관료제의 특징 즉 계층제와 비밀주의에 주목한다. 그리고 관료제의 상이한 수준에서 어떻게 서로를 기만하고, 무엇보다도 자신의 경력에 관심을 갖는 관료들이 어떻게 자신의 이익을 국가의 일반이익이란 이름으로 은폐하는지를 예증한다.[6] 마르크스의 국가에 관한 견해는 『독일의 이데올로기』에서 구체화된다. 그는 국가를 부르주아지가 자신들의 재산과 이해를 공동으로 보장하기 위해 필연적으로 취하는 하나의 조직 형태에 지나지 않는 것으로 본다.[7] 이 단계에서 마르크스는 국가가 다소의 자율성을 가진 것으로 판단했다. 즉 전통적 신분 관계가 유지되고 그것이 근대적 계급에 의해 대치되지 않았고, 따라서 어느 특정한 계층이 다른 계층에 대한 지배를 확립할 수 없었던 전환기적 상황에서 그것이 획득될 수 있다. 그러나 전환기적 상황이 지나고 부르주아지가 지배계급으로 자리잡으면서 국가는 자율성을 상실하고, 계급의 대표로 전환된다. 이 사정은 그가 『공산당 선언』에서 근대 국가의 집행부는 전체 부르주아지의 공통적 관심사를 다루기 위한 위원회에 불과하다는 진술 속에 나타나 있다.[8] 그러나 1851년 프랑스의

---

5) *Ibid.*
6) Frank Fisher & Carmen Sirianri, ed., *Critical Studies in Organization and Bureaucracy* (Philadelphia: Temple University Press, 1984), p. 21.
7) E. Etzioni-Halevy, *op. cit.*, p. 10.
8) *Ibid.*

나폴레옹 3세에 의한 쿠데타는 이런 관점에 대한 도전이었다. 쿠데타로 인해 프랑스의 부르주아지의 정치 권력이 침식된 반면, 국가의 권력은 압도적으로 우세하게 되었기 때문이다. 마르크스에 의하면, 프랑스 혁명기의 절대왕정 및 나폴레옹 1세 치하에서 관료제는 부르주아지 계급 지배를 위한 예비적 장치였고, 왕정복고 및 공화정 하에서도 지배의 도구였다. 오직 나폴레옹 3세 체제하에서 국가가 부르주아지로부터의 자율성을 획득했고, 이때 부르주아지는 자신들의 권력을 증진시키기 위해 국가의 권력을 구축한 것이다. 그 이유는 부르주아지의 경제적 이해가 강력한 국가에 의해 확보된다고 보았기 때문이었다. 그러나 강력해진 국가는 이미 부르주아지의 통제력 밖에 놓이게 되는데, 이 경우도 부르주아지들의 경제력 확보를 위한 정치 권력의 포기인 것이다.[9] 요컨대 마르크스에게서 국가는 지배계급의 수동적 도구는 아니다. 일정한 시점, 즉 국가와 그 관료제가 모든 계급보다 우월한 권력을 구축했을 때 지배계급으로부터 자율성을 획득하게 되나 이 경우에도 국가는 여전히 지배계급의 이익을 증진시킨다. 관료제의 주된 과업은 현상 유지와 특권의 향유인데, 그것은 계급으로부터 분화된 사회에서 불가피한 일이 되고 만다. 이처럼 관료제를 계급 갈등의 맥락에 위치시키면 관료제는 다음과 같은 성격을 지닌다.[10]

우선 관료제는 소외 과정의 특정한 예증이 된다. 소외의 개념이 마르크스 사상의 중심에 위치한다는 것은 널리 알려진 사실이다. 소외의 과정을 통해서 사회적 힘은 인간의 통제로부터 벗어나 독립적으로 존재하고 종국에는 그의 창조자인 인간에게 대항하게 된다. 이러한 소외의 철학적 함의는 관료제에도 적용된다. 즉 관료제는 일반대중에게 불가사의하고 멀리 떨어져 있는 실체로 감지되는 한편 자신들의 통제 범위를 넘어서는 억압적 힘이 된다. 이것은 관료들이 스스로를 신성시하고 신비화하는 신화 및 상징을 창조함으로써 강화된다. 이 과정을 통해서 관료제는 닫힌 세계가 되고, 외부 세계에 대해 침묵과 적의(敵意)의 연합전선을 형성한다. 그러나 소외는 관료와 국외자 사이에만 적용되는 것이 아니다. 관료제 그 자체에도 내재한다. 흔히 관료들은 자신들이 수행하는 업무의 기생적·억압적 성

9) *Ibid.*, p. 15.
10) N. P. Mouzelis, *op. cit.*, pp. 9-11

격을 인식하지 못하고 일반이익을 위한 불가결한 존재로 자임하는데, 이러한 자기 환상은 계층제, 훈련, 권위에 대한 존경에 의해 공고화된다.

관료제의 또 다른 국면은 무능력이다. 마르크스는 관료들의 창의력과 상상력의 빈곤, 책임지기를 두려워하는 경향을 지적한다. 이들의 무능력이 자신들은 모든 것을 행할 수 있다고 믿는 관료들을 두려움에 싸이게 하지는 못한다. 관료들은 자신의 지위를 견고하게 하기 위해 끊임없이 지배의 기능을 확장한다. 또한 관료제는 자본가 계급의 도구이다. 그러므로 프롤레타리아 혁명과 계급 없는 사회의 출현과 더불어 국가관료제는 소멸하게 될 것이다. 이것은 관료제가 전체로서의 사회로 흡수되는 것을 뜻한다. 요약컨대 마르크스는 관료제를 정치 권력의 집중의 표현이라는 한정된 맥락에서 지배계급의 이익을 반영한다는 시각으로 파악했다. 그리고 초기에는 관료제가 자신들의 이익을 증진시키는 것으로 보았으나, 후에는 관료제를 포함한 국가가 단지 자본가 계급의 이익 증진에 기여한다는 사고로의 전환을 그는 보여 주고 있다. 이것은 관료제가 그의 주된 관심 영역이 아닌 점에서 비롯된다.[11] 우리는 그를 포함한 마르크스주의자들의 관료제에 관한 논의들을 이 장의 후반부에서 다시 다룰 것이다.

2 모스카

마르크스가 국가행정이라는 제한된 맥락에서, 그러나 그의 주된 관심인 계급 갈등과 중첩되면서 관료제의 문제를 다룬 반면, 모스카(Gaetano Mosca)는 이를 지배계급 이론의 한 부분으로서 주된 연구 대상으로 설정했다. 휴스(H. S. Hughes)와 같은 지성사가(知性史家)에 의해 '마키아벨리의 후계자'로 불리기도 한 모스카는 정치 과정의 실체로서 권력을 기본적 개념으로 파악하고 사회를 두 개의 계급으로 구분한다.

> 모든 정치적 조직에서 발견되는 불변의 사실 및 경향 속에는 한 가지 분명한 것이 있다. 모든 사회에는—미개한 사회로서 문명의 손길이 거의 닿지 않는 곳이든 고도로 발전된 강력한 사회이든—두 개의 계급 즉 지배계급과 피지배

11) E. Etzioni-Halevy, *op. cit.*, pp. 24-25.

> 계급이 존재하기 마련이다. 첫 번째 계급인 지배계급의 경우 그 수는 항상 소수이지만 모든 정치적 기능을 수행하고, 권력을 독점하며, 권력으로 획득할 수 있는 모든 이점을 향유한다. 반면 두 번째의 피지배계급은 수적으로는 다수이나 지배계급에 의해 어느 정도는 합법적으로, 또한 자의적이고 폭력적인 방법으로 지시와 통제를 받는다.[12]

모스카는 다수에 대한 소수의 지배를 소수가 조직화된 사실로서 설명하는데, 이 견해는 정치 형태에 관한 두 가지 유형의 기초가 되었다. 그것이 바로 봉건국가와 관료국가이다.[13] 봉건국가는 지배계급의 구조가 단순하다. 따라서 봉건국가는 경제, 사법, 행정, 군사 등 모든 통치 기능이 지배계급에 속하는 동일인에 의해 수행되는 체제이다. 그리고 국가 그 자체는 자급자족에 필요한 모든 기관을 갖춘 소규모의 사회적 집합체로 구성된다. 중세 유럽이 널리 알려진 본보기이다. 관료국가는 지배계급의 전문화가 이루어진 체제이다. 그러므로 통치 기능이 분화되어 있고 지배계급은 배타적인 지배의 영역을 갖는다. 이 체제하에서 정부는 과세를 통해서 부(富)를 축적하고, 이를 관리와 군사력의 유지에 활용한다. 관료국가의 지배계급은 봉건국가에서 행해지는 것보다 더욱 강력한 힘을 피지배자에게 떨치고 있으나, 그들이 행사하는 권력에서 인격적 성격은 감소된다. 그러므로 사회는 전체로서의 지배계급의 통제하에 놓인 정도는 높으나 인격적 통제하에 놓여 있는 정도는 낮다. 고(古)이집트와 로마제국은 고도로 관료제화된 국가의 본보기이다. 그리고 서구의 경우 중세가 막을 내리면서 봉건주의가 절대왕정으로 전개되고, 그것이 다시 근대적 대의제 국가로 전환된다.

모스카는 특히 관료제가 부와 군사력을 독점하는 형태를 관료제적 절대주의라고 지칭하고 이러한 정부의 형태를 최악의 전제정치로 간주하면서, 대의제에 의해 관료제가 제한되는 것이 필수적임을 지적한다.[14] 그러나 대의제는 민주정치 원리가 가정하는 국민 주권, 치자의 동의에 의한 통치, 다수의 지배를 보증하지는 않는다. 모스카는 "다른 정부 형태에서 발생하는 일, 즉 조직화된 소수자가 자신들의 의사를 비조직화된 다수에게 강요하는

12) Gaetano Mosca, *The Ruling Class*(New York: McGraw-Hill, 1939), p. 50.
13) 모스카는 후에 제3의 정치 형태로서 도시국가를 추가한다.
14) *Ibid.*, pp. 142-143.

것이 대의제하에서도 일어난다"[15]고 지적한다. 이는 선거에서 승리할 기회를 가진 후보자는 조직화된 소수에 의해 옹호받는 자이며, 또한 의회제 자체가 지배계급의 권력을 적절하게 통제하지 못하기 때문이다. 그러므로 모스카가 행정의 과정에 절제된 삶을 영위하는 부유하고, 근면하며, 인격적으로 고결한 사람 중에서 충원된 명예직 관리가 관여할 것을 제안한 것은 그의 비관적 견해를 반영한 것이다.[16]

요컨대 모스카가 소수 지배의 불가피성을 강조하면서 관료들을 현대 국가의 지배계급으로 보고, 이것을 현대 국가의 현저한 특징으로 파악한 것은 19세기 관료제에 관한 사고에 하나의 충격이었다.[17]

3 미헬스

정치사회학자인 립셋(S. M. Lipset)에 의해 20세기의 가장 영향력 있는 저서의 하나로 평가받은 미헬스(Robert Michels)의 『정당론』은 민주적 가치의 실현이 위임된 조직에서 불가피하게—극복할 수 없는 것은 아닐지라도 심각한 장애가 되는—과두제의 경향이 나타난다는 가설에서 출발한다. 미헬스의 다음과 같은 경구적 진술은 그의 유명한 '과두제의 철칙(iron law of oligarchy)'을 요약한 것이다.

> 선출된 자가 선거권자를 지배하고 위임자는 위임권자를 지배하며 대의자(代議者)가 대의권자(代議權者)를 지배하는 것이 조직이다. 조직을 말하는 자는 누구나 과두제를 말한다.[18]

미헬스의 『정당론』은 독일 사회주의 정당의 내부구조 연구를 통해 모든 대규모 조직은 내부 민주주의 가능성이 배제되는 관료제적 구조를 발전시

---

15) *Ibid.*, p. 154.
16) *Ibid.*, p. 269.
17) Martin Albrow, *Bureaucracy*(London: Macmillan, 1970), p. 34.
18) Robert Michels, *Political Parties: A Sociological Study of the Oligarchical Tendencies of Modern Democracy Study*(New York: The Free Press, 1962), p. 15, p. 365.

키는 경향이 있다는 결론을 제시한다. 그의 분석 대상이 된 것은 사회주의 및 혁명적 노동당의 내부구조였다. 보수정당의 경우, 선거 기간을 제외하면 본래적으로 그들이 지닌 과두제적 경향이 명백하게 드러난다. 그는 사회주의 및 혁명적 노동당의 과두제적 경향에 관한 분석이 그 결과에서 가치가 있다고 보았다. 왜냐하면 이들 정당이 시초에 표방한 것은 과두제의 부정이었기 때문이다. 즉 이론상 사회주의 및 명적 노동당의 근본적 목표는 모든 형태의 과두제에 대한 투쟁이다. 따라서 혁명적 정당의 내부에 과두제적 현상이 나타나는 것은 모든 인간의 조직에 내재한 과두제적 경향에 대한 결정적 증거가 되는 셈이다. 정당의 과두제적 경향에 기여하는 요인은 두 가지 측면에서 검토될 수 있다.

우선 조직 규모의 크기와 복잡성의 증가가 제시된다. 그의 견해에 의하면, 진정한 민주주의는 조직의 모든 구성원이 정책형성의 과정에 직접적으로 참여하는 것이다. 그러나 모든 구성원의 참여는 조직 규모의 증대로 인해 기술적으로 불가능하고, 설사 그들이 일정한 시간, 장소에 집결하더라도 현명한 결정으로 합의를 얻기는 불가능하다. 더구나 조직이 직면한 문제의 복잡성으로 인해 특별히 전문지식 및 훈련을 갖추지 못한 상태에서 모든 구성원이 문제의 본질을 이해하기는 더욱 어려운 일이다.[19] 한편 정당의 규모와 복잡성의 증대는 정당의 활동에 전념할 지도자를 요청하게 되므로, 단지 행정적 문제가 관료제를 필요로 하는 상황을 빚어낸다. 그러나 관료제의 대가는 그 정점에 권력의 집중화를 낳고, 반면 구성원들의 영향력의 감소를 초래한다. 이 경우 지도자들은 구성원을 제어할 수 있는 많은 자원을 보유하게 된다. 교육과 훈련을 쌓은 지도자들은 전문가로서 활동하고, 이것이 정당으로 하여금 그들을 필요 불가결한 존재로 만든다.[20] 이를 통해서 지도자들은 구성원으로부터 독자성을 확보한다. 지도자 수중으로의 커뮤니케이션 수단의 집중을 통해서 이들은 내부 언론을 장악하고, 잠재적 대항 세력에 대해서 불리하게 정보를 조작·왜곡함으로써 자신들의 지위를 공고화한다. 또한 지도자들은 연설, 기고 활동, 홍정, 그룹 활동의 조직화 등의 방식으로 조직구성원 중 어느 누구도 소유하지 못한 정치적 기술을

19) *Ibid.*, pp. 53-72.
20) *Ibid.*, pp. 107-152.

획득하게 되고, 바로 이것이 지도자들을 대치할 수 없는 존재로 만들게 된다. 이를 통해서 지도자와 구성원의 위치는 권력을 장악한 지도자의 리더십을 영속화하며, 구성원들이 조직의 정치 과정에서 완전히 소외되는 체제로 전환된다. 그리고 일단 권력의 지위에 오른 후 지도자들의 주된 관심은 그것을 유지하는 데 집중된다. 이는 보상으로서의 권력 그 자체와, 명성과 재정상의 이점을 가져오는 권력의 보상에서 비롯된 것이다. 미헬스는 지도자들의 이러한 형태가 개인적 성격에서 기인한 것이 아니고 조직의 긴장과 모든 인간에게 공통되는 심리적 특성 간의 결합에서 야기된 것으로 본다. 이제 지도자는 권력의 행사와 더불어 심리적 변형을 경험한다. 자신과 조직을 동일시하는 것이다.

여기서 미헬스가 국가관료제에 무관심하지 않았다는 점이 지적될 필요가 있다. 그도 현대 국가에서 관료제가 필요하다는 견해에 동의한다. 이것은 정치적 지배계급이 자신들의 지배를 뒷받침하기 위해서이다.[21] 또한 관료제는 국가의 안정성의 확보를 위해서도 필요한 존재이기는 하지만 이것이 국민의 복지와 양립되는 것은 아니다. 이는 관료들이 개인의 자유와 창의성에 적대적이기 때문이다. 관료들의 높은 권위에의 의존성은 개성을 억압하고, 인격을 타락시키고, 도덕적 빈곤을 가져온다.[22] 요컨대 국가의 관료제는 정치적 지배계급의 권력과 또한 상당수 중간층의 안전성의 원천이 되나, 사회의 다른 부분에 대해서는 억압의 근원이 된다. 따라서 관료들과 정당의 지도자 간에는 공통점이 발견된다. 그들은 자신의 지위를 보존하고 거기서 얻게 되는 보상에 관심을 갖고 조직의 관료제적·과두제적 성격을 강화한다.

요약하면, 민주적 정당에서 과두제가 나타나는 주된 원인은 기술적 측면과 리더십의 불가피성에서 발견된다. 초기에 지도자들은 자생적으로 나타나고 그들의 기능은 부수적인 것이다. 그러나 직업전문주의적 지도자가 되면서 부동의 존재로 전환된다. 그러므로 과두제는 지도자 개인의 심리적 변용과 조직의 전문적·기술적 필요성의 결합으로 탄생된다.[23] 다시 말하

21) *Ibid.*, p. 188.
22) *Ibid.*, p. 191.
23) *Ibid.*, pp. 364-365.

면 정당은 규율과 관리의 계속성에 따르는 내적 필연성과, 지도자의 심리적 변용으로 불가피하게 폐쇄적이고 자기보존적인 과두제가 된다. 이런 현상은 모든 대규모 조직에서 발견된다. 린츠(Juan J. Linz)는 미헬스의 『정당론』이 개인적 경험과 잡지, 신문 그리고 2차 자료에 의존하고 있으나, 그 자료를 체계적으로 분석하지 않았으며, 그가 독창적인 사상가는 아니지만 마르크스 이론에 도전했으며, 후일의 정당에 관한 여러 연구에－예컨대 뒤베르제르(Maurice Duverger)의 『정당론』(1951), 뉴만(Sigmund Neumann)의 『현대정당론』(1956)－깊은 영향을 주었다고 평가한다.[24]

제 2 절 베 버

1 이념형

베버의 관료제 이론을 검토하기 전에 그의 사회이론의 근저에 놓인 방법론적 태도와 이념형(ideal type)에 관해 일별할 필요가 있다. 그것이 그의 관료제 이론을 이해하는 데 유용하기 때문이다. 베버가 지적하듯이 이념적 혹은 정신적 현상과 관련된 사회과학은 특정 문제에 대한 관심에서 출발하고, 바람직한 사회 변화에 영향을 미치려는 인간의 관심에 의해 촉발된다. 이런 맥락에서 인간의 사회적·문화적 현상에 대한 객관적 진술을 지향하는 동인(動因)이 출현하나, 그것이 사실적 진술(존재의 세계)과 규범적 진술(당위의 세계) 간의 논리적 구분의 정식화(定式化)를 수반하지는 않는다.[25] 이 점에 관해서 상호 연관된 관점이 제시될 수 있다. 첫째는 바람직한 것이 불변적 존재 즉 사회적·경제적 제도의 운영을 지배하는 불변의 법칙이고, 둘째는 바람직한 것과 현실 간의 접합이 진화의 일반 원리 속에

24) Juan J. Linz, "Robert Michels," in D. L. Sills, ed., *International Encyclopedia of the Social Sciences*, Vol. 10(New York: The Free Press, 1968) 270-271.

25) Max Weber, *The Methodology of the Social Sciences*, trans. and ed. by Edward A. Shils & Henry A. Finch(New York: The Free Press, 1949), p. 51.

서 그 위치가 파악되는 것이다. 그러나 경험과학의 경우 무엇이 바람직한 것인가를 규정하는 전형(典型)을 과학적으로 수립하는 것이 논리적으로 불가능하기 때문에 위의 두 가지 관점은 거부되어야 한다. 이것이 베버가 취한 신(新)칸트학파 인식론의 기본 전제를 구성하는 것이다.[26] 그러나 가치판단이 과학적 분석을 통해서 확증될 수 없다고 해서 과학적 논의의 영역에서 그것이 전적으로 배제되어야 한다는 의미는 아니다. 특정의 행동노선을 마땅히 채택할 것인가 아닌가 하는 당위성에 관한 가치판단은 수단의 차원으로 분리될 수 있고, 그 수단은 특정한 목표의 달성을 위해 이용될 수 있기 때문이다. 따라서 과학적 분석을 통해서 우리는 특정한 목표의 달성을 위한 수단의 적합성과 나아가서 일정한 역사적 상황에 근거하여 목표 그 자체도 간접적으로 평가할 수 있는 것이다. 또한 경험적 연구를 통해서 의도된 행동노선의 결과나 그 함의를 파악하고 목표 달성에 따른 가치의 상실이라는 대가도 결정할 수 있다. 그러나 이 분석의 결과를 적용하는 것은 인간의 일이지 과학의 일은 아니다.

요컨대 경험과학은 한 개인에게 '무엇을 해야 하는가'를 말할 수 없고 '무엇을 할 수 있는가', 그리고 특정한 상황에서 '무엇을 바라는가'를 말할 수 있는 것이다.[27] 그러나 베버도 개개인의 가치가 사회과학에서 중요한 역할을 수행한다는 점을 승인한다. 그것은 개인이 사회 관계에 영향을 미치고 사회 속의 인간의 생존에 의미를 부여하는 것은 궁극적으로 개인의 가치임을 시사한다. 그리고 그 의미는 베버가 "역사 과정의 의미 없는 무한성 가운데서 유한한 부분, 인간이 의미와 중요성을 부여한 부분"[28]으로 정의한 문화에 의해 확립된다.

베버는 사회학을 사회적 행위의 해석적 이해와, 그 과정으로 규정한 바 있다.[29] 이 정의를 통해서 우리는 사회과학자가 시도하는 객관적 설명이 자연과학의 그것과 동일할 필요가 없으며, 사회과학 연구에서 식별되는 것은 관점의 포괄성이 아니라 인간 행위의 독특한 성격을 이해하는 데 기여

26) A. Giddens, *op. cit.*, pp. 134-135.
27) M. Weber, *op. cit.*, p. 53.
28) *Ibid.*, p. 81.
29) M. Weber, *The Theory of Social and Economic Organization*, trans, by M. Henderson & Talcott Parsons(New York: The Free Press, 1964), p. 88.

하는 설명력이란 점을 확인할 수 있다. 그런데 인간의 사회적 행위에 관한 인과적 설명과 연관된 것이 바로 이념형이다. 여기서 인과적 설명이란 과학적 탐구 결과의 보편타당성을 뒷받침하는 절차이다. 그는 자연의 세계와 달리 인간의 영역에서는 아무리 단순한 인간의 행동일지라도 남김없이 설명할 수 있는 법칙-인과적 설명-에 도달하기는 불가능하다고 본다. 그러므로 문제는 인과적 성격의 부분적 설명에 도달하는 방법을 찾는 것인데, 그가 제시한 것이 교시적 수단으로서의 '가설적 분석'이란 도식이다.[30] 이것은 인과적 설명이 할 수 있는 것은 주어진 사건의 계기에 결정적 차이를 일으킨 요인, 즉 그것을 생각치 않으면 그 사건이 일어났다고 생각할 수 없는 요인을 찾아내는 것뿐이란 가정에 근거한 것이다. 따라서 '가설적 분석'의 함의는 당면한 문제의 결정적 요인이 개별 연구자의 관점을 통해서만 설명될 수 있으며, 이러한 요인의 선택은 궁극적으로 연구자의 가치 체계에 기초를 두고 있다는 점이다.[31]

그러면 이념형이란 무엇인가? 그것은 인과적 설명을 위한 단일의 복합체로서 구체적 사례의 일탈과 유사성을 확인하는 척도로서 기능하는 개념적 구성물이다.[32] 베버는 이념형을 다음과 같이 정의한다.

> 한 가지 또는 몇 가지 관점의 일방적 강조와, 상호 관련성 없이 흩어져 있고, 어느 정도는 현존하나 때로는 현존하지 않는 구체적 개별 현상들의 종합-그것은 일방적으로 강조된 관점에 따라 통합된 분석적 구성물을 배열한 것이다-으로 구성된다. 개념적 순수성으로 인해서 이 정신적 구성물은 현실의 어느 곳에서도 발견될 수 없다. 그것은 '유토피아'이다.[33]

여기서 이념형은 규범적 의미에서의 도덕적 이상을 뜻하지는 않는다. 즉 특정한 사회의 형태가 바람직하다거나 그것이 마땅히 추구되어야 한다는 의미는 아닌 것이다. 이념형은 특정한 문화적 의미를 전달하는 요소들의

---

30) M. Weber, *The Methodology of Sociological Sciences*, pp. 75-76.
31) *Ibid.*, p. 78.
32) Lewis A. Coser, *Masters of Sociological Thought*(New York: Harcourt Brace Jovanovich, Inc., 1971), p. 223.
33) M. Weber, *The Methodology of Social Sciences*, p. 90.

추상화 및 그 정교화이므로 일련의 사건에 대한 기술 이상의 것이지만, 경험적으로 현실에 존재하는 것은 아니다. 즉 이념형의 효용성은 구체적 문제 혹은 일련의 문제들과의 연관 속에서 비로소 평가되며, 이념형을 구성하는 유일한 목적은 경험적 문제를 분석하는 데 있다. 아롱(Raymond Aron)은 베버의 이념형을 세 가지로 유형화한 바 있다.[34)]

첫째, 특정한 시기와 특수한 문화 영역에서만 나타나는 역사적 특수성에 근거한 이념형으로서 자본주의, 서구의 도시 등이 여기에 포함된다. 이 이념형은 전체적이고 특수한 역사적 실체를 재구성한 것이다. 예컨대 베버에게 자본주의는 경제 제도 전반을 가리킨다는 점에서 전체적이다. 또한 자본주의가 서구 사회에서만 충분히 발전되었다는 점에서 그것은 특수한 것이다.

둘째, 사회적 현실의 추상적 요소를 가리키는 이념형으로서 다양한 역사적·문화적 맥락에서 발견된다. 이 경우 우리는 이념형을 통해서 역사의 실제적 전모를 이해하고, 그 성격을 규정할 수 있다. 관료제, 지배의 유형, 봉건제 등이 여기에 포함된다.

마지막으로, 특정한 행위 유형의 합리적 재구성과 관련된 이념형이다. 베버에 의하면 경제이론의 모든 명제들이 여기에 속한다. 경제이론은 인간이 순수하게 경제적 동기에 따라 행동한다는 가정하에서 성립된 것이다. 아롱의 이념형에 관한 분류는 베버의 관료제 이론을 이해하는 단서를 제공하게 된다.

2 관료제의 개념화

베버의 관료제 이론은 19세기 후반부터 20세기 초에 걸쳐서 진행된 세계의 변동－예컨대 행정조직 기술의 우월성, 행정 수단의 집중화, 경제적·사회적 차별의 상대적 평등화 등－과 관련된 당시의 객관적 시대 상황과 인류의 진보를 현상에 대한 신화적 해석으로부터 이성에 근거한 해석으로서의 전환으로 본 그의 역사관의 결합으로 열매 맺은 것이다. 따라서 베버의

34) Raymond Aron, *Main Currents in Sociological Thought*, II. trans. by Richard Howard & Helen Weaver(Harmondsworth Penguin Books, 1967), pp. 208-210.

관료제 이론은 하나의 이념형으로서 제시된 것임에도 불구하고 당시의 유럽 사회 문화 전반에 대한 위기의 진단을 내포한다는 점에서 현실 적합성을 갖는다. 이는 관료제의 팽창이 역전될 수 없으리라는 그의 인식에 근거한 것이다.

벤딕스(Reinhard Bendix)는 베버의 관료제에 관한 논의를 몇 가지 분석 수준으로 구분하는 것이 가능하다고 보는데, 그가 제시한 것은 다음과 같다.

① 관료제화 과정－특히 서구 문명의－에 대한 역사적·기술적 근거
② 법의 지배가 관료제적 조직 운영에 미치는 영향
③ 신분집단으로서의 관료들의 직업적 지위와 전형적인 개인적 성향
④ 현대의 관료제 특히 정부관료제의 주요 속성과 영향[35]

벤딕스 자신은 네 가지 분석 수준이 중복된다는 점을 승인하지만, 이 구분의 중요성은 베버가 관료제를 정의하지 않은 데서 발견될 수 있다. 이것은 베버가 조직분석에서 여러 개념들을 정의하기 위해서 기울인 노력과 비교해 뚜렷이 대비된다.[36] 사실상 베버는 관료제란 용어를 사회과학 언어의 일부로서 취급하지 않았고, 일상적인 경우 흔히 인용 부호를 붙여서 사용했다. 이런 점에서 베버의 관료제에 접근하는 방식은 분석 수준에 따라 차이가 있겠으나, 그의 관료제 이론과 연관성이 높은 개념적 맥락을 '지배'와 '조직'에서 찾는 것은 유용한 출발점이 된다.

우선 그는 권력과 지배를 구분한다. 그는 권력을 사회적 관계 내의 행위자가 저항에도 불구하고 자신의 의사를 실현시킬 수 있는 개연성으로 정의한다. 이러한 의미에서의 권력은 대부분의 사회적 관계 내에서 발견되는 일반적 현상이다. 반면 지배는 권력의 특별한 경우로 그 의미가 축소되는바, 이는 한정된 내용의 명령이 조직의 구성원에게 복종의 형태로 나타나는 것을 뜻한다.[37] 이것은 지배의 요소가 ① 지배자(집단)와 피지배자(집단), ② 피지배자의 행위에 영향력을 행사하려는 지배자의 의사 및 의사의

35) Reinhard Bendix, *Max Weber: An Intellectual Potrait*(London: Methuen Co., 1962), p. 423.
36) M. Albrow, *op. cit.*, pp. 40-41.
37) M. Weber, *The Theory of Social and Economic Organization*, p. 152.

표명, ③ 객관적으로 식별되는, 명령에 순응하는 지배자의 영향력, ④ 주관적으로 수락되는, 피지배자가 명령에 복종하는 지배자의 영향력의 존재로 구성되었음을 뜻한다.[38] 우리는 여기서 지배의 여러 유형과 관련해 지배에 복종하는 동기, 그 정당성에 관한 의미 등을 모색할 수 있을 것이다. 그런데 베버의 견해에 따르면 어떤 명령이 조직의 구성원에 의해 복종의 형태로 나타날 개연성은 체제의 정당성에 대한 복종자의 믿음에 의존한다. 즉 지배에서 명령에 복종하는 정당성의 의식이 필요하다. 그는 이에 대해 세 가지 이념형을 제시한다.[39]

첫째는 전통적 지배이다. 이것은 지금까지 존속해 왔던 권위의 정당성에 대한 믿음에 근거한 것으로서, 명령권을 행사하는 자는 일반적으로 세습적 지위에서 기인하는 개인적 권위를 향유하는 자이다. 지배자의 명령은 예로부터 확립된 전통에 부합되고, 지배자는 자유롭게 개인적 결정권을 행사할 수 있다는 의미에서 정당화된다. 지배자의 명령에 복종하는 자는 추종자이며 이들은 지배자에 대한 개인적 충성심, 유서 깊은 신분에 대한 존경심으로 복종하게 된다.

둘째는 카리스마적 지배이다. 이것은 주술적인 힘, 계시, 영웅주의(heroism) 혹은 천부적 자질을 통해 카리스마를 가지고 있음을 증명할 수 있는 지도자(예언가, 영웅, 선동가)에 의해서 행사되는 인격적 권위에 근거를 둔 지배이다. 따라서 전통적 지배와 달리 카리스마적 지배는 명령권의 정당성을 비일상적인 것에서 찾는다. 이러한 지도자를 따르는 자는 명시된 규칙, 전통에 의해 신성화된 신분의 존엄성보다 지도자의 뛰어난 자질을 신뢰하는 제자 혹은 추종자이다.

셋째는 합법적 지배이다. 이것은 합리적인 사회적 행위를 전제하며, 법의 합법성에 대한 믿음이 정당성의 원천이 된다. 명령권을 행사하는 자는 법적으로 규정된 절차에 의해 임명되거나 선출되며, 이들 자신이 법적 질서의 유지를 지향한다. 명령에 복종하는 자는 법적으로 평등하며, 이들은 법

38) R. Bendix, *op. cit.*, p. 292.

39) M. Weber, *The Theory of Scial and Economic Organization*, p. 328; *From Max Weber: Essay in Sociology*, trans. by H. H. Gerth & C. W. Mills(London: Routledge and Kegan Paul, 1970), pp. 78-79; R. Bendix, *op. cit.*. pp. 294-296.

을 집행하는 사람이 아니라 법, 즉 비인격적 질서에 복종하는 것이다.

위의 세 가지 지배 유형은 역사상 순수한 형태로 나타나지 않고, 이들 간의 결합, 동화, 변형된 상태로 나타난다. 그러나 베버는 전통적, 카리스마적, 합법적 요소들의 그러한 상태를 분석하기 위해 지배 유형에 관한 개념의 정립이 필요하다는 입장이다.[40] 그러므로 세 가지 지배 유형의 이질적 요소들이 봉건제, 또는 근대 국가와 같은 상이한 역사적 국면에서 어떻게 결합되었는가를 제시하는 것이 필요하다. 이러한 이유로 베버는 하나의 지배 체제의 모순들이 제도적 구조의 수정이나 정당성에 대한 믿음의 변화와 관련됨을 입증하는 것이 가능하다고 보았다. 예컨대 충분히 일관성을 지닌 카리스마적 리더십은 규칙이나 전통에 상반되는 것이지만, 제자들은 지도자의 비범한 능력이 일상사를 위해 유지되기를 바란다. 제자들의 이런 태도로 인해서 규칙과 전통이 형성되는데, 이것은 그들이 의식적으로 봉사하려는 카리스마의 변형 즉 '카리스마의 일상화'를 가져온다. 우리는 이와 같은 방식으로 하나의 지배 체제가 다른 지배 체제의 방향으로 변화될 수 있는 추세를 분석하게 된다. 그러나 이러한 변화가 하나의 지배 유형으로부터 다른 지배 유형으로의 전환을 반드시 가져오는 것은 아니다. 각 지배 체제는 지배자와 피지배자 간의 정당성에 대한 믿음에서 나타나는 자기동일성의 유지를 위한 견고한 방어기제를 갖고 있기 때문이다. 모든 지배 체제는 지배자가 그들의 지배를 정당화시키는 기준을 따르지 않고, 그것이 대중(피지배자)의 정당성에 대한 믿음을 위태롭게 할 때 그 성격이 바뀌게 된다. 예컨대 합법적 지배하에서는 상급자 자신도 법에 종속된다. 만약 그가 지배력을 무제한적으로 확장하기 위해서 과도한 복종을 요구한다면 법적 질서의 유지에 대한 믿음이 약화된다. 또한 전통적 지배의 경우, 만약 지배자가 그에게 권력을 부여한 전통을 넘어서 자의적 명령권을 행사한다면 신성한 전통에 대한 믿음의 기초는 위태롭게 된다. 유사한 맥락에서 카리스마적 지도자가 제자들의 면전에서 자신의 비범함을 입증하지 못한 경우 그의 권위는 상실된다.

요컨대 베버의 세 가지 이념형은 잘 알려진 과거의 역사를 통해 여러 지

40) R. Bendix, *op. cit.*, pp. 296-297.

배 형태의 비교분석을 위한 기초로서 제시한 것인데,[41] 여기서 지배가 다수에게 행사되는 행정장치에 관한 문제를 검토할 필요가 있다.

베버는 통상 조직으로 번역되는 'verband'란 용어에 주목하고 있는데, 이것은 규칙에 의해 외부인의 영입이 배제되거나 혹은 제한되는 사회적 관계를 의미하며, 그 관계에서는 지도자 혹은 행정간부(administrative staff)가 존재함으로써 조직의 성격이 규정되고 조직의 구조가 보존된다.[42] 그런데 인간의 행위는 일련의 규칙을 지향하는데 이것이 바로 행정질서이다.[43] 행정간부는 행정질서 내에서 이중 관계를 맺는다. 하나는 행정간부의 행위가 규칙에 의해서 규제되는 것이고 다른 하나는 조직의 구성원이 규칙을 준수하도록 감독하는 일이다.[44] 이 때 행정질서 내에서 중요한 국면은 누가 누구에게 명령하는가를 결정하는 데 있고, 따라서 행정과 지배는 밀접하게 연결된다. 베버가 권력과 지배를 구분한 것도 조직의 이러한 구조적 성격에 주목했기 때문이다. 여기서 지적될 것은 지배자와 행정부를 결합시키는 것은 여러 유형이 가능 한데, 베버는 명령권을 타인으로부터 받지 않은 지도자를 수장(首長)이라고 부르고 수장의 명령대로 움직이는 사람을 장치(apparatus)로 부른다는 점이다. 따라서 앞에서 검토한 세 가지 지배 유형은 어느 것이든 행정간부 내지 장치를 편성했고, 그중 관료제와 관련성이 높은 것이 합법적 지배이다.

베버가 제시한 합법적 지배의 성격은 다음과 같다.[45]

① 조직의 구성원에게 복종을 요구하는 법규가 제정될 수 있다.

② 그 법규는 본질적으로 일관성을 갖춘 추상적 법체계로 구성된다.

③ 지배권을 행사하는 자도 이 비인격적 질서에 복종한다.

④ 지배에 복종하는 자는 조직구성원의 자격으로서만 복종한다.

⑤ 그들은 개인으로서 지배자에게 복종하는 것이 아니고 비인격적 질서에 복종하는 것이다.

---

41) Wolfgang J. Mommsen, *The Age of Bureaucracy*(New York: Harper & Row, 1974), p. 73.
42) M. Weber, *The Theory of Social and Economic Organization*, pp. 145-146.
43) *Ibid.*, p. 150.
44) *Ibid.*, p. 146.
45) *Ibid.*, pp. 329-330.

베버는 합법성의 개념에 입각해, 합법적 지배 체계가 지닌 원칙을 다음과 같이 제시한다.

① 규칙에 의해 구속되는 업무관리

② 기능적으로 구분된 업무

③ 계층제 원리에 근거한 조직 편성

④ 전문적 훈련의 필요성

⑤ 행정간부의 행정 수단의 소유로부터의 분리

⑥ 재직자의 관직의 비전유물화

⑦ 문서주의

⑧ 합법적 지배 체제는 여러 형태를 취할 수 있으나 가장 순수한 형태는 행정간부를 갖춘 구조에서 발견된다.[46]

베버의 관료제에 관한 사고의 중심이 되는 것은 ③항 즉 행정간부를 가진 조직이다. 이는 베버가 제시한 합법성의 성격과, 합법적 지배 체제의 원칙이 행정간부를 갖춘 조직에서 발견되는 것은 사실이지만 그 자체가 관료제를 설명하는 것은 아니기 때문이다. 그가 의미하는 가장 합리적 형태로서의 관료제는 행정간부를 가진 조직인데, 그 체제하에서의 관리(official)의 지위는 다음과 같다.

① 업무에 따른 비인격적 의무만 수행할 뿐 사적인 활동은 자유롭다.

② 계층제의 조직이다.

③ 기능은 법적으로 규정된다.

④ 관리는 자유계약에 의해 임명된다.

⑤ 자격 기준에 따라 임명한다.

⑥ 고정급을 받으며 연금권이 있다.

⑦ 관직은 그들의 전업이다.

⑧ 선임 순위, 업적에 의해 승진이 결정된다.

⑨ 행정 수단이 소유로부터 분리되며, 직위를 전유(專有)할 수 없다.

⑩ 엄격하고 체계적인 규칙에 복종해야 한다.[47]

이것이 관료제의 순수형을 구성하는 요소이며, 베버가 일반적으로 '관료

---

46) *Ibid.*, pp. 330-333.

47) *Ibid.*, pp. 333-334.

제'라고 부르는 것이다. 사실상 관료제적 행정이 과거에도 존속한 것은 사실이지만 합법적 지배 체제에 근거한 대규모적 관료제는 근대 국가의 출현과 연계된 것이다. 그리고 이러한 관료제화의 과정은 국가기구에만 국한된 것은 아니다. 베버는 관료제의 중요성이 증가하는 데 주목하면서 여러 부문-교회, 국가, 군대, 정당, 기업, 클럽 등-에서 진행되는 현대 조직의 발전은 관료제적 행정의 지속적 증가에 지나지 않으며 이것을 불가피한 과정으로 파악한 것이다.[48] 여기서 말하는 관료제화란 객관적 고려에 의해 전문화된 행정적 기능의 원리를 실현하기 위한 최적의 가능성을 제공하는 것인데,[49] 베버는 이것을 보편적인 역사의 전개 과정으로 포착한 것이다. 그는 또한 충분히 발전된 관료제적 기구를 다른 조직과 비교하는 것은 기계에 의한 생산 방식과 그렇지 않은 것을 비교하는 것과 같다고 기술함으로써 순수하게 관료제적 행정조직을 지금까지 역사적으로 알려진 어떤 행정 체제보다 우월한 것으로 인식한다. 그것은 기술적 의미에서 관료제가 최고도의 능률성을 확보하기 때문인데, 그것은 관료제가 지닌 정확성, 안정성, 훈련의 엄격성, 책임성에 의해 뒷받침된다.[50]

베버가 이념형이라고 부르는 관료제는 순수한 형태로 현실의 세계에서 발견되는 것은 아니지만, 근대 자본주의에서 이념형에 가까운 형태로 나타난다. 즉 베버는 세계가 점차 합리화되어 가는 과정에서 전통적 카리스마적 지배에 기초를 둔 가산적(patrimonial) 카리스마적 관료제가 근대적 관료제로 점차 발전된다고 보는데, 근대적 관료제의 출현은 결국 근대 자본주의가 성립·발전한 근대 국가의 현상으로서 베버가 제시한 선행 조건이 성숙한 시기에 나타난다.[51]

그러나 베버는 이미 관료제의 역기능에 주목했고, 비인간화를 야기하는 세계의 관료제화가 피할 수 없는 운명임을 알고 있었다.[52] 그런데 베버의

---

48) *Ibid.*, p. 337.
49) M. Weber, *From Max Weber: Essay in Sociology*, p. 215.
50) M. Weber, *The Theory of Social and Economic Organization*, p. 337.
51) 베버는 관료제 성립의 선행 조건으로서 ① 화폐경제의 발달, ② 행정 업무의 양적 증가, ③ 행정 업무의 질적 변화, ④ 관료제적 조직의 기술적 우월성, ⑤ 행정 수단의 집중화, ⑥ 경제적·사회적 차별의 상대적 평등화 등을 제시한다. Max Weber, *From Max Weber: Essay in Sociology*, pp. 204-228.

세계의 합리화 및 관료제화에 관한 견해는 마르크스의 소외 개념과 유사성을 갖는다. 양자는 현대 조직의 방식이 생산과 조직의 효율성을 놀랄 만큼 증대시키고, 자연에 대한 인간의 전례 없는 지배를 가능케 하며, 나아가서 합리화된 세계가 비인간화를 촉진시키는 괴물로 변신되고 있다는 점에 견해를 함께한다. 그러나 베버는 마르크스가 소외를 단순히 인간의 해방의 도상에 나타난 과도기적 현상으로 파악한 것에 동의하지 않는다. 비록 베버가 어떤 카리스마적 지도자가 이러한 재앙으로부터 인간을 구원할지도 모른다는 희망을 품었지만 미래가 에덴의 동산이 아니고 쇠우리가 될 것으로 생각한 것이다.[53]

3 관료제와 권력 상황

베버가 1918년 학문 생활에 복귀해 뮌헨대학교 교수로 봉직할 때 '자유학생연맹'의 요청으로 행한 강연이 '직업으로서의 정치'이다. 베버는 이 강연에서 현대 정치의 강력한 두 가지 흐름을 지적한다. 하나는 근대적 관료제의 성장으로서, 훈련받은 직업전문적 행정가에 의해 움직이는 국가기구의 팽창에 현저하게 나타나 있다. 다른 하나는 새로운 직업정치가의 대두로서, 이들의 영향력은 선대에서 물려받은 사회적 지위가 아니고 대중정당 및 유권자의 지지에 기반을 둔 것이다.[54] 베버의 이러한 통찰은 반세기 이상이 지났음에도 불구하고 타당성을 갖는다. 그것은 국가에 의한 서비스의 제공, 경제활동에 대한 규제와 함께 대중 정당의 출현 속에 극명하게 나타나 있다.[55] 우리는 여기서 관료제의 성장이 가져오는 권력의 비대화와 더불어 그것이 개인의 자유에 대한 침해로 나타나는 점에 주목하게 된다. 이때 관료제의 권력의 원천이 되는 것은 그들의 전문성, 정치적 지지의 동원능력이다.[56] 물론 이들 요소만이 권력의 원천이 되는 것은 아니다. 강제적

52) Lewis A. Coser, *op. cit.*, p. 231.
53) *Ibid.*, p. 232.
54) Joel D. Aberbach et al., *Bureaucrats and Politicians in Western Democracies* (Cambridge, Mass.: Harvard University Press, 1981), p. 1. Max Weber, *From Max Weber: Essay in Sociology*, pp. 77-128.
55) David Beetham, *Bureaucracy*(Milton Keynes: Open University Press, 1987), p. 58.

권력 수단의 합법적 독점, 자원 배분의 우선권, 사회구조 내에서의 높은 지위, 자유재량권, 정보에의 용이한 접근, 명성 등이 권력의 강화에 기여한다.[57] 여기서 관료들의 전문성, 기술적 탁월성 등은 관료와 정치가를 구분하는 분기점이 된다는 점에서 중요하다. 즉 정치가는 정치적 능력에 의해 선출되나 관료들은 그들의 기술적 전문성에 입각해 충원된다. 또한 선거, 투표, 타협, 협상으로 정치가 구성된 것이라면 관료들의 전문성은 지식, 과학, 합리성에 의존한다. 따라서 베버가 관료제적 지배의 위기를 극복할 수 있는 방법으로서 정치가에 의한 정치지도를 주장한 것은 시사적이다.

베버는 관료와 정치가의 차이점을 책임성의 상위점에서 찾는다. 즉 진정한 관료는 그의 본래의 직업으로 미루어 보아 정치에 종사해서는 안 되고, 무엇보다도 비당파적으로 행정 업무에 종사해야 한다. 이것은 국가이성(raison d'ètat) 즉 지배 질서의 사활이 걸린 이해가 문제되지 않는 한, 적어도 공식적으로는 이른바 정치적 관료에게도 해당된다. 관료는 분노와 편견 없이 그의 직무를 수행하지 않으면 안 된다. 따라서 관료들은 정치가가－지도자이든 추종자이든－언제든지, 반드시 행하지 않으면 안 되는 것 즉 투쟁을 해서는 안 된다. 왜냐하면 당파성, 투쟁, 열정－분노와 편견－은 정치지도자의 핵심적 요소이기 때문이다. 정치가의 행위는 관료의 그것과 전적으로 상이한, 정반대의 성의 원리에 종속되는 것이다. 관료의 명성은 상급 관청의 명령을 정확하게 자신의 확신과 일치하듯이 양심적으로 집행하는 능력에 귀속된다. 이것은 비록 그 명령이 자신의 판단으로는 그릇된 것이고, 자신의 항의에도 불구하고 상급자가 그 명령을 고집할 경우에도 적용된다. 최상의 의미에서 이 도덕적 규율과 절제가 없다면 모든 행정기구는 붕괴될 것이다. 반면 정치지도자, 따라서 지도적 정치가의 진면목은 자기 행위의 책임을 전적으로 개인이 지는 것이며, 그 책임을 거부하거나 전가할 수 없으며, 또 그렇게 해서는 안 되는 점에 있다.[58] 요컨대 정치가의 책임은 행위의 결과에 대한 개인의 배타적 책임이고, 관료의 그것은 업무

---

56) Francis E. Rourke, *Bureaucracy, Politics, and Public Policy*, 3rd edition(Boston: Little Brown and Co., 1984), Chapter Ⅱ-Ⅲ 참조.

57) Gerald E. Caiden, *Public Administration*, 2nd edition(Pacific Palisades, Calif. Palisades Publishers, 1982), pp. 90-92.

58) M. Weber, *From Max Weber: Essay in Sociology*, p. 95.

의 집행에 있는 것이다.

물론 베버가 이상적 관계로 설정한 관료와 정치가의 구분은 현실 세계에서 순수한 형태로 나타나지 않는다. 더구나 오늘날 증대된 관료의 역할과 더불어 행정권의 강화 및 확대로 인해 정치와 행정, 결정과 집행 간의 이원적 구분이 비현실적이라는 주장이 설득력을 갖고 있는 것도 사실이다. 그도 이 점에 관해서는 견해를 같이하고, 바로 이러한 이유로 관료제를 정치지도에 예속시킬 필요성을 강조하고 있는 것이다. 이 때 베버에게서 정치가의 사상과 행동을 규정짓는 자질은 정열, 책임감, 균형 감각인데 그는 책임윤리를 강조하면서 다음과 같은 진술을 마지막으로 그의 정치 강연을 끝맺는다.

> 정치는 견고한 판자에 힘차게 그리고 천천히 구멍을 뚫는 일이다. 그것은 정열과 식견을 필요로 한다. 만일 불가능한 것에 도달하려는 되풀이되는 노력이 없었다면 인간이 가능한 것도 성취하지 못했을 것이라는 진리는 확실히 모든 역사적 경험이 입증하고 있다. 그러나 이를 행할 수 있는 사람만이 지도자가 되지 않으면 안 된다. 그리고 지도자일 뿐만 아니라 소박한 의미에서 영웅이어야 한다. 또한 지도자도 영웅도 아닌 사람은 모든 희망의 좌절까지 극복할 수 있는 확고한 신념으로 무장하지 않으면 안 된다. 이는 지금 당장 필요한 것이고, 그렇지 않다면 오늘 가능한 것조차 달성할 수 없을 것이다. 이 세계가 그의 견해로는 그가 제공하기를 원하는 것에 비해 너무 어리석고 경멸할 만한 것일 때도 좌절하지 않고 확신을 갖는 사람만이 정치를 직업으로 갖는다. 이 모든 것에 직면해 '그럼에도 불구하고'를 말할 수 있는 사람만이 정치의 천직(天職)을 갖게 된다.[59)]

이런 의미의 정치가만이 근대 유럽의 합리주의의 소산인 관료제에 대해서 유럽 정신의 전통인 개인의 자발적 창의성을 발휘할 수 있고, 근대의 유럽인을 관료제가 가져오는 정체성에서 구할 수 있다고 그는 믿은 것이다.[60)]

여기서 베버는 그가 추구한 정치가의 가능성을 카리스마적 자질을 갖춘

---

59) *Ibid.*, p. 128.
60) 양시호, "막스 베버의 관료제 연구," 윤근식 양시호(외), 『현대정치와 관료제』(서울: 대왕사, 1976), p. 165.

지도자가 출현할 찬스와 국민투표적 지도자 민주주의(plebiscitarian leader-democracy)에서 찾는다.[61] 즉 관료제화의 경향으로 정치 체제가 억압적이고 경제가 점차적으로 역동성을 상실하게 되는 상황에서 출현하게 되는 카리스마적 자질을 갖춘 지도자가 사회 제도를 위한 새로운 목표를 설정하고, 이러한 목표가 정치적 수단에 의해 추구될 수 있도록 대중으로부터의 충분한 지지를 확보할 수 있다고 보았다. 따라서 베버는 합법적 지배 및 관료제적 장치 내에서 영향력과 권력을 행사할 수 있는 카리스마적 지도자의 출현을 가능케 하는 사회적·정치적 구조를 강력하게 옹호했다. 그리고 이러한 도구를 충족시켜 줄 수 있는 것이 바로 국민투표적 민주주의인 것이다.

베버는 현대의 관료제적 사회의 사회적·정치적 조건하에서 민주주의가 역동성과 리더십의 최대화를 제공한다는 근거로 민주주의를 옹호했으나, 국민 주권의 이론을 전적으로 신임한 것은 아니다. 그는 의회민주주의를 대중들의 자기결정 원리의 구현에 지나지 않는 것으로 보고, 의회의 기능을 정치지도자의 훈련과 행정적 관료제에 대한 견제라고 하는 소극적 역할로 한정해서 파악하고 있는 것이다.[62] 특히 국민투표적 민주주의 하의 모든 리더십을 카리스마적 관점에서 파악한 베버는 대중들이 정치적 쟁점을 판단할 능력을 갖추지 못한 존재로 보고 그들이 정치지도자를 추종할 것으로 기대했다. 따라서 민주적 과정이란 대중들의 지지를 얻기 위한 정치지도자간의 경쟁적 투쟁인 것이다. 그러므로 대중들은 정치적 쟁점, 프로그램의 선택이 아니라 정치지도자를 선택하는 존재인 것이다. 요컨대 베버가 뛰어난 자질을 갖춘 정치지도자의 출현을 기대한 것은 당시의 독일의 상황, 즉 의회의 무능과 전문적 관료들의 증대에서 비롯된 카리스마적 정치지도자의 빈곤에서 찾을 수 있을 것이다.[63]

---

61) W. J. Mommsen, *op. cit.*, pp. 82-83.
62) *Ibid.*, p. 87.
63) M. Weber, *From Max Weber: Essay in Sociology in Sociology*, p. 113.

제 3 절 베버 이후

베니스는 관료제를 향해 쏟아진 비난들의 목록－그것은 루터(Martin Luther)가 부분적으로는 면죄부에 대한 항거로서 비텐베르크(Wittenberg)의 교회문 위에 못박은 95개의 논제를 능가한다－을 작성한 바 있다. 여기에는 "관료제가 개인의 성장과 성숙된 인격의 계발을 적절히 인정하지 않는 것"으로부터, "관료제는 퍼스낼리티 구조를 변경해 구성원을 우둔하고 불투명하며, 조건화된 조직 인간이 되도록 하는 것"까지를 포함한다.[64] 관료제에 대한 비난의 근거도 다양하다. 예컨대 관료제에 관한 이론적 혼란과 상호모순성, 도덕적 또는 윤리적 이유, 비능률성과 같은 실제적 이유, 그리고 방법론의 취약성 등이 비난의 근거를 제공한다.

베버의 관료제 이론의 경우에도 우리는 유사한 경험을 한다. 어떤 논자는 베버 이후의 관료제 이론들이 그에게 의존적이면서도, 그에 대한 비판적 논의를 거치지 않은 경우는 거의 없다는 점을 지적한 바 있다. 그가 요약하고 있는 비판의 쟁점들은 ① 베버의 이념형과 관련된 것, ② 합리성의 이론, ③ 형식적 합리성, ④ 관료제의 기술적 능률성 등이다.[65]

물론 베버의 관료제 이론을 둘러싼 쟁점의 분류 자체도 하나의 쟁점이 될 만큼 논자에 따라 차이가 있는 것은 사실이다. 그것은 베버에 대한 비판이 미시적 수준에서 한 조직의 역동성에 관한 것으로부터, 거시적 수준의 그의 역사관에 대한 재검토에 이르기까지 다양하기 때문이다. 우리는 이러한 사실을 인식한 터전 위에서, 베버의 관료제 이론에 대한 비판과 더불어, 베버 이후의 관료제 이론의 흐름과 경향성을 검토하고자 한다.

---

64) W Bennis, "Beyond Bureaucracy," A. Etzioni, ed., *Readings On Modern Organization*(Englewood Cliffs, N. J. Prentice-Hall, Inc., 1969), p. 2.

65) 吉富重夫, "官僚制度論と行政學, 辻清明, 『行政學講座』, 第1卷, 行政の理論(東京: 東京大學出版會, 1979), pp. 154-156.

1 베버에 대한 비판

클레그와 던컬리(Steward Clegg & David Dunkerley)는 베버를 통해 정식화된 관료제 모형이 그 이후의 학자들에 의해 어떻게 수정되고, 또한 정교화되었는가를 검토하면서, 여기서 제기된 중심적 쟁점에 관한 논평들을 아래와 같이 요약한다.[66]

첫째, "개인은 자동기계가 아니다." 사실상 초기의 조직 및 관료제 이론이 기계적 패러다임으로 이해된 것은 확실하다. 그러나 전반적으로 비인격적 환경 내에서 개인이 비인간화된 방식으로 행동하도록 기대되는 장치에는 분명히 결여된 것이 있다. 즉 개인은 합리적·비인격적 형태 및 태도를 지닌 존재로 규정된 것에 의해서보다는 인격적 가치와 감정을 가진 존재로서 행동한다. 만약 우리가 개인의 인격적 특성들을 무시한다면, 공식적 규칙과 절차가 편재하는 관료제적 구조 속에서 모든 개개인은 오직 규칙과 절차에 따라 기능을 수행할 수 있어야 마땅하다는 명제가 도출된다. 물론 이것은 사실이 아니다. 앞으로 상세히 분석되지만 인격적 특성들이 존재한다는 것은 부분적으로 관료제가 비의도적 결과를 가져올 수 있다는 점을 시사한다.

둘째, "규칙이 예측하기 어려운 우발적 상황까지 규정하고 있는 것은 아니다." 사실상 관료제적 조직이 우발적으로 발생할 수 있는 모든 가능성을 상정하고 규칙과 절차를 마련하기는 불가능하다. 물론 오늘날 관료제적 조직은 가능한 한 과업을 일상화하고, 이를 통해서 과업이 능률적으로 수행되도록 규칙을 마련한다. 그럼에도 불구하고 그러한 일상화는 한계점을 지닌다.

셋째, "조직은 비공식 집단의 편성을 가져온다." 호손 연구(Hawthorne studies)의 비공식 집단의 발견 이후 그 중요성이 일반적으로 승인되었다. 그러나 비공식집단 지도자의 출현과 더불어 관료제의 또 다른 얼굴은 관료

---

66) S. Clegg & D. Dunkerley, *Organization, Class, and Control*(LonDon: Routledge & Kegan Paul, 1980), pp. 167-169.

제적 조직에게 목표 달성에 수반되는 곤란성을 부과한다.

넷째, "능률성과 혁신은 동의어가 아니다." 변동을 경험하는 환경 속에서 하나의 조직이 생존 그리고 발전하기 위해서 좀더 유기적 조직 형태를 갖출 필요가 있다. 기계적 조직인 관료제는–그것이 비록 극대화된 능률성을 발휘한다고 할지라도–그 변동이 내부적이든 외부적이든 적응력이 부족하다. 일단 가외의 조직 변동이 발생하면 조직의 능률성은 감소된다.

다섯째, "관료제는 단일한 실체가 아니다." 조직은 체제의 관점에서 상호의존적 하위 체계들로 구성된다. 관료제적 모형에서 체제 혹은 조직의 구성 부분 간의 상호의존성은 인정되지 않는 경향이 있다.

여섯째, "개인은 의사결정자가 될 수 있다." 조직의 과업이 일상화되는 경향이 있지만, 개인이 조직에서 의사결정할 필요성이 흔히 발생한다. 관료제적 모형은 이러한 기회를 부정한다.

일곱째, "관료제는 대규모 조직에 더욱 적합하다." 조직 규모의 확대로 더욱 공식화되고 일상화되는 경향이 나타나고 있음이 경험적으로 입증되고 있다. 규모가 작고 복잡성의 정도가 낮은 조직에서 관료제는 적합한 구조가 아닐 수 있다. 실제로 이 경우, 관료제적 조직과 연관된 여러 특징들을 갖출 필요성이 감소되는 경향이 있다.

클레그와 던컬리의 분석은 '관료제 모형' 전반에 걸친 일반적 비판으로 해석될 수 있을 것이다. 이제 구체적으로 베버에 대한 비판에 초점을 맞출 필요가 있다.

베버의 관료제 이념형에 대해 의문을 제기한 학자는 프리드리히(Carl J. Friedrich)이다. 그는 베버의 관료제 분석이 지닌 가치를 인정하면서 그것이 이념형에 관한 개념으로부터 방법론적 전거를 마련한 점에 의문을 제기한다. 즉 이념형이란 용어는 그것이 적용되는 실체 플라톤의 이념(ideal)의 의미에서조차 '이념'이 아니며, 설사 이를 수락해도 그것은 유형(types)일 수가 없다는 것이다. 왜냐하면 '유형'이란 그것이 전형화되는 경험적 실체로부터 그 의미가 도출되기 때문이다. 그러므로 프리드리히에게서 베버의 이념형은 상위 개념으로부터 연역적 추론 과정을 통해서 추론된 것도 아니며, 나아가서 가설로서 제시된 것도 아닌 것이다. 이념형과 연관된 방법론적 혼란이 베버의 관료제에 관한 논의에 깊은 영향을 미쳤는데, 이는 관료

제가 이러한 불분명한 실체의 하나로서 상정되었기 때문이다.[67]

관료제가 다른 어떤 형태의 조직보다 능률적이라는 베버의 기본적 명제를 수용하면서, 관료제적 조직의 역기능에 주목한 학자는 머튼(Robert K. Merton), 셀즈닉(P. Selznick), 굴드너(A. W. Gouldnr) 등이다. 이들은 관료제가 정태적이고 경직된 구조라는 일반적 통념과 달리 지속적인 긴장과 변화의 체제로 보는데 이것이 이른바 관료제의 변증법적 성격이다.[68] 이제 마치(J. March)와 사이먼(H. A. Simon)이 그들의 공저인 『조직론』(1958)에서 전개한 방식에 의거해 이를 설명하고자 한다.[69]

머튼의 모형은 조직계서제(組織階序制)의 상위층이 요구하는 통제의 필요성에서 출발한다. 이러한 통제의 필요성은 조직 내의 행동의 신뢰성에 대한 강조의 형태로 나타난다. 환언하면, 상위층의 관점에서 행동의 신뢰성에 대한 강조는 부하의 상관에 대한 책임성과 부하 행동의 예측 가능성의 필요를 느끼게 된다는 것이다. 신뢰성을 확보하기 위한 기법이 이른바 인간 행태에 관한 '기계적 모형'에서 비롯되고, 규칙이나 SOP(standard operating procedure)가 제정된다. 그리고 규칙이 준수되는지를 점검하기 위해 통제가 행해진다.

이와 같은 행동의 신뢰성 강조와 이를 보장하기 위한 기술(법규에 의한 통제)의 적용 때문에 다음의 세 가지 결과를 낳는다.

첫째, 사적 관계의 양이 감소한다. 관료제는 직위 또는 역할 간의 관계이다. 따라서 구성원(직원)은 다른 구성원과 특수한 개인으로서 행동하기보다는 특정한 의무를 지닌 직위의 대표자로서만 행동한다. 조직 내의 경쟁은 한정된 범위 내에서 발생하고, 구성원에 대한 평가 및 승진은 개인의 업적보다 선임 순위에 의존적이다.

둘째, 조직 구성원들이 규칙을 내면화하는 정도가 증대된다. 환언하면 법규를 자기 행동의 자동적인 준거 기준으로 삼고, 이렇게 하는 것만이 옳다는 신념을 갖게 된다. 그래서 본래 조직의 목표 달성을 위한 수단으로 만들

67) Robert K. Merton, et al., *Render in Bureaucracy*(New York: The Free Press, 1952), p. 28.

68) N. P. Mouzelis, *op. cit.*, p. 59.

69) J. March & H. A. Simon, *Organizations*(New York: John Wiley & Sons, Inc., 1958), pp. 36-47.

어졌던 법규가 이제는 조직목표와는 다른 그 자체로서의 독자적이며 적극적인 가치를 갖게 된다. 그 결과 목표와 수단이 바뀌는 목표대치(displacement of goals) 현상이 생기며, 조직원들의 입장에서는 그렇게 함으로써 자신들이 당초 기대하지 않았던 유리한 결과가 생기는 것을 알 수 있다.

셋째, 의사결정 기법으로서 유형화(categorization) 또는 범주화의 적용이 점점 더 많이 강조된다. 범주화는 사고의 기본적 구성 부분인데, 여기서 적용되는 범주가 비교적 소수로 한정되고 범주들의 탐색 대신 최초에 공식적으로 채용된 범주들을 강요하게 된다. 따라서 의사결정의 유형화 또는 범주화 적용의 증대는 새로운 유형과 대안을 찾는 탐색 활동이 적어진다. 사적 관계의 감소, 규칙의 내면화 정도의 증대, 대안의 탐색 활동의 감소 이 세 요인이 결합해 조직구성원의 행동에 대한 예측 가능성을 높인다. 즉 위의 세 가지 요인이 구성원의 행동에 경직성을 수반케 하는 것이다. 동시에 사적 관계의 감소－특히 내부경쟁의 경우에－는 조직구성원들이 조직목표를 공유하게 됨으로써 이들의 사기를 진작시킨다. 이러한 공유된 목표와 이해는 구성원이 외부 압력에 맞서 서로를 방어하는 경향을 낳는다. 이를 통해서 구성원의 행동의 경직성은 더욱 견고하게 된다. 여기서 조직구성원의 행동 경직성은 다음 세 가지 결과를 낳는다.

첫째, 신뢰성에 대한 본래의 요구를 실질적으로 충족시킨다. 환언하면 조직의 통제 또는 체제 유지 요구를 충족시키게 된다.

둘째, 개별 행위의 방어 가능성을 높인다. 개별 사례의 경우, 개인적 특성과 상관없이 유형별 규칙을 엄격하게 적용하면 그에 대한 도전이 상당히 힘들게 된다.

셋째, 행위의 경직성은 조직과 고객 간의 마찰의 양을 증대시킨다. 이렇게되면 관료제가 목표로 내세우고 있는 고객에 대한 봉사가 어렵게 된다.

여기서 고객과의 마찰의 양의 증대는 구성원의 방어의 필요성을 증대시킨다. 다시 말하면 계층제의 하층부에 대한 고객의 압력은 개별 행위의 방어의 필요성을 증대시키고, 다른 한편 계층제의 상층부에 대한 시정 요구는 오도된 방향으로 작동된다. 즉 이 경우에도 상층부가 신뢰성을 강조함으로써 개별 행위의 방어의 필요성을 증대시키는 것이다. 머튼의 모형은 [그림 2-1]에 나타나 있다.

[그림 2-1] 머튼의 모형

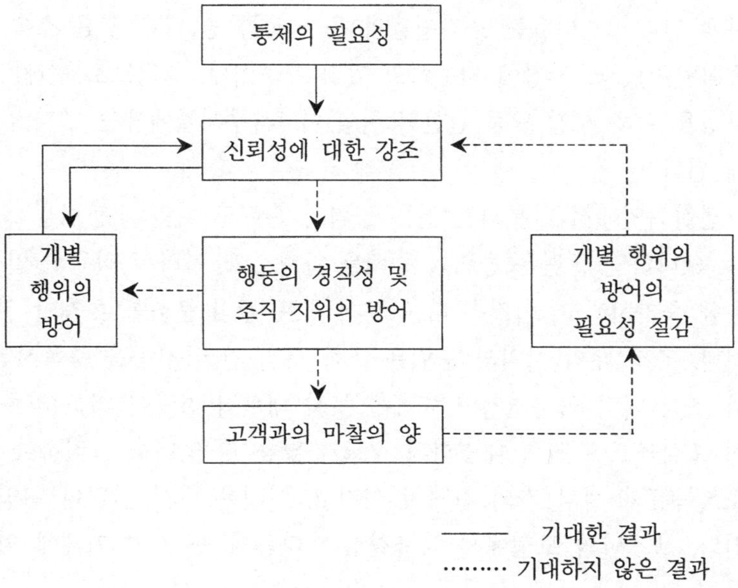

자료: J. March & H. A. Simon, *op. cit.*, p. 41.

머튼이 통제의 필요성에 대한 하나의 반응으로서 규칙을 강조한 반면 셀즈닉은 권한의 위임에 주목한다. 셀즈닉의 모형 역시 조직 상층부의 통제의 필요성에서 출발하며, 이 필요성에 따라서 권한의 위임이 행해진다.[70)] 이 때 권위의 위임은 몇 가지 결과를 낳는다. 우선 예상했던 결과로서 권한의 위임은 전문 능력에 대한 훈련의 양을 증대시킨다. 이는 비교적 한정된 문제로 관심이 제한되는 까닭에 그 분야에 관한 경험이 누적되고, 결과적으로 구성원의 문제 해결 능력을 신장시키기 때문이다. 이러한 기제를 통해서 조직목표와 성과 간의 간격이 좁혀지고, 따라서 좀더 많은 권한의 위임이 이루어진다.

반면, 권한의 위임은 부성화(部省化: 간막이화)를 낳고 이는 부서별 이익

70) 여기서 권한의 위임이란 분업 또는 전문화와 같은 뜻으로 사용된다.

의 분립 현상을 증대시킨다. 이 때 각 부서들은 자기 유지의 필요성 때문에 전체 조직의 사업에 대한 공헌보다는 부서의 목표에 대한 충성을 더 요구하게 된다. 그 이유는 조직원들의 욕구 충족 중 많은 것은 소속 부서의 지속적인 성공과 확장에 의존하고 있기 때문이다. 그러므로 원래 조직목표의 달성을 위해 생긴 활동(권한의 위임)이 각 부서들에게는 부가적 의미를 갖게 된다.

권한위임에서 비롯되는 전문 능력의 훈련도 이익의 분립을 조장하게 된다. 왜냐하면 훈련은 능력의 증대를 가져오고, 따라서 직원의 인사 교체 비용을 증가시키고, 이것은 다시 부서 목표 간의 분화를 초래할 것이기 때문이다. 조직 내의 이익의 분립은 조직 부서 간의 갈등을 증폭시킨다. 그 결과 조직 내의 의사결정의 내용은 부서 내부적 전략에 더욱 의존적이고, 특히 조직목표에 관한 내면화의 정도가 낮은 경우 더욱 그러하다. 이로 인해 조직목표와 성과 간의 간격이 커지고, 이것은 다시 권위의 위임을 증대시킨다. 셀즈닉의 모형에서 의사결정은 다음의 두 가지 기제에 의해 강화된다.

첫째, 조직 내부에서의 주도권을 장악하기 위한 부서 간 다툼은 의사결정의 내용에 영향을 미칠 뿐만 아니라, 부서목표(하위목표) 또는 부서 이데올로기를 더욱 미화(美化)하고 정교화를 낳는다. 각 부서는 자신들의 요구를 정당화하기 위해 그들의 정책을 전체 조직의 공식 교의에 적응시키는 것을 통해 성공을 도모하려 한다. 이러한 전술은 각 부서마다 그의 구성원으로 하여금 하위목표를 내면화하도록 한다.

둘째, 하위목표의 내면화는 부서의 일상적 의사결정 방식으로부터의 피드백을 통해서 더욱 강화된다. 일상적 의사결정의 필요성은 선례의 체계를 창출케 한다. 의사결정은 조직이 마련한 운영 기준에 의해 주로 이루어지고, 이 운영 기준 가운데서 부서목표는 매우 중요한 기능을 한다. 선례의 체계는 그들이 적절하게 이해하는 상황에 대한 통상적 반응이며, 따라서 하위 단위 목표의 내면화를 강조한다. 이러한 점에서 하위목표의 내면화가 부분적으로 조직목표의 구체성에 의존적임은 명백하다.

요컨대 권한의 위임은 조직목표의 달성에 순기능적 결과와 역기능적 결과를 가져온다. 다시 말하면 그것은 조직의 목표 달성에 기여하기도 하고,

목표대치 현상을 초래하기도 한다. 놀라운 점은 셀즈닉의 모형이 설정하고 있는 것이 조직목표의 달성과 그 일탈이 모든 권한의 위임을 초래한다는 점일 것이다. 그리고 조직의 역기능을 감소시키는 장치는 다음 [그림 2-2]와 같이 조직목표를 구체화시키든지 아니면 직원에 의한 조직목표의 내면화를 기하는 방법이다. 그런데 이와 같은 방법을 쓰려면 부서의 유지 요구와 충돌하는 곤경을 맞이할 것이다.

[그림 2-2] 셀즈닉의 모형

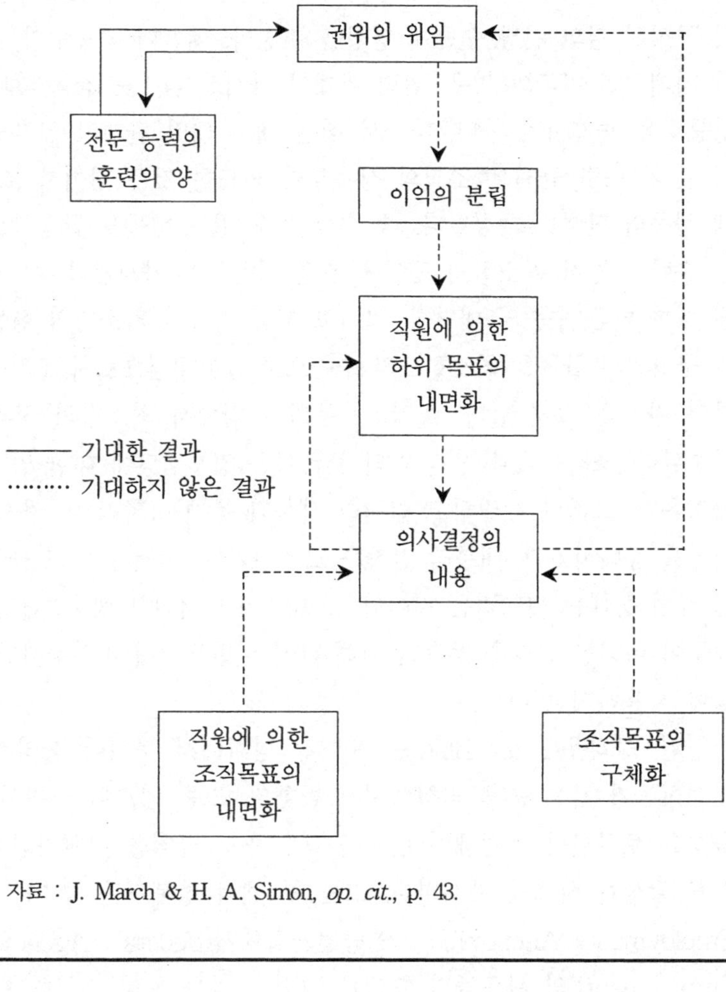

자료 : J. March & H. A. Simon, *op. cit.*, p. 43.

굴드너도 조직구조의 유지를 위한 관료제적 규칙 사용의 결과에 주목한다. 머튼 및 셀즈닉과 같이 굴드너는 하위 체제(부서)의 균형을 유지하기 위해 마련된 통제 기술이 어떻게 전체 체제(전체 조직)의 균형을 깨뜨리고, 그것이 어떻게 하위 체제(부서)에 피드백되는지를 제시하고 있다.

굴드너의 모형의 경우, 계서제 조직의 상층부에 의한 통제의 필요성 때문에 업무절차를 규제하기 위한 일반적·비인격적 규칙이 사용된다. 이 때 규칙의 적용 결과는 집단 내의 권력 관계의 가시성(可視性)이 감소된다. 업무집단 내의 권력 차이의 가시성은 직원들 간의 평등규범이 적용되는 범위와 함께 상관의 감독 역할의 정당성에 영향을 주는 힘으로 작용하는데, 이것 구성원 간의 긴장 수준에 영향을 미친다. 예컨대 평등주의 규범의 문화가 지배적인 미국의 경우, 권력 관계의 가시성 감소는 감독직에 있는 자의 정통성을 증가시켜 주며, 따라서 집단 내의 대인 관계의 긴장도를 감소시켜 준다. 또한 규칙은 조직의 상층부가 의도한 것을 넘어서 조직구성원에게 행동의 단서를 제공한다. 즉 수락될 수 없는 행동을 규정함으로써 규칙은 수락 가능한 최소한의 행동에 관한 지식을 증가시킨다. 이 때 조직목표에 대한 낮은 수준의 내면화, 그리고 허용 가능한 최소한의 행동의 명세화는 구성원의 활동을 최소한도의 수준으로 끌어내림으로써 조직목표와 성과 간의 간격을 크게 한다. 조직상층부의 관점에서 최소한의 성과는 실패로 간주된다. 조직목표와 성과 간의 불균형은 업무집단에 대한 엄격한 감독을 가져온다. 그러나 세밀하고 엄격한 감독과 통제는 조직 내 권력 관계의 가시성을 증대시키고, 내부적 긴장을 고조시킨다. 이것은 원래 규칙이 의도했던 균형 상태를 깨뜨리는 것이다. 그러나 굴드너의 모형 [그림 2-3]이 보여주듯이 이러한 긴장을 낮추기 위해 다시 일반적이며 비인격적인 규칙을 더 많이 사용하게 된다.

한편, 블라우(Peter Blau)는 주어진 상황에서 무엇이 합리적인 행정을 구성하는가 하는 문제 의식에서 출발했다. 그는 엄격한 규칙이 행정의 능률성을 보장한다는 견해에 반론을 제기하고, 규칙을 위반하면서도 조직목표를 달성한 사례를 제시한다. 그는 두 개의 정부기관 즉 '주고용처(State Employment Agency)'와 '연방법률집행처(Federal Agency of Law Enforcement)'의 관료들의 형태를 직접 관찰을 통해 분석한다. 이 사례연구에서 제시된 결론은 베버의 의도대로 법규가 하향식으로 강요되면 역기능을 파생시킨다는 것이다. 이 역기능은 하위 직원들의 사기 저하와 함께 생산성 저하를 가져온다는 것이다. 이에 따라 블라우는 통제 권한이 하부로 위임되고, 권위주의적 태도가 완화되어 조직 개인들이 더 적극적인 업무 수행을 할 수 있고, 자기 능력을 충분히 발휘할 수 있게 해 주어야 하며, 그러기 위해서는 항상 법규, 절차 등을 일일이 따를 필요가 없다는 것이다.

블라우는 기능주의적 접근법을 이용해 관료제적 구조가 이러한 구조를 변경하는 상황을 끊임없이 낳는다는 점을 연구의 과제로 설정했다.[71] 그는 결론적으로 관료제적 발전의 역동성은 특정한 목표의 성취를 위한 새로운 수단의 출현에 한정된 것이 아니고, 목표 그 자체가 변동하는 과정 속에서 나타난다고 보았다. 특히 조직의 혁신에서 경쟁적 관료들은 새로운 책임의 부여, 기관의 관할권의 확장에 관심을 갖는다는 점을 그는 지적한다. 그것이 관료들의 직무 만족을 증대시키고, 경력에 보탬이 되기 때문이다.[72]

에치오니는 베버가 분류한 지배의 유형과 특히 카리스마적 지배에 대해 비판적으로 검토하는 바, 이를 요약하면 다음과 같다.[73]

첫째, 순수한 카리스마적 지도자는 확립된 장(長, head)의 지위에서 출현한다. 확립된 장의 지위는 조직에 정당성을 재부여함으로써 지배의 정당성을 저하시키기보다 오히려 그것을 증가시킨다. 즉 사회 또는 조직이 해체되지 않고 새로운 활기를 얻는다.

둘째, 지배와 사회구조의 세 가지 유형 간의 엄격한 구분은 과장된 것이다. 실제로는 혼합형이 존재한다. 예컨대 고(古)이집트, 중국의 왕조, 중세의 비잔티움 제국에는 반전통적이고 반(半)관료제적 조직이 있었는데, 거기서 발견되는 계층제적 구조, 규칙과 규제의 준수 등은 현대의 전체주의 정권의 특징으로 간주되는 확산적·전체주의적 신분구조와 결합되어 있다.

셋째, 하나의 조직은 관료제적 구조로부터 카리스마적 구조로의 전이가

---

71) Peter Blau, *The Dynamics of Bureaucracy*(Chicago: The University of Chicago Press, 1955), pp. 2-3.

72) *Ibid.*, pp. 201-22.

73) A. Etzioni, *Modern Organizations*(Englewood Cliffs, N. J.: Prentice-Hall, Inc., 1964), pp. 56-57.: E. Gross & A. Etzioni, *Organizations in Society*(Englewood Cliffs, N. J.: Prentice-Hall, Inc., 1985), pp. 85-86.

[그림 2-3] 굴드너의 모형

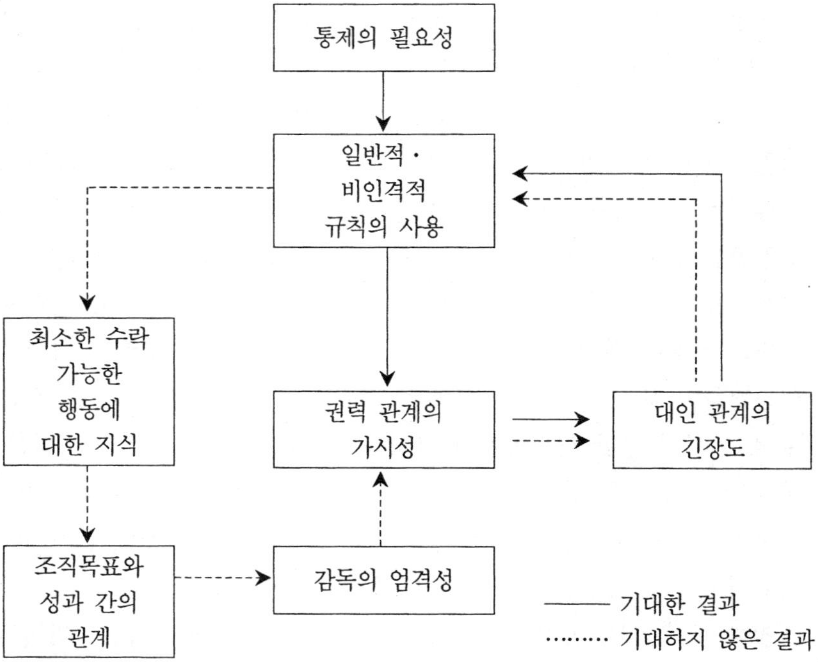

자료: J. March & H. A. Simon, *op. cit.*, p. 45.

가능하며, 이것은 다시 관료제적 구조로의 복귀도 가능하다. 예컨대 노동조합의 경우 '평상시의 업무기'의 관료제적 관계로부터 단체교섭, 스트라이크 등 같이 긴장이 고조된 '전투 시기'의 카리스마적 관계로 전환될 수 있다.

넷째, 카리스마적 자질을 갖춘 지도자의 출현이 조직의 상층부 지위에만 국한되는 것은 아니다. 하위 전투장교, 하위 성직자, 대학교수가 개인적 카리스마를 보여 주는 경우는 흔한 일이다.

마인저(Lewis C. Mainzer)는 베버의 관료제 분석이 대규모 조직의 주요 국면에 대해 유용한 안내를 한 점을 승인하면서 비판적 논평을 평가한다. 정치적 관료제의 관점에 서 있는 마인저의 비판의 요지는 다음과 같다.[74]

74) Lewis C. Mainzer, *Political Bureaucracy*(Glenview, Ill..: Scott, Foresman, 1973), pp. 5-6.

첫째, 관료제를 실제의 조직과 충분히 일치하지 않은 추상적 형태인' 이념형'으로 취급함으로써 개념상의 혼란이 빚어지고 있다. 베버는 실제의 조직이 다소 관료제적인 점은 인식했지만, 베버의 독자들은 대규모의 조직은 베버가 기술한 것과 같은 것이어야 한다고 안이하게 생각한다.

둘째, 베버는 계층제적 권위와 직업전문주의와의 관계의 규명에 소홀했다. 베버는 관료들의 주도면밀한 훈련과 기술적 탁월성을 강조했는데, 오늘날의 비판가들은 전문성에서 그들과 겨룰 수 없는 상층부에 의해 관료들이 통제될 수 없다는 점을 지적한다.

셋째, 베버의 분석은 조직 내의 인간관계를 다루지 않았다.

넷째, 관료제적 조직 내의 실제의 의사결정이 일반규칙을 비인격적·능률적 방식으로 특정 사례에 적용하듯이 단순한 것은 아니다.

다섯째, 베버는 정부관료제에 대한 정치적 영향 및 정치적 통제에 관해 명백한 입장을 보여 주지 못했다.

여섯째, 비록 베버가 관료제 시대의 생명력 및 개인주의의 보존에 대해 깊은 관심을 표명했으나, 관료제가 구성원의 성격에 미치는 영향을 체계적으로 분석하지 못했다. 요약컨대 베버의 관료제는 현대 조직에 대한 정확한 기술이 아니고, 불완전한 모형이다. 베버가 강조한 속성들은 지배가 인격적이고 행정이 전문화되지 않은 봉건 체제에서 벗어난 근대 국가의 발전에 대한 그의 특별한 관심을 반영한 것이다.

하버마스(Jürgen Habermas)는 '목적-합리적 행위'에 근거한 베버의 관료제적 지배에 관한 비관적 전망에 동의하지 않는다. 이 점을 이해하기 위해 우선 하버마스의 관점을 살펴볼 필요가 있다.

하버마스는 인간의 사회적 행위의 두 가지 양식 즉 목적-합리적 행위와 상징적 또는 전달적 상호작용을 구분한다. 여기서 목적-합리적 행위는 도구적 행위와 합리적 선택을 의미한다. 도구적 행위는 경험적 지식에 근거한 기술적 규정에 지배되고, 합리적 선택 행동은 분석적 지식에 기초한 전략에 지배된다. 이 때 목적-합리적 행위는 주어진 여건 하에서 일정한 목표를 실현한다. 그러나 도구적 행위가 현실의 효과적 통제의 기준에 따라 적합한 또는 부적합한 수단을 강구하는 데 반해, 전략적 행위는 가능한 대안 선택에 관한 올바른 평가에 의존할 뿐이다.[75]

한편 상징적 혹은 전달적 상호작용은 구속력 있는 규범에 지배받는다. 이러한 규범은 행동에 관한 상호 기대를 규정하는데 우리의 일상언어에 자리잡고 있다. 그리고 기술적 규정과 전략의 타당성은 경험적으로 참(眞)이거나 분석적으로 올바른 명제에 의존적인 반면, 사회적 규범의 타당성은 의도의 상호 이해에 근거하고, 일반적 의무의 수락에 의해서만 확보된다.

행위의 두 가지 방식은 행동에 관한 규정 또는 격률(格律)을 마련하고 있으며 이를 위반한 자는 처벌의 대상이 된다. 그러나 규정을 위반한 조건은 다르다. 즉 기술적 규정 혹은 전략에 위반하는 경우 단순히 무능력하다는 비난을 받는 반면, 합의된 규범을 위반할 때는 일탈행위로서 제재를 받는다. 이와 유사하게 목적-합리적 행위는 우리에게 기술을 제공하고, 내면화된 규범은 성격구조를 마련한다. 그리고 기술은 우리가 문제를 해결한 위치에 있게 하고, 동기는 우리로 하여금 규범을 따르도록 한다.[76] 하버마스는 행위의 두 가지 양식을 <표 2-1>과 같이 요약한다.

〈표 2-1〉 전달적 상호작용과 목적-합리적 행위

	제도적 장치: 상징적 상호작용	목적-합리적 (도구적 · 전략적) 행위 체제
행위 정향	사회규범	기술적 규정
정의(定義)의 수준	간주관적으로 공유된 일상 언어	맥락-자유 언어
정의의 유형	행동에 관한 상호기대	조건부 예측, 조건부 명령
습득의 메커니즘	역할 내면화	기술 및 능력의 학습
행위 유형의 기능	제도의 유지(상호 부과한 규범에의 순응)	문제 해결(수단-목표에서 규정된 목표 달성)
규칙 위반의 제재	관습상 제재에 기초한 처벌: 권위에 대한 저항의 실패	비능률성: 현실의 실패
합리화	해방, 개별화: 지배의 의사소통 자유 확대	생산력 성장: 기술적 통제력 확대

자료 J. Habermas, *op. cit.*, p. 93.

75) Jürgen Habermas, *Toward a Rational Society*, trans., Jeremy J. Shapiro(London: Heineman, 1971), pp. 91-92.

76) *Ibid.*, p. 92.

하버마스는 사회적 행위의 두 가지 양식에 의거해, 분석적 차원에서 사회의 제도적 장치와 목적-합리적 행위인 하위 체제를 구분한다.[77] 전자는 회의 규범으로 구성된 사회·문화적 생활세계이고, 후자는 경제 체제 및 국가기구(관료제)와 같이 목적-합리적 행위에 근거한 그 하위 체제이다. 문제는 목적-합리적 행위인 하나의 하위 체제가 제도적 장치를 지배할 때 발생한다. 베버의 정식(定式)에 따르면 전자본주의 사회는 제도적 장치의 우월성을 통해서 정당성을 확보했다. 즉 전통적 사회는 목적-합리적 행위인 하위 체제의 발전이 문화적 전통의 유효성의 범위 내에서 이루어지는 한 존속했다. 그러나 현대의 사회조직이 출현함으로써 합리성은 목적-합리적 체제의 자산이 되고 과거의 정당성의 형태에 도전하게 되었다. 하버마스의 결론은 이러하다. 목적-합리적 행위의 체제가 전통적으로 간직해 온 범위 내의 제도적 장치는 그것이 압도당할 지점까지 현재 변화가 일어났고, 실제로 목적-합리적 행위의 분야에 그 우월성이 나타나 있다. 바로 이 점에 관해 베버는 그의 정교한 작업을 통해서 인간이 쇠우리라고 하는 사회적 지배에서 피할 수 없으리란 결론을 내린 것이다. 그러나 하버마스는 합리화가 역사적 불가피성이라기보다 인간 행위를 통해서 변화가 열려 있는 역사적 가능성이라고 주장함으로써 베버의 암담한 결론을 수락하지 않는다.[78]

2 베버 이후의 흐름과 경향성

우리는 베버 이후의 관료제에 관한 논의를 편의상 거시적 수준과 미시적 수준으로 구분해 볼 수 있다. 전자의 경우 관료제를 사회의 역사적·구조적 측면에 정위(定位)시키고 정치학적 관점에서 그 성격을 규명하는 작업이다. 반면 후자는 조직의 차원에 강조점을 두고 소집단이론, 집단동학(group dynamics) 등 사회심리학 또는 사회학적 기초에 근거한 논의들이다. 물론 이러한 구분이 엄밀한 정의에 근거한 것은 아니다. 이들 간의 중

77) *Ibid.*, p. 94.
78) Robert B. Denhart, *In The Shadow of Organization*(Lawrence: The Regent Press of Kansas, 1981), p. 62.

첩성도 발견되기 때문이다. 그러나 베버 이후의 논의들은 설명하기 위한 하나의 준거틀로서 다소의 유용성은 있을 것이다.

1) 거시적 수준

우선 전자의 관점을 위해서 관료제와 민주주의 사이의 정치적 딜레마를 다룬 에치오니 할레비(Eva Etzioni-Halevy)는 유용한 지침을 제공한다. 그가 제시하고 있는 것은 ① 다원주의 관점(pluralism view), ② 기술전문가 관점(technocratic view), ③ 조합주의적 관점(corporatist view), ④ 마르크스주의자 관점(Marxist view)이다.[79]

(1) 다원주의 시각

다원주의 관점에서 관료제는 구조의 비일관성, 업무 성과의 비효과성으로 이해된다. 이것은 관료제를 구조의 일관성과 업무 집행의 효과성으로 파악한 견해와 대립되는 것이다. 주지하다시피 다원주의는 정치 권력이 다양한 사회의 집단들에 분산되어 있는 상태를 의미한다.[80] 자율적 사회의 집단에 정치 권력이 분산되어 있다는 다원주의의 이념은 20세기 서구 사회에서 영향력 있는 정치이론으로 정착했고, 특히 1950~60년대의 미국에서 호소력이 있었다. 그러나 최근에 다소 쇠퇴의 징후를 보여 준다. 역사적으로 다원주의는 절대 주권국가의 개념에 대한 반작용의 차원에서 논의되었다. 이들 고전적 다원주의자들은 주권국가의 법률적 교의가 경험적 실체와 부합되지 않고, 그것이 규범적 목표로서 바람직하지 않다는 근거에서 공격의 대상으로 삼았다. 따라서 이들은 정치의 연구에서 법률적 접근 방법을 배척했다. 오늘날의 다원주의자들의 이념은 달(Robert A. Dahl), 린드블롬(C. Lindblom)과 같은 정치학자의 저서 속에 반영되어 있는데, 이들은 고전적 다원주의자들처럼 경험적 연구의 선호, 국가의 권력을 제한하는 데 대한 믿음을 공유하고 있다.

다원주의자의 기본적 가정은 다음과 같은 것이다. 즉 자원이 광범위하게

---

79) E. Etzioni-Halevy, *op. cit.*, Chapter Ⅲ -Ⅳ.

80) Vernon Bogdanor, ed,. *The Blackwell Encyclopaedia of Political Institutions*(New York: Basil Blackwell, 1987), pp. 426-427.

분산된 관계로 여러 집단은 정책결정의 과정에서 한정된 영향력을 행사하며, 어느 집단도 권력을 독점적으로 또는 확고한 몫을 차지할 수 없다는 것이다. 왜냐하면 여러 집단들의 상호 견제로 평형을 유지하기 때문이다. 그런데 다원주의 관점에서 관료들이 정책결정을 전유하지는 않지만 그들은 결정의 과정에서 전략적 위치에 있는 것이다. 비록 관료들이 홀로 지배할 수 없지만 현대의 정치에서 어느 누구도 관료 없이 지배할 수 없는 것은 자명하다. 그리고 관료들은 자신들의 목표를 달성할 수 없을 때, 다른 집단이 그들과 대립되는 목표를 성취하려는 것을 저지할 수 있을 것이다. 이런 점에서 관료제는 다원주의적 정치 체제에서 거부집단(veto group)의 하나로서 영향력을 행사할 수 있다.[81] 사실상 다원주의 체제 하에서 관료제는 경쟁적인 정치적 이해와 가치의 상호작용 속에 놓여 있다. 관료제는 자신들의 역할의 유지 및 확대를 위해서 다른 정치조직, 이익집단, 고객의 지지를 확보하는 데 진력한다.[82] 따라서 관료제는 다원주의 국가구조의 부분이 된다.[83] 그리고 그 이미지와는 다르게 관료제는 단일의 계층제가 아니고, 부분적으로 상호 독립적이거나 생존과 배타적 우월성의 확보를 위해 서로간에 치열한 경쟁을 벌이는 고도로 단편화된 일련의 기관들이다.

최근 다원주의 관점에서 주목의 대상이 되는 것은 정부의 과중한 짐이란 명제이다.[84] 이 명제는 새롭고 더욱 확대된 요구가 정부에 대한 압력으로 작용하고 있음을 시사한다. 그리고 그러한 요구가 정치 과정에 관여하는 집단들의 증가, 집단들의 기대 상승에서 비롯한 것임은 두말 할 필요가 없을 것이다. 여기서 문제는 부과된 요구를 실현할 수 있는 능력을 정부가 결여하고 있다는 것이다. 이것은 정부의 프로그램이 원활하게 운영되지 않고, 여러 정책목표가 실패로 끝나는 데서 흔히 발견된다. 우리는 이것을 정부에 대한 요구의 증대와 그러한 요구를 해결하지 못하는 정부의 증대된 무능력과의 결합으로 규정할 수 있다. 여기에 덧붙여 상승된 요구와 그것에 상응하는 책임성의 증대가 결과한 것은 정부의 프로그램에 대한 공약과 자

81) F. E. Rourke. *op. cit.*, p. 190.
82) J. A. Medeiros & D. E. Schmitt, *Public Bureaucracy: Values and Perspectiver* (North Scituate, Mass.: Duxbury Press, 1977), pp. 34.
83) E. Etzioni-Halevy, *op. cit.*, p. 44.
84) *Ibid.*, pp. 45-46.

원 간의 불균형이다. 이것은 공공정책의 비용이 경제 성장보다 빠른 속도로 증가하기 때문이다.

요약컨대 다원주의 관점에서 관료제의 성격을 규정하는 것은 일정한 취약성이 있다. 그것은 다원주의의 취약성과 연결된다. 즉 경험적 연구가 다원주의자들의 가정을 입증하지 못하고 있는 점, 린드블롬과 달 등 영향력 있는 이론가들이 뒷날 다원주의의 비판적 지지자로 돌아선 점, 서구 민주주의에 대한 다원주의자들의 묘사가 현존하는 자원과 접근성의 불평등에 대해 무비판적이었던 점이 그것이다.[85]

한국의 경우, 다원주의 관점으로 관료제를 이해하는 것은 한계점을 갖는다. 그 이유는 경쟁성 자체가 제한되거나 유보되고, 사적 부문보다 공적 부문이 지배적인 곳에서 다원주의 모형의 기계적 적용은 관료제의 본질을 규정할 때 핵심에서 벗어날 가능성이 크기 때문이다.

(2) 기술전문가의 시각

기술전문가 관점은 생시몽(Claude H. do Saint-Simon), 뒤르켐(Émile Durkheim) 등의 저작에서 그 단초가 발견되나, 일반적으로 오늘날의 후기산업사회 이론과 결부되어 논의된다. 예컨대 이론적 지식의 우위성을 강조하는 벨(Daniel Bell)의 견해, 후기산업사회에서 테크노크라트(technocrat)가 새로운 지배 계급이 될 것이란 투렌(Alain Touraine)의 견해는 이 관점을 반영한다.[86]

기술전문가의 관점은 다원주의와 대칭되는 곳에 위치하는데, 결정적 영향력이 행정 및 경제 분야의 전문가에게 속하는 정치 체제에 근거를 둔다. 대체로 엘리트모형과 이론적 친화성이 있고, 이 관점의 명제는 테크노크라트, 특히 관료들의 권력이 선출된 정치가의 희생 위에 증대되고 있으며 이것이 민주주의에 대한 위협이 된다는 것이다.[87] 사실상 정책 결정과 주도권 행사의 중심체가 의회로부터 집행부로 이동했다는 견해는 이미 널리 알려진 사실인데,[88] 관료들의 권력의 증대 혹은 비대화는 여러 경로를 통해

---

85) V. Bogdanor, *op. cit.*, p. 427.

86) A. Giddens, *The Class Structure of The Advanced Societies*(London: Hutchinson & Co., 1973), pp. 255-257.

87) E. Etzioni-Halevy, *op. cit.*, p. 55.

서 이루어진다. 그 가운데서 가장 중요하고, 기술 전문가 관점의 중심적 명제와도 부합되는 것이 바로 전문성이다. 정부 업무의 복잡성의 증대와 기술의 진보는 중요한 정치적 결정이 전문적 기술의 바탕 위에서 이루어지도록 촉진한다. 이 때 관료들이 갖고 있는 전문성을 결여한 부·성(部·省)의 장은 실질적으로 부·성을 통제하거나 장악하지 못하고 불가피하게 관료들에게 의존하게 된다.

그러나 관료제를 전문성과 동일시하고 관료들의 권력의 주요한 원천이 그들의 지식이라는 기술전문가의 관점은 문제점을 내포하고 있는 것이 사실이다.[89] 예컨대 정치적 중립성에서 진정한 관료제의 본질을 찾고 있는 밀스(C. Wright Mills)는 미국의 관료제가 역사적으로 정당의 정실제(情實制)가 지배적이었음을 지적하면서 이는 기술적 지식의 상실을 의미하는 것으로 규정한다.[90] 또한 지식이 곧 권력이라는 사고도 낡은 것에 지나지 않는다는 견해도 기술전문가의 관점을 약화시키고 있는 것 중의 하나이다. 나아가서 이 견해에 의하면 지식이 곧 권력이라는 등식이 소여(所與)의 상황에서 누가 권력을 장악하는지에 대해 거의 말해 주는 바가 없는 것이다.[91] 또한 오늘날의 관료제적 조직의 구조가 반영하듯이 조직의 상층부에 위치한 자는 전문가가 아니고 일반가이다.

요약컨대 기술전문가의 관점에서 관료제를 이해하는 것도 일정한 한계가 있으나 테크노크라트의 성장은 주목할 만한 현상이다. 특히 우리의 경우 1960년대의 산업화와 더불어 성장한 테크노크라트의 진출은 괄목할 만한데 이들의 현재적 그리고 잠재적 능력은 한국 관료제의 방향에 심대한 영향을 미칠 것으로 예상된다. 왜냐하면 직업전문주의적 심성에 충실한 이들이 행정의 합리성에 기여하면서, 동시에 전문성 자체가 목적이 되어 나무를 보고 숲은 보지 못하는 결함을 보여 줄 수도 있기 때문이다. 우리는 이 문제를 제7장에서 다시 검토할 것이다.

---

88) C. Wright Mills, *The Power Elite*(London: Oxford University Press, 1956), p. 229.
89) E. Etzioni-Halevy, *op. cit.*, p. 61.
90) C. W. Mills, *op. cit.*, pp. 235-241.
91) A. Giddens, *The Class Structure of The Advanced Societies*, p. 262.

(3) 조합주의의 시각

조합주의 관점에서 관료제는 역할의 최소화로, 또는 이와 대조적으로 권력의 증대로 이해되기도 한다. 이론상 다원주의와 조합주의가 실현하려는 가치는 상반된다. 다원주의는 법의 테두리에서 개인의 자유로운 결사, 집단들의 경쟁을 신봉하고, 자치적 분권화된 체제를 갖추는 것이 그들의 이상이다. 반면 조합주의는 합의에 근거한 사회적 이해의 조화로운 통합이며, 협력의 바탕 위에 집단적으로 결정된 목표를 지향하는 사회가 그들이 상정하는 이상이다.[92]

경험적으로 조합주의는 20세기의 현상이다. 그러나 그 철학적 뿌리는 그 이전으로 소급되며 인식론적 원천도 중세의 봉건주의 정신에서 발견된다. 즉 충성의 미덕, 조화와 호혜적 관여를 강조하는 봉건주의의 교의는 조합주의의 완벽한 청사진이다.[93] 이러한 이상으로서의 조합주의는 개인주의의 교의가 강력한 영향을 미친 영어 사용권 국가보다 대륙계 특히 가톨릭 전통이 서 있는 국가에서 호소력을 발휘했다. 근대 사회에 대한 하나의 처방으로서 조합주의의 가치는 근대 국가의 지배적 혹은 조정적 역할을 통해서 집적되었고 가장 강력한 변형은 파시즘 체제에서 발현되었다.[94] 그러나 이와 같은 조합주의의 개념이 이익집단에 관한 연구와 관련되어 새로운 관심사로 대두된 것은 1970년대에 들어와서였다. 이런 이유로 국가조합주의와 사회 혹은 자유조합주의의 구분이 행해지기도 한다. 즉 하나의 이데올로기로서 전자가 질서와 규율의 가치와 연결된 반면 후자는 자발적 조화 및 적응과 연결되어 있는 것이다. 최근에 조합주의에 관한 가장 널리 알려진 개념적 정의는 슈미터(P. C. Schmitter)에 의해 시도되었다.

> 조합주의는 구성 단위들이 단일하고 강제적이며, 비경쟁적이고 계층적으로 배치되고 기능적으로 분화된 범주에 따라 제한된 수로 조직화된 것으로서, 그 구성 단위들이 자신들의 선정과 요구 및 지지의 표명에 대해 일정한 통제를

---

92) Peter Self, *Political Theories of Modern Government*(London: George Allen & Unwin, 1985), pp. 133-134.

93) Otto Herman, *The Challenge of Corporatism*(New York: The Macmillan Press, 1981), p. 4.

94) P. Self, *op. cit.*, p. 108.

수락하는 대가로 국가에 의해 (비록 창설되지 않았다고 하더라도) 승인받고 각 개의 범주에서 대표성의 독점을 부여받은 하나의 이익대표의 체계로 정의된다.[95]

슈미터의 이러한 정의는 광범위한 이익집단의 제휴가 정부의 틀 안에서 이루어지고 있음을 시사한다. 이는 이익집단의 자율성이 결여된 채 국가의 통제하에 놓여 있고, 따라서 조합주의는 정치 체제의 하위 체제의 형태로 규정되고 있음을 의미한다. 그러나 이 정의는 조합주의가 무슨 이유로, 어떻게 전개되었고 그것이 누구를 위해 작동하는지에 대해서는 말해 주지 않는다. 이 부분에 관해서는 적어도 자본주의 체제의 발전과 민족주의의 전개와도 밀접하게 연관되어 있다는 점만을 지적하기도 한다.

요약컨대 관료제에 관한 조합주의적 이해는 일치하지 않는다.[96] 이미 언급한 바와 같이 조합주의 하에서 관료제의 역할이 최소화된다는 견해가 있다. 이 견해에 따르면 서구의 조합주의의 주요한 양상은 사적 소유와 경제에 대한 국가통제와의 결합이다. 이러한 통제의 과정에서 국가는 명목상 국가의 구성 부분이 아닌 인사 및 조직을 통해서 활동한다. 그것은 또한 간접적, 비공식적, 비공공성(非公共性)으로 규정되는 행정적 형태로 기울어진다. 따라서 일반적 통념과 달리 국가의 관여가 반드시 관료제적 관여와 동의어가 되는 것이 아니고, 사실상 조합주의는 관료제 없는 국가통제의 형태인 것이다.[97] 이에 대해서 조합주의 하에서 관료제적 권력의 증대가 수반되며 조합주의 국가를 초관료제(超官僚制, mesabureaucracy)로 규정하는 상반된 견해도 있으나, 대체로 조합주의를 관료제적 권력의 증대 혹은 감소와 연계되지 않은 것으로 파악하고 있다.[98] 그러나 라틴아메리카에서 우월한 형태로 나타난 국가조합주의가 오도넬(G. O'Donnell)의 관료적 권위주의(bureaucratic-authoritarianism: BA)와 상호연관성이 높다는 점에

---

95) P. C. Schmitter, "Still the Century of Coporatism?" in P. C. Schmitter & Gerhard Lembruch, ed., *Trends Towards Corporatist Intermediation*(London: Sage, 1979), p. 13.

96) E. Etzioni-Halevy, *op., cit.*, pp. 69-71.

97) J. T. Winkler, "The Corporatist Economy," quoted in *Ibid.*, p. 69.

98) *Ibid.*, pp. 70-71.

서, 조합주의 관점에서 관료제를 파악하는 것도 정치 체제의 상이성에 따라 다른 모습으로 나타나는 것으로 보아야 할 것이다. 우리의 경우, 이러한 한계점에도 불구하고 조합주의 관점은 관료제를 이해하는 유용한 준거틀이 될 수도 있다는 점만을 여기에 덧붙인다.

(4) 마르크스주의의 시각

오늘날의 마르크스주의자들은 "근대 국가의 집행부는 전체 부르주아지의 공통적 관심사를 다루기 위한 위원회에 불과하다"는 마르크스의 사고를 출발점으로 해서 통치와 지배를 구분한다.[99] 통치란 일상적 행정 업무의 집행과 관련되며 정치 과정이 순조롭게 운영되도록 한다. 반면 정치 과정을 구속하는 지배는 그것이 어떻게, 누구의 이익을 위해 운영되는가를 결정하는 확고한 힘을 가진다. 그런데 현대 자본주의 사회에서 누가 통치하든 별다른 차이를 결과하지 않는다. 왜냐하면 지배하는 자는 자본가 계급이고, 흔히 국가기구로 규정되는 통치 엘리트는 단지 자본가 계급의 이익에 봉사하는 데 지나지 않기 때문이다.

밀리반드(R. Miliband)에 의하면 자본주의 출현 이전에 정부는 지배계급인 귀족의 장악하에 있었다. 오늘날 대부분의 서구의 자본주의 국가의 경우, 자본가 계급은 비록 귀족들이 과거에 장악한 정도에는 미치지 못하지만 국가기구에의 충원에서 상당한 몫을 차지한다. 비록 자본가 계급이 배타적으로 통치하는 것은 아니지만, 배타적으로 지배하는 것이다.[100] 따라서 통치기구는 압도적으로 지배계급의 이익을 증진시키기 위해 작동한다. 그런데 국가는 지배계급에 대해 상대적 자율성을 갖는다. 그러나 이 경우에도 지배계급의 이익을 위하여 작동한다. 왜냐하면 국가는 다양한, 그리고 흔히 적대적인 분파의 어느 것에도 연루되지 않는 범위 내에서 지배계급의 공통이익에만 기여할 수 있기 때문이다. 오직 이런 방식으로 국가는 분파 작용의 대립된 이해 간의 타협에 도달할 수 있는 것이다. 그리고 타협은 그들의 연합지배의 기본적 요건이 된다. 여기서 전체로서 지배계급의 헤게모

---

99) *Ibid.*, p. 74; R. Miliband, *The State in Capitalist Society*(New York.: Basic Books, Inc., 1969), p. 55.

100) R. Miliband, *op. cit.*, pp. 55-59; E. Etzioni-Halevy, *op. cit.*, p. 75.

니의 조직화를 가능케 하는 것이 국가의 상대적 객관성이다.[101] 국가가 지배계급의 헤게모니의 장악을 원할 수밖에 없는 이유를 에치오니 할레비는 세 가지로 요약한다.

첫째, 국가의 주요한 지위에 있는 이들이 어느 정도 예외는 있지만 지배계급에 속하거나, 교육·사회적 유대·생활 방식에서 특권적 몫을 공유하는 관계로 공통적인 태도와 관점을 지닌다.

둘째, 자본가 계급은 확고한 경제력에 의해 지배적 압력집단이 되고 정부는 그 압력에 굴복하는 것 이외의 다른 선택 수단을 갖고 있지 못하다.

셋째, 국가는 자본주의 생산 체제에서 움직이기 때문에 구조적으로 자본주의의 이해에 기여하도록 제약되어 있다.[102]

최근 경제 영역에서 공적 부문과 중요성의 증대와 더불어 국가의 관여가 증가하고 있다. 이것은 물론 새로운 현상은 아니다. 그러나 국가의 관여의 규모와 파급 효과는 그 이전보다 거대하고 강력하다. 이것은 관료제의 성장과 비대화를 낳고 공공행정 및 관료제, 그리고 민주주의와 관련해서 여러 문제를 파생시킨다. 가령 관료제의 공식적 이데올로기인 비정치성과 사실상의 정치 과정에의 개입과의 상충에서 벌어지는 문제가 제기될 수 있다. 이것과 관련해 선진 자본주의 국가에서 의회는 정책결정 과정에서 부차적 역할을 수행하는 경향이 있다는 지적이 있다. 비록 '국민의 의사'가 궁극적으로 보관된 곳은 의회라는 격식 바른 찬사가 있기는 하지만, 행정부 또는 관료제는 의회의 효과적인 압력에서 벗어나려고 시도한다.[103]

오페(C. Offe)는 국민의 정치적 의사를 대변하고 매개하는 의회의 기능이 아직도 명실상부하게 존재하는가 아니면 이것은 이미 단순한 이데올로기적 허구에 불과한 것인가를 묻고 있다.[104] 그것은 다수의 법률 입안과 중요한 정치적 결정이 이제 거대한 관료기구를 통해 수집한 풍부한 정보와 효과적인 규제장치를 갖춘 행정 부처의 관할권으로 넘어간 데서 기인한다. 그렇게 함으로써 관료는 더욱 풍부한 정보에 접할 수 있고 상호 협조의 기

101) E. Etzioni-Halevy, *op. cit.*, p, 75.
102) *Ibid.*
103) R. Miliband, *op. cit.*, p. 165.
104) C. Offe, 한상진(편), 『국가이론과 위기분석』(서울: 전예원, 1958), p. 115.

회를 통해서 신뢰할 만한 결정을 내릴 수 있을 것이다. 나아가서 관료제는 중립성에 관한 문제도 제기된다. 이 점에 관해 밀리반드는 다음과 같이 지적한다.

> 선진 자본주의 사회에서 경쟁적인 계급과 이해 사이에서 관료제는 '중립자'가 아니다. 그들은 이런 사실을 인식하든 그렇지 않든 노동자와 대립하는 자본가의 동맹자이다. 국가 관료제는－모든 구성 부분에서－계급·이해·집단들이 벌이는 갈등에서 초연한 그 사회의 비인격적·탈이데올로기적·무정치적 구성분자는 아니다. 오히려 이데올로기적 성향의 바탕 위에서, 그리고 자신의 이해로 강화된 국가관료제는 선진 자본주의에 내재하는 권력의 구조 및 특권의 유지와 방어에서 매우 중요하고 불가결한 요소이다.[105]

요컨대 권력은 관료제에 집중되고, 증대된 관료제의 권력은 관료들의 보수적 성향으로 인해 현상 유지의 역할을 수행한다. 비록 관료제의 사다리 하층부에 위치한 상당수가 노동자 계급의 잠재적 동맹자이긴 하지만 권력을 장악한 관료제의 상층부는 이러한 힘을 저지하고 행정부의 보수적 성향을 강화하는 것이다.[106] 그런데 여기서 보수성은 일반적 의미가 아니고 자신들에게 할당된 범위 내에서 현존하는 경제적·사회적 엘리트의 의식적 또는 무의식적 동맹자라는 의미에서이다. 그 이유는 관료제의 상층부를 구성하는 고위관료들의 사회적 출신, 교육, 계급 상황이 그들을 특정한 상황의－그들이 공유한 것으로 상정되는 이상, 편견, 견해－부분으로 편입시키기 때문이다. 나아가서 고위관료의 이데올로기적 '건전성', 즉 그들이 일정한 사고의 스펙트럼 내에 머물 것으로 기대되는 점, 자본주의 체제에 대한 근친성 등이 고위관료들의 특정한 방향으로의 보수성을 강화하는 것이다.[107]

베버 이후의 관료제에 관한 논의를 정치학적 시각에서 일별할 수 있게 유용한 준거틀을 제시한 에치오니 할레비는 마르크스주의자들의 관료제 분석은 불확정성과 모호함을 특징으로 한다고 비판한다.[108] 즉 그들은 관료

---

105) R. Miliband, *op. cit.*, pp. 128-129.
106) E. Etzioni-Halevy, *op. cit.*, p. 81.
107) R. Miliband, *op. cit.*, pp. 123-124.

제가 지배계급의 하인(servant)에 지나지 않는다고 주장하면서, 또한 관료제는 국가의 의사결정권을 더욱 축적하고 있다고 생각한다. 그는 다음과 같은 질문을 던진다. "만약 관료제가 실질적 권력을 보유하고 있지 않다면, 어째서 관료제의 권력의 증대에 관심을 갖는가? 만약 관료제가 대수롭지 않은 존재라면, 어째서 관료제의 중요성의 증가에 대해 우려하는가?" 그의 이러한 질문은 마르크스주의자들이 충분히 계발된 관료제 이론을 제시하지 못했음을 시사한다. 우리는 그의 이러한 비판을 수용하면서도 다른 한편 관료제 이론의 불완전성이 문제 의식 그 자체까지도 무력화시키는 것은 아니라고 생각한다. 관점의 다양성, 유연한 사고, 폭넓은 해석 등은 관료제 이론의 축적 및 심화에 기여할 것으로 생각한다. 왜냐하면 도그마화한 하나의 이론으로 사회 현상이 모두 설명되는 것은 아니기 때문이다.

2) 미시적 수준

이제 관점을 조직의 차원으로 옮겨보자. 그것이 베버 이후의 관료제에 관한 논의의 또 하나의 주요한 흐름이기 때문이다. 사실상 베버 이전의 논의가 대규모 조직이 사회의 정치적 구조에 미치는 영향에 관심을 기울였다면, 베버 이후는 분석의 초점이 조직의 차원으로 옮겨진 것이 현저한 특징 중의 하나인 것이다. 우리는 이 부분을 경제적으로 처리하고 있는 무젤리스(N. P. Mouzelis)의 안내를 받고자 한다.[109)]

첫째, 분석의 초점이 조직의 차원으로 한정됨으로써 엄밀한 개념의 형성, 검증 가능한 한정된 범위의 가설 설정이 가능하게 되었다. 또한 경험적 연구가 널리 행해지고 사례연구, 직접관찰, 면접 등의 기법이 활용되었다.

둘째, 경험주의가 분석의 초점을 축소하게 되면 다른 방향에서 그것을 폭넓게 이해하도록 유도한다. 즉 관료들은 하나의 행정 수단이 아니고 감정, 믿음, 자신의 목표를 지닌 인간 존재로서 파악된다. 관료들의 이러한 비합리적 국면이 전반적 조직의 구조와 기능에 영향을 미친다.

셋째, 이와 더불어 관료제는 의식적으로 조정된 활동들의 공식적 장치로서 단순하게 존속하는 것이 아니고 하나의 사회 체제로서 작동하는 것으로

108) E. Etzioni-Halevy, *op. cit.*, p. 84.
109) N. P. Mouzelis, *op. cit.*, pp. 56-62.

이해된다. 여기서 체제란 상호작용하는 부분들의 집합이다. 기능주의적 분석은 하나의 설명적 그리고 해석의 도구로서 각 부분이 전체와의 관계 속에서 수행하는 역할과, 그러한 부분 간의 관계를 다루는 편리한 방식이다.

넷째, 기능주의적 분석을 통해서 순기능과 잠재적 기능 등이 밝혀졌다.

다섯째, 관료제적 조직의 내재적 긴장과 딜레마에서 기인하는 소규모의 사회적 변동에 강조점을 둔 관료제의 역동적·변증법적 성격에 주목한 이론들이 전개되었다. 우리는 이미 머튼, 셀즈닉, 굴드너의 모형을 통해 이를 확인한 바 있다.

여섯째, 한편 미국 자본주의의 이데올로기를 반영하는 테일러리즘과 과학적 관리운동이 있다. 여기서의 주된 관심사는 조직의 생산성의 문제이고 분석의 초점은 전체로서의 사회가 아니고 조직구성원 개인이다. 테일러리즘에 대한 반작용으로 등장한 인간관계론이 인간에 관한 이해의 폭을 넓혔으나 그것은 관리정책의 형성에서 고려되는 부차적 요인이었다. 조직의 합리적 국면을 재강조한 조직이론(의사결정) 역시 사정은 비슷하나 인간관계론과 관리 접근 방법이 통합을 위한 준거틀을 제공했다.[110] 미국의 자본주의의 발달과 연관되어 전개된 이러한 관리이론–초기 행정학에서 행정이 관리의 대상으로 파악된 사실에 주목할 필요가 있다–은 현대 행정이론을 다루는 제3장에서 더 상세하게 검토될 것이다.

3) 이론의 수용 문제

우리는 지금까지 베버를 기준으로 그 이전과 이후로 구분해 관료제 이론의 전개 과정을 개관했다. 덴하트(R. B. Denhardt)가 적절히 지적하듯이 이론은 불가피하게 복잡성을 요구한다. 그것은 우리가 모든 부문을 검토할 것을 요구하고, 설명과 이해 그리고 과거와 미래까지 탐색할 것을 요청한다. 그러나 또 다른 한편에서 이론은 단순성을 요구한다.[111] 즉 우리들에게 중요한 의미가 있는 것만을 선정할 것을 요구하는 것이다. 사실상 이러한 상충되는 요구를 적절히 조화시키기는 어려운 일이다.

---

110) *Ibid.*, pp. 167-168.

111) R. B. Denhardt, *Theories of Public Organization*(Monterey. Calif.: Books/Cole Publishing Co., 1984), p. 176.

여기서 두 가지 사항만 지적하고자 한다. 하나는 관료제 이론의 스펙트럼이 광범위하다는 점이다. 그것은 정치이론부터 문명 비판의 관점에 이르기까지 여러 학문 혹은 분야들과 연결되어 있기 때문이다. 정치이론의 경우에도 다원주의자로부터 마르크스주의자에 이르기까지 관료제를 이해하는 방식은 현저한 차이가 있다. 나아가서 마르크스주의자들 사이에도 이견이 존재한다. 따라서 관료제에 대한 이해를 위해서 여러 관점과 그 맥락들을 이해하는 것은 매우 중요한 일이다. 다른 하나는 여기서 논의된 관료제 이론이 서구의 것에 전적으로 의존하고 있다는 점이다. 사실상 우리에게 요청되는 것은 한국의 관료제를 설명할 수 있는 이론이어야 할 것이다. 이러한 요청은 합당한 것이다. 사회적, 역사적 또는 문화적 맥락이 다른 곳의 이론들이 한국의 상황에서 적실성을 갖기 어렵기 때문이다. 이를 위해서 이론의 천착과 더불어 경험적 연구가 축적되어야 할 것이다. 그리고 이것 못지않게 중요한 것은 관료제에 관한 새로운 패러다임의 정립이다. 기존의 패러다임이 관료제의 도구적·합리적 국면의 반영물이라면, 이제 그 속에서 삶을 영위하는 구체적 개인의 국면이 마땅히 반영되어야 할 것이다.

더불어 서구의 관료제 이론의 주류에 대한 비판적 관점이라고 해서 한국의 현실이 고려되지 않은 상태에서 무비판적으로 수용하는 것도 온당한 태도는 아닐 것이다. 가령 베버에 관한 비판적 논의들도 우리의 안목으로 재검토할 필요성이 있다. 왜냐하면 역설적이지만 베버적 의미의 관료제를 우선 구현하는 것이 우리의 과제일 수도 있기 때문이다. 어느 의미에서 관료제 이론은 베버란 거목(巨木)의 그림자 아래 놓여 있다고 볼 수 있다. 더불어 그가 합리성의 찬가를 부른 것이 아니란 점도 마땅히 상기되어야 할 것이다.

우리는 여기서 외국 이론에 대한 과도한 경사 못지않게 배타성 역시 소망스러운 것이 아니란 점을 덧붙이고자 한다. 우리는 인간이 지각하는 사회 현상의 보편성과 특수성의 조화 속에서, 또는 그 변증법적 지양에 의해 인간과 사회, 제도와 이념들을 이해할 수 있다고 믿기 때문이다. 따라서 학문의 주체성은 배타성에 의해서 확립되는 것이 아니고, 선택적 수용을 통해서 인식의 지평을 확대하고, 부단히 자기 검열에 투철할 때 마련될 수 있을 것이다.

제 4 절 반관료제 이론과 비판적 대안

1 반관료제의 이론모형

우리는 이미 앞에서 논의되었던 베버의 관료제적 관점과 그에 기초한 고전적 조직구조 형태의 순기능과 역기능의 양면성을 검토했다. 이러한 양면성에도 불구하고 관료제에 대해서는 많은 학자들의 비판이 가해지고 있다. 특히 기존 관료제의 계서제적 형상과 구조적 원리를 비판하고 거부하는 반관료제적 모형들이 등장하면서 행정 체제의 개혁이나 조직개혁의 대안적 조직 형태의 이론으로 뒷받침되고 있다.[112] 관료제 모형과 반관료제 모형 간의 대립은 양 모형이 갖는 인간 본질에 대한 가정의 차이점에서 출발한다. 관료제 모형은 합리적·경제적 인간관, 객관적 책임에 대한 외재적 통제, 그리고 외적 동기 유발을 강조하는 데 반해, 반관료제적 모형은 자아실현적 인간관을 바탕으로 주관적 책임에 대한 내면적 통제와 내재적 동기 유발을 강조한다.

반관료제적 모형은 이 분야에 개척자적 역할의 대표적 학자로 평을 받고 있는 베니스(Warren G. Bennis)에 의해 본격적으로 시작되어 1970년대에 여러 학자들에 의해 활발히 전개되었다. 베니스는 1966년의 논문에서 향후 환경의 급격한 변화에 대응할 수 있는 조직구조의 모형인 '적응적·유기적 구조(Adaptive-Organic Structure)를 제시했는데,[113] 이 구조는 급변하는 상황적 조건에 조직이 신속하게 대응할 수 있게 해 주고, 조직구성원들의 내재적 동기 유발을 촉진함은 물론 그들의 상상력과 창의력을 최대한 발휘

---

112) 이 부분에 대해서는 오석홍·김병섭 외, 김두식 외, 박영기의 저서에 의존했다. 오석홍, 『행정학』(서울: 박영사, 2004), pp. 341-345; 김병섭 외 『조직이해와 관리』(서울: 대영문화사, 2000), pp. 105-119; 김두식 외, 『행정학원론』(서울: 대영문화사, 2006), p. 308; 박영기, 『조직관리론 길라잡이』(서울: 대영문화사, 2004), p. 72 참조.

113) W. G. Bennis, *Organizational Development in Nature, Origins, Prospects Reading*, (Mass.: Addison-Wesley, 1966); W. G. Bennis, "Towards a 'Truly' Scientific Management: The Concept of Organization Health," in Ghorpade, *op. cit.*, pp. 116-143 참조.

할 수 있도록 해 준다. 베니스의 비계서제적 구조를 중시하는 '적응적 · 유기적 구조'의 핵심 원리는 다음과 같다.

① 구조의 잠정성: 구조적 배열이 규정된 것이 아닌 잠정적이다.

② 문제 중심의 구조: 구조는 해결해야 할 문제를 중심으로 형성한다.

③ 집단에 의한 문제 해결: 문제 해결은 다양한 전문 분야의 사람들이 모여 구성하는 집단이 맡는다.

④ 유기적 운영: 사업담당 집단들은 기계적인 방식이 아니라 유기적 방식에 따라 운영된다. 집단의 형성과 변동은 그것이 해결해야 할 문제의 발생과 변화에 의존하고, 집단의 리더십 발휘는 문제 해결 능력이 가장 탁월한 사람이 맡는다.

전통적 관료제의 원리를 거부하고 고객 중심적 지향성을 강조했을 뿐만 아니라, 특히 경계 관념의 폐단과 그 타파를 주장한 대표적인 학자가 화이트(Orion White, Jr.)이다. 그의 이론은 이른바 '경계 관념을 타파한 조직'으로 통칭되는데, 이는 전통적 관료제가 희소자원을 보호하려고 인위적으로 설정한 경계 자체를 거부한다. 경직된 경계 설정에 의해 조직 내의 '우리'와 조직 밖의 '다른 사람들'을 구별하는 것을 반대한다. 환언하면 조직과 고객 간의 경계 설정은 조직구성원과 고객 간의 간막이화가 고착되어 결국 고객은 조직에 참여할 수 없게 된다는 것이다. 따라서 조직과 고객 간의 경계를 타파하고 조직의 경계 안에 고객을 포함시키고 조직구성원과 고객은 동료와 같은 관계를 해야 한다는 원리를 강조했다.

역시 전통적 관료제의 계서제적 구조가 지배 · 복종의 관계 형성과 승리자와 패배자를 갈라놓은 체제이기 때문에 완전한 계서제의 타파를 강력히 주장한 사람이 세이어(Frederick Thayer)이다. 또한 그는 계서제의 기본적 틀을 유지하면서 발생되는 많은 문제들을 분권화에 의해 해결하는 것은 오히려 사태를 악화시키는 결과를 가져온다고 했다. 따라서 그는 의사결정권의 이양, 고객의 참여, 조직 경계의 개방, 작업 과정의 개편 등을 통해 계서제를 소멸시키고 그 자리에 집단적 의지 형성의 장치를 마련해 함을 주장한다. 즉 문제 해결에 관련된 다양한 가치와 지식을 대표하는 집단들의 연합체가 비계서적으로 구성될 수 있다는 것이다.

2 반관료제의 조직 형태

한편 전통적 관료제의 계서제적 조직구조의 타파와 함께 이러한 경직된 구조의 대안적 조직의 형태에 많은 관심을 가지고 여러 형태를 제시하게 된다. 여기에 해당되는 조직구조 형태는 많으나, 여기서는 다음 주요 몇 가지만을 소개하고자 한다.

1) 목표 지향적 조직구조

이는 골렘비에프스키(Robert T. Golemviewski)의 이론으로 기존 전통적 관료제 조직구조의 공식화 및 집권화로 인해 발생되는 인간성 상실의 문제를 해결하기 위해 제시된 것이다. 즉 전통적 조직구조인 계서제는 조직구성원의 업무가 단순 반복적이고 권한이 상층부에 집중되어 있어, 상층부는 하위 직원들을 통솔하고 직원들의 업무 성과를 감시하게 된다. 그래서 조직구성원들의 자율성은 확보되지 못한 채 좀더 세분된 업무를 반복적으로 수행함으로써 구성원 자신의 일과 가치 실현의 간격이 발생된다는 것이다. 따라서 업무와 인본주의적 부조화의 문제를 극복하고, 조직구성원의 자율성을 확보할 수 있는 대안적 조직구조가 직무 충실/목표 지향적 구조인데, 이는 <표 2-2>에서 보는 바와 같이 기존 전통적인 관료제적 조직구조와 상당한 차이를 갖고 있다.

〈표 2-2〉 관료제와 목표 지향적 구조의 특성 비교

관료제적 구조	직무 충실/목표 지향적 구조
• 일의 각 부문에 대한 관심 • 합리적·기술적 지향 • 권위주의적 관리 • 결정의 집권화 • 일과 그 결과에 대한 근로자의 분리 • 인간에 대한 비관적 태도	• 일의 흐름에 관심 • 합리적·기술적 및 사회심리적 지향 • 민주적 관리 • 결정의 분권화 및 공유 • 일과 그 결과에 대한 근로자의 개입 및 심리적 연결 강조 • 인간에 대한 긍정적 태도

자료: 김병섭 외(2001: 107).

2) 수평조직과 위원회조직

전통적 관료제의 피라미드 계층구조는 의사전달의 계층의 수가 많아 조직구성원 간의 의사소통이 어렵고, 업무 처리 시간이 지연되어 효율적인 사무 처리가 어렵다는 비판을 받고 있다. 따라서 조직의 피리미드 계층구조를 과감히 탈피하는 차원에서 하위 부서에서 최고 상층부에 이르는 의사전달 계층이 3~4단계를 넘어서면 이를 해체하기를 권고한다. 이처럼 모든 불필요한 서열적 의사결정 단계를 없애고 철저히 조직구성원의 업무 중심으로 재편하는 조직구조를 수평조직이라 한다. 최근 공공 부문에서 적극적으로 도입하여 운영하고 있는 팀(team)제는 수평조직의 대표적인 형태라 할 수 있다. 즉 조직의 기본 단위가 팀으로 구성된 조직을 팀제라 한다. 팀은 상호 보완적인 기능을 가진 사람들이 공동 목표 달성을 위해 책임을 공유하고 문제 해결을 위해 공동의 접근 방법을 사용하는 수평적 조직 단위를 말한다고 할 수 있다.

위원회조직은 초기 영·미에서 많이 발달하다가 20세기에 이르러 각국에서 복잡한 사회·경제적 문제의 조정·해결을 위해 도입·채택하게 되었다. 위원회조직은 행정적 결정이 한 사람에 의해 이루어지는 단독제 조직에 대응되는 개념으로서 여러 사람이 결정에 대등한 입장에서 참여하고 책임지는 합의제 조직이다. 이 조직은 행정계층제의 경직성을 완화하고 행정의 민주성을 확보하는 유용한 수단으로 되고 있는데, 우리 나라에서도 일시적인 업무나 특수한 업무의 처리를 위해 특히 필요한 경우에 한해 위원회를 예외적으로 설치할 수 있도록 하고 있다(정부조직법 제5조).

3) 애드호크라시(adhocracy)

애드호크라시는 베니스(W. G. Bennis)의 조직 적용 모형(Organic-adaptive Model)을 토플러(Alvin Toffler)가 좀더 간명하게 표현한 명칭이다.[114] 그는 『미래의 충격』(1969)에서 종래의 관료조직을 대체할 미래 조직

114) 베니스는 애드호크라시를 다음과 같이 정의하고 있다. "다양하고 전문적인 지식을 가진 비교적 낯선 사람들로 조직된 이질적 집단으로서 해결해야 할 문제를 중심으로 하여 조직된 변화가 심하고 적응력이 강하며 임시적인 성격을 띤 체제이다."

을 가리키는 말로 이 용어를 사용했다. 애드호크라시는 관료조직처럼 지위나 역할에 따라 종적으로 조직된 것이 아니라 기능과 전문적 훈련에 의해 유연하게 기능별로 분화된 횡적 조직이다. 즉 전통적 관료제 구조와는 달리 융통적·적응적·혁신적 구조를 지닌 '특별임시조직'을 말한다. 이러한 애드호크라시는 대체로 영구적인 부서나 공식화된 규칙, 그리고 일상적인 문제를 처리하기 위한 표준화된 절차가 없이, 프로젝트에 따라 전문요원들이 팀을 구성해 상황에 맞게 문제를 해결해 가는 특성을 지닌다. 즉 구조적 차원에서 볼 때 애드호크라시는 복잡성·공식화·집권화의 정도가 모두 낮다는 특징을 지닌다.

애드호크라시의 조직 유형으로는 프로젝트(project) 조직, 매트릭스(matrix) 조직, 태스크 포스(task force), 네트워크(network) 조직과 조합형(collegial form) 조직 등을 들 수 있다.

① 프로젝트 조직: 이 조직은 특수한 사업이나 목표를 달성하기 위해 일정한 기간 업무를 수평적·대각적으로 배열하고 막대한 양의 인적·물적 자원을 탄력적으로 이용하는 동태적 조직이다. 특히 특수한 사업을 수행하기 위해 구성되었다가 이를 달성하면 해산되는 조직이므로 존속 기간이 한정적이며, 계선조직도 특정 사업을 달성하는 데 지원적인 역할을 한다.

② 매트릭스 조직: 이 조직은 조직의 기능에 따라 수직적으로 편성된 직능조직에 수평적·측면적인 프로젝트 조직의 모형을 부가시킨 조직을 말한다. 즉 인사·예산·회계 등과 같은 전통적인 기능의 조직구조와 프로젝트 팀을 결합시킨 조직으로서 양 조직의 장점을 통합해 그것을 최대한 활용하고자 하는 데 그 목적이 있다. 특히 이 구조는 명령 통일의 원칙이 지켜지지 않고, 기능별 부서의 수직적 명령 계통과 프로젝트 부서의 수평적 명령 계통이 동시에 발휘되는 것으로 전통적 조직구조와는 매우 다른 면을 갖는다. 이 조직은 본래 1960년대 초 미항공우주국(NASA)에서 시작되었지만 오늘날 많은 조직에서 적용하고 있으며, 임시조직도 있고 영속적인 조직도 존재한다.

③ 태스크 포스: 이는 특수한 문제를 해결하기 위한 임시 팀 또는 위원회형 조직이라 할 수 있다. 테스크 포스는 각 직능 부문에서 선정된 적임자들을 중심으로 짜여진 임시조직인데, 특히 문제 해결의 책임자는 한 사람이

되는 것이 특징이다. 그리고 이 조직은 추구하는 목표나 성과가 달성되면 해체되는 임시조직의 성격을 갖고, 그 조직구성원 역시 주어진 과업이 완료되면 해산해 원래 자신이 속했던 기존 부서로 복귀하든지 아니면 다시 새로 생긴 태스크 포스의 구성원이 된다. 이 조직구조가 필요한 이유는 새로운 과업이나 사업계획의 집행이 필요할 때 기존 조직 내외의 부서만으로는 감당할 수 없고 여러 부서 간의 협조가 요구되기 때문이다.

④ 네트워크 조직과 조합형 조직: 네트워크 조직은 조직 간에 협동을 위한 연계 체계라 할 수 있다. 이 형태는 단일한 대규모 조직이 수행하던 역할을 다수의 다양한 소규모 조직들의 네트워크로 대체해 수행한다. 그리고 조합형 조직은 모든 의사결정이 거의 완전하게 민주적인 방법으로 이루어지는 것이 특징이다. 특히 조직 자체를 동등한 전문가의 조합으로 구성하는 것으로, 주요한 결정과 집행은 구성원 전원의 합의나 동의에 의한다. 따라서 가장 분권적 의사결정 구조를 갖는 협동조합이나 대학, 연구소 그리고 고도의 전문가 조직에서 주로 활용된다.

오늘날 이와 같은 반(反)관료제 모형과 여러 대안적 조직 형태들은 조직문제의 처방적 차원에서 많은 지지를 받으며 연구의 열풍 속에 있다. 그러나 전통적 관료제 모형의 지배력에는 여전히 변함이 없으며, 대규모 조직에서 계층제의 이점을 능가할 다른 대안이 없다는 견해도 충분한 설득력을 지닌 채 견고하게 자리하고 있다. 반관료제 조직은 전통적 관료제에 비해 신축성과 적응성이 큰 반면에 안정성과 지속성이 부족하다. 또한 반관료제 모형은 직무 수행에 대한 인간의 능동성과 자율규제력 과신을 토대로 한 것으로서 지나치게 이상적이라고 비판하면서 관료제를 옹호·변론하는 주장도 계속 제기되고 있다.115)

관료제 모형과 반관료제 모형의 균형된 인식이 아닌 어느 한쪽에 편향된 인식을 갖는 것은 옳지 않다. 분명 관료화 현상은 현대 조직의 피할 수 없는 주요한 특징이며, 관료화 자체가 조직이 환경에 적응해 일정한 영역임

115) Michael Barzelay, *Breaking Through Bureaucracy: A New Vision for Managing in Governmwnt*(Berkeley, Calif.: University of California Press, 1992) Charles Y. Goodsell, *The Case for Bureaucracy: A Public Administration Polemic*(Chatham, N. J.: Chatham House Publishers, 1985).

에는 틀림이 없다. 그래서 안정적인 환경 속에서 일상적·정형적 문제를 능률적으로 다루는 데 관료제 모형의 필요성이 충분히 인정되는 것이고, 불안정한 환경 속에서 비일상적·비정형적인 문제를 효과적으로 다루는 데는 반관료제 모형의 타당성도 어느 정도 인정된다고 보아야 한다.[116] 따라서 반관료제 이론에 기초한 대안적 조직 형태들은 관료제의 계서제적 조직구조에서 발생되는 병리 현상을 대체하기도 하지만, 치유하고 보완하는 차원에서도 저극 활용하는 방안이 모색되어야 할 것이다.

116) 최창호·하미승, 『새 행정학』(서울: 삼영사, 2006), p. 110.

제3장 행정이론과 관료제의 논의

통치활동의 한 영역으로서, 또는 그 하위 형식으로서 행정이 문자 시대 이전에도 존속했다는 것은 널리 알려진 사실이다. 예컨대 예술적 미를 갖추었다고 평가되는 북부 스페인의 알타미라(Altamira) 동굴에서 발견되는 들소 그림을 가능케 한 행정조직이, 또한 영국의 솔즈베리(Salisbury) 평원에서 발견된 스톤헨지(stonehenge: 거대한 돌기둥의 二重列)의 운반을 가능케 한 행정이 그 시대에 존속했던 것이다.[1] 이런 점에서 행정은 인류의 문명과 기원을 같이하는 보편적 현상으로 이해해도 무방할 것이다. 그러나 행정 현상에 대한 체계적 연구가 이루어지고, 그것이 독립된 학문으로 자리잡게 된 것은 비교적 최근의 일이다. 물론 과거의 뛰어난 저술가들이 남긴 문헌-예컨대 아리스토텔레스의 『정치학』, 마키아벨리의 『군주론』 등-속에 그들이 관찰한 것이 기록되어 있기는 하다. 그러나 통치활동에 관한 체계적 관리에 관심을 갖게 된 것은 관방학(官房學, cameralism)이 독일 학자들의 전문 분야가 된 것은 18세기 이후의 일이었다. 미국의 경우에도 행정학 성립의 시발점으로 간주되는 윌슨(W. Wilson)의 「행정의 연구(The Study of Administration)」란 논문이 간행된 것도 19세기 말인 1887년이었다.[2] 이러한 사실은 우리에게 몇 가지 시사하는 바가 있다. 즉 그동

---

1) E. N. Gladden, *A History of Public Administration*, Vol. 1(London: Franl Cass. 1972), pp. 8-9.

2) F. Heady, *Public Administration: A Comparative Perspective*, fourth edition(New

안 행정활동이 통치 내지 정치활동의 한 부분으로 편입되어 있었다는 점, 행정가보다 정치가의 활동에 더 많은 관심이 기울여진 점, 행정에 대한 중요성이 인식된 것은 근대 국가의 출현과 자본주의 체제의 발전이라는 시대의 전환기적 국면과 연계되어 있다는 점 등이다. 이것은 또한 행정학이란 학문의 성격과 긴밀하게 연관되어 있는 부분이기도 하다.

우리는 여기서 관료제가 현대의 행정학과 그 이론 속에 어떻게 투영되고 반영되어 있는가를 검토하고자 한다. 그 이유는 행정이 표방하고 실현하려는 이념이나 여러 프로그램들이 관료제란 장치를 통해 매개되기 때문이다. 관료제 특히 정부관료제의 존속 이유는 그것이 지닌 이데올로기적 성격에 관한 논쟁에도 불구하고 행정 임무의 수행과 불가분의 관계를 맺고 있다. 따라서 관료제의 이해를 위해 행정이론을 검토하는 것은 필수적이다.

제 1 절 행정 패러다임과 학파의 고찰

우리는 다음과 같은 기본적 전제로부터 출발한다. ① 여기서의 행정이론이란 주로 미국이라고 하는 특정한 사회에서 성립・발전된 행정학의 내용에 편입된 지적 구성물을 지칭한다. ② 여기서 행정이론의 범위를 한정하는 것이 미국 행정학의 배타적 우월성을 의미하는 것은 아니다. 더구나 그것이 보편성을 갖춘 이론 체계를 구성하고 있다는 것을 의미하지도 않는다. ③ 우리는 여기서 편의상 연대기적 순서로 행정이론과 관료제가 관련되는 방식을 분석하게 된다. 이를 위해서 우리는 미국의 행정이론의 변천 과정과 행정학의 접근 방법 및 시대에 따른 주요 이론 그리고 학자들의 관점들을 살펴보고자 한다.

우선 행정학의 전개 과정이 몇몇 학자들에 의해서 제시되어 왔으나,[3] 여기서는 헨리(Nicholas Henry)의 소재(locus)와 초점(focus)이라는 두 개념

York: Marcel Dekker, Inc., 1991), p. 1.

3) 여기에 해당되는 대표적 학자는 헨더슨(K. M. Henderson), 골렘비에프스키(Robert T. Golembiewski)이다.

을 사용해 행정학의 패러다임 변천을 살펴보기로 한다.4) 헨리는 골렘비에프스키(Robert T. Golembiewsky)의 소재(locus))와 초점(focus이란 분석 단위를 채용해 행정학의 지적 발전을 설명한다. 여기서 소재는 연구 영역의 특정한 대상을 말하며, 초점이란 행정학의 구체적인 연구 분야를 의미한다. 환언하면 소재는 분야의 제도적 장소로서 정부관료제이다. 초점은 행정학 분야의 전문화된 대상이다. 행정학의 하나의 초점은 행정 원리의 연구인데, 그것은 행정학의 패러다임의 변화와 함께 변화하고 있다.5)

1 패러다임 1: 정치 · 행정 이원론(1900~1926)

행정학의 독자적인 패러다임의 형성 시기로 행정을 정책과 국가 의사의 집행과 관련된 시기이다. 패러다임 1이 강조하는 바는 행정연구의 소재(locus)를 정부의 관료제(bureacracy)에 둔 것이다. 이 같은 소재의 중심에 선 개념은 정치-행정 이원론으로 표현된다. 즉 관료제가 효과적으로 운영되기 위해서는 정치의 배제가 필요하다고 주장했으며 공공 업무의 신속하고 경제적인 처리를 중요시했다. 그러므로 행정학은 가치(value)에 구애받지 않는 과학으로 존재할 수 있으며, 행정의 임무는 절약과 능률에 있음을 주장했다. 이 시기의 대표적 학자로는 굿노(F. J. Goodnow)와 화이트(L. D. White)을 들 수 있다. 굿노는 그의 저서 『정치와 행정』(1900)에서 "정부 활동 중에는 정치와 행정이라는 두 가지 명백한 기능이 존재한다"고 하면서, "정치는 정책 혹은 국가 의사의 표현이고 행정은 정책의 집행을 다루는 기능"이라 하고 규정했다.6) 화이트는 『행정학 입문』(1926)에서 정치는 행정에 간여해서는 안 되고, 행정은 관리의 영역이라고 주장했다. 이와 같은 패러다임 1이 가져온 주요한 결과는 가치와 사실의 명확한 구별에 상응하는 정치-행정 이원론의 강화, 행정학과 경영학의 분리, 과학과 사실의 강조

4) Nicholas Henry, *Public Administration and Public Affairs*, fifth edition(Englewood-Cliffs, N.J.: Prentice-Hall, Inc., 1992), Chapter II 참조.

5) 패러다임이라는 용어는 1962년 쿤(Thamas S. Kuhn)의 과학혁명의 구조에서 최초로 사용한 개념으로 과학집단의 구성원들이 서로 의사를 소통하고 전문적 판단에 의해 합의할 때 도움이 되는 공통된 가치·믿음·기술을 의미한다.

6) F. J. Goodnow, *Politics and Administration*, quoted in *Ibid.*, pp. 21-22.

를 들 수 있다. 이와 더불어 조직이론 분야에 대한 행정학자들의 실질적 기여로 행정 원리 발견의 기초를 구축했다는 점이다.

2 패러다임 2: 행정의 원리에 대한 도전과 반응(1927~1937)

패러다임 2의 기간에는 행정의 원리(principles of administration)가 탐구되었다. 즉 행정의 과학적 원리가 존재하고, 이 원리들은 발견될 수 있으며, 행정가가 이 원리들을 적용하는 방법을 습득한다면 행정학 분야의 전문가가 될 수 있는 것으로 간주되었다. 행정의 원리란 행정에는 문화・환경・제도・체제 등과는 상관없이 어떠한 행정 상황에도 적용할 수 있는 '원리'가 존재한다는 것이다. 따라서 분야의 focus(행정의 원리의 형태를 갖춘 필수불가결한 전문성)는 증대했지만, 어느 누구도 locus에 대해서는 진지하게 고려하지 않았다.

폴렛(Mary Parker Follet), 페이욜(Henri Fayol), 무니(J. D. Mooney)와 릴리(Alan C. Reiley)의 저서들이 행정의 원리를 설계하는 데 기여했고, 조직이론가들은 그들을 행정관리학파로 불렀다. 왜냐하면 행정 원리들이 고위층의 관리 기능에 초점을 맞추었기 때문이다. 행정원리론의 절정은 1937년 귤릭과 어윅(Luther H. Gulick & Lyndall Urwick)의 POSDCoRB의 표현으로 행정의 원리를 구체화시켰는데, POSDCoRB는 모든 조직에서 공통적으로 찾아볼 수 있는 관리 기능을 설명하기 위해 만들어낸 용어이다.7) 그러나 1938년 바나드(Chester I. Barnard)의 『집행자의 기능』이 간행된 이후 원리 중심의 주류행정학은 도전에 직면했다.

이른바 패러다임 2에 대한 '도전기(1938~1947)'가 나타났는데, 그것은 두 가지 방향에서 진행되었다. 하나는 정치-행정 이원론에 대한 의문의 제기로서 마르크스(Fritz M. Marx)가 편집한 『공공행정의 요소』(1946)의 간행으로 촉발된 것이다.

다른 하나는 행정의 원리에 대한 비판으로서 사이먼의 『행정행태론』(1947)

---

7) POSDCoRB는 planning(기획), organizing(조직화), staffing(인사), directing(지휘), coodinating(조정), reporting(보고), budgeting(예산)의 첫 글자를 딴 조직의 최고관리층이 담당해야 할 7대 총괄관리 기능을 말한다.

에서 그 정점에 이르고 있다. 더불어 왈도도 그의 『행정국가론』(1948)에서 행정에 관한 불변의 원리, 이 원리를 설계하는 데 사용한 방법론의 비일관성, 행정학 분야의 사고를 지배하는 절약과 능률성이란 가치의 협소함에 대한 날카로운 공격을 가한 바 있다.[8] 어떻든 1940년대에 이르러서는 기존 행정학에 대한 비판과 도전이 두 개의 방향으로 가속화된 것이 분명하다. 그 하나는 정치와 행정은 분리될 수 없다는 정치-행정 일원론이고, 다른 하나는 행정의 원리는 관리적 합리성의 최종 목표 이외는 아무것도 아니라는 원리론에 대한 비판이었다.

사이먼은 행정의 전통적 기반을 무너뜨리고 새로운 패러다임을 제시한다. 이 새로운 패러다임은 두 가지로 나뉘는데, 하나는 수순한 행정과학을 지향하는 분류이며, 다른 하나는 공공정책을 위해서 처방을 내리는 분류이다. 즉 사이먼은 행정의 연구 단위를 인간의 행태에 초점을 두고 있는 행태론과 별개의 정책론으로 나눈 것이다.[9] 비록 사이먼의 제안이 여러 행정학자들에 의해 배척되기는 했지만, 전통적 패러다임에 대한 '도전에 대한 반응기(1947~1950)'가 도래하게 되었다. 즉 행정학자들은 행정학과 정치학의 논리적 개념의 연계, 환원하면 공공정책의 형성 과정에 관심을 기울였다.

3 패러다임 3: 정치학으로서의 행정학(1950~1970)

이 시기는 '도전에 대한 반응기'를 거치면서 행정학자들이 모학문(母學問)인 정치학으로 뛰어들었고, 분야의 locus인 정부관료제를 새롭게 정의했으나 거기에 상응하여 focus의 상실을 초래했다. 요컨대 패러다임 3의 시기에 행정학과 정치학 간의 개념적 연계의 재정립을 시도했으나 적어도 분석의 초점과 전문성에서 행정학에 관한 정의는 소멸되기에 이른다. 그리고 1950년대의 행정학 문헌에서 행정학은 정치학의 '강조적' 혹은 '관심의 영역'으로 불리고, 심지어는 정치학의 동의어로서 사용되었다. 따라서 행정학

---

8) D. Waldo, *The Administrative State: A Study of the Political Theory of American Public Administration*(New York: The Ronald Press Co., 1948), Chapter Ⅷ-X 참조.
9) H. A. Simon, "A Comment on the 'The Science of Public Administration'" quoted in N. Henry, *op. cit.*, pp. 27-28.

의 연구는 포괄적인 지적 참조틀의 부재로 그 성격이 규정되며, 전반적으로 행정학에 대한 관심이 낮아지게 되었다. 그러나 정치학과 행정학의 긴장이 팽팽한 가운데 적어도 두 가지 뚜렷한 현상이 나타나게 되었다.

하나는 사례연구의 증대이고, 다른 하나는 행정학의 하위 분야로서 비교행정과 발전행정의 대두와 쇠퇴였다. 사례연구는 사회과학 전반을 풍미했던 '행태주의 혁명'에 대한 행정학자들의 반응을 반영한 것으로 볼 수 있다. 한편 문화횡단적 접근법으로 지칭되기도 하는 비교행정은 행정학의 새로운 발전으로 기록될 수 있다. 즉 비교행정론자들은 문화적 요인이 행정의 여건에 어떤 차이점도 낳는 것이 아니란 가정을 거부하고 문화적 요인의 중요성에 주목했다. 사실상 1960년의 CAG(비교행정연구회)의 창설, 포드(Ford)재단의 재정적 지원, 리그스(F. W. Riggs)의 정력적 활동 등으로 패러다임 1 기간에 비교행정의 전성기를 구가했다. 특히 냉전 체제 하에서 미국의 행정기술의 수출과 관련해 발전행정에 대한 관심이 고조된 것도 1960년대였다. 그러나 비교행정이 보여 준 과도한 이론형성의 정향, 그리고 1970년대 초 CAG에 대한 포드재단의 재정 지원의 중단과 CAG의 주요 처널인 『비교행정학회지』의 종간(終刊) 등은 비교행정의 쇠퇴를 실질적·상징적으로 보여 주는 사례들이었다.

4 패러다임 4: 관리론으로서의 행정학(1956~1970)

정치학의 영향에서 벗어나기 위한 시도는 관리 분야에서의 새로운 대안을 모색하게 되었다. 관리 분야는 조직이론과 행태, 기획, 의사결정, 그리고 관리과학의 여러 기법들을 포함한다. 즉 관리론으로서의 패러다임은 기업과 정부를 포함하는 모든 관리자들에 유용한 단일의 행정과학이 존재한다는 생각에 근거를 두고 있다. 여기서 행정과학은 조직이론과 관리과학을 포함하는 것인데, 행정과학으로서 패러다임은 locus보다는 focus를 중시해 전문지식과 특수지식을 요구하는 기법들을 제시했다. 그러나 관리론으로서 행정학 역시 행정학의 정체성을 상실하게 하는 것이었는데, 학문의 초점(focus)은 제공했으나, 행정의 소재(locus)는 제시하지 못했다.

1960년대 초기의 조직발전 이론(OD)은 관리의 전문 분야로서 급격히 부상하기 시작했다. 사회심리학에 기초한 조직발전 이론은 공적이든 사적이든 관료제의 민주화와 구성원의 자기 실현에 높은 가치를 두었다. 그리고 그러한 틀 속에서 민주적 가치와 규범적 관심사가 고려되고 또한 지적 엄밀성과 과학적 방법론이 활용될 수 있었다. 관리로서의 행정이 행정학에 미친 영향은 '공공성'이 의미하는 바를 한층 엄밀하게 규정하도록 한 점, 관리방법론의 계발, 행정학 교육의 여러 국면에 관한 평가 등으로 요약될 수 있다.[10] 한편 패러다임 3과 패러다임 4의 혼란 속에서도 행정학은 새로운 변화를 모색하게 된다. 하나는 '과학과 사회', '과학·기술 및 공공정책'과 같은 새로운 프로그램을 개발해 대학의 커리큘럼에 편입시키는 작업이 진행된 것이고, 다른 하나는 신행정학의 출현이 그것이다. 비록 두 가지 운동이 단명했음에도 불구하고 그것은 행정학자로 하여금 정치학과 관리 분야 간의 전통적인 지적 유대와 행정학의 학문적 자율성의 전망을 재고하도록 주의를 환기시켰다는 점에서 행정학에 지속적인 영향을 미치게 되었다.

5 패러다임 5: 행정학으로서의 행정학(1970~?)

이 패러다임 시기는 향후 행정학의 방향을 정립하고, 행정학의 정체성 확립과 행정학의 자신의 독립된 패러다임을 갖추어야 한다는 것이다. 1970년대에 들어와서 행정학은 자기인식에 투철한 독립된 연구 분야로서 정착되고 있다. 비록 순수행정과학의 형태로서의 이 분야의 focus는 아직 없지만 조직이론 영역에서의 진보가 기록되고, 행정학의 응용 기법과 방법론의 세련화가 진전되고 있다. 나아가서 주 및 지방정부, 집행부 관리, 행정윤리, 기술관료적 거대민주주의에서 무엇이 공익인가를 설명하기 위한 시도에서 파생되는 여러 문제점 등에 강조점이 집중되고 있다. 대학원의 커리큘럼에도 이러한 추세가 반영되고 있다. 가령 어느 정도 합의를 얻은 대학원 수준의 커리큘럼은 행정의 환경, 계량적 방법, 예산 및 재정관리, 조직이론, 인사행정에 강조점을 두고 있다.

---

10) *Ibid.*, pp. 36-42.

〈표 3-1〉 행정학 패러다임의 변화

패러다임	행정의 전개	중점 내용	분석 단위
제1 패러다임	정치·행정 이원론	정부관료제의 연구	소재(locus)
제2 패러다임	원리접근법 원리론 비판	행정원리론 중시 행정의 가치지향성 인식	초점(focus)
제3 패러다임	정치학으로서의 행정학	행정학의 정체성 위기	소재(locus)
제4 패러다임	관리학으로서의 행정학	조직이론의 중시(행정과학 추구)	초점(focus)
제5 패러다임	행정학의 독자성	공익과 순수행정과학으로서의 행정학 추구	소재와 초점 (locus/focus)

한편 케이든(Gerald E. Caiden)은 행정이론의 급속한 발전과 다양성으로 인해, 그것이 더 이상 어떤 정돈된 도표에 들어갈 수 없다는 점을 승인하면서, 쿤츠(H. Koontz)의 분류에 의거해 여덟 가지로 범주화한다. 이것을 요약하면 다음과 같다.[11]

① 행정과정학파: 행정과정학파는 행정활동의 성격을 분석하고 행정의 실제를 개선하기 위해 일반적으로 적용될 수 있는 보편적 운영 원리를 확인하려고 노력한다. 이 학파는 페이욜, 어윅, 귤릭 등의 업적에 빚지고 있다. 행정 과정 접근 방법은 관리적 사고를 계속 지배하며 공식조직의 해부 —분업, 조직의 수직적 수평적 성장, 구조(계선과 막료), 통솔 범위 등—를 취급한다. 그리고 관찰, 모형 형성, 실험, 확인의 기초 위에서 일반 명제가 각각 성립된다. 비록 서술적·설명적이지만, 그것은 행정가들에게 어떻게 조직해야 하는가를 말해 주기 위해 규범적으로 사용된다. 행정과정학파에 대한 주된 비판은 다음과 같이 요약된다. 즉 원리들이 너무 일반화되어 유용하지 못하거나, 지나치게 정교하고 전문용어로 표현되어 있어서 충분히 이해되지 못하며, 명제 가정에 관한 검증이 거의 이루어지지 않았고, 통합을 필요로 하는 원리들이 과도하며, 행정활동의 범위가 지나치게 협소하게 규정되고 있다는 점이다. 그리고 행정의 관점에서 그 원리들이 정치적 여

11) H. Koontz, "The Management Theory Jungle," *Journal of Academy Management*, quoted in Gerald E. Caiden, *Public Administration*, 2nd edition(California: Palisades Publishers, 1982), pp. 213-222.

건에서 타당한 것인지, 행정 문제가 과정이라고 하는 맥락 내에서 순수하게 취급될 수 있는지, 원리들이 실제적 문제의 해결과 행정가와 정치가의 지침과 마땅히 관련되어야 하는지, 그리고 현실의 상황에서 실질적 행동과 관련되는지에 대한 의문이 상당한 정도 존재한다.

② 경험학파: 경험학파 역시 일반 원리들이 행정 실제의 연구로부터 도출될 수 있다고 믿으나, 이 경우 현실의 이념화나 가설 설정보다 사례연구에 의존적이다. 경험학파는 유럽과 같이 행정법의 전통이 우세했던 곳이나, 영연방과 같이 행정이론이 뒤늦게 발전했거나 행정 실무자 간에 신중하게 다루어진 곳에서 영향력을 발휘했다. 경험학파가 행정과정학파보다 우월한 점은 정치·행정 이원론의 부정, 이론을 위한 이론의 거부이다.

③ 인간행태학파: 이 학파는 비공식 조직에 중점을 두며 조직 내에서 구성원이 어떻게 행동하며 조직이 실제로 어떻게 작동하는지에 관심을 기울인다. 인간행태학파는 행정을 현실적으로 존재하는 그대로 기술하고, 행태과학의 연구 결과를 행정이론에 적용한다. 따라서 이 학파는 행정과정학파나 경험학파가 소홀히 다루었던 의사 전달, 갈등, 동기, 리더십, 지위, 사회적 상호작용과 같은 현상을 연구한다. 인간행태학파는 과거에 작업장의 인간 관계에 주된 관심을 보였지만, 현재는 복잡한 사회적 상호작용과 조직의 인간적 측면까지 인식의 폭을 확대하고 있다. 인간행태학파에 대한 비판이 있는 것은 사실이나, 이 학파는 비인간적 독재주의에 맞서 인간주의적 민주주의를 옹호하는 규범적 외침을 높여 왔다. 이런 이유로 이 학파가 행정에 많은 영향을 미치지 못했지만, 아지리스(Chris Argyris), 리커트(R. Likert), 머슬로(Abraham H. Maslow), 베니스, 골렘비에프스키 등과 같은 산업이론가들은 공공조직을 연구해 행정가에 영향을 미쳤다.

④ 관료제분석학파: 주지하다시피 현대 사회의 공공조직의 지배적 형태는 관료제이다. 이 학파는 관료제적 행정의 기능적·역기능적 국면, 관료제적 행태, 관료제의 문화적 환경, 관료제적 권력, 목표 전치, 관료제의 범주화, 행정문화의 관료제화 등에 주로 초점을 맞춘다. 사실상 많은 조직이론은 관료제 분석-실제의 관료제의 모형설계, 역할 및 행태의 조사, 관료제적 과정의 탐구, 관료제 내부 세계의 기술, 관료제에 관한 외부 및 하위계층의 시각, 관료제적 병리 현상의 성격 규명, 변화에 대한 관료제의 적응성

의 탐구―에 관한 것이다.

⑤ 사회체제학파: 모든 조직이 관료제적인 것은 아니다. 베버의 개념화보다 포괄적인 어떤 것이 필요한데, 이것은 조직이 상호의존적 변수의 체제라는 사고에 근거한다. 일반체제 이론가보다 20여년 앞서 바나드에 의해 최초로 전개된 사회 체제로서의 조직 개념은 이 부문의 선구적 업적으로 평가해도 무방할 것이다. 여러 모형들은 생물학, 공학, 사이버네틱스(cybernetics), 사회학으로부터 채용되었으며 그것은 조직의 유형론을 계발하고 폐쇄 및 개방 체제의 성격을 탐구한다. 이 학파는 행정과 사회 간의 관계에 대한 이해의 폭을 넓히고 특히 비교행정 연구에 영향을 끼쳤다.

⑥ 의사결정학파: 바나드는 또한 조직이 의사결정 체제라고 규정한 바 있다. 조직의 행위는 치밀한 계산에 근거하며, 집행부의 주요 기능은 의사결정이다. 이 견해를 더욱 진전시켜 사이먼은 1940년대 후반 행정이론이 행위의 과정과 함께 결정 과정과도 마땅히 관련되어야 하고, 행정의 일반이론은 효과적 행위를 보장하는 원리들을 포함해야 하는 것과 마찬가지로 정확한 의사결정을 보장하는 조직의 원리를 포함해야 한다고 주장했다.[12] 의사결정 모형은 일부 연구자들을 공공정책, 공공선택 이론의 연구로 또 다른 연구자들을 예산과 회계, 프로그램 평가, 생산성 측정 연구로 인도했다. 컴퓨터 기술의 급속한 발전으로 화이트칼라의 업무에 변화가 생겼고, 시뮬레이션 모형(simulation model)과 예측을 촉진시키고, 연구를 가속화시켰다. 이에 상응해 행정학은 한때 사이먼이 우려했듯이 수단으로서의 기계적 능률성의 무모한 추구가 아니라, 더욱 복잡해진 소용돌이 환경 속에서 행정국가의 진로에 지침을 제공하고 규모의 복잡성과 공적 영역의 증대를 극복하는 더욱 정교한 관리과학이 되었다.

⑦ 수리학파: 불확실한 조건하의 다양한 상황에서 가능한 산출을 예측하기 위해 수리모형 등이 활용되고 있다. 공적 영역의 조직은 수입과 지출을 예측하고, 대규모 공공사업을 입안·설계하며, 진행 중인 일의 진로를 유지하고, 특정한 항목을 찾기 위해 시뮬레이션에 투자한다. 물리학자들이 실물크기 모형과 축척 모형을 설계하는 것과 마찬가지로 관리과학자도 연구절

12) Herbert A. Simon, *Administrative Behavior*, 2nd edition(New York: The Free Press, 1957), p. 1.

차의 상징적 표현으로서 수리모형과 이론 시뮬레이션을 설계한다. 이들 모형은 주먹구구식 방법과 비용이 많이 드는 시행착오 방법을 감소시키면서 다양한 행정활동에 성공적으로 활용되어 왔다.

⑧ 통합주의학파: 다양한 학파를 두 개의 학파—즉 경험학파, 의사결정학파, 수리학파를 결합하고 행정활동의 구성 요소에 초점을 맞추는 환원주의 행정과정학파와 그 나머지 학파를 결합하고 행정활동의 맥락을 검토하는 총체적 행정체제학파—로 축소시킴으로써 행정이론을 단순화하려는 유력한 시도가 몇 차례 있었다. 통합주의학파는 이것을 진전시켜 더욱 통합하고자 시도했다. 하나의 전략은 표준적 정의, 교차참조(cross-referencing), 색인 및 주제목록을 통한 통합이다. 마치와 사이먼의 『조직론』, 마치의 『조직핸드북』(1965)은 이러한 시도의 결과이다. 또 다른 전략은 모든 학파를 하나의 거시이론(巨視理論)으로 통합하는 것인데, 그로스(B. Gross)의 『조직의 관리』(1964)가 여기에 속한다. 현재까지 거시이론에 가장 근접한 것은 체제이론으로 알려져 있다.

제2절 관료제의 접근 방법과 이론

무릇 학문이란 독자적 연구 대상에 대한 체계적 인식을 통한 독립적 이론을 뜻한다. 어떠한 학문이건 일정한 방법이 존재하며, 그 학문의 연구 대상을 어떻게 연구할 것인가와 관련해 다양한 견해나 시각 그리고 관점들이 제시된다. 이러한 견해나 관점들은 일반적으로 접근 방법이라 하며, 이는 그 분야의 연구 활동을 안내해 주는 일종의 전략이나 지향점(orientation)이라고 할 수 있다.[13] 이러한 측면에서 행정학의 한 분과 학문으로서 관료제 연구도 일정한 접근 방법이 존재하며, 이러한 접근 방법들은 행정학이나 혹은 인접 사회과학의 학문적 연구의 정향 및 방법과 대체로 유사하다. 다만 부문적으로 관료제라고 하는 특수한 성격에 적합한 방법들을 선택·

13) Alan C. Issak, *Scope and Methods of Political Science*(Homewood, IL: The Dorsey Press., 1981), p. 191.

응용해 적용할 뿐이다. 따라서 여기서는 행정학과 관료제의 상호보완적 성격의 기초 하에 접근 방법과 이론들을 논의하되, 그동안 시기적으로 주요하게 고려되었던 접근 방법의 변천과 새롭게 소개되고 있는 이론으로 구분해 고찰하고자 한다.

1 전통적 접근 방법의 조류

1) 법·제도적 접근 방법(legal-institutional approach)

이 접근 방법은 전통적 접근 방법 중의 하나로서 인간의 행동이 규범과 신화를 넘어 법과 제도의 틀 속에서 역사적으로 규정되는 과정을 이해하고 서술하는 데 치중하는 접근 방법이다. 즉 행정 과정에 영향을 미치는 법률이나 제도를 중심으로 행정 현상을 서술적으로 연구하는 방법이라 할 수 있다. 법적 연구는 주로 헌법, 법전의 해석과 집행 관행을 연구하는 접근 방법이며, 제도적 연구는 대통령이나 수상, 관료들의 권한, 선거제도, 정당 등 제도들에 대한 역사적 배경 조사와 서술적 사실을 탐구했다. 특히 제도론적 접근 방법은 초기 정치학자들이 단순히 정치의 역사나 법률이 아닌 정치 실제에 대한 연구에 관심을 갖는 데서 촉발되었다. 그래서 제도주의 정치학은 군주의 세습권이나 지도자의 전횡적 권력에 대한 비판을 가하는 한편, 안정적이고 합리적인 제도 수립을 통해 권력을 제한하는 데 많은 기여를 했다. 행정학 측면에서도 입법·행정·사법부의 제도, 중앙과 지방 간 관계, 각 행정부처 간 관계 그리고 행정 직제를 비롯한 공무원의 인사제도 등이 이 접근 방법에 의해 연구되고 있다. 그러나 이 접근 방법은 헌법과 법체계 그리고 제도의 내용 서술에 치중해서 법과 제도안의 사람들이 실제 어떻게 연결되어 인간의 행동을 유발하는지에 대한 체계적인 검토가 이루어지지 못했다. 또한 공식적 제도나 법률에 치중한 나머지 행태적 측면과 환경적인 측면을 파악할 수 없을 뿐만 아니라 행정의 동태적인 면을 설명하지 못하고 있다. 미국을 비롯한 선진국의 행정제도를 무비판적으로 도입하여 제도와 실제 간의 불일치 현상이 빈번하게 일어나고 있는 발전도상국의 행정 현상을 설명하는 데 한계를 드러내었다.

2) 생태론적 접근 방법(ecological approach)

이 접근 방법은 행정이 환경 조건의 영향을 받아 형성되는 측면을 주의 깊게 관찰하는 학문 경향을 말한다. 이 접근법은 진화의 관점에서 역사적 연구에 치중하게 되며, 또한 행정과 그 환경과의 접촉의 관점에서 사회 상황을 중시하게 된다. 이 접근 방법을 행정의 연구에 적용해 보면 그 의미가 더욱 명확해질 수 있다. 행정은 일종의 유기체로서 그것은 정치·경제·사회 등의 환경과 상호 의존 및 상호 작용하는 실체이다. 행정 유기체와 그를 둘러싼 환경의 관계를 밝히고 그러한 맥락에서 행정 현상을 설명하며 예측하고자 하는 것이 생태론적 접근 방법이라 할 수 있다.

생태론적 접근 방법은 문화적·환경적 맥락 속에서 특정 국가나 문화권의 행정 특징을 더욱 명확하게 설명하고 예측했다는 점에서 공헌했다. 그러나 이 접근 방법은 환경을 중요시한 나머지 환경결정론 혹은 환경종속론적 입장에서 행정을 설명했기 때문에 행정의 주체성이나 자발성이 결여되었다는 비판을 받고 있다.

3) 행태주의와 후기 행태주의 접근 방법(beahavioral approach)

이 접근 방법은 어느 한 학문이 아닌 사회과학 전체에 걸쳐 응용 및 적용되고 있는 접근 방법이다. 행태론자들은 행정의 주요 관심사가 정치·행정제도 내의 행정인의 행위나 활동에 있어야 하고, 연구의 초점은 행정 행태로 모아져야 함을 주장한다. 행태주의 접근 방법은 정치나 행정 현실의 실체를 객관적이고 체계적인 사실을 통해서 분석하며, 지식은 반드시 검증을 통해서 그 타당성을 객관적으로 가려낼 수 있도록 해야 한다는 전제에 입각하고 있다.

행정학 분야에서의 행태주의 운동은 논리실증주의를 강조하던 사이먼(H. A. Simon)이 1945년 『행정행태론(*Administration Behavior*)』을 발표하면서 크게 발전되었다. 즉 행태주의는 사물을 인식하는 방식에서 논리적 실증주의에 기초하고 있다. 이에 따르면 우리가 진리로 받아들일 수 있는 것은 오감에 의해 인지될 수 있는 사실에 근거해야 하며, 객관적으로 증명될 수 있는 것이어야만 한다(경험주의 철학). 이러한 기준에 의하면 지식과 학문은 사실자료와 현장연구를 토대로 해서 입증되고 체계화된 것이어야 한다(실증주의 방법론).

이러한 행태론적 접근 방법은 다음과 같이 요약해 볼 수 있다. 첫째 선험적 교리 및 선언적 가설 체계를 거부하고 실존하는 모든 사회 현상과 이들의 상호 관계에 대한 경험론적 설명을 주요 연구 대상으로 삼는다. 둘째, 추상적인 이상과 목표에 치중하기보다는 인간의 노력으로 만들어진 조직, 결사, 제도, 권력 관계 및 그 결과를 구체적으로 밝혀내고자 한다.[14] 셋째, 사회 현상도 자연과학과 마찬가지로 엄밀한 과학적 연구가 가능하다. 넷째, 인간 행태의 규칙성, 상관성 및 인과성은 경험적으로 입증하고 설명할 수 있다. 다섯째, 연구에서 가치 중립성이 엄밀히 지켜져야 한다. 즉 가치와 사실을 분리하며, 사실 세계에 대한 객관적, 경험적, 체계적 일반이론을 구축한다. 여섯째, 자료를 분석할 때 계량화와 객관적 측정 방법을 이용한다.

행정학의 과학화, 정체성의 위기를 극복하는 데 크게 공헌한 행태론은 1960년대 중반부터 많은 소장 정치학자들로부터 비판받기 시작했다. 특히 이 당시 정치학 연구를 좀더 엄격하게 과학적인 혁명으로 만들려고 하는 시도에 대한 불만이 더욱 증폭되었는데, 이 불만과 비판에 대응해 이른바 '후기행태주의(post-behavioralism)'로 수정 발전을 도모했다. 후기행태주의의 중심 내용을 보면 첫째, 본질은 기법에 우선하므로 사회의 시급한 문제는 연구의 도구보다 훨씬 중요한 것이다. 둘째, 행태주의 자체는 이데올로기적으로 보수적이며, 위기에 처한 시대의 현실보다는 추상성에 머물고 있다. 셋째, 과학은 가치 중립적인 평가를 내릴 수 없으며, 사실과 가치가 분리될 수 없고 가치 전제는 지식과 연관되어야 한다. 넷째, 지식인은 사회 문제를 해결하는 데 자신의 지식을 활용하고 실천에 옮겨 한 사회를 재구성해야 한다. 다섯째, 행태주의 연구들은 너무나 사소한 문제에만 관심을 두어 급박한 사회적 문제에는 소홀히 하고 있다.

그러나 후기행태주의는 행태주의에서 발전된 과학적 방법론을 그대로 수용해 분석하는 데 이론화를 중시하고, 객관적 검증과 방법론적 엄밀성을 추구하는 전통을 따르고 있다. 따라서 후기행태주의는 기본적으로 행태주의

---

14) David Easton, "The New Revoluation in Political Science," *American Political Science Review*, 63, 4(December 1969), pp. 1051-1061 참조.

의 연장선에서 그 결함을 보완하려는 노력이었지, 이를 대체하거나 새로운 학문적 패러다임으로서의 전환을 의미하는 것은 아니었다고 보아야 한다.

〈표 3-2〉 행태주의와 후기행태주의 비교

행태주의 접근 방법	후기행태주의 접근 방법
사실과 가치의 분리	사실과 가치는 행동과 적실성에 연관됨
비규정적, 객관적, 경험적	인간 중심적이며 문제 지향적, 규범적
동질성과 규칙성에 관심	규칙성과 비규칙성에 관심을 가짐
비교적 여러 국가에 초점	비교적 여러 국가에 초점
자민족 중심주의, 특히 영미형 모델에 초점	특히 제3세계 지향적
추상적, 이데올로기적인 보수적, 정태적	이론적, 급진적, 변동 지향적
공식적, 비공식적(집단)구조와 기능에 초점	계급과 집단의 관계와 갈등에 초점

4) 체제적 접근 방법(system apporach)

이 접근 방법의 기본적 관점은 체제(system)라는 개념을 기초로 해서 모든 현상을 분석하는 것이다. 여기서 체제란 상호 의존적이고 상호 관련성이 있는 복수의 구성 요소 또는 변수가 어떤 관계를 가지고 질서, 안정, 균형을 유지하고 환경과 영향을 주고받으면서 전체성을 유지해 나가는 추상적인 집합체이다. 체제적 접근 방법은 자연 현상이나 사회 현상을 전체의 한 부분으로 본다. 체제이론가들은 모든 체제가 상호 작용하는 여러 구성 요소로 이루어져 있다고 본다. 그뿐만 아니라 체제는 환경과 구별되는 경계가 있으며, 이것이 체제와 외부와의 구분을 밝혀 준다는 것이다.

체제적 접근은 구조-기능주의적 접근과 밀접히 관련되어 있다. 구조기능론은 분석 단위로서 전체적인 체제를 강조하고, 전체 체제 유지를 위한 요건으로서 특정한 기능을 가정하며, 전체 체제 내의 여러 구조가 기능적으로 상호 의존적임을 전제로 한다. 구체적으로 설명해 보면 정치나 행정을 하나의 시스템(system: 체제) 현상이라 보고 시스템을 구성하는 여러 가지 구조가 있으며, 이 구조는 일정한 기능을 수행하고 이러한 기능의 수행을 통해서 시스템 유지나 시스템을 둘러싸고 있는 '환경'과의 상호 작용이 행해진다고 본다. 그래서 '구조'가 되는 것은 '공식 · 비공식적 제도들'이라 해도 무방하며, 구조가 수행하는 기능은 시스템에 대해 파괴적인 '역기능'과 시스템 유지와 시스템의 환경에 대한 적응에 필요한 '순기능'으로 나눌 수 있다. 이와같이 구조와 기능의 분화 등을 연구하는 것이 구조기능주의 접근법이며, 그것에 의해 체제 전체의 유지 · 발전, 변화, 환경에의 적응 · 부적응 등을 고찰하는 것이 바로 체제적 접근법이다.

이러한 맥락에서 체제적 접근 방법을 논의할 때 구조기능론과 연관시키고 특히 파슨스(T. Parsons)의 구조기능론을 소개하는 이유가 여기에 있다. 파슨스는 체제가 그 목적을 달성하기 위해 각기 다른 하위 체제가 다음과 같은 네 가지 기능을 수행한다고 한다. 즉 체제는 환경의 변화에 적응해야 하는 적응 기능(adaption), 가치를 창출하는 목표 달성 기능(goal attainment), 목표 달성을 위해 하위 체제의 활동을 조정하는 통합 기능(intergration), 체제가 갖고 있는 가치 체계를 보존하고 제도화된 체제를 유지하는 유형 유지 기능(latent pattern maintenance)이다.

체제적 접근 방법의 핵심 개념인 체제를 행정과 연관시켜 볼 때, 행정 체제는 서로 관련된 환경 · 투입 · 전환 · 산출 · 환류 등의 상호 작용을 반복하는 개방 체제의 성격을 갖는다. 이에 따라 행정 체제는 동태적인 사회 변동의 영향을 받을 뿐만 아니라 내부 환경으로부터도 영향을 받는 것이다. 이 행정 체제를 구성하고 있는 주요 구성 요소는 다음 다섯 가지로 구분된다.

① 환경: 환경은 체제에 대한 요구나 지지를 발생시키는 것이다. 행정 체제를 둘러싸고 있는 외부환경은 고객, 압력단체, 정치 상황 등을 말한다.

② 투입: 환경으로부터 행정 체제의 전환 과정에 받아들이는 자원 · 정보 등을 의미한다.

③ 전환 과정: 환경 요소로부터 투입을 받아 그 결과로서 어떤 산출을 내기 위한 작업 절차를 의미한다.

④ 산출: 환경에 응답하는 결과를 의미하는 것으로, 산출에는 정책 입안, 법령 제정, 재화의 생산 등의 응답이 포함된다.

⑤ 환류: 투입에 대한 산출의 결과가 다음 단계인 투입이나 환경 요소에 연결되는 과정을 의미한다.

이와 같은 체제적 접근 방법은 미시적인 부문이나 과정·절차에 한정하기보다는 거시적으로 전체를 보며 부분 간의 상호 기능적인 관계를 밝혀 줌으로써 복잡한 행정 현상을 포괄적으로 이해하는 데 많은 도움을 주었다. 특히 선진국을 비롯한 후진국의 행정 체제를 비교분석할 수 있는 유용한 틀을 제공했음은 물론 체제분석을 통해 문제 해결과 의사결정의 합리화에 기여하는 행정이론의 과학화에 공헌했다. 그러나 체제적 분석 방법은 다음과 같은 이유에서 비판받았다. 첫째, 이 접근 방법은 정태성과 현상 유지적 성격을 띠고 있어 목적성을 띤 변화나 정치 사회의 변화나 발전을 잘 설명하지 못한다는 것이다. 둘째, 체제적 접근 방법은 행정과 환경과의 교호작용을 강조하지만 특히 발전도상국이나 후진국의 경우 행정의 환경에 대한 독립 변수적인 성격을 충분히 설명하지 못한다는 것이다. 셋째, 체제적 접근 방법은 거시적 접근 방법이므로 체제의 전체적인 국면은 잘 다루고 있으나 체제의 구체적인 운영이나 행태적인 측면은 잘 다루지 못한다는 것이다. 넷째, 정치 행정 현상에서 특수한 인물의 성격, 개성, 리더십 등이 큰 비중을 차지하는 경우 이를 과소 평가하기 쉬우며, 행정 현상에서 중요한 권력, 의사 전달, 정책 결정 등의 문제나 혹은 행정의 가치 문제를 고려하지 못한다는 것이다.[15]

2 최근 이론의 동향

1) 신공공관리론

신공공관리론(new public management)은 1970년대 중반 이후 영·미의 신자유주의와 맥을 같이하고, 기존 전통적인 관료제 패러다임의 한계를 극복함은 물론 작은 정부를 구현하기 위해 개발된 정부 운영 및 개혁에 관한 이론이다. 이 이론의 배경은 서구 자본주의 사회의 국가관리 패러다임의 변화와 함께 서구 복지국가의 정책을 비판하는 데에서 찾아볼 수 있다. 그동안 서구 복지국가는 행정의 양적 팽창이 시장 기능의 약화와 거대한 관료제화를 낳아 과도한 정부 지출과 함께 재정적자를 가져와 국가 경제의

15) 이종수·윤영진 외, 「새 행정학」(서울: 대영문화사, 2003), pp. 164-165 참조.

위기를 초래했다. 이러한 위기를 극복하고자 하는 개혁적 방안으로 정부의 기능과 규모를 줄이고 시장의 기능을 활성화시켜 경쟁의 원리를 확산시켜 성과를 창출하자는 것이 신자유주의이다. 특히 행정의 효율성을 높이기 위해서는 관료제적 패러다임의 변화가 전제되어야 함을 강조하고 있는데, 바로 기존의 관료제적 패러다임을 기업형 정부로 대체하는 것이다. 즉 신공공관리론은 전통적 관료제 정부모형을 새로운 정부모형인 기업가적 정부모형으로 전환하기 위한 행정개혁 전략의 개발을 지향하고 있다.[16]

미국을 중심으로 하는 이 기업가적 정부모형은 대표적으로 세 가지 주장으로 요약할 수 있다.[17] 우선 최소국가론을 지향하는데, 이는 정부 행위의 주요 목적을 공공재의 공급에 한정할 것을 주장하며 행정 체계를 시장과 같은 경쟁적 체계로 전환해야 한다는 인식에 근거하고 있다. 둘째, 이 모형은 민영화와 규제 완화를 중심으로 한 탈규제정부 모형이 논의되는데, 느슨한 계층제로의 정부조직 개편, 정부의 중재자적 입장에서의 통제 등을 강조한다.[18] 셋째, 오스본과 개블러에 의해 제안된 정부 재창조모형은 공공부문에 민간 부문의 기업가적 정신을 제시한 것으로 알려져 있는데,[19] 정부는 조정자 입장에서 경쟁, 시장, 고객, 성과를 강조하는 기업가적 정부를 지양해야 함을 강조하고 있다.[20] 어떻든 신공공관리론은 신자유주의 이념에 기초한 것이며, 이 이념과 기본 정신에 기초하여 공공 서비스에 경쟁 원리를 최대한 도입하고자 하는 것이 바로 '시장주의'로 표현된다.

한편 신공공관리론의 내용에서 중요하게 자리하고 있는 것 중 하나가 '신관리주의(new managerialism)'이다. 이 신관리주의는 시장적 개인주의 기업 모형을 공공 부문에 적용하려는 노력의 일환으로 이해할 수 있다. 즉

---

16) O. E. Hugh, *Public Management and Administration: An Introduction*(N. Y.: St. Martin's Press. 1994).

17) 서창록 외, "거버넌스의 개념: 거버넌스의 개념과 쟁점에 관한 소고", 김석준 외 『거버넌스의 정치학』(서울: 대영문화사, 2002), p. 9.

18) 김정렬, "영국 블레어 정부의 거버넌스," 『한국행정학보』 35권 3호(2001), p. 90.

19) 오스본과 게블러(Osborne & Gaebler)의 『정부재창조론(*Reinventing Government*)』(1992)에서 제시된 '기업가적 정부 운영의 10대 원리'는 신공공관리론의 특징과 정부개혁의 방향을 잘 제시하고 있다.

20) D. Osborne & T. Gaebler, *Reinventing Government: How the Entrepreneurial Spirit in Transforming the Public Sector*(New York: Addison-Wesley, 1992), p. 20.

행정과 경영의 유사성에 대한 인식하에 기업의 경영 원리와 관리 기법을 행정에 도입 및 적용하여 정부의 성과 향상과 관리의 효율성을 제고하는 것을 강조하고 있다. 마지막으로 신공공관리는 성과주의와 그 내용에 포함시키고 있다. 성과주의는 행정의 과정보다는 결과를 강조한다. 특히 이는 신공공관리 방식의 도입에 따른 행정조직의 규제완화로 야기되는 통제 및 책임의 결여를 막기 위한 전략이다. 그리고 고객주의는 시장주의에서 파생되는 하나의 지향성으로서 '소비자가 왕'이라는 생각으로 고객을 중시하는 경향이며 태도이다. 오늘날 공공 부문에서 고객주의 구현 방식으로 활발히 적용되고 있는 서비스 헌장, 시민헌장, 시민평가, 고객만족도 조사 등이 여기에 해당된다.

지금까지 살펴본 바와 같이 신공공관리론은 공공조직의 특수성과 과정·절차·규칙 대신에 공사 부문의 유사성을 강조하고, 공공 부문에서 조직관리의 자율성과 성과 및 결과 중심의 관리를 강조하고 있음을 알 수 있다. 이러한 신공공관리론은 1990년대 초기 관료제의 문제를 반성하고 그에 대한 엄밀한 진단을 통해 새로운 정부혁신의 기풍을 확산시킨 데 공헌한 점은 분명하다. 그러나 시장과 민간 부문을 지나치게 이상화하는 반면 정부와 관료제를 지나치게 경시함으로써 민주행정 및 책임행정의 지향성과 갈등을 야기할 가능성이 많다는 한계를 드러내고 있다. 또한 정부관료제의 정체성을 무시하고 정부와 기업을 동일시해 기업의 경영 원리와 기법을 무비판적으로 정부에 이식시키려 한다는 비판을 받고 있다.

2) 거버넌스 이론

거버넌스(governance)는 1980년대 초 영국 학자들을 중심으로 이론적인 차원에서 본격적인 논의되기 시작한 이래 영국의 정책결정 시스템에 도입되었다. 그 이후 OECD 국가들로 급속히 확산되어 현재 모든 사회과학 분야에서 이론 및 실무적으로 널리 활용되고 있다. 이 이론의 일반적 배경은 후기관료주의 국가의 등장에 따른 공공 서비스의 민간위탁, 정책과 집행 기능의 분리, 다양한 기관들 간의 성과경쟁 중시와 관련지을 수 있다. 많은 민간기관들이나 집행 기능을 수행하는 준공공기관의 등장은 조직 간 네트워크의 필요성이 절실히 요구된 것이다.

거버넌스 이론의 등장은 국가중심이론의 쇠퇴를 반영한 이론적 조류로 인식될 수 있을 것이다. 거버넌스는 국가와 사회 관계를 수직적이고 위계적인 형태로 유지하는 것보다는 양자를 수평적인 파트너 관계 또는 네트워크 관계로 운영하는 것이 더 효율적이라는 것을 주장한다. 환언하면 거버넌스는 공공 서비스 전달 또는 공공 문제를 해결할 때 정부라는 제도적 장치에 전적으로 의존하기보다는 정부와 민간 부문 및 비영리 부문 간의 협력적 네트워크를 적극 활용한다는 의미를 담고 있다.

거버넌스의 개념은 그 자체가 갖는 용어의 다양성만큼이나 학문 분야와 관심 영역에 따라 다양하게 정의되고 있다.[21] 행정학 분야에서는 새로운 국가 통치행위나 방식을 의미하는 국정관리로, 정치학 분야에서는 다원적 주체들 간의 협력적 통치 방식을 의미하는 네트워크 통치 혹은 협력적 통치로, 사회학 분야에서는 국가나 시장과 구별되는 사회의 자연스러운 조정 양식의 원형 혹은 자기 조직적 네트워크 등으로 다양하게 정의되고 있다.[22]

이와같이 학문 분야에 따른 개념적 정의가 다소 다르게 나타날 수 있으나, 접근 시각에 따라 크게 국가 중심 거버넌스, 시장 중심 거버넌스 및 시민사회 중심 거버넌스로 나눌 수 있다. 국가 중심의 거버넌스는 국정관리 또는 통치의 중심적 주체로서 역할을 국가 또는 관료제가 수행하는 체제이며, 시장 중심의 거버넌스는 국가의 자원 배분과 서비스 생산 활동을 주로 시장 메커니즘에 맡기는 체제이다. 시민사회 중심 거버넌스는 시민들의 직접적 참여 또는 시민을 대표하는 시민단체가 국정관리의 중심에 대한 시민의 요구를 거버넌스 체제이다.

국가 중심 거버넌스 이론은 국가, 시민사회, 시장 및 국제 체제와의 관계 속에서 국가가 기본적으로 자신의 운영 논리인 관료주의와 관리주의를 어떻게 시장 원리나 시민사회의 원리에 맞추어 조정하느냐에 문제에 관심을 두고 있다. 이 때 관리주의나 관료주의는 시장과 시민사회의 영향력에 따

21) 거버넌스는 국정관리, 신국정관리, 국가경영, 통치, 정치적 관리, 협치(協治) 등 학문적 논자에 따라 여러 가지로 번역되어 쓰여지고 있다.

22) 거버넌스의 개념적 정의 부문은 다음의 저서에 전적으로 의존하고 있다. 김석준, 『뉴 거버넌스 연구』(서울: 대영문화사, 2000), p. 41; 김석준, "거버넌스의 분석의 틀: 21세기 한국사회와 정치의 뉴 거버넌스 모색," 김석준 외, 『거버넌스의 정치학』(서울: 대영문화사, 2002), pp. 38-39 참조.

라 개별 국가의 역사적 맥락에 따라 상대적으로 다르게 나타난다. 하지만 기본적으로는 오랜 정부의 관료주의나 관리주의가 시장 자본주의에 영향을 주고, 이것이 시민사회의 민주주의에 영향을 주면서 삼자 간의 결합체를 형성하게 되는 것으로 대륙계 국가모형이 대표적인 예라 할 수 있다. 이에 비해 시장 중심 이론이나 시민사회 중심 이론의 경우에는 그들 간의 영향력 행사 위치와 방향이 바꾸게 되며, 개별 국가에 따라 약간의 다양성을 보이나 대부분 영미계 국가들이 여기에 해당된다.

어떻든 거버넌스의 핵심 개념은 네트워크에 있음은 분명하고, 이는 단체나 조직들 간의 긴밀한 유대를 지속시켜 주는 연계망으로서 국가로부터 비교적 자율성을 갖는 단체나 조직들이 상호 신뢰의 바탕에서 긴밀한 유대와 상호작용을 유지해 나가는 특성을 갖는다고 할 수 있다. 협력적 네트워크 또는 협치를 강조하는 거버넌스는 그동안 정부의 일방적 또는 주도적 국가 관리가 한계에 직면하고, 공공목표 추구를 위한 협동 체계 구축의 필요성이 요구되는 시대에 유용한 국정 패러다임이 될 수 있다는 공헌을 했다. 그러나 거버넌스는 다음과 같은 면에서 비판을 받고 있다. 첫째, 각 주체 간의 네트워크는 주체들 간의 상호작용과 영향력을 설명하는 데 역점을 두고 있으나, 실제 어느 주체가 어느 정도의 영향력을 행사하고 있는가를 구체적이고도 명확히 밝혀내기 어렵다. 둘째, 공공 서비스의 공급이 여러 주체에 의해서 제공되므로 분절화(fragmentation) 현상이 나타나 통합성이 약화되고 통제와 조정이 상실될 수 있다. 특히 여러 주체 간 공동 관리 체제로 인해 정책결정이나 서비스 제공의 실패에 따른 책임성을 확보하기가 어려워질 수 있다. 마지막으로 사회의 모든 현상을 비롯한 공공 문제들은 정치와 깊은 관련이 있으며 종국적으로는 합리적인 정치적 권위에 의해 해결되는 점을 볼 때, 거버넌스가 지향하는 네트워크적 방법은 집단간 수평적 협상과 타협 및 조정을 강조하기 때문에 정치적 권위나 정당성을 체감시킨다는 비판이 제기되기도 한다.[23)]

---

23) 김정열, "정부의 미래와 거버넌스: 공공관리와 정책 네트워크,"『한국행정학보』, 34(1), 2000 봄, p. 31.

3) 포스트모더니즘 이론

20세기 후반에 이르러 하나의 시대적 조류를 형성한 포스트모더니즘(postmodernism)은 학문의 영역을 넘어 의식과 문화 그리고 정치활동의 영역을 모두 포괄하고 있다. 1990년대부터 행정학 분야에서도 하나의 패러다임으로 여겨지면서 연구의 관심이 증대되고 있다.

포스트모더니즘은 산업화 이후 사회의 조건, 즉 포스트모더니티를 설명하고 처방하는 하나의 관점이다. '탈근대적 문제 의식'이라 일컬어지는 일련의 현상들은 포스트모더니즘의 등장 배경을 이해하기 위한 중요한 지침이 된다.[24] 즉, 근대적 과학, 철학, 테크놀로지, 정치 영역에서 영향력을 행사해 온 메타 설화들에 대한 불신감의 고조, 전 사회 영역에 걸쳐 이루어진 합리화가 새로운 문제와 위험을 초래한다는 사실에 대한 인식의 확산, 새로운 정보기술의 폭발적 증대와 보급, 그리고 새로운 형태의 사회운동의 등장이라는 복합적 현상들은 탈근대적 사고의 출현과 관련된 현상들이자 문제 의식의 배경을 이루는 데 충분하다. 여기서 우리는 '메타 설화'에 대해 주목할 필요가 있는데, 포스트모더니즘은 모더니즘이 안고 있는 '메타이론' 혹은 '메타 설화에 대한 회의(incredulity toward metanarratives)'를 의미하기 때문이다.[25] 모더니즘은 인간의 이성이나 합리적 사고를 토대로 사회를 통일적으로 설명할 수 있는 근본주의적 메타이론이나 메타 설화가 가능하다고 생각해 왔는데, 포스트모더니즘은 이러한 가정을 비판하고 부정한다. 여기서 '메타 설화'란 근대기술 및 정치적 과업을 정당하기 위한 틀로서 절대적 진리와 보편성의 근원에 관심을 갖는다. 즉 사회 현상을 통일적으로 설명할 수 있는 절대적 진리나 보편적 원리 또는 역사적 법칙을 말하는 것이다.

포스트모더니즘은 근대성과의 단절 및 기존 이론에 대한 비판적 태도를 보인다. 포스트모더니즘은 근대성의 산물인 합리화, 산업화, 도시화, 기술의 발전 등을 모두 비판하며, 근대 사회에서 중시되는 가치들－직업, 자유민주

24) White Stephen, *Political Theory and Postmodernism*(Cambridge: Cambridge University Press).

25) Jean-François Lyotard, *The Postmodern Condition*(Minneapolis: University of Minnesota Press, 1984).

주의, 휴머니즘, 평등주의, 중립성, 합리성 등—에 도전한다. 그리고 포스트모더니즘은 객관적 현실의 존재를 부정하고, 예측과 인과적 설명의 가능성에 의문을 제기한다. 그래서 현실은 단지 이미지로 구성된 허상에 지나지 않음을 지적하고, 심지어 기호(sign)와 상징(symbol)이 객관적으로 존재하는 현실을 표현하기보다는 오히려 현실을 창조한다고 본다.[26] 이러한 전제하에서 포스트모던론자들은 인간 정신과 외부의 현실의 구분을 하나의 환상으로 보며, 현실은 의미 부여의 능력을 가지는 인간 의식의 구성물이라는 구성주의적 현실론을 수용하고 있다.

지금까지 논의를 토대로 포스트모더니즘이 지향하고 있는 지적 특성을 살펴보면 다음과 같다.[27] 첫째, 구성주의를 들 수 있는데, 포스트모더니즘은 우리가 발견할 수 있는 객관적 사실이 있다고 보는 객관주의를 배척하고 사회적 현실이 우리들의 마음속에서 구성된다고 본다. 둘째, 인식론적 상대주의인데, 포스트모더니즘은 사람들의 서로 다른 특성, 사회구조들의 서로 다른 특성을 존중하고, 인식론적・윤리적・심미적 상대주의를 받아들인다. 셋째, 포스트모더니즘은 해방주의적 성향을 지닌다. 개인들은 조직과 사회적 구조의 지시와 제약으로부터 해방되어야 함을 주장한다. 즉 개인은 인위적 계서제와 구조들로부터 자유로울 수 있고 서로 다를 수 있으며 각자가 자기 특유의 개성을 가질 자유를 누려야 한다는 것이다.

한편, 포스트모더니즘이 행정학에서 어떠한 의미를 갖고, 특히 근대성의 상징 중 하나인 관료제와의 관계성을 논의한 대표적 이론인 파머의 반관료제론과 폭스와 밀러의 담론이론을 살펴보면 다음과 같다.[28]

---

26) Jean Baudrilard, *America*(London: Verso, 1989).

27) 오석홍, 「행정학」(서울: 박영사), 2004, p. 140 참조.

28) 이 부문은 다음의 문헌에 의존하고 있다. D. J. Farmer, *The Language of Public Administration: Bureaucracy, Modernity, and Postmodernity*(Tuscaloosa, Alabama: The Univ. of Alabama Press, 1995); C. J. Fox, & H. T. Miller, *Postmodern Public Administration: Toward Discourse*(London: Sage Publications). 1995). 강신택 역, 『행정학의 언어』(서울: 박영사, 1999), pp. 326-329. 이종수・윤영진 외, 『새 행정학』(서울: 대영문화사), 2003, 182-183. 오석홍, 『행정학』(서울: 박영사), 2004, pp. 140-141. 백완기, 『행정학』(서울: 박영사), 2006. pp. 56-58. 김종술, "포스트모더니즘을 통해서 본 행정학의 이해", 『정부학연구』, 5(1). 윤영진・김태룡 외, 『새 행정이론』(서울: 대영문화사), 2002, pp. 38-39.

우선 파머(David J. F Farmer)의 반관료제론을 보면, 파머는 관료제를 중심으로 한 근대 행정이론의 비판적 해석에 기초해 포스트모더니즘 행정이론을 상상(想像), 해체(탈구성), 탈영역화, 타자성(他者性)으로 나누어 설명하고 있다. 특히 우리는 관료제와의 관련성에서 상상과 타자성에 주목할 필요가 있다. 첫째, 상상을 들 수 있는데, 이는 합리성으로부터 벗어난 것을 의미한다. 즉 모더니티에서 합리성이 핵심적 역할을 했다면, 포스트모더니즘에서는 상상이 그 역할을 한다는 것이다. 행정에서도 상상은 중요한 의미를 던져 주고 역할을 수행할 것이다. 즉 모더니티의 합리화는 최적의 결과를 가져오도록 하는 목적-수단 간의 도구적 합리성을 의미하는데, 이와 같은 합리성은 관료와 고객 모두에게 인간적인 희생을 가져왔다고 본다. 차가운 이성보다는 따듯한 마음과 감정이 더 선호되어야 한다는 것이 포스트모더니즘의 입장이다. 그리고 부정적으로 보았을 때 상상은 규칙에 얽매이지 않은 행정의 운영이며, 긍정적으로 보았을 때 상상은 문제의 특수성을 인정하는 것이다.

둘째, 파머는 타자성을 강조하고 있는데, '타자성'이란 나 아닌 다른 사람을 인식적 객체로서가 아니라 도덕적인 타자로 인정하는 것이다. 포스트모더니티는 행정을 '반행정'이라고 부르는 방식으로 그 기능을 수행해야 한다고 한다. 행정에서 '타자'를 인정하는 것은 '반행정'의 성격을 가지고 있다. 타자성에 대한 모스트모던적 태도의 네 가지－개방성, 다양성의 선호, 상위 설화에 대한 반대, 기존 질서에 대한 반대－특징을 살펴보면 '반행정'의 성격이 선명하게 드러나 이해하는 데 도움을 줄 것이다.

우선 타인에 대한 개방성은 관료주의를 비판하고 부정하는 것이다. 즉 행정 실무에서 반권위적으로 집행되어야 한다는 것을 의미한다. 즉 봉사지향적이며 행정의 의사결정은 지역공동체에 개방되어야 한다. 다양성에 대한 선호는 다른 것에 비해 어떤 특권적 지위를 누리는 의미가 없다는 것을 인정하는 것이다. 즉 관료들과 사람들 구분해 놓고 이들을 어떤 범주나 틀에 집어넣고 규격화시키고 정형화시키는 상자주의(boxism)를 반대하는 것이다. 상위 설화에 대한 반대란 비현실적인 근거들을 해체하는 것이며, 그런 의미에서 반행정이다. 즉 행정의 비현실적 제도의 근거와 행정적 권위의 신비로운 태도를 부정하고 해체하자는 것이다. 마지막으로 타자성은 기존 질서에 대한 반대할 것을 요구한다. 대부분 행정인은 그 성격상 기존의 행정 제도를 선호하는 경향이 있는데, 타자성을 인정하면 행정의 반행정적 방법을 개발할 수 있는 가능성을 찾아보아야 한다. 환언하면 통제 위주의 기존 제도와 행정을 지양하고 행정의 반제도적인 방법을 모색해 보자는 것이다.

다음으로 폭스와 밀러는 구성주의를 통해 관료제를 인식론적으로 비판하고, 이에 기초해 관료제에 대한 대안으로 담론이론을 제시하고 있다. 특히 이들은 담론이론이 관료제도의 대안으로 가장 적합한 것으로 여기고 있다. 담론(discourse)이란 정책의 형성·집행·평가 등에서 참여하는 사람들을 통해서 업무를 수행해야 한다고 본다. 담론이론은 그동안 대의민주주의 시대에 시민의 의견을 제대로 반영하지 못하자 이에 대한 대안으로 제시되었다. 즉 정책이란 국민이 무엇을 원하는가를 파악해 국민의 의견을 정책에 반영해야 한다고 주장한다. 이러한 담론이론의 이론적 기반이 되고 있는 것은 구성주의와 현상학이라 할 수 있다. 담론이론은 구성주의의 틀을 바탕으로 관료기구와 이를 구성하는 제도를 해체한다. 그리고 현상학은 인간이 어떤 상황에 직면했을 때 수동적으로 관찰하는 데 그치지 않고, 그런 상황에 대처하는 어떤 행동을 취하려는 의도를 가지고 관찰하게 된다. 담론이론에서도 참여자들은 단지 상황을 이해하는 데 그치지 않고 그와 관련된 행동을 취하려고 노력한다.

담론주의는 행정기구를 담론의 장소로 보는데, 여기에 적극적으로 시민의 참여를 강조하고 있다. 이에 따라 정책결정을 위한 토론 과정을 민주화하려는 담론이 중요하다고 여기고 있다. 따라서 정책결정시에 시민들이 직접 참여는 물론 적극적인 토론과 함께 정책결정자들과 직접 협상할 수 있어야 한다고 보고 있다. 이와같이 파머와 밀러는 근대 관료제를 탈근대의 시각으로 해석하고 있을 뿐 아니라 행정조직을 진정으로 민주주의적인 담론의 장으로서, 그리고 한 걸음 더 나아가 타자로서의 시민들에게 권력을 부여하고 동등한 위치에서 시민들로 하여금 실질적으로 행정에 참여하게 하려는 새로운 행정의 길을 제시하고 있다. 그리고 포스트모더니즘은 기존 관료제의 한계를 극복하고 기존 제도에 대한 반대와 비판 등으로 행정의 새로운 연구의 지평을 넓혀 주었다는 점에서 그 의의가 크다고 볼 수 있겠다.

포스트모더니즘은 기존의 패러다임의 가치관, 세계관에 대한 회의주의를 지향했고, 근대성과 단절 및 기존 이론에 대한 비판적 태도에 대해 혁신적인 인상을 우리에게 준 점은 분명하다. 그리고 획일적인 주체 관념을 부정하고 다원적인 세계관을 통해 사회 내의 다양한 요구의 정당성을 부여해 주었다는 점에서 사회과학의 주요한 이론적 자원으로 인식되기에 충분하다. 그러나 포스트모더니즘의 좀더 현실적 한계는 근대적 합리성에 대한 일방적 부정에서 기인한다.[29] 물론 포스트모더니즘이 제기하는 근대성의 제도와 문화에 대한 비판은 상당 부문 적실하다. 관료제와 같은 근대 제도가 가지는 억압성과 현대 사회에서의 정치적 소외는 근대성의 부정적 결과들이다. 그러나 근대성이 내포하는 가능성과 긍정적 기여에 대한 균형잡힌 평가를 결여한 채 근대성에 대한 편협한 이해에 근거하여 근대성을 전면적으로 부정하는 포스트모더니즘의 입장은 '새로운 암흑(the new obscurity)'[30]으로 평가될 수 있음을 상기할 필요가 있다.

4) 현상학 이론(phenomenological theory)

현상학은 사회과학의 연구에서 계량적인 방법의 한계가 드러나면서 1960년대부터 관심이 증대되었고, 현재에는 그 학문적 위치를 확고히 다져가고 있다.[31] 행정학에서도 논리실증주의에 입각한 행태주의 접근에 대한 전통적 방법론의 한계를 극복하는 차원에서 현상학이 논의되고 있다. 후설(Edmund Husserl)이 창시한 현상학의 배경은 과학과 기술의 진보로 모든 사상(事象)을 계량화하는 사유 습성과 모든 문화 현상을 물상화(物象化)하려는 태도에 대한 반작용으로 인간주의의 재확립을 주장하는 현상학으로의 관심이 고조되었다고 볼 수 있다.

생활세계에 대한 현상학적 분석은 인간의 의미 부여의 의식작용에 대한 것이고, 더 나아가서는 개인이 일상생활에서 다른 개인과의 상호작용으로 창조하는 문화의 세계에 대한 것이다. 여기서 우리는 현상학이 인간의 현

29) Jürgen Habermas, *The Philosophical Discourse of Modernity*(Cambridge: The MIT Press, 1987).
30) Jürgen Habermas, "The New Obscurity," *Philosophy and Social Criticism* 11, 1986.
31) Maurice Roche, *Phenomenological, Language and the Social Science*(London, RKP, 1973); G. *Pasthas, Pphenomenological Sociology*(New York, 1973).

존재(現存在)의 분석을 근본 과제로 삼고 있음을 알 수 있을 것이다. 그리고 인간학으로서의 현상학은 인간의 본성을 연구하는 것이고, 인간학적 고찰은 인격을 중요시한다. 인간은 언제나 그의 신체 주체로서 생각되며 언제나 그의 신체와 일치해서 존재하며, 그가 외부 세계에 대해서 의미를 부여하는 데도 신체를 가진 인격으로 객관세계를 지향한다. 따라서 현상학은 '현상에 대한 개인 자신의 지각(perception)'으로부터 그의 행태(behavior)가 나온다고 주장하는 철학적 · 심리학적 접근 방법이다.[32] 이는 사회적 행위의 해석에서 의미를 중요시하는 학문으로서 사회적 세계의 현상, 즉 사회적 세계 속의 인간 행위, 곧 인간의 의식적 지향성을 함축하는 행위를 연구하는 방법이라고 할 수 있다.[33]

현상학은 현상의 본질을 대상으로 하고 대상을 형성하는 의식작용을 기술하려는 선험적 관념론이다. 현상학이 규명하려는 현상의 본질이란 대상의 근본적 · 필수적 · 불변적 특성을 말한다. 본질은 시간과 공간에 따라 달라질 수 있는 구체적 · 개별적 존재에 내재해 있는 보편적 존재이다. 그리고 본질에 접근하는 방법은 경험적 서술인데, 이는 대상이 의식에 경험되는 과정을 서술하는 것이다. 즉 원초적 인식에 의해 대상의 본질적인 모습을 발견하고 경험적으로 서술하는 것이다.

현상학은 후설, 쉘러(Max Scheler), 슈츠(Alfred Schutz) 등이 대표적인 학자이다. 이러한 현상학의 주요 특징을 요약해 보면 다음과 같다.[34] 첫째, 존재론적인 면에서 유명론을, 인식론적 입장에서 반실증주의를, 인간의 성격에 대해서는 자발론적 견해를 견지하며, 방법론상으로는 사례나 문제 중심적 방법의 추구에 초점을 두고 있다. 둘째, 현상학에서는 의미의 세계가 주된 관심사이며, 행태라는 반응적 용어보다 의도된 성격의 용어인 행동지향성을 선호한다. 셋째, 인간의 행태보다는 행위에 대한 관심과 공조직의 상호주의적 책임성을 강조한다.

특히 행정학 연구에 현상학적 접근 방법을 도입한 대표적인 연구는 하몬

---

32) Carl Bellone(ed.), *Organization Theory and the New Public Administration* (Boston: Allyn and Bacon Co., 1980), p. 287.

33) 신두범 · 오무근, 『최신행정학 원론』(서울: 박영사, 2003), p. 100.

34) 박수영 외, 『현대사회와 행정』(서울: 대영문화사, 2004), p. 87 참조.

의 행위이론을 들 수 있다. 행위이론은 행위 지향적인 행정은 다른 개인들의 현실을 이해하고 공감할 수 있는 행위 지향적인 개인들에 의해서만 가능하다는 것이다. 현상학적 접근 방법은 근본적으로 행정학 연구를 행정가의 일상적인 실제적 측면을 강조하는 미시적 관점으로의 방향 전환을 시도하는 것이며, 많은 거시적인 문제들은 인간의 상호작용과 이해를 통해 해결될 수 있다는 것이다.[35]

행정학 연구에서 현상학적 접근 방법의 적용은 과학적·객관적·계량적이며 실증적인 것을 중요시하는 연구 방법을 통해서 파악하지 못했던 인간의 인식의 세계와 인식의 주관성에 주의를 환기시켰다는 점에서 의의가 있다. 특히 이 방법이 최소한의 실증주의 과학의 객관성과 분석적 접근에 대한 맹신이 빚은 실책을 고발함은 물론 조직을 다루는 문제에서도 폭넓은 사고와 함께 공공조직의 책임성을 강조하는 철학적 사고 방식을 제공해 주었다는 점에서 공헌한 바가 크다. 그러나 지나친 주관성에 집착한 나머지 사변적이고 철학적인 사유의 모호한 기술로 그치고 있다는 한계를 드러내고 있다. 특히 조직에의 연구에서 조직 내부 구성원의 개별적 행위를 설명하는 데 유용한 접근일 수 있으나, 조직의 전체성을 분석하고 그 대안을 제시하는 데 문제가 있다는 비판을 받고 있다.

우리는 위에서 행정이론의 변천과 이론의 정향을 몇몇 학자의 견해를 중심으로 고찰했다. 그런데 여기서 간과해서는 안 될 중요한 사실은 이러한 행정이론의 모태가 되는 지적 뿌리를 탐색할 필요가 있다는 점이다. 즉 미국의 행정이론에 형성적 영향을 미쳤다고 볼 수 있는 건국 초기의 정치·행정사상에 대한 검토가 필수적이라는 점이다. 이제 윌슨 이전 시대의 정치·행정사상과 관련된 행정관과 거기에 반영된 관료제의 모습을 살펴보자.

제 3 절 윌슨 이전

주지하다시피 아메리카 혁명이 지닌 지속적 중요성은 중세 유럽의 군주

35) M. I. Harmon, *Action Theory for Public Administration*(N. Y.: Longman).

정의 전통으로부터 민중 지배의 기초로 서구의 정치적 권위가 전이된 점에 있다. 정치적 권위의 개념에서 이러한 극적이고 급격한 변동은 행정에 특별한 딜레마를 부과하는 바, 당시 건국의 아버지들은 이 문제에 관해 주목할 만한 사상 및 성찰을 보여 주고 있다. 여기서 검토하는 해밀턴의 고전주의(Hamiltonian classiclsm), 제퍼슨의 낭만주의(Jeffersonian romanticism), 매디슨의 신고전주의(Madisonian neoclassicism)는 미국 행정의 기본적 형태를 이루고, 그 이후에도 지속적 영향을 미쳤다. 그리고 이렇게 서로 다른 행정사상이 나타난 것은 그들이 섭렵한 서구의 정치사상가의 차이에서도 비롯되나 직접적으로는 인간의 본성에 대한 견해, 정치적 권위에 대한 태도, 정부의 역할에 관한 인식의 차이에서 기인한다.[36]

1 해밀턴의 고전주의

해밀턴(Alexander Hamilton, 1757~1804)은 영령 니비스(Nevis) 태생이다. 뉴욕 시의 킹스칼리지(King's College)에 입학하고, 곧 미국 독립운동의 열렬한 지지자가 되었다. 그는 워싱턴 사령관의 참모로서 활약했고, 1789년 워싱턴 행정부의 초대 재무장관을 역임하면서 영향력 있는 정치 논설을 발표했는데, 여기에 그의 현실주의적 정치·행정 사상이 반영되어 있다. 해밀턴의 행정관에 반영된 지배적 성향은 그가 진지하고 열렬한 민족주의자였다는 점이다. 그의 저서에는 공익, 공공성, 공통된 이해, 국가 이익, 지역사회의 진정한 이해의 증진에 대한 찬탄으로 가득 차 있다. 그는 강력하고, 효과적이며, 행동 지향적 정부를 선호했는데 이것은 인간 본성에 관한 그의 홉스적 견해에서 기인한다. 강력한 제도가 인간의 자유를 지킬 수 있다는 관점에 서 있는 그는 "미약한 집행부는 정부 시책의 미약한 집행을 의미하며 미약한 집행은 불량한 집행을 달리 표현한 것에 지나지 않는다.

36) 이 부분에 관한 논의는 전적으로 다음의 저서에 의존했다. Richard J. Stillman II, "The Changing Patterns of Public Administration Theory in America," J. A. Uveges, Jr., ed., *Public Administration: History and Theory in Contemporary Perspective*(New York: Marcel Dekke., Inc., 1982), pp. 5-33; James W. fester, ed., *American Public Administration: Patterns of the Past*(New York: ASPA, 1982), pp. 71-109.

그리고 이론상으로는 어떻든 간에 잘못 집행되는 정부는 실제로는 나쁜 정부에 틀림없다"[37]고 적고 있다. 요컨대 효과적인 공적 권위는 열정, 야심, 이기심으로 충만된 세계에서 우리를 지켜 주기 위해 필수불가결한 존재로 간주된다. 해밀턴의 고전주의적 행정관은 다음과 같이 요약된다.[38]

① 에너지, 지도력, '목소리'로 성격이 규정되는 행정의 적극적 역할

② 분열되지 않고 한 개인에게 집중된 행정행위에 대한 책임과 더불어 과정으로서의 통합된 행정

③ 행정 기능의 책임성에 상응하는 행정 권력의 배분

④ 행정의 효과성과 안정성을 확보할 수 있는 적절한 재임 기간

⑤ 적절한 보수를 받는 훈련된 전문가의 행정 관직에의 채용

⑥ 강력하고 효과적인 정부의 유지를 위해 필요한 활력소로서의 행정의 경제적·제도적(예컨대 재정 및 군사) 요건의 강조

행정의 목적을 강력한 행정부를 통한 국가 이익의 증진에 두었던 해밀턴의 고전주의적 행정관은 19세기 말과 1930년대의 위기에 대한 대응으로서 다시 소생한 바 있다. 대통령부의 설치 등을 제안한 '브라운로위원회(Brownlow Committee)'의 보고서는 해밀턴주의의 부활을 반영하고 있는 것이다.

2 제퍼슨의 낭만주의

제퍼슨(Thomas Jefferson, 1743~1826)은 독립선언서의 기초자이며, 워싱턴 행정부에서 국무장관을 역임했고, 그 자신이 대통령으로서 두 차례의 임기(1801~1809)를 채운 이상주의적 정치가였다. 민족주의가 해밀턴의 정치·행정관에 불을 지폈다면, 국민에 대한 관심사가 제퍼슨의 행정이론과 정치적 조망을 채색했다.[39] 제퍼슨의 동질적 인류에 대한 상찬, 인간의 진보에 대한 믿음과 같은 이상주의적 관점은 시골풍의 환경에서 마련된 것이

37) A. M. Schlesinger Jr., *The Politics of Hope*, 차기벽(역), 『희망의 정치』(서울: 탐구당, 1972), p. 17에서 재인용.
38) Richard J. Stillman II, *op. cit.*, p. 8.
39) *Ibid.*

다. 도시화되고 전제적인 유럽과 달리 미국은 정부가 국민의 지지를 받고, 농촌에 기반을 두는 한, 도덕적 순결성을 유지할 것으로 본 것이다. 그는 해밀턴과 달리 인간의 본성, 인간의 성장 및 자기 완결의 가능성에 대해 계몽주의적 신앙을 보여 주고 있다. 제퍼슨에게서 정부가 존속하는 유일한 목적은 일반 국민의 행복의 증진이었다. 해밀턴이 정부의 권위, 책임성, 자유재량권을 강조한 반면, 제퍼슨은 정부 활동에 대한 제한, 개인의 자유와 권리의 극대화, 국민들의 행복추구권을 강조했고, 정부를 가능한 한, 일반 국민(grass root)에게 근접시키는 것이 중요하다고 보았다. 농촌에 기반을 두고 일반 국민의 지지를 배경으로 한 제퍼슨의 목가적 전망에 기초한 낭만주의적 행정관은 해밀턴의 고전주의적 행정관과 대비된다. 그것은 다음과 같이 요약될 수 있다.[40]

① 행정활동에 광범위한 민중의 참여, 특히 일반 국민의 자발적 참여

② 행정권의 제한, 그리고 그것을 국민의 감시하에 두기 위한 분권화의 극대화

③ 행정활동의 단순성과 절약의 강조. 여기서 단순성은 평균적 시민이 행정의 내용을 이해하기 위해, 절약은 과도한 비용과 낭비를 피하기 위해 필요함.

④ 전제적 행정가에 의해 자행되는 개인의 자유에 대한 침해의 방지를 위해 행정적 권한에 대한 법적 제한 조치

⑤ 행정활동의 범위의 제한, 행정가의 역할은 기능적 전문가에 의해 수행되어야 함.

⑥ 개인의 자유와 보호, 행정활동의 제한, 국민교육을 통한 공공 업무에의 참여의 증대에 초점을 맞춘 쟁점에 대한 관심의 표명 이상과 같은 민중 중심의 민주정치의 실현을 꿈꾸었던 제퍼슨의 낭만주의는 19세기 후반 '민중주의자'와 '진보주의' 운동에 영향을 주었고, 1960년대 후반 사회적 형평(social equity)을 표방한 신행정학은 제퍼슨의 뿌리로의 회귀를 의미하는 것이다.

---

40) *Ibid.*, p. 10.

3 매디슨의 신고전주의

건국의 아버지이며, 대통령을 역임한 매디슨(James Madison, 1751~1836)은 농촌 중심 사회에 대한 제퍼슨의 열망을 공유했지만, 제퍼슨이 '기술적'인데 반해 매디슨은 '처방적'이었다. 매디슨의 정치분석의 핵심 요소는 파당(派黨, faction)이었다. 오늘날 용어로 이익집단을 지칭하는 파당을 그는 정치활동의 원천으로 보았다. 매디슨이 정치분석에서 파당에 집착한 것은 인간의 본성에 내재한 두 가지 측면에 대한 현실주의자의 이해에서 비롯된다. 그는 온당하게 인간이 한편으로는 위대함, 박애, 덕성을 지녔지만 다른 한편으로는 열정, 이기심, 완고함을 갖고 있다고 보았다. 인간 본성의 이러한 중첩성 내지 복잡성이 사회 내에 다양한 이익집단을 창출케 하는 것이다. 요컨대 인간이란 타인의 손실에도 불구하고 자신의 이익을 추구하는 존재인 것이다. 저명한 정치학자의 표현을 빌면 매디슨에게 미국 사회는 이질적·유동적·진화적이다. 유일한 항구적 사실은 파당의 불가피성이다. 파당의 독특한 구성과 강력함은 결코 안정된 상태로 머물지 못하게 하는 것이다.[41] 따라서 매디슨은 정부를 근본적으로 균형을 유지하는 기제, 즉 경쟁적인 파당 간의 중재자로 파악하는 것이다. 파당은 인간의 자유에 대한 거대한 희생 없이 사회 내에서 현실적으로 제거될 수 없기 때문에, 파당이 초래하는 부정적인 부수적 효과는 기껏해야 제도적 장치를 통해서 통제되는 수밖에 없다. 즉 정부가 먼저 피치자를 통제하고, 다음에 정부 자신을 통제하는 것이다.

매디슨은 미국과 같은 거대한 이질적 사회가 개인의 자유를 보호하고 동시에 국가 이익을 증진시키기 위해 어떻게 경쟁적 이해들이 균형을 취할 수 있는가를 보여 준다. 그의 견해로는, 정부 내의 적절한 균형으로 표상되는 사회의 다양한 이해만이 '다수의 독재'라는 위험을 줄이고 동시에 소수의 이해를 보호할 수 있는 것이다. 사실상 사회 내에 식별 가능한 이해의 수효가 많으면 많을수록 단일한 이해가 다른 이해들을 지배할 수 없으므로

41) S. P. Huntington, "The Founding Fathers and the Division of Powers," quoted in *Ibid.*, p. 11.

다수의 독재가 출현할 가능성이 감소되고, 소수의 권리가 보장될 잠재적 가능성은 더욱 증대되는 것이다.

매디슨의 행정관은 다음과 같이 요약될 수 있다.

① 행정 과정은 다원주의적이다. 그것은 사회 내의 다양하고, 변동적이며, 파당적인 이해의 반영에 뿌리를 둔다. 행정의 목표는 정태적이거나 단일한 것일 수 없다. 오히려 사회적 다양성을 지향하고 그것을 반영하는 과정이다.

② 행정 과정은 정치적 합의와 사회적 안정성을 도모하기 위해 토론, 협상, 타협을 통한 이해의 균형을 겨냥한다.

③ 행정 과정은 공식적으로 기능의 분화가 이루어져 있지만 실제적으로 행정부, 입법부, 사법부의 세 기관과 권위를 공유한다. 즉 행정 과정은 각 기관으로 분리된 것이 아니고, 견제와 균형의 복잡하고 지속적인 방식으로 상호작용한다.

④ 행정 과정은 연방, 주 및 지방정부와의 지속적인 상호작용을 포함한다.

⑤ 행정가는 '가능한 것의 예술'의 실천이다. 그의 역할은 주로 토론, 협상, 타협에 대한 책임을 지고, 나아가서 그는 사회적 합의의 촉진자이기도 하다.

⑥ 강조점은 특정의 정책보다 제도적 견제와 균형의 적합성에 둔다. 그것은 파당의 폐해를 줄이고, 다수의 독재로부터 소수자의 권리를 보호하고 잠재적인 경쟁적 파당 간의 효과적 균형을 유지함으로써 사회적 조화를 증진시킬 수 있기 때문이다.42)

매디슨의 이러한 행정관은 달, 린드블롬과 같은 다원론자들의 집단이론 및 점증주의적 의사결정 모형에 반영되어 있다.

우리는 건국의 아버지들의 정치·행정관과 더불어 그 반영을 살펴보았다. 미국의 19세기의 행정이론과 실제가 제퍼슨의 낭만주의의 외관을 갖춘 것은 지역적 고립성에서 기인한 고도로 분화된 관료제적 구조에 대한 요청의 부재, 공공 서비스에 대한 요구의 결여, 정부 기능의 단순성과 제한성에서 비롯된다. 따라서 선호된 행정가는 국민의 봉사자였고, 관료제는 확고하

42) *Ibid.*, pp. 12-13.

게 자리잡지 못했다. 그러나 19세기 말 해밀턴주의의 형태로 행정이 재정비된 것은 미국이 경험한 구질서의 붕괴에 대한 하나의 대응이었다. 윌슨의 출현은 이러한 전환기적 국면과 연계된다. 우리는 또한 1930년대의 위기에 대한 대응으로서 해밀턴주의의 부활을 다시 목격하게 된다.

한편 매디슨의 신고전주의는 제2차 세계대전 이후 후기 산업사회의 도래와 함께 경험적 분석과 과학적 연구가 자리잡으면서 해밀턴주의에 대한 보완으로서 정위(定位)된다. 또한 참여의 외침이 드높았던 1960년대 말과 70년대 초에 제퍼슨의 행정관의 재부상(再浮上)을 신행정학의 출현에서 발견하게 된다. 물론 우리의 이러한 단선적 일반화에는 위험이 따르는 것이 사실이다. 왜냐하면 서로 대립되는 행정이론과 실제가 동시 병존함을 이미 검토한 바 있기 때문이다. 여기서 중요하게 생각하는 것은 이들의 행정관이 행정이론의 지적 토대를 마련하고 있다는 사실에 있다. 그리고 어느 특정한 시기에는 특정한 행정관이 상대적으로 더욱 관심의 대상이 되었다는 점에 있다. 그러므로 해밀턴주의의 재출현이라는 맥락에서 윌슨을 이해하는 것이 중요하다.

제 4 절 윌 슨

윌슨의 「행정의 연구」란 논문이 행정학의 시발점으로 간주되고 있다는 점은 이 장의 서두에서 밝힌 바 있다. 물론 이러한 진술이 초기의 행정이론에 대한 윌슨의 배타적인 기여와 독창성으로 이해되어서는 안 될 것이다. 왜냐하면 사회과학에서의 이론이란 현실 세계의 대응물인 경우가 허다하고, 그것은 흔히 다른 학자들과 공유되기 때문이다. 그러나 이러한 단서에도 불구하고 행정학에 대한 윌슨의 기여와 다음 세대에 미친 영향은 지대했다. 윌슨은 「행정의 연구」를 발표하기 이전에 『의회정부론』(1885)을 간행한 바 있는데, 여기에서 이미 그의 행정이론의 맹아(萌芽)가 발견된다. 이 저서의 중심적 명제는 "우월하고 제어할 수 있는 힘, 모든 원동력과 규제적인 전력의 중심체와 원천이 되는 것은 의회이다"[43]라는 것이다. 윌슨은 미국의 행정 체제를 떠받치는 이론에 내재한 원리가 정치적 관행에 중요한 의미를 지닌다는 점을 승인한다. 견제와 균형 때문에 정부 체제 내에서 다양한 결정구조 간의 원활하고 조화로운 관계에 장애가 나타나기 때문이다. 즉 권력이 분립되면 될수록 그것이 더욱 무책임해지는 것이다. 이것이 윌슨의 정치이론의 중심적 공리인데, 그가 정치조직의 전형으로 삼고 있는 것은 영국의 의원내각제이다. 사실상 정부의 모든 활동의 궁극적인 권위의 원천이 국민의 대표기관이라는 원리만 수락된다면, 국가의 원초적인 힘과 통제력이 의회에 귀속한다고 보는 것은 지극히 자연스러운 일이다. 이 때 의회는 무엇을 할 것인가를 결정하고, 행정부는 의회에 절대적으로 순종할 의무를 지니게 된다. 여기서 정책들을 결정하는 자는 다수의 선택에 대해 책임을 지지 않으면 안 된다. 나아가서 자치정부의 조건은 정치적 업무와 비정치적 업무 간의 명확한 구분을 필요로 한다. 비정치적 업무의 경우 사무훈련, 실적에 근거한 재임 및 승진과 같은 엄격한 규칙이 지배하고, 재직자는 정책의 선택과 무관한 위치에 있다. 의회를 권위의 원천으로 본 윌슨의 이러한 정치이론의 연장선에서 그의 행정이론이 「행정의 연구」에서 나타나게 된다.

잘 알려져 있듯이 윌슨의 행정이론은 정치와 행정의 엄격한 구분에 기초하고 있다.[44] 그는 정치를 공법(公法)의 제정 즉 공공정책의 형성으로, 행정을 공법의 상세하고 체계적인 집행으로 정의한다. 법의 적용이 행정활동이고 이러한 일이 시행되도록 하는 법은 행정의 밖과 위에 위치한다. 정부활동의 광범위한 계획은 행정적인 것이 아니고, 그러한 계획을 세부적으로 집행하는 것이 행정적인 것이다. 따라서 행정은 사무의 분야이고 정치의 투쟁과는 구별된다. 행정은 정치의 고유한 영역 밖에 있고 행정의 문제는 정치의 문제가 아니다. 윌슨의 견해에 따르면 행정학은 정치학의 가장 최근의 결실인데 여기에는 몇 가지 이유가 있다.[45]

---

43) 이 부분에 관한 논의는 전적으로 다음의 저서에 의존했음. Vincent Ostrom, *The Intellectual Crisis in American Public Administration*, second edition(Alabama: The University of Alabama Press, 1989), pp. 20-25.

44) *Ibid.*, p.. 23, W. Wilson, "The Study of Administration," in D. Waldo, ed., *Ideas and Issues in Public Administration*(New York: McGraw-Hill Book, 1953).

45) W. Wilson, *op. cit.*, pp. 66-67.

우선 정치학자들이 정부의 구성에만 관심을 기울인 점, 권력을 장악한 자는 권력을 행사하는 방식에 대해 곤란성을 경험하지 않은 점, 행정이 다루는 대상이 복잡하지 않은 점 등이 그것이다. 그러나 이제 단순했던 정부의 업무는 복잡해졌다. 과거에 정부는 몇 명의 주인만 염두에 두었지만, 지금은 수많은 주인이 있고 국가 의무라는 새로운 개념이 확장되고 있다. 이것이 바로 정부의 노선을 올바르게 하고, 정부의 업무를 더욱 능률적으로 수행하고, 정부조직을 강화하고 정화하며, 의무에 충실성을 부여하게 할 행정학이 존재해야 할 이유인 것이다.

그런데 행정학의 발전은 미국이 아니고 프랑스와 독일의 학자들에 의해 이루어졌고, 행정의 실제 역시 이들 국가에서 더할 나위없이 발전했다. 따라서 윌슨이 유럽의 행정학의 도입을 제안한 것은 자연스러운 일이며, 그것이 기계적 수용이 아닌 '정신의 자유와 실행의 숙련성'[46]을 이상으로 하는 변용을 수락한다는 점에 그의 독특함이 나타나 있다. 그리고 이것은 군주정이나 민주정이 정치적 헌정의 구조에서는 차이가 있으나 행정 체제는 동일한 기술적 원리에 근거하여 작동한다는 윌슨의 행정관을 반영하고 있는 것이다. 모든 정부에 공통된 '훌륭한 행정'에 관한 하나의 원리가 존재한다는 윌슨의 명제는 상호 연관된 두 가지 의미를 내포한다. 하나는 행정학 또는 행정이론이 모든 정치 체제에 적용된다는 점, 다른 하나는 행정이론이 정치이론가들의 이데올로기적 편견이 개입되어 있는 제한적 이론과 구분되는 일반이론이란 점이다. 윌슨이 구상한 것이 민주적 행정이론이 아니고 민주적 정부이론이었다는 지적은 그의 이러한 명제에서 도출된 것이다.[47] 여기서 윌슨이 시사하는 훌륭한 행정 체제란 부(部)·성(省)의 장에 의한 정치적 통제에 예속되는 등급화된 서열 내의 계층제적으로 질서 있는 체제이며, 교육과 훈련을 갖춘 기술전문적 관리로 충원된 것을 가리킨다. 그리고 이러한 체제가 능률성을 극대화하는데, 그러한 방법을 연구하는 것이 바로 행정학의 존립 근거 중의 하나인 것이다.

행정학의 정립을 위해 윌슨이 제안한 패러다임의 기본적 명제는 다음과 같이 요약될 수 있다.

---

46) *Ibid.*, p. 70.
47) V. Ostrom, *op. cit.*, pp. 23-24.

① 어떠한 정부 체제이든 지배적인 단일한 권력의 중심체가 존재한다. 그리고 한 사회의 정부는 단일한 권력의 중심체에 의해 통제된다.

② 권력은 분립되면 될수록 무책임하게 된다. 반대로 권력이 통합되거나 단일한 권력의 중심체로부터 통제받으면 받을수록 더욱 책임성 있게 된다.

③ 행정구조는 권력의 중심체의 구성을 결정하고, 법의 집행에 적절한 정치구조와 행정통제의 토대를 구축한다. 모든 민주적인 정부 체제는 국민의 대표자를 절대적 주권자의 지위까지 고양시킨다.

④ 정치의 분야가 행정의 업무를 규정하지만 행정의 분야는 정치의 고유한 영역 밖에 있다.

⑤ 오늘날의 모든 정부는 행정의 기능에 관한 한, 현저한 구조적 유사성을 갖고 있다.

⑥ 직업전문주의적 관리들의 계층제적 배열은 훌륭한 행정의 필요불가결한 구조적 조건을 제공하게 된다.

⑦ 완벽한 계층제적 조직은 최소의 비용과 노력으로 측정되는 능률성을 극대화하게 된다.

위에서 규정한 훌륭한 행정을 완비하는 것은 인간 문명의 진보와 인간 복지 증진의 필요 조건이 된다.[48]

윌슨주의에 대한 가혹한 비판자이며, '민주적 행정이론'을 제안하고 있는 오스트롬(Vincent Ostrom)은 윌슨의 행정이론을 '관료제적 행정이론'으로 규정한다(오스트롬의 민주적 행정이론이 관료제적 행정이론을 배제하는 것은 아니다. 그러나 민주적 행정이론을 수용하는 것은 관료제적 행정이론이 모든 정부에 공통된 훌륭한 행정을 위한 유일한 이론이라는 주장을 기각하는 것을 의미한다).[49] 사실상 윌슨이 주장하는 훌륭한 행정의 조건은 뒷날 베버가 정식화한 관료제이론과 일치한다. 이미 앞에서 지적한 계층제적 조직, 교육과 훈련을 갖춘 관리의 충원 등이 바로 그것이다. 윌슨도 관리들에 대한 부정적 시각이 존재함을 승인한다. "생각컨대 임명된 후 특별한 교육과 훈련을 갖추고 적절한 계층제와 규율을 가진 완벽한 조직에 충원된 관리집단은 사려 깊은 사람들에게는 비위에 거슬리는 관리계급을 형

48) *Ibid.*, pp. 24-25.
49) *Ibid.*, p. 99.

성하게 될 요소를 포함한 것으로 인식될 수도 있다. 즉 관리집단은 진보적이고 정신적 자유인과 절연된 공감대를 갖는, 또한 완고한 관료주의의 비천함이란 편협된 마음을 갖는 뚜렷이 식별되는 반조합적(半組合的, semi-corporate body)인 계급이다. 확실히 그러한 계급은 미국에서 증오스럽고 유해한 존재일 것이다.[50]

그럼에도 불구하고 정부를 움직이는 여론을 개선하기 위한 기구로서 더 나은 관리들을 확보할 필요성이 제기된다. 사실상 그들이 봉사하는 정부의 정책에 대해 확고하고 마음에서 우러난 헌신을 보낸다면 관리들의 훌륭한 행동을 결과할 것이다. 윌슨에게 관료제는 국가의 전반적인 봉사가 국민들의 공통적인 정치생활과 격리된 곳에서만 존재할 수 있는 것이다. 실제로 국민에게 봉사하는 부·성의 장(長) 아래서 복무하는 관리집단의 경우, 거기서 오만한 배타성과 독단성을 발견하기는 어려운 일이다. 윌슨이 이상적으로 생각한 것은 사려 깊고 활기차게 활동하기에 충분할 정도로 교화되고 자족적일 뿐만 아니라 일반 대중의 사고와 친숙하게 연결된 관리인 것이다.[51]

우리는 여기서 윌슨이 유럽의 관료제의 이식을 주장하면서도, 관료제가 가져오는 폐단을 끊임없이 경고하고 있음을 주목하게 된다(그는 프러시아의 경우 공공정신에 투철한 정치가의 리더십이 거만하고 형식적인 관청을 공정한 정부의 도구로 전환시켰음을 상기시킨다). 즉 관료제는 정치적 지도를 수락해야 하며, 민주적 틀 안에서의 여론은 권위 있는 비판가로서의 역할을 수행하지 않으면 안 되는 것이다. 따라서 윌슨의 행정이론 속에서 관료제는 두 가지 얼굴을 갖는다. 훌륭한 행정을 위해 관료제는 필요하나, 그것은 정치적 지도와 여론에 종속되어야 할 존재로 규정되고 있다. 따라서 윌슨의 관료제에 관한 시각은 가치 함축적 기반 위에 서 있는 그의 행정이론의 대응물이며, 그의 관료제에 관한 견해는 그의 행정이론의 중심에 위치한다고 볼 수 있다.

요약컨대 윌슨의 「행정의 연구」에 나타난 그의 행정이론은 정치와 행정의 준별이라는 가치 함축적 입장에서 전개된 변혁기의 미국 사회의 산물인

---

50) W. Wilson, *op. cit.*, p. 75.
51) *Ibid.*

셈이다. 또한 관료제의 폐단이 가져오는 우려에 대한 변호로서의 성격도 아울러 지니고 있다. 나아가서 그가 시도한 것은 정치와 행정의 바람직한 관계의 설정이라고 할 수 있다. 그런데 「행정의 연구」에 대해 여러 비판이 제기되고 있는 것은 사실이다. 정치와 행정의 구분이 비현실적이란 지적은 진부하기조차 하다. 그리고 그가 행정연구의 목적으로 제시한 "어떠한 정부가 적절히 그리고 성공적으로 잘할 수 있는가"를 발견하는 것은 정치의 영역이라는 비판도 있다. 또한 그가 유럽의 행정이론의 이식을 주장하는 것은 설사 민주적 변용을 거친 이식일지라도 잘못되었다는 지적도 있다. 왜냐하면 유럽의 행정이론의 탁월성은 그들의 역사, 헌정 체제, 교육 체제, 그리고 사회구조에서 연유하는데 이러한 것은 이식될 수 없기 때문이다.[52]

그러나 이러한 비판에도 불구하고 행정학의 역사에서 차지하는 그의 비중은 여전히 무게가 있고 끊임없는 자극과 논쟁을 불러일으키고 있는 것 역시 사실이다. 윌슨이 우리에게 남겨놓은 과제는 적지 않다. 가령 행정제도의 이식이 그 제도를 뒷받침하는 역사적 배경과 문화적 맥락의 절단 속에서 이루어질 때, 제도적 이상과 현실적 운영 간의 간격이 크다는 점을 우리는 이미 경험적으로 확인한 바 있다. 이것은 특히 서구의 민주주의 제도를 도입한, 한국을 포함한 많은 발전도상국이 민주주의란 외형만을 갖추고 사실상 억압적인 지배구조를 구축한 데서도 유사한 양상을 나타내고 있다. 또한 윌슨의 관료제에 대한 상충된 요구는 여전히 우리 시대의 문제, 즉 관료제와 민주주의의 조화라고 하는 과제를 던져놓고 있는 것이다.

제 5 절 윌슨 이후

우리는 윌슨 이후 한 세기에 걸쳐 전개된 행정이론의 궤적을 이미 개관한 바 있다. 우리는 이것을 기초로 행정학 발전에 기여했다고 판단되는 학파 혹은 이론가의 주요 저서에서 관료제가 어떤 관점에서 논의되고 있는가

52) D. Waldo, *The Enterprise of Public Administration*(California: Chandler & Sharp Publishers, Inc., 1980), p. 11.

를 검토하려고 한다. 비록 관료제란 용어가 등장하지 않고 조직이란 중립적 용어가 채용된 경우에서조차 이들의 논의는－그것이 공적이든 사적이든－관료제와 밀접하게 연결되어 있는 것이다.

1 테일러와 메이요

테일러(F. W. Taylor, 1856~1915)는 견습공에서 출발해 강철공장의 지사장과 고문, 그리고 미국기계공학협회장의 직위에까지 이른 관리이론가이다. 과학적 관리운동의 아버지로 불리는 그의 관리에 관한 최초의 견해는 「성과급제」(1895)라는 논문에 나타나 있으나 그가 명성을 굳히게 된 것은 「과학적 관리의 원리」(1911)란 저서의 간행을 통해서였다.[53] 그런데 테일러의 과학적 관리운동은 19세기 말 자본주의의 구조적 변동이라는 맥락에서 이해되지 않으면 안 된다. 당시 산업화된 세계의 기술적·경제적 발전은 대규모적 경제 단위들의 급증과 지배를 야기했다. 기업의 규모와 복잡성의 증대, 분업의 강조는 조정 문제를 제기했다. 거대한 물자와 인적 자원으로 구성된 내부조직은 전통적 관리 방법으로 조정될 수 없었기 때문에 인간과 기계, 인간과 인간 관계의 합리성이 요구되었다. 이것은 특히 작업 현장의 일상적 문제에서 현저했다. 테일러의 기여는 바로 조직의 일상적 작업을 수행하는 방법과 연관되며, 당시에 체계화되지 못한 관리에 관한 여러 가지 기법과 이념을 일관성 있는 체계로 통합한 데서 발견된다.[54] 테일러의 주된 관심사는 생산성이었고, 생산성은 산업조직의 인간 기계적 체제에 대한 과학적 방법의 테일러식 적용을 통해서 성취될 수 있는 것으로 간주되었다.[55] 여기서 그가 제안한 것은 일련의 시간-동작연구(time-motion studies)

---

53) Michael M. Harmon & Richard T. Mayer, *Organization Theory for Public Administration*(Boston: Little, Brown & Co., 1986), pp. 83-86: S. Clegg & D. Dunkerley, *Organization, Class and Control*(London: Routledge & Kegan Paul, 1980), p. 87.

54) Nicos P. Mouzelis, *Organisation and Bureaucracy*(Chicago: Aldine Publishing Co., 1967), pp. 79-80.

55) Harold F. Gorfner et al., *Organization Theory: A Public Perspective*(Chicago: The Dorsey Press, 1987), pp. 64-65.

를 통해 과업을 달성하는 독특한 방법과, 인간은 굶주림에 대한 공포와 이윤 추구를 위해 일하게 된다는 인간 동기이론의 결합이었다.

타스키(Curt Tausky)는 테일러의 견해를 네 가지 원칙으로 요약한다.56)

① 작업에 소요되는 시간과 동작의 연구로 일일 최고 생산성을 올릴 수 있는 최선의 작업 방법 강구

② 노동자에게 그 방법을 따라서 일할 의욕이 생기도록 금전적 혜택의 마련

③ 전문가를 활용해 작업 방법, 속도, 연장, 중요성, 규율, 품질의 조정, 그리고 기계 보수 등을 맡김.

④ 표준생산율을 자의적으로 변경하면 안 된다는 원칙의 준수

요컨대 테일러가 시도한 것은 미국 사회가 비능률성으로 인해 겪고 있는 엄청난 손실을 지적하고, 비능률성의 치유는 체계적 관리에서 발견된다는 사실을 확인하고, 최상의 관리는 진정한 과학에서 비롯된다는 점을 주지시키는 것이었다.57) 그리고 그가 여기서 제안한 최상의 관리의 원칙은 ① 진정한 과학의 발전, ② 노동자의 과학적 선발, ③ 과학적 교육과 계발, ④ 관리자와 노동자 간의 우호적 협력이었다.58) 그러나 테일러 자신은 과학적 관리법이 능률적 장치 또는 능률성을 확보하기 위한 장치로서 이해되어서는 안 된다는 점을 강조한다. 이것은 그가 하원의 특별위원회에서 행한 증언 속에 나타나 있다.

> …… 본질적으로 과학적 관리법은 산업에 종사하는 노동자 편에서의 완전한 정신혁명을 포함합니다. 자신의 업무, 동료, 자신의 고용주에 대한 의무와 관련해 노동자 편에서의 완전한 정신혁명입니다. 이와 똑같이 과학적 관리법은 관리자－직공장, 감독자, 기업의 소유자, 이사회－편에서의 완전한 정신혁명을 포함합니다. 관리노동자, 노동자 그리고 그들의 모든 일상적인 문제에 대한 의무와 관련해 관리자 편의 완전한 정신혁명입니다. 노동자와 관리자 간의 완전한 정신혁명 없이 과학적 관리법은 존재하지 않습니다.59)

---

56) Curt Tausky, *Work Organizations: Major Theoritical Perspectives*, 유종해(외) 역, 『조직이론』(서울: 연세대학교출판부, 1974), pp. 39-40.

57) F. W. Taylor, *The Principles of Scientific Management*(New York: The Norton Library, 1967), p. 7.

58) *Ibid.*, p. 130.

사이먼이 '기계적 모형'이라고 지적한 테일러의 모형은 이른바 '관료제 모형'과 유사성을 갖는다. 왜냐하면 그것이 추구하는 목표가 능률성, 통제, 조직목표의 달성이기 때문이다.[60] 비록 그가 『과학적 관리의 원리』에서 관료제란 용어를 사용한 바 없고, 분석의 초점이 조직의 일상적 업무 수행의 과학적 방법에 모아졌으나 관리적 사고와 산업사회 과학의 발전에 미친 영향은 강력했다. 그리고 테일러주의의 일부가 여전히 존속하는 것은 사실이고, 특히 조직 수준에서 행정이론을 구성하려고 시도한 행정 원리의 탐구자들－페이욜, 귤릭, 어윅 등－에 의해 그것이 보완되었다.[61] 그러나 테일러주의가 조직 행태에 관한 심리학적·사회학적 변수를 소홀히 취급한 점에 대한 비판은 모면할 길이 없다.[62] 조직의 이러한 측면은 인간관계론의 등장으로 재조명받게 된다.

인간관계론이 하나의 독자적인 학파를 형성한 것은 1920년대에 메이요(Elton Mayo)가 시카고 소재 웨스턴일렉트릭회사(Western Electric Co.)의 호손공장에서 실험을 시작한 때부터라고 할 수 있다. 호손 실험은 과학적 관리의 실험으로서 착수되었다. 연구자들－메이요가 호손 연구에 참가한 것은 1927년 계전기실험(relay assembly test)부터였다－은 공장의 조명도와 생산성 간에 인과 관계가 있다는 것을 규명하려고 했다. 한 실험에서 실험실의 조명도를 일주일 동안 높였다. 생산성이 향상되었다. 연구자들에게 이것은 놀라운 일이 아니었다. 그러나 조명도에 변화가 없는 통제집단의 경우도 비슷한 비율로 생산성이 향상되었을 때 연구자들은 다소 놀라게 되었다. 또 다른 실험에서 실험집단은 낮은 조명도, 통제집단은 과거와 같은 조명도 하에서 작업을 수행했다. 통제집단과 실험집단 모두에게서 생산성이 향상되었다. 연구자들은 자신들이 다루는 문제가 조명도가 생산성에 미치는 단순한 생리적 영향보다 훨씬 복잡한 관계임을 인식하게 되었다.

---

59) F. W. Taylor, "Taylor's Testimony before the Special House Committee," quoted in Harmon & Hayer, *op. cit.*, p. 87.

60) J. A. Medeiros & D. E. Schmitt, *Public Bureaucracy: Values and Perspectives* (North Scituate, Mass: Duxbury Press, 1977), p. 70.

61) Walter F. Baber, *Organizing the Future*(Alabama: The University of Alabama Press, 1983), p. 15.

62) N. P. Mouzelis, *op. cit.*, p. 85.

연구자들은 노동자들이 높아진 조명도보다 자신들을 향한 관심에 반응한다는 것을 확인하게 된 일련의 실험에 착수했다. 이를 통해서 연구자들은 노동자들이 단순히 물리적 환경의 변경에 반응하지 않고, 타인이 자신들을 도와 준다는 것을 지각할 때 우호적으로 반응한다는 결론을 얻었다. 이러한 호손 효과(Hawthorne effect)에 촉발되어 일련의 실험－계전기실험, 면접, 배전조립실 실험(bank wiring room)－이 메이요의 주도하에 실시된 것이다. 여기서 밝혀진 주요한 사실은 비공식 조직의 발견이었다. 이들은 집단규범을 갖고, 생산 수준에 강력한 영향력을 행사했다.

이것은 조직 내의 권력에 대한 새로운 인식을 갖도록 했다.[63] 잘 알려져 있듯이 고전적 조직이론 또는 '관료제 모형'에서 권력과 권위의 흐름은 계층제를 통해 위에서 아래로 전달되는 일방적 관계로 이해되었다. 즉 상급자는 명령하고 하급자는 복종하는 것이다. 그러나 호손 연구를 통해서 비공식 조직의 존재가 확인되고, 그것이 명령에 복종하는 정도를 결정하는 실질적 권력을 보유하고 있음이 확인된 것이다. 나아가서 호손 연구는 다음과 같은 사실을 아울러 발견했다.[64]

① 생산 수준은 생리적 능력이 아니라 사회적 규범에 의해 결정된다.

② 비경제적 보상과 제재는 노동자들의 행태에 중대한 영향을 미치고, 경제적 유인 체제의 효과를 상당한 정도로 제한한다. 여기서 보상과 제재가 특히 강력했으며, 두 가지 모두 물질적인 것이 아니고 상징적인 것이었다.

③ 노동자들은 흔히 개인으로서가 아니고 집단의 구성원으로서 행동하고 반응한다.

그러나 호손 연구에 대한 비판도 적지 않다. 그것은 호손 연구가 주로 관리자 편향의 이데올로기를 지니며, 방법론상의 취약점을 갖고 있다는 점 때문이다. 다음과 같은 비판은 하나의 예증이 된다. ① 통제집단이 거의 이용되지 않았다. ② 결과가 작업 조건에 관한 초보적 원리－휴식 시간이 도입되었을 때 산출이 증가했고, 그것이 폐지되었을 때 산출이 감소했다는

63) Fred A. Kramer, *Dynamics of Public Bureaucracy*, 2nd edition(Cambridge, Mass: Winthrop Publishers, Inc., 1981), pp. 97-99.

64) Amitai Etzioni, *Modern Organizations*(Englewood Cliffs, N.J.: Prentice-Hall, Inc., 1964), pp. 34-36; E. Gross & Amitai Etzioni, *Organizations in Society*(Englewood Cliffs, N. J. Prentice-Hall, Inc., 1985), pp. 46-48.

등—에 의해서도 설명이 가능하다. ③ 실험 대상의 차이—계전기 실험은 여성, 배전조립실 실험은 남성을 대상으로 했고, 전자는 산출이 증가했고 후자는 감소된 결과를 가져왔다—가 상이한 결과를 낳았다.[65] 요컨대 메이요의 호손 연구를 시발점으로 리핏(R. Lippitt), 화이트(R. K. White), 레빈(K. Lewin)의 리더십 연구,[66] 코크(L. Coch)와 프렌치(John R. P. French)의 기술혁신에 따르는 저항에 관한 연구[67] 등 이른바 인간관계론적 접근방법은 조직 내의 커뮤니케이션의 중요성을 일깨우면서 대중적 문헌에 널리 소개되고, 산업 및 경영 분야에 큰 영향을 미쳤다.

여기서 비공식 조직의 발견이 고전적 조직이론 또는 '관료제 모형'과 연관되는 의미망을 다시 한 번 상기할 필요가 있다. 주지하다시피 공식적 조직은 규칙과 규칙에 의해 지배되는 행태이다. 반면 비공식 조직은 공식적 규칙에서 자유롭고 구성원의 상호작용에서 발현되는 가치 및 행동 양식이다. 호손 연구의 발견은 이러한 비공식적 규칙과 공유된 가치가 집단 구성원의 행태를 결정할 수 있다는 것이었다. 이것이 의미하는 것은 공식적 규정과 비공식적 규정이 일치할 필요가 없다는 점이다. 따라서 비공식 조직의 규칙, 이른바 감정의 논리는 공식적 조직의 명령인 능률성의 논리와 다르거나 상반된 입장을 견지할 수도 있다.[68] 앞서 이미 언급했듯이 비공식 조직이 규범을 갖고 생산 수준에 강력한 영향력을 행사한다는 점이 이를 입증한다. 비공식 조직의 규범과 규칙은 이들 간의 연대성을 강화한다. 그것은 집단 성원 간의 차이점의 극소화, 작업 조건에 대한 통제의 강화를 통해 공고화된다. 우리가 여기서 비공식 조직의 순기능과 역기능을 더 이상 논의할 필요는 없을 것이다. 중요한 것은 호손 연구를 포함한 인간관계론이 '관료제 모형'이 간과했던 리더십, 감독 스타일, 집단동학, 조직의 계획된

---

65) E. Gross & Amitai Etzioni, *Organizations in Society*, pp. 48-49.

66) K. Lewin, R. Lippitt, & R. K. White, "Patterns of Aggressive Behavior in Experimentally Created 'Social Climates'," in D. S. Pugh ed., *Organization Theory*(Harmondsworth, Middlesex: Penguin Books, 1971), pp. 230-260.

67) A. Etzioni, *op. cit.*, pp. 37-38.

68) 감정의 논리(logic of sentiments)와 능률성의 논리(logic of efnciency)란 용어는 뢰슬리스버거(F. J. Roethlisberger)와 딕슨(W. J. Dickson)의 것으로 알려져 있다. S. Clegg & D. Dunkerley, *op. cit.*, p. 132.

변경, 커뮤니케이션, 동기 및 이와 유사한 문제에 대한 관심을 환기했다는 점이다.[69] 우리는 인간관계론에 대한 비판에도 불구하고, 그것이 전통적 조직이론에 커다란 변화를 가져왔고, 사회적 · 조직적 수준의 사회 현상이 집단 및 개인 수준의 구체적 행동과 연관되는 정교한 기제를 제시함으로써 관료제 연구에서 발견되는 그 간격을 메웠다는 점을 인정해야 할 것이다.[70]

2 바나드

바나드(Chester 1. Barnard)의 『집행자의 기능』(1938)은 미국인에 의해 최초로 시도된, 조직의 이해를 위한 학술적이고 지적 구성물로 평가될 만큼 조직 분야에서 큰 영향을 미친 저서이다. 그는 1886년 태생으로 하버드 대학교에서 장학생으로 수학하고, AT&T의 통계 부서에서 출발해 공익사업체인 뉴저지 벨 전화회사 사장, 록펠러재단과 전국과학재단의 이사장 등 집행자로서의 다채로운 경력을 쌓은 외경(畏敬)에 값하는 인물로 알려져 있다. 『집행자의 기능』은 바나드가 1937년 11~12월 보스턴 소재 로웰연구소(Lowell Institute)에서 행한 8회에 걸친 강연의 원고를 수정 · 보완해 그 이듬해에 간행한 것이다. 그는 저서의 목적을 ① 조직에 관한 현재의 혼란과 불명료성을 해소하고, ② 현대 사회의 인간의 합목적적 · 건설적 활동이 어느 정도 공식조직에 의해 지배되는가를 규명하고, ③ 그러한 조직과 사회와의 관계, ④ 사회생활의 여러 제도와, 추상적인 일반성과 대조되는 공식조직의 활동이 어느 정도까지 사회 체제의 구조와 과정을 제공하는지를 규명하는 데 두고 있다.[71] 즉 바나드는 공식조직의 협동적 행위에 관한 포괄적 이론을 제시하는 데 일차적 목표를 두고 있는 것이다. 『집행자의 기능』은 편제상 네 부분으로 구성되어 있으나, 실은 두 개의 논문으로 구성되어 있다. 하나는 협동과 조직에 관한 이론이고, 다른 하나는 공식조직에서 집행자의 기능과 운영 방식에 관한 연구이다. 여기서는 편의상 ① 체제로서

69) *Ibid.*, p. 133.
70) N. P. Mouzelis, *op. cit.*, p. 119.
71) Chester I. Barnard, *The Functions of the Executive*(Cambridge: Harvard University Press, 1966, first published in 1938), p. xxxi.

의 조직, ② 공식조직과 비공식조직, ③ 집행자의 기능이라고 하는 세 가지 영역으로 구분해 고찰하고자 한다.

바나드가 인간의 동기에 주목한 호손 연구에 흥미를 기울인 것은 사실이다. 그러나 그는 당시 조직에 관한 지배적 이론인 테일러와 페이욜의 그것과 마찬가지로 진정한 조직이론을 구성하기란 불완전하다는 생각을 가졌다.[72] 그의 견해에 따르면 이들은 조직이 하나의 목표를 지향하는 개인들의 노력을 조정하는 협동 체제라는 사실을 충분히 이해하지 못했다는 것이다. 바나드에게서 조직은 "① 상호간 의사소통이 가능하고, ② 자신들의 공동 목표를 달성하기 위해, ③ 자발적으로 헌신할 개인들이 존재할 때 성립된다.[73] 따라서 조직의 요소는 의사소통, 기여할 의사, 공동 목표이다. 여기서 목표는 협동적 활동의 범위를 설정하고 이를 지배한다. 그러나 목표가 조직구성원에 의해 수용되지 않으면, 협동적 활동을 이끌어 내지 못한다.[74] 바나드는 조직의 목표와 개인의 동기를 구분한다. 개인의 동기는 반드시 내부적·개인적·주관적인 것이고, 공통의 목표는 개인이 주관적인 것으로 해석할지라도 외부적·비개인적·객관적인 것이다. 이러한 일반적 규칙에서 예외가 되는 것은 조직 목표의 달성 및 그 자체가 개인의 만족의 원천이 되고 조직의 많은 구성원에게 하나의 동기가 되는 경우이다.[75] 따라서 조직은 목표 지향에 초점을 맞춘 행동의 집합이 된다. 왜냐하면 하나의 조직이 생존하기 위해서는 균형 상태가 유지되어야 하기 때문이다. 즉 만약 조직이 목표를 성취하지 못하면 그것은 해체되고, 조직이 목표를 달성하면 그 활동이 소멸되기 때문이다. 이것이 시사하는 것은 역동적 균형을 결과하는 부단한 재평가의 필요성이며, 조직과 환경 간의 상호작용에 대한 강조이다.[76] 바나드의 경우, 조직은 그 협동적 행위가 지속적인 교환 과정에 포함되는 모든 것을 함축한다. 여기서 교환이 매우 중요하다. 조직이란 인간의 협동적 활동으로 구성된 하나의 체제이며, 그 기능은 효용의 창조·전환·교환인 것이다. 조직은 협동적 체제를 창조함으로써 이러한 기능을

72) M. M. Harmon & R. T. Mayer, *op. cit.*, p. 105.
73) C. I. Barnard, *op. cit.*, p. 82.
74) *Ibid.*, p. 86.
75) *Ibid.*, p. 89.
76) M. M. Harmon & R. T. Hayer, *op. cit.*, p. 106.

수행할 수 있다. 그리고 조직은 하나의 핵(核)이고, 종속적 체제이며, 또한 물리적 · 인적 · 사회적 체제와 같은 여러 요소로 구성된다. 따라서 효용의 창조 · 전환 · 교환의 관점에서 협동적 체제는 네 가지의 서로 다른 경제 즉 물질적 경제, 사회적 경제, 개인적 경제, 조직의 경제를 포함하게 된다.[77] 이런 점에서 조직은 네 가지 서로 다른 경제의 혼합물로서 분석될 수 있는데, 앞의 세 가지 경제는 화폐적인 평가가 가능하나 조직의 경제는 성공과 실패로서만 평가될 수 있다. 그것은 평형의 유지 여부와 관계되기 때문인데, 이러한 평형은 조직이 효용을 충분히 지배하고 교환해 조직을 구성하는 인적 서비스를 지배하고 교환하는 것을 요청하는 것이다.[78] 여타의 경제는 조직의 경제를 뒷받침하기 위해서 존속한다. 그것들은 조직의 역동적 평형의 유지를 가능케 하기 때문이다. 그리고 교환은 배분적 요소이고, 조정은 창조적 요소이다. 따라서 조직은 협동적 활동으로서 목표를 향한 조정활동으로 시작된다. 이것이 바로 집행자의 주요한 기능과 연관된다. 우선 집행자의 기능을 살펴보기 전에 비공식조직이 공식조직과 관련되는 방식을 살펴보자.

바나드의 경우 공식조직은 "2인 이상의 의식적으로 조정된 활동 혹은 힘의 시스템이다."[79] 비공식조직은 "인격적 접촉과 상호작용, 그리고 동료집단들의 총체"[80]를 가리킨다. 비공식조직의 정의에서 공통된 목표는 배제되어 있다. 그러나 중요한 공통적 결과는 거기서 나오는 것으로 규정된다. 이런 점에서 비공식조직은 불확정적이고 비구조적이며, 따라서 종속적 하위단위를 갖고 있지 않다. 비공식조직은 의도적인 공식조직과는 대조적으로 비의도적인 사회의 과정들로 구성되어 있지만 두 가지 주요한 효과를 가져온다. 하나는 일정한 태도 · 이해 · 관습 · 습관 및 제도를 형성하고, 다른 하

---

77) ① 물질적 경제는 조직에 의해 통제되고 효용으로서 할당된 물리적 사물과 힘이다. ② 사회적 경제는 조직과 다른 조직, 그리고 그 조직과는 협동적으로 연결되지 않는 개인과의 관계이다. ③ 개인적 경제는 개인의 행위(신체적 행동 · 주의 · 사고)의 권한과, 개인의 물질적 · 사회적 만족에 귀속된 효용으로 구성된다. ④ 조직의 경제는 조직이 통제하는 물질, 사회적 관계와 조직이 조정하는 개인적 활동의 집합이다. C. I. Barnard, *op. cit.*, pp. 240-242.

78) *Ibid.*, p. 244.

79) *Ibid.*, p. 81.

80) *Ibid.*, p. 115.

나는 공식조직이 창설될 조건을 마련케 한다.[81] 특히 후자가 시사하는 것은 공식조직의 공통된 목표, 의사소통, 협동 의사의 가능성이 사전 접촉과 예비적 상호작용을 필요로 한다는 점이다. 그러나 비공식조직은 공식조직의 출현 없이는 지속성과 포괄성을 상실하게 된다는 점이 아울러 지적되어야 한다. 바나드는 비공식조직이 공식조직을 뒷받침하는 세 가지 방식, 즉 ① 커뮤니케이션의 기능, ② 기여할 의사와 객관적 권위의 안정성을 조정함으로써 공식조직의 응집성의 유지 기능, ③ 인격적 성실성·자존심·독립적 선택에 관한 감수성의 유지를 제시한다.[82] 비공식조직의 이러한 기능이 공식조직을 파괴하는 것으로 생각되는 수도 있으나, 개성을 붕괴시키는 경향이 있는 공식조직의 영향으로부터 개인의 개성을 유지시키는 수단으로 간주된다. 그는 특히 ②와 관련해 권위의 이론을 전개한다. 그의 견해에 의하면 권위란 조직의 구성원이 자신이 제공하는 기여 행동을 지배하는 것으로서 수락하는, 즉 조직에 대해 그가 행하는 것과 행하지 않는 것을 지배·결정해 주는 것으로 수락하는 의사 전달(명령)의 성격을 지닌 것이다. 이 정의에 따르면 한 지시적 의사 전달이 지시받은 사람에 의해 수용되었으면 권위는 이미 확립된 것이다. 이 경우 권위는 행위의 기준으로서 승인된다. 그러한 의사 전달에 복종하지 않는 것은 권위에 대한 거부가 된다. 따라서 명령에 권위가 있느냐 없느냐의 여부는 명령을 받은 사람에게 있지, 권위를 가진 사람이나 이러한 명령을 발한 사람에게 있는 것은 아니다.[83] 그가 권위의 성립 조건으로서 제시한 것은 다음의 네 가지이다.

① 의사 전달을 이해할 수 있고 또한 이해해야 한다.

② 권위의 수용 당시 의사전달이 조직의 목표와 부합된다고 믿어야 한다.

③ 또한 의사 전달이 전체로서 자신의 개인적 이해와 양립되는 것으로 확신되어야 한다.

④ 정신적·육체적으로 의사 전달을 따를 수 있어야 한다.[84]

바나드는 권위로 형상화되는 명령을 수용성의 순서대로 ① 명백하게 수

---

81) *Ibid.*, p. 116.
82) *Ibid.*, p. 122.
83) *Ibid.*, p. 163.
84) *Ibid.*, p. 165.

용이 안 되는 것, 즉 명백히 복종되지 않는 것, ② 다소 중립적인 것, 즉 수용될 수도 있고 안 될 수도 있는 것, ③ 의심할 바 없이 수용되는 것으로 배열하고, 마지막의 것을 무관심권(zone of indifference)으로 부른다. 요컨대 바나드의 경우 일단 공식조직이 설립되면 자동적으로 비공식조직이 창설되고 비공식조직은 의사소통, 응집성, 개인의 성실성을 보호하기 위한 수단으로서 공식조직의 활동에 필요불가결한 존재가 된다.

한편 목표를 지향하는 하나의 조직이 유지되기 위해서 일정한 기능이 수행되어야 하는데 이것이 바로 집행자의 기능이다. 바나드가 제시하고 있는 집행자의 기능은 조직의 여러 요인과 대응되는데 여기에는 커뮤니케이션 체제의 제공, 조직을 위한 필수적인 활동의 확보, 목표의 설정 및 그 범위의 획정(劃定)이 포함된다. 그리고 조직의 여러 요인들이 서로 관련되고 의존적이듯이, 집행자의 기능 역시 위의 세 가지 기능이 결합되어 있다.[85] 그러나 여기서 주목할 점은 이러한 집행자의 기능은 리더십의 기술적 국면에 지나지 않고, 조직에 도덕적 요소가 있다는 것이다. 이것이 그가 말하는 이른바 도덕적 창조성이고, 이것이 리더십의 정수이며, 집행자의 기능의 최고의 발현인 것이다.

이 밖에도 그의 저서 『집행자의 기능』에는 개인의 물리적·생물학적 기초와 개인의 심리적·사회적 기초, 환경에 조직을 적응하기 위한 의사결정이론 등이 다루어지고 있으며, 나아가서 현대 조직이론의 중심에 위치한 상황적응이론(contingency theory)의 맹아(萌芽)조차 발견된다.

그러나 바나드의 『집행자의 기능』 역시 비판의 대상에서 제외되지 않는다. 페로(C. Perrow)는 바나드의 모형이 조직과 개인의 분리에 기초해 조직을 찬양하고 개인은 극소화하고 있다는 점을 지적한다. 따라서 조직의 많은 문제점들 즉 권력, 갈등, 개인의 목표 등이 논의 대상에서 배제되었다고 본다. 그리고 그의 모형의 근본적 취약점은 과도한 기능주의에서 기인된 것으로 본다.[86] 하몬(M. M. Harmon)은 바나드가 조직과 환경의 상호작용을 강조하고 있으나 조직을 자족적 실체로 규정함으로써 공공행정의

85) *Ibid.*, p. 217.

86) C. Perrow, *Complex Organizations*(Glenview, Ill: Scott, Foresman & Co., 1972), pp. 92-93.

조직 간 영역에 대해 소홀히 했고, 계층제를 가장 능률적인 조직의 양식으로 간주했으며, 조직과 개인의 관계가 일방적 방향으로 경사되어 있는 것을 한계점으로 지적한다.[87] 이런 점에서 바나드의 조직에 관한 모형은 '관료제 모형'과 높은 유사성을 갖는다. 이것은 어느 의미에서 조직에 관한 다양한 분석을 제한하는 것이기도 하다. 그러나 바나드의 저서는 그 후 전개된 조직이론의 커다란 세 줄기, 즉 셀즈닉으로 대표되는 제도학파, 인간관계학파, 그리고 사이먼으로 대표되는 의사결정학파에 큰 영향을 미치게 되었다.[88]

3 사이먼

사이먼의 『행정행태론』(1947)은 전통적 행정이론에 대한 비판서이며, 동시에 행정의 합리적 모형을 제시해 조직이론 연구에 심대한 영향을 미친 논쟁적 저서이기도 하다. 사이먼의 다음과 같은 진술은 행정 원리에 기초한 전통적 행정이론에 대한 날카로운 비판을 예고한다.

> 현재의 행정 원리가 갖고 있는 치명적 흠은 격언과 같이 그것이 대응하는 부분으로 된 쌍(pairs)으로 이루어졌다는 점이다. 거의 모든 행정의 원리에서 우리는 한결같이 그럴 듯하고, 수락될 수 있는 모순된 원리를 발견할 수 있다. 비록 그 쌍의 두 개의 원리가 엄밀하게 정반대의 조직에 관한 권고로 인도할지라도, 그 이론 속에 어느 것이 적용하는 데 적절할 것인지를 지시해 주는 것은 아무것도 존재하지 않는다.[89]

사이먼의 명제는 "비록 실제적 활동이 결정(deciding)과 집행(doing)을 포함하나, 행정이론이 집행의 과정과 더불어 결정의 과정이 의당 관련되어야 한다는 것이 일반적으로 승인되지 않고 있다는 점"[90]에 있다. 바로 이 점이 귤릭과 어윅의 『행정과학논문집』(1937)을 통해서 하나의 범례가 된

87) M. M. Harmon & R. T. Mayer, *op. cit.*, pp. 113-114.
88) C. Perrow, *op. cit.*, p. 75.
89) H. Simon, *op. cit.*, p. 20.
90) *Ibid.*, p. 1.

초기의 행정학 문헌에 대한 비판의 핵심을 이루는 것이다. 사이먼이 검토한 행정의 원리는 다음과 같다.

① 행정의 능률성은 집단 간의 업무의 전문화를 통해서 증대된다.

② 행정의 능률성은 집단의 구성원을 명확한 권위의 계층제 내에 배열함으로써 증대된다.

③ 행정의 능률성은 계층제 내의 모든 수준에서 통솔의 범위를 소수로 한정함으로써 증대된다.

④ 행정의 능률성은 통제의 목적을 위해 구성원을 목적, 과정, 고객 그리고 장소에 따라 조직화할 때 증대된다.[91]

요컨대 사이먼이 공격의 대상으로 삼은 행정의 원리는 전문화, 명령의 통일, 통솔의 범위, 목적 · 과정 · 고객 · 장소에 의한 조직편성의 원리에 대한 것이었다. 비록 사이먼은 이러한 원리들이 행정적 상황을 서술하고 진단하는 기준으로서 수용될 수 있으나 그것이 불가침의 원리로 취급될 때 흔히 이 원리들은 상호 모순된다는 점을 지적한다. 예컨대 통솔의 범위의 원리는 제한된 수의 계층제, 즉 명령 통일의 원리와 상충되며, 명령 통일의 원리는 전문화의 원리와 충돌된다.

행정이론에 접근하는 사이먼의 기본적 입장은 다음의 진술 속에 극명하게 나타나 있다. "행정에 관한 기술은 일반적으로 피상적 관찰, 과도한 단순화, 현실성의 결여로 손상되어 있다. 그것은 지나치게 권위의 메커니즘에 구속되어 있고, 동등하게 중요한 조직 행태에 대한 또 다른 영향력의 양식을 기술하지 못하고 있다. 즉 의사결정 기능의 사실상의 몫을 연구하는 지루한 과업의 수행을 거부해 온 셈이다. 행정에 관한 기술은 용어에 관한 조작적 정의도 하지 않은 채 권위, 집권화, 통솔의 범위, 기능 등을 언급하면서 자족해 왔다.[92] 이런 점에서 사이먼은 초기의 행정이론가들이 권위의 기능과 구조의 배열에 대해 선입견을 갖고 있었음을 정확하게 인식했고, 검토해야 할 대상의 확대를 적절히 요청하고 있는 셈이다.

그러나 사이먼은 행정가가 조직설계에 관한 폭넓은 판단을 할 수 있는 올바른 기초를 마련하면서 그 분야의 관심사에 의문을 제기한 것은 아니다.

---

91) *Ibid.*, pp. 20-21.
92) *Ibid.*, p. 38.

더구나 능률성과 관련된 이 분야의 중심적 관심사에 대해 의문을 가진 것도 아니다.[93] 실제로 사이먼은 능률성이 행정이론의 기초가 된다는 점을 명백히 하고 있다. 사이먼의 이러한 관점은 "행정이론은 하나의 조직이 그의 업무를 능률적으로 달성하기 위해 어떻게 구성되고 운영되어야 하는가의 문제와 관련된다"[94]는 진술 속에 반영되어 있다.

사이먼에 대해 비판적 입장에 서 있는 덴하트는 사이먼의 조직이론의 구성에서 명시적으로 진술된 것보다 그것이 함축하는 것이 더 중요하다고 본다. 우선 사이먼은 논리실증주의(logical positivism)의 관점을 유지하면서 행정 행태의 연구에서 사실과 가치의 준별 기능성을 제시한 후 포괄적 행정이론의 정립을 시도한다. 또한 사이먼은 정치학과 행정학의 제휴로부터 벗어나 목적보다 수단에, 정치의 원리보다 행정의 기법에 강조점을 둔다.[95]

사이먼이 행정이론의 구성을 위해 전개한 것은 합리적 선택이론이었다. 그는 사실의 세목(細目)은 결과의 계산과 관련되고, 평가는 선호(選好)의 계산과 관련된다는 의미에서 사실과 가치를 구분했다. 따라서 의사결정이란 여러 전략적 대안을 고려하고, 그러한 대안으로부터 실제로 발생할 수 있는 결과를 예견하는 것이다. 만약 사실적 전제가 완전하며 일관성이 갖추어져 있고, 가치의 전제 역시 이와 동일하다면 능률성은 다른 여러 대안보다 선호되는 하나의 대안에 의해 결정될 것이다. 이러한 상황에서는 오직 하나의 결정만이 합리성과 부합되는 것이다. 완벽한 사실에 관한 정보와 질서 있는 선호의 체계가 마련된 상황하에서 합리적 선택이론은 다른 선택을 허용하지 않는다. 완벽한 해결책이 이미 결정되어 있기 때문이다.[96]

사이먼의 경우 행정조직의 핵심적 문제는 선택에 따른 소여의 한계 속에서 인간 선택의 합리성의 고양이다. 여기서 소여의 한계란 개인적인 것일 수도 있고, 조직적인 것일 수도 있다. 즉 개인적인 수준에서의 제한은 정보를 다루고, 선호의 체계를 수립하고, 적절한 대안에 따라 행동하는 인간의 능력에서 비롯된다. 또한 조직구성원의 자유재량권의 행사에서 비롯되는

93) Robert B. Denhardt, *Theories of Public Organization*(Monterey, California: Broeks/Cole Publishing, 1984), p. 73.
94) H. A. Simon, *op cit.*, p. 38.
95) R. B. Denhardt, *op. cit.*, p. 73.
96) V. Ostrom, *op. cit.*, p. 37.

팀워크의 문제, 적절한 사실적 전제와 가치의 전제에 의존적인 조정의 문제 등은 조직 수준에서의 제한이 된다.[97] 따라서 조직은 의사결정자로서 행동하는 구성원에 의해 추구되는 합리성을 제한하는 기능을 수행한다. 사실적 전제 및 가치의 전제의 구체화를 통한 자유재량권의 제한은 사이먼에게 권위의 수용권(受容圈)의 획정을 의미한다. 그리고 수용권으로 범위를 구체화하는 것은 권위의 원천이 서로 다르다는 것을 뜻한다. 따라서 하나의 조직은 단선적 권위의 노선 혹은 명령의 사슬이 아니고 명령 네트워크의 복합체이다.[98]

사이먼은 제한된 합리성, 권위의 수용권이라는 개념을 통해서 조직을 그 구성 요소들에 의해 확립된 수용권 내에서 유지되는 균형 체제로 파악한다. 그는 조직의 구성 요소를 고객(customers), 고용인(employees), 기업가(enterpreneurs)로서 개념화한다.[99] 기업가는 궁극적으로 고용인의 활동을 제어하는 통제집단이다. 그리고 고용계약은 고용인이 관리 과정에서 행해지는 명령을 기꺼이 수락하는 수용권을 마련한다. 고객은 조직의 산출물과 화폐를 교환함으로써 조직에 기여한다. 이 자금은 기업가에게는 유인 체제를 제공하고, 고용인이 조직에서 활동하는 것을 가능케 한다(이러한 사실은 조직의 참여자들의 개인적 동기가 다르다는 것을 의미한다. 단순화하여 말하면 기업가는 이윤을, 고용인은 임금을, 그리고 고객은 산출물을 구하는 것으로 볼 수 있다). 조직의 균형모형은 수용권이 조직에 관여하는 사람들 간의 합의에 근거한다는 점을 시사한다.[100] 수용권을 넘어서는 기본적 쟁점들은 협상의 대상이 되며 그 조직의 외부결정 구조에 의해 결정된다. 사이먼이 제시한 수용권 범위 내에서 유지되는 균형 체제로서의 조직의 개념은 뒷날 영역 합의에 의해 재조명된 바 있다. 즉 톰슨에게 영역 합의는 조직구성원과 이들과 상호작용하는 사람들에게 그 조직이 무엇을 행할 것인지 또는 행하지 않을 것인지에 대한 일련의 기대를 규정하는 것이다.[101]

97) H. Simon, *op. cit.*, p. 79; *Ibid.*, pp. 37-38.
98) V Ostrom, *op. cit.*, p. 38.
99) H. Simon, *op. cit.*, p. 16.
100) V. Ostrom, *op. cit.*, pp. 38-39.
101) James D. Thompson, *Organization in Action*(New York: McGraw-Hill Book, 1967), pp. 28-29.

우리는 합목적 행위에 내재한 수단-목표의 계산이란 맥락에서 능률성을 특정한 산출물과 관련된 생산비용의 극소화 혹은 소여의 비용 수준에서의 산출물의 극대화로 개념화할 수 있다. 그런데 사이먼은 소방 업무 등 공공서비스와 같은 사회적 생산 기능인 경우 그것을 명시적으로 측정하기가 어렵다는 점을 승인한다. 이 점에 관해 사이먼은 "사회적 생산 기능이 개략적으로나마 알려지지 않는 한 합리성이 행정 결정의 형성에서 어떻게 의미있는 역할을 수행할 수 있는지를 알기는 매우 어렵다"[102]고 결론을 맺는다.

오스트롬이 적절히 지적하듯이 행정의 연구에서 윌슨적 전통에 대한 사이먼의 도전은 급진적 성격을 지닌다.[103] 그의 능률성의 기준은 계층제적 조직의 완벽성이 바로 능률성과 동일한 의미라는 가정을 거부한다. 사이먼은 그의 분석을 통해서 사회조직의 어떠한 국면에도 적용될 수 있는 일반이론인 합리적 선택의 이론을 형성하려고 시도했다. 그럼에도 불구하고 그는 계층제적 질서로 성격이 규정되는 하나의 조직-일차집단보다는 규모가 크나 경제 체제·국가와 같은 제도보다는 규모가 작은-에 초점을 맞추고 있다.

한편 그는 모든 상황 하에서 능률성의 필수 조건으로 간주되는 명령 통일의 원리를 신뢰하지 않으면서도 행정 행태를 논의하는 경우 계층제라는 실체와 대면함으로써 관료제적 조직의 세계로 복귀했다. 따라서 사이먼이 어느 의미에서 고전적 행정 사상의 전통과 부합된다는 지적은 시사적이다. 그것은 능률성의 가치와 더불어 행정의 이론과 실제를 좌우하는 과학의 역할의 중요성에 대한 사이먼의 관심에 반영되어 있다. 그러나 그것이 민주적 성향(democratic ethos)과 구별된다는 점에서, 공공조직이 사회에서 수행하는 비판적 역할에 관한 규범적 인식을 제한한 점은 지적되어야 한다.[104]

---

102) H. A. Simon, *op. cit.*, p. 189.
103) Vincent Ostrom, *op. cit.*, pp. 39-41. 이 부분에 관한 논의는 전적으로 오스트롬의 견해에 의존했다.
104) M. M. Harmon & R. T. Mayer, *op. cit.*, p. 154.

4 리그스

행정의 연구에 유기체와 환경의 상호 관계로 이해되는 생물학적 개념인 생태론(ecology)을 도입한 학자는 고스(John M. Gaus)였다.[105] 물론 고스 이전에도 비어드(C. A. Beard)와 같은 학자가 환경의 변화가 행정과 연계된다는 점을 지적한 바 있으므로, 고스 자신이 시인하듯이 그것이 고스의 독창적 사고의 산물은 아니다. 그러나 행정이 통치의 전반적 과정과 혼재되어 있고,[106] 환경적 요인의 산물인 공공정책 형성의 과정이 행정과 환경을 연계시킨다는 고스의 행정관은 전통적 행정이론에 대한 수정으로 간주될 수 있다. 고스가 제시한 생태론적 요소는 ① 주민(people), ② 장소(place), ③ 물리적 기술(physical technology), ④ 사회적 기술(social technology), ⑤ 욕구와 사조(wishes and ideas), ⑥ 재난(catastrophe), ⑦ 인물(personality)이다. 고스는 이러한 요소들의 다양한 결합의 배후에 공공조직이 존재하며, 그것을 우리가 인식할 때만이 공공조직이 정실제 혹은 권력의 남용으로부터 벗어날 것을 기대할 수 있다고 보았다.[107]

생태론적 접근 방법을 더욱 정교하게 발전시키고, 발전도상국의 행정 체제에 대한 이론모형을 제시한 학자는 리그스(Fred W. Riggs)였다. 우리는 여기서 프리즘적 모형(prismatic model)을 중심으로 리그스가 제시한 관료제의 윤곽을 그려 보고자 한다. 우선 리그스는 행정 체제를 "목표, 자원 그리고 요구라고 하는 투입이 그것과 관련된 재화, 서비스, 규제적 활동이라고 하는 산출을 결과하는 관계"[108]로 정의한다. 그리고 행정 체제를 좀더 큰 사회 체제의 하위 체제로 간주함으로써 행정이라고 하는 하위 체제를 내부적 관계가 아니라 외부적, 즉 그 사회의 비행정적 하위 체제와의 상호작용으로 본다. 여기서 리그스는 구조와 기능을 구분할 필요성을 제시한다.

---

105) John M. Gaus, *Reflections On Public Administration*(Alabama: University of Alabama Press, 1947), Chapter Ⅰ.

106) *Ibid.*, p. 125.

107) *Ibid.*, p. 19.

108) Fred W. Riggs, *Administration in Developing Countries*(Boston: Houghton Mifflin, 1964), p. 19.

리그스는 구조를 한 사회 체제의 표준적 특색이 되는 일정한 행위 양식으로 정의한다.[109] 예컨대 정부의 한 부서(bureau)는 하나의 구조가 되며, 관료들이 행하는 결정, 그들이 접촉하는 사람, 그들이 서명하는 서류 등이 구조를 형성한다. 구조는 사람 또는 사물 그 자체로서 구성된 것이 아니고 그들의 행위로 이루어진다. 그러나 그들의 모든 행위가 아니고 부서의 목표, 과업과 관련된 행위로 한정된다.

한편 기능은 특정한 구조의 결과로서 이해되며, 이 때 구조는 다른 구조 혹은 그 자신도 한 부분을 이루는 전체 체제에 영향을 미친다.[110] 예컨대 곡물 거래와 관련된 부서의 기능은 곡물 판매의 주선, 각종 곡물의 가격 유지, 곡물의 품질 유지, 잉여 곡물의 저장 등이다. 그 부서의 활동의 결과는 농민의 소득, 소비자 가격, 정부세입, 정치적 안정, 식용 돼지값, 나아가서 그 부서 자신이 한 부분을 구성하는 좀더 큰 사회에서 진행되는 여러 관련된 구조 및 활동에 영향을 미친다. 따라서 기능이란 둘 혹은 그 이상의 구조 간의 상호작용의 양식이며, 이들 변수 간의 관계이다. 그런데 정부와 행정에 관한 전통적 연구는 주로 구조와 연관되고, 이러한 구조적 분석은 검토의 대상이 되는 구조에 의해 수행되는 기능의 분석에까지 이른다. 비교적 동질적인 사회의 경우 동일한 구조는 어디에 존재하든 유사한 기능을 수행하고, 특정한 제도의 기능에 관한 일반화는 환경 조건에 급격한 변화가 없는 한 지속되는 경향이 있다. 더구나 공식적 제도－법에 규정된 관행, 공적 권위, 혹은 일반적 합의－가 현실 적합성을 갖는 한, 우리는 공식적 규정의 검토를 통해서 실제적 관행을 추론할 수 있다. 그러나 형식주의, 제도의 중첩성, 고도의 사회적 이질성을 특징으로 하는 과도사회의 경우 공식적으로 규정된 제도와 실제적·비공식적 행태 간에는 현저한 불일치가 존재한다. 이 경우 구조적 분석의 결과는 실망적인 것일 수밖에 없다. 특정의 행정 체제 혹은 조직 양식으로부터 통상적으로 기대되는 결과가 나타나지 않기 때문이다. 리그스가 '구조보다 기능을 강조하는 이유'도 바로 여기에 있다.

109) *Ibid.*, p. 20.
110) *Ibid.*

> 하나의 구조가 수많은 기능을 수행할 때 우리는 그것을 기능적으로 포괄적(functionally diffuse)이라고 할 수 있고, 그것이 한정된 기능을 수행할 때 기능적으로 특정화(functionally specific)되어 있다고 말할 수 있다. 우리는 여기서 사회 체제에 관한 순전히 가설적 유형인 두 가지 모형을 제시할 수 있다. 하나는 모든 구조가 기능적으로 포괄적인 것이고 다른 하나는 그것이 특정화되어 있는 것이다. 우리는 전자를 융합적(fused) 모형이라고 부르고, 후자를 분화적(diffracted) 모형이라고 부르고자 한다.[111]

이러한 모형이 현실 세계에서는 발견될 수 없으나, 현실 세계의 상황을 설명하면서 교시적 목적에 이바지할 수 있음은 명백한 듯하다. 즉 어떤 사회는 융합적 모형과 유사하며, 또 다른 사회는 분화적 모형과 유사하다. 리그스가 제안한 프리즘적 모형은 하나의 가설적 모형이다. 즉 하나의 연속척도상(continuum)의 융합적 극단과 분화적 극단 사이의 중간적 상황을 나타내기 위한 이 모형은 융합적 특성과 분화적 특성을 공유하고 있다. 엄밀한 의미로 완전히 융합적 사회와 분화적 사회가 현실적으로 존재하지 않고, 모든 사회는 중간적 상태라는 뜻에서 어느 정도 프리즘적 사회일 수도 있다.

그러나 리그스에게 프리즘적 모형은 구조의 기능적 명확화의 정도에 따라 융합적 모형과 분화적 모형과의 중간에 위치하는 사회를 의미한다.[112] 그런데 리그스의 이러한 견해는 그의 『프리즘적 사회 재론』(1973)에서 근본적으로 수정된다.[113] 그는 애초에 개념화한 일차원적 접근을 오도된 것으로 규정하고 이차원적 접근에 의거해 프리즘적 사회를 재정의한다. 그가 처음에 제안한 일차원적 접근은 분화의 정도에 따라 미분화된(undifferentiated)·반분화된(semidifferpntiated)·분화된(differentiated) 사회로 구분하고 분화의 정도에 따른 세 단계에 상응하는 융합적·프리즘적·분화적 모형을 제시한 것이다. 이차원적 접근에서 그는 분화된 사회의 구조 내

111) *Ibid.*, pp. 22-23. 모형 이름과 구조적 특성 간의 관계가 23페이지에는 잘못 기술되어 있다. 24페이지의 설명이 옳다.
112) F. Heady, *op. cit.*, p. 78.
113) F. W. Riggs, *Prismatic Society Revisited*, 구자용(역) 『비교행정: 프리즘적 社會再論』(서울: 경문사, 1987), 특히 제2장 참조.

의 '통합의 정도'란 개념을 새롭게 채용한다. 이 경우 융합적 사회는 미분화된 사회이기 때문에 통합의 정도는 사실상 무의미하다. 사회구조 내의 비통합(malintegration)은 분화의 과정 이후에 나타나는 현상이다. 여기서 문제는 분화는 되었으나 통합의 정도가 낮은 비통합적 사회까지 프리즘적 사회로 규정됨으로써 '프리즘적 사회'의 개념이 확장된 데 있다. 이러한 프리즘적 사회에 관한 개념의 확대는 고도로 분화된 이른바 선진국의 경우에도 통합의 결여로 프리즘적 조건들이 나타날 가능성이 있으며, 따라서 그것이 발전도상국에만 배타적으로 적용되는 것이 아님을 시사한다.

우리는 논의의 복잡성을 피하기 위해 그가 처음에 시도했던 프리즘적 모형에 기초해 그의 관료제에 관한 관점을 살펴보고자 한다. 리그스가 전개한 프리즘적 모형은 중층적 구조를 갖는다. 앞에서 언급했듯이 리그스는 행정 체제를 좀더 큰 사회의 하위 체제로 보고 그것을 사회의 비행정적 하위 체제의 상호작용으로 보기 때문에 전체로서의 프리즘적 모형을 분석하기 위해 이른바 기능적 요건(functional requisites)을 검토하고 그 하부구조로서의 행정에 대해서는 '살라 모형(sala model)'으로 설명하고 있다. 리그스가 제시한 기능적 요건들, 즉 행정의 생태론적 요소들은 경제적 생태(바자-캔틴, bazaar-canteen), 프리즘적 엘리트(만화경적 계층, kaleidoscopic stratification), 사회구조(다분파성과 파당, poly-communalism & clects), 프리즘적 상징, 프리즘적 권력(의존증후군과 복합 간섭, dependency syndrome & interference complex)이다.[114] 리그스는 이러한 요소들을 검토한 후 프리즘적 사회의 행정을 살라 모형으로 정식화한다(이 부분에 관한 논의는 제6장에서 다시 다룬다). 특히 리그스는 관료제에 깊은 관심을 표명하고 있다. 리그스는 베버에 의해 단초가 마련된 관료제에 관한 사회학의 이론이 고도의 프리즘적 구조를 갖춘 과도사회의 관료제를 설명하기에 부적합하다고 본다.[115] 나아가서 관료에 의해 행사되는 권력에 대해서도 이들이 깊은 관심을 기울이지 않았다고 주장한다.

리그스는 특히 관료들의 역할이 가치 중립적이며, 그 기능이 정치적인 것이 아니고 행정적인 것이라는 전통적 행정관의 신화가 무너진 점에 주목

114) F. W. Riggs, *Administration in Developing Countries*, Chapter Ⅲ-Ⅷ
115) *Ibid.*, p. 73.

한다.[116] 리그스의 견해에 의하면 이미 선진국들에서도 정치-행정 이원론은 현실과 부합되지 않는 것으로 인식되고 있으며, 어느 곳에서나 관료들은 권력을 행사하며 그들이 단순히 집행한 것으로 상정되는 법규에도 어느 정도 영향을 미치고 있는 것이다. 따라서 관료들의 비정치적 혹은 가치 중립적 역할을 당연한 것으로 승인해서는 안 된다는 것이 리그스의 견해이다. 리그스가 관료제적 권력의 비중을 검토하는 것도 이런 이유에서이다. 그는 우선 관료제적 권력이 행사될 수 있는 두 가지의 극단적인 상황을 상정한다. 하나는 관료들을 무력한 존재로 규정할 정도로 정치인에 의해 완전히 통제되는 경우와 다른 하나는 관료가 다른 사회집단을 희생시키고 권력을 독점하는 경우이다. 그러나 이러한 양 극단적인 경우는 현실 세계에서 발견되기 어려우며 일반적인 형태는 관료제적 권력과 비관료제적 권력이 비슷하게 균형을 취하고 있을 것이나, 양 극단 사이에 상당한 다양성이 드러날 수 있을 것이다.

그런데 리그스는 관료제적 권력에 관한 한, 프리즘적 모형은 언제나 융합적인 것과 분화적인 것의 중간 상태는 아니란 점을 지적한다. 즉 융합적 혹은 분화적 모형에서는 관료제적 권력의 비중이 비교적 제한되어 있으나 프리즘적 모형에서는 비교적 큰 것으로 규정되어 있다. 이는 정치적 권력과 관료제적 권력이 프리즘적 사회에서는 불균형을 나타내고 있음을 시사한다. 리그스의 이러한 견해는 "관료와 정치 발전: 역설적 견해"라는 논문에서도 표명된 바 있다. 즉 프리즘적 사회의 경우 정치적 정책결정 제도와 관료제적 정책집행 기구와 균형을 결여하고 있으며, 이는 정치적 기능이 상당한 정도로 관료들에 의해 수행되는 경향을 초래한다는 그의 확신을 반영하고 있는 것이다.[117] 나아가서 관료제적 권력의 비대화는 프리즘적 사회에서 행정의 낭비와 비능률성을 낳는다는 리그스의 또 다른 명제를 낳는다.

리그스의 프리즘적 모형 역시 비판의 대상이 되어 왔다. 가령 아로라(R. K. Arora)는 프리즘적 모형이 서구의 편견을 반영하는 바, 이는 프리즘적

116) *Ibid.*, p. 222.
117) Fred W. Riggs, "Bureaucrats and Political Development: A Paradoxical View," in J. Lapalombara, ed., *Bureaucracy and Political Development*(Princeton: Princeton University Press, 1963), p. 120.

특성을 기술하기 위해 선택한 그 용어가 프리즘적 행태의 부정적 국면만을 강조함으로써 가치 함축적임을 지적한다.118) 또한 프리즘적 이론은 서구의 준거틀에 근거하고 있으며, 리그스가 미국과 같은 나라에서 발견되는 프리즘적 행적들을 간과하고 있다는 비판도 제기되고 있다.119) 앞에서 언급된 프리즘적 사회의 개념의 확대는 이러한 비판에 대한 리그스의 응답이라고 이해해도 무방할 것이다. 그리고 여기서 유념해야 할 부분은 프리즘적 모형이 과도사회에 얼마나 훌륭하게 부합되는지에 대해 리그스가 어떤 주장도 내세우지 않았다는 점이다. 리그스가 주장한 것은 그의 이론모형이 경험주의적 기초에 근거하고 있다는 것이었다.120)

요컨대 리그스의 프리즘적 모형은 생태론 및 구조기능주의적 접근 방법을 채용해 발전도상국의 행정 체제의 분석을 위한 이론모형으로 제시된 비교행정 분야의 탁월한 성과로 기록되어도 무방할 것이다. 아울러 관료제적 권력의 비중이란 관점에서 정치책정 이원론의 비현실성을 지적함으로써 행정학 분야의 확대에 기여한 점도 지적되어야 할 것이다.

5 프레드릭슨

사회 변동에 대한 대응과 참여의 윤리를 표방한 신행정운동은 1960~1970년대의 산물인데, 왈도는 이 기간을 소용돌이의 시대로 규정한 바 있다.121) 베트남전쟁, 지속적인 인종 분규, 행정학의 지적 기반에 대한 계속된 불만, 사회과학 분야의 관심 영역의 이동 등, 당시의 시대적 상황에 대한 반응으로서 등장한 이 운동은 여러 학자들의 저서로 결실되었다. 프레드릭슨(H. George Frederickson)의 『신행정론』(1980)도 그 중의 하나이다.

주지하다시피 신행정론의 대두 및 전개에 몇 가지 계기가 있었다.122) 첫

118) R. K. Arora, *Comparative Public Administration*, quoted in F. Heady, *op. cit.*, p. 95.

119) M. L. Monroe, "Prismatic Behavior in the United States?" *Journal of Comparative Administration 2*, No. 2. quoted in *Ibid.*

120) F. W. Riggs, *Administration in Developing Countries*, p. 241.

121) H. George Frederickson, *New Public Administration*(Alabama: The University of Alabama Press, 1980), p. x.

째 행정에 관한 미노브루크(Minnowbrook) 회의이다. 1967년 미국 정치학·사회과학연구회(AAPSS)가 후원하는 행정학 분야의 회의가 개최되었는데, 그 회의의 의장인 찰스워드(J. C. Charlesworth)는 회의의 목적을 행정학에 관한 대담하고도 종합적인 접근 방법을 모색하고, 철학의 맥락에서 행정학의 중요성을 측정하는 것이라고 규정했다.123) 그 회의의 보고서는 다음과 같이 결론을 맺고 있다. ① 행정기관은 정책결정자이다. ② 정치·행정 이원론은 낡은 것이다. ③ 행정을 정의하고 그 경계를 획정하는 것은 어려운 일이다. ④ 행정과 경영 간에는 큰 차이점이 존재한다. ⑤ 행정학과 정치학 간에는 명백한 차이가 있다. ⑥ 규범적 행정이론 및 기술적 행정이론 모두가 혼란 상태에 놓여 있다. ⑦ 계층제는 공공조직을 규정하거나 기술하는 방법으로서 적절한 것이 되지 못한다. ⑧ 행정에서의 관리·운영에 대한 관심은 정책 및 정치적 쟁점으로 대치되고 있다. ⑨ 전문직업주의적인 행정학과가 출현되어야 한다. ⑩ 행정학은 군·산 복합체(military-Industry complex), 노동운동, 도시 폭동 등 긴급한 사회 문제에 의미 있는 방식으로 대응하지 못했다. ⑪ 행정학은 지적인 범주 설정, 의미론, 정의, 경계와 같은 문제에 필요 이상으로 집착했다.

그러나 이 회의에서 얻어진 결론에 대해 젊은 이론가, 실무자들에 의해 신랄한 비판이 가해졌다. 이것을 요약하면 다음과 같다. ① 도시의 인종 폭동, 빈곤, 베트남전쟁, 공무원의 윤리적 책임 등 시대를 반영하는 주요한 쟁점을 회피하고 있다. ② 실증적인 새로운 개념이나 이론을 과감히 제시하지 못했다. ③ 1960년대 이전에 전개되었던 착상, 개념, 이론에 관심을 집중시키고 있다. ④ 사회 및 조직의 변화에 충분한 관심을 기울이지 않고 있다. ⑤ 전문성과 조직의 능력에 과도한 신뢰를 보내고 관료제적 방식에 대해서 의문을 갖고 있지 않다. ⑥ 성장의 한계, 조직의 감축·축소에 대해 충분한 관심을 갖지 않았다. ⑦ 선출된 공무원을 제외하고는 시민의 요구와 필요에 대해서, 또한 반응성의 쟁점에 대해서 충분한 관심을 갖지 않았다. ⑧ 정부와 행정이 무엇이든 할 수 있고, 또한 하지 않으면 안 된다는 지

---

122) *Ibid.*, pp. x-xiii.

123) J. C. Charlesworth, ed., *The Theory and Practice of Public Administration* (Philadelphia: The American Academy of Political and Social Science, 1968), p. ix.

나친 낙관주의적 견해를 갖고 있다. 이와 같은 비판에 촉발되어 원로 행정학자인 왈도의 후원하에 젊은 학자들과 실무가들이 참가한 미노브루크 회의가 개최된 것이다. 미노브루크 회의의 주요한 주제는 적실성, 후기실증주의, 소용돌이 환경이 대한 적응, 새로운 조직 형태, 고객 중심의 조직이었다.

둘째, 신행정론의 대두에 좀더 흥미로운 국면은 개인의 책임성이라는 문제였다. 당시 왈도는 『미국행정학회지(*PAR*)』의 책임편집자였고, 마리니(Frank Marini)와 프레드릭슨은 각각 *PAR*의 관리담당 편집자 및 조사연구 담당편집자였다. 이들은 *PAR*을 이른바 신행정론자로 자임하는 사람들의 견해를 선전하는 수단으로서, 또한 그러한 견해가 우세하도록 하기 위한 수단으로 사용치 않기로 결정했고, 실제로 이 시기에 신행정이라는 용어가 의도적으로 사용되지는 않았다. 바로 이 점이 많은 사람으로 하여금 신행정론은 완전히 소멸되었다는 결론을 내리게 한 중요한 이유 중의 하나이다. 그러나 현실의 결과는 그와 반대였다. 신행정이라는 용어는 *PAR*에 이따금 등장하나, 신행정론과 관련되는 개념 및 착상 등은 1970년대를 통해 일반행정학 문헌과 *PAR*의 한 부분을 차지했다.

셋째, 행정학 분야의 관계자가 소속된 지배적인 직업전문가 조직은 미국행정학회(ASPA)인데, 신행정론의 주창자들이 ASPA의 주요한 지위를 차지하게 된 것도 신행정론이 확산된 하나의 요인으로 작용한다. 요컨대 신행정운동은 기술적 합리성을 강조하는 주류 행정학을 비판하고 규범적 가치의 적극적인 실현을 옹호하는 행동주의 철학을 전면에 내세운 소장 행정학자들의 새로운 모색이라고 간주될 수 있다.

주지하다시피 전통적 혹은 고전적 행정학은 다음 두 가지 질문에 대답하는 것이었다. 그 질문은 ① 이용 가능한 자원으로 어떻게 더 많은 혹은 더 나은 서비스를 제공할 수 있는가(능률성), ② 지출을 줄이면서 어떻게 현재의 서비스 수준을 유지할 수 있는가(절약)이다. 신행정론은 여기에 다음과 같은 질문을 추가한다.[124] 이러한 서비스가 사회적 형평을 증진시키는가? 비록 어떤 서비스가 잘 관리되고, 그것이 능률적이고 절약이 되는 것일지라도 다음과 같은 질문은 여전히 해결을 기다린다. 즉 누구를 위해서 잘 관

124) H. G. Frederickson, *op: cit.*, p. 37.

리하는가? 누구를 위한 능률인가? 누구를 위한 절약인가? 여기서 사회적 형평은 신행정론의 이념적 푯대가 된다. 대체로 공공행정은 개개 시민의 사회적·경제적 조건의 차이를 고려하지 않고 편리한 일체성을 상정한다. 이 점에 관해 프레드릭슨은 다음과 같이 지적한다.

> 시민 A와 시민 B가 같고, 그들이 동일한 양의 공공 서비스를 받는다고 가정하는 것은 이론적으로나 실제적으로 매우 편리하다. 그러나 이러한 가정이 편리할지는 모르나 그것이 비논리적이고 경험적으로 부정확하다는 것은 명백하다. 우리 주위에는 부와 빈곤, 고용과 실업, 건강과 질병, 지식과 무지, 희망과 절망이 함께 존재한다.[125]

사실상 미국과 같은 다원주의 정부는 토대가 굳건한, 안정된 관료제와 그들의 특별한 고객을 우대하고 정치적·경제적 자원을 갖지 못한 소수자를 냉대한다. 따라서 폭넓고 심각한 불공평성이 사회에 가득 차게 된다. 이러한 풍요 속의 지속적인 박탈감은 절망과 여기에 수반되는 것, 즉 분노와 전투성을 고양하게 된다. 따라서 신행정론이 사회적 형평의 기치를 내세운 것은 이해할 만한 일이다.

프레드릭슨이 사회적 형평의 개념을 설명하기 위해 원용하고 있는 것은 롤스(John Rawls)의 『정의론』(1971)이다. 프레드릭슨은 롤스가 이른바 원초적 입장(original position)과 무지의 베일(veil of ignorance)이라고 부르는 개념적 장치를 통해서 정식화한 정의에 관한 두 가지 원리를 제시한다. 정의에 관한 제1의 원리는 각자가 모든 사람에게 유사한 자유의 시스템과 양립할 수 있는, 평등한 기본적 자유를 보장하는 가장 광범위한 전체 시스템에 대해서 평등한 권리를 갖는 것이다. 제2의 원리는 사회적·경제적 불평등이 다음의 두 가지 조건을 충족시키도록 조정되어야 한다. 즉 ① 그것이 정의로운 저축 원리와 양립하도록 최소 수혜자에게 최대의 이익이 돌아가고, ② 공정한 기회 균등의 조하에서 모든 사람에게 직책과 직위가 개방되는 것이다.[126] 요컨대 롤스에게 공정성으로서의 정의는 인간이 상호간의

---

125) *Ibid.*

126) *Ibid.*, p. 40; John Rawls, *A Theory of Justice*(Cambridge, Mass: The Belknap Press of Harvard University Press, 1971), p. 135.

운명을 공유하는 데 동의하는 것을 의미한다. 프레드릭슨은 사회적 형평을 포괄적으로 이해할 때 거기에는 관료제적 반응성, 의사결정에서의 구성원과 시민 참여, 협의의 사회적 형평, 시민 선택, 프로그램 효과성에 대한 행정책임이 포함되며, 이것이 현대 행정에서 극대화되어야 할 가치들의 묶음이라고 본다.[127] 그리고 이러한 가치들을 실현할 수 있는 구조적 수준과 관리적 수준에서의 수단들을 제시한다.

우리는 여기서 프레드릭슨의 관료제에 관한 견해로 초점을 옮겨 보고자 한다. 그는 초기 행정학이 조직을 파악하면서 구조를 강조한 데는 나름대로의 몇 가지 이유가 있다고 본다. 즉 ① 조직구조의 강조가 초기의 관리과학과 밀접히 연관되고, 그것이 과학적인 것으로 간주된 점, ② 개혁운동의 성공이 행정 장치들을 강화한 점, ③ 초기 행정학에서 확립된 여러 절차와 기법이 전통이 되어 존속하게 된 점, ④ 미국 정부에는 조직이 단순한 계층제 모형에 기초를 두고 있다는 선입견이 존재하며, 따라서 다른 조직구조를 탐구하는 경향이 거의 없었다는 점 등이다.[128]

그러나 조직의 구조를 강조하는 정통이론에 대한 비판자들은 우리가 잘 알고 있듯이 이 점에 관해 강력한 의문을 제기한다. 우선 이들은 조직에의 접근법이 지나치게 기계적이고, 조직도표(organization chart)가 조직 행태를 설명하지 못하는 점에 주목한다. 이 비판가들은 관리과학이란 실제로 존재하지 않으며 구조에 대한 선입견은 개인에 대해 질식할 듯한 영향을 미치며, 개인이 스스로를 하찮은 존재로 자각하게끔 만들었다고 지적한다. 호손 연구에서 비롯된 인간관계론과 그 이후 전개된 조직발전 이론은 각각 조직 행태에 대해서, 그리고 조직에서의 개인의 존엄성과 그들 간의 응집성의 고양에 관심을 기울였다.[129] 인간관계론과 그것의 소산인 조직 발전 이론의 옹호자들은 조직에서 무엇이 '선'이고 무엇이 '악'인지에 대한 가치를 명시적으로 자각했다. 이러한 규범적 틀 안에서 계층제는 악이었고, '자연발생적 구조'는 선이었다.

그러나 시간이 경과되면서 조직에 관한 인간관계론적 관점이 최고 행복

---

127) H. G. Fredericksen, *op. cit.*, p. 34.
128) *Ibid.*, p. 72.
129) *Ibid.*, pp. 73-74.

의 경지가 아님이 명백해졌다. 두 가지 점에서 그러하다. 첫째, 그러한 조직관이 조직 행태에 어떤 영향을 미쳐도 그것은 감독자 수준에서였다(예컨대 권위주의적 유형의 감독하에서 민주적 유형의 감독보다 생산성이 낮았고, 구성원의 만족감도 적었다). 그러나 이러한 한계점의 지적도 복잡한 조직, 특히 공공조직의 활동인 경우 적용의 여지가 거의 없다. 둘째, 조직의 구성원에 관심을 갖는 인간관계론의 관점은 조직의 고객에 대해 충분한 배려를 하지 않았다. 따라서 대규모 조직은 모든 고객에게 더욱 반응적이고 인간적 성장을 유도할 수 있는 수단을 탐구해야 하며, 그것은 조직구조에 대해 근본적 재고를 요청하는 것이라고 프레드릭슨은 주장한다.[130] 그리고 이러한 요청에 대한 응답으로 프레드릭슨이 제시한 것이 행정적 분권모형, 주민통제모형(neighborhood control model), 매트릭스모형(matrix model), 연합모형(federated model), 협상모형(bargaining model)이다. 물론 이 다섯 가지 모형이 프레드릭슨의 창조물은 아니다. 여러 학자들에 의해 고안되고 그 가치가 인정되어 부분적으로 활용되고 있는 모형들이다. 여기서 이 다섯 가지 모형이 상호 배타적인 것이 아니란 점이 지적되어야 한다. 또한 다섯 가지 모형의 구조의 복잡성이 행정학 문헌 속에 반영되어 있는 것도 아니다. 여전히 행정학에는 어느 정도 계층제의 모형이 남아 있는 것이다. 프레드릭슨은 이런 불일치를 치유하기 위해서 우리가 마땅히 인식해야 할 사항을 지적한다. 우선 조직구조가 정태적인 것이 아니란 점이 인식되어야 한다. 조직구조는 변화하고 있고 또한 변화 가능성이 열려 있는 것이다. 또한 현대 공공조직의 복잡성이 계층제의 개념을 통해서 충분히 이해될 수 없다는 점이 인식되지 않으면 안 된다. 위의 다섯 가지 모형은 구조의 역동성을 반영한 것인데, 이는 구조가 고정되거나 반드시 계층제적인 것이 아니란 점을 시사한다. 나아가서 구조의 역동성은 구조상의 대안에 관한 이론과 지식이 중요하다는 것을 함축한다.

프레드릭슨은 구조에 대한 관심의 부활의 배후에 작용하는 힘의 원천으로서 세 가지를 제시한다. 즉 ① 공적으로 관리되는 계층제 조직을 그것이 더 이상 효과적이 아니란 이유에서도 변경하지 않으면 안 된다는 열렬한

130) *Ibid.*, p. 75.

의식, ② 고객의 요구에 대한 반응성에 관한 신선한 관심, ③ 현대의 복잡성, 일시성, 비연속성에 적응하기 위해 더 나은 방법을 모색할 필요성이 그것이다.[131] 물론 앞에 제시된 다섯 가지 모형이 이러한 요인들을 모두 충족시키고, 모든 상황에 반응하지는 못한다. 예컨대 매트릭스 모형은 일시성과 변동에 대응하기 위해 설계되었으나 일정한 종류의 공적 서비스를 제공하는 데는 어려움이 따른다.

우리는 여기서 능률성, 절약 등이 신행정론의 한 부분으로 편입되어 있다는 사실에 주목하지 않으면 안 된다. 이른바 고전적 관료제 모형의 문제는 극대화되어야 하는 가치와 관련된 것이 아니다. 문제는 능률성, 절약, 생산성이 확보될 수 있다고 가정하는 그 방법에 있는 것이다. 다시 말하면 계층제, 관리통제, 권위, 집권화 등은 고전적 관료제 모형 이론가들이 확신하듯이 능률성·절약이라는 가치를 실현하는 것과 논리적으로 연결되어 있지 않다는 것이다.[132] 프레드릭슨이 적절히 지적하고 있듯이 조직의 구조는 중요하나 그것이 과장되어서도 안 될 것이다. 사실상 관료제의 이념형이 베버에 의해 제시되었을 때의 사회적 조건과 지금의 시대적 상황 간에는 현저한 차이가 있는 것이 사실이다. 가령 오늘날에는 조직 간의 이동성, 지역적 이동성이 높아졌으므로 베버의 이념형이 가정하고 있는 경력구조에 상당한 영향을 끼치게 될 것은 자명하다.[133] 따라서 프레드릭슨이 제시한 다섯 가지 모형도 이런 관점에서 이해되어야 할 것이다. 동시에 공적으로 관리되는 조직에 덜 구조적이고, 덜 공식적이고, 덜 권위주의적인 기법을 적용하기 위한 탐색이 그 단초에 머물러 있다는 점도 유념해야 할 사항 중의 하나이다.[134]

---

131) *Ibid.*, p. 90.
132) *Ibid.*, p. 21.
133) Larry Kirkhart, "Public Administration and Selected Development in Social Science," in Frank Marini, ed., *Toward a New Public Administration*(Scranton: Chandler Publishing Co., 1971), pp. 161-162.
134) H. G. Frederickson, "Toward a New Public Administration," in *Ibid.*, p. 322.

제 5 절 합리성을 넘어서

우리는 지금까지 행정이론 속에 투영된 관료제의 윤곽을 살펴보았다. 우리가 편의상 행정이론이란 용어를 사용했지만 그것이 엄밀하게 정의된 토대 위에서 전개된 것은 아니었다. 일반적으로 과학의 맥락에서 이론이란 검증을 거쳐 타당성이 발견된, 일련의 관련된 가설을 의미한다(가설도 이론적 틀에서 파생된다는 점을 유념할 필요가 있다).

국가의 분석에서 다원주의적, 관리자적, 계급적 관점을 적용한 앨포드(Robert R. Alford)는 이론적 관점이 세 가지 요소를 포함하고 있다고 주장한다.[135] 첫째, 이론적 관점은 특정한 역사적 징표에 구애받지 않는 사회적 총체성을 구성하는 잠재적인 제도의 논리(institutional logics)에 관한 가정을 포함한다. 예컨대 자본 축적, 합리화, 참여의 제도적 논리는 모순이 잠재되어 있고 흔히 사회의 변혁으로 유도된다. 둘째, 따라서 이론적 관점은 잠재적 갈등 관계를 갖는 복합적 구조의 여러 국면에 관한 하나의 착상이다. 예컨대 국가의 자본주의적·관료제적·민주적인 국면들은 사회적 수준에서의 제도적 논리로 완벽하게 규정되지 않는다. 즉 구조의 여러 국면 사이의 관계는 그 체제의 핵심적인 제도의 논리를 불완전하게 반영할 뿐이다. 이론적 관점의 세 번째 요소는 다양한 개념이 적용되는 사회의 분리된 차원에 관한 하나의 정의이다. 예컨대 경제적·정치적·문화적 차원은 특정한 사건과 행위를 기술하고, 설명하는 진술의 개념적 대상이 된다. 이런 맥락에서 우리는 다양한 이론적 관점을 수용하는 것은 현상에 대한 이해의 폭을 넓히는 데 기여하는 것이라고 생각한다.

우리는 행정이론 속에 반영된 관료제에 관한 논의에서 몇 가지 특징을 추출할 수 있다. 첫째 경험주의적 시각(empirical perspective)이 관료제를 규정하는 지배적 방식이었다는 점이 지적될 수 있다. 대체로 19세기 서구에서 주류를 이룬 실증주의가 금세기 중반까지를 지배해 왔다는 것은 널리

---

135) Robert R. Alford & R. Friedland, *Power of Theory: Capitalism, the State, and Democracy*(Cambridge: Cambridge University Press, 1985), pp. 389-390.

알려진 사실이다. 그것은 지적 혹은 물질적으로 자연을 지배한 자연과학에서의 승리를 사회과학의 영역에서까지 재연하려는 시도로 나타났다. 기능주의적 · 행태주의적 접근의 만연은 이를 단적으로 예증한다. 실증주의를 배경으로 하는 경험론자들은 사회과학의 일부가 사회 현상을 가능한 한 정확하게 즉 사실을 기술하고 설명하는 것으로 그쳐야지 처방적이거나 규범적 주장을 견지해서는 안 된다고 역설해 왔다. 그 이유는 경험론자들이 처방의 근거가 되는 가치를 단지 개인의 감정적 반응에 지나지 않고, 주관적이며 비합리적인 것으로 간주했기 때문이다.[136] 결국 이들의 견해에 의하면 가치란 과학적으로 제시될 수 없으며, 선이니 악이니 하는 관념은 주관적 판단에 좌우되는 것이라 할 수 있다. 우리는 행정이론에 나타난 관료제에 관한 논의 속에서 경험주의적 시각을 확인하면서도 다소의 의문을 갖게 된다. 우리는 이들의 이론 속에 명시적 묵시적으로 가치판단, 논쟁적인 규범적 · 이데올로기적 주장이 혼재되어 있는 것을 흔히 목격하기 때문이다.

둘째, 신행정론의 대두와 더불어 현상학적 시각(phenomenological perspective)으로 공공조직에 관한 논의가 전개되는 양상이 지적될 수 있다. 분권화를 위한 정교한 모형으로 알려진 커크하트(Larry Kirkhart)의 '제휴모형(consociated model)'이 그 예이다.[137] 그는 슈츠의 이른바 '우리 관계(we-relation)'란 개념을 기초로 하여 베버의 이념형 관료제를 재구성했다. 이 모형의 특징은 ① 기본적 작업 단위로서의 프로젝트 팀(project team), ② 일시적 계층제의 권위구조와 다양한 권위 유형에의 의존성, ③ 개방적 의사소통에 기초한 사회적 관계, ④ 경력직이 아니라 일시적 취업의 장소로서의 조직, ⑤ 컴퓨터에 기초한 문서 기록, ⑥ 기술적 능력 이외에 문제해결의 기술을 요청하는 직업전문주의적 정향 등이다.

우리는 또한 하몬의 '행위이론(action theory)'에서 가장 폭넓게 현상학적 접근 방법이 적용되고 있음을 발견하게 된다. 그는 현대의 행정학은 행정의 합리적 모형이 함축하는 것과 구분되는 가치론과 지식의 체계를 제공할 수 있는 새로운 패러다임이 요구된다고 주장하면서, 쿤(Thomas S.

136) R. J. Bernstein, *The Restructuring of Social and Political Theory*(New York: Harcourt Brace Jovanovich, 1976), pp. 45-53.

137) Larry Kirkhart, *op. cit.*, pp. 127-164.

Kuhn)의 패러다임(paradigm)이란 용어를 재정의한다.[138] 하몬은 인간이 수동적·원자론적 존재가 아니고 능동적·사회적 존재라는 가정 하에서, 개인은 자신의 활동에 의미를 부여하고 그를 둘러싼 환경과 상호작용한다고 본다. 인간이 상징적 표현을 통해 세계를 지각하고 사상(事象)을 인식하는 능력은 바로 이러한 인간의 특성에서 비롯된다. 그리고 개인의 사회적 지각은 인간을 사회적 상호작용의 산물로 간주하게 된다. 그러므로 의미는 대면적 상황에서 타인과 상호작용하는 개인에 의해 형성되는 셈이다. 그리고 상호인식은 사회적 실체의 구성에서 상호 참여로 인도하고, 인간의 상징 능력의 기초가 되는 언어는 그 자체가 간주관적(intersubjective)이 된다. 요컨대 하몬이 상정하는 능동적·사회적 인간은 행위에 의미를 부여하고 이 세계에서 의도적으로 행동하는 존재인데, 그는 이것을 기초로 해서 조직의 연구는 조직의 행위자가 어떻게 자신의 세계를 의미 있게 하고, 무엇이 가치 있는 것인가를 결정하고 자신과 타인의 행위의 의미를 밝히는 데 초점을 두어야 한다고 주장한다.[139] 따라서 하몬의 행위이론은 대안적 인식론(현상학, 상징적 상호작용론 등)과 규범적 이론을 지향한다고 규정할 수 있다. 여기서 그가 결정의 규칙의 하나로서 제시한 계층제를 살펴보자. 그는 계층제를 베버가 관료제로 정식화했듯이 권위 관계 즉 상관과 부하 간의 지위의 배열로 보고, 상관의 권위를 제한하는 요소를 비인격적 질서와 부하의 순응에서 찾는다. 그리고 관료제적 조직이 근거하고 있는 기본적 규범을 도구적 합리성과 목적과 수단의 분리에서 발견한다.[140] 그는 행위이론에 근거해 계층제를 하나의 지배 형태로 규정한다. 즉 인간의 사회성이 상호 관여와 감정 이입을 통해 포됨으로써 '우리 관계'가 설명되는 그 과정을 계층제가 가로막는 것이다. 그는 계층제가 인격적·감정 이입의 기초를 비인격적 질서로 대치하고, '우리 관계'가 함축하는 자발적 협력의 기초를 지배 혹은 강제의 위협으로 대치함으로써 자아의 사회성이 의미하는

138) 하몬은 행정학에서 패러다임이란 "주된 목적이 공공조직의 행정의 실제를 기술하고 이해하고, 평가하는 지식의 계발과 상호 연관된 가치이론 및 기본규칙(혹은 맥락)"이라고 정의한다. Michael M. Harmon, *Action Theory for Public Administration*(New York: Longman, 1981), p. 22.

139) *Ibid.*, p. 53.

140) *Ibid.*, pp. 96-97.

규범적 검증에서 실패했다고 비판한다.[141] 요컨대 하몬의 행위이론은 능동적·사회적 인간의 사회적 행위의 의미를 규명하려는 새로운 시도로 평가될 수 있다. 얼핏 놀라운 일이지만, 행위이론의 근거가 되는 현상학이 베버에게 빚지고 있다는 점도 유념할 만한 일이다.

셋째, 우리는 비판이론(critical theory)을 배경으로 조직을 분석하는 또 다른 흐름을 지적할 수 있다. 덴하트의 『조직의 그늘에서』(1981)는 합리적 조직에 대한 비판의 결정(結晶)이며, 『공공조직의 이론』(1984)은 주류행정학에 대한 포괄적 비판서이다. 그는 행정의 합리적 모형을 세 가지 측면에서 비판한다. 첫째, 그것은 조직 속에서의 인간의 의미를 충분히 규명하는 데 실패했다. 둘째, 행정의 합리적 모형은 우리의 관심을 조직목표의 달성에 이르는 기술 과정의 능률성에 묶어 놓음으로써 현존하는 사회적 지배의 합리화에 봉사하도록 했다. 셋째, 사실과 가치의 준별과 함께 능률성과 관련된 특정의 가치를 행정적 생활의 실제로서 승인케 함으로써 개인의 가치를 훼손했다.[142]

가령 우리는 행위이론을 통해서 통제가 불가피한 것이 아니란 점을 알고 있다. 그러나 통제는 여전히 존재한다. 도처의 조직에서 인간은 지배하고 인간은 지배에 종속된다. 이 지점에서 현상학적 시각은 우리를 더 이상 전진시키지 못한다. 비록 현상학이 개인이 자신들의 행위에 부여하는 의미를 탐구하는 데 기여하지만, 단순한 의미의 축적만으로는 충분치 못하다. 현상학은 인간의 행위에 부여한 의미가 자유롭게 선택되었는지를 규명하기 위한 다음의 결정적 단계로 나갈 수 없는 것이다. 현상학적 시각은 주어진 세계를 묵시적으로 승인한다는 점에서 이 부분을 주류사회과학과 함께 공유한다.[143]

그러나 개인이 파악하는 의미가 실질적 의도의 체계적 왜곡의 결과물이고, 따라서 인간이 일종의 허위 의식에 사로잡혀 자신의 진정한 욕구를 인지하지 못할 가능성은 있다. 만약 이것이 사실이라면, 비록 실증주의자 혹

---

141) *Ibid.*, p. 108.

142) Robert B. Denhardt, *In the Shadow of Organization*(Lawrence: Regents Press of Kansas, 1981), p. 99.

143) *Ibid.*, p. 108.

은 현상학자의 눈을 통해 드러난 세계－질서와 규제가 스며든－가 유사할지라도, 사실상 상당한 갈등이 그 표면 바로 아래 숨겨져 있을지도 모른다. 만약 우리가 수락하는 세계에 관한 왜곡된 견해에서 벗어날 수 있다면 그 갈등은 사회의 권력 배분을 변경시키려는 시도 속에서 분출될 수 있을 것이다. 덴하트의 견해에 의하면 우리가 이러한 가능성을 탐구하면서 비판적 시각－특히 사회 변동과 자유의 실현에 관한 이해－에 복귀함으로써 도움을 받을 것으로 기대될 수 있다는 것이다.[144] 그가 비판이론을 주도한 호크하이머(Max Horkheimer), 하버마스(Jürgen Habermas) 등의 저작에서 논의된 비판사회과학의 역할을 검토한 후 제시한 것이 삶의 양식으로서의 영웅주의(heroism)이다. 그의 견해에 의하면 오늘날 실증주의 과학과 도구적 조직은 지극히 설득적 이데올로기이다. 우리 시대에 과학과 조직의 한계를 넘어서 살려고 감히 시도하는 자는 영웅으로 간주될 수 있다. 그는 삶의 양식으로서 명상적인 것(contemplative)과 명성(celebrity)을 추구하는 삶을 대비시킨다. 전자는 세속적인 쾌락을 멀리하고 고독한 자아, 주체를 반영한다. 그리고 외부 혹은 공적 세계로부터 내부 혹은 사적 세계로 후퇴하기만을 소망한다. 후자는 '성공의 표지'를 통해 제공되는 추상적 지위 체계의 표현으로서 오직 관중을 위한 삶이다. 명성은 타인에 의해 규정되는 객체이고 어떤 초월도 존재하지 않는다. 세계에서 물러서는 명상적인 삶은 이 세계의 창조와 진화에 대한 개인적 책임을 수행하지 못하고 반면 타인의 반응 속에서만 사는 명성을 추구하는 삶은 개인의 자율성을 상실한다.[145]

덴하트는 전체성과 관련성을 함께 지닌 이 세계를 자신과 연결된 것으로 경험할 때, 이것이냐 저것이냐의 경계를 넘어서 모든 것이 하나가 되는 왕국, 즉 영웅의 세계로 들어간다고 지적한다. 여기서 우리는 자율성과 책임성 간의 연계가 개인적·사회적 수준에서 주체와 객체의 통합으로 나타나는 것을 발견하게 된다. 따라서 비판적 성찰을 통해서 우리는 일체의 자아를 관련시키게 되고, 자신을 타인과 연계시킴으로써 사회적 실천을 행할 수 있는 것이다.[146]

---

144) *Ibid.*, p. 109.
145) *Ibid.*. p. 121.
146) *Ibid.*, p. 122.

덴하트의 급진적 관점은 자신이 시인하듯이 이상주의적이고 실현이 불가능한 듯하다. 그럼에도 불구하고 되풀이해서 영웅주의의 성취를 위한 우리의 노력이 행동을 유도하고, 그것을 통해서 현재의 인간 조건의 경계가 확장될 것이란 희망을 버리지 않는다. 그는 다음과 같은 진술로 조직의 그림자에 하나의 빛을 던진다.

> 우리들의 행동을 통해서, 우리는 삶에 부여한 의미를 필연적으로 드러내게 될 것이다. 우리는 지금 있는 그대로의 문화와 제도들을 만나게 될 것이나, 그것을 넘어서는 것을 목격하게 될 것이다. 이러한 전망과 더불어서, 우리는 자신의 삶을 제한된 조직의 합리성이 아니라 정신적 조건의 근저에 놓인 근거있는 비합리성 속에서 발현하게 될 것이다.[147]

요약컨대 행정이론에 반영된 관료제는 다면체이다. 그것을 어떤 시각에서 보느냐는 문제는 합리성을 넘어서 인간과 세계를 이해하고 해석하는 삶의 방식과 연결된 것이다. 이러한 점에서 관료제는 우리들의 삶에 끼어든 거대한 그림자이며, 동시에 삶의 형태를 규정하는 양식이기도 한 셈이다. 우리는 이제 정부관료제에 초점을 맞춰 그것이 실제로 어떤 형상을 갖추고 있는지를 역사적으로 고찰해 보고자 한다.

---

147) *Ibid.*, p. 133.

제 2 편

관료제의 역사

콜링우드(R. G. Collingwood)는 역사가 무엇을 위한 것인가 하는 질문에 "인간의 자기 인식"이라고 대답한다.[1] 누구나 승인하듯이 인간이 자신을 안다는 것은 중요한 일이다. 우리가 여기서 관료제, 특히 '정부관료제'의 역사를 개관하는 것은 오늘의 관료제를 이해하기 위한 정지작업이다. 그리고 이것이 지향하는 것은 역사적 변천에도 불구하고 관료제가 존속하면서 체제 유지 및 안정화의 기능을 수행해 왔다는 점을 규명하는 일이다. 이는 매우 자명하여 논의 자체가 무의미한 듯하나, 관료제의 이러한 기능은 오늘날의 '정부관료제'를 논의하는 데도 하나의 준거틀이 된다고 생각한다. 다시 말해서 정부관료제의 체제 유지 및 안정화의 기능이야말로 관료제의 본질적 속성 가운데 하나인 것이다. 우선 우리는 행정과 관료제가 역사적 관점에서 어떻게 규정될 수 있는지를 이 분야의 뛰어난 업적을 중심으로 몇몇 관점들을 분석하고, 이러한 토대 위에서 관료제의 역사적 전개 과정을 개관할 것이다.

1) R. G. Collingwood, *The Idea of History*(Oxford: Oxford University Press, 1978), p. 10.

제 4 장 역사, 행정, 그리고 관료제

여기서의 목적은 관료제의 역사적 개관을 위한 정지작업으로서, 행정의 역사에 대한 접근 방법들을 검토하고 관료제의 역사적 개관을 위해서 이 부문의 선구적 업적들을 살펴보는 것이다. 앞으로 검토되겠지만 행정과 문명은 역사의 여명기 이전부터 밀접히 연관되는 바, 관료제의 역사의 단초도 이러한 맥락과 불가분의 관계가 있는 듯하다.

제 1 절 행정사의 접근 방법

공공행정 또는 행정학으로 번역되는 public administration의 두 가지 용법은 이미 왈도가 명쾌하게 구분한 바 있다. 하나는 지적 탐구 영역 혹은 하나의 학문 분야, 즉 행정 현상에 관한 체계적 연구를 가리키는 과학(science)으로서의 용법과, 다른 하나는 공공 업무를 관리하는 행정 과정과 활동, 즉 기술(art)로서의 행정의 실제를 지시하는 용법이 그것이다.[2] 여기

2) D. Waldo, *The Study of Public Administration*(New York: Random House, 1955), p. 3. 헨더슨은 제도 혹은 과정을 지시할 때는 소문자, 학문을 가리킬 때는 대문자를 사용하여 구분한다. Keith M. Henderson, *Emerging Symthesis in American Public Administration*(New York: Asia Publishing House, 1966), p. 2.

서 논의하는 행정 및 관료제의 역사는 후자, 즉 행정의 실제적 활동과 주로 연관된 것이다. 사실상 인간의 협동행위라는 의미에서의 행정의 역사는 인류의 문명과 궤적을 같이한다는 점에 많은 학자들이 동의한다. 여기서 행정과 문명의 연관성이 왈도가 지적하듯이 가치판단을 전제하지 않는다. 가령 문명이 진보되고, 정교하고, 세련된 탁월성을 의미할 때 그것은 흔히 원시적이고, 시골풍이고, 조잡한 것과 대비된다.[3]

반면 어떤 역사가는 문명에서 한 사회의 지적 발전의 쇠퇴 및 침체의 징후를 발견하기도 하고, 또는 문명의 배후에서 반자연적·비인간적 인간 상황을 읽어내기도 한다. 여기서 문명이란 용어는 물질적·기술적 발전을 포함한 훨씬 더 광범위한 의미를 갖는다. 우리가 행정과 문명을 이전 방식으로 규정할 때 행정과 문명이 긴밀하게 연관되어 있다는 진술은 어느 정도 타당성을 갖는다. 행정과 문명이 역사의 여명기부터 긴밀하게 연관되어 있다는 명제를 제시한 최근의 학자는 역사가인 내쉬(Gerald D. Nash)이다. 행정과 문명의 연관성이란 명제를 뚜렷이 하기 위해 씌어진 그의 『행정에 관한 성찰: 역사의 조망』이란 저서는 행정에 관한 역사적 관점에 유용한 준거틀을 제시한 탁월한 업적으로 평가될 수 있을 것이다. 그는 이 저서의 목적을 네 가지로 요약한다. ① 행정 행태의 이해를 위해서 역사적 맥락이 중요하다. 이를 위해서 문명이 성취한 수준과 조직의 발전의 정도 간의 관련성을 개관한다. ② 행정 행태의 평가에서 역사가에 의해 사용되는 개념을 파악하기 위해 행정사에 관한 문헌을 검토한다. ③ 행정의 이론과 실제에서 역사의 이용 가능성을 알아본다. ④ 역사적 지식의 행정연구에의 기여를 체계적으로 탐구하는 데 이바지한다.[4] 우리가 특히 관심을 갖는 부분은 ①항, 문명과 조직의 발전 (행정) 사이의 관련성이다. 내쉬는 다음과 같이 진술한다.

---

3) D. Waldo, *The Enterprise of Public Administration*(Novato, California: Chandler and Sharp Publishers, 1980), pp. 1-2.

4) Gerald D. Nash, *Perspectives on Administration: The Vistas of History*(Berkeley, Calif.: Institute of Government Studies, University of California, 1969), pp. 1-2. 내쉬는 여기서 문명을 한 사회의 성취 수준으로, 그리고 행정을 그 사회의 조직구조와 기술로 규정한다. *Ibid.*, p. 4.

> 조직은 집권과 분권 간의 균형이 끊임없이 변동하는 상황에서 인간 활동을 조정하기 위해 기술을 갖춘 전문적 관료제, 체계적 규칙과 법의 규범, 계층제, 제도의 창설을 필요로 했다. 조직이 문명보다 선행했는지, 그 역이 참이었는지를 규명하기는 어려운 일이다. 그러나 이 두 가지 요소가 동시 병존적이었다는 것을 밝히는 일은 가능하다. 사실상 이 논문의 명제는 문명이 한 사회의 문화적 성취와 조직장치의 발전 간에 적절한 균형이 이루어졌을 때만이 융성했고 유지되었다는 것이다. 정선된 증거들에 관한 개관이 이 명제를 뚜렷하게 하는 데 기여할 것이다.[5]

내쉬는 이 명제가 선사 시대에도 적용된다고 본다. 가령 구석기인들은 불의 발견, 다양한 석기의 이용으로 기술적 진보를 기록했다. 이들의 동굴 벽화는 신앙 혹은 주술의 체계를 발전시켰음을 보여 준다. 의사소통으로서의 문자 체계의 선례가 조각과 그림을 포함해서 이들이 이룩한 높은 수준의 예술에서 발견된다.[6] 여기서 중요한 것은 공식적·비공식적 조직의 발전 없이 진보가 성취될 수 없었다는 점이다. 이 시기에 이미 인간의 협동을 조직화하기 위해 계층제적 사회구조를 발전시킨 것이다. 이런 발전을 통해 분업과 유목적(遊牧的) 생활 양식의 정착 단계로의 전환이 이루어지고 집단생활이 일상화되었다. 사냥을 위한 협동, 포획물의 분배가 점차 필수적으로 되었다. 대규모 사냥은 사냥 무기의 개선을 가져왔다. 여기에 부응해서 이들은 연장 및 무기의 제작에서 놀랄 만한 기량을 발휘했다. 구석기 말에 지역공동체는 오랜 훈련을 쌓은 장인(匠人)을 낳게 되었다. 협동적 활동을 조정하기 위해 '연장자회의(council of elders)'를 구성할 필요성이 나타나고 지배자에게 일정한 권력을 부여하게 되었다. 고고학적 발견은 협동적 활동이 광범위하게 산재되어 있음을 보여 주며, 문명된 사회로의 점진적 발전은 공식적 조직 혹은 제도와 사회적 기술의 발전과 병행되었다.

신석기 시대(기원전 4만 년~5천 년)에 더욱 복잡한 문명의 진보와 함께 조직의 발전도 이루어졌다. 이 시기의 현저한 발전은 채집경제 체제(food gathering economy)로부터 생산경제 체제(food producing economy)로의 전환을 가져온 농업의 발전과 가축의 사육이었다. 이 혁신적 변화가 몰고

---

5) *Ibid.*, p. 4.

6) *Ibid.*, pp. 4-5. 아래에서도 이 시기에 관한 논의는 내쉬의 논문에 전적으로 의존했다.

온 결과는 인구 증가, 더욱 정착된 사회로의 발전, 전사들의 조직화 등이었다. 이 시기에 좀더 안정된 사회 형태를 갖출 수 있었던 것은 사회적 결속을 촉진하는 정치적·행정적 기술의 발전이 있었기 때문이었다. 정치적·군사적 권력이 집중된 정치적 조직들이 계층제적 사회구조를 위해 마련되었다. 사회 질서의 유지를 위해 규칙을 만들고, 이것을 집행하고, 규칙 위반자의 처벌을 위해 권력을 가진 권위적 통치 체제를 구축하는 바, 이른바 국가가 출현하게 된다.[7] 사회통제를 위한 그러한 장치가 없었다면, 농업 발전과 경제적 층화가 이루어진 집중된 인구가 일구어 낸 여러 이점들이 보존되기는 어려웠을 것이다. 초기 단계에서는 국가가 주로 사법행정과 관련되나 경제적·사회적 복잡성의 증대로 국가는 부가적으로 행정적 업무를 수행하게 되는데, 군사적 기능－방어와 정복을 위해－이 가장 중요했다. 따라서 국가가 필요로 하는 행정의 기능은 더욱 진전된 문명에 요청되는 안전성을 제공했다고 볼 수 있다. 요컨대 내쉬는 문명과 행정이 관련되는 방식을 선사 시대부터 현재에 이르기까지 과거의 선례를 제시하면서, 그의 명제의 타당성을 입증한다. 다시 그의 진술에 귀기울여 보자.

> 과거와 같이, 현재의 경험은 문화적 진보와 행정적 합리성 획득 간의 연관성을 강조한다. 좋은 의미에서든 나쁜 의미에서든, 문명과 행정은 상호의존적이다. 과학과 기술의 발전, 풍부한 경제 및 왕성한 지적 활동 분야의 발전은 사회의 에너지를 나르는 조직의 발전 없이는 이루어지지 못했을 것이다. 그러나 과거의 경험은 문화적 성취와 행정적 조직간의 균형적 형태가 바람직하다는 것을 우리에게 가르친다. 어느 한쪽의 과도한 강조는 사회의 존속 그 자체를 위태롭게 한다. 예컨대 아테네인들은 지적 성취에 몰입하고 행정을 소홀히 했다. 반면 스파르타인들은 창조적인 문화적 노력 대신 행정의 합리성에 과도하게 집중했다. 행정과 문명의 절묘한 결합은－로마가 그 전성기에 구가했듯이, 그리고 가톨릭교회가 중세를 지탱했듯이, 또한 지난 150년 동안에 대서양 문명이 성취한 것과 같이－지속적 진보를 보증하는 듯하다.[8]

---

7) 서비스(Elman R. Service)는 국가의 기원을 설명하는 이론을 갈등이론과 통합이론으로 대별하는데, 내쉬의 관점은 두 이론에 함께 걸쳐 있는 듯하다.
E. R. Service, "Classical and Modern Theories of the Origins of Government," in Ronald Cohen & Elman R. Service, eds., *Origins of State*(Philadelphia: Institute for the Study of Human Issues, 1978), pp. 21-32.

내쉬 자신이 시인하듯이, 높은 수준의 문명이 문화적 에너지와 조직의 에너지가 결합되었을 때만이 획득된다는 그의 명제는 많은 검토를 필요로 한다. 그리고 그가 지적한대로 그의 저서에서 기술한 것보다 더 많은 주의 깊은 역사적 성찰이 필요할 것이다. 나아가서 그러한 역사의 해석이 인간 경험의 총체성을 설명하기는 어려울지 모른다. 그러나 그것은 가장 포괄적인 역사의 발전이라는 맥락에서 행정의 이상이나 제도의 중요성을 제시할 수 있을 것이다. 우리는 행정에 관한 역사적 관점의 필요성을 인정한 토대 위에서 이제 그 접근 방법으로 초점을 옮겨 본다.

글래든(E. N. Gladden)의 『행정사』(1972)는 이 부문의 관심의 소홀함을 딛고 간행된 포괄적인 행정의 역사적 맥락에 대한 기술이다. 그는 행정사의 접근 방법을 여섯 가지로 분류한다.[9]

① 지휘 및 최고관리층: 통치자 혹은 지배자 수준의 관점에서 이 접근 방법은 권력의 행사, 자원의 배분, 정책결정, 행정기구의 통제 등을 다룬다. 통치자는 행정을 특정한 활동으로 반드시 인식하지는 않았겠지만 행정에 관여하거나 대리인을 임명한다. 업무의 복잡성의 증가와 정부의 책임 증대로 분업이 촉진된다.

② 기능 및 조직: 전문화의 과정에서, 사회 및 정부 기능의 확장은 정부구조의 변동을 가져온다. 통치자와 그의 대리인인 기능적 부서의 장(長, minister)은 행정의 조직화에 관여한다. 고위행정가는 주요한 자원을 배분하고 정부기구의 운영을 위해 충분한 기술을 갖춘 인적자원의 확보에 관여한다.

③ 인사(人事): 최고행정가인 통치자는 이미 지적한 대로 그의 행정적 기능과 책임의 대부분을 위임할 필요성을 인식하게 된다. 그는 흔히 통치자의 가계(家計, household)에서 그의 대리인을 충원하나, 관리들이 그 사회에서 일정한 지위를 차지하는 직업집단(occupational group)을 형성하는 시기가 도래한다. 이에 상응한 새로운 인사행정의 기술도 발전한다. 초기에는 공공 업무를 수행하는 선례, 규칙 등을 마련하며 이것은 관리들의 직업

---

8) G. D. Nash, *op. cit.*, p. 23.

9) E. N. Gladden, *A History of Public Administration*, Vol. I (London: Frank Cass, 1972), pp. viii–xii.

적 관행－예컨대 권위, 규율, 등급화, 선발, 훈련, 승진 등－을 규정하는 것과 연관된다. 역사가 일러 주듯이 영토의 확장으로 통치기구가 확대되며 관리들은 전문화된다. 이 때 관료제가 사회 문제의 하나로 대두된다.

④ 기법(技法): 관리들은 업무 수행에 필요한 행정의 기법 이외에, 통치자가 요구하는 과업 수행과 서비스의 제공을 위해 관련 기술과 운영 방법을 습득할 필요성에 직면한다. 행정에서 활용되는 여러 기법은 흔히 사회의 발전을 반영한다. 언어와 문자의 활용, 이들을 영속화하기에 적합한 매체－예컨대 파피루스, 종이, 인쇄술, 전기통신, 컴퓨터 등－의 발명 등이 그것이다. 문명의 진보에 초석이 된 그러한 발전은 행정의 형상과 밀접하게 연관되고, 또한 심대한 영향을 끼친다.

⑤ 전기(傳記): 행정은 기본적으로 인간 활동이기 때문에 행정가가 실제로 무엇을 행했는지를 아는 것이 중요하다. 행정가만이 정부가 작동하는 방식을 정확하게 인식할 수 있다. 따라서 기록에 남은 행정가의 생애는 중요하나 기록되지 않은 것이 더 많은 실정이다.

⑥ 이론(理論): 행정학의 발전에 영향을 미친 철학과 보편적 체계 내에서 행정의 국면들을 설명하기 위해 발전된 이론들이 존재한다. 과거의 문헌 속에 단편적으로 남아 있으나 정치이론가에 의해 제공된 정부론이나 행정국가의 출현과 더불어 간행된 많은 문헌 속에서 행정이론이 발견된다.

이상의 여섯 가지 접근 방법이 상호 배타적인 것이 아니며 또 다른 접근 방법이 수용될 수 있음을 글래든은 지적한다. 비록 글래든이 제시한 것이 엄밀하게 접근 방법으로 규정될 수 있는지는 의문이지만, 이것을 행정사가 포함해야 할 관심 영역 혹은 대상이란 관점에서 이해한다면 그의 행정사에 관한 시각이 포괄적임을 알 수 있다.

왈도 역시 행정의 역사적 관점에 지속적 관심을 표명한 학자들 중 한 사람이다. 그의 『행정에 관한 성찰』이란 저서는 부분적으로 그의 행정사에 대한 관심을 반영한다. 그가 제시한 명제는 역사의 연구로부터－행정학자에 의한 것이든, 역사가에 의한 것이든－우리가 많은 것을 배울 수 있다는 것이다.[10] 그는 미국의 경우 행정학이 대체로 '반(反)·비(非)역사적'이었으

10) D. Waldo, *Perspectives on Administration*(Alabama: University of Alabama Press, 1966), p. 50.

나 최근의 역사에 관한 관심의 고조를 지적하고, 그동안의 성과를 기초로 여러 접근 방법을 제시한다. 그가 의미하는 접근 방법이란 모형의 문제로서, 관점(perspectives), 유비(類比, analogies), 표현 방식(idioms)의 사용과 관련된다. 왈도는 우선 행정학자가 시도한 접근 방법으로서 문제 접근 방법(problem approach)과 POSDCoRB 접근 방법을 제시한다.[11] 전자는 프로그램 혹은 기관 접근 방법(program or agency approach)과 밀접히 연관된다. 가령 "전시경제 체제는 어떻게 성공적으로 관리될 수 있는가?" 하는 문제 제기의 방식을 통해서 접근하는 것이다. '기계적 모형'에 빚지고 있는 후자의 경우는 여러 관점들이 결합된 것으로서－예컨대 기획, 조직화 등－분석 및 기술을 위한 도구적 성격을 지닌다. 한편 왈도는 주로 역사가들에 의해 시도된 접근 방법으로서 법적·제도적 접근 방법(legal-institutional approach), 기계적 모형(machine model), 사회공학적 접근 방법(social engineering approach), 인물 중심의 관점(administrative heroes)을 제시한다.[12] 법적·제도적 접근 방법은 주로 문서 기록에 의존하며 공식적 제도들이 일반적 수준에서 기술된다. 기계적 모형은 역사가들이 행정 이외의 다른 문제들을 논의한 후 행정으로 관심의 방향을 전환하는 방식이다. 예컨대 "주제 X로부터 이제 정부기구에 관한 논의로·초점을 옮겨 보고자 한다"라는 형태를 취한다. 법적 현실주의자의 관점을 채용한 사회공학적 접근 방법은 주로 사회통제와 관련되며 법률, 행정기구, 통제, 인사, 절차 등을 취급한다. 인물 중심의 관점은－상당 부분의 역사가 위인 중심의 관점에서 기록된 것을 고려한다면－행정사에서는 매우 드물게 적용되고 있다. 왈도는 이 밖에도 행정과 그 맥락을 중시하는 관점, 행정이 다른 중심 주제의 전개 과정에서 지엽적인 것으로 취급되는 경우를 제시한다.

여기서 왈도가 관심을 표명한 관료제적 모형과 합리적·협동적 행위모형을 살펴볼 필요가 있다. 왈도는 베버가 개념화한 관료제적 모형의 취약점을 지적한다. 여기에는 관료제가 가장 능률적인 대규모 조직 형태이며, 인류의 진보가 관료제로 향한다는 가정과, 그것이 역사학보다 사회학과 연관되어 논의되어야 한다는 점 등이 포함된다. 그러나 왈도는 이 모형을 통

---

11) *Ibid*, pp. 58-60.
12) *Ibid.*, pp. 60-62.

해서 신념 체제, 계급 체제, 경제 체제 그리고 법률, 가족, 교회, 군대와 같은 사회 제도와 의미 있게 연관되는 행정 체제를 분석할 수 있다고 본다. 나아가서 관료제적 모형이 오늘날 서구의 산업계와 정부 조직의 유사성을 지각하는 데는 유용성을 지닌다고 본다.

한편 합리적·협동적 행위모형은 다양한 인간의 상황에 초점을 맞출 수 있다.[13] 예컨대 이 모형을 통해서 거대한 피라미드 건설, 포에니전쟁, 러시아의 산업화와 같은 문제의 연구에도 적용될 수 있는데 왈도는 그것이 관료제적 모형과 비교해 두 가지 이점이 있다고 주장한다. 하나는 이 모형이 문자 기록 시대 이전의 상황에도 적용되고, 다른 하나는 인간의 협동에서 발견되는 물리적 기술이란 요소를 고찰하는 데 유용하다는 것이다. 왈도의 견해는 행정을 고도의 합리성을 지닌 인간의 협동행위로 규정한 그의 행정관을 반영한 것으로 볼 수 있다.[14]

문명이란 렌즈를 통해 행정의 역사적 전개 과정을 포착한 바 있는 내쉬의 행정사에 관한 접근 방법의 분석은 체계적이어서 주목의 대상이 되기에 충분하다. 그것이 체계적이라는 것은 방법론상의 변화를 적절하게 반영하면서 논의되었다는 의미이다. 그가 제시한 행정사의 접근 방법을 간략히 살펴보자.[15]

① 제도적 관점: 이것은 행정사의 기술에서 널리 활용되는 것 중의 하나인데 현재는 주류 행정학에 영향을 별로 미치지 못한다. 제도적 관점은 적어도 세 가지 형태를 취한다. 하나는 다원주의의 영향을 받아 행정 제도를 생물학적 유기체로 파악하든가, 아니면 조직과 기계 간의 비유로부터 제도를 기계적 관점에서 파악하는 제도적·유기적 관점이다. 여기서 행정 체제는 관련성 있는 여러 기관을 가진 구성체 혹은 움직이는 부분을 가진 기계로 간주된다. 그리고 사회 내에서 조화롭고 통합된 전체를 형성하기 위해 다른 부분과 연관된다. 따라서 이 관점에서는 행정 제도의 구조와 기능에 관심을 기울이고, 새로운 사회적 요구에 반응하면서 성장하는 행정의 새로운 기관들의 발전에 주목한다. 그러나 제도적 유기적 관점은 행정 제도에

13) *Ibid.*, pp. 67-68.
14) D. Waldo, *The Study of Public Administration*, Chapter I.
15) G. D. Nash, *op. cit.*, pp. 25-59.

특정한 형태와 실체를 부여하는 더 광범위한 영향력의 탐색에 나섬으로써 행정구조와 기능의 틀을 벗어나고 있다. 또 다른 하나는 제도적·POSDCoRB 관점이다. 미국에서 최초의 행정학 교과서를 간행한 화이트(Leonard D. White)의 미국의 행정사에 관한 일련의 연구가 이 관점을 취하고 있다. 마지막으로 제도적·법적 관점이다. 이 관점은 대통령, 내각에 관한 연구에 반영되어 있다. 내쉬는 제도적 접근 방법이 나름대로의 이점을 지닌다고 본다. 즉 제도적 접근 방법은 그것이 문화적이든, 기술적이든, 경제적이든 행정에 미치는 영향을 폭넓게 인식하도록 하며, 귀납적 행정이론의 분석에 필요한 자료 수집의 수단을 제공한다. 나아가서 '시간의 차원'을 고려하도록 하고, 행정의 일관성뿐만 아니라 행정 변화의 근거와 그 과정에 초점을 맞춘다.[16)]

② 기능주의적 관점: 이 관점은 행정을 다양한 요구와 문제를 해결하기 위한 통치 활동으로 간주한다. 기능주의적 관점을 통해 학자들은 기능의 수행을 위한 도구 및 방법으로서 행정의 형태와 구조를 연구했다. 이 관점은 실제적 행정 문제에 관심을 기울이나, 행정이론의 발전에도 유용하다.

③ 행정가·관료제적 접근 방법: 공무원 제도의 변천, 행정가의 충원 실태, 사회적 배경 등이 이 관점을 통해서 분석된다. 내쉬는 관료제에 관한 포괄적 연구는 역사적 이해를 심화하고, 행정의 이론적·경험적 준거틀을 확장하는 데 좋은 기회를 제공한다고 주장한다. 다음의 진술은 이를 뒷받침한다. "행태과학이 행정에 새로운 접근 수단을 마련했기 때문에 개개 행정가와 집단에 관한 역사적 연구는 제한된 변수를 활용하는 통제된 실험에 의해 제공되는 것보다 폭넓은 행정 행태와 관련된 유용한 자료를 제공할 것이다. 그리고 관료제의 개념을 기꺼이 적용하는 역사가는 행정사에 대한 관료제적 접근 방법을 발전시킬 수 있을 것이다.[17)]

④ 전기적(傳記的) 관점: 관료제적 관점이 집단으로서의 행정가를 취급하고 그 초점을 전형적 양식과 제일성(齊一性)에 맞추는 데 반해, 전기적 관점은 행정가의 특성을 강조한다. 그리고 사회과학이 주로 집단의 행동과 연관되고 예측성, 확실한 전망을 목표로 삼으나, 이 관점은 변화와 우발적

---

16) *Ibid.*, pp. 31-32.
17) *Ibid.*, p. 39.

사건들이 인간사에서 수행하는 역할을 분석한다. 행태주의적 연구에 영향을 받아 전기적 관점은 역사에서 예측할 수 없고 때로는 불가해한 사건들의 영향을 강조한다.

⑤ 심리학적 관점: 행정가의 역할에 대한 관심사는 리더십과 행정의 심리학적 요인들의 영향을 고려하도록 한다. 행태주의적 연구들은 개인으로서든 집단으로서든 행정가의 동기를 강조했다. 역사적 소재에 심리학의 이론을 원용하는 데 따르는 타당성의 문제는 논쟁적인 것이고, 검증되지 않은 상태에 있다. 그러나 인간의 동기에 관심을 갖는 사람은 이 관점을 무시할 수 없을 것이다. 내쉬는 행정사의 연구에 적용되는 심리학적 관점은 비합리적 행정 행태를 설명하는 데 유용한 것이라고 주장한다.[18]

⑥ 인류학적 역사: 인간 경험의 다양성을 드러내는 문화의 개념을 기저로 한 인류학적 관점에서 기술된 행정사는 행정의 연구에 크게 기여했다. 이 관점은 특정한 정책의 형성 및 집행의 적용이라는 국면을 드러낸다. 비록 행정사에 대한 인류학적 접근 방법이 한정된 분야에 적용되고 있지만, 폭넓게 활용될 잠재력이 있다. 그 이유는 비교행정, 외국 원조 프로그램, 인종집단을 포함하는 행정 문제에 이 관점이 적합성을 갖기 때문이다.[19]

⑦ 기업가적 관점: 데일러 시스템의 등장 이후 행정학과 경영학은 밀접하게 연관되었고, 실제로 후자가 행정이론의 형성에 기여한 바는 지대했다. 대체로 경영학의 역사는 기업의 내부관리에 관심을 집중했고, 개별 경영자를 환경과 유리된 존재로 파악했다. 이로 인해 경제적·행정적 변동의 과정이 실제로 어떻게 작동되는지를 설명할 수 없는 취약점이 생겼고, 이를 보완하기 위해 나타난 것이 기업가적 관점이다. 여기서는 사회적 환경의 맥락에서 기업가에게 초점을 맞추고, 기업가가 경제 변동에 미치는 영향에 관한 일반화, 가설의 설정 등을 시도한다. 이 관점의 강점은 여러 학문의 성과를 원용해 절충주의를 취하는 데서 발견되나, 동시에 그 절충주의는 깊이의 부족으로 취약점이 되기도 한다.

⑧ 생태론적 역사: 생태론적 관점이 행정사에서 널리 활용되고 있지는 않다. 행정을 문화적 맥락에 위치시킬 필요성을 인식하는 사람은 행정의

18) *Ibid.*, p. 46.
19) *Ibid.*, p. 49.

물리적 환경이 무시될 수 없다는 점을 염두에 두어야 한다. 나아가서 생태론적 관점에서 기술된 행정사는 행정의 연구에 유용한 자료를 제공할 수 있고, 지역주의(regionalism)와 같은 통합적 개념을 제공할 수 있다.

⑨ 지성사(知性史): 지성사가에 의해 성취된 업적이 직접적으로 행정의 연구와 연관되고, 이 경우 행정이론을 위한 문화적 맥락을 제공한다. 과학적 관리법은 20세기 초반에 출현한 행정에 관한 가장 중요한 이념이었다. 따라서 이 시기의 지적 영향력의 추적에 관심을 지닌 역사가들로부터 상당한 주목을 받았다. 예를 들면, 내드워니(Milton Nadworny)는 테일러 시스템의 기원을 19세기 말 대량생산 체제를 구축한 산업기술력에서 찾는다. 그것이 20세기에 들어와서 산업관리의 이념으로 뚜렷한 형태를 갖추게 된다. 테일러 시스템은 관리 분야에서 그러했던 것처럼 노동 분야에서도 심대한 영향을 미쳤다. 즉 노동조합도 생산능률성의 세목을 고통스럽게 인식했다. 따라서 테일러 시스템은 관리정책뿐만 아니라 노동조합정책도 구체화시킨 것이다.[20] 요컨대 지성사는 행정연구의 중심에 위치하며, 행정이론의 문학적 맥락을 제공하고, 조직 행태에서 이념과 행위의 상호작용을 보여 준다.

⑩ 사례연구: 사례연구 방법은 행정사 분야에서 활발히 활용되고 있지 않으나, 하버드 경영대학원에서 널리 이용되고 있다. 이 관점을 옹호하는 연구자들은 사례연구가 다른 관점과 비교하여 몇 가지 이점이 있다고 주장한다. 하나는 비판적 판단, 증거의 냉철한 분석과 역사적 방법의 활용을 결합하는 '분석적·행정적 태도'의 계발이다. 또한 이 관점은 상반되게 나타난 결론을 탐색할 기회를 제공하고, 가설 검증과 이론 형성에 기여한다. 반면 포괄성의 결여가 이 관점의 치명적 결함으로 지적된다.[21]

우리는 행정과 문명의 연관성을 검토하고 행정에 관한 역사적 접근을 가능케 하는 여러 관점을 살펴보았다. 여기서 우리가 확인할 수 있는 것은 행정사의 연구에서 최선의, 유일한 방법론이란 존재하지 않는다는 점이다. 그것은 행정의 어떤 국면에 관심을 갖고, 어떤 국면을 강조하는가에 따라 서

---

20) Milton Nadworny, *Scientific Management and the Unions, 1900-2932*, quoted in *Ibid.*, p. 58.

21) *Ibid.*, p. 59.

로 다른 관점이 활용될 수 있음을 시사한다. 우리가 관료제의 역사를 검토하는 곳에서 행정사의 방법론 문제를 논의하는 이유는 자명하다. 관료제의 역사가 불가피하게 행정사의 한 부분에 편입되어 있기 때문이다. 그러나 이것은 관료제가 행정의 한 부분으로서의 의미만을 갖고 있다는 것을 뜻하지는 않는다. 왜냐하면 관료제 자체가 행정의 성격을 규정하는 측면을 갖고 있기 때문이다. 우리가 '관료제 없는 행정'을 상상하기는 어려울 것이다. 특히 인간이 정치적 공동체를 형성한 이후는 더욱 그러하다. 여기서 왈도가 비판적으로 논의한 합리적·협동적 행위모형과 베버의 관료제적 모형 간의 관계를 상기할 필요가 있다.

왈도는 양자의 관점을 다음과 같이 적시한 바 있다.[22]

> 합리적·협동적 행위모형은 관료제적 모형보다 범위에서는 포괄적이나 주요 특성에서는 덜 정밀하다. 합리적·협동적 행위모형이 포괄적이고 덜 정밀하기 때문에 베버의 도구가 수행할 수 있는 더욱 정밀한 분석적 과업을 수행할 수 없다. 반면 이 관점은 더욱 유연성이 있고, 베버의 도구가 거의 혹은 전혀 연관성이 없는 어떤 상황에서는 풍부한 이해와 통찰을 제공한다.

우리가 왈도의 합리적·협동적 행위=행정이라는 등식을 승인한다면 그의 견해에 별다른 이론(異論)을 제기할 필요가 없을 것이다. 다만 여기서 강조하는 것은 위의 등식을 성립하도록 한 것이 무엇이냐는 점이다. 우리는 그 해답을 관료제에서 찾고자 한다. 물론 하나의 단서가 필요하다. 그것은 여기서 말하는 관료제가 베버가 정식화한 합리적 조직 형태로서의 관료제만을 의미하는 것은 아니란 점이다. 여기에는 그가 다소 느슨하게 규정한 다른 형태의 관료제 즉 가산관료제(patrimenial bureaucracy)도 포함된다.[23] 사실상 현대 문명의 손이 닿지 않는 종족사회를 연구한 학자들은 이들 사회에 존재하는 조직과 통치 방식의 세부를 규명한 바 있는 것이다.[24] 요컨대 관료제의 역사는 행정의 역사의 한 부분이면서, 적어도 인간이 정

---

22) D. Waldo, *Perspectives on Administration*, p. 66.
23) M. Weber, *The Theory of Social and Economic Organization*, trans. by A. M. Henderson & T. Parsons(New York: The Free Press, 1964), p. 335.
24) E. H. Gladden, *op. cit.*, pp. 2-6.

치적 공동체를 형성한 이후에는 그것이 행정의 역사적 성격을 규정한 일면을 갖는 것이다. 이렇듯 행정과 관료제는 전체와 부분의 관계이며, 동시에 상호 역동성의 관계이기도 한 것이다.

제 2 절 관료제의 역사적 관점

우리는 관료제의 역사적 관점, 즉 과거에 존속했던 관료제를 어떤 시각에서 파악하고 그 성격을 어떻게 규정할 수 있는지를 검토하려고 한다. 그것이 관료제의 역사를 개관하는 데 필요한 준거틀을 제공하기 때문이다. 우리는 이를 위해서 뛰어난 학자들의 업적을 중심으로 논의를 진전시키고자 한다.

1 전통적 지배의 가산관료제: 베버

주지하다시피 전통적 지배는 베버가 지배 유형의 하나로 제시한 것이다. 이것은 지금까지 존속해 왔던 권위의 정당성에 대한 믿음에 기초한 것이다. 명령권을 행사하는 자는 세습적 지위에 의해 개인적 특권을 향유하는 지배자이다. 지배자의 명령은 관습과 일치한다는 점에서 정당성을 갖추나, 이들은 개인적 결정권을 갖는다. 따라서 관습과의 일치와 개인적 자의성이 전통적 지배의 특징이 된다. 지배자의 명령에 따르는 자는 추종자 혹은 신하이며, 이들은 지배자에 대한 개인적 충성심이나 유서깊은 신분에 대한 존경심으로 복종하게 된다.[25] 베버는 전통적 지배에 속하는 서로 다른 두 가지 형태로서 가산제(patrimonalism)와 봉건제(feudalism)를 제시한다.[26] 베버에게서 가산제란 가부장제(patriarchalism)가 사회적으로 확대된 것을 의미하기 때문에 전통적 지배의 형태를 알아보기 위해서 가부장제부터 고

25) Reinhard Bendix, *Max Weber: An Intellectual Portrait*(London: Methuen & Co., 1962), pp. 294-295.
26) *Ibid.*, p. 360.

찰할 필요가 있다.

전통적 지배의 가장 원초적인 형태는 장로제(gerontocracy)와 가부장제이다. 장로제란 비경제적·비혈연적 조직에서 그 집단의 신성한 전통에 가장 정통한 연장자에 의한 지배를 뜻한다. 반면 가부장제란 가계(家計)와 같이 경제적·혈연적 기초로 조직화된 집단 내에서의 가부장의 지배를 뜻한다. 이 가부장제의 특징은 복종자가 지배에 대해 갖는 의식, 즉 그 지배가 —비록 지배권의 행사가 사적 권리이기는 하지만—사실상 전체로서의 집단이익을 위한 것이란 의식에 있다. 여기서 결정적으로 중요한 것은 지배권을 행사하는 자가 행정간부를 갖고 있지 않고, 자신의 의사를 강제할 수 없기 때문에 상당한 정도로 집단의 자발적 복종에 의존한다는 점이다. 이렇듯 지배에 복종하는 자는 여전히 집단의 동등한 구성원이며 예속된 자는 아닌 것이다.[27]

이러한 가부장제는 행정간부와 군사력의 성립과 더불어 가산제로 전환된다. 가산제란 다른 무엇보다도 관직이 지배자의 가계행정(household administration)에서 단초가 마련된 것을 의미한다. 따라서 관리들은 애초에 지배자의 사적 하인이며, 그의 대리인이었다. 이들은 노예, 농노 등 지배자가 그들의 복종을 신뢰할 수 있는 자들 중에서 충원된 것이다. 가산제 관리들은 지배자 가계의 구성원의 신분을 유지하면서 일단 관직을 획득하게 되면 '위신의 상징(symbols of prestige)'인 지배자의 식탁에 동석하는 특권을 갖는다.[28] 또한 가산적 지배는 경제 영역에서도 나타난다. 베버에 의하면 강력한 중앙집권적인 가산적 지배는 지배자의 특권에 속하는 교역에 의존적이다. 그는 자신의 직접교역 이외에 의무 부과, 전매권 승인, 시장 허가 등 타인의 교역에 관여해 경제적 이익을 취한다. 교역을 통해 확보된 재원은 지배자의 확대된 가계와 군사력의 유지를 가능케 한다. 그리고 토지 소유와 관련된 지배자의 특별한 지위는 경제적 착취를 가능케 했던 정치적 지배의 원인이라기보다 그 결과였다. 그러나 지배자의 개인 자산과 가계행정에 기초한 가산제 통치는 그의 지배 하에 더 많은 관할지역이 편입될 때 제기되는 문제를 해결할 수 없다. 바로 여기에 가산제 통치가 의존하게 되

27) M. Weber, *op. cit.*, p. 346.
28) R. Bendix, *op. cit.*, p. 335.

는 공적 의무의 실행을 보증할 관리와 군대를 편성할 절실한 필요성이 대두되는 것이다.

그러나 이 문제는 단순치 않다. 그것은 가산적 지배의 피치자들(political subject)이 토지를 포함해서 개인 재산의 처분권을 가졌고, 이들의 공적 의무는 지배자의 사적 하인과 달리 전통에 의해 규정되었기 때문이다. 그런데 가산적 지배의 관할권의 확장과 여기에 수반되는 분권화는 피치자와 지배자 개인에게 종속된 자의 지위에 변화를 가져온다. 즉 지배자의 통제로부터 실질적 독립이 증가함으로써 지배자 개인에게 종속된 자에게 부과되었던 의무는 약화된다. 반면 피치자의 경우 지배자에 대한 물적·정치적 의존성이 증가되고, 지배자는 무력에의 의존성을 높이고 전통에 대한 집착을 완화함으로써 피치자의 권리는 감소되고 의무는 증대되었다. 요컨대 가산적 지배의 확대는 지배자 개인에게 종속된 자와 피치자를 지배자의 직접적 지배로부터 벗어나게 한 것이다.[29]

지배권의 분권화를 가져온 가산적 지배의 확대는 흔히 세입에 대한 요구의 증대와 결합된다. 운송 수단의 불비, 관리의 부족은 가산적 지배권의 행사를 어렵게 만든다. 따라서 규모가 큰 가산제 국가에서 중앙의 행정감독은 단속적이고 비효과적이었다. 이를 극복하기 위해서 가산적 지배자들은 공적 의무의 수행에 집단적으로 책임을 지는 연합체를 창설했다.

우리는 여기서 가산제의 행정, 좀더 한정적으로는 가산관료제의 특징을 살펴보고자 하는 바, 이를 요약하면 다음과 같다.[30]

① 최고위 관리의 출현: 초기에 가산적 지배자는 관리들을 사적인 하인으로부터 충원했으나 지배권의 확대로 그것만으로는 불충분하게 되었다. 지배자의 막료들이 증가함으로써 최고위 관리의 감독 하에 있는 중앙의 관직들이 창설되었다. 이 시기에 지배자의 개인사, 규방을 감독하고 경호하는 궁정의 최고위 관리가 정치적 최고위 관리가 되었다. 이 경우 가산적 지배자는 곤경에 처하게 된다. 최고위 관리의 출현은 자신의 권위를 위태롭게 하고, 이들의 부재는 통치 체제의 분열을 가져올 수 있기 때문이다.

② 공적 부문과 사적 부문의 미분리: 가산제 하에서 지배자는 모든 정치

29) *Ibid.*, p. 336.
30) *Ibid.*, pp. 344-360.

적 운영의 문제를 그의 사적인 문제로 취급했다. 이와 똑같은 방식으로 지배자는 그의 정치 권력을 사적 재산의 일부분으로 이용했다. 끊임없이 변하는 관직명의 홍수 속에서 아무런 체계도 발견되지 않는다.

③ 지배자를 위한 행정 업무: 관리들은 행정 업무를 지배자에 대한 복종의 의무와 존경에 근거한 사적 봉사로서 지배자를 위해 수행했다. 관리의 권리는 지배자께 의해 마음대로 부여되고 거두어들여지는 사실상의 특권이었다. 그리고 관리들의 기능상의 획정은 관리들 간의 경제적·개인적 경쟁으로부터 비의도적으로 결과한 것에 지나지 않는다.

④ 자의적 권력과 전통주의의 결합: 피치자와의 관계에서 관리들은 지배자가 자신에게 행하듯이 전통을 위반하지 않고 지배자의 이익을 침해하지 않는 한, 자의적으로 행동할 수 있었다. 환원하면 가산제의 행정은 지배자의 인격적 권위의 자의적 행사와 신성한 전통 혹은 개인의 권리에 대한 마땅한 배려가 결합된 사례별 행정 및 결정이었다. 그 결과 가산제 관리들은 지배자의 절대적 명령과 전통이 충돌할 때마다 곤경에 처하게 된다.

⑤ 집권화와 분권화를 위한 권력 투쟁: 가산제의 지배자는 군대와 관리들에 대한 지배를 극대화하나, 그것은 거대한 관할지역의 효과적인 통치를 저해한다. 그것을 유지하기 위한 비용이 지배자의 개인 자산을 초과하기 때문이다. 더구나 그의 관리들에 대한 배타적 의존은 지배자의 권위를 위태롭게 할 수 있다. 왜냐하면 지배자에 대항하는 관리들의 단합된 행동의 개연성이 상존하기 때문이다. 반대로 가산제의 지배자가 자신의 지배를 확대하려면 그는 관리들에게 서비스에 대한 대가로 특권을 승인함으로써 자신의 권위를 위임해야 한다. 따라서 가산적 지배의 확대는 지배자의 인격적 권위의 분권화를 요청하게 된다. 과거의 가산제 국가는 지배자와 관리들 간의 권력 투쟁의 결과로 이루어진 분권화의 형태를 갖춘다.

⑥ 불안정한 가산제의 행정: 분권화는 중앙의 권위의 약화를 의미한다. 예컨대 속주의 행정관은 지배자에게 정해진 공물만 바치고, 지방의 자원을 독자적으로 이용한다. 통신의 곤란성, 중앙과 지방의 비근접성, 신속한 결정의 필요성이 중앙으로부터의 자율성을 증대시키고, 지배자에의 의존성을 극소화한다. 그러나 지배자의 권위가 저항 없이 파쇄되지는 않는다. 이런 점에서 고위 수준에서의 가산제의 행정은 불안정성을 그 특징으로 한다.

가산제의 지배자는 자신의 권위의 회복과 강화를 위해 여러 수단을 강구한다. 관할지역의 방문, 지배자의 대리인인 순찰사의 파견, 관리들의 책임을 담보하는 사적 보장책－예컨대 인질, 정기적인 궁중의 방문－등이 그것이다.

요컨대 가산제는 전통적 지배의 하나로서 고(古)이집트, 고대 중국, 로마제국 등에서 출현했는 바, 그것을 지탱한 것 중의 하나가 바로 가산관료제인 것이다.

한편 봉건제적 통치는 가산제의 지배자와 관리 간의 가부장적 관계를 계약에 의해 체결한, 기사적 상무정신에 기초한 충성 관계로 대치한 것이다.[31] 봉건제는 항상 자유로운 인간의 계약을 포함한다. 봉신(封臣, vassal)이 되는 것은 인간의 명예나 지위를 손상시키는 것이 아니라 오히려 고양하는 것이다. 1인의 기사가 1인의 지배자를 섬기는 경우에도 그 기사는 여전히 자유로운 인간이다. 그는 가산제의 관리와는 다르게 인격적 종속자는 아닌 것이다.

유럽의 경우 봉토(封土, fief)는 복잡한 제반 권리를 포함하는데 그것은 영지의 수장인 동시에 지방적 지배자로 있는 영주에게 부합되는 생활 수준을 보장할 수 있고, 또한 그러해야만 되는 것이었다. 따라서 영주의 재산권은 지방적 지배자로서의 영주권(territorial rights)과 결합되었다. 그 결과 공적인 자격에서 영주에게 생기는 조세와 수수료는 그의 행정의 비용과 함께 법적으로든 경제적으로든 그의 사적 취득과 구분되지 않았다. 관직의 비용은 봉건영주의 다른 가계비와 같이 자신의 소작농과 피치자의 노동에 의해 지불되었다. 봉토는 봉건제적 관계가 지속되는 동안 종신의 재산이었다. 그것은 개인의 양도도, 분할도 불가능한 소유물이었고 세습이 가능했다. 따라서 봉토는 가산적 통치에서의 직록(職祿, beneficies)과는 대비된다. 직록은 적어도 법이론상 재직자의 사실적·추정적 급부에 대한 재직자의 생애에 걸친 보수를 포함했다. 직록에서 생기는 수입은 관직에 귀속되고 개인으로서의 재직자의 것은 아니었다. 재직자는 그 수입을 이용할 수 있으나 그것을 공공연히 소유할 수는 없었다. 관직 보유자는 행정의 비용에

31) *Ibid.*, p. 360.

대한 지불을 변제하거나 또는 관직에서 생기는 수수료의 일정 부분을 행정 비용을 위해 유치했다.[32]

요컨대 베버에게서 봉건제는 영주와 종신이 봉토로 매개되는 관계－한편으로는 지배자에 대한 인격적 충성과 다른 한편 계약에 의한 권리·의무 관계－로 파악되는 것이다. 그리고 가산제가 관리에게 지배권을 행사하도록 하는 1인의 지배자에 의한 지배인데 반해 봉건제는 전투에 숙달된 소수자에 의한 지배라고 할 수 있다. 가산제의 지배자가 어느 정도 피치자의 호의(好意)에 의존적이나 봉건제는 그러한 호의를 필요로 하지 않았다. 가산제는 피치자에 호소해 특권적 신분집단에 대항했다. 영웅적 전사가 아니고 '훌륭한 왕', '민중의 아버지'가 가산적 지배자의 이상이었다. '복지국가'가 가산제의 신화인데, 그것은 지도자에 충성을 서약하는 전사의 자유로운 우애공동체라고 하는 봉건제의 신화와는 대조되는 것이다.[33] 벤딕스는 베버의 분석이 비판에서 면제되는 것은 아니지만 그것이 지닌 가치를 문제 정향과 역사적 소재의 명확한 개념화에서 발견한다. 따라서 베버의 전통적 지배에 대한 유형학적 분석에 대한 비판, 즉 역사적 세부에 대한 비판과 확정적 결론을 더욱 요구하는 것은 베버의 분석에 대해서는 엄밀하게 연관성이 없다고 벤딕스는 일축한다.[34]

2 수력사회의 관료제: 비트포겔

비트포겔(Karl A. Wittfogel)의 『동양적 전제주의』(1957)는 관료제의 역사에 대한 또 하나의 조망을 우리에게 제시한다. "20세기가 산출한 소수의 창조적 마르크스주의자의 한 사람"[35]으로 평가받기도 하는 그는 마르크스의 '아시아적 사회'의 개념을 채용해 관개농업이 근간이 되는 전산업사회(前産業社會)에 전제적 정부가 출현한다는 명제를 이 저서에서 제시한다.

---

32) *Ibid.*, p. 362.
33) *Ibid.*, p. 365.
34) *Ibid.*, pp. 381-382.
35) George E. Taylor, "Karl A. Wittfogel," in David L. Sills, ed., *International Encyclopedia of the Social Science*, Vol. 18(New York: The Free Press, 1979), p. 813.

비트포겔의 분석의 대상인 수력사회(水力社會)를 논의하기에 앞서 인간과 자연에 대한 그의 견해를 직접 확인할 필요가 있다.

> 자연은 인간이－단순한 혹은 복잡한 역사적 계기에 반응하면서－기술적 장비, 사회조직, 세계관을 크게 변모시킬 때마다 엄청나게 변화한다. 인간은 자연환경에 영향을 미치기를 결코 멈추지 않는다. 인간은 끊임없이 자연을 변형시킨다. 그리고 인간의 노력이 새로운 활동의 단계로 그들을 인도할 때마다 새로운 힘을 현실화한다. 새로운 단계가 과연 성취될 수 있는 것인지, 일단 성취된 후에는 어디로 인도할 것인지는 일차적으로 제도적 질서에 달려 있다. 다음에는 인간 활동의－인간에게 접근 가능한 물리적·화학적·생물학적 세계의－궁극적 목표에 달려 있다.[36)]

비트포겔이 시사하는 것은 자연적 조건과 인간의 새로운 힘의 현실화가 제도적·문화적 요소와 긴밀히 연결되어 있다는 점이다. 이를 통해서 자연은 새로운 기능을 획득하고, 새로운 모습을 갖춘다. 이 때 인간의 행동이 자연적 조건에 구속받음은 두말 할 필요가 없다. 앞에서 지적한 바와 같이 그의 관심의 대상이 되는 것은 수력사회이다.[37)] 수력사회는 대규모적으로 정부가 관개 및 치수사업을 관리하는 농업에 기초한 사회이다. 비트포겔이 '대규모 관개농업'과 '소규모 관개농업'을 구분하는 이유는 자명하다. 전자의 경우 지리적 요인보다 인간 행위와 특히 정부의 우월한 역할이 강조되는 측면이 있기 때문이다.[38)]

그는 수력사회를 '동양적 사회', '아시아적 사회'와 동의어로 취급하며, 수력이란 용어를 '농업형 관료제적(agrobureaucratic),' '동양적 전제주의(oriental despotism)'와 상호 교체하여 사용한다.[39)] 그런데 그는 수력사회의 지리적·역사적 조건을 물이 부족한 지역에서 찾는다. 과거의 원시인들

36) Karl A. Wittfogel, *Oriental Despotism: A Comparative Study of Total Power*(New York: Yale University Press, 1957), p. 11.

37) 그는 소규모 관개농업을 hydroagriculture로, 대규모적이고 관개 및 치수사업을 정부가 관리하는 농업을 hydraulic agriculture로 부른다. 수력사회는 후자를 가리킨다. *Ibid.*, p. 3.

38) *Ibid.*

39) *Ibid.*, p. 9.

도 물이 부족한 지역을 이미 알고 있었다. 그러나 채집, 사냥, 고기잡이에 의존적인 동안 그들은 계획적 치수사업의 필요성을 절감하지 않는다. 곡물의 재생산 과정의 이점을 터득한 이후에 비로소 건조한 지역-수원지를 포함하고 있는-에서의 농경 가능성을 인식하게 된다. 그리고 여기서 전제적 정부 및 사회의 형태가 출현할 기회가 도래된다. 그러나 이것은 어디까지나 기회이지 필연성은 아니다. 대규모 치수사업도 그것이 더욱 포괄적인 비수력적 연쇄(nonhydraulic nexus)의 부분이라면, 수력적 질서는 나타나지 않을 것이다. 따라서 너무 적은, 혹은 너무 많은 물이 반드시 정부의 치수사업을 낳는 것은 아니다. 또한 정부의 치수사업이 필수적으로 정부의 전제적 방식을 함축하지 않는다. 물이 부족한 지역에서 특별히 반응하면서 인간이 수력적 생활 질서로 이행되는 것은 오직 "채취적인 생존 경제의 수준보다 진전된 상태에서, 강우량에만 의존적인 농업의 중심권에서 벗어난 상태에서, 그리고 재산에 기초한 산업문명 수준의 이전 단계에서"이다.[40] 여기서 규정된 단계에서 자연적 조건은 식량 공급자, 인간관계의 조직자로서의 인간의 행태에 결정적 영향을 미친다. 건조하지만 잠재적으로 비옥한 땅을 오래도록 경작하기를 원하는 경우, 이용 가능한 착실한 수로를 확보하지 않으면 안 된다. 그것은 인간에게 수력적 사회통제의 방법을 개발하도록 자극하게 된 불확실한 물 사정에 따라 부과된 과업인 것이다.

물론 물만이 경작에 필수적 요소는 아니다. 거기에는 유용한 작물, 경작에 적합한 토양, 알맞은 습도와 기온, 적합한 지형 등이 포함된다. 이 가운데에는 인간의 힘을 완전히 배제하거나 현저하게 제한하는 기온과 같은 불변적 요소도 있고, 토양과 같이 인간 활동에 의해 어느 정도 변경 가능한 요소도 있다. 그런데 물은 다른 자연적 요소와 비교했을 때 독특한 성격을 지닌다. 물의 이동성, 가변성, 방대성 등이 그것인데, 이것이 물을 관리하는 경우 어려움을 낳게 된다. 요컨대 잠재적인 수력적 조건은 물의 공급원을 갖고 있는, 강수량이 불충분한 혹은 전혀 없는 지역이다. 만약 인간이 그것을 이용하기로 결정한다면 건조한 지역은 비옥한 땅으로 전환될 수 있을 것이다. 그러나 명백하게, 인간으로 하여금 새로운 자연의 기회를 이용하도

40) *Ibid.*, p. 12.

록 강제하는 저항 불가능한 필연성은 존재하지 않는다. 상황은 항상 열려 있고, 수력적 농업은 여러 가능한 선택의 노선 중 하나에 지나지 않는다. 그럼에도 불구하고 인간들은 흔히, 그리고 여러 상이한 지역에서 이 노선을 선택했다.[41)]

그런데 수력사회에서 자연적 요소에 대한 인간의 반응이 핵심적 요인임에는 틀림없지만, 그것은 오직 특정한 문화적 조건 하에서만 형성적인 수력적 역할을 수행한다는 점이다. 그것은 기술적 변화보다는 조직적 차원의 변화를 포함하고 있는 것이다. 물론 수력사회의 어떤 특징들은 상이한 농업의 형태에서도 나타난다. 그러나 수력사회는 그것을 규정하는 두 가지 중요한 특징―수력적 조직과 동양적 전제주의―의 질과 비중에서 특정화되어 있는 것이다. 그리고 그러한 사회를 수천 년 동안 영속화할 수 있었던 운영 체계, 하나의 지속적 과업을 작동케 한 것은 그 두 가지 요소의 효과적 결합이었다.[42)] 비트포겔은 수력사회의 자연적 요소들을 포함해서 여러 부문들의 특징들을 상세하게 분한다. 수력경제에서는 분업, 경작 그리고 대규모적 협동이 주된 분석의 대상이 된다. 또한 수력사회의 국가기구와 권력의 전제적 체제, 수력사회의 중심 주변·경계지역, 수력사회의 소유 및 재산 관계와 계급구조 등이 분석된다. 우리는 여기서 수력사회의 관료제적 상황으로 초점을 옮길 필요가 있다.

비트포겔에 의하면, 수력사회의 경우 강력한 국가기구의 출현과 더불어 지배계급과 피지배계급으로 구분된다. 국가의 지배자들은 대중―개인적으로는 자유로우나 특권을 향유하지 못하는―과는 구별되는 우월한 계급을 구성하는 것이다. 국가기구에 속한 자들 역시 엄밀한 의미에서 지배계급이다. 반면 대중은 또 다른 계급, 피지배자이다.[43)] 지배계급은 수력문명의 초기부터 분화되었으나 피지배계급은 통상적으로 미분화의 상태에 있다. 따라서 수력사회의 두 계급은 서로 다른 조건 하에 있는 셈이다. 지배계급 내에서 권력계층제의 지위는 일차적 결정 요인이 되고, 부(富)는 비록 중요성을 갖는 때도 있지만 부차적이다. 수직적 구조의 관점에서 지배계급은 지

41) *Ibid.*, pp. 15-16.
42) *Ibid.*, p. 161.
43) *Ibid.*, p. 303.

배자, 고위관리, 하위관리로 구분되어 있다.[44] 지배자는 개인적으로 최고의 권위와 주술적·신비적 상징을 결합해 권력기구의 최정상에 위치한다. 그러나 대권을 행사하는데는 최고행정관의 조력을 받는다. 그러나 이들의 권력은 오랫동안 지속되지 못하고, 지배자의 최고 권위의 상징에 영향을 미치는 경우는 회귀하다. 이 밖에도 지배자는 개인적 수행원들을 거느린다.

지배자 아래 고위관리들이 있다. 여기서 고위관리란 공인된 직위를 차지한 민간·군부의 관리를 말하며 서기직 등 하위계층은 배제된다. 민간·군부의 관리들은 유사성을 갖고 있다. 그들은 명령할 위치에 있으며, 제한된 매개적 의사결정을 하고, 급여를 받으며, 지배자에게 봉사한다. 여기서 지적할 것은 비트포겔에게 관료제란 용어는 다의적이라고 하는 점이다. 언어적으로 그것은 거대한 괴물을 뜻하나 원초적 의미는 '관청을 통한 지배'로 파악된다. 관료란 관청을 통해 지배하는 자이며, 광의로는 행동을 지체시키고, 자신을 중요시하고, 업무에 태만한 '번문욕례(繁文縟禮, red tape)'를 활용하는 관리에도 적용된다. 나아가서 관료제가 무자비하고 전제적 권력의 중심에 위치할 경우 무서운 존재가 된다는 점을 지적한다.[45]

지배계급의 세 번째 하위집단, 즉 관료제적 계층제의 하위직에 서기 혹은 일상적 행정 업무를 처리하는 하위관리들이 충원되어 있다. 서기직은 중앙 및 지방의 관청에서 행정 업무를 수행하고, 일상 업무의 종사자들 중에는 문지기, 전령, 하인, 옥리(獄吏) 등이 있다. 한편 수평적 관점에서, 관료제적 네트워크는 넓은 지역에 걸쳐 있다. 그러나 중앙정부의 권위가 확립되었을 때는 수평적 권위의 구조에 특별한 문제가 야기되지 않는다. 중앙정부의 권위가 쇠퇴하고, 내부의 위기가·심각할 때 지방관리들이 일시적으로 자신들의 관할지역의 지배자가 되는 경우는 있다. 그러나 분열기를 제외한다면 지방의 관리들은 중앙정부 관료제의 구성원에 불과했다.[46]

지배계급 아래에 대중의 피치자의 세계가 펼쳐진다. 그들은 소극적이며 동시에 적극적 성격을 지닌다. 그들 중 어느 누구도 국가기구의 업무에 참여하지 않으나, 또한 어느 누구도 노예는 아니다.

---

44) *Ibid.*, pp. 304-307.
45) *Ibid.*, p. 52, p. 306.
46) *Ibid.*, p. 307.

비트포겔은 수력사회의 사회적 대립을 세 가지 형태로 구분한다. 즉 ① 피치자 계급 내의 서로 다른 부문 간의 대립, ② 피치자와 국가와의 대립, ③ 지배계급 내의 대립이 바로 그것이다. 여기서 우리의 관심의 대상이 되는 것은 지배계급 내의 대립인데, 비트포겔은 비교적 소수로 제한되는 사회적 대립 혹은 갈등과 사회적으로 동질적인 규모가 큰 집단에 적용되며 대중 행동을 포함하는 계급 투쟁을 구분한다. 정치적 성격을 지닌 지배계급 내의 사회적 갈등 역시 여러 수준에서 발생한다. 고위관리와 하위관리 사이, 고위관리의 상이한 집단 사이, 고위관리와 지배자 및 그의 수행원 사이의 대립이 나타난다. 상이한 수준에서의 이런 갈등은 주로 정치 권력과 관계된다. 비록 그들 간의 갈등이 여러 사람의 이해에 영향을 미치나 조직화된 결집력은 결여되어 있다. 우선 고위관리와 하위관리 간의 갈등은 행정문제의 처리, 권력과 자원의 배분과 관련해 불가피하게 나타난다. 이들 간의 대립에서 하위관리들이 완전히 굴복하지는 않는다. 그러나 누구도 관료제적 구조를 뒤엎지 못한다. 관료제적 구조는 고위관리들이 완벽한 승리자가 아니라 우월한 법적·행정적·경제적 권한의 보유자로서 등장케 하는 것이다.[47]

수력사회에서 지배계급의 구성원들은 권력, 위신, 소득을 위해서 경쟁하는데, 특히 고위관리들 간의 경쟁에서 패배하는 것은 명예, 재산, 생명을 잃는 것이다. 권력이 분산되고 균형을 취하고 있을 때 중대한 과오에 대한 처벌은 제한적이다. 그러나 수력사회의 총체적 혹은 전제적 권력 상황하에서는 경쟁 역시 총체적이다. 관료제적 경쟁은 동일한 행정 단위의 구성원 사이뿐만 아니라 국가기구의 상이한 부서의 구성원 사이에도 발생한다. 민간관리와 군부와의 경쟁은 후자의 전형적 예이다. 또한 지배자와 지배계급의 다른 구성원 특히 고위관리 간의 갈등도 발생하기 마련이다. 그러나 수력사회의 지배자들은 두드러지고 조직화된 대항 세력의 존속을 허용하지 않고, 독점관료제(monopoly bureaucracy)로서 무자비하고 지속적으로 작동하는 사회 리더십을 배타적으로 행사함으로써 사회 갈등 및 대립을 지배자의 통제 하에 둘 수 있었다. 바로 이 점이 동양적 전제주의가 서구의 절대

47) *Ibid.*, p. 336.

왕정과 구분되는 부분이기도 하다. 즉 서구의 절대왕정의 경우도 전제적 체제였으나 사회적 리더십을 독점하지 못했다. 그것은 교회, 길드, 신흥자본가 계급과 같은 세력들이 지배자의 배타적인 사회적 리더십의 행사를 저지했기 때문이다.[48] 요컨대 전제적 권력이 행사되는 수력사회의 관료제는 그 중심에 위치하면서 동시에 관리들은 지배자의 엄격한 통제 하에 놓여 있는 것이다. 비트포겔은 이러한 수력사회를 고대의 4대 강 유역 문명뿐만 아니라 그리스·로마 및 비잔틴제국과 잉카문명 등에서 발견하고 있다.

영향력 있는 사회학자인 기든스는 비트포겔의 명제에 대해 근본적 의문을 제기한다. 그의 견해에 의하면 비트포겔이 관개 및 치수사업에 수반되는 '행정의 집권화'를 무모하게 과장하고 있다는 것이다. 비록 대규모적인 관개사업이 있었던 것은 사실이나, 그것이 통합 체계를 형성하거나 일반적 행정계획이나 조정된 활동에 의해 이루어진 것이 아니고 장기간에 걸쳐 점진적으로 이루어졌다는 것이다.[49] 기든스(Anthony Giddens)는 또한 국가기구를 운영하는 자는 지배계급이고 그 나머지는 지배계급의 전제적 지배에 예속되어 있다는 비트포겔의 주장에 대해 계급 형성이 국가 권력에 의해 이루어지는 것이 아니라고 지적한다.[50] 기든스가 이러한 비판을 통해서 제시하고자 하는 것은 전통적 국가의 관료제적 집권화－예컨대 베버의 가산관료제, 비트포겔의 수력사회의 관료제 등－가 그들이 기술한대로 강력한 것이 아니라고 하는 점이다. 사실상 비트포겔의 명제는 많은 논란을 빚어온 것이 사실이다. 관개 시스템이 종속변수인지 독립변수인지를 결정하는 것도 어려운 일이다. 이런 면에서 인류학자인 헌트(Eva Hunt)의 멕시코에 관한 사례연구는 시사적이다. 그는 관개 시스템이 정치 과정 혹은 권위의 집권화의 정도에 따른 부대 현상이라기보다 정치 영역의 주된 초점이라고 주장한다.[51]

---

48) *Ibid.*, p. 366.
49) Anthony Giddens, *The Nation-State and Violence*(Cambridge: Polity Press, 1985), p. 47.
50) *Ibid.*, pp. 62-63.
51) Eva Hunt & Robert C. Hunt, "Irrigation, Conflict, and Politics: A Mexican Case," in Ronald Cohen & Elman R. Service, eds., *op. cit.*, pp. 69-119.

3 역사적 관료제국의 관료제: 아이젠슈타트

아이젠슈타트(S. N. Eisenstadt)의 『제국의 정치체제』(1963)는 그가 명명한 역사적 관료제국(historical bureaucratic empires)의 유형에 속하는 정치 체제에 관한 연구이다. 그리고 이 저서의 핵심은 안정성에 대한 동학(動學, dynamics)이다. 그것은 국가의 형성이 과거사인 동시에 하나의 현재이며, 역사적 시간은 변동의 매개인 동시에 지속성의 매개라는 사실에 대한 경건한 이해에 기반을 두고 있다.[52] '구조·기능주의 접근법'에 기초한 아이젠슈타트의 역사적 관료제국의 분석은 두 가지 가정으로부터 출발한다. 하나는 정치 체제가 모든 사회조직의 본질적 부분이며, 사회구조 내 정치 체제의 위치와 사회구조의 다른 부문들과의 관계를 규명하는 것이 정치 체제의 기능을 분석하는 데 유용한 방법이란 가정이다. 다른 하나는 서로 다른 정치 체제는 특정한 사회적 조건하에서 움직이고 또한 발전해 왔으며, 정치 체제의 지속성은 그러한 특정한 조건과 연관되어 있다는 점이다.[53]

여기서 역사적 관료제국이란 산업화 이전의, 광범위한 비개인적 행정 체제를 통해 작용하는 고도의 중앙집권적 정치 권력이 특징인 정체를 말한다. 아이젠슈타트는 이 범주에 ① 이집트, 바빌로니아, 잉카, 아즈텍 등 고대국가, ② 중국 국가들(漢, 淸), ③ 페르시아제국, ④ 로마·그리스 국가들, ⑤ 비잔틴제국, ⑥ 고대 힌두(굽타, 마우리아, 무굴 등), ⑦ 아랍 국가들, ⑧ 봉건제 붕괴 이후 절대주의 시대에 이르는 서구, 중구, 동구권, ⑨ 정복국가(스페인령 아메리카, 프랑스의 식민국가, 영국의 인도 식민지)를 포함시킨다. 그리고 이러한 역사적 관료제국의 대부분은 ① 이집트와 같은 가산적 국가, ② 이원적 유목·정주 국가(dualistic nomad-sedentary empires), ③ 유럽, 중국, 일본 등 봉건사회, ④ 로마·그리스 국가 등 도시국가에서 발전

---

52) Philip Abrams, *Historical Sociology*, 신용하(외) 역, 『역사사회학』(서울: 문학과지성사, 1986), p. 213.

53) S. N. Eisenstadt, *The Political Systems of Empires*(Glencoe, Ill: The Free Press, 1963), p. 3.

되었으며, 원시적 정치 체제로부터 곧 이러한 역사적 관료제국으로 발전한 경우—고대 잉카, 아즈텍, 이집트는 여기에 속한다—는 드물다.

아이젠슈타트는 역사적으로 이러한 국가들이 가장 중요한 인류 문명의 진보를 이룩했으며, 비록 역사적 기원과 그 전개는 다양하지만 하나의 정치 체제로 범주화될 수 있는 정치적 성격을 공유한다고 본다. 그는 역사적 관료제국의 분석의 필요성을 두 가지로 요약한다. 하나는 이 정치 체제의 역사적 유래에 대한 분석 없이 현대의 정치 체제의 실상과 문제점을 이해할 수 없고, 다른 하나는 비교론적 관점에서 중요한 것이 그것이다.

여기서 비교론적 관점에서 중요하다는 것은 후술하는 바와 같이 역사적 관료제국이 이른바 전통적 정치 체제와 현대의 정치 체제의 중간에 위치하고 있기 때문이다. 따라서 역사적 관료제국은 덜 발전된 요소와 더 발전된 분화의 요소를 공유하며, 나아가서 전통적 정치 체제와 현대의 정치 체제가 각기 안고 있는 문제점들을 공유한다. 그러므로 역사적 관료제국이 안고 있는 문제점들은 현재 근대화의 과정에 있는 '신생국(new states)'이 갖고 있는 문제점과 유사성을 갖는다.[54] 아이젠슈타트는 구조·기능주의자들이 제안한 정치 체제에 관한 정의 및 기능을 토대로,[55] 정치 체제의 비교분석을 위한 기준—역할과 분화, 조직화, 목표, 정당성의 유형—을 제시한 후, 정치 체제를 일곱 가지로 유형화한다. 여기에는 ① 원시적 정치 체제, ② 가산제적 국가, ③ 유목 및 정복 국가들, ④ 도시국가, ⑤ 봉건제, ⑥ 중앙집권화된 역사적 관료 국가, 즉 역사적 관료제국, ⑦ 다양한 현대의 정치 체제가 포함된다.

역사적 관료제국은 역사적·문화적 여건의 다양성에도 불구하고, 그것이 착립된 양식에서 공통점을 갖는다. 이 정치 체제의 창업의 주역은 지배자

---

54) *Ibid.*, p. 4

55) 아이젠슈타트는 정치 체제를 ① 사회 내의 세력에 대해 정당성 있는 통제력을 가진 영토사회의 조직, ② 정치 체제가 한 부분을 구성하는 전체 체제의 유지에 대한 책임, ③ 사회의 집단적 목표를 집행하고, 내부질서를 유지하며, 대외 관계를 조정하기 위해 엄격한 세속적 제재를 부과하는 조직으로 규정한다. 그리고 정치 체제가 수행하는 기능을 ① 규칙 제정 또는 궁극적 지배 활동, ② 행정적 활동, ③ 정당 활동, ④ 사법적 활동으로 범주화하고, 정치적 활동의 유형을 논의하는 경우 지배자와 피지배자에 의해 수행되는 부분을 구분할 것을 제안한다. *Ibid.*, pp. 5-6.

—왕, 황제, 귀족 가문의 구성원 등—이며, 그들은 통상 불안과 혼란기, 기존 정치 체제의 해체기에 나타나며, 좀더 집권화되고 통합된 정치 체제의 확립을 목표로 한다. 그러나 지배자의 목표는 여러 사회적·정치적 집단—가령 구체제 하의 수혜자나 권력의 지위를 보유했던 귀족, 전통적 도시의 집단, 문화 엘리트 등—에 의해 저항을 받는다. 환원하면 대항집단은 지배자의 새로운 목표와 활동에 위협을 느끼고, 지지를 거부하고 대항한다. 지배자는 이들의 저항에도 불구하고 자신의 목표를 성취하기 위해 귀족계급과 이해를 달리하는 집단과 계층에서 동맹자를 규합하고, 이를 위해 필요한 자원을 동원하고 각종 서비스를 제공한다. 지배자는 이를 기존의 정치적·행정적 장치에 의존하나, 관리들이 귀족 세력과 연계되어 있을 때 이들을 교체하지 않으면 안 된다. 그러나 이것으로 충분치 못하다. 지배자는 관리의 충성심과 헌신을 요구하고 이들에게 다소의 권력과 위신을 부여한다. 이것은 관리들에게 다소의 자율성과 독립성을 허용하지 않으면 안 된다는 것을 시사한다.[56] 지배자는 자신의 목표뿐만 아니라 사회집단의 다양한 요구에 부응하기 위해서 행정적 장치를 이용할 필요성을 갖는다. 따라서 지배자는 행정적 장치에 대해 이중적 태도를 취한다. 즉 행정적 장치에 다소의 자율성과 독립성을 부여하고 전통적 귀족 세력으로부터 이들을 보호하면서, 동시에 행정적 장치에 대한 통제를 강화하는 것이다. 이와같이 역사적 관료제국은 지배자, 사회집단들, 행정적 장치라고 하는 상이한 세력들의 상호작용 속에서 존속되는 정체인 것이다.

아이젠슈타트는 역사적 관료제국의 주요 특성을 다음과 같이 열거한다.[57]

① 지배자 및 어느 정도 정치적 투쟁에 참여하는 자에 의한 자율적인 정치적 목표의 전개

② 정치적 활동과 역할의 제한된 분화

③ 정치적 공동체를 중앙집권적 단위로 조직화하려는 기도

④ 행정 및 정치적 투쟁조직의 발전

요컨대, 역사적 관료제국은 집권화와 자율적인 정치적 목표의 전개에서

56) *Ibid.*, pp. 13-16.
57) *Ibid.*, pp. 19-22.

나타나듯이, 정치적 하위 체제의 제한적 자율성과 비교적 높은 수준의 정치적 활동조직의 자율성으로 그 성격이 규정된다. 그러나 정치적 활동, 조직, 목표의 분화에도 불구하고 몇 가지 한계점을 갖는다. 즉 ① 그것이 근본적으로 지배자의 전통적 정당성에 근거하며, ② 피치자의 기본적 정치적 역할이 다른 사회적 역할과 충분히 구분되지 않으며, ③ 전통적·귀속적 단위가 상당한 정치적 역할을 수행하고, 정치적 대표자의 단위로서 활동한다는 것이 그것이다. 따라서 정치적 활동과 참여의 범위는 현대의 사회에 비해 협소하다. 이렇듯 역사적 관료제국에서 전통적·미분화된 정치적 활동조직의 유형이 더욱 분화되고 자율적인 것과 공존한다. 다시 말하면, 역사적 관료제국은 봉건제적·가산제적 정체와 구분되고, 또한 현대의 관료제적 사회와도 구분되는 것이다.[58]

아이젠슈타트의 역사적 관료제국은 관한 개념 도식에 대해 아브람스(Philip Abrams)는 '조직화의 모순'이라고 부르며, 다음과 같이 지적한다.[59]

> 역사적 관료제국은 특정한 정치적 행위 영역과 특정한 정치적 목표라는 이념 및 지성적인 면에서 전통과의 단절을 포함하고 있으며, 정치적 제도·역할·계획이 제한적이긴 하지만 실질적 분화를 달성했다는 점에서 구조적인 면에서 전통과의 단절을 나타내고 있다. 그러나 그것들은 통치자들이 전통적 정당성에 호소한다는 점과 구조적으로 사회계층·위계질서 및 특권을 받아들인다는 점에서 전통에 얽매어 있기도 하다. 이와 같은 통치자들의 목표와 실질적 호소 사이의 첨예한 모순이야말로 아이젠슈타트에게는 역사적 관료제국을 분석하기 위한 핵심적 축이다.

우리는 이미 역사적 관료제국의 특징을 ① 자율적인 정치적 목표, ② 정치적 활동의 제한된 분화, ③ 중앙집권화된 정체(政體), ④ 행정 및 정치적 투쟁 조직의 발전으로 요약한 바 있다. 여기서 처음의 두 가지, ①과 ②는 역사적 관료제국의 창설과 발전의 동인 및 가능성이 되고 ③과 ④는 전자의 제도적 함의가 충분히 확립될 수 있는 조직 및 제도적 방법을 구성한다는 점에서 구분된다. 아이젠슈타트는 모든 정치 체제가 특정한 조건 하에

---

58) *Ibid.*, pp. 22-23.
59) P. Abrams, *op. cit.*, pp. 214-215.

서 성립되듯이 역사적 관료제국 역시 특정한 사회적 조건에 의존적임을 강조하고 이를 내부적 조건과 외부적 조건으로 구분한다. 전자는 이 정치 체제의 지속성을 조장하는 정치적 활동과 조직의 유형과 관련된다. 후자는 경제적·종교적 제도, 사회적 조직과 계층구조 등 제도적 구조의 여러 국면과 연관되고 내부적 조건의 제도화와 체제의 지속성을 역시 뒷받침한다.

요약컨대 아이젠슈타트가 역사적 관료제국의 형성에 관해 제시한 가설은 두 가지이다. 첫째 정치 영역의 내부적 조건, 즉 자율적인 정치적 목표의 전개를 촉진하는 지배자의 정치적 열망과 활동의 발전이다. 둘째 외부적 조건은 비정치적 제도 즉 경제적·문화적 활동, 사회조직과 계층구조의 발전이다. 이러한 외부적 조건에서 중요한 것은 사회의 모든 제도적 영역에서 '자유롭게 부동(浮動)하는 자원'과 함께 제한된 분화가 일어나는 것이다. 이와같이 역사적 관료제국을 독특한 정치 형태가 되게 한 기반은 지배자의 국가 건설 목표와 그에 따른 정치적 활동, 그리고 제한적으로 이루어진 구조적 분화가 만들어 낸 자유롭게 부동하는 자원들—인력, 경제적 자원, 정치적 지지, 문화적 동일성—사이의 상호작용이었다.[60)]

이제 우리는 역사적 관료제국에서 관료제의 정치적 정향에 초점을 맞추고 그 위상을 검토하고자 한다. 역사적 관료제국에서 관료제적 행정 또는 관료제는 지배자와 사회의 주요 집단 및 계층의 사이에 위치한다. 지배자는 자신의 욕구와 목표를 위해 관료제를 이용한다. 반면 지배자의 자원 동원의 원천이 되는 사회의 주요 집단 및 계층은 관료제로부터 서비스를 기대한다. 따라서 관료제는 지배자를 위한 그의 기능을 수행하기 위해 유력하고 활동적인 사회의 주요 집단 및 계층의 요구를 관리하지 않으면 안 된다. 이러한 상충된 요구와 압력과 관련해서 관료제는 특정한 조직상의 특성—특히 조직상의 그리고 전문적인 자율성—을 갖추게 된다. 이것은 다음의 두 가지 국면에 반영된다. 첫째 관료제는 일반적 규칙과 서비스의 기준을 마련하고 유지한다. 둘째 대부분의 관료제는 자신을 지배자의 사적 하인으로서만이 아니라 국가 혹은 정치적 공동체의 하인으로 지각하는 경향이 있다.[61)] 그러나 관료제의 자율성은 지배자에 의해 불신받는 경우가 허

60) *Ibid.*, p. 216; S. N. Eisenstadt, *op. cit.*, p. 27.
61) S. N. Eisenstadt, *The Political Systems of Empires*, p. 274.

다하다. 지배자는 통상 관료제를 제한하고, 관료제에 대한 정치적 통제의 수단을 보유하고, 비교적 독립적인 정치적 목표 및 활동의 발전 가능성을 극소화하려고 한다. 따라서 관료제의 자율성과 지배자 및 사회의 주요 집단의 압력이라는 갈등구조 속에서 관료제의 정치적 정향이 결정된다. 아이젠슈타트는 역사적 관료제국에서 전개될 수 있는 관료제의 정치적 정향을 봉사 지향적 관료제, ② 지배자에게 예속된 관료제, ③ 자율성·자기 정향성, 서비스 목표가 전치(轉置)된 관료제, ④ 정치 체제에 대한 서비스 지향과 결합된 자기 지향적 관료제로 구분한다. 물론 역사적 관료제국의 관료제는 위의 정향이 혼합·중복되어 있으나, 대체로 특정한 경향이 우세하게 나타난다는 것이 그의 견해이다.[62]

①의 유형은 지배자·사회의 주요 계층에 대해 봉사하나, 지배자에 대한 봉사가 강조된다. 관료제는 어느 정도 조직상의 자율성을 갖는다. 관료제의 서비스·임명·승진에 관한 일반적 규칙이 유지되고, 부서의 단결력 내부의 동료 의식·책임 등이 확보되어 있다. 그러나 관료제는 지배자에 의해 궁극적으로 통제되며 이는 자원의 배분, 관직의 매매, 의사결정 과정에의 참여를 통해 이루어진다.

②의 유형은 내부적 자율성이 결여되어 지배자에게 전적으로 예속되어 있다. 관료제에 대한 지배자의 우월성은 그가 행하는 관료들의 빈번한 교체, 경력구조의 파기, 부서의 단결심과 협동심을 와해하는 일에 나타나 있다. 지배자의 관료제에 대한 강력한 통제는 국가의 초기에 지배자의 목표 −자원의 동원, 국가의 통합, 대항 세력의 억압 등−를 실현하는 능률적 수단으로 관료제가 존속하도록 한다. 그러나 종국에는 관료제의 능률성을 감소시키고, 창의력을 저해하며, 과도하게 형식주의적 태도와 활동을 낳는다.

③의 유형은 관료제의 자율성과 사적 이익을 강조하며, 가능한 한 서비스 제공과 직업적·정치적 책임을 극소화한다. 이 유형은 관료제의 내부적 구조의 변화와 연관되며, 다음의 요소들이 작용한 결과이다. 즉 관료 충원에 따르는 연고주의, 매관제, 관료 및 기구의 확대, 활동의 효과성의 약화, 형식주의의 침투 등이 그것이다.

---

62) *Ibid.*, pp. 276-281.

④의 유형은 역사적 관료제국의 관료제에서 발전하는 경향이 있다. 정치체 및 지배자에 대한 봉사란 목표를 수행하면서, 주요 계층에 대한 봉사 대신 관료제의 자기 확대와 정치 권력의 획득을 지향하는 관료제이다. 이 유형은 두 가지로 분류되는데, 하나는 덜 발전되고, 전통적 사회에서 나타난다. 비교적 자율적 관료제가 전통적·반(半)가산적 지배자와 흔히 제휴한다. 다른 하나는 귀족집단과 함께 관료제가 상당히 분화된 정치 체제 내에서 지배자와 잠정적인 제휴가 이루어졌을 때 출현하는 경우이다. 어쨌든 이 유형은 대체로 상류의 사회집단과 밀착되어 있으나, 능률적 행정구조를 유지하고 있다. 즉 부서에 따른 업무 분담, 다양한 정책 및 정치적 목표를 추진할 수 있는 내부적 감독의 체제를 갖추고 있다. 나아가서 관료제는 전문적 혹은 서비스 이념과 지위 표상을 유지하며, 정치체에 대한 봉사가 어느 정도 강조된다.

아이젠슈타트가 제시한 관료제의 정향은 그것이 사회 내에서의 관료제의 위치와 밀접하게 연관되어 있음을 시사한다. 거꾸로 관료제의 활동 방식이 역사적 관료제국의 정치 체제의 사회적 조건에 영향을 미칠 수 있다는 것을 나타낸다. 관료제가 지배자 및 사회의 주요 계층에 대한 서비스 정향을 유지하는 한, 국가의 지속성과 안정성－특히 역사적 관료제국의 기본적 조건의 유지－에 기여한다.[63] 관료제가 그러한 정향을 유지하는 동안 지배자는 관료제의 도움으로 자신의 지위와 그것을 뒷받침하는 사회의 주요 계층의 지위를 유지할 수 있는 것이다. 또한 지배자는 집권화된 정치 체제의 불가결한 요건에 맞서는 사회의 주요 계층을 견제할 수 있는 것이다.

반면 관료제가 가장 높은 사회적·정치적·경제적 지위를 독점하고, 지배자 및 유연성 있는 주요 계층에 대한 정치적·법적 책임을 극소화하는 한, 관료제는 국가를 약화시키는 경향을 보여 준다. 이러한 사실은 관료제가 국가의 정치 체제의 기능을 위한 필수적인 요건들과 역설적 관계에 있음을 나타낸다(역사적 관료제국은 모순의 산물이며, 오직 모순 위에 설 때만이 가능한 구조물이었다는 아브람스의 지적은 정곡을 찌른 말이라고 할 수 있다). 일반적으로 관료제는 그것이 수행하는 규제적 기능 때문에 자유

63) *Ibid*,, pp. 297-299.

롭게 부동하는 자원의 내부적 통제와 그것을 확보하는 데 주요한 몫을 한다고 한다.

그러나 관료제가 반독립적 계층이 되거나 정치 영역에서 효과적으로 통제되지 못할 때, 관료제 자체가 자유롭게 부동하는 자원의 무분별한 소비자가 되어 다양한 자율적인 규제의 메커니즘의 기능을 훼방하게 된다. 이러한 역설적 상황은 관료제의 활동의 범위를 확대하는 조건 속에서 명시적으로 드러난다. 관료제의 일반적·기술적 활동 범위는 증가된 분화, 자유롭게 부동하는 자원의 발전, 사회계층의 이동성과 연관된다. 그러나 관료제의 규제적 활동의 범위는 사회계층의 사회적·정치적 강도에 반비례한다. 관료제의 기술적 활동의 범위는 통상 사회적 분화로 확대된다.

그럼에도 불구하고 사회적 분화가 사회의 주요 계층의 증대된 자기규제와 정치적으로 강력한 지배자의 존속과 연관된다는 점에서 관료제가 자율적 집단으로 될 수 있는 범위는 제한된다. 이러한 양상은 관료제의 규제적 활동과 사회의 주요 계층의 정치적 활동 범위 간의 반비례 관계에 나타나 있다. 따라서 관료제의 기술적, 서비스 활동의 확대는 관료제가 서비스 목표를 전치하거나, 정치적 통제를 침해하는 것과 반드시 양립하는 것은 아니다. 이러한 비일치성은 관료제의 구조적 지위와 관료제의 성장 기반에 내재하는 특성에서 비롯된다. 즉 관료제는 비교적 특정한 기능을 수행하는 기능적 집단이며, 권력의 기반과 연관된 집단이다. 이를 통해서 관료제는 권력의 지위를 차지하고 제국의 지속성을 방해할 수 있는 독립적 사회계층으로 전개될 수 있는 것이다.

요컨대 아이젠슈타트의 역사적 관료제국은 하나의 균형 유지적 행위였으며, 지배자의 목표와 이 목표에 대한 다양한 저항 사이의 변증법적 투쟁 관계로 유지된 체제였다. 그리고 이 체제의 성공 혹은 실패는 관료제의 기능에 의존적이었다.[64] 아이젠슈타트는 역사적 관료제국의 분석을 통해서 현대의 정치 체제에 대해 두 가지 가능성을 제시한다. 하나는 전제적 혹은 전체주의적 권력 확장의 잠재적 가능성과 다른 하나는 정치 과정에서 다양한 사회집단의 더욱 충분한 자유로운 참여의 가능성이 바로 그것이다.[65]

64) P. Abrams, *op. cit.*, p. 218.
65) S. N. Eisenstadt, *op. cit.*, p. 371

4 관료제의 유형: 마르크스

관료제가 사기업이나 정치 권력을 장악하기 위해 서로 투쟁하는 세력과 구분된다는 관점에 서 있는 마르크스(F. M. Marx)는 관료제를 네 가지로 유형화한다. 그는 관료제가 동질성을 갖기는 하지만 다양한 외부적 영향―특히 문화적 영향―에 의해 형성된다고 본다. 따라서 관료제는 그것이 지닌 현저한 특징에 따라 몇 가지 유형으로 구분하는 것이 가능하다. 마르크스에게 유형이란 현실 세계에서 발견되는 것이 아니고 일종의 '추상' 혹은 '일반화'인 것이다. 그리고 각 유형은 통상 관료제의 상층부 수준에서 그 특징을 드러낸다.66)

① 후견적 혹은 수호적 관료제(guardian bureaucracy): 이 유형은 플라톤(Platon)의 가디언(guardin)의 개념에 기초해 분류된 것이다. 가디언은 단순히 지시받은 대로 업무를 수행하는 자를 의미하지는 않는다. 더욱 중요한 것은 공익의 본질을 그들의 행동에 구현하는 능력이었다. 이런 점에서 그들은 도시국가를 통합하는 정의와 복지에 관한 이상과 가정―즉 플라톤이 규정한 대로 지역공동체의 궁극적 기반이 된 정치적 신화―을 수호했다. 따라서 이들은 공인된 이념의 유형의 대표자로서, 나아가서 그러한 이념의 도구로서 봉사했다.67)

마르크스는 후견적 관료제의 사례로서 중국과, 17세기 말~18세기 초 프러시아 브란덴부르크의 관료제를 제시한다. 고대 중국의 경우 정부는 양곡의 구매, 가격의 통제, 공공 역무의 계획과 집행 등 행정적 기능을 수행했으나 그것이 근본적으로 규제기관은 아니었다. 규제의 유효성은 근본적으로 선행을 포괄적으로 규정한 유교라고 하는 사회적 교의의 침투 즉 교육에 의해 확보되었다. 따라서 중국의 사회 체제는 모범적 삶을 관리의 일차적 의무로 부과했다. 그리고 그것은 판단이 아니고 지식의 문제였으므로 중국의 관료제는 '고전'이란 거울에 비추어서 선행을 닦은 학자적 관리집단

66) F. M. Marx, *The Administrative State*(Chicago: The University of Chicago Press, 1957), pp. 54-55.

67) *Ibid.*, p. 55.

이었다. 마르크스는 정부의 체제를 유지하는 이념으로서의 정치적 신화에 충실한 중국 관료제의 강점을 도덕적 견고함과, 권력을 공명정대함에 예속시킬 것을 주장함으로써 권력의 행사에 큰 영향을 미쳤다는 점에서 찾는다.

반면 과거의 교의에 몰입하는 관료제는 낡은 관행을 우상화하는 경향이 있다. 그것은 전통적 · 보수적 · 의식적(儀式的)이고, 융통성이 결여된 것이다. 이 모든 것이 중국 관료제의 특색이다. 그 결과 대중의 문제와 당대의 정치적 문제에 무관심해지고 끝내는 지배자의 배타적 우월성의 확보로 인도되었다.[68] 프러시아의 브란덴부르크의 관료제 역시 이 유형에 속한다. 중앙집권적 정부기구의 설립과 공동선이란 이념의 구현을 목표로 한 이 신생국은 제1급의 군사력을 유지하는 동시에 귀족에 의해 지배되는 강력한 합의기관 대신 유능하고 군주에게 헌신하는 자로 충원된 통합된 행정 체제를 정비했다. 새로운 관직은 중간계급의 기관이 되었고, 군주의 동맹자였다. 이것은 관료제가 국가의 힘을 통합하고 균일화시키는 새로운 세력으로 부상했음을 의미한다.

이러한 발전에서 가장 중요한 요소 중의 하나는 군주에 의해 제시된 공공정신이었다. 지배자는 사익이 아니라 공동선을 증진시켜야 한다는 로마의 격언에 근거한 이 공공정신이 관리들에 의해서도 준수될 것으로 기대되었다. 윌리엄 1세(Frederick Williams Ⅰ)가 예산제와 시험제도를 마련했고, 그 이후 대학에 관방학이 개설되었다. 프러시아의 후견적 관료제는 계몽군주국의 지배자의 동반자가 되었다. 엄밀히 말해서 군주의 목표와 국가의 프로그램에 공명함으로써 관료제는 자신들의 노선에 맞서는 대중의 감정에는 무관심했다. 관료제는 군주의 편에 서서, 군주를 통해서 대중에게 봉사했다. 임무 수행을 하는 데 확고하고 부패하지 않았으며, 대중과의 관계에서는 자비로우면서도 권위적이었고, 외부의 비판에 동요되지 않았다.[69]

② 계급적 관료제(caste bureaucracy): 후견적 관료제가 개혁 혹은 복구의 과정에서 성립된 반면 계급적 관료제는 통제의 위치에 있는 관리들의 계급 연관성에서 대두되었다. 계급 연관성이란 관리들의 출신 배경을 지칭한다. 마르크스는 이 유형의 예로서 디오클레티아누스(Diocletianus, 284~

68) *Ibid.*, pp. 56-58.
69) *Ibid.*, pp. 58-60.

305) 이후 한 세기 동안의 로마제국과 메이지(明治)헌법 하의 일본의 행정을 제시한다. 로마제국의 경우 처음에는 관리집단만이 계급성에 영향을 받았다. 기능의 분리가 과도한 관직의 체계로 퇴화되고, 거대하게 확대된 관료제가 관리들의 지위를 상세하게 구분하는 일에 많은 시간을 소모했다. 이러한 병폐는 시민과 사기업에도 나타나고 종국에는 철저하게 관료제화된 경제 질서가 자신의 무게로 붕괴되었다. 계급적 관료제의 최근의 사례로서 일본을 제시할 수 있다. 일본의 관료제는 프러시아의 관리의 개념과 권력에 관한 동양적 사고가 편리하게 결합된 것이다. 당시 일본이 최종적으로 선택한 것이 서구의 사법 제도와 프러시아 계통으로 설계된 관료제적 기구와 함께 1889년의 헌법이었다. 따라서 형식적 의미에서 법률에 의한 행정이 수용되었으나 독일적 관념에 존속하는 법의 지배의 함축성은 회피되었다. 당시 일본의 관료제는 개혁에 관심을 가진 지배자의 뜻에 따르는 후견적 관료제로서 기능했으나, 시간이 경과되면서 공공복리에 대한 열망이 사라지고 계급적 관료제로 대치되었다. 이것은 도시의 부유층 가문에서 충원된 관리들의 사회적 기반의 편협성과 하나의 집단으로서의 고위관리들이 국가의 발전 과정에서 방어적 입장을 취한 것과 연관된다. 또한 공식적 권위를 숭배하는 일본의 관리들은 정치적 권력 앞에 기꺼이 굴복했는데, 이는 관리들의 세계가 공적 감시에서 벗어나 있음을 뜻한다. 사실상 관료제의 계급적 성격은 공공행정의 활동이 외부의 감시로부터 벗어난 정도에 따라 나타나는 것이다. 요컨대 계급적 관료제는 강력한 정치적 동맹을 통해서 끊임없이 측면 방어의 모색에 나서고, 정치 권력에 예속되는 경향을 보여 준다. 그러나 계급적 관료제는 자신이 일익을 담당한다고 자부하는 정권의 짐이 된다.[70]

③ 정실주의적 관료제(patronage bureaucracy): 관리를 채용할 때 정실주의는 긴 역사를 갖고 있다. 정치적 관점에서 정실주의의 논리적 근거는 일찍부터 마련되고 자유롭게 행사되었다. 정부기구를 장악하는 조치가 수반되지 않으면 획득한 통제권이 일시적인 것이 되기 때문이다. 이렇게 하는 가장 용이한 방법은 정부기구의 핵심 부서를 정당인으로 채우는 것이다.

70) *Ibid.*, pp. 60-65.

영국은 하원과 정당 제도의 성립으로 수상이란 관직이 정실주의와 연계되었고, 미국도 민주적 정부의 대두로—특히 엽관제(spoils system)를 옹호한 잭슨(Andrew Jackson) 대통령의 출현 이후—정실주의의 원리와 불가분의 관계를 맺게 되었다. 그러나 정실주의적 관료제는 기술적 능력의 부족, 느슨한 규율, 숨겨진 욕심, 변덕스러운 방법, 당파성, 정신의 결핍 등의 이유로 시대착오적인 것으로 비난받고 있다.[71]

④ 실적제적 관료제(merit bureaucracy): 정실주의적 관료제가 국민에 대해 모호한 충성을 서약할 때도 그것은 특정한 세력의 산물이고, 자발적인 도구인데 반해 실적제적 관료제는 채용시에 필기시험 성적과 같은 객관적 기준에 지배된다. 따라서 관리는 어떤 후원자에 대해서도 개인적 부채를 걸머지지 않는다. 그러므로 관리는 자유인이고, 특히 갈등 상태에 있을 때 어느 특정 세력에 구속되지 않고 공공선의 증진에 헌신할 수 있다. 그러나 관리의 채용에 적용되는 객관적 기준이 관리의 임기까지 보장하는 것은 아니다. 실적제적 관료제는 통상 신분 혹은 안정성의 법적 보장을 통해서 유지된다. 실적제적 관료제는 후견적 관료제와 달리 대의제 하에서도 존속할 수 있다.(후견적 관료제는 고정된 최고 권력의 상징 체제 하에서만 놀라운 성과를 기록한다.) 이것은 오늘날 실적제적 관료제의 개념이 행정 체제에 대한 정치적 통제권에 강조점을 두고 있음을 뜻한다. 또한 계급적 관료제와 실적제적 관료제 간의 경계는 명백하지 않으나 중간계급과 노동조합 간의 알력이 감소되어 서구에서 계급적 관료제는 퇴조하고 있다고 보는 것이 타당하다고 마르크스는 주장한다.[72]

제 3 절 관료제: 하나의 딜레마

우리는 정치적 공동체의 존속, 좀더 한정적으로는 정치 체제 기능적 작동에 관료제가 그 중심에 위치한다는 것을 이 부문의 탁월한 업적을 통해

71) *Ibid.*, pp. 65-69.
72) *Ibid.*, pp. 69-72.

서 확인했다. 그러나 이러한 진술은 관료제의 배타적 우월성을 의미하는 것은 아니다. 왜냐하면 정치적 공동체에서 관료제는 사회의 여러 세력 가운데 하나였기 때문이다. 다만 관료제는 지배의 정당성에 의해 뒷받침되었다는 점에서 사회의 다른 세력보다 상대적 우월성을 확보했다고 볼 수 있다. 또한 정치적 공동체의 존속에 불가결한 또 다른 요소인 군사력이 폭력의 행사가 주된 임무이긴 하나 조직의 차원에서 그것을 관료제적 장치로 규정할 수 있다. 이와같이 정치적 공동체의 존속에 관료제가 그 중심에 위치한다는 것은 과장만은 아닐 것이다.

그런데 여기서 기본적으로 전제되어야 할 것이 있다. 즉 한 사회의 존속이 정치·행정뿐만 아니라 물적 기반, 사회의 여러 세력, 기술, 이데올로기, 환경적 조건 등과 연관되어 있다는 점이다. 따라서 우리가 관료제의 중요성을 얘기하는 것은 강조점을 여기에 두었다는 것으로 이해되어야 할 것이다. 관료제를 이런 방식으로 정위시켰을 때 우리는 관료제의 딜레마에 직면하게 된다. 그것은 이미 아이젠슈타트에 의해 제시된 바와 같이 관료제가 기능적 집단이며, 또한 권력과 연관된 집단이란 점에서 비롯된다. 즉 관료제는 정치 체제의 존속에 불가결한 존재이면서 동시에 그 방해물일 수도 있다는 점에 있다. 이것은 관료제가 체제 유지적이냐 혹은 체제 변혁적이냐는 문제와도 연관성은 있으나, 다소 차원을 달리한다. 왜냐하면 관료제를 자족적 실체로 규정하기는 어렵기 때문이다. 이것은 관료제가 권력의 기반을 갖추고 자기극대화의 원리를 추구한다 해도 그것이 체제 변혁에까지 이르기는 어려울 것이란 점을 시사한다. 이런 까닭에 관료제는 정치 체제의 유지에 불가결한 요소이며, 대체로 체제 유지적인 기능을 수행해 왔다고 볼 수 있다. 따라서 관료제의 딜레마는 지배자의 통제와 관료제의 자기극대화의 원리 간에 빚어지는 갈등의 온존 상태에서 발견되는 것이다. 이것은 오늘날의 관료제를 이해하는 데에도 시사점을 던지는 중요한 문제로 생각된다. 그러나 관료제의 이러한 딜레마도 제도적 장치로서의 관료제가 안고 있는 관료제의 반면(半面)의 시각을 반영할 따름이다. 왜냐하면 거기에 살고 있는 진정한 주인의 목소리는 들리지 않기 때문이다. 이러한 한계점을 안고, 우리는 항해를 계속할 것이다.

제5장 관료제의 역사적 전개

우리는 이제 관료제의 역사적 전개 과정을 개관하고자 한다. 이를 위해서는 두 가지 차원이 고려되어야 할 것이다. 하나는 공간적 차원이다. 이것은 지리적 위치와 장소 혹은 문명권을 가리킨다. 따라서 관료제의 공간적 차원은 논의될 대상의 지리적 범위를 획정하는 것이다. 여기서는 주로 서구의 문명권이 검토의 대상이 된다. 그 이유는 오늘날의 정치 및 행정 제도나 관행이 상당한 정도 이곳에 빚지고 있기 때문이다. 그러나 이것이 반드시 서구 문명의 배타적 우월성을 의미하는 것이 아님을 주의할 필요가 있을 것이다. 왜냐하면 서구의 기준으로 문명의 우월성을 가리기는 매우 어려운 일이기 때문이다. 다만 정치 및 행정의 기제와 그것이 미친 현실적인 힘과 영향력만은 인정하자는 관점에서이다.

다른 하나는 시간적 차원이다. 역사는 시간의 경과에 따른 변동을 포함한다. 관료제의 시간적 차원은 그 기원과 더불어 역사의 시대 구분과 연결되어 있다. 여기서는 고대문명의 세계로부터 행정국가 출현 이전까지를 다루게 된다. 대체로 연대기적 순서에 따라 ① 고대 세계, ② 로마제국 및 비잔틴 시대, ③ 중세 및 절대왕정 시대, ④ 근대 국가의 출현으로 구분하려고 한다.[1] 이 구분은 대체로 서구의 형성·발전 과정과 연계되어 있다. 따

1) 헤디는 행정의 역사적 전개 과정을 검토하면서 ① 고대 세계의 기원, ② 로마제국과 비잔틴, ③ 유럽의 봉건제, ④ 유럽의 절대왕정의 성립, ⑤ 근대 국가의 출현으로 구분한 바 있다. 여기서의 시대 구분 및 논의의 전개 방식은 그의 저서에 힘입은 바 크다. Ferrel

라서 다양한 민족과 상이한 문명권에서 독특하게 전개된 부분은 여기서 제외되어 있다. 또한 관료제의 존속이 정치 체제에 의존적이므로 정치 체제의 변동이란 관점에서 관료제의 윤곽이 그려질 것이다.

제1절 고대 세계

1 구석기 · 신석기 시대

이미 앞장에서 언급했듯이 역사의 여명기부터 문명과 행정은 밀접한 연관을 맺고 있었는 바, 이는 그 이전의 구석기 및 신석기 시대에도 적용된다.[2] 예컨대 구석기인들은 불의 발견, 여러 형태의 돌로 만든 연장 및 무기의 발명으로 원시적이긴 하지만 기술적 진보를 이룩했다. 이러한 문명적 요소도 공식적 그리고 비공식적 조직의 발전 없이는 획득될 수 없는 것이었다. 말하자면 필요한 과업을 수행할 때 협동을 조직화하기 위한 계층제적 사회구조를 발전시킨 것이다.[3] 이러한 발전은 분업과 전문적 기술의 습득으로 이어지면서, 협동을 생활의 필수적인 요건으로 만들었다. 고고학적 발견이 이러한 사실을 뒷받침하는데, 문명된 사회로의 점진적 발전은 이러한 공식적 조직 혹은 제도의 발전과 병행된 것으로 알려져 있다. 그리고 신석기 시대의 좀더 안정된 사회의 발전은 사회적 유대를 강화하게 된 정치적 · 행정적 기술의 발전 없이는 성취하기 어려운 것이었다.[4] 이 시기에 행동의 규칙과 이를 집행하는 것과 같은, 문명된 사회에 필수적인 기능을 수

Heady, *Public Adminstration: A Comparative Perspective*(New York: Marcel Dekker, Inc., 1991), pp. 150-185.

2) 이 부분은 내쉬의 논문에 크게 의존했고, 이미 제4장 '역사, 행정, 그리고 관료'에서 다룬 바 있다. Gerald D. Nash, *Perspectives on Administration: The Vistas of History* (Berkeley, Calif.: Institute of Governmental Studies, University of California, 1969), p. 4.

3) *Ibid.*, p. 5.

4) *Ibid.*, p. 6.

행하기 위한 정치 제도의 발전이 이루어졌는데, 이 새로운 제도는 정치적 · 군사적 권력을 집중하면서 계층제적 사회구조를 마련했다. 국가의 출현과 그 점진적 발전은 이런 맥락에서 설명될 수 있는 바, 사회통제를 위한 이 장치는 경제적 · 사회적 복잡성의 증가로 행정적 업무를 수반하게 된다. 요컨대 선사 시대에도 사회의 존속을 위해 행정은 요청되었고, 이러한 업무는 조직을 통해서 수행된 것이다.

서구 문명의 기록된 역사의 단초는 서남아시아의 메소포타미아와 이집트의 나일강 지역으로 알려져 있다. 그러나 이 지역의 초기 문명은 근동과 소아시아로 확산되었고 메소포타미아 및 이집트는 제국의 중심지가 되고, 또한 문화의 중심이 되면서 여타 문명의 발전에 영향을 미쳤다.[5]

2 수메르 문명

수메르 문명은 메소포타미아에서 흥망성쇠를 기록했던 여러 제국 가운데 최초의 것으로 알려져 있는데, 이 '비옥한 초승달 지대'에서 바빌로니아, 아시리아, 칼데아(Chaldaea), 페르시안 제국 등이 정치적 부침을 거듭했다. 수메르인들은 기원전 3천 년경에 도시국가 체제의 기초를 닦았는데, 사원은 종교적 · 정치적 생활의 초점이었다. 왕은 단순히 '도시의 신'의 하인이었고, 그의 뜻을 따르는 것이 왕의 의무였다. 도시의 생활에 영향을 미치는 중요한 문제는 연장자회의(council of elders)와 전사회의(戰士會議, assembly of warriors)가 왕과 더불어 결정했다. 대체로 메소포타미아의 문명은 이 지역의 여러 정복자들 치하에서 끊임없이 변화를 경험했지만, 페르시아 정복(기원전 539년) 이전까지는 단일 문명이라고 할 만한 문화의 통일성을 유지한 것으로 알려져 있다. 지역공동체의 생활은 도시국가에 기반을 두었고, 더욱 집권화된 제국의 형성도 도시국가의 지방적 자율성을 종식시키지 못했다. 메소포타미아의 정복자들은 이러한 지역주의의 요소들을 취합하고 통합하려고 시도했는데, 그 유명한 하무라비(Hammurabi) 법전의 반포도 부분적으로는 이 목적을 위해서였다.[6]

---

5) James M. Powell, *The Civilization of the West*(New York: Macmillan, 1967), p. 16.
6) *Ibid.*, p. 20.

3 고(古)이집트 왕국

고이집트는 문명의 발상지로서 수메르의 그것보다 선행하는 것으로 알려져 있는데, 정치적 통합은 기원전 약 3200년에 최초의 왕(Pharaoh)인 메네스(Menes)에 의해 이루어졌다. 그 이래로 기원전 332년에 알렉산더 대왕에 의해 정복될 때까지, 이집트의 정치사는 31왕조의 변화를 거쳤는 바, 이는 시기별로 고왕국(古王國, 기원전 2180년까지), 중왕국(中王國, 기원전 2080~1640), 신왕국(新王國, 기원전 1570~1075), 후기 왕국(Late Period, 기원전 1075~332)으로 대별된다.[7)]

이집트는 기후가 온화하고 건조한 지역이지만, 나일강의 정기적 범람은 강의 양안에 12마일의 폭과 500마일의 길이를 가진 비옥한 땅을 만들었다. 대규모의 관개시설과 홍수 조절을 위한 공동체적 노력은 이러한 사업을 수행할 수 있는 통치구조를 통해서만이 성취될 수 있는 것이었다. 비트포겔의 이른바 수력사회의 동양적 전제주의가 탄생할 조건이 갖추어져 있는 셈이다. 이집트는 긴 역사 과정에서 수많은 변천이 있었음에도 불구하고, 이집트 통치제도의 현저한 특징은 안정성이다. 특히 외부 세력에 의한 통제하에서도, 이집트는 파라오에 의한 지배의 계속성을 유지했다. 이 지배 체제는 종교와 절대적 전제군주제에 기초한 것으로서, 고대사회에서 흔히 발견되는 제정일치(祭政一致) 혹은 신권정치(神權政治)였다. 국가는 처음부터 태양신에 속했고, 그의 대리인이 파라오(원래의 의미는 '거대한 집'이다)였다.[8)] 그는 최고 성직자이며, 정치적 대왕 및 행정수반이며, 동시에 최고 재판관이며, 모든 재정에 관한 통제권을 갖고 있었다. 물론 이러한 역할들이 분리되어 있었던 것은 아니다. 왜냐하면 그 모든 것이 파라오의 신의 지위

---

7) 고왕국과 중왕국 사이의 백여 년간 내부적 분열이 있었고(제1중간기라고도 한다), 중왕국과 신왕국 사이에 이민족인 힉소스(Hyksos)의 지배(제2중간기로 부른다)가 70년간 지속되었다. 고이집트의 기원, 왕조 및 시대 구분에서 학자 간에 상당한 편차를 보여 준다. 여기서의 구분은 다음의 저서에 의존했다. E. N. Gladden, *A History of Public Administration*, Vol. I(London: Frank Cass, 1972), pp. 47-48.

8) *Ibid.*, p. 48; Edward M. Burns & Philip L. Ralph, *World Civilizations*, Vol. I (New York: W. W. Norton & Co., 1964), p. 40.

속에 포함되어 있는 것이기 때문이다.

그러나 실제적 측면에서, 그의 권한에 속하는 책임의 위임이 불가피하게 이루어졌다. 초기에는 친족과 귀족에게, 기능의 전문화와 관직이 증가된 이후에는 행정 분야로 권한의 위임이 진행되었다. 고왕국 시대에 복잡한 행정체제가 파라오에게 봉사하기 위해, 그리고 그의 짐을 덜기 위해 작동했다. 이집트에서 강력한 힘을 행사하게 된 관료제적 장치가 등장한 것이다.[9] 이집트는 일찍부터 왕의 대관(代官: 대리인)으로 재상(Vizier)을 임명하는 관행이 확립되어 있었다.[10] 궁중의 음모를 포함해서 여러 위험에 노출되어 재임 기간이 불확정적이긴 했지만, 그는 강력한 힘을 갖고 있었다. 그는 재판을 주재하고, 왕국의 잉여생산물의 처분을 관장했다. 더불어 그는 전쟁, 국내 치안, 농정 그리고 공공 역사의 최고 책임자이기도 했다. 그는 지방관리로부터 정기적 보고를 받고, 그 역시 왕의 집사로서 매일 보고할 의무가 있었다. 또한 재상은 일상적 행정 업무와 더불어 유언장, 토지 쟁송에 관한 기록, 재판을 기다리는 범법자의 명단과 같은 기록, 심지어는 천문 관측과 같은 과학적 정보의 관리에 대한 책임을 지고 있었다.[11]

중앙의 권력 중심부가 갖고 있는 문제 가운데 하나는, 지방에 대한 통제였다. 이집트는 초기부터 여러 주(nomes)로 나뉘어 있었는데, 왕이 임명하는 지사(normarch)가 그 지역을 통괄했다. 그는 관할지역의 중앙정부의 행정뿐 아니라, 지방행정에 대한 책임도 지고 있었다.[12] 그는 관할권 내의 군사, 사법, 사원 및 공공물의 관리 등에 대한 책임을 지고 있었기 때문에 서기, 기술자를 포함한 관리들을 거느리고 있었다. 지사는 두 명의 왕의 대리인의 조력을 받았는데, 이들의 임무는 지사들의 활동을 감시하고, 또한 파라오의 이해가 그 지역에서 반영되도록 적절히 조절하는 것이었다. 이집트의 경우, 권력의 균형은 중앙과 지방의 두 개의 힘에 따라서 변동했다.

앞에서 지적한 바 있듯이, 이집트의 정치사는 유례가 드물게 지속성과

---

9) E. N. Gladden, *op. cit.*, p. 49.

10) *Ibid.*, p. 55.; William C. Beyer, "The Civil Service of the Ancient World," in James W. Fesler, ed., *American Public Administration: Patterns of the Past*(New York: ASPA, 1982), pp. 30-33.

11) E. N. Gladden, *A History of Public Administration*, p. 56.

12) *Ibid.*, p. 58.

안정성을 유지했다. 지중해 세계의 정치 제도가 불안정성으로 그 성격이 규정되는 데 반해, 파라오는 거의 변화가 없는 과정 속에서 몇 세기고 이 지역을 지배했다. 그리고 이집트의 긴 역사는 문화적 경험의 통일성—제일성이 아닌—을 구축했다. 이는 부분적으로 이집트 문명이 비교적 고립된 상태에서 전개된 데서 기인하는 바, 이것은 긍정적이기보다 부정적으로 작용했다. 그것은 문명의 형성기에서 비(非) 이집트적 요소의 영향을 극소화했다.[13]

한편 파라오에 의한 통치 방식이 대규모적이고 능률적인 관리집단의 존속 없이 유지되기는 힘든 일이었다. 영국의 행정사가인 글래든은 이집트의 체제가 조직이란 의미에서 관료제를 이미 형성했는지에 대해서는 의문을 표시하고 있지만, 관리들의 활동이 이집트 사회 전반에 침투해 있다는 사실은 승인하고 있는 것이다.[14] 이런 관점에서 관료제에 관한 느슨한 정의에 기초하여, 이집트의 그것을 관료제적 장치로 규정해도 무방하리라고 본다.

초기의 파라오에 의한 지배는 사실상 권한의 위임을 불가피하게 요청했으나, 그것은 왕가의 구성원에게 한정된 것이었다. 관직은 세습제였고, 애초에는 많은 관직들이 순전히 명예의 관념에 토대를 두었다. 때로는 관직이 매매의 대상이 되기도 했다. 따라서 더 일반적인 관직에 관한 관념은 점진적으로 출현한 것이다. 특히 중요한 직위의 경우, 문자에 대한 지식이 요청되었고, 이를 위해서 오랜 기간의 교육이 필요했다. 오늘날 관료제의 병리로 흔히 지적되는 번문욕례, 관직의 중첩성, 부당한 재물 취득 등이 있었고, 젊은이들은 장차 편안한 생활을 하려면 관직을 가지라는 충고를 받았다고 전해진다. 그러나 또 다른 한편 헌신적으로 일하는 관리들이 있었고, 이들이 있었기 때문에 파라오에 의한 제국의 통치가 가능할 수 있었던 것이다.[15] 아울러 이집트의 효과적 행정이 인구 및 인력에 대한 충실한 통계자료에 의지했다는 것은 주목할 만한 일일 것이다. 이런 점에 비추어 보면, 이집트인들이 일찍부터 센서스를 정기적으로 실시한 것도 그다지 놀라운

13) J. M. Powell, *op. cit.*, pp. 26-27.
14) E. N. Gladden, *op. cit.*, p. 53.
15) *Ibid.*, p. 62.

일이 아닐 것이다.[16]

그러나 후기왕국 이후에, 이집트는 약화되기 시작했다. 이 점에 관해 행정과 문명의 역사적 관계를 조명한 바 있는 내쉬는 이집트의 쇠퇴를 가져온 요인의 하나로서 행정 체제의 능률성의 감소를 지적하고 있다. 이것이 농업의 부진을 가져오고, 외부 세력의 침투로부터 제국을 보호하지 못한 중앙정부의 무능력이 이를 재촉한 것이다. 이와 유사하게 종교적 형식주의에 기울어진 제국의 행정은 한때 이집트인들이 선구적 업적을 쌓았던 운송체제 및 토목 분야의 점진적 쇠퇴를 가져왔다. 주술에 대한 신앙이 과학의 진보를 지연시키고 문화의 발전을 저지한 것이다. 요컨대 이집트의 문명은 행정적 장치와 밀접하게 연결된 것이다.[17]

한편 헤겔은 이집트의 문명적 성취, 특히 건축에서의 탁월함을 이집트 하층계급의 정치적 무관심에서 찾고 있다. 즉 그들은 나라 일에 대해 마음 쓰지 않고 자신의 직무에 충실할 수 있었다는 것이다.[18]

서구의 발전에 가장 커다란 영향을 미친 고대사회는 지중해 연안을 접하고 있는 지역에 위치했다. 여기서 발전된 도시국가는 앞에서 검토한 이집트와 같은 동양적 전제주의, 혹은 역사적 관료제국과 구분되는 정치적 실체였다. 이 중 두드러진 것이 그리스와 로마(물론 로마는 기원전 27년 이후에 제정 시대로 들어선다)였다.

4 그리스의 도시국가

서구의 발전에서, '서구의 학교'로 알려진 그리스 문명도 오랜 기간의 진보를 통해서 이루어진 것이다.[19] 인간 경험의 이성에 대한 믿음과 합리적인 정신이 철학의 진보와 과학적 연구의 초석이 되었다. 여기서 전개된 그리스의 정치 제도는 그 전개 과정에서 상당한 차이를 드러내나, 도시국가

16) *Ibid.*, p. 59; Henry Jacoby, *The Bureacritization of the World*(Berkeley, Calif.: University of California Press, 1973), p. 10.

17) G. D. Nash, *op. cit.*, pp. 8-9.

18) 헤겔, 『역사철학강의』 I, 김종호(역), (서울: 삼성출판사, 1982), p. 317.

19) J. M. Powell, *op. cit.*, pp. 38-39.

(city-state)로서 그 성격이 규정된다.

주지하다시피 그리스인은 기원전 1천 년까지 촌락을 중심으로 혈연 중심의 씨족공동체를 형성하다가, 토지가 사유화되면서 지연사회(地緣社會)로 전환했다. 여기에 기초해 도시국가 이른바 폴리스(polis)의 성립을 보게 되는데, 그 시기는 대략 기원전 8세기 중반으로 알려져 있다.[20]

그리스의 도시국가의 규모는 비교적 적어서 30~500평방 마일 정도이고, 여기에 상응해 인구의 규모도 적었다. 예컨대, 아테네의 경우 펠로포네소스 전쟁이 일어나기 이전의 전성기에 성인 남자인 시민은 약 4만 내지 5만 명 정도(아테네의 전체 인구는 대략 18만 명이고, 여기에 비슷한 규모의 외지인 및 노예들이 있다)에 지나지 않았다. 그리스의 도시국가의 규모가 이처럼 적었던 이유는 자연적 경계에서 비롯된 지리적 조건 이외에도, 이웃한 국가들이 독립적으로 발전해 나간 점에서도 그 이유의 일단을 찾을 수 있다. 따라서 각 폴리스는 그들의 전통과 생활 양식을 발전시켰다.[21] 이와같이 그리스의 도시국가인 폴리스는 정치, 경제 및 사회 생활의 기본적 요소로서 자족적 실체로서의 성격을 갖는다. 우리는 여기서 그리스의 여러 도시국가 중 대조적 성격을 지닌 스파르타와 아테네를 중심으로 정치 및 행정조직의 실제를 개관하려고 한다.

과두제적 지배의 성격을 가진 스파르타는 이원왕정제(dual kingship)에 기초했다. 두 가문을 대표하는 이들 두 명의 왕은 협력 체제를 구축하고, 때로는 상호 견제하면서 왕권을 행사했다.[22] 고위 성직자 및 군의 통수권자로서의 권한 이외에도 많은 특권과 명예가 왕에게 귀속되어 있었다. 그러나 왕권은 이원적 체제가 지닌 취약점과 그리고 고위행정관회의(Board of Ephors) 및 원로원(Gerusia)에 의해 제한되었다. 고위행정관회의는 스파르타 시민 중에서 추첨에 의해 선출된 5명의 시민으로 구성되었는데-그 회의의 수장은 최고행정관(Magistrate)이었다-광범위한 권한이 이들에 의해 행사됨으로써, 스파르타의 사실상의 권력 중추가 되었다. 임기 1년의 고

---

20) John V. A. Fine, *The Ancient Greeks*(Cambridge, Ma.: Harvard University Press, 1983), p. 47.

21) *Ibid.*, pp. 52-52.

22) *Ibid.*, pp. 143-148; E. N. Gladden, *op. cit.*, p. 80.

위행정관회의는 왕의 과중한 업무를 분담하기 위한 행정적 보조기구로 출발했으나, 원로원 및 민회(Apella)의 소집, 외교사절의 접수, 군대의 동원, 교육의 관장, 심지어는 왕을 퇴위시킬 수 있는 권한까지 행사했다. 원로원은 30명으로 구성되었는데, 여기에는 60세 이상의 귀족 28명과 2명의 왕이 포함된다. 종신직으로 이루어진 원로원은 형사재판의 관할, 제한된 입법권을 가지고 있었다. 민회는 30세 이상인 모든 시민으로 구성되었는데, 여기에 참여하는 것은 권리라기보다 의무로서의 성격을 갖는다. 애초에는 왕에 의해 소집되었으나, 그 기능은 고위행정관회의로 이전되었다. 민회는 원로원의 의원과 고위행정관의 선임권을 가졌고, 입법기관으로서 왕이나 고위행정관회의에서 제안한 여러 사항에 대한 비준권을 보유했다. 스파르타의 경우, 상당수의 예속인들로 인해서 이 사회의 구조와 목표에 영향을 미쳤는 바, 군사적 훈련 및 국가에 대한 헌신의 중요성이 강조된 것도 여기서 기인된 것이다. 요컨대 스파르타는 폐쇄된 세습제 귀족의 군사적 체제로 그 성격이 규정될 수 있다.[23)]

경직된 스파르타의 체제와 대비되는 아테네는 대체로 점진적으로 민주적 체제로의 전환을 보여 주었다. 아테네 역시 그리스의 다른 도시국가와 마찬가지로 세습제에 기초한 왕정 체제로 출발했으나, 토지를 소유한 귀족계급의 성장으로 기원전 8세기 말에 이르러 왕의 권력은 상당한 정도 제한되고, 왕을 포함한 9명의 최고행정관－여기에는 집정관(archon), 군지도자(polemach), 6명의 사법관(thesmothetai)이 포함된다－이 행정, 군사, 사법의 권한을 행사했다.[24)] 그리고 이러한 귀족들에 의한 정치적 지배를 손상시키지 않고 농민들의 불만을 해결하려던 솔론(Solon)의 개혁정치가 좀더 폭넓은 참여에 대한 요구를 충족시키지 못하고 실패함으로써 귀족들의 우월성이 계속 유지되었다. 그러나 기원전 502년 클레이스테네스(Kleisthenes)의 등장으로 아테네 민주정의 토대가 구축되었다. 그의 주도하에 이루어진 개혁의 일환으로, 후에 위원회(Boule)로 알려지게 된 5백인위원회(Council of Five Hundred)가 창설되었다. 이 위원회는 매년 50인이 10개의 부족에서 추첨에 의해 선발된 인원으로 구성되었고, 업무의 효율적 집행을 위해

23) J. M. Powell, *op. cit.*, p. 46.
24) J. V. A. Fine, *op. cit.*, pp. 181-182.

다시 10개의 위원회로 구분하는 관행을 확립했다. 5백인위원회의 주요한 활동의 영역은 의안 심의, 행정 및 사법에까지 뻗쳐 있었다.[25] 심의기구로서 이 위원회는 민회(Ecclesia)에 제출할 의제를 준비할 주요한 책임을 갖고 있었다. 오직 위원회에서 논의되었거나 제안으로서 채택된 문제만이 민회에 제출될 수 있었다. 더욱 중요한 것은 5백인위원회가 행정기구였다는 점이다. 즉 민회에서 통과된 법령의 집행에 대한 책임 이외에도 징세 청부, 광업권의 임차, 공공시설물의 건설에 따른 계약, 종교적 또는 세속적 공공건물의 관리, 공물의 사정(査定)과 같은 업무를 수행했다. 요컨대 아테네 체제의 전반적 관리는 주로 5백인회의에 의해 이루어진 것이다. 또한 5백인위원회는 경찰 및 사법적 권한을 행사했다. 구역(deme)의 등록부를 검열하고, 관직 후보자의 자격 요건을 심사하고, 정기적 조사를 통해서 관리들의 비위를 적발했다. 특히 이 위원회는 관리들에게 벌금을 부과하는 것을 포함해서 재정적 문제에서 사법권을 행사했다.

민회는 대의제 기구는 아니었지만, 기원전 5세기 후반 및 4세기에 걸쳐 전개된 아테네 민주정치의 핵심적 기구였다. 민중의 의사가 표현되는 민회에의 참여는 비록 시민권을 가진 성인 남자들로 제한되었으나, 여기서 전쟁, 평화, 동맹과 같은 중요한 문제가 결정되었다.[26] 또한 외교사절의 파견과 접수, 군사활동에 대한 통제, 사원 및 공공시설물의 설치, 새로운 의식의 도입, 국가재정과 식량 조달의 문제에 대한 감독의 기능을 수행했다. 민회의 권찬을 극명하게 드러내 주는 것은 행정관리에 대해 행사하는 통제력이다. 민회는 추첨에 의해서 선임되지 않는 행정관리를 선출할 뿐만 아니라, 재임 중인 관리에 대한 감시 활동을 벌였다. 또한 민회는 사법행정에서도 일정한 역할을 수행했으나, 민중법원(popular courts)의 활동 증가로 그 역할은 감소되었다.

그리스를 포함한 지중해 연안의 도시국가에서, 정부의 정치 및 행정적 활동은 미분화 상태였고, 후에 왕을 대치한 최고행정관의 권력은 행정적·집행적·사법적인 기능이 혼재된 상태에 있었다. 그러나 이들의 임기가 짧았고, 비전문가였다는 점은 특기할 만한 일이다. 말하자면 행정은 시민들이

25) *Ibid.*, pp. 401-403.
26) *Ibid.*, pp. 407-415.

순환적으로 맡아야 할 의무였다. 따라서 공공 서비스는 시민의 의무에 대한 헌신에 의존했을 뿐만 아니라, 부유한 계층의 개인적 기부에 상당한 정도 의존적이었다.[27] 반면 이들의 하위 계층에서 이루어지는 일상적 행정업무는 사적 혹은 공적 노예들에 의해서 좀더 영속적인 토대 위에서 처리되었고, 헬레니즘 시대에는 전문가의 출현으로 고위행정관들의 비전문가의 성격에도 변화가 생기게 되었다. 행정의 기능 역시 단순한 것으로부터 복잡한 방향으로 진행되었다.

요컨대, 내쉬가 제시한 명제인 문명의 성취와 조직구조 및 기술 간의 불균형이 그리스의 도시국가의 몰락을 재촉했다. 그러나 이들이 보여 준 문화적 성취는 급속하게 성장하던 로마에 의해서 흡수되었다.[28]

5 로마 공화정

로마가 서구 문명의 전개에서 기여한 부분은 두 가지 측면에서 검토될 수 있는데, 하나는 지중해의 세계를 지배하는 하나의 제국(empire)을 건설한 것이고, 다른 하나는 이들의 정치적 · 사회적 · 정치적 제도와 사상의 산물이 중세 유럽의 터전을 다지는 데 커다란 영향을 미쳤다고 하는 점이다.[29] 특히 정치 및 행정 제도와 법적 사고의 영향력은, 비록 변화를 경험했지만 오늘날까지 부분적으로 온존되어 있다. 그러나 로마 자체로 한정한다면, 그것은 귀족계급과 평민 세력 간의 갈등과 대외적 팽창이라고 하는 두 개의 축을 중심으로 전개된 역사로 규정될 수 있을 것이다. 베이어(William C. Beyer)는 로마 체제의 성격을 귀족주의적 군주정(기원전 약 500년), 과두제적 공화정(기원전 500년~기원전 27년), 제한적 군주정(기원전 27년~285년), 절대군주정(285년~476년)으로 구분한 바 있다.[30] 그러나 여기서는 편의상 원로원이 옥타비아누스(Octavianus)에게 아우구스투스(Augustus)란 칭호를 부여함으로써(기원전 27년) 사실상 제정 시대로 접

27) E. N. Gladden, *op. cit.*, pp. 103-105.
28) G. D. Nash, *op. cit.*, p. 12.
29) J. M. Powell, *op. cit.*, p. 64.
30) W. C. Beyer, *op. cit.*, p. 36.

어든 것을 기점으로 하여, 그 이전을 로마공화정으로 그리고 그 이후를 로마제국 및 비잔틴 시대로 부르려고 한다.

왕정 체제에서 출발한 로마의 경우, 정치적 지배력은 귀족계급(patrician class)을 형성한 일단의 귀족 가문이 장악하고 있었으나, 기원전 509년 에트루리안(Etruscan) 지배자를 축출하고 귀족들에 의해 통제되는 공화정을 수립했다.[31] 과거의 왕권은 귀족 출신인 2명의 집정관(Praetor)－후에 Consul로 알려진－에 의해 행사되었다. 임기 1년의 선출직인 집정관은 공동으로 그 권한을 행사했으며, 각기 상대방에 대한 거부권을 가졌다. 왕정 체제하에서 창설된 원로원(Counoil of Elders, 또는 Senate)은 자문기관이었으나, 그들의 의견은 커다란 영향력을 지녔고, 또한 매년 집정관을 선출하는 권한으로 인해서 사실상 권력의 원천이 되었다. 또한 왕정 체제 하에서 출발한 쿠리아회(Comitia Curiata)의 권한 역시 그대로 유지되었다.[32] 왜냐하면 국민의 궁극적 주권이란 사고가 이론적으로 수용되었기 때문이다.

여기서 주목할 것은 공화정 초기부터 평민(plebeians)들에 의한 통치 과정에의 참여의 외침이 커지기 시작했다는 점이다. 평민중 일부는 재력과 영향력을 갖고 있었고, 대부분 보병으로 복무했다. 이들은 그 지위를 이용해, 귀족과의 타협을 통해서 자신들의 요구를 부분적으로 관철하는 것이 가능했다. 호민관(Tribune)이란 관직의 창설과 12표법(Law of the XII Table)의 제정은 두 세력 간의 투쟁 중에서 타협의 산물로서 나타난 것이다.[33] 매년 평민 중에서 선출되는 호민관은－최초에는 2명이었으나 10명이 되었다－원로원과 각종 회의의 행위에 대한 거부권을 가졌고, 행정권의 부당한 행사로부터 평민들을 보호했다. 12표법은 지금까지 행정관들이 관습법에 기초해 법을 자의적으로 해석하는 관행을 막기 위한 것으로서, 비록 이것이 완결된 법전이 아니며, 또한 평민들의 요구가 충족된 것은 아니었

---

31) J. M. Powell, *op. cit.*, p. 65.

32) 로마는 애초에 3개의 종족으로 구성되었는 바, 이들은 각각 10개의 지역 쿠리아로 나뉘어 있었다. 이들의 연합모임이 쿠리아회이며, 이것이 로마시민회(Roman popular assembly)를 구성했는데, 주된 업무는 신왕의 선출을 비준하는 것이었다. 따라서 공화정하에서 쿠리아회의 임무는 행정관의 임명에 대한 비준이었다. E. N. Gladden, *op. cit.*, pp. 96-97.

33) *Ibid.*, pp. 98-99; J. M. Powell, *op. cit.*, 65-66.

지만 이후의 로마법 체계의 바탕이 되었다.

기원전 5세기 초반부터 로마는 도시국가의 범위를 넘어서 영토를 확장하고 이태리 반도 전역에 대한 지배력을 확립했다. 이 과정에서 북아프리카의 해안에 위치한 또 다른 주요 세력인 카르타고와의 갈등을 빚어냈다. 제1차 포에니전쟁(기원전 264~241)을 승리로 이끈 로마는 제3차 포에니전쟁을 끝으로(기원전 146년) 대부분의 지중해를 지배하는 하나의 거대한 제국을 건설했다. 이러한 대외팽창주의는 로마의 사회적·경제적 구조에도 변화를 가져왔다. 우선 전쟁 중 농민들은 도시에서 피난처를 찾게 되고, 참전한 병사들은 가족의 생계를 위해 토지를 매각해 버림으로써 토지 없는 빈민층이 생겨났다. 반면 귀족들에 의한 토지의 집중화 경향이 나타났다. 이른바 대농장제(大農莊制, latifundia)는 오랫동안 로마의 사회 및 군대의 중심적 세력이었던 자영 소농들의 생활을 어렵게 만들었다. 더불어 로마는 거대한 제국의 수도가 되어 버렸다.[34]

이러한 변화에 대한 로마인들의 반응은 비교적 완만했다. 제국의 현실에 부합되는 통치구조를 갖추는 데 그것이 지체된 이유로서 호프메이어(J. H. Hofmeyr)는 세 가지를 제시한다. 하나는 새로운 것을 만드는 것보다, 과거의 제도에 적응하는 것을 선호하는 로마인들의 보수성과 전통의 힘이다. 다른 하나는 환경적인 것으로서, 공화정 말기까지 로마인들께 의해 정복된 영토들이 대체로 도시국가에 기반을 둔 사회였기 때문에 기존의 체제를 그대로 유지한 것이다. 끝으로 로마가 사전에 제국주의적 패권국가가 될 것으로 예정된 것이 아니었기 때문에, 제국에 부합되는 행정 체제를 미리 설계하지 않았기 때문이다.[35] 포에니전쟁이 야기한 경제적·사회적 영향, 원로원에 의한 정치적 지배력의 증가, 그리고 제국으로의 전개 등에서 빚어진 해결되지 않은 문제들이 로마를 괴롭혔고, 이것이 일련의 개혁을 요청했다.

그라쿠스 형제(Tiberlius Gracchus, 163~133 B.C.; Gaius Gracchus, 153~121 B.C.)의 개혁 프로그램은 이러한 시도 중 최초의 것이었다. 그들

34) J. M. Powell, *op. cit.*, p. 67.

35) J. H. Hofmeyr, "Civil Service in Ancient Times: The Story of Its Evolution," quoted in F. Heady, *op. cit.*, p. 168.

은 소농들의 부담을 경감하고, 토지 없는 시민들을 위해 토지를 재분배하고, 시민권의 확대와 도시 빈민층에 대한 곡물 배급 등의 조치를 취했으나, 원로원을 포함한 대항 세력의 반대에 부딪쳐, 로마는 내전 상태에까지 이르게 되었다. 이것이 바로 독재자가 출현할 길을 예비한 것이다.[36] 개혁 프로그램은 실종되고, 헤게모니의 장악을 위한 지속적인 싸움이 벌어졌다. 권력을 장악한 케사르(Julius Caesar, 106~44 B.C.)가 군주정으로의 전환을 목전에 두고 암살당함으로써 공화정으로서의 성격이 유지되는 듯했다. 그러나 그 이후의 헤게모니 쟁탈전에서 승리한 옥타비아누스가 황제의 칭호를 거부하고, 제1 시민(Princeps)을 자임했으나 기원전 27년 원로원이 그에게 아우구스투스(존엄한 사람)란 칭호를 부여함으로써 로마는 사실상 제정시대로 들어서게 되었다.[37]

제 2 절 로마제국과 비잔틴 시대

로마제국은 기원전 27년부터 471년까지, 그리고 비잔티움(콘스탄티누스 대제는 콘스탄티노플로 불렀다)에 수도를 둔 동로마 즉 비잔틴제국은 1453년까지 존속했다. 비록 비잔틴의 역사는 중세의 그것과 비슷한 시기에 걸쳐 있으나, 문화의 패턴은 서구를 지배했던 것과 상당한 차이를 보여 준다. 그럼에도 불구하고, 그리스 및 동방의 요소를 더 많이 갖고 있었던 비잔틴제국은 여전히 로마의 상속자였다.

1 아우구스투스

아우구스투스는 제국의 확장보다 내실을 기하는 데 힘썼다. 즉 그는 국가의 재편성에 주력했는 바, 새로운 행정 제도의 확립과 전문적 관리로 이루어진 계층제의 창설 등이 그것이다. 사법권이 그의 감독권 하에 집중되

36) J. M. Powell, *op. cit.*, pp. 68-69.
37) E. M. Burns & P. L. Ralph, *World Civilizations*, p. 282.

었으나, 제국에 속한 속주(province)의 자율권은 허용되었다.[38] 이러한 변화는 급격하게 이루어진 것이 아니다. 다시 말하면 공화정의 제도들이 유지되면서 새로운 현실에 적합하도록 점진적으로 이루어진 것이다.

아우구스투스에 의해서 추진된 이러한 행정의 개혁은 제국의 존속과도 밀접하게 연관된 것이기도 하다. 그는 행정위원회(administrative council)의 필요성을 인식하고, 다소 불완전한 형태이긴 하지만 오늘날의 내각을 구성했다. 그는 6개월마다 임명되는 원로원의 위원회로부터 주로 조언을 얻었다. 그는 로마 시의 관리 및 재건에도 관심을 갖고 필요한 관직을 설치했고, 국세조사를 행하였다. 더욱 중요한 것은 아우구스투스에 의해 이루어진 재정에 관한 통제였다.[39] 당시 4개의 분리된 금고(fund)가 있었다.

① Aerarium Saturni: 공화정 시대의 단일 금고였으나, 'Princeps'[40]와 원로원 간의 속주의 분할 지배 이후 이 금고는 원로원에게 배타적으로 봉사했다. 그럼에도 불구하고 'Princeps'는 관리를 임명하고 통제했다. 이 금고는 국가재정에 관한 권한의 점진적인 집권화로 로마시의 금고가 되었다.

② Patrimonium Caesaris: 이 금고는 'Princeps'의 사적 재정을 담당하며, 이집트의 수입도 포함된다. 로마와 속주의 관리들이 이 금고를 관장했다.

③ Aerarium Militare: 이 금고는 퇴역 병사들의 수당을 책임졌다.

④ FiBCUB: 이 금고는 국가의 수장으로서의 'Princeps'에게 귀속된 금고이다. 군대의 유지 및 조달, 관리의 급여, 곡물 수송과 군용도로 그리고 우편 및 공공건물에 소요되는 비용에 충당하기 위해 마련된 금고이다. 주된 세원은 제국의 속주로부터 나왔다. 제국의 금고와 원로원의 금고가 Fiscus로 통합되는 추세를 보여 줌으로써, 집권화된 재정 체계를 갖추게 되었다.

이러한 재정통제가 결과한 것은 공화정 하에서 징세의 책임을 지고 있었

38) G. D. Nash, *op. cit.*, p. 13.

39) E. N. Gladden, *op. cit.*, pp. 119-120.

40) 물론 Princeps는 '제1시민'을 의미하나, 당시 아우구스투스는 종신집정관, 최고재판관, 원로원 의장 등을 겸직하고 있었으므로, 사실상의 전권을 장악하고 있었던 셈이다. 따라서 Princeps란-여기서 프링켑스(Principatus, 元首政)가 파생되었다-로마의 제1인자인 원수를 가리킨다.

던 징세 청부인(publicani)의 영향력의 감소였다. 통상 기사단(Equestrian Order)이 맡고 있던 징세 청부제는 착취가 심했던 바, 토지세 및 재산세가 도입되고, 징세 청부인의 활동이 제국의 관리들의 철저한 감독하에 놓임으로써-이 제도의 전면적 개편은 완만하게 이루어졌다-그 폐단이 줄어들었다.

아우구스투스에 의해 주도되고, 초기 제국의 기초가 된 관료제가 합리화되고 또한 전문화되기는 했지만, 그것이 분리되어 조직화된 관료 제 즉 비인격적 국가라고 하는 관념으로까지 전개되지는 못했다.[41] 이런 관점에서 로마제국의 관료제는 우리가 이미 제4장에서 검토한 바 있는 베버의 이른바 가산제(家産制)의 요소를 지닌 전통적 지배 양식으로 규정될 수 있을 것이다.

아우구스투스를 승계한 티베리우스(Tiberius, 14~37 A.D.)의 통치 하에서 다소의 변화가 있었다. 그는 속주에서의 행정권을 강화하고, 지출을 줄이고, 원로원과의 연합지배라고 하는 방식을 더 이상 고수하지 않았다. 또한 집정관 및 주요 관직의 후보자를 선출하기 위해 민회를 소집하는 과거의 관행을 중단시켰다. 요컨대 그의 통치는 제국의 군주정을 지향하는 전조였던 셈이다.[42] 네르바(Nerva, 96~98)에서 아우렐리우스(Aurelius, 161~180)에 이르는 기간은 황금기로서 제국의 번영을 구가하던 시기였다. 군대와 관료제를 재편성하고 징세 방법을 개선했다. 가령 관료들의 충원을 노예에서 해방된 자유인으로부터 중류계급을 구성했던 기사단(騎士團)으로 확대했다.[43] 그러나 이러한 번영기에도 이미 안정성과 질서를 위협하는 요소가 예비되어 있었다. 이것은 권력의 승계에서 군 특히 근위대(Praetorian Guard)의 영향력이 행사됨으로써 가시화되었다. 아우렐리우스의 죽음 이후 디오클레티아누스(Diocletianus, 284~305)가 제위에 오르기까지 1백 년 동안에 20명 이상의 황제가 퇴위한 것은 이를 입증하기에 충분할 것이다.

41) *Ibid.*, p. 120.
42) J. M. Powell, *op. cit.*, p. 73.
43) *Ibid.*, pp. 74-75; F. Heady, *op. cit.*, p. 170.

2 비잔틴제국

디오클레티아누스는 프링켑스를 폐지하고, 관리들이 황제 앞에서 무릎을 꿇는 새로운 궁중의식을 제도화했다. 그리고 로마제국을 서방으로부터 동방국가로 전환하는 이른바 '비잔틴화(化)' 과정을 진전시켰다.[44] 그는 콘스탄티누스 대제(Constantinus the Great) 및 그의 승계자들이 동방에 강력한 로마제국을 건설하는 기초를 마련했다. 콘스탄티누스 대제는 330년에 수도를 비잔티움으로 옮겼다. 테오도시우스 대제(Theodosius the Great, 379~395)는 로마제국을 온전하게 통치한 마지막 황제였다. 그의 사후 제국은 동서로 분할되고 다시는 통합되지 못했다.

이제 로마는 내부적으로 작용하는 과정에 의해 변화하고 있었다. 특히 기독교가 공인(公認)됨에 따라 로마는 세속적인 정교함을 상실하게 되었다. 기독교는 동방에서 비잔틴제국을 형성하는 데 주된 역할을 수행했고, 서방에서는 이방인에 의해 지배되는 새로운 세계의 통합의 기초가 되었다.[45] 유스티니아누스 대제(Justinianus the Great, S27~565)는 테오도시우스 이후 마지막으로 순수한 로마인의 기질을 보여 준 황제였다. 그는 이방인에 의해 지배되는 서방을 재정복함으로써 속주(屬州)의 행정을 재편성했다. 그는 통치 활동의 능률성을 개선하기 위한 목적으로 로마법의 법전화 작업에 착수했고, 특히 제국의 경제 및 재정기구에 특별한 관심을 기울였다.[46] 그러나 7세기 초에 이미 새로운 위협이 지평에 떠오르고 있었다. 비잔틴은 페르시아와의 전쟁으로 국력이 소모되고, 이로 인해 사라센의 침공을 야기한 것이다. 8세기 중엽 소아시아를 제외한 유럽의 전역을 잃고, 사라센의 진격이 무디어졌을 때 비잔틴은 짧은 기간 기력을 회복했으나, 11세기 이후 국력은 크게 쇠퇴했다. 1453년 오토만 투르크(Ottoman Turks)에 의해 콘스탄티노플이 함락됨으로써 제국의 역사는 종말을 고했다.[47]

---

44) J. M. Powell, *op. cit.*, p. 92.
45) *Ibid.* p. 94.
46) E. N. Gladden, *op. cit.*, p. 177.
47) E. M. Burns & P. L. Ralph, *op. cit.*, p. 380.

그러면 서로마가 급속하게 붕괴된데 반해, 비잔틴제국이 거의 1천 년 동안 존속할 수 있었던 이유는 무엇인가? 이는 부분적으로 비잔틴 문화가 갖고 있었던 동방적 요소와 정태성에서 기인된다. 즉 비잔틴의 경우, 사회변화가 급격하게 일어나지 않았고, 문화적 진보가 쇠퇴와 재생이라고 하는 극심한 순환 과정을 거쳐서 이루어진 것이 아니었다. 비잔틴인들은 대체로 과거의 전통 속에서 사는 것으로 만족했다. 이러한 문화의 보수적 국면이 제국의 급격한 붕괴를 저지할 수 있었다.

또한 바다와 높은 성벽으로 둘러싸인 콘스탄티노플의 지리적 위치가 그것을 난공불락의 천연의 요새로 만들었고, 국방의 목적으로 사용할 수 있는 재정을 제국의 정부가 확보하고 있었기에 가능했다.[48] 이미 지적한 대로 비잔틴은 조직 및 법적인 능률성을 갖춘 로마의 전통과 기독교라고 하는 새로운 종교와 문화 및 예술에서의 그리스의 전통을 갖고 있었다. 이러한 토대 위에서 훈련된 군대와 능률적인 행정 장치를 갖춤으로써 제국은 오랫동안 존속할 수 있었던 것이다.

비잔틴제국의 경우, 황제는 법적 제한을 받기는 했으나, 입법과 행정 그리고 재정에 관한 권한과 법을 해석하는 지배적인 권력을 행사하는 절대자였다. 황제의 선출은 여전히 원로원과 군부에 의존적이었으나, 그의 생존시에 후계자를 선출하는 관례화된 권한을 보유하고 있었다. 권력의 찬탈이 그 성공에 의해서 정당화되기도 하였으나, 그는 반드시 그리스 정교(正敎)의 신자여야 했다.[49]

비잔틴제국의 행정은 로마 체제의 자연스러운 발전인 것이 분명하고, 오랜 역사의 전개 과정에서 상당한 변화가 있었던 것 또한 사실이지만, 실질적으로는 6세기에 유스티니아누스 치하에서 확립된 양식으로 그 성격이 규정된다.[50] 속주의 장관(Praetorian Prefect)은 행정적·사법적 기능을 수행했는데, 경찰의 업무 및 징세를 관장했다. 황제 아래서 집행부를 구성하는 고위행정관들은 행정기관의 수장으로서 활동했다. 이 중 가장 중요한 것은 최고행정관(Master of the Offices)인데, 그는 재상(Vizier)에 비견되는 역

48) *Ibid.*, pp. 380-381.
49) E. N. Gladden, *op. cit.*, pp. 180-181.
50) *Ibid.*, pp. 181-183.

할을 수행했다. 또한 국가위원회(State Council)의 의장은 사법, 입법 및 청원에 대한 답변의 책임을 지고 있었다. 그 밖에 'Piscus'의 책임을 지는 재정의 수장 등이 제국의 주요 관직이었다. 물론 비잔틴제국의 통치 관할이 변경됨에 따라서 내부적 행정의 편제에도 변화가 있었으며, 대체로 영토가 줄어들면서 집권화가 증가되는 경향을 보여 주었다. 콘스탄티노플의 행정은 시정행정관(City Prefect)에 의해 수행되었으며, 그는 많은 관리들을 거느렸다. 여기서 비잔틴제국에서 이루어진 행정을 기능적인 측면에서 간략하게 살펴보자.[51)]

① 외교: 외교를 전담하는 관직은 존재하지 않았으나, 특별히 임명된 관리 혹은 전권을 위임받은 관리에 의해 외교의 업무가 수행되었다. 외국의 지원을 획득하기 위해서 유서 깊은 방식 즉 우호조약, 호혜적 협력, 보수금의 지불, 정략결혼 등이 이용되었다.

② 사회적 서비스: 비잔틴제국의 여러 도시에서 적절한 사회적 서비스가 제공된 사례들이 발견된다. 기독교의 영향 아래서 황제는 교회 및 자선기관들과 이 부문에서 경쟁했다.

③ 교육: 제국의 오랜 존속이 교육에 힘입는 바 큰데, 수도원 및 대학의 전문화된 과정은 법률가와 관리 지망자에게 특히 유용했다.

④ 재정: 비잔틴제국은 복잡한 관료제적 조직을 갖추었는데, 이는 엄청난 지출과 효과적인 재정 장치를 필요로 하는 것이었다. 황제는 개인의 이해를 확보하면서, 재정에 관한 권한의 최종적 책임자였다. 이러한 거대한 제국이 존속하려면 행정기구는 필수적이나, 관료제로서 그것은 값비싸고 부담이 되는 부분으로 작용했다.

영국의 채프먼(Brian Chapman)은 근대 국가와도 관련된 두 가지 로마법의 원리를 지적한다.[52)] 하나는 국가의 수장(首長)이 국민으로부터 그의 권력을 부여받는다는 원리이다. 실질적으로 전능한 황제가 국가의 대표자로 있는 경우에조차, 국가의 이름과 이익으로 그의 권력은 보유되고 행사되었다. 다른 하나는 국가의 수장의 공적 인격과 사적 인격의 구분이다. 이

51) *Ibid.*, pp. 185-190.

52) Brian Chapman, *The Profession of Government*(London: Unwin University Books, 1959), pp. 9-10.

것이 시사하는 것은 국가의 재정과 국가의 수장의 개인적 재산의 구분인데, 이러한 법적 원리는 뒷날 심히 훼손되었으나 근대 국가의 전개 과정에서 직접적인 영향을 미쳤다. 채프먼은 또한 로마제국의 구조가 몇 가지 점에서 흥미롭다는 점을 지적하고 있다. 즉 속주로부터 중앙정부에 이르는 계층제가 군대조직에 바탕을 둔 체제이며, 따라서 집행부의 권위가 명령의 사슬을 통해서 중앙정부에게 의존적이고 책임을 지는 관리에게 부여되었다고 하는 점, 정부 활동의 주요 구성 부분으로의 구분－국방, 재정, 사법, 경찰, 외교 등－이다. 이러한 편제는 1790년의 프랑스의 행정조직에서 최초로 발견되는 것이기도 하다.[53]

요컨대, 로마제국의 관료제는 우리가 이미 제시한 바 있는 비트포겔의 이른바 '동양적 전제주의'로서, 또한 아이젠슈타트의 '역사적 관료제국'으로서 그 성격의 일단을 설명할 수 있을 것이다.

제 3 절 중세 및 절대왕정 시대

5세기의 로마제국의 붕괴로부터 14세기의 르네상스의 초기까지 중세라고 부르는 것은 오랫동안 확립된 전통이었다. 대체로 이 기간은 "사람들이 수도사의 복장을 하고, 지식의 경탄할 만한 세계를 망각하고, 이 세상의 비참함과 지옥의 고통에서 벗어나는 일에만 관심을 쏟는 무지와 미신이 횡행하는 막간"[54]으로 간주되었다. 그러나 중세에 대한 이러한 이미지는 적어도 다음과 같은 사실, 즉 이 시기에 대학의 출현과 도시의 성장이 이루어지고, 근대 국가(nation state)의 기초가 형성되었으며, 의회 및 보통법의 발전과 여타 과학 분야에서의 빛나는 성취가 있었다고 하는 점을 간과한 것이다. 비록 그 초기에 어두운 부분이 있었던 것은 사실이나, 그것이 중세의 모든 기간에 걸쳐서 전반적으로 그러한 양상을 보인 것은 아니었다. 우리는 여기서 중세사회의 지배적인 권위 관계를 구성했던 유럽의 봉건제를 중

53) *Ibid.*, p. 12.
54) E. M. Burns & P. L. Ralph, *op. cit.*, p. 346.

심으로 정치와 행정조직의 형태들을 검토하면서, 절대왕정의 성립 및 그 전개 과정을 간략하게 살펴보려고 한다.

1 프랑크왕국 · 메로빙왕조

로마의 붕괴와 이어서 전개된 수 세기의 봉건제는 국가에 관한 로마적 개념을 크게 변경시키면서, 공적 서비스의 수준을 초보적인 수준으로 끌어내렸다. 그러나 로마의 제도가 일순간에 무너진 것은 아니다. 로마의 생활양식은 주민들에게 깊숙이 침투되어 있었고, 관습과 권위 관계의 양식들과 더불어 이민족들에 의해 동화되기도 했기 때문이다. 따라서 로마의 붕괴가 즉각적인 봉건제로의 전환을 의미하는 것은 아니다.[55] 중세의 초기에 가장 강력한 서구의 국가는 사실상 클로비스(Clovis, 465~511)에 의해 기초가 마련된 프랑크왕국이었다. 그리스정교를 채택해 성직자의 지지를 얻은 그는 현재의 프랑스와 독일의 전역을 정복했고, 그의 후계자들도 그의 전제적인 지배 방식을 답습했다. 그러나 분할 상속에서 빚어진 골육상쟁과 쾌락에 탐닉한 메로빙 왕조(Merovingian dynasties, 486~751)의 후기 통치자들은 자신의 권력을 궁재(宮宰, Mayor of Palace)에게 맡기고 명목상의 왕으로서 자족했다. 8세기 중엽까지 존속한 이 무력화된 왕조가 궁내의 새로운 실력자에 의해 대치된 것은 자연스러운 일인 듯하다.[56]

메로빙 왕조하에서, 이미 지적했듯이 국가에 관한 로마적 개념은 빛을 크게 잃었다. 새로운 통치자는 사적인 복종과 보호가 교환되는 인격적 지배자가 되었다. 왕국은 왕의 재산이었다. 그는 칙령을 발하고, 로마의 관행에 뿌리를 둔 일정한 권력, 예컨대 화폐의 발행권이나 징세권을 보유했다. 왕국의 영향력은 왕가(王家)의 보호장치로서 불경죄(lese-majeste)란 교의의 채용에서 명백히 드러나 있지만, 왕의 전제적 지배력은 그가 처분할 수

55) F. Heady, *op. cit.*, pp. 173-174. 월러슈타인은 이 부분을 다음과 같이 기술하고 있다. "서구의 봉건제는 제국의 해체에서 비롯되었으나, 그것은 현실적으로 심지어 법적으로 전면적인 해체는 아니었다. 로마제국의 신화는 그 지역에서 문화적 결속력과 법적인 일관성까지 여전히 제공했다." Immanuel Waiterstein, *The Modern World System I* (New York: Academic Press, 1974), pp. 17-18.

56) E. M. Burns & P. L. Ralph, *op. cit.*, pp. 363-364.

있는 행정 수단이 제한된 관계로 감소되었다. 왕의 가계(Royal Household)는 고문관(councillors), 관리 및 수행원들로 구성되고, 중앙행정을 구성하는 행정기구가 온전히 갖추어지지 못했다. 그것은 지배자의 이동하는 가계(mobile household)였다. 그의 하인들이 가신(家臣)으로서 활동했고, 그들의 수장인 궁재는 큰 영향력을 행사했다. 왕이 성년에 이르지 못했을 경우, 궁재가 왕권을 행사했는데, 여기에는 각종 회의의 주재 및 행정의 감독과 더불어 수행원에 대한 명령권이 포함된다. 지배자의 보호 아래서 이들 가신들은 면책특권을 향유했다. 특히 궁재는 자율권을 획득해, 왕권에 도전하는 경우도 있었다.[57]

7세기 말경 메로빙 왕조는 쇠퇴했고, 732년 투르(Tours) 전투에서 아랍군을 격퇴해 명성을 얻은 궁재 마르텔(Charles Martel)에 의해 이 왕조가 기운을 회복했으나, 그의 아들인 피핀(Pippin, 714~768)은 왕을 폐위시키고 자신을 왕으로 선출했다(751). 이는 메로빙가의 지배가 종언을 고하고 새로운 왕조(Carolingian dynasties: 751~887)가 출범했음을 뜻한다. 그의 아들인 샤를마뉴(Charlemagne, 742~814)는 교황에 의해 황제의 칭호를 받았다. 그 자신도 로마황제의 합법적 계승자로 생각했고, 잃어버린 제국의 영토를 수복하고, 로마의 교회를 보호하는 것을 자신의 최고의 의무로서 간주했다.[58] 그는 궁재란 관직을 폐지하고 순찰사(royal messengers)로 하여금 각지를 순방해 관리들의 부정을 보고하도록 했다. 그리고 사법행정을 개선하고, 후에 배심원제의 기원이 된 로마의 사문 제도(sworn inquest)를 부활시켰다. 샤를마뉴가 마련한 이러한 제도들은 그의 사후 왕조의 쇠퇴로 대부분 사라졌지만, 강력한 정부를 확립한 그의 선례는 중세 말의 프랑스 왕가에 강력한 영향을 미쳤다.[59] 과거의 정치사가 우리에게 상기시키는 것 가운데 하나는 중앙집권 체제의 약화는 불가피하게 지방 세력의 성장을 가져온다는 점일 것이다. 프랑크왕국 역시 예외는 아니었다. 왕국의 쇠퇴로 빚어진 지방 세력의 성장은 유럽의 봉건화를 촉진시켰다.

---

57) E. N. Gladden, *op. cit.*, pp. 202-204.
58) *Ibid.*, p. 204.
59) E. M. Burns & P. L. Ralph, *op. cit.*, pp. 364-365.

2 중세의 봉건제

서구에서의 봉건제란 일반적으로 두 가지 의미를 갖는 것으로 이해된다.[60] 하나는 봉신(封臣, vassal)은 영주(領主, lord)에 의존적이며, 경제적 혜택이 수반되는 토지가 봉토로써 매개(媒介)되는 기술적 장치로서 규정하는 것이다. 다른 하나는 중세기의 특정한 기간 동안 지배적이었던 정치적·사회적 조직의 형태로서 봉건제를 파악하는 것이다. 우리는 여기서 봉건제를 단순히 정치적 영향력이 아닌 통치 및 행정의 권한이 영주에 귀속되고, 대부분의 그러한 기능의 성과가 영주를 통해서 이루어지는 체제로서 규정하려고 한다. 이것이 시사하는 것은 유럽의 봉건제란 본질적으로 정치적인 하나의 통치 형태라는 점이다. 즉 봉건제란 정치적 권위가 소수의 군사지도자 집단에 의해 독점되고, 그러나 그것이 그 집단의 구성원들에게 고루 배분되어 있는 정부의 형태인 것이다. 따라서 어떤 지도자도 광대한 영토를 지배하지 못하고, 제한된 영토 내에서도 충분한 권위를 확보하지 못한다. 그는 그의 동배(同輩)들과 권력을 공유하고, 부하들에게 귀속된 권한을 승인해야 한다. 따라서 질서를 유지하는 이는 영주이고, 이 때 국왕은 영주 사이의 화평을 유지한다. 이러한 봉건제는 지방적이고, 이 수준에서 공적 권위는 사적 소유물이 된다. 그럼에도 불구하고 중앙정부 및 공적 권위가 완전히 소멸된 것은 아니었다. 왕권은 쇠퇴하기는 했지만 존속했고, 강력한 군주정과 공법의 로마적 전통은 잔존해 있었다. 12세기의 로마법의 부활이 이러한 전통을 강화했고, 13세기에 대부분의 법학자들은 통치 및 행정적 권위는 국왕에게 위임되어 있고, 국왕은 영주의 모든 행위를 감독할 권한이 있다고 주장했다.[61]

채프먼은 이러한 봉건사회가 행정에 미친 영향을 두 가지로 집약한다. 하나는 그것이 '군대조직'에 기반을 둔 계층제였다는 점이다. 따라서 관리들은 영주의 봉신이며, 그 관계에 계약제의 요소가 다소 있었는 바, 이는

---

60) Joseph R. Strayer, "Feudalism in Western Europe," Rushton Coulborn, ed., *Feudalism in History*(Hamden, Connecticut: Archon Books, 1965), p. 15.
61) *Ibid.*, pp. 16-18.

영주들이 그의 종신들을 보호할 책임이 있었기 때문이다. 또한 국가의 절대권이란 개념이 조화(concodia: 평화의 여신)라고 하는 봉건사회적 개념으로 대치되었다고 하는 점이다. 초보적인 수준의 서비스의 제공은, 비록 도시가 독립할 요건을 갖출 만큼 충분히 강력한 경우도 있었지만 지방 영주의 책임이었다. 국왕에 의해 제공되는 공공 서비스는 자신의 가계의 관리들을 통해서 관리되었다. 국왕의 공적 인격과 사적 인격 간의 뚜렷한 구분도 이루어지지 않았다.[62]

그러나 앞서 지적한 바 있듯이 왕권이 집권화되고, 공고화되는 점진적인 변화가 13세기를 전후해서 유럽의 봉건사회에 나타나고 있었다. 예컨대 프랑스의 경우, 카롤링거왕조를 대치한 카페왕조(Hugh Capet, 987~1328)의 필립 2세(Philip Augustus, 1180~1223)는 영토를 확장하고, 영주의 기능을 상당수 자신이 장악했다. 이런 점에서 중세의 프랑스사는 봉건귀족의 희생 위에 왕권이 점진적으로 강화된 과정으로 이해할 수도 있을 것이다. 또한 그 이후에 벌어진 백년전쟁(1337~1453)의 결과로 귀족의 세력은 약화되고 국왕의 권력에 필적할 세력은 존재하지 않게 되었다. 이러한 사실은 봉건군주제의 영토국가로의 전환의 단초임을 입증하는 바, 이는 봉건적 분권체제에 대한 집권화된 체제의 실질적 승리를 의미한다.[63] 이러한 체제로의 전환이 의미하는 것은 정치적·경제적 영역에서의 왕권의 집중화의 증대, 지방의 봉건귀족의 세력의 약화이다. 이 과정에서 '토지에 매이지 않은' 새로운 계급, 즉 부르주아지의 등장으로 성장하게 된 자치적인 도시의 출현은 영토에 대한 야심을 가진 군주와 도시의 이해 간의 제휴의 기회를 마련하고, 이러한 호혜적 결합은 봉건제적 정치적 권위구조의 붕괴를 재촉했다. 이것이 서구에서의 이른바 절대왕정의 출현이다.

중세의 정치적 양식으로부터 민족이 단위가 되는 절대왕정으로의 전환은 여러 세기에 걸쳐서, 상이한 지역에서, 서로 다른 속도로 점진적으로 진행되었다.[64] 위에서 이미 지적한 대로 13세기를 전후해서, 프랑스를 포함한 영국, 스페인, 중앙 유럽의 제국에서 왕권이 강화가 이루어지고 있었다. 이

62) B. Chapman, *op. cit.*, pp. 14-15.
63) J. M. Powell, *op. cit.*, p. 140.
64) F. Heady, *op. cit.*, p. 176.

를 위해서 새롭게 편성된 것이 관료제인 바, 이들은 중앙의 통치자에게 복종적이고, 세습제가 아니라 우월한 능력으로 충원된 전문가의 집단이었다. 이들 중 상당수는 토지에 매이지 않은 부르주아지였다. 15세기에 중세사회의 르네상스 시대로의 전환이 가속화되었다. 이 변화는 산업혁명을 포함한 몇 가지 요인에 의해 촉진되었다. 도시의 성장, 상업의 발전, 광업 및 은행제도의 발전은 비교적 정태적이고 지방적이며 자족적인 경제에 기초한 유럽을 동적이고 상업 의존적인 그것으로 변화시켰다. 더구나 그 이후의 종교개혁과 과학적 혁명은 서구 사회의 가치 구조에 커다란 변화를 가져왔다. 이러한 시대의 변화 속에서 진행된 자본주의 체제의 발전, 프로테스탄티즘, 합리주의의 발전이 좀더 집권화된 행정 체제인 절대왕정의 성립을 가져온 것이다.[65]

헤디는 봉건군주제로부터 15세기 및 18세기의 절대왕정으로의 전환에 이르는 4백 년 동안에 일어난 정치 및 행정적 변화 중 중요한 것을 네 가지로 집약한 바 있다. 즉 ① 군주에게 주권의 귀속, ② 군주를 지원하기 위한 자원의 확보, ③ 사회적 · 경제적 활동을 통제하기 위한 국가정책으로서 중상주의(mercantilism)의 채택, ④ 확장적이고 집권적인 통치 · 행정의 확립이 바로 그것이다.[66]

3 왕권의 강화

이미 앞에서 시사했듯이, 중세의 봉건군주제에서 국왕은 통치에 영향력을 미치는 그룹의 일원에 지나지 않았다. 국왕의 칙령의 공식화는 그와 더불어 귀족으로 구성된 왕실회의(royal council)를 통해서 이루어졌다. 요컨대 자신의 자율적 권력을 행사하기를 원하는 국왕은 다른 기구의 조력에 의존적이었던 것이다.[67] 그러나 계약의 관념에 기초한 이러한 제한적인 왕

65) G. D. Nash, *op. cit.*, pp. 18-20.

66) 헤디가 제시하고 있는 이러한 변화는 왕권의 강화를 가져온 요인으로 이해되어도 무방할 것이다. F. Heady, *op. cit.*, p. 176. 한편 월러슈타인은 16세기 유럽의 경우, 국왕은 관료제화, 강제력의 독점, 정통성의 확보, 예속 민중의 동질화 등 네 가지의 기제를 활용해서 왕권을 강화했다고 본다. I. Wallerstien, *op. cit.*, p. 136.

67) H. Jacoby, *op. cit.*, p. 14.

권에서 벗어난 새로운 사고가 싹트고 있었다. 이른바 국왕의 대권－로마제정의 전통으로의 복귀－에 관한 옹호가 법률학자에 의해 로마법의 부활이란 맥락에서 전개되고, 13세기에 대부분의 법학자들이 통치 및 행정적 권위가 국왕에게 위임되어 있다고 주장했다는 것은 앞에서 지적한 바와 같다. 이 점에 관해 영국의 채프먼은 다음과 같이 적고 있다.

> 주권은 국왕에게 귀속된다고 법학자들은 주장했다. 이 때 국가는 국왕에 의해 소유되고, 주권은 개인적으로 국왕에게 속한다. 국왕만이 법적으로 주권을 행사하며, 그것을 후계자에게 상속하거나 처분할 수 있다. …… 주권은 명령권이며, 명령을 받은 자는 복종할 의무를 진다. 법이란 국왕의 의사의 가시적 표현이며, 더 이상 호소할 수 있는 높은 권위는 존재하지 않았다.[68]

한편 이러한 주권을 확보하기 위해 국왕의 물적 자원의 기반이 더욱 요청되었음은 재언을 요하지 않는다. 이러한 물적 기반의 확립은 완만하게 진행되었고, 국왕은 그 과정에서 사회의 여러 집단의 저항에 직면했다. 영지(領地)의 세입은 영주에게 귀속되었고, 영주는 자신이 아닌 다른 권위의 이익을 위해서 자신의 농민들이 궁핍화되는 것을 원하지 않았다. 국방은 국왕의 책임이었으므로 자금이 필요했다. 그러나 봉건영주들은 이를 위해 부과되는 세금에서 자신의 몫을 요구했다. 요컨대 국왕은 전쟁과 관리들과 그리고 업무 수행을 위해서 요구되는 물적 자원을 귀족회의의 소집을 통해서 획득할 수 있었던 것이다. 부유한 도시일수록 그 자율성이 강조되었으므로, 세금의 징수에서 이들의 동의를 얻는 것이 필요불가결한 요소였다.[69] 이러한 과정에서 국왕은 정규적인 세입의 확보의 필요성에 직면하게 되었다. 중앙정부에 의한 조세 체제의 확립은 이러한 요청에 대한 응답이라고 할 수 있다. 가령 1439년 프랑스 국왕은 어느 봉건영주도 국왕의 허락 없이 징세할 수 없다는 칙령을 반포했다. 과거의 징세청부인제 대신 국왕의 회계기관이 그 업무를 수행하게 되었다. 이를 통해서 국왕은 물론 기반을 확보하면서, 집권화된 체제를 강화하게 되었다. 더불어 봉건영주와 귀족들의 영향력과 기능은 현저하게 상실되었다.[70]

68) B. Chapman, *op. cit.*, pp. 15-16.
69) H. Jacoby, *op. cit.*, p. 16.

부(富)의 축적이 더욱 상업에 의존적으로 되고, 자족적인 경제 체제가 상품 교역으로 대치되면서, 도시는 집권화된 체제의 이점－예컨대 교통 및 시장의 보호, 통화의 규제, 도량형 등－과 이해를 같이했다. 부르주아지가 국가에게 상비군의 자금을 뒷받침하고, 국가가 이들의 부의 보호에 나선 것은 자연스러운 일이었다. 앞서 지적한 군주와 도시의 제휴는 이런 맥락에서 이해될 수 있다. 화폐의 주조와 도량형이 정착되고, 원료의 수출과 최종재의 수입이 금지되었다. 보조금이 특정의 기업에 지급되고, 무역의 독점이 이루어졌다. 이른바 중상주의(重商主義)가 탄생한 것이다.[71]

중상주의는 넓은 의미에서, 국부 및 국가의 힘을 증진 내지 증가시키기 위한 정부 관여(government intervention)의 체제로 규정될 수 있다. 중상주의가 경제정책의 프로그램으로 배타적으로 흔히 이해되지만, 그 목적은 대체로 정치적인 것이다.[72] 말하자면 경제 영역에의 정부 관여의 목적이 제조업 및 무역 분야의 양적 증대뿐만 아니라, 국왕의 가계를 증대시켜 군비를 확장하고 대외적으로 국가의 위신을 고양시키는 데 있는 것이다. 자신의 권력과 그가 지배하는 국가의 권력을 증가시키려는 국왕의 야망이 결합된 관계로 중상주의는 국가주의(國家主義, statism)로 불리기도 한다는 점은 널리 알려진 사실이다. 따라서 중상주의는 약한 중세의 분권화된 체제를 대신한 절대왕정의 성장 없이는 존속될 수 없었다. 그러나 이 체제가 국왕의 힘만으로 이루어진 것도 아니다. 부르주아지가 주축이 된 재계의 지지가 있었기 때문에 그것이 가능했고, 반면 이들은 국가에 의한 무역의 장려에 힘입어 큰 혜택을 누렸다.

4 유럽의 절대왕정

국왕의 통치권의 확보, 물적 기반의 구축, 국기정책으로서의 중상주의 채택을 통한 발전은 함께 어우러져 진행되었고, 봉건 시대가 종말을 고함으

---

70) *Ibid.*, pp. 17-18.

71) *Ibid.*

72) E. M. Burns & P. L. Ralph, *op. cit.*, 618. 중상주의에 관한 체계적 논의는 다음을 참조할 것. 김광수, 『중상주의』(서울: 민음사, 1984).

로써 통치기구의 개편이 촉진되었다. 왕실회의가 추밀원(privy councils)으로 대치된 것은 그러한 움직임의 반영인데, 이로써 국왕은 독점적 권력을 행사하기 위해 필요한 비밀과 개인적 우월성을 확보할 수 있었다. 그리고 행정은 추밀원의 위원회들의 책임으로 귀속되었다. 위원회를 통한 더욱 정교한 행정 체제의 구축은 스페인에서 최초로 이루어졌는데, 이 위원회들은 사법권과 행정권을 갖고 있었고, 국왕이 주재하는 국사원(council of state)은 왕국에 영향을 미치는 모든 문제 에 대한 최고재판소였다.[73] 프러시아 역시 정책결정 기구로부터 행정기구로 발전된 추밀원을 설치했다. 국가의 공공 서비스는 대부분 추밀원의 하부기관을 통해서 관리되었다. 오늘날의 '부·성(部·省) 장관제'는 국왕의 비서(secretaries)에서 유래되는 바, 프랑스에서 그 전형이 발견된다. 1537년의 프랑스에서는 4명의 장관(Secretary of State)－외교, 국왕의 가계, 전쟁, 해양－이 있었고, 이미 행정조직을 갖추고 정책결정 및 행정적 기능을 수행했다. 여기서 절대왕정의 체제에서 나타난 두 가지 국면에 주목할 필요가 있는데, 지방행정의 집권화와 관료들의 조직화된 충원이 바로 그것이다.[74] 절대군주들은 귀족 세력을 제압하기 위해서, 또한 자신의 왕권을 강화하기 위해서 지방의 행정 업무를 집권화하려고 시도했다. 가령 프랑스의 경우, 재상 리슐리외(Armand Jean du Plessis Richelieu, 1585~1642)와 루이 14세(1643~1715)의 치하에서, 지사(intendants)직이 창설되어 지방 행정 업무의 집권화가 이루어졌다. 그럼에도 불구하고, 그것이 집권화된 힘으로써 완벽하게 작동되지는 못했다. 또한 매관 제도가 널리 퍼져서 국왕은 이들을 거의 통제하지 못했다. 관직이 상속되거나 매매되는 사적 재산으로 간주되었기 때문이다.[75] 매관제도는 관직 그 자체 내에서 귀속되는 이익을 창출했다. 이는 당시 프랑스의 경제적·재정적 쇠퇴에서 기인된 것이었다.

복잡한 행정 체제를 갖춘 집권적인 국가에서 필요한 것이 특별히 훈련된

73) B. Chapman, *op. cit.*, p. 17.

74) *Ibid.*, pp. 20-21, Hans Rosenberg, *Bureaucracy, Aristocracy, and Autocracy*(Boston: Beacon Press, 1966), pp. 15-16.

75) 매관제도의 전개는 관료제의 전반적인 충원의 과정과 밀접하게 연관되어 있는 바, 비잔틴제국, 중국, 프랑스, 그리고 절대왕정 시대의 유럽국가에서 성행했다. S. N. Eisenstadt, *The Political Systems of Empires*(Glencoe, Ill., The Free Press, 1965), pp. 152-154.

관료라는 인식을 일찍이 갖게 된 프러시아의 군주들은 관료집단의 발전을 통해서 18세기의 유럽에 영향을 미쳤다. 프러시아의 경우 전문성을 갖춘 관료들이 필요한 데는 몇 가지 이유가 있다.[76] 우선 지방의 자율성을 무너뜨리고, 귀족계급의 대항 세력으로서 활동하도록 하며, 프러시아의 산재된 지역들을 함께 연결시키는 강력한 고리를 형성할 필요성에서였다. 관료들의 충원에 관한 진전된 규정들은 17세기 중엽부터 점진적으로 제도화되었으나, 획기적 발전은 윌리엄 1세(Frederick William 1, 1713~1740) 치하에서 이루어졌다. 그는 관방 강좌를 설치하고, 그들에게 장차 관리에게 필요한 훈련을 제공하는 특정한 의무를 부과했다. 그 이후 관료들의 임용을 위한 실적제가 도입되었다. 특히 고위관료의 경우 대학의 학위가 요구되었고, 학위 과정 후 실무훈련과 구두 및 필기시험이 또한 요구되었다.

요컨대 아이젠슈타트의 이른바 역사적 관료제국에 속하는 절대왕정을 유지한 힘 가운데 하나는 관료적 장치였다. 따라서 이 체제의 성공 혹은 실패는 관료제의 기능에 의존적이었다.[77] 따라서 다음의 진술은 주목할 만하다.

> 자신의 의사를 강요하는 국왕의 개인적 지배로서 절대주의를 정의하는 것은 피상적이다. 절대적 권위를 대표하는 것은 관료제이다. 국왕은 그 정상에 위치한 상징이다. …… 강력한 정치지도자가 절대군주의 왕좌를 차지할 때, 그들 자신은 관료제의 수장인 것이다.[78]

제 4 절 근대 국가의 출현

'이성의 시대'가 서구의 지성사에서 새로운 종합의 성취를 뜻하듯이, 이 시기의 정치적 혁명은 영토국가(혹은 절대왕정 체제)로부터 근대 국가(nation state)로의 전환을 나타내고 있다. 전자가 강력한 집권화된 지배하

76) B. Chapman, *op. cit.*, p. 23.
77) Philip Abrams, *Historical Sociology*, 신용하(외) 역, 『역사사회학』(서울: 문학과 지성사, 1986), p. 218.
78) H. Jacoby, *op. cit.*, p. 25.

에서 국가의 통합을 시도했다면, 근대 국가는 여러 사회 계층의 요소가 침투해 권력의 기반을 구축했다고 규정할 수 있다.[79] 이러한 변화는 신민(subject)과 시민(citizen)의 차이로도 나타난다. 즉 신민이 국왕에게 충성심을 돌린다면, 시민은 국가에게 그것을 바친다. 18세기에 경제적으로는 강력하나 정치적으로는 무력했던 중산층의 정치에의 참여 요구는 근대 국가를 성립시키게 된 혁명적 과정에서 주요한 요소가 되었다. 이러한 전환이 영국에서는 완만하게 진행되었고, 식민지 미국과 프랑스에서는 정치적 격변이 구체제(ancien régime)의 속박을 내던졌다. 한 세기에 걸친 이른바 '혁명의 시대'가 도래한 것이다.[80]

1789년의 프랑스혁명과 1800년의 나폴레옹의 출현으로 유럽은 새로운 시대로 접어들고, 이 두 가지 사건은 행정의 전반적 기초를 급격하게 전환시켰다. 특히 프랑스혁명은 국가의 개념 자체와 그리고 관직의 성격과 관리의 지위에 변경을 가져왔다.[81] 국가의 개념은 비인격화되고, 채프먼의 표현을 빌면, 관료들은 군주의 하인이 아니라 국가의, 그리고 간접적으로는 국민의 하인이 되었다. "관료는 개인의 대리인이 아니고, 공권력의 수단이

79) J. M. Powelt *op. cit.*, 311; 'nation state'란 용어 자체는 이질적인 두 가지 요소, 즉 정치적·영토적인 것과 역사적·문화적인 것이 결합된 것이다. 따라서 국가 발전 혹은 정치 발전을 논의하는 경우, 국가형성(state builing)과 국민형성(nation bilding)을 구분하기도 한다. 입장에 따라서 이질적인 두 가지 요소가 프랑스혁명을 통해서 결합되었다고 보기도 한다. 이 점 'nation state'의 개념은 전적으로 서구의 것이다. Samuel E. Finer, "State-and Nation-Building in Europe," in Charls Tilly, ed., *The Formation of National States in Western Europe*(Princeton, N. J.: Princeton University Press, 1975), pp. 84-90; Vernon Bogdanor, ed., *The Blackwell Encydlopaedia of Political Institution*(New York: Blackwell, 1987), pp. 380-381. 'nation state'를 우리말로 옮기는 경우 민족국가, 국민국가, 근대 국가 등 여러 가지가 가능하겠으나 여기서는 편의상 근대 국가로 지칭하려고 한다.

80) 전통적으로 혁명(revolution)이란 정부의 구성에서의 변화를 의미하고, 반드시 폭력적인 것을 뜻했던 것은 아니다. 그러나 1789년 이후 사정은 바뀌었다. 과거와의 단절, 그리고 폭력과 사회적·정치적·경제적 분야의 근본적 변화에 대한 무한한 가능성으로 성격이 규정되는 새로운 종류의 혁명이 그 해를 기점으로 시작된 것이다. 이 시기의 정치적 변화를 모두 혁명이라고 규정하기에는 난점이 따르나, 사실상 이 시기에 극단적인 의미에서 혁명이라 부를 만한 숱한 정치적 격변이 있었고, 또한 그에 미치지 못한 정치적 변화가 있었으므로, '혁명의 시대'라고 규정되어도 무방할 것이다. J. M. Robert, *History of the World*(Oxford: Helicon, 1992), p. 574.

81) B. Chapman, *op. cit.*, p. 25.

되었다. 그는 개인의 소망에 따라 행동하지 않고, 법에 따라 행동했다. 법은 국민의 의사의 표현이었기 때문에 관료들의 충성심은 법률에 바쳐졌다."[82] 강력하고, 일관성 있는 나폴레옹 체제는 로마인들에 의해 최초로 정교화된 행정 체제와 유사성을 갖고 있는 바, 여기에는 많은 군사적 요소를 갖추었다. 명령의 사슬, 명확한 권한의 배분, 국가의 수장을 정점으로 하는 확고하게 구축된 계층제, 전문화된 관리집단이 창설되었고, 권위는 비인격화되고, 관리는 상급자와 법률에 대해서 개인적으로 책임지는 명확한 의무가 할당되었다.[83]

19세기의 프랑스의 관료제에서 두드러진 특징은 두 가지로 요약될 수 있다. 하나는 관리들의 특권과 개인적 기여와 더불어, 관직에의 접근의 평등성과 관직의 정치적 중립을 보장하기 위해 창안된 경쟁시험제가 공존하고 있었다는 점이다. 다른 하나는 연고주의와 경쟁 시험과 더불어 관리들의 전문화가 더욱더 진척되었다고 하는 점이다.[84] 이러한 사실은 새로운 제도의 창설에도 불구하고, 주요 관직의 보유는 정치적 기준, 사회적으로 폐쇄된 특권층, 지배적인 사회적 여건 등에 구속되었음을 시사하는 것이다. 더구나 사회적 출신 혹은 계급과 더불어 세습적인 전문주의는 실적제에 기초한 관료제적 모형을 파괴하는 경향을 보여 주기도 했다.[85]

그럼에도 불구하고 이 시기에 마련된 행정 장치는 베버가 서구의 가산제적 행정 유형과 대비해 관료제적 장치로 규정한 서구의 근대 국가의 한 전형을 보여 준다. 더욱 중요한 것은 이러한 새로운 행정 장치의 출현이 프랑스에만 국한된 것이 아니고, 서구의 많은 국가에도 영향을 주었다고 하는 점이다. 행정 장치는 그것을 좀더 포괄적인 용어로 사용할 경우, 정치 제도보다 용이하게 모방될 수 있기 때문이다. 체계적으로 정비된 법률, 단순하고 합리적인 지방정부의 구성, 국가 권위의 비인격화, 사법권을 갖는 참사원(Conseil d'Etat)[86] 등이 여러 국가에 영향을 미치는 사고의 중심에 위치

82) *Ibid.*, p. 26.
83) *Ibid.*, pp. 26-27.
84) Pierre Birnbaum, "France: Polity with A strong State," Metin Hoper, ed., *The State and Public Bureaucracis*(New York: Greenwood Press, 1987), p. 74.
85) *Ibid.*, pp. 76-77.
86) 참사원은 나폴레옹에 의해 처음 창설된 것으로서, 행정적 기능 외에 행정법 체계의 확립

했다. 가령 나폴레옹에게 패배한 프러시아의 경우, 관료제는 국왕의 역할을 후퇴시키고, 새로운 실질적 정책과 더불어 행정개혁을 착수했다. 이는 부분적으로 프랑스혁명의 이념에 부응하기 위해, 그리고 부분적으로 나폴레옹의 지배에서 해방되기 위해서였다.[87]

영국의 채프먼은 1830~1870년 사이에 행정국가가 근대적 형태를 갖추게 되었고, 그 이후 양차 대전의 중간을 전후한 시대를 각각 주권국가(sovereign state)와 서비스국가(public service state)로 규정하고 있는데,[88] 우리는 이러한 일련의 과정을 행정의 합리화 혹은 관료제화라는 관점에서 해석할 수 있을 것이다. 이것을 영국의 행정사가인 글래든은 '행정혁명'이라고 부르기도 한다. 사실상 19세기에 들어서 영국을 포함한 유럽국가들에서 진행된 산업혁명과 더불어 분업을 통한 전문화는 공적 영역에도 침투했고, 도시화는 그 해결에 새로운 사회적 태도를 요구하는 많은 문제를 발생시켰다. 산업 및 사회 분야에서의 새로운 수단과 발명은 예기치 못한 결과를 가져왔다. 이렇게 동시적으로 발생하는 변화를 수용하고, 거기에 적응하기 위해 행정혁명이 요청되었고 이것이 정치로부터 행정을 분리하는 길로 이끌게 되었다. 따라서 전문성을 갖춘 이들에 의해 행정 업무가 처리되는 새로운 행정의 관행이 정착되어야 했던 것은 논리적이라고 할 수 있을 것이다.[89] 특히 자본주의의 고도화에 따른 여러 폐단은 국가의 관여를 촉발했다. 더불어 정치 영역에서의 변화에도 주목한다. 보통선거의 확대로 정치 과정에서 소외되었던 대중의 정치적 부상은 이른바 대중민주주의 길을 열어 놓음으로써 새로운 전기를 맞게 된 것이다.

요컨대 새로운 사회의 변화에 행정은 그 기능의 확대와 더불어 규모의 성장을 불가피하게 수반하게 되었다. 이러한 관료제의 성장이 다름 아닌

을 가져왔고, 프랑스 관료제의 부동의 초석이 되었다. 그러나 기관을 창설한 일차적 의도는 나폴레옹 자신의 정치교육을 위해서였다. Alfred Cobban, *A History of Modern France*, Vol. II(Baltimore: Penguin Books, 1961), pp. 21-22.

87) Hans-Ulrich Derline, "State and Bureaucracy in Prussia and Germany," Metin Heper, ed., *op. cit.*, p. 92.

88) B. Chapmaa *op. cit.*, pp. 30-44.

89) E. N. Gladden, *A History of Public Administration*, Vol. II(London: Frank Cass, 1972), p. 307.

행정국가의 출현이다. 여기서 관료제의 성장이 정치 체제의 하위 체제로서의 성격뿐만 아니라 사회의 변화에 따른 자기 방어의 기제로서의 성격도 함께 갖고 있다는 사실을 확인하게 된다. 나아가서 관료제화의 진척은 공적인 영역에만 국한되는 것이 아니라, 우리의 구체적인 삶의 양식으로서의 생의 관료제화이기도 한 것이다. 제9장에서 다루게 될 '산업사회와 관료제'는 이러한 생(生)의 관료제화에 대한 하나의 경고이자 증언이며, 우리의 자화상이기도 하다.

제 3 편

관료제의 실제

우리는 제1편과 제2편에서 관료제에 관한 시각과 그 이론의 전개 그리고 행정이론에서 관료제를 규정하는 방식들을 검토한 후, 정부관료제를 중심으로 그 역사적 전개 과정을 개관했다. 이제 우리의 관심은 현재의 정부관료제의 구체적 실상에 모아진다. 제2편에서 다루어진 관료제의 역사적 전개가 종적인 '과거의 시간'이란 축에 의거했다면, 제3편에서 다루어질 관료제의 실제는 횡적인 '현재의 시간'이란 축에 의거하게 된다. 여기서 다루는 내용은 다음과 같이 요약된다.

첫째, 각국의 관료제의 실제를 개관한다. 이를 위해서 우리는 발전의 정도에 따라 세계의 여러 나라를 '발전된 국가'와 '발전도상국'으로 구분한다. 그리고 발전된 국가와 발전도상국의 관료제의 두드러진 제도적·행태적 특징들을 분석한다.

둘째, 발전도상국의 맥락에서, 한국 관료제의 성장과 정향이 다루어진다. 주로 한국의 정치 체제의 변동과 산업화 과정을 통해 성장하게 된 한국 관료제의 정향이 분석된다.

셋째, 이어서 우리는 관료제의 성장과 권력의 비대화가 정책 과정에서 수행하는 관료제의 역할에서 상당히 기인되는 것으로 보고, 거기서 빚어지는 몇 가지 쟁점들을 검토한다. 여기서 다루어지는 쟁점들은 사실상 한국의 관료제가 안고 있는 문제점이기도 한 것이다.

넷째, 끝으로 산업사회에서 진행되는 생의 관료제화에 관한 몇몇 견해와 삶의 세목을 살펴본다. 여기에는 인간의 상상력이 결합된 현실의 재구성도 있고, 현대 문명의 비판에 기초한 철학적 성찰의 산물도 있다. 중요한 것은 그 어느 것이나 생의 관료제화에 관한 우려와 강력한 경고를 담고 있다는 점이다. 이는 우리의 삶이 획일화되고 비인간화되어 가는 길목에서 정체성의 확인을 강력하게 요청받고 있음을 시사한다.

제 6 장 각국의 관료제

우리가 시도하는 것은 각국의 관료제, 더 명시적으로는 각국의 정부관료제의 실제에 관한 이해이다. 이를 위해서 가능한 한 많은 국가들이 검토의 대상이 되어야 하나, 여러 제약으로 인해서 한정된 몇몇 국가로 제한되었음을 밝힌다. 특히 현존하는 국가, 혹은 정치 체제에 관한 분류 및 유형화를 위한 노력은 비교정부론과 비교정치론의 주요한 결실로 평가되고 있으나, 여기서는 편의상 발전된 국가와 발전도상국으로 구분한다. 물론 이러한 구분의 준거가 되는 발전의 의미에 관해서도 온전한 합의가 이루어졌다고 보기 어려운 것이 사실이다.

그럼에도 불구하고 현존하는 국가를 구분하는 하나의 기준으로서 발전이란 용어는 나름대로의 유용성을 지니고 있다고 본다. 가령 비교행정론에서 뛰어난 업적을 남긴 헤디(Ferrel Heady)는 체제 변화와 관련된 근대화, 발전, 변동의 개념을 검토한 뒤, 합의의 정도는 그 이전보다 후퇴했으나 발전이 가장 일반적으로 사용되는 용어임을 지적한 바 있는 것이다.[1] 우선 발전과 관련된 용어들의 검토로부터 출발하는 것이 유용할 것으로 판단된다.

---

1) Ferrel Heady, *Public Administration: A Comparative Perspective*(New York: Marcel Dekker, 1991), p. 141.

제1절 근대화, 발전, 그리고 변동

사회의 발전이론에 관한 관심은 1950~60년대 초 아시아 및 아프리카에서 신생국이 출현함으로써 촉발되었고, 그 관심사가 주로 경제 발전과 국민 형성(nation building)에 집중되었다는 것은 널리 알려진 사실이다.[2] 이런 사실은 발전이나 근대화와 같은 용어들이 주로 경제적으로 낙후되고, 국가의 통합 정도가 상대적으로 낮은 신생국의 실제적 문제들과 결부되어 사용되었음을 시사한다. 물론 사회의 발전에 관한 관심이 이 시기에 와서 비로소 생겨난 것은 아니다. 흔히 발전과 동의어로 간주되는 이른바 진보의 이념은 서구의 경우 이미 18세기에 출현했고, 그 연구는 철학 및 정치경제학의 주요한 관심 영역으로 위치했다.[3] 그러나 제2차 세계대전 이후 독립을 성취한 많은 국가에서 진행된 사회적 · 경제적 변화로 인해 발전의 문제는 공개적 토론의 전면에 부상된 것이다. 따라서 발전과 근대화 등 신생국의 정치적 · 경제적 · 사회적 변화와 그것이 지닌 성격과 의미를 둘러싼 논의가 그 시기에 활발하게 이루어진 것은 발전에 관한 관심의 부활이란 의미를 갖는다.

1 근대화

우선 근대화(modernization)란 용어가 이들 용어 중 가장 포괄적인 성격을 갖고 있다는 점이 지적될 수 있다. 비교역사적 접근법을 통해 근대화의 역동적이고도 보편적인 성격을 규명하고 있는 블랙(C. E. Black)의 경우, 근대화란 역사적으로 전개된 제도들이 급격하게 변화하는 기능에 적응하는 과정으로 정의되는 바, 이는 환경에 대한 인간의 통제를 가능케 한 과학혁

---

2) Szymon Chodak, *Societal Development*(New York: Oxford University Press, 1973), p, 6.

3) P. W. Preston, *Theories of Development*(London: Routledge & Kegan Paul, 1982), p. 19; Coralie Bryant & Louise G. White, *Managing Development in the Third World*(Boulder, Colorado: Westview Press, 1982), p. 4.

명에 수반되는 인간의 미증유의 지식의 증대를 반영한다.[4] 그는 이러한 적응의 과정이 서구 사회에서 그 단초가 마련되고 초기에 영향력을 획득했으나, 19~20세기에 들어와서 이러한 변화는 모든 사회로 확산되었음을 지적한다. 여기서 그가 근대화를 서구화나 산업화, 심지어는 진보보다도 폭넓은 개념으로 규정하고, 가장 발전된 사회조차 '근대화 도상'에 있다고 지적한 점을 상기하는 것은 중요한 일일 것이다.

정치학자인 헌팅턴(Samuel P. Huntington)도 근대화를 인간의 사고와 활동의 모든 영역에서 일어나는 변동을 포함하는 다면적 과정으로 규정한다. 그가 제시하는 다면적 과정은 심리적 · 지적 · 인구학적 · 사회적 · 경제적 영역을 포함한다. 예컨대 심리적 측면에서 근대화는 가치 · 태도 · 기대의 근본적 변화를 포함하며, 인구학적으로 근대화는 생활 양식의 변화, 건강과 기대수명의 증대, 직업적 · 수직적 · 지역적 이동성의 증가 그리고 농촌과 대비되는 도시 인구의 급속한 증가 등을 의미한다. 특히 헌팅턴은 정치와 관련된 근대화의 국면을 사회적 동원(social mobilization)과 경제 발전으로 범주화하고, 전자를 개인 · 집단 · 사회의 열망의 변화로, 그리고 후자를 능력의 변화로 규정한다.[5] 바로 그의 이러한 관점이 신생국의 정치발전에 대한 비관적 전망의 기초가 되기도 한다.

카우츠키(John H. Kautsky)는 근대화를 한 사회가 '근대적'으로 되는 과정을 지칭하는 어느 정도 모호하고 포괄적인 개념으로 본다. 그는 근대 사회를 인간의 물적 · 사회적 환경에 대한 합리적 그리고 과학적 통제에 대한 믿음과 그러한 목적을 위한 기술의 적용으로 그 성격을 규정한다. 따라서 근대화를 세속화의 과정으로 규정하기도 하나, 여기에는 상호 연관된 여러 요소들을 포함한다. 산업화도 그 중의 하나이다. 카우츠키의 표현을 빌면 근대화는 산업화를 포함할 수 있으나 산업화는 근대화의 모든 요소를 포괄하지 못한다.[6]

---

4) C. E. Black, *The Dynamics of Modernization*(New York: Harper & Row, 1966), pp. 7-9. 그는 근대화의 양상을 설명하기 위해 인간의 활동을 편의상 지적 · 정치적 · 경제적 사회적 · 심리적 부문으로 범주화했다.

5) Samuel P. Huntington, *Political Order in Changing Societies*(New Haven: Yale University Press, 1968), pp. 32-34.

6) John H. Kautsky, *The Political Consequences of Modernization*(New York: John

근대화에 대한 이러한 개념적 정의는 이 용어가 서구적 경험에 기초하고 있으며, 따라서 역사적 문맥에서 자유롭지 못하다는 사실을 증거한다. 우리는 이러한 시각을 다음과 같은 문맥을 통해서 확인할 수 있을 것이다.

> 근대화 또는 근대성에 대한 열망은 아마도 가장 두드러지고도 널리 퍼진 현대의 특징일 것이다. 오늘날 대부분의 국가는 여기에 사로잡혀 근대화하려고 하거나 혹은 그들이 지켜온 근대성의 전통을 지속시키고자 한다. 역사적으로 근대화는 17세기부터 19세기까지 서구와 북미에서 발전해 다른 유럽 국가로 뻗어 나갔고, 19세기와 20세기에는 남미・아시아와 아프리카 대륙으로 확산되어 간 사회적・경제적・정치적 체제 형태로 변동하는 과정이다.7)

한편 서구의 경험에 근거한 근대화의 개념에 의문을 제기한 학자로서 라팔롬바라(Joseph LaPalombara)를 지적할 수 있다. 그는 근대화란 용어가 '중대한 함정'을 지녔다며, 당분간 이 용어의 사용을 중지할 것을 제안한다. 이는 정치 체제에 적용되는 근대화 혹은 근대성이 그 의미에서 상당한 혼란과 불일치가 존재하는 데서 비롯된다. 여기에는 세 가지가 있다.8)

첫째, 명시적으로 혹은 묵시적으로 경제 체제 및 사회 체제를 정치 체제에 대치함으로써 혼란을 야기한다. 즉 근대적 정치 체제는 비교적 높은 수준의 도시화를 이루고, 문자 해득률과 사회적 이동성이 높고, 직업의 전문화가 고도화되었으며, 경제 발전에서도 이미 도약의 단계를 넘어섰고, 정보와 자원의 에너지로의 전환이 고도로 정교하고 능률적이며, 사회적 기능의 수행이 세속적이고 합리적인 사회에서 운영되는 것으로 이해된다. 이러한 사정은 근대성을 사회가 산출하는 재화와 용역의 개인 산출량이라는 양적 증가로 규정하려는 경제학자들로 인해서 더욱 가중된다. 실제로 근대성이 경제적 근대성으로 이해될 때, 근대적 정치 체제는 단순히 고도로 산업화된 사회에 존재하는 것이라는 함정을 피하기 어려운 것이다. 이러한 현상

Wiley & Sons, Inc., 1972), pp. 19-22.

7) S. N. Eisenstadt, *Modernization: Protest and Change*(New Delhi: Prentice-Hall, 1969), p. 1.

8) J. LaPalombara, "Bureaucracy & Political Development: Notes, Queries, and Dilemmas," in J. LaPalombara, ed., *Bureaucracy and Political Development* (Princeton, N. J.: Princeton University Press, 1963), pp. 35-39.

은 발전 목표가 일차적으로 그리고 극적으로 경제적이고, 부차적으로 사회적이며, 단지 우발적으로 정치적인 신생국에서 극명하게 드러나고 있다.

정치 체제를 언급할 때 근대적 혹은 근대성(近代性)이란 용어의 사용을 반대하는 두 번째 이유는 이 개념이 흔히 묵시적으로 그리고 아마도 무의식중에 규범적이라는 점이다. 예컨대 주로 경제적인 기준에 근거한 근대성의 정의는 구(舊)소련과 같은 전체주의 체제와 미국과 같은 민주주의 체제를 동일한 분류 범주에 위치시키는 결과를 초래한다. 이는 전자를 변태적 정치 체제로 간주하는 이들의 감정을 상하게 하며, 근대성에 관한 정의에 국지적으로 그리고 규범적으로 도출된 특징들을 부가하려는 시도를 이끌어내게 한다. 즉 용이하게 측정되는 경제적 기준으로 근대성을 정의하려는 시도에서 출발한 것이 영·미식 민주주의에서 발견될 수 있는 구조적·행태적 속성을 지닌 정치 체제가 근대적인 것임을 시사하는 결과를 낳게 되는 것이다.

셋째, 이 용어가 사태의 유일하고 최종적인 상태－정치적 진화에 관한 결정론적 단선이론(單線理論)－를 시사하는 경향이 지적될 수 있다. 이는 근대적 혹은 근대성을 이른바 정치 발전에 관한 사회적 다윈주의 모형(social Darwinian model)으로 규정함을 뜻한다. 이것이 의미하는 바는 변화는 불가피하며, 그것이 명백하게 식별되는 단계를 따르며, 뒤의 진화의 단계는 그 이전의 단계보다 복잡한 것이 필연적이고, 그리고 그 후의 단계는 이전단계보다 훌륭하다는 것이다. 요컨대 라팔롬바라는 근대적 혹은 근대성이라는 용어에 대한 정의보다 변화의 성격에 관해 관심을 갖는 것이 더욱 중요하다고 생각하는 것이다.

덧붙여 근대화란 용어가 의미론적 곤란성을 제기한다는 점도 지적해 볼 수 있다.[9] 사전의 정의에 의하면 근대적 혹은 근대성은 '가까운 과거', '지금', '당대(當代)' 등의 의미를 지닌다. 근대화를 이런 관점에서 파악한다면 근대화의 성격을 이해하기 위해서 우리는 당대 사회의 성격을 규명해야 할 것이다.

---

9) F. Heady, *op. cit.*, p. 107.

2 발 전

발전(development)이란 용어 역시 합의가 이루어지지 않은 상태에서 널리 사용되는 것 가운데 하나이다. 예컨대 브라이언트(Coralie Bryant)는 발전이란 용어가 우리 시대의 가장 저항하기 힘든 개념 중의 하나이며, 그것이 규범적인 것임을 지적한다. 그의 견해에 의하면 발전이란 "인간의 미래에 영향을 미치기 위해 인간의 능력을 신장시키는 것"으로서, 여기에는 능력, 형평성, 권한 부여, 지속력 등이 포함된다.10) 이와 다른 관점에서 프레스톤(P. W. Preston)은 발전이란 정치적·윤리적 개념이며, 기술적(技術的)인 것이 아님을 지적한다. 즉 발전이란 인공물-그것이 문화적·산업적·사회적이든-의 단순한 증가가 아니고, '정치적·윤리적 정향'으로서 표현되는 것이다.11) 이러한 시각의 차이에도 불구하고 발전을 논의하는 경우, 전체사회(whole society)로서보다 그 하위 단위인 경제 영역 혹은 정치 영역 등의 발전을 다루는 공통점이 발견된다.

우선 경제 발전의 경우, 그 개념에 관한 합의는 어느 정도 이루어진 것으로 볼 수 있다. 이는 경제 발전에 관한 문헌들이 개념의 정의 없이 출발하는 점에서도 확인된다.12) 그런데 다음과 같은 정의는 경제 발전에 관한 가장 일반적인 정의 가운데 하나일 것이다. 즉 경제 발전이란 "장기간에 걸쳐서 한 나라 경제의 실질 국민소득이 증가하는 과정"이란 정의가 바로 그것이다. 이것이 의미하는 것은 발전의 속도가 인구성장률을 앞선다면, 1인당 실질소득은 증가할 것이란 점이다. 물론 이러한 정의에 대한 비판이 없는 것은 아니다. 즉 경제 발전의 기준으로 제시되는 국민소득 혹은 1인당 실질소득과 같은 개념이 매우 모호하다는 것이다.

여기서 경제 성장과 경제 발전을 구분하는 관점도 있다는 것을 지적할 필요가 있다. 즉 전자가 주로 실질소득의 증가로 파악되는 데 반해서, 후자

10) C. Bryant & L. G. White, *op. cit.*, pp. 14-15.
11) P. W. Preston, *op. cit.*, p. 17.
12) S. Chodak, *op. cit.*, pp. 210-229. 경제 발전에 관한 논의는 전적으로 이 저서에 의존했다.

는 국민경제의 확립, 새로운 자원의 발굴, 기술적 진보, 새로운 산업 및 생산 분야의 편성 등으로 규정된다. 그러나 이러한 이견에도 불구하고 국민소득의 증가는 경제 발전에 관한 개념 규정에서 가장 관련성이 높고 편리한 척도라는 점에 많은 학자들이 동의하는 듯하다. 여기서 덧붙일 것은 경제 발전에 관한 이론에서도 어느 정도 합의가 존재한다는 점이다. 이 문제에 관해서 초닥(Szymon Chodak)은 다음과 같은 합의에 도달하고 있음을 지적한다. ① 경제 발전은 증대된 국민소득으로 가시화되고 있다. ② 경제 발전은 정치 체제, 태도, 문화와 같은 비경제적 요인에 의존한다. ③ 경제 발전은 단일 노선이 아니다.

이와 대조적으로 정치 발전의 경우, 그 개념의 다양성이 두드러진다. 이 부문의 '고전'이라고 할 수 있는 파이(Lucian W. Pye)의 저서인 『정치 발전의 국면들(*Aspects of Political Development*)』에는 당시까지 논의되었던 정치 발전에 관한 개념들이 적어도 열 가지로 범주화되어 있다. 그리고 정치 발전의 과정의 중심에 위치한 세 가지 차원, 즉 평등성, 능력, 분화를 '발전증후군(development syndrome)'으로 지칭하기도 한다.[13] 이러한 사실은 정치 발전이란 용어가 얼마나 다양하게 사용되고 있는지를 단적으로 뒷받침한다. 우리는 여기서 정치 발전에 관한 몇몇 개념 규정을 살펴보고자 한다.

비교정치 연구를 위한 이론적 준거틀을 제시한 오간스키(A. F. K. Organski)는 정치 발전을 "국가 목적을 위하여 인적·물적 자원을 활용하는 경우, 정부의 효율성의 증대"로 규정한다. 그리고 정치 발전의 단계로서 원시적 통합의 정치, 산업화의 정치, 국민복지의 정치, 풍요의 정치를 제시한다.[14] 아이젠슈타트(S. N. Eisenstadt) 역시 정치 발전의 개념이 엄밀하

13) 적어도 열 가지라고 한 것은 그 이상의 범주화의 가능성을 그가 지적하고 있기 때문이다. 그가 제시한 것은 ① 경제 발전의 정치적 필수 요건, ② 산업사회의 전형적 정치, ③ 정치의 근대화, ④ 국민국가의 형성, ⑤ 행정적 그리고 법적 발전, ⑥ 대중 동원 및 대중 참여, ⑦ 민주주의의 확립, ⑧ 안정성과 질서 있는 변화, ⑨ 동원과 권력, ⑩ 다차원적 사회 변동의 한 국면이다. Lucian W. Pye, *Aspects of Political Development*(Boston: Little, Brown & Co., 1966), pp. 31-48.

14) A. F. K. Organski, *The Stage of Political Development*(New York: Alfred A. Knopf, 1965), p. 7.

게, 그리고 명확하게 확립되지 않았음을 승인하면서 정치 발전을 정치적 요구와 조직의 다양성 및 변화 유형을 수용하는 능력을 의미하는 '지속적인 성장'으로 본다. 그리고 정치 발전은 그가 이미 앞에서 규정한 바 있는 근대화의 과정 안에서만 전개되는 양상으로 이해된다.[15]

헌팅턴은 한 사회의 정치 발전의 수준은 정치적 활동에 종사하는 이들이 여러 정치 제도에 대한 귀속감과 동일체 의식을 갖고 있는 정도에 의존적임을 지적한다. 즉 정치조직과 절차가 가치와 안정성을 획득하는 과정인 제도화로 정치 발전을 규정하는 것이다. 그가 제시하는 제도화의 기준은 ① 적응성/경직성, ② 복합성/단순성, ③ 자율성/종속성, ④ 결합성/분열성인데, 이러한 네 개의 쌍에서 앞의 것이 우세하면—예컨대 적응성이 강하면 강할수록 고도로 제도화된 것이다.—제도화의 수준이 높은 것이다. 여기서 제도화가 이러한 구조적 차원뿐만 아니라 도덕적 차원도 갖고 있다는 점이 지적되어야 할 것이다. 이 때 도덕성은 신뢰를 요구하고, 신뢰는 예견을 내포하며, 예견은 규칙화되고 제도화된 행동 양식을 요청한다.[16]

도드(C. H. Dodd)는 광의로 정치 발전을 규정하는데, 여기에는 특정한 목표를 성취하는 데 필요한 정치적 변동, 그리고 그러한 변동의 과정(중앙정부의 권력의 증대, 정치 참여의 확대, 정치 체제에 대한 일체감의 형성), 정치 체제의 역량(문제해결력과 새로운 정책의 발의), 정치적 기능 및 구조의 정착화 능력 등이 포함된다. 이러한 관점에서는 정치 발전과 근대화와의 구분이 불투명한데, 그는 정치적 변동과 그 과정에 주로 관심을 집중한다.[17]

초닥은 정치 발전의 개념과 관련된 논의 속에서 발견되는 세 가지 관점을 제시한다. 첫째, 정치적 실체의 생성에서부터 성숙에 이르는 정치적 통합으로서 국민 형성과 민족주의에 관한 이론이 여기에 포함된다. 둘째, 정치적 상호작용인 체제성의 증대로서 이는 정치 체제의 구성에 관한 이론을 포함한다. 그런데 체체성의 증대를 규정하는 방식은 동일하지 않고 편차를

15) S. N. Eisenstadt, "Bureaucracy and Political Development," in Joseph Lapalombara, ed., *op. cit.*, pp. 96-98.
16) S. P. Huntington, *op. cit.*, pp. 9-24.
17) C. H. Dodd, *Political Development*(London: Macmillan, 1972), p. 15.

보여 준다. 즉 사회구성원의 참여의 과정을 강조하기도 하고, 정치적 조직과 절차의 제도화 과정으로 파악하기도 하며, 정치 체제의 능력의 증대로 보기도 한다. 셋째, 정치문화의 형성, 유지, 분화로 정치 발전을 규정하는 관점이 있는데 이는 국민 형성과 관련된다는 것이 그의 견해이다.[18]

신생국의 정치 발전에 대한 비관적 전망의 전면에 선 히거(Gerald A. Heeger)는 정치 발전에 관한 논의가 두 가지 시각에 기초하고 있음을 지적한다. 하나는 서구의 경첩에서 파생된 하나의 증후군으로 파악하는 시각인데, 이는 세속화의 증가, 정치적 역할과 구조의 분화, 사회에서 작용하는 하나의 이상으로서의 평등, 환경을 다루는 인간의 능력으로 성격이 규정된다. 다른 하나는 급격히 변동하는 환경에 지속적으로 생존할 수 있도록 조직과 절차를 제도화하는 과정으로 보는 시각이다. 정치 발전을 이러한 방식으로 규정한다면 현재의 저발전 상태는 일시적인 것에 지나지 않는 것으로 간주되나, 신생국에서 실제로 이루어지는 정치에 관해서는 거의 드러내는 것이 없다는 것이 히거의 입장이다.[19] 그의 견해에 의하면 신생국의 정치 제도는 사회적·경제적 변동의 여러 영향들을 다룰 만한 능력의 결여로 인해 정치적으로 불안정한 상태에 놓여 있고, 현재의 저발전은 일시적 단계라기보다 영속적인 조건이 되도록 위협을 가하고 있는 것이다.

신생국의 정치 발전에 관한 비관적인 견해는 이른바 발전에 관한 종속이론에 극명하게 드러나 있다. 처음에 경제 발전의 종속 국면에 관심을 기울였던 경제학자 사이에서 전개되었던 이 이론은 사회학자들에 의해 전반적인 사회 발전과 관련해, 나아가서 정치학자들에 의해 특히 정치 발전의 종속의 국면에까지 확장되었다.[20] 따라서 종속이론의 스펙트럼은 그 정향에서 큰 편차를 보이고, 여기에는 정통 마르크시즘의 시각도 있고 네오마르크시즘의 시각도 있다. 그러나 여러 차이점에도 불구하고 지배적인 특징이 있다. 이른바 저발전이라고 하는 것은 다른 사회에 대한 한 사회의 종속의 결과이고, 이러한 종속의 조건은 그 사회의 한 부분이 다른 부분에 부과하

18) S. Chodack, *op. cit.*, p. 231.
19) Gerald A. Heeger, *The Politics of Underdevelopment*(New York: St. Martin's Press, 1974), pp. 1-2.
20) F. Heady, *op. cit.*, p. 122.

는 내부 식민주의에 의해서 재연되고 있다는 것이다.[21] 종속이론이 한편으로는 발전연구 분야에서 근대화 이론의 헤게모니를 약화시키면서 새로운 문제의 제기와 더불어 과거의 쟁점들을 새로운 관점으로 볼 수 있는 지평(地平)을 열었다는 점만을 덧붙인다.[22]

3 변 동

근대화와 발전이 가치 함축적인 개념이라면, 변동(change)은 중립적 개념이라고 규정할 수 있다. "하늘 아래 새로운 것은 없다"고 전도서는 전하고 있지만, 반면 고대의 한 철학자는 "사람이 같은 강물에 두 번 들어가는 것은 불가능하다"고 말한 바 있다. 후자의 관점을 반영하고 있는 변동과 관련된 이론들은, 사회 변동이든 문화 변동이든 또는 정치적 변동이든 그 대상이 유동적이고 역동적인 상태에 놓여 있음을 시사한다. 우리는 여기서 앞에서 검토한 바 있는 라팔롬바라의 견해를 상기할 필요가 있다. 그는 근대화 또는 근대성이라는 개념의 사용을 당분간 중지하고 '정치적 변동'이란 관점에서 유용하게 측정할 수 있는 네 가지 차원의 검토를 제안한 바 있다. 그가 제시한 것은 구조적 분화(structural differentiation)의 정도, 규모(magnitude), 업적 지향(achievement orientation)의 정도, 세속화(secularization)의 정도인데, 이러한 차원에 따른 발전은 대중이 정치 과정에 참여하든지, 하나 이상의 정당이 존재한다든지, 시민의 자유가 제도화된다든가, 공공정책이 국민의 소망과 요구에 반응한다든지, 그리고 정치적 다원주의가 존재하는 것들과 관계없이 이루어질 수 있다는 것이 그의 견해이다.[23]

변동이란 용어의 적합성은 여러 국가들에서 일어날 수 있는 미래의 변동 —그것이 발전된 국가이든, 발전도상의 국가이든—에 대한 가변성의 여지

21) *Ibid.*, p. 123.
22) Ronald H. Chilcote, "Introduction: Dependency or Mode of Production? Theoretical Issue," in Ronald H. Chilcote & Dale L. Johnsoa eds., *Theories of Development* (Beverly Hills: Sage Publications, 1983), pp. 17-18.
23) J. LaPalombara, *op. cit.*, pp. 39-47.

를 두고 있다는 점에서도 발견된다.[24] 가령 이론적 지식의 우위성을 강조하는 벨(Daniel Bell)의 후기산업사회 모형(post-industrial society model)은 사회 변동의 관점에서 기술된 것이다.[25]

우리는 위에서 검토한 용어 가운데서 가장 널리 사용되고 있는 발전을 현존하는 국가들을 일차적으로 분류하는 하나의 기준으로 제시하려고 한다. 즉 발전된 국가(developed nations)와 발전도상국(developing nations)이 그것이다.[26] 이 접근법이 갖고 있는 이점은 두 가지로 요약된다. 하나는 하위 그룹으로의 재분류가 가능하고, 다른 하나는 그동안 신생국의 정치체제의 분류 작업을 통해서 이들에 대한 체계적 이해에 기여한 비교정치론의 성과들을 관료제의 실제와 연계시키는 데서 발견된다. 그러나 우리는 관료제의 연구자들이 국가 현상에 대해서 관심을 기울이지 않았다는 헤퍼(Metin Heper)의 비판을 염두에 두어야 한다. 즉 국가에 대한 준거틀 없이, 관료제가 배타적으로 '정부'의 견지에서 논의되었다는 것이다. 정권 유형(regime type)이 관료제를 구분하는 가장 중요한 기준이 되고, 각 정권의 기본적 특징과 그 체제에서 수행하는 관료제의 정치적 역할이 밀접하게 연관된다고 보는 헤디의 입장은 두드러진 한 본보기이다.[27] 이에 대한 대안으로서 헤퍼가 국가성(國家性, stateness)의 정도에 따라서 이념형으로 제시한 것이 ① 개인적 정체(personalist polity), ② 이념적 정체(ideological polity), ③ 자유주의적 정체(liberal polity), ④ 집정관 정체(praetorian polity)이고, 여기에 상응한 관료제가 ① 개인의 봉사형, ② 기계적 모형/보나파티스트형/정당통제형, ③ 베버의 법적·합리적형, ④ 엽관제형 관료제이다.[28] 우리는 헤퍼의 관점을 발전된 국가의 관료제를 검토할 때 부분적

24) F. Heady, *op. cit.*, p. 134.

25) Daniel Bell, *The Coming of Post-industrial Society*(New York: Basic Books, Inc., Publishers, 1973). 이 문제는 제9장에서 간략하게 다룬다.

26) F. Heady. *op. cit.*, pp. 141-142. 호로비츠(I. L. Horowitz)는 제1세계(유럽과 북미), 제2세계(소연방 및 공산권 국가), 제3세계(저발전 국가)로 분류한다. Dell G. Hitchner & Carol Lovine, *Comparative Government and Politics*(New York: Harper & Row, Publisher, 1981), pp. 47-48.

27) Metin Heper, "The State and Public Bureaucracies: A Comparative and Historical Perspective," in Metin Heper, ed., *The State and Public Bureaucracies*(New York: Greenwood Press, 1987), p. 11.

으로 다루어 볼 것이다.

제 2 절 발전된 국가의 관료제

잘 알려져 있듯이, 역사적으로 봉건주의로부터 자본주의 체제로 이행한 서양의 발전된 국가들은 18~19세기에 산업화를 이루었고, 과학과 기술의 진보를 기록했다. 이 국가들은 르네상스, 종교개혁, 산업혁명, 그리고 대의제 정부와 민주주의의 대두의 산물이며, 영·미의 민주적 이념과 프랑스혁명에 의해 영향을 받았다. 이들 국가의 경제는 사적 소유에 기반을 둔 자본주의 체제이며, 경제적 활동이 주로 기업을 통해서 이루어지나 정부는 조세 및 복지 프로그램을 통해서 소득의 상당한 부분을 재분배한다. 정치 제도는 대의민주제의 형태를 취하고 이데올로기에 대한 강조가 감소되고 있고, 정당, 이익집단들이 정책형성 과정에서 영향력을 행사한다.[29]

우리는 이러한 발전된 국가들 중에서 이른바 '고전적 관료제 모형(classic bureaucratic model)'에 속하는 프랑스와 독일, 그리고 '시민 문화(civic culture)'로 규정되고 있는 영국과 미국으로 한정한다.[30] 이렇게 발전된 국가를 한정해 관료제의 실제를 검토하는 이유는, 비록 국가의 수는 적지만 이들 국가들이 서구의 형성에서 주요한 세력으로 작용했고, 또한 전후의 양극 체제하에서 신생국의 발전 모델이 되었다는 점 때문이다.

여기서 발전된 국가의 관료제를 분석하는 준거틀에 관해 간략하게 언급

---

28) *Ibid.*, pp. 13-20.

29) Dell G. Hitchner & Carol Levine, *Comparative Government and Politics*, p. 48.

30) '시민문화'란 민주주의의 안전성에 관한 심리학적 이론으로서, 그 단초는 아리스토텔레스까지 소급되나 1960년대 초에 아먼드(Gabriel A. Almond)와 버바(Sidney Verba)의 민주주의에 대한 태도의 비교연구에 의해 정식화되었다. '시민문화'란 혼합된 정치문화로서 적극적·합리적·관여적 측면이 소극적·전통적·무관심한 측면과 균형을 취하고 있는 것이다. 즉 시민은 권위적 결정을 하는 정부의 능력을 파괴할 만큼 정치에 깊숙이 관여하지 않으며, 그렇다고 정치 엘리트가 결정을 완전히 자유롭게 하도록 무관심하거나 방관하지 않는 것이다. '시민문화'의 체제 내에서도 영국이 정치적 권위에 대해 경의를 표하는 데 반해 미국은 참여적이라고 규정되고 있다.

하고자 한다. 우선 관료제가 정치 체제에 의존적이라는 이 책의 기본적 명제에 입각해, 정치 체제의 변동과 더불어 관료제의 정치적 환경—예컨대 의회, 통치구조 등—을 검토한다. 그리고 관료들의 행태에 영향을 미치는 정치문화의 속성과 관련해 밝힌 후에, 관료제의 구조적·행태적 특징들이 기존의 논의를 중심으로 규명될 것이다.

1 고전적 관료제

1) 프랑스

(1) 정치문화와 정치 체제의 변동

정치학자인 매크리디스(Roy C. Macridis)는 프랑스의 정치를 개관하면서 다음과 같이 적고 있다.

> 프랑스는 1789년의 혁명의 땅이고, 모든 특권들이 국민의 주권과 자유와 평등의 이름으로 폐지되었던 곳이다. 나폴레옹은 혁명의 교리를 전파하고, 유럽의 상당한 지역에 걸친 지배권을 확립했다. 또한 프랑스는 끊임없이 이념들을 실험한 국민들의 나라이고, 이들은 어느 것도—특히 정치에 관해서는—승인하지 않았다. 어떠한 국가도 이 세상의 이념에 대해서 그리고 생활 방식에 대해서 그처럼 오랫동안, 그토록 깊이 끼친 영향력을 유지한 나라는 없다.[31]

이 짤막한 인용문에도 반영되어 있듯이, 특히 정치에 관해서는 안정되고 일관성 있는 체제를 확립하지 못한 채 되풀이되는 실험을 경험해 왔다.

우리는 바로 이 지점에서 프랑스의 정치문화의 독특한 성격들을 제시해 볼 수 있다.[32] 우선 프랑스인들은 정부에 대한 불신과 정부에 대한 높은 기대감이 결합된 양가성(兩價性, ambivalance)을 공유하고 있다는 점이 지적

---

31) Roy C. Macridis, "Politics of France," Roy C. Macridis, ed., *Modern Political Systems*(London: Prentice-Hall International, Inc., 1987), p. 75.

32) *Ibid.*, pp. 77-79; Henry W. Ehrmann, "Politics in France," in Gabriel A. Almond & G. Bingham Powell, Jr., *Comparative Politics Today*(Boston: Little, Brown & Co., 1984), pp. 206-207.

될 수 있다. 프랑스인들의 이러한 권위에 대한 불신과 그것에 대한 갈망은 개인주의와 평등에 대한 열정을 키워 왔다. 이것이 프랑스인으로 하여금 상호 협력과 신뢰에 기초한 결사체(結社體)의 활동을 가로막아 왔고, 자기 이외에는 어느 누구도 자신의 이해를 지킬 수 없다는 일종의 방어 기제를 발전시켰다.

그러나 종전 후 이러한 심적 상태는 크게 변모했으며, 상당한 기간에 걸쳐 프랑스인들은 국가와 자신을 동일시하는 경향을 보여 주었다. 프랑스 정치문화의 또 다른 특성은 추상성과 이념에 대한 경도에서 발견된다. 학교 및 교육 제도가 논리적 범주로 이루어지는 지적 탐구의 계발을 뒷받침하고, 실험 및 문제 해결 방식의 탐구에는 소극적인 경향을 보여 주었다. 정치적 문제에서도 이러한 추상적인 경향이 드러나는 바, 타협보다는 논리적 범주화와 이념적 해결이 우세했다. 프랑스 정치사가 불연속성을 주요한 특색으로 하는 것도 이러한 맥락에서 설명될 수 있는 것이다. 프랑스혁명으로 인한 왕정 체제(ancien régime)의 붕괴와 그 이후 나폴레옹의 등장, 1870년에 이르기까지 입헌군주정을 공화정으로 변경한 실험들, 제3~4공화정의 위기와 1958년 드골(Charles de Gaulle)의 제5공화국의 출현 등은 불연속적이고 불안정했던 프랑스의 정치사를 그대로 반영하고 있다. 이 기간에 프랑스는 세 차례의 입헌군주정(1789~1791년, 왕정복고: 1814~1830년, 7월공화국 1830~1848), 두 차례의 제정시대(나폴레옹 1세의 제1제정: 1804~1814, 나폴레옹 3세의 제2제정: 1851~1870), 다섯 차례의 공화정(제1공화정 '1792~1795, 제2공화정 : 1848~1851, 제3공화정 '1870~1940, 제4공화정: 1946~1958, 제5공화정: 1958 이후)을 경험했다.[33]

메크리디스의 분석에 의하면, 이러한 헌정 체제의 변동은 계급 및 이념적 균열과 연관된다. 계급적 분열은 귀족 계급과 부르주아지, 중간 계급과 노동자, 유산 계급과 빈곤층 그리고 농민과 지주 간의 대립에 의해 이루어지고, 한편 이념은 사회적·경제적 갈등을 정당화하고 합리화하기 위해 계발된다.[34] 계급 및 이념의 균열은 프랑스의 정치를 파쇄시키고, 극점(極點)을 향하도록 함으로써 합의와 정권의 정통성을 낮은 수준에 놓이게 했다.

33) R. C. Macridis, *op. cit.*, p. 77; F. Heady, *op. cit.*, p. 192.
34) R. C. Macridis, *op. cit.*, p. 78.

이런 이유로 프랑스의 정치문화는 가령 영국의 그것과 대조를 이룬다. 합의보다는 분열이, 점진적이기보다는 불안정으로, 실용적이라기보다 이념적이기 때문에 타협과 합의와는 대립되는 혁명적 변화가 강조된 것이다.

(2) 집행부, 의회, 행정기구

프랑스는 앞서 언급한 바와 같이 혁명의 역사 속에서 다양한 정부 형태를 취했다. 즉 입헌군주제 세 번, 제정정치 두 번, 반독재정치 한 번 그리고 공화제를 다섯 번째 채택해 현재의 제5공화국에 이르고 있다. 제5공화국은 제3공화국과 제4공화국에서 경험했던 정치 불안과 정당 난립으로 인한 행정 기능의 마비를 방지해 정국을 안정화시키고자 대통령의 권한을 대폭 강화하면서도 의회주의의 전통을 유지하는 절충형 헌법을 채택했다.

제5공화국의 정부 형태는 순수한 미국식 대통령제나 영국식 의원내각제가 아닌, 대통령과 수상 중심의 이원적 통치 제체를 취하고 있다. 즉 대통령은 국가의 수반이며, 수상은 정부의 수반으로서 권력을 분점하고 있는 것이다. 슐레이만(Ezra Suleiman)이 프랑스의 헌정 체제를 영국의 의원내각제와 미국의 대통령제의 결합이라고 규정한 것도 이런 이유 때문이다.[35] 즉 국민의회는 내각을 불신임할 수 있으며 이에 대해 대통령은 의회를 해산할 수 있도록 한 점은 의원내각제의 특성을 갖춘 것이다. 또한 프랑스 대통령은 영국과 같이 상징적인 존재가 아닌 실질적인 최고 통치자로서 매우 강력한 지위와 권한을 보유한 특수한 행정 체제를 형성하고 있다.

이러한 정부 형태와 행정 체제의 장치는 불가피하게 갈등을 야기할 것으로 예견되기도 했으나, 결과는 그렇지 않았다. 의심할 바 없이 최고집행부는 대통령이고, 수상은 그 밑에서 봉사했다. 이것이 가능한 것은 임기 7년의 대통령이 국민에 의해 직접 선출된다는 점, 의회의 다수당에서 수상이 선출된다는 점, 대통령이 소속된 정당과 의회의 다수당이 일치하지 않을 때 빚어지는 갈등은 각기 불신임권과 의회해산권의 행사를 통한 해결이 가능하다는 점이 지적될 수 있다.

제5공화국 헌법은 대통령의 정치적 독립을 보장하고, 그의 재량권으로

---

35) Ezra Suleiman, *Politics, Power, and Bureaucracy in France: The Administrative* (Princeton, N. J.; Princeton University Press, 1974), p. 358.

행사할 수 있는 개인적 권한(예컨대 수상지명권, 의회해산권, 비상대권, 국민투표부의권 등)을 부여하고 있다. 또한 대통령은 민간 및 군부의 주요 직위에 대한 임명권을 갖고, 각료회의(council of ministers)를 주재하며, 각의를 통과한 각종 법안에 서명하며 법안에 대한 재의를 요구할 수 있고, 의회에 교서를 보낸다. 이러한 점에서 프랑스의 제5공화국이 이론적으로는 의원내각제이지만 실제적으로는 대통령의 개인적 통치의 경향이 있다는 지적이 설득력을 갖는 듯하다.[36]

한편 헌법에 규정된 내각은 수상과 그의 각료로 구성되며, 국가의 정책을 결정하고 집행하며, 의회에 대해 책임을 진다. 특히 수상은 행정부의 활동을 지시하고, 국방에 대한 책임을 진다. 그는 법률을 집행하고, 규칙제정권을 갖는데 이는 모든 법령이 대통령에 의해서 서명되었을 때만 가능한 것이다. 그는 내각을 구성하고, 내각회의(council of the cabinet)를 주재하며, 행정부를 감독한다. 수상은 의회에서 그의 정책을 옹호하고, 의원들의 질문에 답변하며, '특별선언'을 통해 행정부의 전반적인 사업계획을 발표한다. 그리고 내각의 기능은 비교적 한정되어 있으며, 의원직의 경험이 없는 공무원, 전문기술자, 교수, 지식인 중에서 상당수의 각료들이 충원된다. 프랑스 제5공화국의 경우, 안정된 체제를 유지하고 있는데 이는 드골에서 미테랑(François Mitterand) 정부에 이르는 28년 동안 9명의 수상이 재임했는 바, 평균 재임 기간이 3.2년에 이르는 데서도 발견된다.[37]

프랑스 의회는 양원제로서 상원과 하원으로 구성된다. 상원은 대부분 지방공무원으로 구성되는 대규모 선거인단에 의해 선출되고, 임기는 9년이다. 하원의 임기는 5년이고, 18세 이상의 국민에 의해 직접 선출된다. 상원과 하원은 동일한 권한을 갖고 있는데, 하원에게 예산 심의에 대한 우선권이 부여되어 있고, 내각은 오직 하원에 대해서만 책임을 지는 차이점이 있다. 의회와 행정부의 관계에서 중요한 것은 다음과 같은 것이다.[38] 우선 의원과 각료의 겸직이 금지되어 각료로 입각한 의원은 의원직을 사직해야 한다.

---

36) F. Ridley & J. Blondel, *Public Administration*(London: Routledge & Kegan Paul, 1964), p. 3.
37) R. C. Macridis, *op. cit.*, p. 95.
38) *Ibid.*, pp. 97-98.

그러나 이러한 규정에도 불구하고, 의회에 출석할 수는 있으나 표결권은 허용되지 않는다. 그리고 내각의 의회에 대한 책임은 제한적이다. 입법권은 의회에 귀속되어 있으며, 의원과 행정부는 법률안과 수정안을 제출할 수 있다. 끝으로 행정부 예산제가 마련되어, 행정부는 의회에 예산안을 제출한다. 의원들의 제안의 경우, 세입의 삭감이나 세출의 증액은 허용되지 않는다.

프랑스도 다른 국가와 마찬가지로 중앙행정의 행정 단위는 성(省, ministre)이며, 이것이 관료제의 근간을 이룬다. 성의 편성 형태는 성마다 다르다. 가장 일반적인 주요 단위는 국(局, diéction)인데, 성에 따라서는 총국(diéction générales) 혹은 사무총국(secrétariats généraux)을 둔다. 전자의 경우 국 대신 부국(sous-diréction)을 두는 것이 일반적이다. 그리고 국의 하부 단위의 편성에서도 통일성은 없으나, 일반적인 프랑스의 성의 계층제를 도식화하면 장관-사무총국-각국-부국이 된다.39)

계층제 밖에서 성의 장관의 업무를 지원하는 행정기관에는 세 가지 유형이 있다.40)

첫째, 각 성의 장관은 장관비서실(ministerial cabinet)을 두고 있다. 이것은 대륙계 관료제의 한 양상인데, 그 주된 기능은 정치계(政治界)와 행정계(行政界)를 연결하는 것이다. 앞서 지적한 바와 같이, 프랑스에서는 정치적 상황이 불안정했으므로 장관들은 그들이 의지할 정치계의 '귀와 눈'이 필요했던 것이다. 장관비서실이 바로 이러한 역할을 수행하는 바, 그 구성원은 정치가이자 행정가이기도 하다. 특정한 성을 제외하고 10명으로 구성되고, 공무원으로서 인정된다. 과거와 달리 정치적 신뢰성보다 기술적 전문성이 강조되어 전문가들이 충원되고, 이들의 영향력이 증대되고 있다. 장관비서실의 정치적 기능은 장관의 외부 세계, 의회, 이익집단, 선거구민과의 관계에 책임을 지며, 일반적인 정치적 문제와 장관에 대한 사적 요청 등을 취급한다. 이와 동등하게 중요한 것이 행정적 기능인데, 장관의 입장에서 실제적 행정 문제에 관해 조정 및 중재의 역할을 수행한다. 더불어 장관의 두뇌

39) F. Ridley & J. Blondel, *op. cit.*, pp. 57-58; E. N. Suleiman, *op. cit.*, p. 139.
40) 이 부분은 전적으로 다음의 저서에 힘입었다. F. Ridley & J. Blondel, *Public Administration in France*, pp. 64-72.

집단(brains trust)으로서의 역할을 수행함으로써 그 성 내에서의 장관의 영향력을 강화한다.

둘째, 성(省)의 일반적 업무를 감독하고, 특별조사를 행하는 감사관단(inspectorates)이 있다. 감사관단은 정년 보장 공무원으로 구성되고 그 수장은 감사총감(inspectors general)이다. 그리고 감사관단의 규모는 비교적 적은데, 재무감사관단(inspection des finances)은 그 규모나 기능면에서 예외적 존재이다. 감사관단은 다양한 형태를 갖추어서 그 지위와 기능을 정확히 기술하기는 어려우나, 대체로 성의 활동과 그가 속한 부서의 활동을 감독한다.

셋째, 여러 자문기관이 있다. 정년보장 공무원으로 구성되는 '상담적 행정' 형태의 자문회의(advisory councils)가 전형적인 것인데, 나폴레옹 시대부터 존속했다. 그 가운데서 가장 명성이 높은, 행정의 계층상 정점에 위치한 것이 참사원(Conseil d'Etat)이다. 이보다 낮은 계층제에 장관을 자문하기 위한 자문회의가 설치되어 있고, 또한 중앙정부의 대리인인 지사와 시장을 자문하기 위해 지방에 자문회의가 설치되어 있다.

한편 프랑스의 지방행정은 이원화되어 있는데, 자치단체(Collectivitie's Locales)에 의한 자치행정과 국가 임명의 Préfet에 의해 수행되는 국가의 지방행정으로 이원화되어 있다. 프랑스는 국가행정의 행정적 분권 차원에서 국정의 통합성 확보를 위해 강한 중앙집권의 전통 하에 국가가 정한 한계 내에서 지방의 요구를 고려하고 있다. 특히 중앙 행정책임의 위임을 통해 중앙집권을 완화하며, 대표적인 것이 Préfet 제도이다.[41] 이에 비해 자치적 분권인 자치행정 차원에서는 1982년 지방자치법 이후 자치권이 확대되어 자치단체는 자율적인 의사결정권을 행사하게 되었다. 국가는 적법성 통제와 회계감사원에 의한 예산통제만 가능할 뿐 종래의 포괄적·사전적인 지도·감독권은 제한되어 있다. 그리고 자치단체의 종류는 광역자치단체로서 레종(Région: 광역도), 중간자치단체인 데파르트망(Département: 도) 그리고 기초자치단체로서 코뮌(Commune: 시읍면)의 3계층을 이루어져 있다. 즉 Paris Région을 포함해 전국을 26개의 레종으로 나누고, 이를 다시

41) Préfet가 있는 국가의 행정 단위는 네 가지 형태로 구분되는데, 9개의 국토방위권역, 26개의 Région, 100개의 Département, 339개의 Arrondissement이다.

100개의 데파르트망으로 나누며, 그 밑에 전국 약 36,763개의 코뮌이 있다.[42] 자치단체 상호간에는 지도나 감독 관계가 존재하지 않고 자치단체 스스로 책임 영역 내에서 완전한 자율권을 행사할 수 도록 되어 있는 것이 특징이다.

(3) 프랑스 관료제의 특징

프랑스의 관료제를 '고전적 관료제'로 규정하는 이유는 이른바 고전적 행정 체제로 불리는 관료제에 관한 베버의 서술과 상당한 정도 부합된다는 의미에서이다.[43] 그런데 프랑스의 관료제를 논의할 때, 그 특징으로서 일차적으로 지적되는 것은 그것이 매우 강력한 체제라고 하는 점이다. 이런 주장을 뒷받침하기 위해, 국가론의 시각으로 프랑스는 '강력한 국가(strong state)'라는 명제를 역사적 분석을 통해 제시한 일련의 시도는 주목할 만하다.[44] 이 때 강력한 국가란 경쟁시험을 통해 충원된 고위관료들에 의해 운영되는 강력한 관료제로 성격이 규정된다. 이들은 비한정적 능력을 바탕으로 활동하고, 정치적 역할을 수행한다. 공법 체계, 종교와 무관한 고등교육 체제, 국립대학 등은 견고하게 제도화되고 상당히 분화된 국가의 부대적 특징들이다. 그리고 관료제의 위치와 함께 강력한 국가를 구축한 이런 과정은 특정한 문화적 맥락에서 전개된 독특한 역사의 산물이며, 일단 이러한 체제가 확립되면 국가의 특정한 양식이 역사를 통해서 자신의 논리를

---

42) départment과 commune 사이에 arrondissement과 canton이 있으나, arrondissemen은 단순한 단위로서 Départment과 commune의 연락 역할만 하고, canton은 départment 의회의원을 선출할 때의 선거구 및 징병사무 구역에 지나지 않는다(최창호, 『지방자치학』, 서울: 삼영사, 2005), p. 702.

43) F. Heady, *op. cit.*, p. 192. 이런 관점에 대해서 의문이 제기되기도 한다. 예를 들면, 국가성의 정도로 정체(政體, polity)를 유형화하고, 여기에 상응하는 관료제 모형을 제시한 바 있는 헤디는 베버가 서술한 관료제를 '기계적 관료제'와 '법적·합리적 관료제'로 구분한다. 기계적 관료제는 '이념적 정체'와 관련된 것으로서 합리성보다 적법성이 강조된다. 따라서 관료들에게는 개인의 재량권이 거의 없고, 상부로부터 지시받은 그대로 집행할 것으로 기대되며, 지배자 자신도 그 기구의 일원이 아니다. 반면 법적·합리적 관료제는 '자유주의적 정체'와 관련된 것으로서 실질적 합리성보다 도구적 합리성이 강조된다. 여기서 관료들은 자신들이 정책형성보다 집행에 책임이 있는 것으로 간주하고, 관료제가 정치 체제를 대치하려고 시도하지 않는다. Metin Heper, *op. cit.*, pp. 17-19.

44) Pierre Birnbaum, "France: Polity with A Strong State." in Metin Heper, ed., *op. cit.*, pp. 73-86.

유지한다는 것이 이들의 시각이다.

비른바움(Pierre Birnbaum)은 프랑스의 절대왕정기부터 현재에 이르기까지 강력한 국가의 발전 단계를 검토하고 있는데, 이런 현상은 1981년 사회당 정권이 출범한 이후에도 계속되었다. 가령 공무원 규모의 증대, 공적 영역의 확대 등은 국가의 관여를 확장시킨 것으로 이해된다. 물론 강력한 국가는 지배 계급의 위력에 의해 또는 민주화 과정의 진척에 의해 침식될 수도 있다.[45] 전자의 경우, 예컨대 데스탱(Giscard d'Estaing) 정부(1974~1981)에서 실업계 대표자들의 등장으로 국가의 구조 그 자체가 위협을 받았듯이, 그리고 후자의 경우 미테랑 정부에서 대중정당 및 조직에서 충원된 정치인들이 국가의 논리에 의문을 제기하고, 국가의 장치 내에 부분적 그리고 이른바 약하게 대표되는 이들－노동자, 교사 등－의 이해를 반영하려는 시도에서 나타나듯이 부분적인 탈분화(脫分化)가 일어나는 것이다. 이 때도 강력한 국가가 소멸되는 것은 아니다.

윌스포드(David Wilsford)는 프랑스의 경우, 국가와 사회의 관계는 '국가 지배의 다원주의'로 규정되며, 프랑스의 국가와 행정은 강력하나, 또한 고도로 취약하다는 견해를 제시한다.[46] 그는 비교론적 시각에서 프랑스 국가와 행정이, 다른 국가와 그 행정과 두 가지 차원에서 비교될 수 있다고 본다.

하나의 차원은 시민사회에서 발생하는 다양한 이해에 대한 국가의 침투성이다. 이 변수에 따르면 프랑스 국가는 이익집단의 압력에 대해서 미국이나 영국과 같은 민주적 국가보다 침투력이 약하고, 칠레로부터 구소련에 이르는 비민주적 국가보다는 집단 압력에 대한 침투력이 강하다. 두 번째 차원은 국가의 의사를 실행할 수 있는 국가의 능력이다. 이 때 시민사회의 완강한 집단들에 대한 혁신과 개혁에서 국가가 성공하는 것은 국가의 강력함을 드러내는 가장 좋은 징표이다. 이 기준에 따르면, 프랑스 국가는 미국이나 영국보다는 강력하나, 구소련보다는 약한 것이 명백하다. 그러나 프랑

45) *Ibid.*, pp. 85-56.

46) David Wilsford, "Running the Bureaucratic State: The Administration in France," in Ali Farazmand, ed., *Handbook of Comparative and Development Public Administration*(New York: Marcel Dekker, Inc., 1991), pp. 611-522.

스 국가의 취약성은 바로 그 강력함에서 나온다. 즉 가장 극단적인 형태의 저항에 대해서는 취약한 것이다. 이는 프랑스의 폐쇄적 정책결정 과정이 반대 및 지체 현상을 회피하는 데서 비롯된다. 역설적이지만 강력한 프랑스 국가가 때로는 취약성을 드러내는 것이다.[47]

프랑스의 관료제를 규정하는 또 하나의 특징은 고위관료 혹은 행정 엘리트[48]의 공익에 대한 관념에서 발견된다. 이 점에 관해서 월스포드는 다음과 같이 지적한다.

> 미국인들이 현실적인데 반해서, 프랑스인은 이상주의적이다. 물론 프랑스에도 사익(私益)을 추구하는 관료들의 활동도 많고, 고도로 정치적인 목표가 포함된 경우도 때로는 존재한다. 관료제의 정치화는 또 다른 공통된 주제이긴 하나, 어쨌든 미국과 비교해서 프랑스의 관료집단은 자신들을－사회가 그들을 보는 것과 동일하게－정통한 일반의지(volonté générale)의 해석자로 자임한다. 이러한 관료들의 사명감은 프랑스의 고위관료들이 특별한 임무를 수행하기 위해 권한을 갖고 행동한다는 자의식이 있음을 의미한다. 이러한 의무는, 비록 그것에 대해 전체의 혹은 프랑스의 이해와 대립되는 특수한 혹은 당파적 이해라는 주장이 있음에도 불구하고, 부단히 정의되고 옹호된다. 이러한 사명감은 종교적 질서를 설파하고, 가르치고, 개종시키는 것과 다르지 않다.[49]

프랑스 관료들의 이러한 태도가 교육 및 훈련과 연관되어 있음은 자명한데, 이것과 관련된 프랑스 관료제의 또 다른 현저한 특징이 '그랑코르(grands corps)'의 존재이다. 슐레이만이 '행정 슈퍼 엘리트'라고 부르는 이 고위관료 집단은 나폴레옹이 프랑스 행정의 원리와 기본 구조를 확립하기 위해서 창설한 것으로서, 자질이 우수한 공무원을 충원할 의도에서였다.

---

47) *Ibid.*, p. 621.

48) 고위관료 혹은 행정 엘리트란 용어는 앞으로도 상호 교체되어 사용될 것이다. 프랑스의 '행정 엘리트'에 관한 경험적 연구서인 『프랑스의 정치, 권력 그리고 관료제: 행정엘리트』에서 저자인 슐레이만이 인터뷰의 대상으로 삼은 것은 중앙행정기관의 국장과 장관비서실(ministerial cabinet)의 요원이었다. 그는 이 저서에서 administrative elite(행정엘리트), administrative super-elite(행정 슈퍼 엘리트), highest official(최고위 관리), higher civil service(고위관리), bureaucrat(관료) 등의 용어를 사용하고 있는데, 그것이 엄밀하게 정의된 후 구분되어 사용되는 것은 아니다.

49) D. Wilsford, *op. cit.*, p. 612.

'그랑 코르'와 관련되어 지적될 것은, 이들이 속한 담당 부서가 이들에게 일상적인 국가 업무의 수행에 따르는 주요한 역할을 부여한다는 것, 그리고 '그랑 코르'에 편입되는 것은 최고의 행정직에 오르는 필수불가결한 발판이라고 하는 점이다.[50] 가령 국립행정대학원(E. N. A.)의 우수 졸업생은 항상 주요 직군인 재무감사관단, 참사원, 회계검사원(cour des comptes) 중에서 하나를 선택하는데, 이는 업무에 대한 관심 때문이 아니고 일단 '그랑 코르'에 속함으로써 최고위직으로 진출할 기회가 열려 있기 때문인 것이다.

프랑스 관료제의 또 다른 특징으로서 충원의 폐쇄성이 지적되고 있다. 프랑스는 전후에 충원의 기초를 확장하고, 선발 과정의 통일성을 기할 목적으로 광범위한 개혁을 단행했지만, 기대한 만큼의 성과를 거두지 못했다고 평가된다. 가령 국립행정대학원의 설치는 이러한 개혁 가운데서 두드러진 성과로 꼽히지만, 입학생의 사회적 배경이 제한되어－부모의 직업은 주로 전문직, 관리직과 고위관료이며, 출생지 및 거주지는 파리이고, 파리정치대학 출신이 압도적이다－있으므로,[51] 공무원 제도의 민주화와는 일정한 거리가 있음을 보여 준다. 이는 프랑스 고위관료들의 사회적 배경에서도 그 유사성을 드러낸다. 경쟁시험으로 충원되는 이들의 대부분은 국립행정대학원을 포함한, 유수한 대학 출신으로서 중간 및 중상류 계층에 속한다. 이러한 사실은 프랑스의 관료제, 특히 고위관료들이 '사회의 대표성'을 결여하고 있음을 보여 주는 것이다.

한편 프랑스 관료제에서 정치 참여의 폭은 넓은 편이다. 대부분의 공무원에게 정당 가입의 자유가 허용되어 정당 활동에 참여할 수 있다. 공무원들은 선출되는 관직의 후보자가 될 수 있고, 공무원직을 사임하지 않고도 대부분의 지방관직에서 봉사할 수 있다. 그러나 의원으로 출마하거나 당선된 경우에는 그 기간 동안만은 공무원직을 수행할 수 없다. 이 경우에도 기간이 종료되면 업무에 복귀할 수 있다.[52] 이들의 정치적 활동이 매우 활발하다는 것은 가령 1981년의 하원선거에서도 확인된다. 당시 의원의 23%가

50) E. N. Suleiman, *op. cit.*, pp. 242-243.
51) F. Ridley & J. Blondel, *op. cit.*, p. 38; E. N. Suleiman, *Politics, Power, and Bureaucracy in France*, pp. 54-63.
52) F. Heady, *op. cit.*, p. 198.

공무원이었는데, 여기에 기술적으로 공무원에 속한다고 볼 수 있는 교사 및 교수들이 33%에 이르는 것을 감안하면 의회에 관료들이 얼마나 깊이 침투해 있는지를 짐작할 수 있다.[53]

끝으로 프랑스 관료제는 정책형성에서 능동적이며, 그리고 주요한 역할을 수행한다는 점이 지적된다.[54] 더불어 관료제에 대한 의회의 통제는 약하나, '집행부'에 의한 통제는 강화되었다는 점은 주목할 만한 사실이다. 이는 프랑스 관료제가 과거에 비해서, 자율성의 상당한 부분에 손상을 입고, 그 위상을 재정립하지 않으면 안 될 처지에 놓여 있음을 의미한다.

2) 독 일

(1) 두 번째 통일

주지하다시피 비스마르크(Otto von Bismarck)에 의한 독일의 통일 이래, 나치의 통치 기간을 제외한다면 독일은 연방 체제를 유지해 왔다. 그리고 동서로 분단되어 반세기가 지나는 동안, 동독이 공산주의 블록 하에서 집권적 구조를 유지한 반면, 서독은 연방 체제로 복원했다.[55] 이러한 분단체제는 1990년 9월 '독일에 관한 최종 해결조약'이 체결되고, 같은 해 10월 동독과 서독의 명칭이 사라지고, 서독의 국호를 따라 '독일연방공화국'이 출범함으로써 종언을 고했다. 그리고 통일 독일의 정부를 구성하기 위한 첫 총선이 그 해 12월 2일 실시되어 기민당의 콜(Helmut Kohl) 수상이 독일연방공화국의 초대 수상으로 선출되었다. 1871년 비스마르크에 의한 통일 이후 두 번째 통일을 성취한 셈이다. 사실상 1972년 서독의 브란트(Willy Brandt) 수상이 동방정책을 추진할 때까지만 해도, 그는 가까운 장래에 통일이 가능하다고 생각치 못했고, 일반적인 예측도 거기서 크게 벗어나지 않았다.[56] 그러나 동서독의 인적·물적 교류의 심화는 동독 주민의 서독에 대한 고정 관념을 깨뜨릴 기회를 마련했고, 급기야는 베를린 장벽을 무너뜨리는 데까지 이르게 된 것이다. 이 베를린 장벽의 파괴라고 하는

53) R. Macridis, *op, cit.*, p. 102.

54) F. Heady, *op. cit.*, p. 205; E. N. Suleiman, *op. cit.*, pp. 372-373.

55) *Ibid.*, p. 206.

56) 이 부분은 다음의 글에 주로 의존했다. 박호성, "동유럽의 변혁, 사회주의 붕괴," 『신동아』, 1991년 1월호 별책 부록 「사회주의 대변혁 핵심 문헌 50選」, pp. 306-319.

'상징적 사건'을 계기로 경제적·정치적 통합의 장애가 제거되면서 독일의 통일은 현실화된 것이다. 여기서는 통일 이전의 서독을 중심으로 정치문화, 통치구조와 관료제의 특성들을 검토하려고 한다.

(2) 정치문화: 과거와 현재

한 나라의 정치문화 혹은 정치적 태도에 관한 이해를 위해서 과거의 정치적·문화적 유산에 대한 검토가 요구된다. 서독 역시 예외는 아니다.[57] 독일인들의 정치적 태도는 독일 역사에서 비롯된 여러 사건과 기억들, 최근의 사회의 제도와 관행들, 인간 관계와 정치에 대한 이미지와 이념들, 그리고 전후의 사회적·정치적 발전과 같은 상충하는 힘들에 의해 영향을 받는다. '30년 전쟁'의 공포로부터,[58] 패배로 끝난 두 차례의 세계대전에 이르기까지의 역사적 기억들이 독일인들의 정치적 태도의 형성에 영향을 주었다고 보아도 무방할 것이다.

우선 1960년대를 전후해서, 독일인의 정치적 태도의 가장 두드러진 특징으로서 지적된 것은 보수주의적인 경향이었다.[59] 당시 독일 청년들에 관한 경험적 조사에 의하면, 응답자의 약 80%가 보수는 낮으나 안정성 있는 직업이 보수는 높으나 안정성은 떨어지는 직업보다 선호되는 것으로 보고된 바 있고, 이와 유사한 연구에서 응답자의 약 70%가 보수는 높으나 연금이 없는 직업보다 보수는 낮으나 연금이 있는 직업을 선택한 것으로 드러났다. 이러한 보수주의는 독일인들의 정치적 태도에서 '강렬함의 결핍'에도 반영되었다. 일련의 여론조사에 의하면, 당시 수상인 아데나워(Konrad Adenauer)의 업적에 대해서 '매우 훌륭하다'와 '형편없다'는 반응은 각각 10% 내외에

57) Karl W. Deutch & D. Brent Smith, "The Federal Republic of Germany: West Germany," in Roy Macridis, ed., *Modern Political Systems*, pp. 217-222.

58) 모루아(Andre Maurois)는 전쟁 후의 모습을 다음과 같이 기술하고 있다. "끝없는 끔찍한 전쟁이 독일을 멸망시켜 인구의 3분의 1이 감소되었다. 사람들은 전쟁을 겪다보니 기사적인 명예감에 대한 감각 자체를 상실했다. 독일은 국력이 쇠진했다. 독일을 이제 그 상실을 만회하기까지 일백 년간 일해야만 했다. 수천 개의 마을들이 사라졌고 작센에서는 늑대떼가 설치고 다녔다." 앙드레 모루아 지음, 전영애(역), 『독일사』(서울: 홍성사, 1993), p. 173.

59) Sidney Yerba, "Germany: The Remaking of Political Culture," in Lucian W. Pye & Sidney Verba, eds., *Political Culture and Political Development*(Princeton, N. J.: Princeton University Press, 1965), p. 138.

머물고, 응답자의 대부분이 중간 상태에 반응을 보인 것으로 나타나 있다. 이것이 시사하는 것은 아데나워 수상에 대한 압도적 지지도, 또는 강력한 반대도 없었다고 하는 점이다. 독일인들의 이러한 보수성은 정치 제도나 민주주의의 규범에 대한 독일인들의 관여에서 나타나는 불확실성에도 반영되어 있다.[60] 그리고 이러한 불확실성은 역사의 교훈에 의해 정당화되는 측면이 있는 바, 가령 황제 치하에서 시민들은 정치 과정에서 적극적인 참여자가 아니라 복종하는 존재로 기대되었다. 바이마르공화국하에서도 민주주의의 가치가 고양되지 못했고, 이 새로운 체제는 제1차 세계대전의 패배와 동일시되었고, 이 기간에 빚어진 분파 작용과 폭력은 국민들에게 정치는 피할 것이며, 적극적인 참여자가 되지 말 것을 가르친 셈이다. 이른바 '예속적' 정치문화의 토대가 마련된 것이다.

그러나 독일인의 정치적 태도가 보수성만으로 설명될 수 없는 독특한 측면이 있다는 점에도 유의할 필요가 있다. 즉 이들의 정치적 태도가 '비정치적' 혹은 '당파 이상의' 미덕에 대한 완강함과, 가장 극단적인 형태로 전제주의적 광신에의 당파적인 몰입을 기꺼이 수락하는 것 사이를 왕래하는 것으로 규정되기도 한다.[61] 이러한 두 가지 태도는 정치의 세계를 근본적으로 '악'으로 간주하는 견해에서 나온 것인데, 특히 부하들의 복종을 요구하는 경향과 결합된 권위에의 예속을 기꺼이 수락하는 권위주의의 강력한 요소가 독일의 국민성과 정치문화의 한 부분을 이루고 있다는 견해가 제시되기도 한다.

독일의 정치문화의 또 다른 속성으로서 민주적인 정권에 대한 실용주의적 태도가 지적되기도 한다.[62] 이들의 실용주의적 태도는 이념에 대한 지향이 아니라 직업, 가정, 안정성과 같은 구체적 혜택에 대한 관심으로 나타나는 바, 이것이 극명하게 드러난 것이 1957년의 선거였다. 기민당은 여론 및 설득 전문가의 조언에 따라서, 선전 포스터에 햇볕에 타서 청동색이 된 아데나워의 인상적인 얼굴과 '어떠한 실험도 없다(No Experiments)'는 구

60) Russell J. Dalton, "Politics in West Germany," in Gabriel A. Almond & G. Bingham Powell, Jr., eds., *Comparative Politics Today*, p. 265.
61) K. W. Deutsch & D. B. Smith, *op. cit.*, p. 218.
62) *Ibid.*, p. 219.

호만을 내세웠을 뿐이지만 성공을 거두었다. 말하자면 1945년 이래, 대부분의 서독인들은 위험의 요소가 도사리고 있는 정치에 대한 관심을 드러내지 않았고, 독일이 다시 세계의 강대국이 될 것이라는 점에 관해서 겨우 17%만이 '그렇다'고 응답했다. 이러한 감정은 1970년대 중반의 슈미트(Helmut Schmidt) 수상 하에서도 되풀이되어 나타난 것이다.

독일 정치문화의 요소로서 강력한 국민의 동일체 의식이 지적되기도 한다.63) 공통의 역사, 문화 그리고 언어는 독일이 정치적으로 통합되기 이전에도 국민적 공동체로서의 발전을 이루었다. 그러나 과거의 여러 정권들이 이를 정치적으로 통합하지 못하고, 정치의 목표에 대한 합의를 이루지 못했으나, 서독의 경우 점진적으로 국가에 대한 동일체 의식이 고양되어 왔다. 1970년대 후반에 들어서 상당수의 국민들이 정치 제도와 민주적 제도에 대한 긍지를 공개적으로 드러내게 되었다. 국민적 일체감과 정치적 공동체의 감각이 정치문화 속으로 통합되는 모습을 보여 주었던 것이다. 멀리 있었던 하나의 가능성이 실현된 것도 이런 요소가 그 바탕이 되었을 것이다.

이런 관점에서, 1960년대 전후의 서독의 정치문화의 특징들이 새로운 세대의 등장과 가치 체계의 변화로 상당한 변모를 거듭하고 있는 것으로 이해되어도 무방할 것이다. 새로운 세대들은 구세대들이 열중했던 경제적 안정, 법과 질서, 종교적 가치와 같은 전통적 목표 대신 개인의 자유, 사회적 형평, 자기 실현, 그리고 삶의 질의 보존과 같은 문제에 우선 순위를 둔다. 이러한 가치 체계의 변화는 새로운 쟁점을 정치적 의제로 부각시키는 바, 가령 환경 보호와 같은 문제는 광범위하게 국민적 관심을 환기시켰던 것이다.64) 이러한 두드러진 현상을 대안적 정치집단으로 부상한 녹색당(Green Party)의 등장을 통해 확인할 수 있다. 이렇듯 새로운 세대에서 성장할 미래 엘리트의 상당수가 대안적인 정치적·문화적 태도를 가질 것으로 보인다.65)

한편 독일의 정치문화는 1980년대를 기점으로 변화하기 시작했는데, 과

63) R. J. Dalton, *op. cit.*, pp. 265-266.
64) *Ibid.*, p. 268.
65) K. W. Deutsch & D. B. Smith, *op. cit.*, p. 222.

거 비민주적 정치문화에서 민주적 정치문화로 변화하고 있는 특징을 엿볼 수 있다.[66] 1980년대 초 실시된 한 설문조사에 의하면 서독 국민의 80%이상이 민주주의에 대한 찬성을 보였고, 또한 85%가 서독의 정치 체제가 민주주의 체제라고 응답했다. 아울러 정부에 대한 신임을 묻는 질문 역시 국민의 70% 이상이 긍정적으로 응답함으로써, 바이마르 공화국 시대에 나타났던 부정적 태도와는 대조를 보인다. 또한 독일 국민의 정치 참여 및 관심도가 꾸준히 증가하고 있는데, 1950년대는 정치에 대한 국민의 관심도가 약 25%대에 머물던 것이 1990년대에는 국민의 약 60%까지 증가했고, 특히 유럽의 여러 국가 중에서도 상위를 차지하고 있는 것으로 나타나고 있다.

이러한 독일의 정치문화의 발전적 변화는 여러 요인에 기인하겠으나, 무엇보다 시민의 활발한 정치 참여와 함께 정부의 국민에 대한 정치교육 또는 민주 시민교육이 새로운 민주적 정치문화의 변화를 가속화시키는 원동력이 되었다고 보인다. 그러나 1990년 이후 독일은 정치·사회·경제적 제도가 통합되었지만 정치문화, 즉 정치에 대한 국민의 의식과 행태는 여전히 분단 상태에 있다. 즉 독일은 통일되어 17년이 지났지만 구동독과 구서독 지역 간의 상이한 정치문화가 자리하고 있는 것이다. 즉 구서독 지역에는 참여적·민주적 정치문화가 나타나고 있는데 반해 구동독 지역에는 소극적이며 수동적인 정치문화의 특징을 보이고 있다. 따라서 독일은 분단되어 형성 고착되어 왔던 상이한 정치문화를 향후 어떻게 통합할 것인지에 대한 많은 고심과 함께 노력을 기울이고 있다.

(3) 권력구조와 관료제의 특징

독일은 자치의회와 행정부를 가진 16개 주(서독 지역 11개 주, 동독 지역 5개 주)로 이루어진 연방 국가이다. 각 주는 주 헌법, 의회, 정부 및 법원을 갖고 있으며, 국가에 준하는 지위와 권한을 보유하고 있다.

독일의 정부 형태는 특이한 연방제를 채택하고 있는데, 연방정부 즉 내각은 연방수상과 연방장관에 의해 구성되며 대통령보다는 수상에게 실질적 행정권이 부여되어 있다. 그리고 연방주의에 기초한 독일의 중심적 정치기

66) 1980년대 이후부터 통일 독일의 정치문화의 특징은 다음의 저서에 전적으로 의존했다. 양현모, 『독일정부론』(서울: 대영문화사, 2006) 제1장 제3절.

구는 연방정부의 수상과 대통령을 선출하는 권한이 부여된 의회이다. 즉 의회는 독일 정부구조의 중심적 제도로서 법안의 심의 및 통과 연방수상 선출, 정부정책의 토론, 각 부처의 행정 활동을 감독하는 기능을 지닌다.

의회는 국민이 직접 선출하는 연방하원(Bundestag)과 주정부를 대표하는 연방상원(Bundesrat)으로 구성되는 양원제이다.

연방하원은 국민의 직접 선출에 의한 656명의 의원으로 구성되며 임기는 4년이다. 연방하원의 주요 기능은 입법 활동이지만, 대부분의 법안은 행정부에 의해 제출된다. 하원은 공개적인 토론 이외에도, 정책 및 행정적 문제와 관련된 행정부의 활동을 감시한다. 이 때 가장 널리 사용되는 행정부에 대한 견제 활동은 구두 및 서면 질문을 통해서 이루어진다. 또한 정책 문제에 대한 특별 토론을 위해 청원할 수 있고, 특정 영역에 관한 정부 활동을 조사하기 위해 하원의 위원회는 특별청문회를 열 수 있다.

연방 상원은 주정부에 의해 임명된 69명으로 구성되며, 이들은 각 주의 이해 관계를 연방 수준에서 대변하고 있다. 연방상원의 핵심적인 기능은 각 주가 연방 입법 과정에 참여하도록 하는 것이다. 그리고 연방상원 역시 입법 과정에 관여하는 바, 행정부는 법안을 하원에 제출하기 전에 상원에 제출해야 한다.[67] 즉 정부가 제정하려는 법안은 상원의 동의를 얻어야 하기 때문에 법률 제정에 관한 상원은 정부와의 동등한 권한을 갖는다고 볼 수 있다.

바이마르공화국 하에서 집행부는 수상과 대통령으로 구분되어 있었으나, 기본법(Basic Law)은 수상에게 집행부의 권한을 집중시키고 있다. 연방대통령은 독일국가를 대표하는 국가원수이며 임기는 5년이고 1회에 한해 연임 가능하다. 그리고 연방회의(Federal Convention)에서 선출되는 연방대통령은 실질적 권한 대신 의례적 권한을 갖는다. 그러나 연방대통령은 연방대통령이 정치 과정에 전혀 관여하지 않는 것은 아니다. 즉 자신의 권력의 기반을 구축할 만큼 충분하지는 않으나 잔여적 권력을 보유하고 있는 것이다. 그는 수상을 지명하고, 특정한 경우에 의회를 해산할 수 있고, 법안과 조약에 서명하며, 사면권을 갖고 있다.[68]

67) R. J. Dalton, *op. cit.*, pp. 257-259.
68) *Ibid.*, pp. 260-261; Cordon Smith, *Democracy in West Germany*(New York: Holmes

연방정부의 권력구조에서 가장 영향력 있는 지위는 국정의 방향을 결정하고, 연방내각의 구성원을 임명 또는 해임할 수 있는 연방수상이다. 그래서 독일 수상은 막강한 권한을 가지고 있는데, 주요 권한으로는 국가 발전 방향의 총체적 정립 권한, 인사 결정 권한, 국가 권력의 조직권, 국가사무의 일반적 관장권 등이 있다. 수상은 연방하원에서 재적 과반수의 득표를 얻어 선출되는데, 일단 선출되면 불신임 결의-1982년에 이른바 '건설적 불신임 결의'에 의해 슈미트 수상이 실각하고, 콜 수상이 선출된 바 있다-를 제외하면, 하원의 임기와 같이 4년 임기를 채우게 된다. 수상의 지위는 궁극적으로 유권자의 지지와 그의 소속 정당 의원의 신임에 달려 있는데, 이러한 지지가 뒷받침되면 그의 지위는 확고하게 된다. 특히 수상의 지위는 100여 명의 고위관료와, 이들의 3배나 되는 참모들로 구성된 수상실(Federal Chancellery)에 의해 보강된다.[69]

연방정부는 연방의 최고 의사결정 기구로서, 국가의 중요 사안이 이 연방정부에서 결정된다. 연방정부는 '연방수상'과 연방장관'으로만 구성된다. 정부의 개념에 행정부 및 산하 행정기구를 모두 포함시키는 한국과는 달리 독일의 연방정부는 연방수상과 연방장관으로만 구성되는 '내각(Kabinet)'과 비슷한 의미를 갖는다. 연방정부의 정책 결정 과정은 3대 원칙에 따른다. 첫째, 수상의 원칙인데, 이는 연방수상이 국정 운영의 이념과 정책의 기본 노선을 제시하고 이에 대한 책임을 지는 원칙으로서 수상 개인에게 막강한 권력을 부여하고 있다. 둘째, 부성(部省) 원칙인데, 이는 연방수상이 정한 기본 원칙에 따라 각 부 장관들은 자신의 소관 업무에서는 자율성과 장관 책임성을 가지고 업무를 추진한다. 셋째, 내각의 원칙인데, 이는 연방의 모든 법안이나 주요 정책은 내각회의의 심의와 결정을 거쳐야 된다는 원칙이다.

연방정부의 내부조직으로서 부처는 2006년 1월 현재 연방외무부 등 14개 부처가 존재하며, 각 부성 내의 조직은 공통된 구조를 가지고 있다. 장관-

---

& Meier Publishers, Inc., 1986), p. 57.

69) 연방수상실은 연방대통령에 비해 좀더 큰 규모의 총 6개국으로 구성되어 있는데, 제1국의 내무와 법의 담당으로부터 정보 및 연방정보국을 담당하는 제6국까지 독일 정치행정 과정에 큰 영향을 미치고 있다.

차관으로 이루어지는 지휘부 밑에 국(局)-과(課)-계(係)로 이어지는 전형적인 계서제 조직이다. 각 부에는 장관 밑에 1~2명의 정무차관과 1~2명의 사무차관이 있다. 정무차관은 주로 대(對)의회 업무 등 각 부처의 대외 업무를 담당한다. 사무차관은 장관의 지시를 받아 부처의 업무를 총괄하고 사무차관 이하의 국장, 부장, 과장을 각각 지휘한다. 정권 교체시에는 사무차관과 국장이 일시에 퇴직하고 장관 같은 정치 신조를 가진 자가 새로 등용된다.

한편, 독일의 지방자치는 각 주의 입법 사항이기 때문에 자치 제도는 주에 따라서 다양하다. 독일의 지방자치단체의 종류에는 기본적으로 기초자치단체인 게마인데(Gemeinde)와 광역자치단체인 독립시(Kreisfreie Stadt)와 크라이스(Kreis)가 있다. 게마인데는 기본적으로 시 또는 군의 기초자치단체를 의미하는데, 거의 모든 권한을 가지고 있다. 그러나 최근에는 행정수요의 대규모화에 따라 규모가 작은 게마인데의 행·재정력의 한계 때문에 크라이스의 역할이 커지고 있다. 크리이스는 주의 관할지역에 있는 광역자치단체로서 우리 나라의 도(道) 단위 광역자치단체와 비슷한 기능을 한다. 그리고 독립시는 크라이스로부터 독립된 중·대도시를 의미하고, 한국의 광역시와 비슷한 성격을 갖고 있으나 한국의 광역시가 관할지역에 구(區) 단위의 여러 기초자치단체들을 두고 있는 것과 달리 독립시는 관할지역에 기초자치단체를 두지 않는다.

독일의 관료제의 뚜렷한 특징은 과거와의 단절이 이루어지는 가운데, 정당과 국가 및 관료제의 관계에서 변화를 경험하고 있다는 점이다. 과거의 통치 체제는 '관료에 의한 지배'라는 것이 과장이 아닐 만큼, 이들은 직업적 전문성과 철저한 정확성으로 명성을 쌓았으며, 이들에 의해 지방관리는 중앙정부의 대리인으로서 인격화되고, 또한 국가의 의사는 명백해졌다. 관료들은 그 지위에 상응하는 특권을 향유했다. 가령 프러시아의 관료들은 준(準)군대조직처럼 편성되고, 이들은 단순히 공직자가 아니고 국가의 권위의 표현이었다. 이들은 사회적 전망을 공유했고, 그들의 단합은 행동강령, 행정적 절차, 법치국가의 관료상 등에 의해 강화되었다. 국가의 이러한 속성들이 관료로 하여금 자신들이 사회에서 독특한 권한을 행사한다는 믿음을 뒷받침해 주었다. 그러나 이제 관료들은 조심스럽게 행동한다. 왜냐하면 그들은 더 이상 국가의 항구적 보호에 의지할 수 없기 때문이다. 그런데 과거와의 단절이 실제적으로 결과한 것은 관료들을 통해서 이루어지는 정치화이다. 이는 독일의 관료들이 내재적으로 정치적 역량을 갖고 있었던 것으로 간주되기 때문이다. 그들의 관여가 반드시 국가의 민주화를 의미하지는 않으나, 종전 후 정당이 국가에 침투하여, '사회로부터 국가로'의 영향력이 흐르고 있다. 관료제는 이제 정당의 보호자로 여겨진다.[70]

독일의 관료제의 또 다른 특징으로서, 고위 관료들이 압도적으로 법률적 소양을 갖춘 중간 계급으로부터 충원된다는 점이 지적된다.[71] 서독의 전체 공무원의 체계는 공무원(Beamte), 용원(Angestellte), 노무자(Arbeiter)로 범주화되고, 수직적으로는 네 계급—lower, medium, intermediate, higher—으로 구분되는데, 서독 관료제의 성격을 규정하는 것이 바로 이 고위관료(Beamte in higher)이다.[72] 이미 앞에서도 시사했듯이 비록 이들이 과거와 같이 특별한 존경과 주목의 대상이 되고 있지는 않으며, 여러 엘리트집단 가운데 하나에 불과하지만, 이들은 아직도 정책결정의 지위에 놓여 있다. 전통적으로 법률학에 대한 소양이 선호되었던 고위관료들의 경우, 점진적으로 기술적 전문성에서 다양화가 이루어지고 있지만, 연방관료제의 최상위 관료들은 아직도 법률 분야의 교육과 훈련을 쌓은 인물들이다.

또한 독일의 관료제에서 주목할 만한 점은, 고위관료들이 지금까지 고전적 관료상과 일치하는 정향의 가치를 갖은 것으로 인식되어 왔으나, 최근의 경험적 조사를 통해서 이 고전적 이미지가 더 이상 적합한 것이 아니란 주장이 나오고 있다는 점이다. 물론 일정한 시점의, 한정된 범위 내에서 이루어진 경험적 조사에 기초한 일반화는 문제가 있겠으나, 적어도 태도상의 변화의 경향성을 읽어낼 수 있다는 점에서 이러한 주장에 귀기울일 필요성은 있다. 더구나 앞서 우리는 변화하고 있는 독일의 정치문화를 살펴본 바가 있다. 더불어 국가성의 정도에 따라 정권의 유형을 분류해 독일의 관료제를 분석한 후 연구자가, '개인적 정체'에서 '자유주의적 정체'로의 변화가

70) G. Smitt *op. cit.*, pp. 69-71.

71) Hans-Ulrich Derlien, "State and Bureaucracy in Prussia and Germany," in Metin Heper ed., *op. cit.*, pp. 102-103.

72) F. Heady, *op. cit.*, p. 209.

관료제 자체의 내생적 발전에서 주로 기인한 것이 아니고, 외생적인 사회·경제적 변화와 정치적 변동에서 기인했다는 설명이 설득력을 갖는다는 점을 덧붙일 수 있을 것이다.73)

2 시민문화 체계의 관료제

1) 영 국

(1) 정치문화와 정치적 권위

영국은 안정된 대의제 정부를 갖춘 나라로서, 수 세기에 걸쳐 정치적 태도, 정치 제도, 사회적·경제적 특성이 효과적이고 경쟁적인 정치 체제를 유지할 수 있도록 결합되어 있었다.74) 그리고 프랑스나 독일과 같은 인접 유럽 제국과 달리, 혁명 없이 그리고 헌정 체제로부터의 일탈 없이 근대화를 달성했다. 정부와 국민 간의 일체감이 이미 중세부터 형성되었고, 튜더(Tudor) 시대에 들어와서는 중앙의 권력이 강화되었다. 17세기의 영국은 동요와 내전의 시기였으나, 혼돈이 아니라 질서의 회복으로 이어졌고, 강력한 전통에 뿌리를 둔 법적 제도가 생활의 질서에 대한 믿음을 뒷받침했으며, 질서에 대한 신앙은 18세기의 사고에서 중심적 교의가 되었다. 산업혁명이 시작되기 이전에 영국은 "법적인 제한을 승인하는 집권화된 집행부를 갖추고, 선출된 의회가 작동하는 안정된, 정통성이 뒷받침된 정부"를 가졌다.

그러면 시민문화 체계로 규정되고 있는 영국의 정치문화의 속성에는 어떤 것이 있는가? 이 점에 관해 파이너(Samuel E. Finer)는 영국의 정치를 개관하는 곳에서 합의에 기초하고, 완만하고, 법을 준수하며, 실용주의적·점진적이고, 민주적이라고 규정한다.75) 로즈(Richard Rose) 역시 영국의 정치를 개관하면서, 정치적 권위에 대한 충성심과, 법의 역할이 제한되는 점에서 정치문화의 속성을 발견한다.76) 도이취(Karl W. Deutsch)는 인간

73) Hans-Ulrich Derlien, *op. cit.*, p. 103.
74) Richard Rose, "England: A Traditionally Modern Political Culture," in L. W. Pye & S. Verba, eds, *op. cit.*, pp. 83-86.
75) Samuel E. Finer, "Politics of Great Britain," Roy Macridis, ed., *op. cit.*, pp. 25-27.
76) Richard Rose, "Politics in England," in Gabriel A. Almond & G. Bingham Powell,

의 시간 정향이 정책 형성에 영향을 끼친다고 보고, 영국의 정치문화가 과거 지향적이라고 규정한다. 그것이 과거 지향적일 경우, 새로운 것을 만드는 것보다 기념물의 보존에 더 관심을 갖고, 고등교육의 확대보다 노인연금제의 입법을 우선한다. 영국은 1908년에 노인연금법을 통과시켰으나, 1960년대 이전까지는 공교육의 확대가 진전을 보지 못했다. 이와 대조적으로 더욱 미래 지향적인 미국의 경우, 연방정부에 의한 대학 지원에 관한 입법이 이미 1862년에 이루어진 데 반해, 사회보장법은 1935년이 되어서야 마련되었다.[77] 여기서는 이러한 관점을 토대로 영국의 정치문화의 이모저모를 개관하려고 한다.

영국의 경우 17세기 말 이래, 헌정 및 정부 제도는 거의 보편적으로 수용되었고, 정책과 관련된 게임이 운영되는 규칙을 마련했다. 이것은 정책에 관한 갈등이 헌정 체제와 정권에 관한 갈등으로 전개되었던 대륙계 국가와 달리, 점진적으로 영국의 체제는 더욱 증가된 유권자들의 요구를 충족시킬 수 있는 도구로 자리잡았음을 의미한다. 영국의 헌정 체제가 수용될 수 있었던 이유는 두 가지로 설명될 수 있다. 하나는 의회의 우위가 확보되고 군주 및 토지를 소유한 귀족 계급의 권력에 대한 제한의 토대가 형성되어 헌정 체제가 산업혁명 이전에 마련되고, 이에 따라 혁명을 낳을 사회적·경제적·계급적 갈등이 체제 내에서 스스로 화해의 길을 모색할 수 있었던 점이다. 다른 하나는 영국의 귀족 계급이 중간 및 노동자 계급에 대해 '양보'할 수 있었다는 점 때문이다. 귀족 계급의 이러한 반응적 태도가 새로운 사회적·경제적 집단들이 체제 내에서 만족을 찾을 수 있는 기회를 강화한 것이다.[78] 우리는 여기서 영국의 정치문화의 한 속성인 '합의적'인 것의 성격을 이해할 수 있다.

영국 정치문화의 실용주의적·점진적인 속성은 추상적 원리와 이념을

Jr., eds., *op. cit.*, pp. 159-164.

77) Karl W. Deutsch, *Politics and Government*(Boston: Houghton Mifflin Co., 1974), p. 238.

78) 영국 귀족들의 '양보'가 이루어진 이유는 ① 이들이 정부 내에서 직접적이고 중요한 역할을 수행한 결과, 협소한 계급적 전망이 수정되고 확장된 점, ② 이들이 중간계급의 중상주의적 사고로의 전환이 이루어진 점, ③ 이민의 증가로 지배 계급에 대한 자원 배분의 압력이 감소되었기 때문이다. S. E. Finer, *op. cit.*, p. 26.

위한 투쟁을 꺼리는 데서도 발견된다. 대헌장, 권리장전과 같은 정치적 문서도 흥정의 결과이고, 이것은 원리나 유토피아적 이념들에 관한 진술이 아니고 상충하는 이해와 당파 간의 타협책인 것이다. 이와같이 영국의 정치는 이해에 관한 것이고, 정치적 게임은 점진적 해결로 인도되며, 그 해결책은 '무엇에' 관한 것이 아니고, '얼마에' 관한 것이다. 이러한 '점진적'인 속성은 중용(中庸)으로, 끊임없는 대화로, 이해로 이끄는 것이다.[79)]

영국 정치문화의 현저한 특색으로서 정치적 권위에 대한 충성심이 지적될 수 있다. 이는 정치 제도의 지속성이 현존하는 정권에 대한 전복을 기도하기 어렵게 만들었기 때문이다. 1960년대 중반의 한 조사에서 '대의제를 어떻게 생각하느냐?'는 질문에 응답자의 93%가 좋은 방식이라고 대답했고, 오직 3%만이 나쁜 방식이라고 응답한 바 있다. 정치적 권위에 대한 충성심은 국민들이 법을 기꺼이 따르는 점에서도 확인된다. 법의 집행기관에 근무하는 요원이 인구 비례로 따지면 다른 선진국에 비해 현저하게 적다든가, 이른바 정치범이 없다는 것도 이것을 뒷받침한다. 또한 1970년대 후반에 실시된 한 여론조사에서 법의 테두리를 벗어난 정치적 활동에 대한 지지가 낮은 것으로 나타난 것도 영국인들의 법적 태도를 이해하는 데 도움을 준다. 서명 청원이나 합법적 시위에 대해서는 응답자의 86%와 69%가 승인했으나, 동맹(boycotts)에서부터 개인적 폭력에 이르는 여덟 가지의 정치적 항의의 형태에 대해서는 낮은 지지를 보내고 있다. 이런 관점에서 정치적 권위의 정당성이 인정되는 것은 영국의 정치에서 암묵의 전제로 보아야 할 것이다.[80)]

(2) 수상, 내각, 의회

의원내각제 하에서 영국의 국왕은 주로 정부의 의례적 활동과 연관되고, 집행부는 수상을 정점으로 하는 내각으로 구성되어 있다. 영국에서 수상의 지위는 독특하면서도, 개인의 퍼스낼리티가 국정 전반에 심대한 영향을 미치기도 한다. 이 점에 관해 더글러스홈(Alec Douglas-Home) 경은 "모든 각료는 어떤 의미에서 수상의 대리인·보좌역이다. 장관의 업무는 그가 할

79) *Ibid.*, p. 27.
80) R. Rose, "Politics in England," pp. 160-161.

수 있는 모든 활동으로 수상을 조력하는 것이다. 그러나 실제로 어떤 장관도 수상과의 상의 없이 중요한 활동을 할 수 없는 것이고, 만약 수상이 장관에게 어떤 조치를 취하기를 원할 경우, 거기에 동의하거나 그렇지 않으면 사임해야 한다"[81]고 지적한 바 있다.

이처럼 영국에서 수상의 지위는 강력해, 미국의 대통령과 비교되기도 한다. 이는 그의 역할에서 비롯되는데, 통상적으로 수상은 ① 국민의 지도자 혹은 대표자, ② 정당의 지도자, ③ 의회의 지도자, ④ 내각의 지도자인 것이다.[82] 물론 정치인으로서 영국의 수상이 공식적 권한에서는 미국 대통령의 그것에 미치지 못하는 측면이 있는 것은 사실이다. 대통령이 유권자에 의해 직접 선출된 임기직인데 반해, 수상은 의회의 동료들에 의해 선출되어 불확정 기간 동안 재임하게 된다. 대통령은 결과에 구애됨이 없이 각료를 해임할 수 있으나, 수상은 고참 의원들 사이의 리더십에 대한 잠재적 경쟁을 염두에 두어야 한다. 그럼에도 불구하고 영국의 수상은 그가 수행하는 역할로 인해, '선출된 독재자'로 불리기도 한다.

영국의 헌정 체제에서 권력의 중추인 내각은 그 권한이 세 가지 지위에서 비롯된다.[83] 내각은 행정부의 집행 부서를 구성하는데, 이는 그 구성원이 성(省)의 수장인 장관이기 때문이다. 또한 내각은 입법부의 운영위원회(steering committee)가 된다. 실제로 내각의 모든 구성원이 의원이기 때문이다. 아울러 내각은 집권당의 위원회이다. 왜냐하면 당수가 신임하고 믿을 만한 인사로 구성되기 때문이다. 내각의 본질적 기능은 정치적 리더십을 부여하고, 전반적인 행정을 통합하는 데 있다. 그리고 내각의 규모는 일정하지 않으나, 대체로 20명을 전후하며, 그 분야는 경제적 업무, 국외 업무, 사회 서비스, 환경 및 영토, 법률, 그리고 관리적 혹은 비성(非省, nondepartmental)의 업무로 범주화된다.

영국의 의회는 하원(House of Commons)과 상원(House of Lords)으로 구성되나, 통상 의회를 말할 때는 국민이 직접 선출하고 입법권과 내각에

---

81) P. Myers, *An Introduction to Public Administration*(London: Butterworths, 1970), p. 8.
82) S. E. Finer, *op. cit.*, p. 56; R. Rose, "Politics in England," pp. 148-151.
83) S. E. Finer, "Politics in Great Britain," pp. 57-58.

대한 불신임권을 가진 하원을 가리킨다. 상원은 현대 서구 의회의 상원 가운데서 독특한데, 주로 세습제에 의해 구성되기 때문이다.

상원은 종신직으로서 성직귀족, 세속귀족 그리고 법률귀족(대법관)으로 구성된다. 세속귀족은 세습귀족과 종신귀족으로 구분되며, 종신귀족은 정치·경제·사회·과학 등 각 분야에서 국가에 크게 기여한 자를 수상 제청에 따라 국왕이 임명한다. 2005년 4월 현재 상원은 대주교 및 주교 25명, 종신귀족 601명, 세습귀족 90명 등 706명으로 구성되어 있고, 상원의원 가운데 여성은 126명이다.

사실상 상원은 입법권과 통제 기능을 상실한 상태이고, 재정 법안과 하원을 통과한 법안을 지연시킬 수 있는 권한을 갖고 있다. 상원의 주요한 권한은 사법적인 것으로서 영국의 최종적 항소원이 되나, 이 기능은 법률 담당 의원에게만 적용된다.

반면 선출된 의원으로 구성된 하원은 ① 동료 의원들을 평가하고, ② 법의 운용 실태를 조사하고, ③ 입법활동을 전개하고, ④ 정치적 견해나 가치들을 집적하고, ⑤ 특별한 정부의 조치에 대한 동의를 확산시키는 일을 주된 활동으로 한다.[84] 하원은 영국 헌법에 의해 국왕과 각 선거구의 주민을 대표하는 645명의 국회의원으로 구성되며, 2005년도 총선에서는 645개 선거구 중 잉글랜드 528개, 웨일스 40개, 스코틀랜드 59개, 북아일랜드에 18개 선거구가 배정되어 있다.[85] 하원의 권한은 몇몇 요소들에 의해 약화된다. 우선 입법을 주도하는 것이 행정부인 점, 표결이 당의 방침에 구속되어 이른바 교차투표(cross-voting)가 거의 이루어지지 않는다는 점, 행정부가 모든 쟁점을 신임의 문제로 연관시키는 경향성 등이다. 이런 점에서 하원의 몰락에 대한 우려의 목소리가 들리는 것도 주목할 만한 일일 것이다.[86]

한편, 영국의 지방정부가 지니는 특성은 다양하지만, 중요한 두 가지 특징적인 면을 발견할 수 있다. 하나는 지방정부의 존재와 권한이 국회의 입법에 의해 주어지고 구속을 받는다. 즉 국회의 입법권을 통해 자치단체를 신설·폐지하거나 각종 권한을 부여하고, 통제와 제한이 가능하다. 두 번째

84) R. Rose, "Politics in England," pp. 155-156.
85) 박천오 외, 『비교행정론』(서울: 법문사, 2005), pp. 305-306.
86) S. E. Finer, *op. cit.*, pp. 60-65.

로는 영국은 단일 국가이면서도 지역별로 통치 형태와 행정조직이 상이하다. 대체로 잉글랜드와 웨일스가 유사한 반면 스코틀랜드와 북아일랜드는 이들과 다른 통치 형태와 행정조직을 갖는다.

영국의 자치계층은 근대 이후 대체로 2층 내지 3층 구조 형식을 취해 왔으나, 현재의 지방정부는 기본적으로 2층 구조 형태로 이루어져 있다. 예컨대 2층 구조는 잉글랜드와 웨일스의 경우 카운티(county) 디스트릭이며, 스코틀랜드의 경우는 리전(region) 디스트릭이다. 한국과 비교해 보면 카운티와 리전은 광역자치단체이고 디스트릭은 기초자치단체에 해당된다.

영국의 지방정부의 형태는 기본적으로 지방의회와 집행부가 서로 대립되지 않는 기관통합형을 유지해 왔다. 그러나 최근 2000년에 런던 시에서는 최초로 주민 직선에 의한 단체장을 선출함으로써 전통적인 기관통합주의로 일관해 오던 전통을 깨고 기관대립주의 지방정부 형태를 창시했다.

(3) 영국 관료제의 특징

영국의 경우도 중앙행정의 주요 부분들은 장관이 수장인 성(省)에 의해 수행된다. 정치적으로 임명되는 장관은 그 임기가 '일시적'이며, 대체로 비전문가이다. 장관 아래 계층에 고위관료로부터 충원되는 사무차관(permanent secretary)이 있는데, 그는 성의 전반적인 관리와 통제의 업무를 담당한다. 사무차관은 한 명 혹은 수 명의 부사무차관(deputy secretaries)의 조력을 받는다. 그 아래 계층에 차관보(assistance secretaries)가 장(長)인 수 개의 국(division)을 통괄하는 수명의 차관(undersecretaries)이 있고, 차관보 아래 수준(branch)에 과장(principals)과 부과장(assistant principals)이 있다.[87] 전통적으로 영국의 재무성은 다른 주요한 기능과 더불어 공무원의 충원, 훈련, 승진, 보수 등을 포함해 이들을 감독하는 지위에 있었다. 그러나 최근에 이 기능은 재무성으로부터 수상에게로 옮겨지게 되었다.

영국 관료제는 그것이 전적으로 경력직으로 구성되고, 계약에 의한 임시직을 제외하고 공개경쟁시험을 통해 충원된다. 일단 시보 기간을 거치면, 직위를 부여받고 개인적 비행(非行)이나 부정이 없으면 해고되지 않으며, 이직률은 지극히 낮다.

87) P. Meyer, *op. cit.*, p. 39.

또한 영국의 관료제의 현저한 특징으로 지적될 수 있는 것은 여전히 계급제로서의 성격을 지니고 있다는 점이다.[88] 앞서 살펴본 성의 내부 조직이 사무차관에서 서기보(clerical assistance)에 이르기까지 아홉 계층으로 정연하게 편성되어 있듯이, 대부분의 공무원은 서기 계급(clerical class), 집행 계급(executive class), 행정 계급(administrative class)으로 구분되어 있다.

서기 계급은 일반적인 서기 업무를 수행하고, 집행 계급은 정부 운영의 세부와 관련되며, 회계검사관과 같은 고도로 훈련된 요원들의 대부분을 포함한다. 행정 계급은 정책발의와 집행의 책임을 지며, 주로 정치적 관리와 접촉한다. 행정 계급의 절반에 못 미치는 인원이 특별시험을 통해 집행 계급으로부터 충원되고, 그 나머지의 대부분은 대학 졸업생으로써 충원한다. 1971년 풀턴위원회(Fulton Committee)의 권고로 이 계급제가 단일의 개방구조, 즉 새로운 행정 그룹으로 대치되었으나, 소규모의 정선된 사람들이 과거와 유사한 책임을 지고, 과거의 관행이 사라지는 데는 많은 시간이 소요되므로 계급제적 요소는 여전하다고 보아도 무방할 것이다.[89] 특히, 풀턴위원회의 권고에 따른 개혁 이후, 관료제의 실제적 변화와 급진적 개혁은 대처 정부(1979~1990)에 와서 시작되었다. 이 때의 정부개혁은 신자유주의적 시장 이념에 깊은 영향을 받았고, 비용 절감이라는 핵심 목표를 두고 있었다. 1979년부터 시작된 초기 개혁은 공기업 민영화였는데, 당시 공공부문 가운데 약 50% 정도와 80만 명의 인력이 민간 부문으로 이전되었다. 이후 영국 정부는 시민헌장, 공공 서비스 가치, 최고의 가치 주장, 지방정부 개혁 등의 실질적인 행정개혁을 지속적으로 추진했다.[90]

영국의 공무원 구조는 다소 특이점을 발견할 수 있는데,[91] ① 국내직·외무직, ② 현업(Industrial)·비현업(Non-industrial), ③ 상근·시간제 근무, ④ 정규직·임시직으로 분류되고, 이들은 각기 다른 인사행정규칙이 적

---

88) S. E. Finer, *op. cit.*, p. 59.

89) *Ibid.*, pp. 59-60: F. Heady, *op. cit.*, p. 226.

90) Elke, Löffler, The Administration State in Western Democracies. In B. Guy Peters & Jon Pierre eds., *Handbook of Public Administration*(London: Sage, 2003), pp. 478-488.

91) 임도빈, 『비교행정강의』(서울: 박영사, 2005), pp. 308-309.

용된다. 특이한 점은 속진임용제(Fast stream development programme)라는 것인데, 이는 퇴직 전까지 고위공무원에 오를 가능성이 있는 우수한 인재를 선발하여 승진을 빠르게 하는 것이다. 이들 중 50% 이상이 옥스브리지 출신이고, 합격자의 80% 정도가 20~24세인 젊은 층이다. 그리고 현재 공무원의 직급구조는 개방구조(Open structure)와 실무급(Administrative level)으로 크게 대분되고, 전자는 전체 공무원의 4~5%를 차지하고 grade 1~5 정도에 해당하는 고위직이다. 실무공무원은 실무적인 업무에 종사하는 사람들로 영국 공무원의 대다수를 차지하고 있다.[92]

영국의 고위관료들은 정책 결정에서 중요한 역할을 수행하며, 그들의 사회적 배경이 다양하지 못하다는 점이 지적된다. 익명성과 비당파성의 원리에 기초한 호혜적 의무로 이해되는 장관과 관료의 관계에서, 관료들은 정치적 책임을 지는 장관들에게 정책 제안에 대한 행정의 실행 가능성에 관한 조언을 할 것으로 기대된다. 그러나 고위관료들은 여기에 머물지 않고, 장관의 재량권 범위 내에서 정책제안을 주도하고 선택하기도 한다. 실제로 고위관료들이 행사하는 힘은 장관의 성격에 따라 편차가 큰 것으로 알려져 있다.[93]

크리스토프(James B. Christoph)는 영국에서 고위관료들에 의해 수행되는 정치적 역할에 관해 다음과 같이 요약하고 있다: "전통적으로 그리고 현재에도 두드러진 역할은 실질적인 정책집행인 바, 이는 상당한 재량권을 포함한다. 그 이유는 많은 입법 사항이 일반적인 수준의 내용을 담고 있고, 위임입법권이 폭넓기 때문이다. 정책 결정의 기초로서 장관에 대해 정치적 조언을 하는 것이 두 번째 중요하고도 힘든 역할인데, 이는 정치적 조언에 따르는 행위의 정치적 함축에 대한 민감성을 요구한다. 세 번째는 호혜적인 정치적 보호책을 마련하여 장관과 공생 관계를 유지하는 역할로서, 이는 장관의 명성을 지켜 주고, 고양시켜 준 대가로 고위관료들이 장관에 의해서 의회, 언론, 대중들의 직접적인 정치적 간섭으로부터 보호되는 것이다."[94]

92) 최영출, "영국 공무원의 정치화," 『정부학연구』, 2000, Vol. 6, No 2,
93) F. Heady, *Public Administration*, pp. 227-228: R. Rose, *Politics in England*, p. 153.
94) James B. Christoph, "High Civil Servant and the Politics of Consensualism in Great Britain," quoted in F. Heady, *Public Administration*, p. 230.

또한 고위관료들의 '비대표성'은 과거의 행정 계급이 상류 계급 출신인 옥스퍼드나 케임브리지 졸업생이 주류를 이루고 있다는 사실에서도 확인된다. 낡은 자료이긴 하지만, 1961~1967년도의 행정 계급 중 옥스퍼드와 케임브리지 출신이 64%이고, 이들이 공개 경쟁시험을 통한 비율은 73%이다. 그리고 이들의 부친의 직업은 전자의 67%가 전문직 혹은 관리직이었고, 후자의 85%가 역시 전문직 및 관리직이었다.[95] 그러나 최근에 고위관료들의 사회 및 교육적 배경이 확대되는 요인들이 나타나고 있다. 하층 계급의 재능 있는 학생들에 대한 장학금 지원으로 이른바 옥스브리즈(Oxbridge)의 학생 구성이 다양화되고, 이들 대학보다 지명도가 낮은 대학의 출신들이 공개 경쟁시험을 통과하고 있으며, 과거의 집행 계급 출신들이 상위로 승진하는 기회의 증대가 고위관료들의 '비대표성'을 완화하고 있는 것이다.[96]

또한 영국 관료제의 특성으로서 관료들의 정치적 활동이 제한되고 있다는 점을 지적할 수 있다. 관료들의 정치적 중립은 하나의 전통이었고, 정치적 활동을 제한하는 오랜 관행이 있었다. 마이어스(P. Myers)의 표현을 빌리면 "두 개의 상충하는 원리 즉 한편으로는 모든 시민들이 공적인 업무에 충분히 참여하도록 조장할 필요성과, 다른 한편 관료들은 마땅히 정치적으로 공평무사해야 할 뿐만 아니라 또한 시민들에 의해 공평무사한 존재로 간주되어야 한다는 공익의 요구 사이에서 그 균형을 깨뜨릴 만한 어떠한 시도도 이루어진 바 없다."[97]

그러나 관료 규모의 팽창은 정치 활동에서 배제되는 시민이 증가로 귀결되었기 때문에 새로운 규정을 마련해 관료들은 세 그룹으로 범주화되었다. 즉 정치 활동에 제한받지 않는 정치적으로 자유로운 집단(우편공사 등), 성(省)의 허가로 정치 활동에 종사하는 중간 그룹(타이피스트, 서기보, 서기 등), 성의 허가로 지방의 정치 활동에 참여하는 외에는 정치 활동이 제한되는 그룹(행정 및 집행 계급)이 그것이다.

한편 영국을 국가성의 정도가 낮은 사회로 규정하고 있는 패리스(Henry

95) Michael J. Hill, *The Sociology of Public Administration*(London: Weidenfeld and Nicolson, 1972), pp. 180-185.
96) F. Heady, *op. cit.*, p. 227.
97) P. Myers, *op. cit.*, p. 95.

Parris)는 1980년대의 영국의 고위관료들을 ① 사회적으로 비대표적이고, ② 옥스브리지 졸업생이 지배하며, ③ 지적으로 명석하고, ④ 고전과 역사와 같은 분야의 교육을 받았고, ⑤ 회계, 경영, 수학, 자연과학, 기술 분야의 전문성이 결여되었으며, ⑥ 정치적 직위로부터 분리되어 있는 것으로 그 성격을 규정한다.[98] 그러나 상황은 급격하게 변동하고 있다. 영국의 관료제가 과거에 일어났던 것보다 더욱 큰 변화의 언저리에 있을 개연성은 높다.

2) 미 국

(1) 정치문화의 소묘

"실제로 어느 누구도, 외국인이든 내국인이든, 미국을 이해하지 못한다" 고 도이취는 그의 『정치학 입문서』에 적고 있다.[99] 그는 이어서 미국의 정치적 분위기는 낙관주의와 비관주의 사이를 오가는 바, 이런 현상은 교육에 대한 신뢰와 교육받은 자에 대한 불신, 지식과 친절함을 통한 인간 존재의 개선에 대한 확고한 믿음과 대부분의 사람이 오직 부(富)나 강제력을 통해서만 움직일 수 있다는 완강한 주장 사이에도 반영되어 있다고 본다. 사실상 이질성의 정도가 높고, 역동적으로 움직이는 사회의 정치문화를 서술하는 것은 힘든 일이다. 지역의 광역성 또한 서술의 어려움을 가중시킨다. 예컨대 한 정치학자는 미국에는 세 가지 식별 가능한 정치문화－개인주의적, 도덕적, 전통적－와 그 변종들이 있다고 주장한다.[100]

개인주의적 정치문화는 사적 영역을 강조하고, 정부를 국민들이 원하는 것을 수행하는 유용한 도구로 간주한다. 도덕적 정치문화는 정부를 공익을 증진시키는 기제로 본다. 경제 영역에서 이루어지는 정부의 관여가 용인되고, 정책 쟁점에 대한 관심이 많다. 개인주의적 정치문화가 일리노이 주와 뉴욕에서 우세한 반면, 도덕적 정치문화는 미네소타와 위스콘신에서 강력하다. 전통적 정치문화는 정부를 가부장제적 혹은 엘리트주의적 관점에서

98) Henry Parris, "Development of an Unpretentious Bureaucracy: The Case of England," in Metin Heper, *op. cit.*, p. 53.

99) K. W. Deutsch, *Politics and Government*, p. 259.

100) Daniel J. Elazar, *American Federalism: A View from the State,* quoted in James E. Anderson, *Public Policy-Making*(New York: Holt Rinehart and Winston, 1979), p. 28.

파악하고, 현존하는 사회 질서의 유지에 필요한 것으로 보는데, 남부의 여러 주에서 발견된다. 지역적으로 상이한 정치문화가 전개된 것은 서로 다른 문화적 유산을 갖고 출발했기 때문이다.

지역적 차이를 고려하지 않고 전반적인 정치문화를 논의하는 것이 더 일반적이다. 가령 스틸만(Richard J. Stillman, Jr.)은 미국의 관료제에 영향을 미치는 사회환경의 하나로서 국민들의 가치관을 제시하고 있는 바, 여기에는 민주주의와 평등주의에 대한 신념, 물질적 풍요와 자유기업주의 상공업에 대한 신념, 과학에 대한 신념이 포함된다.[101] 비교론적 관점에서 미국의 정치문화를 다루고 있는 윌슨(James Q. Wilson)의 진술은 더욱 극명하고 설득력이 있다. 그의 견해를 요약하면 다음과 같다.[102]

(가) 순종적: 공격적 혹은 대립적

오랜 왕정 체제를 경험한 역사적 유산으로 인해 정치적 권위에 대해 순종적 태도를 보이고 있는 북구의 여러 나라와 달리, 미국의 정치문화는 자기 주장이 강하고, 정치적 권위에 대해 대립적인 측면을 보인다. 미국인들은 그들의 정부 형태는 찬양하나, 그것을 위해 일하는 관리들에게 높은 신분을 부여하는 것은 받아들이지 않는다. 그들은 권리와 요구의 관점에서 정부와의 관계를 규정하고, 권리가 침해되거나 요구가 무시되는 조짐이 조금치라도 있을 경우, 변호사를 고용하거나 언론에 불만을 터뜨릴 준비를 한다.

(나) 공식성: 비공식성

프랑스의 경우, 조직구성원들은 서로 공식적으로 대하고, 가까이 오는 것을 꺼리며, 서열과 직함에 세심한 관심을 쏟는다. 관료제적 계층제에서 권위는 절대적이고, 그러한 권위의 행사에 대한 제한은 문서와 규정된 절차에 의한다. 미국에서처럼 비공식적으로 '주고받는' 관행은 프랑스에서 거의 발견할 수 없다. 프랑스의 이런 문화적 특성은 이미 검토했듯이 역사의 산

---

101) Richard J. Stillman, Jr., *The American Bureaucracy*, 김번웅(외) 역, 『미국관료제론』(서울: 대영문화사, 1992), pp. 99-100.

102) James Q. Wilson, *Bureaucracy: What Government Agencies Do and Why They Do It*(New York: Basic Books, Inc., 1989), pp. 303-310.

물로서, 그들 체계는 정부는 말할 것도 없고 서로를 신뢰할 이유가 없었다. 그러나 미국은 사정이 달랐다. 중앙정부도 거의 갖추지 못한 그들에게 생존을 위해 요청되는 것은 협력이었다. 협력은 황무지를 개간할 필요성에 의해서뿐만 아니라, 프로테스탄트 교회가 세워진 토대 위의 자치정부의 정책에 의해서도 촉진되었다. 그리고 이러한 전통의 힘과 더불어 권력에 대한 불신, 개인의 자유에 대한 옹호가 권력의 분립과 견제와 균형의 체계를 마련하게 한 것이다. 이러한 장치는 관리들로 하여금 서로간에 협상을 하도록 만들었다. 따라서 협의, 참여, 비공식적 장치 등은 모두 정부 활동의 '부분'이 되었다.

(다) 집단: 개인

계층제의 수준에서 일본의 관리 방식은 개인 간의 차이가 최소화되는 집단 결정의 형태를 취하는 데 미국은 그러하지 않다. 이는 행정집무실의 물리적 배치에서도 드러난다. 미국의 행정기관은 통상 기관의 장을 위한 넓은 집무실과 그의 부하 직원들이 근무하는 별도의 집무실로 이루어져 있는데 반해, 일본의 경우 기관의 장은 그의 부하들이 같은 방에 앉아 있는－책상은 반원(半圓)으로 배치되어 있다－집무실을 갖추고 있다. 또한 미국의 조직도표에는 관리들의 이름이 기재되는 것이 일반적이나, 일본의 경우 그 도표안에 이름이 없다. 오스틴(Lewis Austin)의 양국의 엘리트에 관한 연구도 이러한 가치관의 차이를 보여 준다. 미국인들이 개인주의, 평등성, 경쟁에 중요성을 부여하는 데 반해, 일본인들은 계층제, 집단의 연대성, 조화에 무게를 둔다. 미국인들이 결심이 확고하고, 지적이며, 위임을 잘하는 사람을 훌륭한 지도자로 보는 데 반해, 일본인들은 진지하고, 온화하고, 의견을 경청하는 자를 훌륭한 지도자로 간주한다.[103)]

(라) 비인격적: 인격적

대부분의 라틴아메리카의 관료제는 법의 지배, 일반 규칙의 특정한 사례에의 적용, 공공 문제의 비인격적 처리와 같은 전통을 구현하지 못했다. 가부장제적이고 집권화된 이들의 행정 체제는 모든 권력을 상층부에 집중시

---

103) Lewis Austin, *Saints and Samurai: The Political Culture of American and Japaness*, quoted in *Ibid.*, p. 308.

켰고, 이것이 결국 부패의 온상이 되었다. 라틴아메리카의 정부는 관료제를 제어하고 부패를 막기 위해 복잡한 법률과 절차에 의존했으나 모든 관료들은 모호하고 혹은 서로 상충하는 '규제의 망'에 걸리게 되었다. 미국에도 도시의 정치 기제에 가부장제적 규칙이 잔존하고, 부패한 지방법원, 과도하게 집권화된 워싱턴 관료제가 존재하는 것이 사실이다. 가부장제적 규칙을 비인격적 규칙으로 전환하기 위해 공식적 절차와 법률적 제한으로 대응했으나, 거기에는 분명한 차이점이 있다. 미국의 경우 국가는 제한적이고, 그것이 분권화되어 있다고 하는 점이다.

패터슨(Samuel C. Patterson) 등도 미국의 정치문화를 개관하고 있는 바, 그 요지는 다음과 같다.[104] 첫째, 미국인들이 정치나 공공 문제에 대해 특별히 식별력을 갖추고 있는 것은 아니지만, 적어도 다른 민주주의 국가의 시민에 비해서－반드시 많다고 할 수는 없지만－정치적으로 인식하고 관심을 갖고 있다. 둘째, 미국인들은 국가에 대한 강한 자부심과 헌정 체제 및 정부 제도에 대한 애착심을 갖는 경향이 있다. 셋째, 정치와 정치가에 대한 불신이 1960년대와 70년대 초에 팽배한 바 있다. 넷째, 정부의 정책에 대한 갈등이 심하고, 정치인에 대한 불신이 증폭되었을 때도 정부 형태의 본질적 부분에 대해서 이의를 제기한 미국인은 거의 없었다. 다섯째, 미국인들은 정치 권력에 대해서 양가성(兩價性)의 태도를 보여 주는 바, 가령 정치인은 존경의 대상이 되기도 하고 혐오의 대상이 되기도 한다. 여섯째, 자유, 평등, 종교 및 사유재산에 대한 믿음은 미국 정치문화의 전통적 부분이다. 일곱째, 미국의 정치는 이념 지향적이지 않고, 실용주의적 경향이 있다. 여덟째, 미국인들이 정치적 믿음이나 정치 생활의 기본적 정향에서는 광범위한 동의가 이루어져 있지만, 주 및 지방의 하위문화의 변인에 따라 상당한 정도의 문화적 다양성을 보여 준다.

(2) 헌정 체제, 대통령, 의회

주지하다시피, 미국 헌정 체제에서 중요한 것은 권력의 분립(separation of power)과 연방제(federalism)이다. 권력의 분립은 고대 그리스부터 현대

---

104) Samuel C. Patterson et al., *A More Perfect Union: Introduction to American Gorvernment*(Homewood, Ill.: The Dorsey Press, 1979), pp. 123-124.

에 이르기까지 오랜 기간 전개된 정치사상에서 나온 이념의 혼합물인데, '헌법의 아버지들'이 이를 헌법에 명시함으로써—입법권, 집행권, 사법권을 각각 의회, 대통령, (대)법원에 귀속시키고 있다—구체화된 것이다. 그리고 세 기관의 독립성을 보장하기 위해, 동시에 세 기관이 일관성 있는 정부를 구성하도록 하기 위해 견제와 균형(check and balance)의 원리를 채택했다. 예컨대 대통령은 의회의 법률안에 대해 거부권을 행사할 수 있고, 입법교서를 보냄으로써 법률 제정에 참여한다. 이런 점에서 권력의 분립은 공유된 권력의 체제(system of shared power)로서 규정될 수도 있다. 연방제 역시 미국 역사의 독특한 산물로서, 연방정부와 주정부가 정치 권력을 나누어 갖는 것이다. 이러한 연방제의 원리도 헌법에서 예증되는 바, 가령 상원이 인구에 관계 없이 각 주에서 선출된 2명으로 구성된다든지, 모든 주는 주의회의 승인 없이 분할 혹은 병합이 불가능하다는 것이 그것이다.[105] 그러나 연방정부가 점증적으로 권력을 강화해 온 것은 부인할 수 없는 사실이다. 이는 국가의 기능의 변화와도 밀접하게 연관된다. 그러나 참여의 외침이 높았던 1960년대를 경과하면서 '신연방주의'가 제창된 것은 주목할 만한 사실이다.

집행부의 수장인 대통령은 가장 중요한 단일의 기관이고, 대통령의 지위는 공적이든 사적이든 서구에서 가장 강력하다.[106] 두 차례 재임이 가능한 임기 4년의 대통령은 538명으로 구성된 대통령 선거인단(electoral college)에 의해 간선되나,[107] 사실상 직접선거로서의 효과를 갖는다. 대통령은 집행부의 수장으로서, 군최고사령관으로서, 국민 통합의 상징으로서 그리고 정치적 중재자로서의 역할을 수행한다.[108]

크로닌(Thomas E. Cronin)이 대통령의 업무를 유형화한 시도는 대통령의 역할과 기능을 이해하는 데 도움을 준다. 그는 대통령의 업무의 영역을 외교 및 안보, 경제 전반, 국내 정책으로 나누고, 활동 유형을 여섯 가지로 범주화한 후 양자를 결합시켜 대통령의 업무기술표를 작성했다. 그가 여기

105) *Ibid.*, pp. 47-48.
106) Rollin Bennett Posey, *American Government*(Totowa, N. J.: Rowman & Allanheld, 1983), p. 116.
107) 미국 대통령 후보는 미국에서 출생한 35세 이상, 14년 이상 미국에 거주한 자라야 한다.
108) K. W. Deutsch, *op. cit.*, pp. 322-325.

서 대통령의 활동 유형으로 범주화한 것은 위기관리, 상징적 지도력, 우선순위 선정과 프로그램 설계, 입법적 그리고 정치적 제휴, 프로그램의 집행과 평가, 행정부 업무의 통제이다.[109]

대통령의 이러한 역할과 기능은 불가피하게 권력의 강화를 가져온다. 이때 그의 권력을 구성하고 있는 것은 백악관의 참모진과 관리예산처(OMB), 경제자문위원회(CEA) 등을 포함한 대통령실(EOP)이다.[110] 특히 대통령실은 대통령에게 정책적 자문을 제공하고 대통령의 직무 수행을 보조함으로써 대통령의 정책선호를 실현하기 위해 계속 확장되었다. 대통령실은 대통령 비서실(White House Office)을 포함해 서로 독립적인 10개의 참모기관으로 구성되어 있다.[111] 물론 미국의 대통령이 그들의 권력을 충분히 행사하지 않는 경우도 있다. 과거의 대통령 중 그 지위에 소극적이었던 사람도 여러 명 지적되고 있는 것이다. 분명한 것은 그가 권력을 많이 행사하든 적게 행사하든, 그것이 하나의 제도라고 하는 점이다. 이런 관점에서 레이건(Ronald W. Reagan)이 그의 회고록 마지막 부분에서 "나는 대통령직이란 대통령이 잠시 동안 그 책임을 맡게 되는 하나의 제도라고 언제나 생각해 왔다"[112]고 진술한 것은 비록 그것이 수사학적 표현이라고 할지라도, 대통령의 지위를 적절히 드러낸 것으로 보인다.

미국의 의회는 상원(Senate)과 하원(House of Representative)으로 구성된다. 각 주(州)에서 2명씩 선출해 100명의 의원으로 구성된 상원은—처음에는 주의회에서 선출했으나, 1913년 이래 주민이 직접 선출한다—영국과 다르게, 하원보다 우월한 지위에 있다. 이는 하원보다 임기(6년)가 길고, 주를 대변할 수 있는 지위에 있으며, 그리고 연방 고위공무원의 임명동의권, 대통령의 조약 비준에 대한 동의권, 탄핵소추권 등 몇 가지 특권을 갖고 있

109) Thomas E. Cronin, *The State of the Presidency*, quoted in S. C. Patterson et al., *op. cit.*, p. 413.

110) Dennis J. Palumbo, *Public Policy in America*(San Diego: Harcourt Brace Jovanovich, Publishers, 1988), p. 48.

111) 참모기관은 대통령비서실(WHO), 관리예산처(OMB), 경제자문위원회(CEA), 국가안전위원회((NSC), 정책개발처, 마약통제정책처, 무역대표부, 환경위원회, 과학기술정책처, 행정처 등 10개이다. 박천오 외, 『비교행정』(서울: 법문사, 2005), p. 51.

112) Ronald W. Reagan, *An American Life*, 고명식(역), 『레이건 회고록』(서울: 문학사상사, 1991), p. 350.

기 때문이다. 예컨대 1979년 카터(Jimmy Carter) 대통령의 관심사는 'SALT II'에 대한 상원의 비준을 얻는 것이었는데, 구소련의 아프가니스탄 침공으로 끝내 비준을 얻지 못했다.[113)]

한편 435명으로 구성된 하원은 의원의 임기가 2년이어서, 유권자의 요구에 즉각적으로 반응하지 않으면 안 된다. 상원보다 규모가 크기 때문에 내부의 조직이 정교하다. 미국의 의회는 위원회 중심이기 때문에 상임위원회(standing committee), 특별위원회(select 혹은 special), 소위원회(sub-committee), 그리고 양원을 대표하는 합동위원회(joint committee)를 설치해 운영한다. 2005년의 경우, 상원에는 16개의 상임위원회와 68개의 소위원회를 설치했고, 하원에는 19개의 상임위원회와 88개의 소위원회가 있는데, 각 상임위원회에는 평균 35명 정도의 의원이 속해 있는 것으로 나타나고 있다. 미국의 권력구조에서 중요한 것 가운데 하나가 대통령과 의회의 관계이다. 비록 권력분립제에 기초해 헌정 체제가 마련되었으나, 앞에서 지적한 대로 공유된 권력 체제의 성격을 갖고 있기 때문에 대통령과 의회는 긴장과 갈등의 관계로 전개될 기능성이 항상 존재한다. 한 헌법학자가 미국의 헌법을 정부의 기관 간의 '싸움에의 초대장'이라고 한 것도 이런 사정을 반영한 것이다.[114)] 대통령과 의회의 갈등은 대통령과 양원의 다수당이 동일한 정당이라고 해서 완화되는 것은 아니다. 우리는 그러한 사례를 워싱턴이라고 하는 중앙정치 무대의 경험이 없었던, 민주당 출신인 카터 대통령이 처했던 곤경에서 확인할 수 있다.

한편, 미국 지방자치 제도는 각 지역의 특수성에 따라 다양하게 발전되어 왔다. 미국은 연방국가로서 연방은 연방헌법에 의해 부여된 권한만을 가지고 있는데 반해, 주는 연방헌법 또는 그 주헌법에 금지되지 아니한 모든 권한을 가지고 있다. 지방 제도의 형성에 관한 권한도 주가 가지고 있으므로 지방 제도가 주에 따라서 다양한 것이 특색이다.

미국 지방자치단체의 종류 역시 지역에 따라 다양하다. 기초자치단체(municipality)는 어느 주에 나 있으나, 그 자치단체가 형성되지 않는 예외

113) Geoffrey Ponton & Peter Gill, *Introduction to Politics*(Oxford: Martin Robertson, 1982), p. 173: Dell G. Hitchner & Carol Levine, *op. cit.*, pp. 192-193.

114) S. C. Patterson et at., *op. cit.*, p. 384.

적인 지역도 있다. 특히 기초자치단체는 주가 수여하는 헌장에 의해 법인격을 가지고 있는 단체로서 city, town, township, village 등으로 호칭되고, 그 수는 2002년 현재 36,000개에 달한다. 광역자치단체인 county는 미국에서 가장 일반적이면서도 포괄적인 광역적 지방자치단체이나, 그 성격은 준자치단체이다. 즉 주의 사무를 집행하기 위해 설립된 주의 일선기관이면서 동시에 자주입법권을 갖고 주민복지적 사무를 처리한다. 주는 보통 county로 분할되며, county는 city 등의 기초자치단체로 분할된다.

(3) 미국 관료제의 특징

미국의 내각도 성(省)의 장관으로 구성되나, 영국과 달리 자문기관에 지나지 않고 실질적 권한을 갖고 있지 않다. 그리고 내각이란 용어도 법률적 의미를 갖지 않고, 대통령이 원하는 바에 따라 내각을 적극적으로 활용하기도 하고, 소극적으로 운용하기도 한다.[115] 미국 역시 연방행정의 기본적 단위는 성(省)이다. 성의 내부조직은 성마다 현저한 차이를 보인다. 대체로 계선조직을 보면, 장관 아래 차관(deputy secretary)이 있고, 그 아래 계층에 수명의 차관보(assistant secretary)가 있다. 그리고 그 아래 계층에 국(局) 수준의 편제가 마련되어 있는데 그 명칭은 division, administration, service 등 일정하지 않다. 예컨대 내무부(Department of Interior)의 편제를 보면, 장관-차관 아래 토지 및 수자원담당(land and water resources) 차관보를 포함하여 다섯 명의 차관보가 있고, 그 아래 계층에 토지관리국(bureau of land and management)을 포함해서 일곱 개의 국(局)이 설치되어 있다. 그리고 장관을 보좌하는 법률고문(so1icitor), 집행담당 보좌관(executive assistant)과 더불어 감찰총감(inspector general), 정책, 예산, 관리담당 차관보 등이 장관의 업무를 보좌한다.[116]

미국 관료제의 현저한 특징으로서 규모의 방대성과 복잡성을 들 수 있다. 정부 수립시 5개의 성으로 출발한 연방정부의 기구는 국가 기능의 변천에 따라 양적 그리고 질적인 성장을 거듭해 왔다. 규제 기관과 서비스 기관이 이 부문의 성장을 주도해 왔다는 것은 널리 알려진 사실이지만, 이것은 연

115) R. B. Posey, *op. cit.*, p. 120.
116) R. J. Stillman, Jr., 김번웅(외) 역, 앞 책, p. 61.

방정부에만 국한되는 것은 아니다. 특히 1960년대와 70년대에 주 내지 지방정부의 성장이 현저했다. 두 차례에 걸친 '석유 위기'로 감축관리(cutback management)가 논의되기도 했으나, 관료제의 성장은 그치지 않고 있다. 예컨대 정부의 지출은 1988년 기준으로 GNP의 40% 수준에 이르렀고, 정부에 고용된 인원은 1,700만 명을 넘고 있는데, 이는 전국의 민간인 취업자의 25%에 해당된다. 이 숫자에는 연방정부와의 계약으로 급여를 받는 민간부문 300만 명과 210만 명에 이르는 군인은 포함되지 않은 것이다.117)

미국 관료제의 충원에서 두드러진 특징은 최고집행부 및 관료들의 요구와 더불어 정치적 환경의 영향으로 인한 변화와 갈등으로 집약된다. 잘 알려져 있듯이 인사행정의 전환점은 1883년 공무원법(Pendleton Act)을 제정함으로써 마련되었다. 1880년의 선거에서 가필드(James Garfield)의 지지자 였던 기토(Charles J. Guiteau)가－그는 파리 주재 영사를 원한 것으로 알려져 있다－그의 요구가 수용되지 않자, 가필드 대통령을 암살한 사건이 당시 진행되던 실질적 개혁운동을 촉진시키게 된 것이다. 이를 계기로 잭슨(Andrew Jackson) 대통령 이래 인사행정의 관행이 되어온 엽관제(spoils system) 대신 실적제(merit system)의 기초가 마련되었다. 즉 공개경쟁시험의 도입, 준독립적 인사위원회(civil service commission)의 설치, 관료들의 정치적 압력에 대한 보호 등이 그것이다.

실적제는 연방정부뿐만 아니라 완만하기는 하지만 주 및 지방정부에까지 확대되었고, 1940년 해치법(Hatch Act)의 제정으로 관료들의 정치적 활동이 제한되었다. 더불어 실적제의 적용으로 인한 새로운 폐단, 즉 관료들이 선출된 관리들의 지시를 따르지 않는 경향에 대한 대응이 여러 차원에서 이루어졌다. 구조의 개혁은 이러란 반응의 하나이다. 1978년 카터 행정부 때 인사위원회가 폐지되고 인사관리처(OMP), 실적제보호위원회(Merit System Protection Board), 연방노동관계청(Federal Labor Relations Authority)이 설치되고, 같은 해 공무원개혁법(Civil Service Reform Act)이 제정되었다.118) 이러한 인사기관의 재편성과 더불어 인종, 성(性), 그리고

117) Nichelas Henry, *Public Administration and Public Affairs*, fifth edition(Englewood Cliffs, N. J.: Prentice Hall, 1992), pp. 3-4.
118) *Ibid.*, pp. 95-97.

다른 요인들에 기초한 고용 기회의 차별을 금지하는 고용기회평등법(Equal Employment Opportunity)의 제정은 정치적 환경의 변화에 대한 정부의 대응이란 측면을 갖는다.

미국의 관료제는 다섯 가지 하위 체제로 구분되며, 이 하위 체제들은 상이한 조직 맥락을 갖고 있으며, 상황에 대해 개방적·유동적·적응적이라고 할 수 있다.[119)]

이들 다섯 가지 하위 체제를 계층제의 순서대로 보면 다음과 같다. ① 정치적 임용 그룹(political appointee): 고위집행관리(Senior Executive Service, SES)[120)]로부터 장관까지를 포함하며, 이들의 임기는 불확정적이고, 최고집행부에 대한 충성심이 충원의 기준이 된다. ② 전문경력직 그룹(professional careerists): 과학자, 법률가, 회계사 등 특수 분야의 전문가로 구성된 집단이다. ③ 일반행정가 그룹(civil service generalists): 일반적인 실적의 개념에 따라 운용되는 비전문가 집단으로서 재직 기간의 보장, 직위에 부여되는 계급(rank), 임무와 책임에 따른 직위분류 등을 특징으로 한다. ④ 노조 소속의 근로자 그룹: 사용자와 노조 대표 간의 협상을 통한 계약에 의해 고용되는 근로자 집단이다. ⑤ 계약상의 임용 그룹(contractual employees): 일정한 기간 전문 분야의 업무를 수행하도록 정부기관이 개인, 사기업, 비영리조직, 대학 등과 체결한 계약에 의해 임용된 그룹이다.

요컨대 미국 관료제를 구성하는 이러한 다양한 요소들은 미국에 하나의 대표적 관료제가 존재하지 않는다는 것을 시사한다. 이런 관점에서 스틸만이 미국 관료제의 특성을 점진주의, 실험주의, 다원주의, 복합성의 산물이라고 규정한 것은 적절하고도 유용한 진단처럼 보인다.

미국 관료제의 또 다른 특성으로서 고위관료들이 상대적으로 '사회적 대표성'을 갖고 있다고 지적해 볼 수 있다. 비록 이들이 일반 대중보다 교육수준이 높고, 실업계 및 전문가 가계에서 충원되는 경향이 있는 것은 사실이지만, 이른바 블루 칼라 출신이 거의 25%에 달한다는 한 연구의 결과는

119) 다섯 가지 하위 체제에 관한 개요는 전적으로 스틸만의 저서에 의존했다. R. J. Stillman, Jr., 김번웅(외) 역, 앞책, 제4장.

120) 1978년 공무원 개혁법에 의해 실적제를 GS-1서부터 GS-18까지 등급화했는데, 등급이 높을수록 책임도와 영향력이 증대된다. 535는 GS-16부터 GS-18등급에 이르는 고위집행관리로서 이 가운데서 약 10% 정도가 정치적으로 임용된다.

위의 진술을 뒷받침하기에 충분하다.[121]

끝으로, 미국의 관료들은 영국이나 유럽 여러 나라들의 관료들이 향유하는 것과 상응하는 위신과 지위를 갖고 있지 못하다는 점이 지적될 수 있다. 국가에 대한 불신이 퍼져 있기 때문에 세력 있는 관료제를 형성하는 것은 여전히 도덕적으로 그릇된 것이고, 비미국적인 것으로 간주된다. 따라서 그것을 위해서 일하는 사람은 때묻은 이로 취급된다. 미국의 시민들은 관료들의 권위를 정당한 것으로 여기지 않는다. 만약 미국인들이 부패 때문에 정치인들을 불신한다면, 그들은 관료들에 대해서 더욱 불신을 보낸다. 그들의 견해로는 부패한 정치인은 투표로 그 직을 떠나게 할 수 있지만, 관료들은 임기가 보장되기 때문이다.[122] 이는 미국이 국가의 전통을 갖지 않았으며, 상업 계급의 우월성이 정치적·경제적 자유가 국가보다 선행하는 정치문화를 낳는 데서 비롯된 것이다.

제 3 절 발전도상국의 관료제

20세기의 주요한 정치적 사실 가운데 하나는 식민지 시대의 막이 내리고, 신생 독립국이 우후죽순격으로 출현한 것일 것이다.[123] 정치적으로는 신생국이며, 경제적으로는 낙후되어 있고, 사회적으로는 과도적인 상태에 놓여 있는 이들 국가들은 이른바 '기대 상승의 혁명'을 통해, 그리고 이미 발전된 국가들을 준거틀로 삼아, 과거에 경험하지 못했던 일련의 새로운 변화를 시도한다. 일반적으로 발전도상국이라 불리는 이들 국가들은 대부분 식민지의 경험을 공유하고 있으며, 차이는 있겠지만 발전된 국가들의 영향 속에 놓여 있다. 이것이 이들 국가들을 제약하는, 또는 그 성격을 규정하는 주요한 변인으로 작용할 가능성이 상존하도록 한다.

---

121) F. Heady, *op. cit.*, p. 235.

122) Ronald M. Glassman, "The United States: The Anti-Statist Society," in M. Hoper, ed., *op. cit.*, p. 33.

123) F. Heady, *op. cit.*, p. 270.

우리는 여기서 발전도상국의 관료제의 실제를 '일반적 수준'에서 논의하려고 한다. 비록 이들 국가 간의 이질성의 정도가 높은 것은 사실이지만, 이에 못지않게 공통의 속성을 지니고 있다는 점도 부인할 수 없는 일이다. 우선 발전도상국이 공유하고 있는 속성들을 살펴보고, 이들 국가들이 정치적인 국면에서 어떻게 분류되어 함께 묶여질 수 있는지를 검토하려고 한다. 이것이 이른바 정치 체제에 대한 유형화인데, 이러한 틀 안에서 발전도상국의 관료제의 몇몇 특징들이 간략하게 언급될 것이다.

1 발전도상국의 특징

우선 발전도상국에 관한 일반적 수준의 논의도 여러 시각에서 이루어지고 있다는 점을 지적할 필요가 있을 것이다. 예컨대 정교하면서도 고도로 추상적인 모형에 의한 것도 있고, '근대화'를 준거틀로 거기서 빚어지는 저항과 변동의 과정을 서술하는 가운데서 발전도상국의 속성들이 파악되기도 한다. 또한 소박하게 서구와의 대비를 통해서 각 부문들의 특징이 제시되는 경우도 있다. 여기서는 우선 부문별 특징을 간략하게 살펴보고, 이 분야의 업적으로 기록되는 리그스의 견해를 중심으로 발전도상국의 특징을 살펴보려고 한다.

사회 부문의 경우, 도시의 인구집중이 현저하나, 주민의 상당수는 여전히 토지에 매여 있고, 사회적 유동성은 낮은 편이다. 대가족 제도가 우세하나, 그것이 감소하는 추세에 있으며, 전통적 계급 제도는 그 경직성이 약화되고 있다. 교육의 기회는 제한되어 있으나, 의무교육이 보급되고 있고, 종교는 다원적이다. 경제 부문의 경우, 일차 산업의 비중이 높고, 공업 부문의 성장은 초기 단계에 놓여 있다. 정부에 의한 소득의 재분배정책은 초보적 수준에 있다. 따라서 전(前)산업사회의 성격이 온존하고 있는 것이 가장 현저한 특징이라고 할 수 있다. 정치 부문에서 두드러진 특징은 미래 예측의 불확실성과 거기서 빚어지는 정치적 불안정성이다. 카리스마적 지배가 가장 보편적인 형태이며, 권력은 고도로 집권화되어 있다. 정부의 프로그램은 단기적인데 이는 제한된 자원과 비능률적인 관료제에 부분적으로 기인한다. 그리고 군사 부문에서, 그 규모는 적지만 장비는 비교적 값비싼 외국산이며, 군부의 장교들은 서구식 교육을 받았고, 이 사회에서 가장 직업전문주의적 집단의 하나를 구성하고 있다. 민간정부의 부패와 비능률, 전제적 정부나 혹은 대립적 군사독재자에 맞서서 군사쿠데타, 폭동, 정치적 개입이 다반사로 일어난다.[124] 요컨대 이들 국가들은 사회의 모든 영역에 걸쳐서 새로운 변화를 경험하고 있는데, 이러한 변화는 전통적인 것과 새로운 사조와의 충돌, 토착 세력과 서구의 교육과 문물을 접한 신흥 세력과의 불화, 과거의 제도와 관행을 대신하는 새로운 형식의 제도와 관행의 침투와 거기서 빚어지는 부조화 등을 특징으로 한다.

이러한 발전도상국을 과도적 사회로 규정하는 리그스는 과도기의 표지로서 중첩성(overlapping), 이질성(heterogeneity), 형식주의(formalism)를 제시한다.[125] 이질성이란 태도, 관행, 상황에 전통적인 것과 근대적인 것이 광범위하게 혼재된 상태를 의미한다. 중첩성이란 새로운 공식적 구조와 전통적인 사회적·경제적·정치적 구조가 공존하면서 상호 영향을 주고받는 상태를 지칭한다. 그리고 형식과 실제 간의 불일치를 리그스는 형식주의라고 부른다. 가령 지도가 우리가 찾고자 하는 지점을 안내하지 못한다면, 그 지도는 형식주의적인 것이다. 리그스는 이처럼 '인상주의적' 방법으로 과도적 사회의 현저한 특징을 살펴본 다음, 더욱 체계적인 준거틀을 마련하기 위해, 공식적인 방법을 제시한다. 이른바 구조·기능적 접근법에 의한 프리즘적 사회(prismatic society) 모형의 제시가 바로 그것이다.[126]

그는 우선 구조와 기능을 구분한다. 구조란 한 사회 체제의 표준적 특색이 되는 일정한 양식으로 정의되고, 기능이란 둘 혹은 그 이상의 구조 간의 상호작용의 양식이며, 이들 변수 간의 관계이다. 이 때 하나의 구조가 수많은 기능을 수행할 경우, 기능적으로 '포괄적'이라고 하고, 한정된 기능을 수행할 때 기능적으로 '특정화'되었다고 한다. 리그스는 전자의 사회를 가리켜 융합적 모형, 그리고 후자를 분화적 모형이라고 부른다.[127] 그리고 하나

124) 이 부분은 전적으로 다음의 저서에 의존했다. D. G. Hitchner & C. Levine, *op. cit.*, pp. 51-52.

125) F. W. Riggs, *Administration in Developing Countries*(Boston: Houghton Mifflin Co., 1964), pp. 13-19.

126) 이 부분은 제1편 제3장 '행정이론과 관료제의 논의'에서도 취급된 바 있으므로, 다소간의 중복이 불가피하다.

의 연속적 도상의 융합적 극단과 분화적 극단 사이의 중간적 상황을 나타내기 위해 제시된 것이 프리즘적 사회모형이다(그의 이론이 뒷날 수정되었다고 하는 점은 이미 제3장에서 언급한 바와 같다). 그는 프리즘적 사회를 설명할 때 '전체로서'가 아니고, 사회의 존속을 위해 요구되는 기능적 요건에 따른 범주를 선택한다. 편의상 그가 제시한 것은 경제, 사회, 의사소통, 상징 그리고 정치이다. 이를 요약하면 다음과 같다.[128]

1) 경제(바자-캔틴모형)

리그스는 프리즘적 사회의 경제적 생태를 바자-갠틴(bazarr-cantin)으로 부른다. 이는 분화된 사회의 가격이 시장 요인에 의해 결정되고, 융합적 사회의 경우 가격이라고 하는 요소가 거의 나타나지 않을 정도로 환경 요인이 시장 요인을 지배하는 데 반해, 프리즘적 사회에서는 환경 요인과 시장 요인이 결합되어 가격을 결정하는 것이다. 여기서 바자란 모든 구매자가 상품의 가격 결정에 참여하는 공개된 시장을 의미하며, 캔틴은 가격경쟁이 제한되는, 따라서 특별한 고객에게 봉사하는 상점을 뜻한다. 이러한 바자-갠틴의 일반적 특징은 가격의 불정가성(不定價性, price indeterminacy)이다. 이는 상품가격이 판매자와 구매자의 상대적 권력, 위신, 유대, 협상의 기술, 가치 체계, 상품의 수급 관계 등 환경 요인과 시장 요인에 반응해서 결정되는 것을 의미한다.

2) 프리즘적 엘리트(만화경적 계층)

프리즘적 사회에서는 일반적인 사회의 계층제와 같은 단순한 성격의 계급구조를 찾아볼 수 없고, 모순된 규범에 기초한 충첩된 지역공동체와 계층이 혼돈과 지속적인 변화의 체제로 나타난다는 점에서, 이를 만화경적(萬華鏡的) 계층으로 부른다. 융합적 사회에서는 권력, 부(富), 교육과 같은 주요한 가치가 권력을 장악하고 있는 엘리트에 의해 독점되는 가치의 교착화(리그스는 이를 가치의 단일성이라고 부른다.) 경향이 뚜렷하나, 분화적 사

---

127) *Ibid.*, pp. 22-23.

128) 리그스의 저서 제3편에 이 부분에 관한 논의가 상세히 취급되고 있다. *Ibid.*, pp. 100-237.

회에서는 가치의 교착 상태는 최소한에 그치고 가치 분화가 이루어져 있다.

반면 프리즘적 사회에서는 이러한 가치들이 응집되어 있어서, 어느 한 가치를 얻는 경우 다른 가치의 획득을 가능하게 한다. 프리즘적 사회에서 엘리트의 충원 방식은 업적성과 귀속성에 의한 기준이 혼합되어 있는데, 리그스는 이를 취득주의(attainment)라고 부른다. 그리고 정치 권력에 접근할 수 있는 통로로서 형식적으로는 정당과 관료제가 있다. 프리즘적 사회에서 관료제를 통한 상향적 이동은 권력의 획득이나 엘리트 지위 획득의 기회를 증대시키므로 관료제는 단순한 행정 수단이라기보다 엘리트 충원의 일차적 수단이 된다. 그리고 정당은 어용적이거나 전투적인 성격을 갖게 되는 경우가 흔하며, 대항 엘리트를 길러내는 기제가 되기도 한다.

프리즘적 사회에서 부(富)는 전략적 지출(strategic spending)의 형태로 사용된다. 이는 부가 자본이 아니며, 권력의 수단임을 뜻하는 것이다. 다시 말하면 프리즘적 사회에서 부는 더 높은 산출을 낳게 하는 생산 투자를 장려하는 압력, 자본주의 정신의 산물이 아니라, 권력 추구를 위한 수단으로 사용되는 것이다. 따라서 전략적 지출은 역행적 발전(negative development)의 두드러진 본보기가 된다. 학문 역시 부와 마찬가지로 권력의 획득을 위한 수단으로 쓰이는데, 리그스는 지식층을 세 가지, 즉 융합적 사회의 문사(literatus), 분화적 사회의 지성인(intellectual), 프리즘적 사회의 인텔리겐차(intelligentsia)로 구분한다. 정식의 학교교육을 가장 적게 받은 문사의 경우, 학습 내용은 역사, 철학, 종교의 교범, 신화, 전례 등 당대의 전통적인 것 모두를 망라하며, 수정과 비판적 분석을 통해서가 아니라 수용, 기억, 실천을 통해 학습이 이루어진다. 반면 지성인은 대학이나 연구소와 같은 기관에서 교육과 훈련을 받은 사람으로서, 특정 분야에 대한 전문적 지식을 갖추고 있다. 문사가 과거만 보는 데 비해, 지성인은 장래를 보며 그들의 연구 방향은 새로운 것에 대한 끊임없는 탐구이다. 프리즘적 사회의 인텔리겐차는 양자를 혼합하고 있다. 따라서 인텔리겐차는 학교 교육과 경험, 희망적 미래와 영광스러운 과거, 과학의 가치와 역사적 신화의 사이에서 분열된 양가성(兩價性)이 실망적이면서도 호소력 있는 현재 속에 병치되는 것이다.

3) 사회구조(다분파성과 파당)

프리즘적 사회에서는 대중매체와 초등교육의 보급으로 부분적 동원을 가능케 한다. 그러나 엘리트의 상징 체계에 대중이 동화되는 속도는 동원의 속도보다 느린 경향이 있다. 따라서 사회 안에 비교적 적대적 행동을 취하는 여러 공동체가 존재하며, 이러한 집단들은 혈연, 지연, 종교적 유대에 의해 결속되어 동원과 동화가 용이한 편이나, 상호간의 대립이 격화되는 다분파(poly-communal) 작용이 빚어진다. 리그스는 프리즘적 사회의 집단을 파당(派黨, clects)이라고 부르는 바, 이 용어는 도당(徒黨, clique)과 분파(分派, sect)의 합성어이다. 일차 집단과 결사체의 성격을 공유하는 프리즘적 집단은 특정한 목적을 위해 실적에 따라 그 구성원을 충원하나, 그 범위가 귀속성에 의해 특정한 공동체로 한정된다. 그러므로 프리즘적 사회의 파당은 그 공동체의 구성원에 대한 특권을 추구하기에 여념이 없고, 유사한 특권을 적대적인 공동체의 구성원에게 확대하는 것을 반대하는 한, 단일의 민족공동체의 동화를 저해하는 적대감과 두려움이 깊어질 뿐이다.

4) 프리즘적 상징(신화, 공식, 법령)

융합적 사회에서는 세계를 압도적으로 신성하며 초자연적인 것으로 보며, 분화된 사회에서는 세속적인 것으로 본다. 전자가 사회를 계층적인 것으로 보고, 후자는 평등주의적 가정에 기초한다. 그리고 전자가 환경을 의식을 통해 다루려고 하는 데 반해, 후자는 합리적 수단을 통해서 환경을 다룬다. 프리즘적 사회에서는 위의 두 가지 정향이 동시에 나타난다. 따라서 프리즘적 사회에서 신화 체계의 특징은 다규범적(poly-normative)이다. 즉 사회적 계층 및 지역사회에 따라 신화의 분포가 차이를 보여 주는 것이다. 이러한 다규범적 상태는 규범의 중첩성, 고착화, 희석화뿐만 아니라 무규범성에 의해서도 그 성격이 규정된다. 그리고 엘리트가 충원되고 결정이 이루어지는 규칙, 즉 정치적 공식(politial formular)은 '신분-계약 연계'에 의한다. 제도적으로는 계약 정향적이지만, 실제로는 신분적인 것에 기초하는 것이다. 법령 역시 이중언어(double-talk)를 포함한다. 융합적 사회의 법령이 선택으로 구성되고, 분화된 사회의 법령이 규칙으로 구성된 반면, 프리즘적 사회에서는 양자가 결합된, 말하는 것과 진의가 다른 이중언어의 형태를 취한다.

5) 프리즘적 권력(의존증후군과 복합 간섭)

프리즘적 사회의 권력의 범위는 융합적 사회의 무제한적인 것과 분화된 사회의 제한적인 것과의 중간 상태이다. 주의할 것은 프리즘적 모형이 항상 융합적인 것과 분화된 것의 중간 상태를 의미하는 것이 아니란 점이다. 특히 관료의 권력에 관한 한, 이는 한 극점에 위치한다. 즉 융합적 그리고 분화된 사회에서는 관료 권력의 비중이 비교적 제한되어 있으나, 프리즘적 사회에서는 상대적으로 크다. 리그스는 프리즘적 사회의 권력 상황을 설명하기 위해 의존증후군과 복합 간섭이란 용어를 사용한다. 전자는 프리즘적 사회의 엘리트가 생산에는 기여하지 못하면서 권력을 이용해 부의 상당한 부분을 차지함으로써 생산자에게 의존하는 것이며, 후자는 정치가 혹은 관료들이 정치 과정에서 특정한 역할에 충실하지 않고 다른 과정에 관여하는 것이다. 이러한 복합 간섭은 관료제적 발전과 정치 발전 간의 불균형의 원인과 결과이다.

2 정치 체제의 유형과 관료제

정치학자인 달(Robert A. Dahl)이 '유형화의 홍수'라고 표현했듯이, 정치학적인 지식의 폭발은 정치 체제를 유형화하고, 또는 이를 분류하는 새로운 방법을 제시했다. 실제로 유형화라는 용어는 지난 1960년대에 정치학자 사이에서 널리 사용되어, 이와 유사한 뜻을 지닌 분류, 또는 분류 방식이란 용어를 압도했다.[129] 잘 알려져 있듯이, 정치 체제의 분류 방식에 관한 연구는 정치학 그 자체의 연구만큼이나 오래된 것이다. 가령 아리스토텔레스는 통치자의 수(1인, 소수, 다수)와 지배의 목적(공동의 이익, 사적 이익)을 결합해 여섯 가지의 정치 체제로 유형화한 바 있다.[130] 정치 체제에 관한

129) Robert A. Dahl, *Modern Political Analysis*(New Delhi: Prentice Hall of India, 1978), pp. 69-72.

130) Aristoteles, *The Politics*, ed. by Stephen Everson(Cambridge: Cambridge

이러한 분류 작업이 특히 1960년대에 활발했던 것은 신생국에 대한 관심의 증대라는 일면을 보여 주는 것이기도 하다. 여기서 유념할 것은 정치 체제의 분류에 대한 최선의 방법은 없다고 하는 점이다. 그것은 정치 체제를 분류하는 기준에 따라 다양한 형태를 갖추게 될 것이기 때문이다.

여기서 우리의 관심사는 정치 체제와 발전도상국의 관료제이다. 다시 말하면 여러 정치 체제의 특성과 거기에 상응하는 관료제가 적절히 결합되어 있는가 하는 점이다. 우리는 이런 관점에서 이 부분의 업적으로 평가되는 헤디의 견해를 중심으로 정치 체제와 관료제의 연관성을 살펴보려고 한다. 이미 앞에서도 지적했듯이 이러한 방식에 대한 비판이 없는 것은 아니다. 예컨대 국가에 대한 준거틀 없이 관료제가 '정부'의 관점에서만 논의되었다는 것이 그 가운데 하나이지만, 관료제를 정치 체제의 하위 체제로 보는 관점에서는 정치 체제와 관료제의 연계가 불가피한 듯하다. 우선 헤디의 견해를 검토하기 전에, 정치 체제의 성격에 따라 관료제가 어떻게 기능하는지를 검토하고 있는 페인소드(Merle Fainsod)의 관료제 유형을 살펴보려고 한다.

관료제가 수행하는 역할은 정치 체제에 따라 다르다는 관점을 취하는 페인소드는, 관료제와 정치적 권위의 흐름이란 관계 속에서 관료제를 ① 대표제적(representative), ② 당-국가(party-state), ③ 군부 지배(military-dominated), ④ 통치자 지배(ruler-dominated), ⑤ 지배(ruling) 관료제로 유형화한다.131)

대표제적 관료제란 정치적 민주주의의 소산으로, 이는 유권자의 지지를 얻어 정치기구를 지배하는 정치 세력에게 책임을 지고, 또한 정도의 차이는 있지만 그러한 정치 세력에게 반응하는 관료제이다. 여기서 말하는 대표제적 관료제는 킹슬리(J. Donald Kingsley)가 제안한 바 있는, 모든 사회집단들이 통치기구에 참여할 권리가 있다든가, 나아가서 모든 사회집단은 전체 국민에서 차지하는 비율에 상응해 관직을 보유해야 한다는 당위론까지 전개하는 '관점'과는 물론 다른 의미이다. 여기서 관료제의 대표성이란

University Press, 1984), pp. 61-62.

131) Merle Fainsod, "Bureaucracy and Modernization: The Russian and Soviet Case," in J. LaPalombara, ed., *op. cit.*, pp. 234-237.

관료제의 권력이나 활동이 궁극적으로 경쟁적인 정당정치의 과정에서 유래되며, 그들이 집행하는 정책이 국민의 지지에 의해 형성되고, 거기에 순응한다는 사실로써 정의되는 것이다. 그리고 대표제적 관료제가 행사하는 이니셔티브는 정치적 합의에 부응해야 하며, 변화의 원천은 경쟁적 정치 과정에 의해 규제된다. 생각컨대 이 유형에 적합한 관료제를 발전도상국에서 발견하기는 매우 어려울 것이다. 왜냐하면 페인소드의 대표제적 관료제는 정치적 대표성에 충실한 정치적 민주주의의 소산이기 때문이다.

당-국가관료제는 전체주의 정권이나 일당지배 정치 체제의 부산물로서, 주요한 역할을 수행하는 것은 당, 특히 당 지도부이다. 하나의 구조로서 존재하는 국가 관료제는 당관료제에 의해 침투되고, 통제되며, 그리고 지배된다. 이 유형의 변형은 국가관료제에 대해 허용하는 자율성의 정도가 다르지만, 일반적으로 사상을 독점하고, 반대 세력을 용납하지 않으며, 근대화의 과업에 조바심하는 강력한 카리스마적 지배와 연계된다. 이러한 전체주의적 당·국가관료제는 사회 전체를 그들의 지배하에 두려고 시도하는 바, 신생국의 일당지배 정권에서 부분적으로 발견된다.

군부지배 관료제는 일반적으로 군부가 전략적인 권력 지위를 차지하고 있는 사회에서 형성된다. 이 유형은 군부 장교에 의한 쿠데타나 권력의 장악을 통해서 나타난 결과인데, 이들은 요직에 배치되어 국가관료제를 지휘한다. 이들은 계층제, 훈련과 같은 군부의 실효성을 강조하고 설명, 설득, 토론의 과정을 최소화한다. 이들은 전문성을 벗어난 영역의 의사 결정은 회피하려는 경향이 있고, 이들의 책임의 범위가 확대됨으로써 민간 관료에게 상당한 정도 의지하는 경향이 있다. 발전도상국의 관료제를 설명할 때 이 유형은 적실성이 높을 것으로 판단된다. 왜냐하면 발전도상국의 군부의 정치 개입은 예외적인 것이 아니고 항존하는 정치적 사실이기 때문이다. 노들링거(Eric A. Nordlinger)가 집정관주의(praetorianism)라고 부르는 군부의 정치적 관여는[132] 80년대 중반 이후 군부정권의 퇴진으로 줄어든 것이 사실이지만, 그동안 군부의 정치 개입이 미친 영향이 엄청나고, 그 유제가 잔존한다는 점에서 이 모형의 가치는 여전히 유효하다고 보아야 할

132) Eric A. Nordlinger, *Soldiers in Politics: Military Coups and Government* (Englewood Cliffs, N. J.: Prentice-Hall, Inc., 1977), p. 3.

것이다.

통치자 지배 관료제의 경우, 관료제는 대체로 절대적 권력을 행사하는 전제적 지배자의 개인적 장치로 규정되는 바, 지배자는 관료적 장치를 통해 국민들을 통제하고 자신의 목적을 국민에게 강요한다. 이 체제 하에서 관료제의 구성원은 개인적 자질과 지배자가 보여 주는 신임으로 인해 상당한 영향력을 행사할 수 있다. 통치자 지배 관료제 역시 정치의 제도화의 수준이 낮은 발전도상국에 적용 가능성이 높은 유형이라고 할 수 있다.

지배관료제는 관료제 자체가 정치 체제 내에서 사실상 지배 세력으로서 존족하는 체제인데, 다음의 두 가지 경우가 여기에 해당된다. 하나는 식민지 지배의 형태로서 관료들이 식민국 중앙의 최소한의 감독을 받으면서, 식민지 주민에 대해서는 절대적 권력을 행사하는 것이다. 다른 하나는 권위의 공식적 구조는 군주나 다른 정치적 기구에서 최종적 권력을 맡긴 듯이 보이나, 사실상 행정적 그리고 정치적 결정이 관료제를 통해서 이루어지는 경우이다. 생각컨대 이 유형은 식민지 체제의 붕괴와 더불어 그 수효가 감소되고 있다고 보아야 할 것이다.

이제 정치 체제의 유형화를 통해서 발전도상국의 관료제를 분석하고 있는 헤디의 견해를 검토해 보자. 국가관료제의 비교연구에 거의 30년을 바친 헤디의 기본적 관점은, 정치 체제 혹은 정권의 유형이 발전도상국의 관료제를 구분하는 가장 중요한 기준이 된다는 인식에 바탕을 두고 있다.[133] 이는 개별 국가의 관료제에 대한 분석에 선행되는 예비적 단계로서의 성격을 지닌 것이다. 여기서 주목할 것은, 여러 국가관료제의 이해를 위해 정치 체체의 유형을 강조하는 것이 그것이 유일한 변수라는 의미가 아니라고 하는 점이다. 국가마다 다른 변수들과 더불어, 수많은 다른 요인들이 여기에 관련되는 것이다. 예컨대 역사적으로 전개된 관료제적 전통, 식민지 유산, 제도적 관성, 다른 기관들에 의해 행사되는 외부적 힘, 국제기구 및 다국적 기업 등이 그것이다.[134] 헤디의 이와 같은 유연한 태도는, 헤퍼(Metin Heper)의 비판—국가에 대한 준거틀 없이 관료제가 배타적으로 '정부'의 관점에서만 논의되었다—에 대한 응답의 성격을 갖는다. 헤디는 헤퍼의 관점

133) F. Heady, *op. cit.*, p. 291.
134) *Ibid.*, pp. 87-88.

을 수용하면서도, 헤퍼가 정체(政體, polity)와 관료제를 구분하는 기본 인자로서 국가성을 선택함으로써 국가성을 과도하게 강조하는 결함을 드러내고 있다고 비판한다.[135]

헤디의 정치 체제의 유형화는 다소의 변모를 거듭했지만, 그것은 자신의 견해에 대한 근본적 수정은 아니었다. 새로운 정치적 현실과의 조우, 새로운 자료의 발굴, 행정학을 포함한 인접 사회과학의 성과들을 섭렵하려는 지적 욕구가 그것을 가능케 한 원동력이 된 것이다. 그는 발전도상국의 정권을 여덟 가지로 유형화하고, 이것을 다시 두 가지로 대별했다. 즉 ① 전통적 엘리트 체제(traditional elite system), ② 개인적 관료 엘리트 체제(personalist bureaucratic elite system), ③ 집단적 관료 엘리트 체제(collegial bureaucratic elite system), ④ 팬듈럼 체제(pendulum system)를 관료 우위정권(bureaucratic-prominent regimes)으로, 그리고 ⑤ 다두제적 경쟁 체제(polyarchal competitive system), ⑥ 지배정당 준경쟁 체제(dominant-party sornicompetitive system), ⑦ 지배정당 동원 체제(dominant-party mobilization system), ⑧ 공산주의적 전체주의 체제(communist totalitarian system)를 정당 우위정권(party-prominent regimes)으로 범주화한다. 이제 그의 분류 방식에 따라 발전도상국의 정권 및 관료제의 특징들을 요약해 본다.[136]

1) 전통적 엘리트 체제

이 체제에서 지배적 정치 엘리트들은 대체로 세습적인 왕권적·귀족적 사회 신분을 강조하는 오랜 전통의 사회 체제에 그 권력의 기반을 둔다. 여기에 속한 국가들은 과감한 사회적 변혁을 추진하지 못했으나, 변화를 수용하거나 촉진한 정도는 상당한 편차를 보인다. 전통적 엘리트 체제는 다시 정통 전통적 정권(ortho-traditional regimes)과 신전통적 정권(neo-traditional regimes)으로 구분하는 것이 가능하다. 전자가 보편적인 형태인데, 더욱 오랜 역사의 지속성을 보여 주며, 정태적이다. 경쟁적 정치가 허용

---

135) *Ibid.*

136) 제8과 제9장에 상세한 설명이 있다. 여기서는 정권 유형의 특색만을 요약했다. *Ibid.*, Chapter Ⅷ-VIII.

되지 않는 것이 일반적이며, 정당이나 이익집단은 취약하다. 지배계급은 바람직한 것으로 요청되는 변동의 도구로든, 바람직하지 않은 변동의 제어장치로든 군부 및 민간 관료제에 의존하지 않을 수 없다. 그러나 이러한 행정적 장치는 전통적 성격 때문에 장애에 봉착해 있다. 사우디아라비아가 여기에 속한다. 후자는 최근에 나타난 형태로서, 언명된 목표의 추구에 더욱 적극적이지만, 그 미래는 불확실하다. 정치적 엘리트는 왕권적·귀족적이라기보다 종교적인 권위에 그 원천을 두며, 종교적 정통성에 대한 옹호가 정책목표가 되는 경향이 있다. 반면 근대화의 목표는 이차적 중요성을 갖는다. 종교적 지도자가 지배적이지만, 정치기구 및 군부·민간 관료제를 충원할 때는 신뢰할 만한 이들에게 의존할 수밖에 없다. 이 체제의 존속 가능성은 궁극적으로 관료들의 능력과 효과성에 달려 있다. 이란이 여기에 속한다.

2) 개인적 관료 엘리트 체제

관료 엘리트 체제 중에서 일인 지배 체제로서의 성격을 갖는 정권이다. 물론 체제의 존속을 위해서 직업전문주의적 관료제에 의존하는 것은 불가피하다. 일인 실권자(caudillo 혹은 strongman)에 의한 이러한 지배 체제는 그 기원을 라틴아메리카에 두고 있으나, 종전 후 아프리카에서 많이 발견된다. 웰치(Claude E. Welch)는 군부의 정치 개입의 정도가 높은 아프리카 북부의 여러 정권의 분류에서 개인적(personalist) 정권과 조합주의적(corporatist) 정권을 대비시키고 있는데, 전자가 개인적 관료 엘리트 정권과 유사성을 갖는다. 웰치의 견해에 따르면, 국가의 수장은 국민적 통합을 촉진시키는 '자비로운, 근대적인 지도자'의 이미지를 불러일으키면서, 그 중심 내지 가장 중요한 원동력이 된다. 국가의 수장에게 권력은 집중되고, 내각의 불안정성이 항존한다. 정부의 요직은 지배자가 의존할 수 있고, 그에게 열렬한 지지를 보내는 인사에게 배분된다. 이 정권의 수명은 불확실하며, 그들의 정치 권력이 강제력의 행사에서 비롯되었음을 인식하고 있다.[137] 요컨대 이 체제에서 중요한 행정적 결정권은 지배자에게 귀속되어 있는 것

137) Claude E. Welch, Jr., "Personalism and Corporatism in African Armies," in Catherine McArdle Kelleher, ed., *Political-Military Systems*, quoted in *op. cit.*, p. 320.

이다. 고위관료들은 개인적으로 감시당하고 있지만 지배자에게 충성스러운 관료들은 물질적인 것을 포함해 충분한 보상을 받는다. 개인적 관료 엘리트 체제에 속하는 국가는 파라과이(1954~1989), 1979년 이전의 니카라과 등 라틴아메리카와 우간다, 알제리, 수단 등 아프리카 제국에서 발견되는데, 비군부 지도자를 갖는 개인적 관료 엘리트 정권은 드문 형편이나, 최근 이러한 경향이 다소 나타나고 있다.

3) 집단적 관료엘리트 체제

이 체제의 특징은 통상 군부 장교인 직업전문주의적 관료로 구성된 집단이라고 하는 점이다. 이 집단적 기구 혹은 군사위원회(junta)는 민간 관료를 포함하는 경우도 있으나, 더욱 전형적인 이 체제의 특징은 그것이 이른바 군부과두제(military oligarchy)라고 하는 점이다. 웰치는 이 체제를 조합주의적 정권이라고 부르는데, 이 정권을 성립시킨 군사위원회의 구성원은 동일한 군부 장교들로 구성되며, 결속력의 유지를 위해 계층제보다는 집단성이 강조된다. 집단에게 권력을 안겨준 쿠데타의 지도자는 이 집단에서 우월한 지위를 향유하며, 후에 이 지도자나 또 다른 개인이 군사위원회에서 지배자로 출현한다. 군부의 정치 개입의 명분은 내부적 외부적 위협으로부터 국가를 보호하는 것이며, 정책 목표는 무질서와 폭력의 감소이며, 법과 질서의 확립이다. 군사위원회가 민간 관료제의 개혁에 관심을 기울이는 것은 명백하나, 동시에 그것이 비군부적 행정 체제에 의존함으로써 제한된다. 민간 관료들은 새로 성립된 군부정권의 여러 표적 가운데 하나가 될 가능성이 높은데, 이는 부패의 관행, 낭비적이고 비효과적인 성과, 사회변동의 수단으로서의 부적절성에서 비롯된다. 집단적 군부정권 하에서 민간 관료제의 전략적 지위는 군부 일인 실권자의 상황과 민간 군부연합 관료정권의 상황 간의 중간 형태이다. 집단적 관료 엘리트 체제의 예로서, 정치적 안정성의 유지를 지향하는 아르헨티나의 페론(Isabel Peron) 축출로부터 1983년 후반까지, 칠레의 1973년 쿠데타로부터 1990년에 피노체트(Augusto Pinochet) 장군이 권력을 포기할 때까지, 1966년 이래의 인도네시아, 1961년 이후의 한국(1992년 민간정부의 등장으로 다시 성격이 규정되어야 할 것이다) 등이 있으며, 전통적 엘리트 체제를 대치한 아프가니스탄, 에티오피아 등이 있다. 그리고 식민지의 영향이 강하게 남아 있는 파키스탄, 가나 등도 이 체제에 속한다.

4) 펜듈럼 체제

이 체제의 두드러진 특징은 두 개의 다른 정권 사이를 주기적으로 이동하는 점에 있다. 물론 한 정권에서 다른 정권으로 이동하는 양상은 다양하지만, 가장 보편적인 것은 관료 엘리트 정권—개인적 관료 엘리트 정권보다는 집단적 관료 엘리트 정권—과 다두적 경쟁 정권 사이를 오고간다. 즉 현재의 상황이 어떠하든, 시계추처럼 가까운 미래에 다른 쪽으로 움직이는 것이다. 이 체제는 관료제가 갖고 있는 실질적 또는 잠재적인 정치적 권력의 지위로 인해서, 관료 우위 정권으로 분류되는 것이다. 펜듈럼 체제의 요건이 자의적인 것은 사실이다. 그러나 다른 조건이 동일하다면, 국가가 독립된 것이 오래면 오래일수록 그 체제는 펜듈럼 체제가 될 가능성이 높다. 헤디는 펜듈럼 체제의 예로서 라틴아메리카의 브라질, 북아프리카의 나이지리아, 중동의 터키를 제시하고 있다. 예컨대 브라질은 1964년에 민간 관료와 제휴한 군부 엘리트에 의해 통치되었으나, 1970년대에 정치적 경쟁이 점진적으로 허용된 후, 1985년의 간선과 1989년의 직선을 통해서 민간 정치지도자의 복귀가 이루어진 상태이다.

5) 다두제적 경쟁 체제

이 범주에 속하는 국가들은 서구와 미국의 의원내각제 및 대통령제의 모형과 부합되는 정치 체제를 갖고 있다. 그러나 이 체제가 서구 및 미국의 그것과 완전히 일치되는 것은 아니다. 이 체제의 본질적 속성은 정치적 경쟁에 있는 바, 이는 잘 조직된 정치집단들이 정치 권력의 획득을 위해 적극적인 경쟁을 벌이고, 체제를 붕괴시키지 않고 권력 관계에 중대한 변화를 가져올 수 있는 가능성이 있다는 의미에서이다. 그리고 경쟁적 단위들은 반드시 또는 배타적으로 서구형의 정당일 필요는 없는 것이다. 물론 이 체제에 속하는 국가들의 정치적 성격이 다른 것은 사실이지만, 중요한 특징을 공유하고 있다. 대체로 이 체제에 속하는 국가들은 다른 체제에 비해 명확하게 규정되고, 통합된 정치 엘리트를 갖고 있지 않으며, 정치 권력은 분산되어 있다. 즉 도시 상인, 지주, 군부 지도자 그리고 확고한 이익의 대표자들이 기업가, 노동지도자, 직업전문주의자, 그리고 사회 내에 새롭게 대두된 이익의 대표자들과 함께 그 활동 무대를 공유하고 있는 것이다. 그리고 사회적 유동성으로 인해 경쟁이 허용되고 촉진되는 것이다. 이러한 조건하에서 징세, 규제 조치 그리고 사익에 영향을 주는 다른 압력을 행사하려고 시도할 때, 정부의 활동은 약화될 수 있다. 행정은 일관성 있는 정치적 지지 없이 수행되지 않으면 안 된다. 다두제적 경쟁 체제에서 관료제는 그 자체가 경쟁적 정치집단 간의 경쟁 대상 가운데 하나가 될 수도 있다. 비록 관료제의 직업전문주의의 정도는 다른 발전도상국에 비해 상대적으로 높지만, 내부적 취약성을 지니고 있고, 정책결정자의 일관성 있는 뒷받침의 부족으로 어려움을 겪는다. 관료제에 대한 외부통제는 충분하지만, 때로는 다른 의도로 작동한다. 다두제적 경쟁 체제에 속하는 국가의 수는 지난 1960~70년대에 감소되는 추세를 보였으나, 80년대에 들어서 다시 증가하고 있다. 라틴아메리카의 콜롬비아로부터 지중해의 이스라엘에 이르기까지 여러 국가가 여기에 속한다.

6) 지배정당 준경쟁 체제

이 체제에서는 하나의 정당이 상당한 기간 실질적 권력을 독점하지만, 다른 정당들도 법적으로 그리고 사실상 존재한다. 지배정당은 다른 모든 정당을 무력화시키고, 사실상 모든 선거에서 승리한다. 그러나 이 체제가 독재적인 것은 아니다. 이 체제의 조건은 지배정당이 선거를 통한 경쟁으로 대항 세력에 의해 대치될 수 있다는 점이다. 지배정당 준경쟁 체제에 속하는 대표적인 예로서 멕시코의 제도혁명정당(PRI)과 인도의 국민회의파(Congress Party)가 있다.

7) 지배정당 동원 체제

이 유형의 정권은 정치적 경쟁의 허용이 미미하며, 실질적 혹은 잠재적 강제가 많다. 통상 지배정당이 유일한 합법적 정당이다. 비록 다른 정당에게 공개적으로 활동하는 것이 허용된다고 할지라도, 그들을 취약한 상태로 두기 위해, 또는 단지 상징적 반대 세력으로 두기 위해 제한적 통제로 매어 놓는다. 이데올로기는 편의적 목적에 따라 조절될 수 있지만, 좀더 교조적이고 경직화되어 있다. 정권에 대해 대중 시위를 통한 충성을 강조한다. 엘리트는 발전적 민족주의에 깊숙이 연루되어 있는데, 이들은 비교적 젊고, 도시화되고, 세속적이며, 충분한 교육을 받은 상태이다. 흔히 카리스마적 지도자는 그가 이끄는 운동을 지배하는 위치를 장악하고 있다. 이 유형은 정치적 장래가 불안정하므로, 대중 지지의 강력한 토대를 구축하고 사회 내의 핵심적 집단의 충성심을 확보하는 것이 긴요하다는 것을 강조한다. 그리고 국민의 동원을 위해 지배정당은 관료제의 충성과 지지에 의존하지 않을 수 없다. 이 유형에 속하는 국가는 일반적인 예상처럼 그리 많지 않으며, 이 체제에서 관료 엘리트 체제로 전환된 몇몇 국가가 있다. 이집트, 가봉 등이 여기에 속한다.

8) 공산주의적 전제주의 체제

구소련을 포함한 동구권의 여러 나라들은 이미 단일 정당 및 전체주의적 성격에 근본적 변화를 가져온 엄청난 정치적 변화를 경험했다. 반면 아시아·아프리카 및 라틴아메리카의 공산주의적 정권은 현재까지도 구소련과 공유했던 여러 속성들로부터 크게 이탈하지 않은 상태에 있다. 이 유형은 정치 권력이 단일 정당에 의해 장악되고 있고, 마르크스·레닌주의 이데올로기를 지향하며, 전체주의적 정치 스타일을 지니고 있는 공통점이 있다. 단일 정당은 공개적 반대를 인정하지 않으며, 대중 동원이 애써 이루어진다. 반면 참여는 강제나 강제의 위협에 필요한 정도만이 허용된다. 이 유형에서 요구되는 행정기구는 매우 복잡하며, 당의 감독 하에 놓여 있다. 국가 관료제는 서로 연결된 당관료제와 병행되어야 한다. 이는 훈련된 인력이 부족한 사회에서는 부득이한 일인데 이것은 정권의 안전을 위태롭게 하지 않고는 회피될 수 없는 일이다. 중국과 쿠바 등이 이 유형에 속한다.

헤디는 비록 발전도상국의 관료제가 정권 유형에 따라 차이점을 보여 주지만, 다른 한편 상당한 정도의 공통점을 지니고 있다는 점도 제시하고 있다. 그가 발전도상국의 행정에서 발견되는 일반적 특징으로 제시한 것은 다음과 같다.

① 행정의 기본적 패턴이 토착적이라기보다 모방적이다.

② 관료제는 발전 프로그램에 필요한 훈련된 인력을 갖추고 있지 못하다.

③ 관료제는 생산 정향적이 아닌 것을 강조하는 경향이 있다.

④ 형식과 실제 사이에 상당한 불일치가 존재한다.

⑤ 발전도상국의 관료제는 상당한 자율성을 갖고 있다.[138]

위에서 우리는 발전도상국의 특징과 더불어 이들 국가들이 정치 체제의 관점에서 어떻게 유형화되고 있는지를 검토하면서, 관료제에 관해서는 지극히 한정된 부분만을 언급했다.

우리는 한때 발전도상국에 분류되었다가 선진 발전국가로 도약하고 있는 한국의 정치행정 체제의 역사적 실체와 함께 한국 관료제의 실상을 다음 장에서 다루고자 한다. 이는 적어도 한국이 식민지 경험, 분단과 거기서 빚어진 이데올로기의 투쟁. 한 세대에 걸친 근대화의 추진, 군부의 정치 개입과 민간 정부의 복귀 등 발전도상국이 경험할 수 있는 모든 것이 응축되어 있다는 점에서 발전도상국의 경험적 분석과 연결됨은 물론 향후 발전된 국가로의 면모 역시 드러내고 있다는 점에서 적지 않은 시사점을 줄 것이다.

---

138) *Ibid.*, pp. 297-301.

제 7 장 한국의 관료제: 그 성장과 정향

제 1 절 인식의 틀

"한국의 행정과 관료를 이해하기 위해 지금까지 많은 논의들을 해왔지만, 그 어느 것도 한국의 행정과 관료 현상을 명쾌하게 규명하는 데 미흡했다"는 지적은 어느 정도 타당성을 갖고 있는 듯하다.[1] 그리고 그 이유로서 ① 현상에 대한 이해를 '내용'에 한정시켜 '맥락'의 중요성을 간과한 점, ② 미국식 도구주의적 인식 때문이라는 진단 역시 적절한 듯하다. 그러나 이런 현상은 한국의 행정과 관료 현상의 이해에만 국한되지 않을 것이다. 예컨대 오늘 조간신문이 전하고 있는 충격적인 사건－은행 무장 강도사건－의 경우,[2] 그 범행 동기를 밝히기 위해 가족사(家族史)로부터 개인의 심리적 변인에 이르기까지 여러 요인들에 관한 이해가 필요할지도 모른다. 가령 그가 속한 동료집단의 행동양식, 그가 경험한 제도적 교육을 포함한 사회화 과정, 또한 그가 속한 사회의 법적 체계와 도덕적 수준 등도 고려되어야 할 것이다. 덧붙이면, 최종적으로 법을 해석하고 적용하는 법관의 인간본성에 관한 믿음과 나아가서 국민들의 법의식 및 감정까지도 검토의 대상

1) 김광웅, 『한국의 관료제 연구』(서울: 대영문화사, 1991), p. 3.
2) 『한겨레신문』, 1995년 1월 10일자(23면) 참조.

이 되어야 할지도 모른다. 이런 점에 비추어 보면, 한국의 관료제를 이해하기 위해 우리가 규명해야 할 쟁점들은 많고, 다루어야 할 연관된 부문들도 적지 않다. 또한 단순한 사실의 집적이 한국 관료제의 전모를 드러내는 것도 아닐 것이다. 왜냐하면 관료제는 역사적 경험의 집적인 동시에, 사회의 역동적 구조 속에서 변화하는 개방 체제로서의 성격을 갖고 있기 때문이다.

우리가 여기서 시도하는 것은 한국 관료제에 대한 제한적 설명이다. 다시 말하면 한국 관료제의 전반에 걸친 역사적이고 경험적인 심층적 분석이 아니라, 몇 가지 시각을 통해서 밝혀진 한국 관료제의 성격을 재조명하는 것이다. 여기서 중요한 것은 어떤 인식론에 바탕을 두고 한국 관료제에 접근하느냐는 점일 것이다. 그러나 여기서는 논의의 복잡성을 피하기 위해서, 우선 '맥락'의 이해와 더불어 '미국식 도구주의적 인식'을 넘어설 필요성에 대한 공감의 표시로서 그치고자 한다. 예컨대 도구론적 합리성으로 관료제를 이해하는 데는 문제가 적지 않다. 그것은 관료제 지배의 정당성을 옹호하는 데 그치고 말 가능성이 높기 때문이다. 이런 점에서 문맥은 다소 다르지만, 다음과 같은 진술은 음미할 만한 가치가 있을 것이다.

> 정책결정자는 인간다움의 실현에 비추어서 주어진 사회의 질서를 새롭게 구축하고, 제한된 가능성의 범위 내에서 옳은 것과 선한 것을 판별하지 않으면 안 된다. 이는 이론적 학문들이 보조하는 창조적 역사의 책무인 바, 그것이 사회적 실천과 도덕성에 관한 성찰일 때조차 그러하다. 정책결정자와 시민들은 인간을 위하거나 그렇지 않은 결정이 그 사회의 선함과 불신을 표현하는 것으로 인식하면서, 불확실성과 희망의 지평과 싸운다. 이는 우리의 진단적·평가적 성찰이 자유와 도덕적 감수성을 증가시키는 수단이 될 수 있는 실천의 세계이다. 이것은 사회가 궁극적 믿음을 표현하고, 결정적 책임을 지는 정책과 실천의 세계이다. 이러한 실천의 세계는 사회적 책임으로서 사회과학과 사회윤리를 통합하는 역사적 구현체일 것이다.[3)]

요컨대 과학성을 표방하면서 목적이나 이념과 같은 규범적 세계를 외면할 때 빚어질 수 있는 재앙을 경계해야 한다는 것이 여기서의 출발점이다.

---

3) Gibbon Winter, *Elements for A Social Ethic*(New York: The Macmillan Co., 1966), p. 285.

이는 사회과학이 인간을 지배하는 기술학으로 전락하는 것을 막는 하나의 방파제이고, 이를 통해서만이 타당한 지식으로서의 존재 근거를 마련할 수 있을 것이다. 우리는 이러한 인식의 바탕 위에서 한국의 관료제에 심대한 영향을 미친 정치 체제의 변동과, 지난 한 세대 동안 진행된 산업화와 관료제의 성장을 검토할 것이다. 그리고 한국 관료제의 정향을 기존의 몇몇 시각을 통해서 밝혀진 것을 중심으로 개관하려고 한다. 이미 지적했듯이 여기서 다루어진 한국 관료제에 대한 기술은 제한적이고 개괄적이다. 따라서 그 세부의 분석은 한국 관료제의 통합적 이해에 기초한 분석의 틀과 광범위한 경험적 자료의 뒷받침이 필요할 것이다.

제 2 절 정치 체제의 변동

정치 체제의 변동이란 개념 그 자체는 가치 중립적이다. 정치 체제는 긍정적 방향으로의 변동과 바람직하지 못한 방향으로의 변동이 가능하기 때문이다. 이러한 인식은 한국의 정치 체제를 이해하기 위한 유용한 출발점이 된다. 한국의 정치 체제의 성격이 이러한 변동이란 맥락 속에서 규정될 수 있기 때문이다. 이것이 시사하는 것은 한국의 정치 체제의 변동이 단선적인 발전의 노선을 경유한 것이 아니란 점이다. 한국의 정치 체제의 변동을 설명하는 또 다른 준거의 틀은 우리가 일제의 식민 통치와 동서 이데올로기가 빚어낸 동족상잔의 비극을 체험했다는 점이다. 물론 우리가 체험한 그러한 시련은 양상을 달리해서 다른 국가에서도 발견되는 것이기도 하다. 그러나 일본의 강점에 의한 역사의 단절과 '일시적 군사상의 편의'에서 빚어진 국토의 분단이 민족의 분단으로 이어져 반세기가 경과한 것은 유례가 드문 것이었고, 이것이 한국의 정치 체제를 근본적으로 제약하는 상황적 요인으로 지금까지 작용하고 있는 것이다.[4)]

4) 김영명은 한국의 정치 변동에 영향을 미쳐 온 요인으로서 분단 상황, 산업화, 정치문화를 제시하고 있다. 김영명, "한국의 정치변동과 유신체제," 한국정치학회(편), 『현대한국정치와 국가』(서울: 법문사, 1986), p. 378.

해방 이후 50여년 동안 우리는 엄청난 정치적 변동을 겪었다. 이 기간에 우리는 미군정에 의한 3년간의 통치, 1인 지배 체제로 종식된 자유당 정부(제1공화국), 과도정부에 이어 등장한 단명 내각인 민주당정부(제2공화국), 5·16쿠데타에 의한 군사정권의 수립과 '민정 이양'으로 출범한 공화당정문민부(제3공화국), 유신 체제의 등장과 붕괴(제4공화국), 신군부에 의한 권력의 장악(제5공화국)과 6월항쟁에 이어 출범한 노태우 정부(제6공화국), 거의 한 세대 만에 민간인 출신의 대통령이 된 김영삼 문민정부, 헌정사상 최초 여·야 간 정권 교체를 이룬 김대중 국민정부, 그리고 2002년 12월 19일 제16대 대통령선거에서 당선된 노무현 참여정부에 이르기까지 격동의 반세기를 거쳐 왔다. 이 기간 중 우리의 정치사에 깊은 영향을 드리운 전쟁과 혁명과 군사쿠데타와 민중항쟁을 경험했다. 그리고 정부 형태에서도 대통령제와 의원내각제, 국회에서도 양원제와 단원제를 실시해 본 경험을 갖고 있다. 대통령선거에서도 직선제와 간선제, 그리고 선거인단에 의한 선출방식 등 풍부한 경험을 쌓아왔다. 한 외국인이 한국의 정치를 '소용돌이의 정치'[5]라고 부른 것은, 따라서 과장이 아닐 것이다.

우리가 여기서 시도하는 것이 한국의 정치 체제의 변동에 관한 본격적인 논의가 아니란 점이 상기되어야 한다. 다시 말하면 정치 체제의 변동은 한국의 관료제를 상황적으로 규정하는 하나의 요인으로서 다루어진다는 것이다. 따라서 한국의 정치 체제의 변동은 관료제의 분석을 위한 하나의 맥락으로서 이해되어야 한다. 여기서는 해방 이후의 한국의 정치 체제의 변동을 ① 헌정 체제, ② 정치 체제의 목표, ③ 정치적 리더십, ④ 군부의 정치개입, ⑤ 의회, 정당, 이익집단이란 차원에서 개괄적으로 검토하려고 한다.

1 헌정 체제

1948년 7월 17일 제헌헌법이 공포되고, 같은 해 8월 15일 대한민국 정부가 수립된 이래, 헌정이 중단된 기간을 제외하면 이념적 측면에서 우리가

5) G. Henderson, *Korea: The Politics of the Vortex*(Cambridge, Ma.: Harvard University Press, 1968).

기본적 정치의 원리로 채택한 것은 자유민주주의였다. 그것은 우리의 최초의 헌법이라 할 수 있는 임시의정원의 임시 헌장까지 소급되는데,[6] 당시 임정에서 활동했던 한 정치가가 해방을 맞이해 자신의 정치 이념을 표명한 소박한 진술 속에도 그 염원이 담겨 있다.

> 나의 정치 이념은 한 마디로 표현한다면 자유다. 우리가 세우는 나라는 자유의 나라라야 한다. ……민주주의란 국민의 의사를 알아보는 한 절차 또는 방식이요 그 내용은 아니다. 즉 언론의 자유, 투표의 자유, 다수결의 복종, 이 세 가지가 곧 민주주의이다.[7]

우리의 헌법학자들이 헌법의 기본 원리로서 제시하는 것은 국민 주권의 원리와 대의제의 원리, 기본권의 존중 등을 내용으로 하는 자유민주주의, 복지국가의 원리, 권력 분립의 원리, 법치주의, 국제적 평화주의 등이다.[8] 문제는 이러한 고상한 원리가 현실의 정치 및 권력 과정에서 어느 정도 규범력을 발휘하고, 그 실효성을 확보했느냐는 점에 있다. 우리의 경험은 이런 점에서 상당한 의구심을 갖는다. 말하자면 우리의 헌정 원리와 실제 간에는 상당한 편차가 있었다고 하는 점이다. 이는 뢰벤슈타인(K. Leowenstien)이 말하는 이른바 명목적 혹은 장식적 헌법으로서의 요소가 규범과 현실의 간격을 넘어서 온존해 왔다는 것을 시사한다. 1948년 건국 직전에 헌법이 제정된 이래 59번째, 6월 민주항쟁을 거쳐 민주헌정 질서를 담은 현행 헌법으로 개정한 지 20년이 되어 가는 제헌절(2007년 7월 17일)도 맞았었다. 여기서 우리는 제헌헌법이 공포된 이후 아홉 차례에 걸친 헌법 개정에서, 절차상의 흠과 내용상의 비민주성으로 정당성이 크게 훼손된 점이 여기서 마땅히 지적되어야 한다.[9] 우리의 헌정 체제에 가해진 이러한 폭거에 대해서 법실증주의자들은 대체로 침묵했고, '주어진 헌법'의 문리적 해

---

6) 윤병석, "민족해방운동의 발전," 한국사연구회(편), 『한국사연구입문』(서울: 지식산업사, 1981), pp. 492-493.
7) 김구, 『백범일지』(서울: 마당문고사, 1983), pp. 245-248.
8) 권영성, 『헌법학원리』(서울: 법문사, 1990), pp. 109-122.
9) 권영성은 한국 헌법의 개정 과정에 나타난 특징을 여덟 가지로 요약한 바 있는데, 그 중 중요한 것은 대통령의 집권 연장, 변칙 처리, 공론화의 부재, 집권자 및 집권 세력에 의한 개헌, 비상사태의 선포 등이다. 앞 책, pp. 87-88.

석에 충실했다. 나아가서 '주어진 헌법'의 기초자로서 권력자의 권력의 의지에 봉사했다. 다시 말하면 취약한 권력의 기반의 정당화에 기여함으로써 법의 정신을 훼손하는 데 주저하지 않은 것이다.

한편 규범과 현실의 간격 이외에도, 헌법의 개정 및 변동의 파행성이 몰고온 헌정 위기를 우리의 헌정 체제의 주요한 특징으로 규정해 볼 수도 있을 것이다. 우리에게서 헌정 위기는 정치 체제의 정당성의 위기이며, 사회의 기반을 전반적으로 뒤흔드는 도덕적 정당성의 위기이기도 했다. 정치에 대한 불신과 냉소주의, 권력자에 대한 혐오, 법이 존립해야 하는 근거에 대한 회의가 광범위하게 이 사회에 만연했던 것이다.

그러나 여기서 중요한 것은 민주헌정의 기본적 원리는 불가침의 영역으로 남아 있었다는 점이다. 어떤 정치지도자도 민주정치의 가치를 정면으로 부인하지는 못했다. 헌정이 중단되고, 집권 연장을 위한 도구로서 훼손되고, '우리의 몸에 맞지 않는 옷'이라고 때로는 비난의 대상이 되기도 했으나, 국민 주권의 원리는 헌법 제1조의 자리를 지켜 왔다. 그리고 더욱 중요한 것은 교육을 통한 민주적 가치에 대한 눈뜸과 거기에 조응하는 교육과 경험의 낙차는 4·19혁명과 6월항쟁의 동인이 되었다는 점이다. 요컨대 우리의 헌정 체제는 현실 정치의 정당성을 담보하는 하나의 안전판이면서, 동시에 규범 혹은 이상의 세계와 현실의 세계의 간격을 극복하는 잠재력의 온상이었다. 이 역설적인 국면이 한국의 정치상황과 변동을 규정하는 주요한 요인 중의 하나로 작용한 것은 역사의 아이러니일 것이다.

2 정치 체제의 목표

근대 국가의 발전을 정치 체제의 발전이란 관점에서 논의하는 경우, 시각의 차이는 존재한다. 가령 오간스키는 발전을 네 단계로 구분하고 있는데, 원시적 통합의 정치, 산업화의 정치, 국민복지의 정치, 풍요의 정치가 여기에 포함된다.[10] 또한 아먼드와 파월은 정치 체제의 발전 단계로서 국가 형성(state building), 국민형성(nation building), 참여(participation), 배

10) A. F. K. Organski, *The Stage of Poitical Development*(New York: Alfred A. Knopf, 1965), pp. 7-16.

분(distribution)을 제시한다.[11] 아먼드와 파월에 의하면, 국가 형성이란 정치체제의 침투력과 통합성을 의미하며 이는 구조적 측면을 말하는 것이고, 국민 형성이란 국민으로서의 일체감 내지 연대성이 어느 정도 달성된 심리적·문화적 국면을 가리킨다. 참여는 정치 과정에서 일익을 담당할 역할에 대한 요구이며, 배분은 정치 체제가 사회의 여러 가치 혹은 자원을 재분배하기 위해서 권력을 강제적으로 행사하는 것을 의미한다.

이러한 발전의 단계에 비추어 보면, 제1공화국이 추구해야 할 목표는 통합의 정치 혹은 국가 형성과 국민 형성이었을 것이다.[12] 그러나 참여와 배분을 1차적인 것으로 하고 이를 헌법에 명시했던 것이다. 문제는 국민 형성, 교육, 매스미디어의 보급 없이 참여가 제대로 이루어질 수 없는 것이며, 또한 진정한 참여나 경제 발전 없이 공정한 배분이 이루어질 수 없다는 데 있다.[13] 발전 목표의 우선순위에 관한 이러한 문제의 제기는 충분한 타당성을 갖는다. 과실(果實) 없는 분배를 상정하기 어렵고, 각종 정보에 대한 해독의 능력 없이 이루어지는 참여는 정치적 동원의 성격을 갖게 되기 때문이다. 그러나 발전 목표의 우선순위가 뒤바뀜으로써 순기능보다 역기능이 엄청나게 많았다는 주장에는 다소의 의문이 따른다. 이것은 앞서 논의했던 우리의 헌정 체제가 갖고 있는 역설적 상황과도 연관된 것이다. 현실과 이상의 간격은 우리에게 좌절감을 안겨 주지만, 동시에 그것을 극복할 의지도 심어 준다. 이런 관점에서 헌정 체제가 보여 준 자유민주의의 이상과 현실의 간격, 그리고 발전 목표의 뒤바뀜에서 빚어진 현실과 이상의 간격은 그 역기능적인 측면에도 불구하고 하나의 지향점이 설정되고, 그것을 향한 동인이 되었다는 점은 아무리 강조해도 지나침이 없을 것이다. 더구나 우리는 지향점 없는 발전 목표를 상정하기 어렵다. 이런 까닭에 경제 성

11) G. A. Almond & Powell, G. B. Jr., *Comparative Politics*(Boston: Little, Brown & Co., 1966), pp. 35-37.

12) 여기서 통합이란 오간스키에 의해 제시된 발전의 첫 단계가 의미하는 것과 반드시 부합되는 것은 아니다. 그가 제시한 원시적 통합의 정치는 산업화 이전 16세기의 서구를 가리킨다. 이 단계에서 정부의 1차적 기능은 국민적 통합을 이루는 것이다. 왜냐하면 국가는 분열되어 있고, 이러한 분열상이 정부의 계획을 끊임없이 좌절시키기 때문이다. 치자와 피치자 간의 간격이 온존하고, 정부는 국민에게 서비스를 제대로 제공하지 못한다. 이런 점에서 통합의 수준은 초보적이다. A. F. K. Organski, *op. cit.*, pp. 7-9.

13) 박동서(외), 『발전행정론』(서울: 법문사, 1982), pp. 29-30.

장 혹은 산업화를 우선적인 발전 목표로 설정한 함축성을 검토할 필요가 있을 것이다.

주지하다시피 제2공화국을 단초로 역대 공화국이 추구한 것은 경제 성장이었다. 이는 경제 성장 내지 산업화를 통해서 근대화를 달성하려는 의도에서 빚어진 것이지만, 경제 성장에 대한 과도한 열망은 경제 성장 그 자체를 배타적인 가치로 만들었다. 물론 이러한 목표의 설정이 당시의 상황에서 설득력을 발휘할 소지는 있었다. 왜냐하면 현실적인 이유 외에도, 경제 성장 내지 발전을 민주주의를 실현하는 최소한의 요건으로 파악하는 관점이 힘을 갖고 있었기 때문이다. 예컨대 발전론자들이 이러한 입장을 대변하는데, 가령 립셋(S. M. Lipset)과 같은 학자는 민주주의의 안정성의 조건으로서 체제의 정당성 및 효율성과 더불어 경제 발전을 제시하고 있다.[14] 그러나 경제 발전은 민주정치를 위한 최소한의 요건이지 충분 조건은 아니다. 즉 산업화 내지 경제 발전은 우리가 보편적으로 영·미형이라고 규정하는 제도적 유형과 일치시키지 않고서도 가능하다는 의미에서,[15] 1970년대의 유신 체제의 등장은 함축적이다. 이는 정치 발전 없는 경제 성장이 어떻게 귀결되는지를 보여 주는 하나의 본보기일 것이다. 여기에 분단 상황이 빚어낸 이데올로기의 경직성과 안보 우선의 정책은 체제의 신축성을 현저하게 약화시키면서, 정치적 퇴행을 기록했다. 우리는 유신 체제의 연장선상에서 제5공화국의 등장을 또다시 목격하게 된다.

다시 말하지만, 발전 목표의 우선순위는 중요하다. 그러나 더욱 중요한 것은 그러한 발전 목표가 궁극적으로 우리의 삶의 질에 어떻게 기여하느냐에 있다. 정치적 공동체의 구성원의 인간다운 삶을 훼손하는 어떤 목표도 그 존립 이유를 상실하게 될 것이다. 예컨대 우리는 1960년대 이후 개발이란 이름으로 진행한 많은 부문에서 지금 사회적 비용을 충분히 지불하고 있는 중이다. 산업화에 따른 공해의 문제는 그러한 사례 가운데 하나일 것이다.[16] 한편 언명된 목표가 정치적 수사이든, 하나의 허구적 이데올로기라

---

14) S. M. Lipset, *Political Man: The Social Bases of Politics*(New York: Doubleday & Co., 1963), p. 64.

15) J. LaPalombara, "Bureaucracy and Political Development: Notes, Queries, and Dilemmas," in J. LaPalombara, ed., *Bureaucracy and Political Development* (Princeton, N. J.: Princeton University Press, 1957), p. 10.

고 할지라도, 그것이 인간의 보편적 가치에 기초한 것이라면, 현실과 이상 사이의 간격은 도리어 현실을 역전시키는 힘의 원천이 된다는 것을 우리는 경험을 통해 확인하고 있다. 이런 의미에서 가령 정의, 자유, 복지와 같은 보편적 가치에 기초한 발전 목표가 비록 정치 슬로건에 지나지 않는 경우에도 반드시 부정적으로 평가받을 이유는 없는 것이다.17) 정부가 하나의 기치로 내걸고 있는 '세계화'의 개념의 모호성과 그 느닷없음에도 불구하고, 그것이 지속적으로 공론화(公論化)되면서 노래의 후렴처럼 되풀이된다면, 설사 거기에 역행되는 행태가 힘있는 집단에 의해 빚어질 경우에도 어느 정도 자기구속력을 갖게 될 것이다. 이러한 역설적 상황은 비단 정치에만 국한되는 것은 아닐 것이다.

3 정치적 리더십

케네디 행정부에서 특별보좌관을 역임했던 미국의 탁월한 역사가인 슐레진저(Arthur M. Schlesinger, Jr.)는 20세기의 정치적 특징으로서 '1인지배'를 지향하는 경향을 지적한 바 있는데,18) 이는 특히 신생국에서 현저하게 나타나는 현상이다. 우리도 예외는 아니어서, 제2공화국을 제외하면 대체로 권위주의적 리더십이 지배적이었다. 문제는 권위주의적 리더십의 존재 여부 못지않게, 정치적 리더십이 공정한 '게임의 규칙'을 통해 획득된 것이냐 하는 것과, 정치적 리더십이 무엇을 위해서 행사되는냐는 점에 있다.

---

16) 과거의 기계적 세계관을 대신할 새로운 세계관인 엔트로피 법칙이 바로 역사를 지배할 패러다임이 될 것이란 주장에 관해서는 다음을 참조할 것. Jeremy Rifkin, *Entropy: A New World View*, 김건 · 김명자(역), 『엔트로피』(서울: 정음사, 1991).

17) 자유민주주의의가 실제의 정치 과정과 무관한 것이었다 할지라도 대단히 의미 있는 결과를 가져왔다는 견해－한국에서의 자유민주주의의 실패가 오히려 민주주의의 실패가 오히려 민주주의의 지속적 생명력의 원천이 될 수도 있다는 점－에 관해서는 다음을 참조할 것. 박상섭, "한국정치와 민주주의," 한국정치학회(편), 앞 책, pp. 409-436. 민주주의 토착화, 복지사회의 건설 등 제5공화국의 국정 목표는 실제적인 정책 방향과 내용이 상반되었다는 점에서 부정적 평가를 받아야 된다는 견해는 다음을 참조할 것. 김호진, 『한국정치체제론』(서울: 박영사, 1993), p. 252.

18) Arthur M. Schlesinger Jr., *The Politics of Hope*, 차기벽(역), 『희망의 정치』(서울: 탐구당, 1972), p. 12.

우리는 이러한 두 가지 물음에 대해서 부정적이다. 유신 체제와 제5공화국의 출범은 '게임의 규칙'이 현저하게 훼손된 상태에서 이루어진 하나의 본보기에 지나지 않는다. 그리고 제1공화국과 제3공화국 역시 끊임없이 부정선거의 시비를 불러일으켜서 그 정통성에 의문이 제기되었던 것도 잘 알려진 사실이다. 더불어 몇 차례의 개헌 파동(예를 들면 제1차 개헌, 제2차 개헌, 제6차 개헌 등)이 대통령의 선출 방식 또는 3선 금지 조항의 완화 및 철폐와 관련해 빚어진 것을 상기한다면, 권력의 획득 과정에서부터 문제가 있었던 것이 사실이다. 따라서 정치적 리더십이 무엇을 위해서 행사되었느냐는 질문도 사실상 제한된 의미를 갖는다. 왜냐하면 정당성을 결여한 권력의 행사는 그것이 설사 '무엇을' 위한 것이라고 할지라도, 궁극적으로 권력의 자기극대화의 논리에서 벗어날 수 없기 때문이다.

그러면 한국의 정치적 리더십의 원천은 무엇인가? 이 점에 관해 차인석은 베버(M. Weber)의 '권위의 근거'를 통해서 한국의 역대 공화국의 정치적 리더십을 분석하고 있다.[19] 그는 제1공화국은 카리스마적 리더십이, 제2공화국에서는 자유주의 체제가 실제의 정치문화에 부합되지 못해 그 반작용으로 새로운 권위주의 출현을 가져왔고, 제3공화국에서는 과업 수행의 리더십이, 그리고 유신 체제하에서는 국가 안보가 권위의 근거가 되었다고 본다. 사실상 그의 분석은 철학과 정치가 있어야 하는 방식에 관한 깊은 성찰에 기초하고 있으므로, 여기서 요약된 것으로 그것이 함축한 바를 충분히 드러내지 못하고 있다. 그러나 그의 관점은 다음의 진술 속에 비교적 분명히 나타나 있다. "모든 것을 포괄하는 정당성의 상징이나 이데올로기는 존재하지 않는다. 중요한 것은 기능적 합리성의 필요성과 도덕성이 어떻게 융합할 수 있느냐 하는 문제일 것이다."[20]

어떤 의미에서 정치적 리더십을 유형화하는 것은 정치적 사실에의 접근을 단순화하는 것인지도 모른다. 왜냐하면 정치적 리더십의 스타일은 정치체제의 목표, 이데올로기 등과 혼재되어 있고, 어느 하나의 범주로 정연하게 구분되지 않는 매우 복잡한 기제이기 때문이다. 더구나 정치적 리더십의 행사 및 권위의 근거도 개인의 퍼스낼리티, 상황적 조건, 추종자 등 여

19) 차인석, 『현대정치와 철학』(서울: 평민사, 1978), 제6장 및 제7장 참조.
20) 앞 책, pp. 117-118.

러 요소들의 힘의 영향하에 있으므로 그 성격의 규정이 간단하지 않다. 그럼에도 불구하고 우리의 경우, 정치적 리더십은 공유된 권력이 아니라, 배제적인 권력의 행사를 통해서 정치적 리더십의 독점을 지향해 왔다고 규정해 볼 수 있을 것이다. 이 과정에서 온갖 정치적 구호가 명멸했고, 발전 목표는 설득적 커뮤니케이션을 통해 치장되고, 도그마적인 이데올로기로 치환되었다. 이와같이 우리의 정치적 리더십은 언명된 목표와 실질 목표와의 간격, 언어와 행동의 엄청난 괴리, 정치철학으로 위장된 권력에의 갈구와 현실적인 제약, 요컨대 자기분열적인 모순의 포로에서 해방되지 못한 것으로 규정해 볼 수 있다. 이것이 정치적 리더십의 추종자와 그 세력에게도 조건 없이 적용되었음은 불문가지이다. 이런 점에서 우리에게 필요한 것은 권력의 비인격화일 것이다. 이는 인격화된 정치적 리더십은 국민의 폭넓은 지지 속에서 이루어지는 개혁에서조차 장애에 부닥칠 수 있음을 뜻한다. 우리가 여기서 정치적 리더십의 도덕적 품성과 창조적 국면을 부인하는 것이 아님을 유념할 필요가 있다. 오히려 우리의 정치적 리더십에서 요청되는 것은 바로 이 부분인 것이다. 동시에 우리는 권력의 자기극대화의 논리도 부인하지 못한다. 정치적 리더십이 있어야 할 자리는 그 두 가지가 교차하는 지점이다. 이런 점에서 니버(Rienhold Niebuhr)의 다음과 같은 진술은 주목할 가치가 있다.

> 역사의 끝날까지 정치는 양심과 힘이 만나는 지대이며, 인간 생활의 윤리적이고 강제적인 요소가 상호 침투되어서 잠정적이고 불안정한 타협을 이루는 지대이다.[21]

우리는 현실 정치에 대한 니버의 이 탁월한 정의가 정치적 리더십이 존재해야 할 위치에 대한 강력한 경고로서의 의미도 갖고 있다고 생각한다. 한 사회의 최고의 정치적 리더십이 양심과 도덕적 품성을 잃어버렸을 때, 우리를 기다리는 것은 불모의 삶의 터전일 것이다. 우리는 그것을 역사의 경험으로부터 배우고 있기 때문이다. 그리고 홉스(Thomas Hobbes)의 표

---

21) Reinhold Niebuhr, *Moral Man and Immoral Sociey*, 이병섭(역), 『도덕적 인간과 비도덕적 사회』(서울: 현대사상사, 1977), p. 24.

현을 빌면, 그러한 상태에서의 인간은 "고독하고 보잘것 없고, 비천하며, 잔인하고, 단명한 것"[22]이 될 것이다.

4 군부의 정치 개입

구소련을 포함한 동구권의 체제 변혁과 함께, 1980년대의 정치 상황을 새롭게 규정할 수 있는 현상은 아마도 '민주화'의 물결에 밀려서 제3세계의 권위주의 정권이 퇴조의 조짐을 보인 점일 것이다. 이러한 '민주화'의 물결이 참여의 외침이 높았던 1960년대의 서구의 그것과 본질적인 차이가 있지만, 어쨌든 긍정적인 변화인 것만은 분명하다 할 것이다. 이는 군부의 정치 개입이 예외적 현상이 아니라, 항존하는 정치 질서 내에 편입되어 역동적으로 작용했던 비서구 지역의 정치적 상황의 근본적 변화를 의미하는 것이기도 하다.

노들링거(Eric A. Nordlinger)의 보고는 비서구 지역에서의 군부의 정치 개입이 예외적 현상이 아니었음을 우리에게 상기시킨다. 종전 이래 라틴아메리카 국가들 중 군부가 정치에 개입하지 않은 국가는 2개국에 불과하다. 1945년부터 1976년 사이에 아시아 국가 중 절반이 쿠데타에 성공했고, 중동과 북아프리카의 3분의 2에 해당되는 국가에서 권력을 장악하기 위한 쿠데타가 시도되었다. 적어도 1963년 이전까지는 아프리카 지역에서 군부에 의한 정치 개입이 발생하지 않았다. 그러나 1966년부터 민간정부가 무너지기 시작해 1976년에 이르러서는 절반 이상 이 역시 쿠데타를 경험했다. 이는 1945년 이래 비서구 지역의 1백여 국가 중 약 3분의 2가 군부에 의한 정치 개입이 있었음을 의미하는 것이다.[23] 이런 점에서 발전 과정의 비서구 지역, 또는 제3세계의 군부에 의한 정치 개입은 단편적 삽화 이상의 의미를 갖는다. 집정관주의(praetorianism)라고도 불리는 군부의 정치 개입은 이들 국가에서의 민·군 관계, 민간통제(civilian control)의 위상을 점검할 필요

22) D. D. Raphael, *Hobbes: Morals and Politics*(London: George Allen & Unwin, 1978), p. 31.

23) Eric A. Nordlinger, *Soldiers in Politics: Military Coups and Government* (Englewood Cliffs, N. J.: Prentice-Hall, Inc., 1977), p. 6.

성을 제기한다. 나아가서 군부의 정치 개입의 동기, 군부가 정치 권력을 장악하게 되는 맥락과 권력의 행사 방식, 그것이 근대화를 추진하는 역동적 국면에 미치는 영향과 결과, 그리고 변화의 전망들이 이 부문의 주요한 쟁점으로 등장할 것이다.[24] 여기서는 단지 군부의 정치 개입이 이루어진 맥락만을 간단히 검토하려고 한다.

군부가 한국의 정치무대에 등장하게 된 배경을 이한빈은 ① 한국전쟁 이래 이루어진 군부의 급격한 팽창과 그 내부의 현대화, ② 무관(武官)에 대한 전통적인 문화적 편견, ③ 장교단 내에서의 하극상적인 계층의 출현으로 요약한다.[25] 우리는 이러한 배경에 덧붙여서 몇 가지 요인을 추가할 수 있을 것이다. 즉 파행적으로 정국이 운영된 결과로 빚어진 민주주의의 침식, 대중들의 점증하는 요구와 기대 수준에 미치지 못하는 정부의 산출 능력의 부족, 정치적 리더십의 결여, 보수 세력과 진보 세력 간의 갈등과 충돌이 빚어낸 사회의 전반적 불안감의 고조 등이 군부의 정치 개입을 촉진시켰다고 볼 수 있다. 요컨대 우리의 경우, 군부의 정치적 개입은 한국의 특수성과 더불어, 비서구 지역에서 발견되는 보편적인 속성들의 결합으로 촉발된 것으로 보인다. 즉 이 지역에서의 정치 제도는 아직 형성 과정에 있고, 정치적 권위도 확립되어 있지 않고 불안정하기 때문에 물리적 폭력의 절대권을 행사할 수 있는 집단인 군부가 정치에 개입하는 것이다.[26]

그런데 군부의 정치 개입은 여러 유형으로 구분된다. 메덴(Fred R. von der Mehden)은 군부가 담당하는 정치적 역할을 세 가지로 분류한 바 있다.[27] 제1의 형태는 군부가 헌정의 수호자(constitutional caretaker)를 자임하면서 직접적 행동을 취하는 것으로서, 정치적 제도를 마비시키는 현저한 위기, 혼란, 부패가 있다는 명목으로 권력을 장악하며, 이 때 그들이 공언하는 목표는 입헌 절차에 따라 정치 권력이 궁극적으로 민간정부로 복귀될 수 있는 조건을 확립하는 데 있다고 주장된다. 제2의 형태는 개혁 또는

---

24) 유광호, “군의 정치적 중립은 시대정신,” 『월간 경향』, 1988년 12월, pp. 80-88.
25) 이한빈, 『사회변동과 행정』(서울: 박영사, 1973), p. 203.
26) T. B. Bottomore, *Elite and Society*(Harmondsworth, Middlesex: Penguin Books. 1964), p. 105.
27) Fred R. von der Mehden, *Politics of the Developing Nations*(Englewood Cliffs, N. J.: Prentice-Hall. Inc., 1964) pp. 99-106.

혁명의 기수로서의 군부가 자신의 역할을 궁극적으로는 효과적인 민간정부를 마련할 제도적 장치를 창설하는 역군으로 자임하며, 직접적으로 행동을 취하는 것이다. 제3의 형태는 군부가 직접 권력을 장악하지 않지만, 암묵의 강제(tacit coercion)를 통해서 정치적 환경 내의 주요한 세력으로 존속하면서 민간정부의 후견인 역할을 수행하는 것이다.

노들링거는 권력의 정도와 정치적·경제적 목표에 따라 중재자(moderators), 후견인(guardians), 통치자(rulers)로 구분한다.[28] 여기서 중재자로서의 역할은 제한되어 있고 현상 유지적이다. 반면 통치자는 정권을 완전히 장악하고 정치적·사회적 변동을 가져온다. 후견인으로서의 군부의 역할은 양자의 중간쯤 위치하게 된다. 이러한 기준에 비추어 보면, 5·16 군사쿠데타는 제1의 형태, 혹은 통치자형으로 분류될 수 있다.[29] 그러나 중요한 것은 군부의 지배가 어느 유형에 속하든, 그들이 병영으로 복귀하기까지는 정치적 권리와 자유, 그리고 경쟁성이 제거되거나 혹은 제한된다는 의미에서 모든 군사정권은 권위주의적이라는 노들링거의 주장이다. 이는 '정치 없는 정책결정'이 이루어지는 통치 스타일이 지배적 양식으로서 자리잡았는다는 것을 의미한다. 이런 점에서 거의 한 세대 만에 군부의 통치를 종식시키고 민간정부가 들어선 것은 정치적 함축을 넘어서 우리에게 각별한 의미를 갖는다. 그것은 군부에 의한 권력의 장악 과정에서 빚어질 수밖에 없는 폭력의 행사에 대한 인간의 무력감과 도덕적 열패감에서 벗어나는 계기가 마련되었다는 점에서 그러하다. 나아가서 공정한 '게임의 규칙'에 따른 정치 권력만이 그 정당성을 획득할 수 있다는 믿음을 우리에게 갖게 해 주었다는 점에서도 의미를 갖는다.

---

28) E. A. Nordlinger, *op. cit.*, pp. 21-27.

29) 김영명은 브라질, 한국, 페루, 이집트의 군부통치에 관한 비교연구에서, 한국의 군부통치의 양식을 유사 민간적 개인적 통치(개인적 군사 지배자에 의한 유사 민간화된 통치)로 성격을 규정하고, 그 특징으로서 ① 짧은 기간의 직접 통치, ② 이중의 권력의 원천 즉 군부와 유사 민간 정치 제도를 통한 통치, ③ 민간 전문가와 정치인의 정권으로의 흡수, ④ 개인적 통치자에 의한 효율적인 군부 통제를 제시한다. 김영명, 『제3세계의 군부통치와 정치경제』(서울: 한울, 1985), 제4장 참조.

5 의회, 정당 그리고 이익집단

영국에서 조세의 부과에 대한 동의라는 형식으로 의회주의가 확립된 이래, 오늘날 대부분의 국가가 입법기관으로서 의회라는 제도적 장치를 갖추고 있다. 물론 정치 체제의 유형, 또는 정부 형태에 따라 의회의 구성, 조직, 기능, 그리고 행태상의 차이를 보여 주나, 그것이 합법적인 권력의 원천임을 표방하고 있는 점은 공통적 현상이라고 하겠다.[30] 잘 알려져 있듯이 19세기 서구의 경우 의회는 정치의 중심에 위치했다. 그러나 20세기에 들어와 산업화·도시화가 촉진되고, 자본주의의 고도화로 인한 사회 경제적 문제의 발생, 행정 수요의 증가와 이에 대한 대응, 상충하는 이해와 분쟁에 대한 조정의 필요성, 더 많은 서비스의 제공을 위한 공적 관여가 행정부에 의해 이루어짐으로써 의회의 기능은 상대적으로 약화되었다. 그리고 특히 서구의 자유 민주주의를 발전모형으로 택한 많은 신생국의 경우, 의회 제도를 이식했으나 의회정치의 파행성을 노정하고, 민주주의의 침식을 경험한 바 있다. 우리도 예외는 아니어서, 숱한 정치적 격변을 거친 의정 45년은 고난에 가득 찬 시련의 역정이었다고 규정해 볼 수 있을 것이다. 어떤 의미에서 한국 정치의 파행성과 정치적 퇴행은 바로 의회의 파행성과 그 퇴행 이외에 다름아닐 것이다. 그럼에도 불구하고 헌정이 중단되는 정치적 위기의 국면에서도 의회의 존속 그 자체가 정치 체제의 정당성을 확보하는 첫걸음이라는 인식이 우리의 공유된 가치 체계에 편입되었다는 점에서 의회는 정치의 상징적 표상으로 남아 있었던 셈이다.

한편 입헌주의 및 대의제 정부의 출현과 긴밀하게 연결된 정당은 거의 모든 국가에서 발견되지만, 그 기원은 서구의 전통에 바탕을 두고 있다. 정당은 집단과 부분적 이해의 취합을 용이하게 하고, 유권자를 조직화 내지 동원화하고, 정치 엘리트를 충원하며, 정부의 정책 발의의 주도 및 그 집행을 감시한다.[31] 정당은 전반적인 정치적 프로그램을 갖추고, 정부의 주요

30) 유광호, "관료제 통제로서의 대정부 질문," 『사상과 정책』, 1988년 가을호(Vol. 5, No. 3), p. 100.

31) G. Ponton & P Gill, *Introduction to Politics*(Oxford: Martin Robertson, 1982), p.

기관의 활동을 통제한다는 점에서, 집단의 이해를 취합하고 표명하는 이익집단과 구분되기도 한다. 그러나 정당은 궁극적으로 권력의 창출과 유지에 관심을 기울이는 정치조직이다. 그리고 정당이 수행하는 기능은 법제도적인 측면뿐만 아니라 정부의 형태, 정치문화, 정치적 리더십의 스타일, 사회의 다원화의 정도, 정당의 제도화의 수준에 따라 다르다. 예컨대 대통령제에서보다 의원내각제에서 정당의 결속력이 상대적으로 높고, 그 영향력 또한 크다고 할 수 있다.

우리의 경우, 제헌헌법에는 정당에 관한 규정이 없었다. 1960년 제3차 개헌으로 정당에 관한 규정이 헌법에 편입되었고, 제5차 개헌에서 정당에 관한 조항이 보완되고, 이에 따라 정당법이 제정되었다. 그러나 법적인 뒷받침에도 불구하고, 한국의 대부분의 정당은 파당에 가까운 것이었다.[32] 그 이유는 한국의 정당이 고도로 인물 중심적이고, 선거를 전후해 잠시 명멸하는 경우가 허다했기 때문이다. 이는 한국의 정당이 대중의 폭넓은 동의를 구하고, 이들의 효과적인 조직화를 통해서 정당에 결속시키는 단계에 못 미쳐, 이른바 제도화의 수준에 이르지 못했음을 의미하는 것이다.

한국 정당의 이러한 취약성은 한국 정치 체제의 취약성과 연결된다. 자유당이 제1공화국과 운명을 같이한 것이라든가, 유신 체제의 붕괴로 민주공화당이 몰락해 버린 것은 하나의 본보기가 될 것이다. 이는 특히 집권당이 권력 보지자의 필요와 요구에 따라 형성된 것과 맥락을 같이한다. 더불어 정치적 편의주의에 따른 정계 개편과 이합 집산은 한국의 정당이 정치적 이념과 무연하다는 것과 정당의 자율성이 거의 확보되지 못했다는 것을 시사한다. 대체로 집권당의 자율성의 정도가 야당에 비해 현저하게 낮은 것은 특기할 만한 일이다. 그런데 더욱 중요한 정치적 사실은 집권당의 낮은 자율성이 행정부에의 예속을 낳고, 나아가서 의회의 행정부에의 종속이라는 한국 정치의 독특한 지형을 만들었다는 점일 것이다. 이런 관점에서 정당의 제도화를 통해서 내부 민주주의의 토대를 구축하는 것은 한국의 정치가 발전할 수 있는 도약의 발판이 될 것이다.

145.

32) 안병영, "한국의 정당체제와 정당 내의 파벌 행태," 김운태(외), 『한국 정치행정의 체계』 (서울: 박영사, 1982), p. 90.

의회 및 관료제와 더불어 '철의 삼각형(iron triangles)'으로 표상되기도 하는 이익집단의 역할은 집단의 이해를 증진하기 위해 정책 과정에서 영향력을 행사하는 것이다. 우리의 경우 이익집단이 성장 내지 발전한 역사는 비교적 짧고, 1960년대까지만 해도 아먼드가 유형화한 이른바 '비결사적 이익집단'의 형태를 갖추고 있었다.[33] 그러나 그 이후 산업화에 따른 산업구조의 개편, 사회적 분화의 촉진 등으로 '결사적 이익집단'으로 그 성격이 바뀌면서, 양적인 성장을 기록했으나 활동은 미약해, '정부로부터 압력을 받는 집단'으로 전락했다는 비판까지 나오는 형편이었다. 이는 근본적으로 이익집단의 자율성과 연관된 것으로서, 배제적인 권력이 행사되는 권위주의 체제하에서 불가피한 취하게 된 생존 전략에서 빚어진 것으로 보인다.

그런데 김영래가 제시한 이익집단의 유형화는 한국에서의 이익집단의 위상을 가늠하는 데 유용하다. 그는 성장 과정이란 측면에서 우선 사회구성원의 자발적 의사에 기초해 설립되고, 성장한 것을 자율형이라고 하고, 그 대칭되는 곳에 위치한 것 즉 법규 및 국가의 강제 혹은 제도적으로 설립되어 국가에 의해 통제를 받는 형태를 종속형이라고 부른다. 그리고 이익집단의 활동이 국가의 정책 목표 내에서 이루어지고, 단체의 이해보다 국가의 발전 목표가 앞설 때 이를 협력형이라고 하고, 이익집단의 활동이 국가의 정책 목표와 흔히 상충되는 경우 이를 갈등형이라고 부른다.

이익집단의 성장 과정과 활동 형태를 결합하면 네 개의 매트릭스—종속적 협력형, 종속적 갈등형, 자율적 협력형, 자율적 갈등형—가 나타난다. 그의 견해에 의하면, 영·미 등 발전된 국가는 자율적 협력형 또는 자율적 갈등형이 우세하고, 남미 및 한국과 같이 발전도상국 혹은 신흥공업국의 경우는 대부분 종속적 협력형이 지배적이고, 종속적 갈등형은 극소수에 지나지 않는다. 이것이 시사하는 것은 한국에서의 집단은 그 외형적 형태에도 불구하고, 여전히 국가의 영향하에 놓여 있기 때문에 그 자율성이 훼손당하고 있다는 점이다. 이는 앞에서 논의했던 한국의 의회 및 정당의 위상과도 무관하지 않을 것이다. 이 점 이익단체의 자율성의 확보 및 활성화는 우리의 시급한 과제 중의 하나일 것이다. 특히 공익단체의 활성하는 편협된

---

33) 이 부분에 관한 논의는 조합주의 관점에서 한국의 이익집단을 분석한 다음의 저서에 의존했다: 김영래, 『한국 이익집단과 민주정치 발전』(서울: 대왕사, 1990), 제4장.

이해를 넘어서 정치적 공동체의 전반적인 삶의 질과 연관된다는 점에서 더욱 그렇다.[34)]

제 3 절 산업화와 관료제의 성장

우리는 지난 한 세대 동안 진행된 한국 사회에서의 변동을 산업화의 관점에서 그 성격의 일단을 규정해 볼 수 있다. 이 때 산업화는 경제 규모의 성장과 질적 변화뿐만 아니라, 사회구조의 변화와 이에 상응하는 생활양식 및 심리적 측면에서의 개인의 가치, 태도와 기대에도 근본적인 변화를 가져온다.[35)] 여기서 주목할 점은 우리의 산업화 과정이 민주주의 정치의 가치의 침식과 더불어 진행되었다고 하는 점이다. 발전론자들의 견해에 따르면, 산업화는 민주주의를 유지하기 위해서 유효한 조건이 된다. 그러나 우리의 경험은 이러한 명제에서의 일탈을 보여 주었다. 여기서는 먼저 산업구조의 변화와 관련된 문제로부터 출발하려고 한다.

우선 우리 나라의 그동안 국민총생산은 크나큰 변화를 가져왔다. 통계청 자료에 따르면, 1985년에서 1990년 동안 8.4배, 1990년에서 1995년 동안 1.8배, 1995년에서 2000년 동안 1.7배 그리고 2000년에서 2005년 동안 1.6배로 지난 20년간 총 43배의 증가를 가져왔다.

이를 산업별로 보면 제1차 산업인 농림어업은 2.1배, 제2차 산업인 광공업은 16.1배, 그리고 제3차 산업인 사회간접자본과 서비스업은 5.2배가 각각 증가한 것으로 나타나 있다. 특히 광공업 중에서도 제조업의 증가 배수는 19배에 달한다. 이러한 산업 부문 간의 불균형적 성장은 산업별 부가가치의 구성에도 반영되어 있다. 즉 같은 기간에 농림어업의 구성비는 43.3%에서 18.3%로 감소한 반면, 광공업은 11.1%에서 35.4%로 증가했다. 물론

34) 공익단체에 관한 논의는 다음을 참조할 것: Graham K. Wilson, *Interest Groups in the United States*(New York: Oxford University Press, 1981), 특히 Chapter V, Ⅶ 참조.

35) 유광호, "중간층의 의식 성향과 갈등의 진폭," 『사상과 정책』, 1989, 겨울호(Vol. 6, No. 4), p. 88.

이 부문의 증가는 제조업의 주도로 이루어졌다.

다만, 산업간접자본 및 서비스로 구성되는 제3차 산업의 경우, 1970년에 전산업의 절반 이상을 차지한 적도 있으나, 20년간 대체로 45% 전후를 기록하고 있다.[36] 이러한 산업별 부가가치 구성비의 변화는 산업별 취업인구의 변화와도 연결된다. 가령 1965~1987년 기간, 1차 산업의 종사자는 58.5%에서 21.9%로 크게 감소한 반면 2차 산업은 10.4%에서 28.1%로, 3차 산업은 31.3%에서 50.5%로 각각 증가했다.[37] 이러한 변화 추이는 1990년대 들어와서도 비슷한 양상으로 전개되었다. 통계청이 펴낸『한국 주요 경제지표』에 의하면, 1994년의 경우 1차 산업의 종사자는 15.0%에 지나지 않고, 2차 산업과 3차 산업의 종사자는 각각 23.5%와 61.0%이다.[38] 사회간접자본 및 기타 서비스 분야에서의 변화가 가장 두드러지게 나타난 셈이다.

2005년 말 현재 전체 사업체의 총 종사자 수는 15,167천 명으로 전년(14,819천 명)에 비해 2.4%(348천 명) 증가해 전년(0.6%) 및 전전년(0.8%)에 비해 증가율이 다소 높아졌다. 그리고 산업별 종사자 수 구성을 보면 제조업 22.7%, 도매 및 소매업 16.2%, 숙박 및 음식점업 11.2%를 차지하고 있고, 특히 여성 종사자 수는 6,136천 명으로 전체 종사자 수의 40.5%에 이르는 것으로 나타나고 있다.

여기서 산업별 취업자 구성비와 산업별 부가가치 구성을 대조해 보면, 상대적 의미에서 1차 산업의 쇠퇴가 뚜렷함을 알 수 있다. 이는 제조업 중심의 산업화가 농업 부문의 희생과 낙후 속에서 진행되었음을 말해 주는 것이다. 결국 산업 간의 불균형적인 성장은 도시와 농촌의 격차를 심화시키면서 파행적인 도시화를 재촉했고, 이는 3차 산업의 이상 비대화를 가져오게 했다. 특히 이 과정에서 도시와 농촌 간의 소득 및 생활 격차에 따른 이농 현상으로 빚어진 농촌 인력의 노령화 및 고령화와 더불어, UR 협상의 타결에 따른 WTO 체제하에서의 전면적 시장 개방은 농촌의 어려움을 가중시켰다. 이러한 산업구조의 변화는 취업구조의 변화에 반영된다(<표

36) 이 부분에 관한 논의는 전적으로 다음의 논문에 의한 것이다: 이대근, "경제개발과 구조변동," 변형윤(외),『한국사회의 재인식 1』(서울: 한울, 1988), p. 183.

37) 경제기획원,『한국의 사회지표』, 1988, p. 105.

38) 통계청,『한국의 주요 경제지표』, 1994, p. 126.

7-1> 참조).

그러면 산업화와 더불어 진행된 한국 관료제의 성장의 추이는 어떠했는가? 우선 건국 당시인 1948년 11부, 3처, 1실 1위원회로 출발한 중앙행정기구는 2007년 현재 2원, 4처, 18부, 17청으로 확대되었다. 초기의 정부조직은 법과 질서의 유지 기능에 초점을 맞춘 것이고, 현재의 정부조직의 골격은 1960년 초에 형성되었다.[39] 제3공화국 체제하에서 경제 성장을 뒷받침하기 위해 정부조직을 경제 발전 추진 체제로 개편했는데, 경제기획원의 신설은 그 두드러진 본보기라고 하겠다. 그 이후에도 정부조직의 개편은 계속되었으나, 기본적 골격은 유지된 채 부분적인 보완의 형식으로 진행되었다. 예컨대 1981년 11월 15일 단행된 정부기구 개편은 이른바 감축관리(cutback management)에 역점이 두어진 것이지만, 정부조직의 골격은 그대로 유지되었다. 1994년 12월에 '작지만 강력한 정부'를 표방하고 단행된 정부조직

〈표 7-1〉 직업별 취업자 구성비

(단위: %)

연도	전문·기술·행정·관리직 종사자	사무 관련직 종사자	판매 종사자	서비스직 종사자	농·임·수산업 종사자	생산·운수장비·운전사·단순 노무자	계
1965	2.9	4.1	12.0	64.	58.4	16.3	100.0
1970	4.8	6.0	12.4	6.4	50.2	20.2	100.0
1975	3.6	6.4	13.0	7.1	45.8	24.1	100.0
1980	5.3	9.3	14.5	7.9	34.0	29.0	100.0
1985	7.3	11.5	15.5	10.8	24.6	30.3	100.0
1990	8.7	13.0	14.5	11.2	17.8	34.8	100.0
1993	10.3	15.2	16.7	13.0	12.3	32.5	100.0
2001	18.9	12.4	13.6	12.6	9.4	32.9	100.0
2003	20.1	14.3	12.8	12.4	8.3	32.2	100.0
2006	21.6	14.2	11.5	12.6	7.2	32.8	100.0

자료: 통계청, 「경제활동 인구조사」, 각년도.
주: 1993년까지는 1993년의 직업 분류, 2000년 이후는 2000년 직업 분류에 의한 것임.

39) 행정개혁위원회, 『행정개혁에 관한 건의』, 1989, 7, p. 8.

개편으로 경제기획원이 재무부와 함께 신설된 재정경제원으로 통합되는 등 커다란 변화가 있었으나, 그동안 이루어진 행정 개편은 대체로 경제 발전 등 정책적 목적을 위해서였다.[40)]

그리고 김대중 정부 역시 출범과 함께 정부조직 개편을 단행했는데, 외무부와 통산산업부를 통합해 외교통상부를 신설했고, 공보처를 폐지하고 총무처의 기능을 내무부로 이관해 행정자치부로 개편하는 등의 변화를 가져왔다. 이러한 조직개편의 변화 역시 정치 상징적인 의미도 갖고 있으나 대부분 IMF 한파와 함께 온 국내외적 환경 변화에 대응하는 것과 깊은 관련성이 있다고 할 수 있다.

공무원의 증가는 관료제의 성장을 단적으로 입증한다. 공무원의 증가 추이를 보면 1960년에 24만 명이던 것이 1972년에는 1.8배인 44만 명, 1980년에는 2.5배인 60만 명, 1997년에는 3.9배인 93만 명으로 계속 증가했다. 그리고 2001년에는 85만 명으로 약간 감소했다가 다시 증가하기 시작해 2005년 현재 93만 명에 이르고 있다.

재정 규모의 팽창 역시 관료제의 성장을 말해 준다. 중앙정부의 일반 회계의 경우, 1975년(1조 5,353억 원), 1980년(6조 4,861억 원), 1985년(12조 4,064억 원), 1990년(27조 4,367억 원), 1995년(51조 4,981억 원), 2000년(80조 5,099억 원), 2005년(134조 3,704억 원)을 기록하고 있다.

일반회계의 기능별 세출예산의 구조는 한국의 관료제가 어떤 활동을 벌이고 있는지를 말해 준다(<표 7-2> 참조).

행정기구의 확대, 공무원의 수의 증가, 예산 규모의 확대와 더불어 행정기능의 증가는 관료제의 성장을 증가한다. (구)총무처의 분석에 의하면, 국가 차원의 기본 기능으로서의 대기능(예컨대 농림수산부의 경우 농업 개발, 농산, 농지 등)은 145개, 단위 업무(예컨대 절대농지 지정고시 지목 변경 금지 등)는 13,000여개가 된다.[41)] 이러한 행정 기능의 확대는 관료제의 촉수

40) 정부기구 개편의 요인별 분석(1948, 7. 17~1981, 12. 31)에 의하면 ① 헌법 개정에 따른 필연적 개편(4회), ② 정치적 요청에 의한 개편(4회), ③ 경제 발전 등 정책적 목적에 의한 개편(15회), ④ 행정 기능의 조정에 따른 개편(7회), ⑤ 기구의 축소, 조정에 의한 개편(1회)이다. 총무처, 『행정개혁사』, 1982, pp. 22-23.

41) 이종수(외), 『새행정학』(서울: 대영문화사, 1993), p. 13에서 재인용.

〈표 7-2〉 기능별 세출예산(일반회계)

연도	일반 행정	방위비	사회 개발비	교육비	경제 개발비	지방행정 교부금	기타	총계
1975	10.9	29.3	6.8	13.2	20.9	8.0	10.8	100.0
1980	9.7	35.6	6.4	17.7	21.5	6.3	2.7	100.0
1985	10.1	30.6	6.8	20.1	16.1	8.1	8.1	100.0
1990	10.2	25.0	8.9	20.4	14.1	10.1	11.3	100.0
1994	11.0	24.2	9.0	19.1	22.5	10.9	3.4	100.0
1996	10.7	22.1	8.6	18.9	22.4	17.2	-	100.0
2000	9.1	17.0	11.9	14.3	26.1	21.6	-	100.0
2005	10.8	16.3	13.1	20.3	20.8	18.7	-	100.0

자료: 통계청, 『한국 주요 경제지표』, (1994. 8. p. 200; 2006, 7. p. 603)에서 발췌 작성함.

가 우리 삶의 구석구석까지 뻗쳐 있음을 말해 준다.

요약컨대 산업화와 더불어 진행된 한국 관료제의 성장과 그 비대화는 한국 관료제를 이해하는 데에 새로운 관점의 정립이 필요하다는 것을 일깨운다. 우리는 여기서 여러 시각에서 검토된 관료제의 정향을 기존의 논의를 중심으로 개관하려고 한다.

제 4 절 한국 관료제의 정향

1 정치 · 행정문화의 시각

한 사회의 정치 · 행정문화는 그 나라의 문화와 함수 관계를 맺고 있는데,[42] 우리의 경우 19세기 중엽까지 접할 수 있었던 유일한 선진 문화는 중

42) 우리가 문화를 "인간이 생각하고, 행동하는 방식과 사회의 구성원으로서 갖게 되는 모든 것으로 구성된 복합적인 총체"로 규정한다면, '정치 · 행정문화'는 그 하위문화로서의 성격을 갖는다. 여기서 경계가 불분명한 '정치 · 행정문화'란 용어를 사용하는 것은 관료

국문화였고, 그것은 유교를 주축으로 한 것이었다. 여기에 불교 및 전통적인 샤머니즘이 혼합되어 한국의 전통문화를 형성한 것이다. 그런데 유교문화는 본질적으로 개인의 자유보다 치자(治者)의 권위를 앞세운 사상이었다. 또한 그것은 통치자를 위한 윤리요, 피지배자가 지배자에게 굴복하는 것을 요구하는 도덕이요, 권력자 통치자가 그 지위를 확보하고 이를 옹호하기 위한 정책적인 지배 윤리였다.[43] 나아가서 유교에서의 인간관은 사람을 독립된 인격자로 본 수평적 인간 관계가 아니고, 종적 인간 관계에서 본 수직적 인간 관계였다. 물론 유교의 수용에서 그 흐름의 변천을 보여 주고 있지만,[44] 그것이 우리의 사유 방식이나 가치관의 형성에 압도적인 영향을 미친 것만은 분명하다.

이러한 우리의 전통적 문화에 충격을 준 것은 평등 사상을 모태로 한 기독교를 통한 서구문화의 전래였다. 해방 이후 특히 서구의 문화와 제도가 본격적으로 도입되기 시작했는데 그것은 정치적 민주주의, 개인주의, 실용주의(pragmatism)에 바탕을 둔 것이었다. 따라서 유교에 바탕을 둔 전통적인 문화와의 갈등은 불가피한 것이었다. 여기서 주목할 점은 문화의 중심으로부터 주변으로 파급될 때 나타나는 일반적 특성에 관한 것이다.[45] 그것은 ① 중심에서 이루어진 그대로 주변에 전파되지 않고, 강한 것만 전파되며, ② 문화의 내용과 실질보다는 형식과 외양만이 쉽게 전파되며, ③ 중심지의 문화적 영향력이 강한 경우에는 주변에서의 문화적 독창력을 둔화시켜 다른 부문에까지 영향을 준다는 점이다. 우리의 경우, 이러한 문화 파급의 일반적 특성이 그대로 나타난 듯하다. 즉 유교에서 성격상 권위주의, 형식주의가 수반되기 쉬운데 그것이 우리에게 수용되면서 그러한 경향이 더욱 두드러지게 나타난 듯하다. 그리고 서구의 정치적 민주주의, 개인주의, 실용주의도 왜곡되어 그 형식과 외양만이 변질되어 수용된 측면이 없지 않다. 물론 외래 문화나 제도를 수용할 때 굴절 현상은 불가피한 것이고,

---

제의 정치적 성격을 염두에 둔 탓이다. 즉 관료제의 분석에 관한 한, '정치문화'나 '행정문화'란 용어보다 오히려 '정치·행정문화'가 더욱 타당성이 있을 듯싶다.

43) 윤태림, 『의식구조상으로 본 한국인』(서울: 현암출판사, 1978), p. 128.

44) 유승국(해제), 이황, 『퇴계집』, 이상은(역), 『한국의 유학사상』(서울: 삼성출판사, 1983), pp. 11-40.

45) 전해종, "문화의 중심과 주변," 『서울평론』, 제59호(1974. 12. 26), p. 17.

때로 그것이 바람직할 수도 있다. 왜냐하면 우리의 주체적인 선택적 지각을 통해서 외래 문화의 정수를 수용하는 한 창조적 발전의 원동력이 될 수 있기 때문이다. 그러나 내용보다 형식이, 실질보다 외양만이 우선적으로 수용된다면 적지 않은 문제를 야기하게 될 것이다.

사실상 위의 논거는 지금까지 여러 학자들이 한국의 정치 행정문화의 특성을 규명하는 데 하나의 준거틀이 되었다. 그리고 이러한 생각의 배후에 근대화에 대한 열망과 현실적인 낙차감에서 비롯된 초조감이 있었음을 부인하기 어렵다. 이념과 현실의 간격, 제도의 형식과 내용의 괴리의 원인에 대해서 일차적으로 우리의 전통적 문화에 내재한 부정적 요소에 눈을 돌린 것은 자연스러운 일이었다. 따라서 한국의 정치 행정문화가 부정적 시각으로 그려진 것은 현실과의 조응이란 관점에서 놀라운 일이 못 된다. 우리는 여기서 그러한 견해의 일부를 검토해 보려고 한다.

김봉식은 한국인의 사고 방식에 기초하여 한국 행정문화의 특성으로서 ① 권위주의, ② 족벌주의, ③ 무사안일주의, ④ 형식주의, ⑤ 기분주의를 제시한다. 그리고 이러한 행정문화의 특성이 관료제의 일반적 특성으로 지적되는 합목적성, 계층제, 한정된 자유재량권, 소유와 경영의 분리에서 어떻게 부정적으로 작용하는지를 설명하고 있다. 예컨대 합목적성은 유교사상에 뿌리깊이 잔존하고 있는 관존민비의 관리 특권의식 등으로 인해서 추구되지 못하고 있으며, 비록 외형적인 합목적성을 확보하고 있다고 할지라도 그 내실은 아직도 거리가 먼 것으로서 비판된다.46)

백완기의 문화·심리학적인 접근법도 정치·행정문화의 관점에서 한국의 관료제를 분석한 것이다. 그는 발전의 관료제 혹은 관료제의 근대화를 위해서는 구조적 분화뿐만 아니라 조직의 행태상의 변화가 중요하며, 관료제의 능력을 평가할 때도 구조적 측면보다 행태적 혹은 가치 유형이 중요하다고 본다. 요컨대 그는 조직의 효과성은 궁극적으로 조직구성원의 행태에 의존적임을 강조하는 것이다. 만약 구조적 변화가 구성원의 태도나 신념에 의해 뒷받침되지 않는다면, 어떠한 행정개혁도 실효성을 확보할 수

46) 김봉식의 논문은 애초에 1968년『한국행정학보』제2집에 실렸던 것인데, 내용이 좀더 보완되어 다음의 책에 재록되었다: 김봉식, "한국 관료제의 특징," 윤근식(외),『현대정치와 관료제』(서울: 대왕사, 1976), pp. 470-486.

없다고 본다.

이런 맥락에서 한국 관료들의 태도 및 가치를 분석하기 위한 분석의 틀로 제시된 것이 ① 운명주의, ② 가족주의, ③ 권위주의, ④ 인정주의, ⑤ 의식주의, ⑥ 비물질주의이다. 그는 위의 여섯 가지의 가치를 한국인의 가치체계를 구성하는 주요한 요소로 파악하면서, 이러한 가치 체계가 정책 결정, 공적 요구에 대한 반응, 고객의 공평한 대우, 권한의 위임, 리더십의 형태, 관료제적 권력의 소재 등에서 어떤 행태를 빚어내는지를 규명하고 있다. 예컨대 운명주의가 지배적일 때, 관료들은 적극적으로 현실을 변화시키기보다 현상 유지에 관심을 기울이며, 여기서 평온함과 안정감을 느낀다. 말하자면 자신의 지위를 위태롭게 할지 모르는 위험은 피하는 것이다. 운명주의에 지배받는 사람은 클럭혼(F. R. Kluckhohn)의 표현을 빌면, 인간활동에서 '행하는 것'보다 '존재하는 것'에 더욱 관심을 기울이는 것이다. 또한 운명주의적 태도가 널리 퍼진 조직에서는 카리스마적 리더십이 출현할 가능성이 높다. 왜냐하면 지도자의 권위는 추종자에 의해 지각되는 초인적인 혹은 신적이고 신비로운 자질에 의존하기 때문이다. 요컨대 한국의 관료들은 그 태도와 가치 정향에서 현대의 관료제적 조직이 강조하는 비인격성, 공평무사함, 합리성과는 대조적인 것이다. 이런 상황에서 사회적 정의나 법 앞의 평등을 말하는 것은 탁상공론에 지나지 않는다고 본다.47)

김호진은 한국의 정치 체제에 대한 분석에서, 한국 정치문화의 특징을 권위주의 문화로 규정한다. 이 때 권위주의 정치문화의 행태적 특징은 통치권자를 주축으로 하는 정치 엘리트의 교도주의적 지배 양식과 일반 국민의 순종적 복종 형태이다. 이런 상황 하에서 동의에 기초한 책임성의 원리는 퇴색되고 가부장제적 온정주의와 억압이 정치 원리로 작용하며, 지배권력의 인격성이 강화된다. 더불어 국민들은 정치적 주체가 아니라 도구적 객체로 취급되고 통제와 동원의 대상이 된다. 그는 한국의 정치 질서를 권위주의적인 것으로 규정하게 되는 문화적 결정 요인으로서 ① 유교문화와 권위주의, ② 기회주의와 사대 의식, ③ 조급성과 폭력주의, ④ 이분법적 사

47) Wan Ki Paik, "A Psycho-Cultural Approach to the Study of Korean Bureaucracy," Bun Woong Kim et at., eds, *Korean Public Bureaucracy*(Seoul: Kyobo Publishing, Inc., 1982), pp. 64-89.

고와 흑백 논리, ⑤ 불신 의식, ⑥ 혼란 콤플렉스와 안정 선호, ⑦ 안보 이데올로기와 군사문화, ⑧ 파벌주의와 정치 균열을 제시하고 있다. 김호진은 이른바 문화결정론이 갖고 있는 한계점을 명백히 지적하고 있고, 한국인의 정치 의식과 정치문화는 낙관적인 변동 지향성을 나타내고 있다고 보기 때문에 우리의 정치문화에 대해 '상대적으로 덜 비관적인 입장'에 서 있다.[48] 그러나 그의 견해에 문제가 없는 것이 아니다. 권위주의를 낳게 한 어떤 결정 요인은 오히려 권위주의 정치 체제에 의해 조장된 것이 아니냐 하는 의문을 낳는다. 예컨대 안보 이데올로기가 권위주의적 정치 체제를 낳았다기보다, 전위주의적 정치 체제가 안보 이데올로기를 강화했다고 보는 것이 정확할 듯하다. 이런 점에서 인과론적인 개념의 도식화는 어떤 실체에 대한 이해를 방해하는 경우조차 있다는 점이 지적될 수 있을 것이다.

윤우곤은 한국 관료의 의식구조를 권위주의적 성격으로 규정한다. 그렇게 보는 이유는 권위주의 성격이 보여 주는 현상인 징후, 태도, 행태들이 한국 사회에서 관료들이 보이는 것과 대단히 유사할 뿐만 아니라, 한국의 사회구조와 문화적 요인들과도 높은 동질성을 보이기 때문이다. 그의 경험적 조사에 의하면, 한국 관료들의 권위주의적 성격의 강도는 미국이나 영국보다 1.7배 정도 높은 것으로 드러났으며, 이러한 성격과 관료들의 병리적 행태 간에 긍정적 상관 관계가 있는 것으로 보고되고 있다.[49] 그가 한국 관료들의 행태로서 지적하고 있는 것은 ① 권력에 대한 강력한 동인, ② 피상적 업무 관여, ③ 의존성과 충성심, ④ 관료제의 독립성과 자기 확대, ⑤ 비직업전문주의, ⑥ 행정의 인격화이다. 윤우곤의 시각은 넓은 의미에서 정치 행정문화의 시각으로 볼 수 있으나, 좀더 한정적으로는 사회화 과정을 통해 형성된 퍼스낼리티가 빚어내는 관료들의 행태의 분석이다. 따라서 한국 관료에 관한 그의 분석은 행동주의 심리학에 기초하며, 인간의 의식구조와 행태 간의 역동적 국면이 전제되어 있다.

안병만은 한국의 정치문화의 원류를 유교에서 찾는데, 그가 거기서 주목

48) 김호진, 앞 책, pp. 272-292.
49) 윤우곤, "현대 한국 관료의 의식구조: 그 병리와 처방," 『계간경향』, 1988년 봄호(통권 18호), pp. 210-219; Woo Kon Yoon, "Korean Bureaucrats' Behavior: The Effect of Personality on Behavior," Bun Woong Kim et al., *op, cit.*, pp. 90-116.

하는 것은 두 가지이다. 하나는 유교가 인간 관계를 인간의 계층적 관계 의식으로 파악하는 것이요, 다른 하나는 인간을 하나의 개체로서보다는 소집단의 일원으로 보는 집단적 인맥 의식이다. 그리고 그 하위의 정치적 관념 체계로서 ① 정치 목표: 체제의 유지, ② 정치적 수단 가치: 문치주의, 집권화와 권위 의식, 정치집단을 통한 체제 유지로 개념의 도식화를 시도한다.[50] 그는 이러한 분석의 틀에 의거해 한국의 관료제에 관한 사적(史的) 분석을 시도하는데, 관료제의 역기능뿐만 아니라 기능적인 측면도 검토하고 있다는 점에서 비교적 균형적 시각을 견지한다. 예컨대 해방 이후의 관료제의 분석에서, 그는 전통적으로 강조되었던 청렴결백, 충의정신, 애민사상과 같은 행동 기준과 관련해－행동 기준의 논리적 근거상의 변화는 있었지만－덕목상의 큰 변화는 없었다고 본다. 그리고 관료 행태의 역기능적 측면을 관료조직 내적 행태와 외적 행태로 구분해 파악한다. 전자의 경우 ① 충원에서의 인맥 의식, ② 파벌 의식, ③ 권위적 상하 관계가 지적되고, 후자의 경우 ① 관료의 과다 권력 소유, ② 관료들의 부패, ③ 법규 만능주의와 불신 풍조가 비판의 대상이 된다.[51]

정치·행정문화의 시각으로 한국의 행정 현상을 연구하는 데 따르는 취약점은 몇몇 논자들에 의해 지적되어 왔다. 정성호는 기존의 논의들이 서구의 근대화론적 가치관에 근거하고 있으며, 구체적인 방안 제시가 없다는 점을 지적한다. 정성호의 기존 연구에 대한 평가는 '대체로' 정당한 지적이기는 하나,[52] 기존의 연구가 주로 관료들의 태도 혹은 행태에 초점을 맞추

---

50) 안병만, 『한국정부론』(서울: 다산출판사, 1990), pp. 67-80. 안병만은 뒷날 정치·행정문화에 관한 실증적 연구에서 이들 개념을 추상성의 정도에 따라서 세 단계로 구분했다. 즉 정치적 지배규범(계층적 관계 의식, 집단적 인맥 의식), 정치적 관념 체계(체제 유지, 문치주의, 집권주의, 귀속주의), 행정 현상의 특질(안정성, 위민성, 권위성, 정실성)이 바로 그것이다. 안병만·김인철, "한국정치·행정문화의 구조분석," 『한국행정학보』, 제23권 제3호(1991), pp. 687-705.

51) 안병만, 『한국정부론』, pp. 118-128.

52) 정성호, "한국 행정연구에 있어 문화심리적 접근의 평가," 『한국행정학보』, 제25권 제3호(1991), pp. 707-726. '대체로'라고 하는 한정어를 사용하는 이유는 다음과 같은 구절을 염두에 두고 하는 소리이다. "베버는 역사적으로 사회 발전이 '전통적'에서 '근대적' 모습으로 변화한다고 보고 있다. 전통적 관료제는 지배자나 행정인의 인격성(personality)에 의존해 운영되는 형태의 행정이다. 이에 반해 베버가 지적하는 근대적이고 이상적인 관료제의 특징을 요약하면 행정인의 개인적(personal) 요소가 최대한 배

고 있다는 점이 상기되어야 할 것이다.

이대희 역시 한국의 행정문화에 대한 기존의 논의에 대해 매우 비판적이다. 그는 기존의 학자들의 행정문화론을 ① 무비판적 수용형, ② 자존심적 반발형, ③ 염세적 비관론, ④ 장단점 열거형으로 유형화하고, 이는 유교문화를 전적으로 잘못 이해한 데서 비롯된 것으로 본다. 그의 논의의 핵심은 "……이를(유교의 지식을 말함) 탈피하려는 노력보다 정확히 이해함으로써 앞으로 발전해 가는 과정에 많은 도움을 얻을 수 있을 것으로 생각된다"에서 발견된다.[53]

정치·행정문화의 시각에서 한국의 관료제를 분석한 기존의 논의는 주로 관료들의 태도 혹은 행태에 관한 설명과 연관된다. 그것이 한국 행정의 역사적, 제도적, 행태적, 이념적 혹은 물적 기반 등 그 모든 것을 설명하는 '유일한 최선의 방법론'으로 제시된 것이 아니란 점이 마땅히 지적되어야 한다. 나아가서 구체적 대안이 없는 문제의 제기가 의미가 없는 것은 아니다. 문제의 제기 속에 그 해답의 단서가 마련되어 있다고 보기 때문이다. 다시 말하면, 우리에게 문제가 되는 것은 '유교식 행정문화에 대한 부정적 시각'보다는 그것을 통해 나타난(혹은 발견된) 관료들의 태도나 행태에서의 부정적인 양상들이다. 우리가 이 시점에서 더욱 관심을 기울여야 할 부분은 소망스럽지 못한 것으로 파악된 관료들의 행태를 치유하는 데 모아져야 할 것이다. 다만 관료를 포함해서 인간이 문화 구속적인 존재이기는 하나, 문화를 창조하는 주체는 인간이고, 또한 문화가 고정된 것이 아니고 이질적인 것과의 접촉과 그 변용을 통해서 풍요로워지는 것인 만큼 경직된 문화결정론으로 모든 행정 현상을 설명하는 관점에 대해서는 동의하지 않는다.

그동안 경험적 조사를 통해서 비교적 최근에 밝혀진 몇몇 사례는 시사적이다. 김석준의 보고에 의하면, 한국인은 정부가 국민 전체보다는 재벌이나 특권층 및 공무원 자신들의 이익을 위해 일한다는 주장에 대해 높은 지지를 보내고 있는 것으로 드러났다. 여기서 몇 가지 지적한다면, 군 출신의

제되고 법과 규칙 혹은 전문성과 같은 몰인격적 요소(impersonality)가 행정을 지배해야 바람직하다는 것이다." 이 짤막한 문장 속에는 적어도 베버의 이념형과 그의 역사 인식에 대한 오해가 있는 듯하다. 이 부분에 관한 논의는 이 책 제2장 참조.

53) 이대희, "유교식 행정문화에 대한 새로운 해석," 『한국행정학보』, 제25권 제2호(1991), pp. 549-567.

사회 요직 점유 현상(81.1%), 정부의 재벌과 특권층 이익 보호 성향(69.0%), 경제 성장 위주의 정책(66.9%), 고급 공무원의 특정 지역 출신 편중(63.9%), 공무원들의 자기 이익 추구(63.4%) 등이 있다.[54)]

박종민 외의 중간관료층(여기서는 사무관 및 서기관을 지칭한다)의 의식 조사는 일반 국민이 정부에 대해 갖고 있는 이미지와 상충된다는 점에서 흥미롭다. "직무 수행을 통해 누구에게 봉사한다고 생각하는가?"란 질문에 대해서 일반 국민 내지 고객집단을 언급한 비율이 각각 66%와 61%로 나타나 있다. 또한 관료들의 역할 인지에서, 정책결정자(35.4%), 수탁자(34.3%), 조정자(18.2%), 기술자(18.2%), 조장자(10.1%) 등으로 나타나 있다.[55)] 여기서 시점을 달리해서 행해진—연구 목적과 대상도 다르다—의식 조사의 단순 비교를 통해서 일반화를 시도하려는 것은 아니다. 다만 정부 혹은 관료제에 대해 갖고 있는 국민들의 인식이 기존의 논의에서 다루어진 부정적 시각과 무관하지 않다는 점을 지적하기 위해서이다. 이것은 민주화의 진척에도 불구하고, 관료제에 대한 불신이 여전히 온존하고 있음을 드러내는 것이기도 하다.

2 체제이론의 시각

체제이론은 체제를 구성하는 여러 요소들 간의 역동적 관계에 초점을 맞춤으로써 총체적 시각을 제공한다. 따라서 체제이론의 정향은 현실 세계의 복잡한 요소와 관계들을 기술하고 예측하는 것이다. 그러나 체제이론은 개념의 산만성, 측정의 문제, 복잡한 관계를 다루는 기법의 개발 등 적지 않은 문제점을 갖고 있는 것이 사실이다. 따라서 체제이론은 전통적인 분석적 혹은 연구 방법을 대치하는 것이라기보다 보완하는 것이다.[56)]

안해균의 『한국행정체제론』은 이러한 체제이론에 입각해 한국 행정의

54) 김석준, "한국의 국가 성격과 관료의 형평의식," 『한국행정학보』, 제25권 제3호(1991), pp. 727-751.

55) 박종민(외), "한국 국가관료의 의식," 『한국행정학보』, 제25권 제4호(1992) pp. 85-102.

56) Arlyn J. Melcher, "Theory and Application of Systems Theory," Arlyn J. Melcher et at., eds., *General Systems and Organization Theory*(Kent: Kent State Universiy Press, 1975), pp. 3-9.

[그림 7-1] 정치·행정 체제의 기본 모형

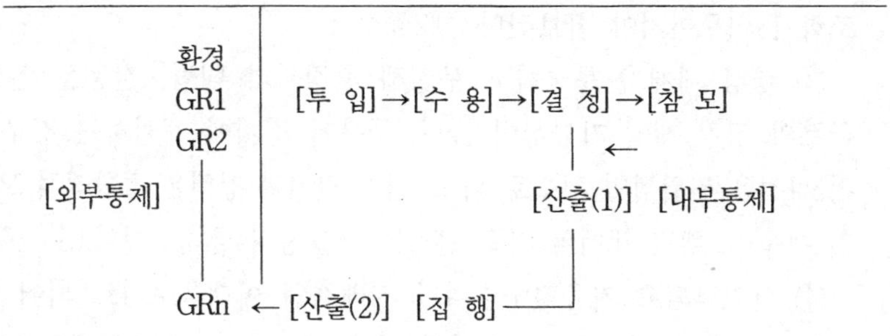

주) : 1) GR은 그룹의 약자임.
2) 통제는 피드백 장치임.
자료: 안해균, 『한국행정체제론』, p. 17.

전반을 기술하고 평가한 노작(勞作)이다.[57] 그는 행정 체제를 사회 체제를 구성하는 많은 하위 체제의 하나로 보고, 정치 과정과 행정 과정의 경계를 긋기 어려운 행정국가적 상황을 고려해서 정치 체제와 통합된 체제로서 파악하는 입장을 취하고 있다. 이는 그가 행정 체제의 분석모형을 정치행정 체제의 통합적 접근이라고 지칭한데서 명백히 드러난다. 그는 가장 단순화된 '투입－전환 과정－산출－피드백'의 모형을 기초로 하여, 여덟 가지의 변수를 선정했다. 이를 간단히 나타내면 [그림 7-1]과 같다.

안해균은 위의 모형으로 제1공화국부터 제5공화국까지(5·16군사정부와 제5공화국 성립 이전의 위기관리 정부가 포함된다)의 한국 행정 체제를 분석하고 있다. 그가 역대 공화국의 행정 체제의 분석을 통해 우리에게 제시한 이론적 시사는 다음과 같이 요약될 수 있다.

① 행정 체제는 환경의 변화와 투입 요구에 적절하게 반응해야 한다. 정책기구의 참모들이 체제의 목표와 상충되는 사고와 행동을 할 때, 행정 체제는 전제화되고 무능과 부패만을 조성하다가 체제 위기를 가져온다(제1공화국).

② 전근대적인 정치·행정문화가 지배적일 때 내각책임제는 실효성을

57) 안해균, 『한국행정체제론』(서울: 서울대학교출판부, 1986).

확보하기 어렵다. 이를 위해서는 산업화, 지방자치와 권력의 다원화, 정당과 중산층의 육성이 선결 요건이다. 행정의 안전성은 민주성과 능률성의 조화가 이루어져야 확보된다(제2공화국).

③ 행정 체제가 무능하고 부정해 환경과의 대립·갈등을 일삼는 경우, 군부의 정치 개입 가능성이 높다. 군부가 정치에 개입하는 경우 정치·행정 과정은 권위적인 것으로 되고, 정책 결정과 집행은 초합리적 모형을 따르기 쉬우며, 행정 체제의 지도 원리는 능률성의 극대화이다(5·16군사정부).

④ 산업화되고 자유민주주의가 지배적인 이데올로기로 되어 있는 사회에서는 여론 수렴, 권한의 합리적 배분, 공정한 소득 재분배를 도모해야 하며, 효율성만을 추구하는 것은 체제의 안정성을 해친다. 또한 집권적 행정 체제하에서 소수가 결정의 권한을 독점하는 경우, 부정과 비리가 따르고, 정책관료는 임명권자의 눈치만 보고 평가받으려는 의사결정 패턴을 형성한다(제3공화국).

⑤ 산업화와 민주화를 동시에 추구하기는 어려운 일이다. 산업화를 강조할 경우, 민주화를 요구하는 세력 간의 갈등을 낳고, 정부관료제의 강압적 수단에 의한 통치는 민주화의 열망을 부채질한다. 권위주의적 행정 체제가 지배하는 경우, 정경 밀착, 고위 정책관료의 권력형 축재, 정치의 부재를 드러낼 가능성이 많다(제4공화국).

⑥ 권력집중형의 정치 행정 체제에서 권력의 핵의 붕괴는 전반적 사회 체제의 위기를 뜻하며, 위기 상황은 기존의 정치·행정 체제에 대해 반성의 기회를 준다. 우리의 경우 위기관리정부는 체제의 소극적 안정만을 견지하려고 했다(10·26 이후의 위기관리정부).

⑦ 민주적 과정을 거치지 않은 체제는 정통성 시비를 불러오고, 정책의 정당성은 정책의 내용과 결과보다 이해당사자의 참여에 의해 확보되어야 한다. 행정 체제의 규모가 커질수록 대내외의 통제 기제가 작동해야 하며, 어느 정도 경제 발전이 이루어진 후에는 균형적 발전전략이 필요하다(제5공화국).

정치·행정 일원론의 관점에서 한국의 행정 체제를 분석한 그의 연구에서 강조되고 있는 것은 체제의 안정정이다. 그리고 체제의 안전성을 위해서 필요한 것이 체제가 갖고 있는 변동의 관리 능력임을 한국의 역사적 경험을 통해 예증하고 있다. 특히 권위주의적 행정 체제가 지배하는 경우, 정책관료들의 부패가 만연하고, 민주화보다 산업화에 진력함으로써 체제 내의 위기를 증폭시킨다. 우리는 안해균의 『한국행정체제론』이 갖고 있는 장점, 예컨대 단단한 분석의 틀, 꼼꼼한 자료의 뒷받침, 적절한 진단과 처방으로 일관성을 유지하고 있는 점에서 사료로서의 가치뿐만 아니라 학문적 업적으로서도 그 가치를 높이 평가할 수 있다.

그러나 적어도 한국의 관료제를 이해하는 데는 다소의 미진함을 갖는다. 우선 한국 관료들의 행태에 관한 분석이 미흡하다는 점, 분석모형에 나타난 '수용'과 '집행'의 부분이 소홀히 다루어진 점, 산출에 관한 분석적 접근의 필요성 등이 지적될 수 있다. 가령 '수용'은 정책 과정에서 이른바 의제설정과 관련해 매우 중요한 부분이고, 특히 행정학의 전통적 패러다임에서 '집행'이 행정의 본질적인 부분이었다는 것을 상기한다면 아쉬움은 더욱 커진다. 또한 산출은 궁극적으로 행정 체제의 성격과 그 지향점을 제시한다는 점에서 단순히 영역별 산출 이상의 섬세한 분석이 요청된다고 하겠다.

요약컨대 체제이론의 관점에서 한국의 행정 체제, 좀더 제한된 의미의 한국의 관료제는 지금가지 환경의 변화에 탄력적으로 대응하지 못했고, 투입집단의 요구에 대해서 적절하게 반응하지 못했다. 나아가서 능률성이란 가치에 집착하고, 행정환경과의 많은 갈등을 야기했다. 그리고 이것이 바로 체제 위기로 나타나게 되었다.

3 행위이론의 시각

행위이론(action theory) 혹은 행위 패러다임은 행정학 분야의 조직이론에서는 가장 최근에 논의되기 시작한 것이다. 현상학에 의지하는 행위이론가들은 사회과학의 대상이 자연과학의 그것과 근본적으로 다르다는 점에서 출발한다. 유기체 혹은 물질과 달리 인간은 자신과 타인이 행한 것에 의미를 부여하는 바, 이것이 바로 행위(action)를 행태(behavior)와 구별되게 하는 점이다. 다소 단순화하여 말한다면 객관적 실체가 간주관적 의미와 연관되듯이, 행태는 사회행위자의 의미와 동기에 관한 고려가 포함된 개념인 행위에 종속된 부분적 개념이다.[58] 따라서 행위 패러다임에서는 의미가 사람 간에 다르다는 것을 승인한다. 그리고 인간의 행위는 개인적인 것이기 때문에 개인적 책임을 회피할 수 없으나, 인간은 사회적 존재이기 때문에 타인에 대한 관심을 반영해야 한다. 이렇게 행동하는 행정가는 조직을 통해 봉사하는 고객에 대한 관심을 표명하고, 일방적 결정보다 합의를 통한 결정을 선호한다. 행위이론가들은 그러한 행정 형태를 친능동적 스타일로 부른다.[59] 이런 점에서 행위 패러다임은 서구 사회과학의 오랜 전통인 사실과 가치의 준별을 거부하고 이론과 실제의 통합을 시도하고 있다는 점에서 우리의 관심을 끈다. 우리는 여기서 행위 패러다임과 '유사한 관점'에 서 있는 재미 행정학자인 전종섭의 논의를 검토하려고 한다.[60]

전종섭은 한국의 관료제 내의 직업전문적 행정가의 역할과 윤리적 책임성의 문제를 검토하고 있다. 그의 기본적 명제는 직업전문적 행정가가 한국의 행정의 전반에 걸쳐서 우세하게 나타나고 있는 과도한 관료제화를 감소시킬 수 있고, 더불어 공직자의 민주화 과정과 공공선(公共善)의 증진 과정에 기여할 수 있으나, 이는 이들의 윤리적 책임의 고양을 필요로 한다는 것이다.[61] 한국의 행정에서 직업 전문주의의 출현은 복잡한 문제를 관리할 필요성에 대한 반응으로 이루어진 것이다.[62] 한국 관료제의 직업전문화의 경향은 다음과 같은 사실에 의해 뒷받침된다.

① 관료들의 극적인 변화는 교육 수준의 향상에서 발견된다. 중간관리층

---

58) Michael M. Harmon, *Action Theory for Public Administration*(New York: Longman, 1981), p. 60.

59) Rayburn Barton & William L. Chappell, *Public Administration*(Glenview, Ill.: Scott, Foresman and Co., 1985), pp. 287-288; Robert B. Denhardt, "Public Administration Theory," Naomi B. Lynn & Aaron Wildavsky, eds., *Public Administration* (Chatham, N. J.: Chatham House Publishers, Inc., 1990), pp. 60-61.

60) '유사한 관점'이란 용어를 사용하는 이유는 행위 패러다임을 제안한 하몬과 전종섭의 지적 배경의 공통성에도 불구하고, 전통적 행정학에 대한 태도의 차이 때문이다. 전자가 전통적 행정학에 대해 더욱 비판적이라면, 전종섭은 '변증법적 정향'에 지해 행정 현상의 이해의 과정을 풍족하게 할 것으로 보고 있다. Jong S. Jun, *Philosophy of Administation* (Seoul: Daeyoung Moonhwa-Sa, 1994).

61) *Ibid.*, pp. 251-273.

62) 여기서 직업전문주의란 ① 기술적 지식에 근거한 기법의 적용, ② 고등교육과 훈련의 요건, ③ 능력에 관한 공식적 검증과 통제, ④ 전문가 단체의 존속, ⑤ 행동 및 윤리강령, 6) 공중에게 봉사한다는 책임감 혹은 소명의식 등을 포함한 것이다. *Ibid.*, p. 252.

에 속하는 사무관의 경우, 1958년에는 대졸의 비율이 15.3%에 지나지 않았으나, 1983년에는 70%에 이르고, 이 중 3분의 2가 대학원 과정을 수료했거나 이수 중이었다.

② 군장교의 해외훈련도 공적 분야의 능률적 행정을 증진시키는 데 간접적으로 영향을 미친 직업 전문화의 한 부분을 구성한다.

③ 1950년~1986년 사이에 21, 530명의 공직자 및 민간인들이 AID, UNICEF, UNESCO, FAO, WHO, IBRD와 같은 국제기구의 후원하에 약 20여개 국가에 파견되었다.

④ 1977~1987년 사이에 1,612명의 고위관료들이 국비로 해외에 파견되었다. 이 프로그램은 주로 세 가지 범주 즉 일반행정, 특수행정 및 정책연구, 기술행정에 초점을 맞춘 것이다.

⑤ 1977~1983년 사이에 장기 피훈련자(347명)의 90.5%가 영어 사용권 국가에 파견되었으나, 1988년 이래 영어 사용권과 비영어 사용권 국가에 파견된 비율이 균형을 이루고 있다.

⑥ 행정학의 대학 및 대학원 과정의 급격한 성장은 직업전문적 관료들의 성장에 기여했다. 한국에는 2006년 현재 대학 수준에서 105개(분교 5개 포함)와 30개의 2년제 대학에서 행정학 프로그램이 운영되고 있다. 특히 이 중에서 57개 대학은 일반대학원의 박사 과정을 운영하고 있으며, 30개의 행정대학원과 32개의 특수대학원이 운영되고 있다.

요약컨대, 기술적 전문성과 직업전문적 관료들의 교육과 훈련의 확대는 경제적·사회적 발전의 속도에 부응하기 위해서 필요하다. 그리고 정부의 프로그램의 확대와 다양화는 유능한 전문가와 일반행정가에 대한 요구를 증대시킨다. 경제적·기술적 발전 프로그램은 실질적 지식과 더불어 과거의 조직관리에서 필요로 했던 것을 넘어서는 전문성을 요청한다.

여기서 주목할 것은 민주화의 과정이 진행되면서, 한국 행정에서의 직업전문가의 역할은 새롭게 정위(定位)되어야 한다는 점이다. 이는 직업전문가의 역할이 전환 과정에 놓여 있다는 것을 뜻하는 것이다. 돌이켜 보면, 우리의 경우 관료들의 직업전문화가 진척되고 있음에도 불구하고, 한국 관료제가 수행하는 기능과 과정은 일상화, 규칙, 규제, 특수화, 그리고 집권으로 이해되는 과도한 관료제화의 경향을 보여 주었다. 특히 권위주의적 정권하에서 이들은 대체로 정책결정자의 요구에 봉사했다. 그들의 행태는 사회에서 강력한 자들의 이해와 일치되었고, 공익 지향을 보여 주지 못했다. 직업전문가가 정책결정자나 특정한 고객집단의 요구를 충족시킬 때, 직업전문가의 지식은 그들의 요구에 부합되도록 짜여지고, 기초 연구는 제한된다. 이제 전환 시대를 맞아 직업전문가들의 역할은 국민의 욕구를 충족시키기 위한 대안 설계에 자신의 지적 능력을 행사하고 또한 전문성을 통해 동료 및 관리 활동에 영향력을 미칠 책임을 지지 않으면 안 된다는 것이 그의 주장이다. 나아가서 직업전문가의 중요한 역할은 국민이 참여하는 분권화된 과정을 통해서 정책 및 프로젝트를 개발하는 것이다. 그는 직업전문가의 가장 중요한 책임 중 하나가 고객을 고려하는 상황에서 효과적으로 기능하는 것이다. 전문가와 고객과의 상호 신뢰를 구축하기 위해서 전문가는 커뮤니케이션 및 인간 관계 기술을 적용하지 않으면 안 된다. 그는 직업전문가들이 이러한 역할에 부응하도록 하기 위해서 새로운 윤리적 책임을 고취시켜야 한다고 본다.

전종섭은 행정의 맥락에서 구체적으로 윤리를 정의한다. 그에 의하면 윤리란 직업전문가가 권한 관계, 시민 그리고 특별한 고객과의 관계에서 어떻게 행동할 것인가를 체계적으로 탐구하는 것과 관련된다. 그것은 자신의 행위를 되돌아보는 지속적 과업이다. 따라서 윤리적 책임은 개인의 일상적 실천에서 나오지 않으면 안 된다. 그가 직업전문가의 윤리적 책임을 증진시키는 방안으로서 제시한 것은 ① 윤리강령의 재검토, ② 직업전문가의 행위의 성찰적 태도, ③ 대화를 통한 책임성 있는 행위, ④ 편견의 제거, ⑤ 공적 책임감, ⑥ 윤리 의식의 교육 등이다.

행위이론의 시각에서 한국의 관료제가 안고 있는 문제는 적지 않다. 책임성의 결여, 합의에 기초하지 않은 정책 결정, 국민의 편익보다 행정의 편의성이 우선적으로 고려되는 관행, 도구적 관점에서만 배타적으로 평가되는 업무 성과 등은 하나의 본보기에 지나지 않는다. 물론 행위 패러다임으로 모든 것이 설명되는 것은 아니다. 그리고 우리가 합리성을 우려할 만큼 도구적 관점에서의 합리성이나마 한국의 관료제가 갖추었는지도 의문이다. 그럼에도 불구하고, 행위 패러다임은 한국의 관료제가 존재해야 하는 방식에 대한 진지한 모색을 가능케 한다는 점에서, 참여적 행정을 위한 이론적 · 실천적 거점이 될 수 있을 것이다.

4 국가론의 시각

'스탈린 비판' 이래, 서구에서의 마르크스주의 전개에서 지난 1970년대는 '마르크스주의 국가론의 르네상스'로 불리는 정치이론의 활성화 시기였다. 이런 점에서 가령 1985년 여름 파리에서 개최된 세계정치학회(IPSA) 제13회 대회가 '변모하는 국가와 그 국내 및 국제사회와의 상호작용'을 주제로 한 것은 시사적이다. 그 배경에 관해서 제1 부주제인 '최근 정치이론에서의 국가와 정부'를 편성한 파레크(B. Parekh)는 다음과 같이 설명한다. ① 민주주의의 제도의 정착과 시민복지의 적극적 추진에 의해 현대 국가는 이제 시민으로부터 유리된 형식적 · 강제적 제도가 아니다. ② 분권, 의견 및 가치관의 다원화, 조직적인 이익집단의 형성으로 국가의 내적 구조가 중요한 변화를 경험하고 있다. ③ 여러 국가 간의 경제적 · 군사적 · 정치적, 그 밖에 다른 형태에서의 상호 의존성의 증대는 아무리 강력한 국가라고 할지라도 전통적 의미에서 완전한 차치권과 주권을 가질 수 없게 했다. ④ 이러한 변화의 결과로 근대 국가는, 지금까지 그 윤곽이 확실하지는 않지만, 어떤 다른 정치조직에 의해 대치되는 사태를 눈앞에 두고 있다.[63] 참고로 한 가지 지적한다면, 이보다 앞서 1981년 미국정치학회 연차대회의 공통 주제는 '국가론의 재건'이었다.

이와는 달리, 우리의 1980년대는 참으로 암울한 시대였다. 동시에 치열한 자기검열의 시대이기도 했다. 끝이 보이지 않는 터널을 통과하면서, 좌절과 자괴감을 떨치지 못하면서, 무관심과 냉소주의에 의탁하면서, '젊은 죽음의 행렬'을 바라보면서, 과연 우리에게 국가란 무엇인가 하는 질문을 던지지 않을 수 없었다. 이런 점에서 80년대의 한국에서 국가론이 활기를 띠게 된 것은 유행으로서가 아니고, 현실과의 조응이란 측면을 갖는다. 예컨대 비교론적 시각에서 한국의 군부 통치의 동학을 그려낸—저자는 근대화 사회의 군부 통치의 동태적 측면의 이해와 그 이론적 틀을 제시하기 위한 것으로

63) 加藤哲朗, 『國家論のルネサッス』(東京: 青木書店, 1986), pp. 3-4.

밝히고 있지만—김영명의 『제3세계의 군부통치와 정치경제』(1985), 관료적 권위주의에 대한 이론적 천착을 통해 한국 사회의 이해에 기여한 한상진의 『한국사회와 관료적 권위주의』(1988), 조합주의의 관점에서 한국의 이익집단에 관한 체계적 분석을 시도한 김영래의 『한국 이익집단과 민주정치 발전』(1990) 등은 그 두드러진 본보기일 것이다.

바로 이 지점에서, 맥락의 중요성을 간과하고, 미국식 도구주의적 인식 때문에 한국의 행정과 관료 현상을 명쾌하게 규명하는 데 미흡했다고 진단한 김광웅과 만나게 된다. 미국식 도구즉의적 인식에 대한 비판은 ③에서 논의했던 행위 패러다임의 출발점이다. 그리고 맥락의 간과란 국가에 대한 인식의 부족을 뜻하는데, 국가에 대한 본원적 이해 없이 행정을 논하고, 관료를 논한다는 것은 극히 피상적이 될 위험이 있다는 것이 그의 입장이다. 그의 『한국의 관료제 연구』(1991)는 이런 미흡함에 대한 체계적인 응답이며, 특히 제5장인 '국가관료의 정책 이해'는 계급론적 시각에서 관료의 역할을 분석했다는 점에서 우리의 관심을 끌기에 충분하다.[64] 그가 여기서 다룬 것은 ① 국가와 국가관료의 계급성에 대한 이론의 소개, ② 한국 관료의 특징적 의미의 규명, ③ 국가관료의 계급 이해를 밝히기 위한 정책사례 분석이다. 우선 그는 국가관료의 계급성에 관해 "국가관료(특히 고위계층)가 지배계급 또는 책임계급과의 관계에서 그러한 계급의 도구 구실만 할 수 있고, 스스로 그 계급과 동일시 할 수 있으며, 나아가 그러한 계급조차 압도할 수 있을 것"으로 규정하고 있는데, 이것은 그가 정책사례를 통해서 밝히려고 하는 것이기도 하다. 그리고 한국 관료의 특징을 규명하면서, 우선 한국의 특수성을 역사문화적·정치행정적 시각에서 검토하고 있는바, 그 특징으로서 ① 위계의식, ② 식민지 경험에서 빚어진 외국 지향성과 지배계급의 몫을 하는 식민관료, ③ 행정관료 국가, ④ 의회 및 정당의 취약성, ⑤ 국가기구와 사회집단과의 일방적, 위계적, 불평등한 관계가 지적된다. 이러한 특수한 상황 하의 한국의 관료는 권위적이며, 국가기구 중심의 사고를 갖고, 그들의 시대적 명제는 통치 이념과 일치하는 것이다. 나아가서 국민에 대한 간섭을 당연시하고, 계급 배경이 어떠하든 공직을 그만두면

64) 김광웅, 『한국의 관료제 연구』(서울: 대영문화사, 1991), pp. 114-139.

상당수가 부르주아지의 생활 양상을 띠게 된다. 그리고 관료들이 정책의 과정에서 수행하는 역할은 문제의 소재 확인, 의제 설정, 정부 목표의 우선순위 결정의 단계에서 이루어지는데, 그것이 가능한 것은 그들이 정보를 갖고 있기 때문이다. 그러나 이러한 과정은 여러 요인에 의해 제약을 받고, 정책의 결과 역시 반드시 의도대로 나타나는 것은 아니다. 우리는 여기서 한국 관료의 특징과 정책 과정에서의 역할에 관한 일반론 수준의 기술이 기존의 논의에서 별로 벗어나지 않는다는 것을 발견하게 된다.

그는 이러한 정지작업을 한 뒤 네 개의 정책사례, 즉 ① 8·3조치, ② 농산물 수입 자유화, ③ 중화학 투자 조정, ④ 목동신시가지 개발사업을 분석한다. 결론부터 말한다면, ①은 이자부 자본의 희생 하에 산업자본(주로 대자본)을 키운 정책으로서 국가 간섭의 대표적 표본이고, ②는 수출 주도형 자본주의적 경제 질서를 위해 농민의 이익이 희생된 것이며, ③은 국가가 경제의 조정자로서만이 아니라 독점자본에 대해서 주도권을 유지하려는 것이고, ④는 관료가 사적 이익을 추구한 것이다. 요컨대 제시된 정책 사례로 한정해서 말해 보면, 국가관료가 자본가 계급을 위해 그 밖의 다른 계급을 희생시킨다는 것과 국가가 사적 이익조합 같은 구실까지도 한다는 것이 추론된다.[65] 그는 결론적으로 네 가지 사례만으로 국가와 국가의 계급성, 그리고 계급 이해를 분별하기 어렵다고 보고, 국가관료의 계급 이해를 위한 몇 가지 제안으로 글을 맺는다.

우리는 앞에서 '문제의 제기'로서도 그것이 일정한 소임을 하는 것이라고 지적한 바 있다. 이런 점에서 그의 한국 관료의 정책 이해의 분석은 문제의 제기로서, 특히 계급론적 시각의 필요성을 일깨웠다는 점만으로도 우리에게 시사하는 바가 적지 않다. 우리는 여러 시각에서 한 가지 현상으로 접근해 들어갈 때 그 현상의 진정한 의미가 밝혀질 수 있다는 그의 견해에 전적으로 동의한다. 그의 국가관료의 정책 이해의 분석도 그러한 노력의 일환일 터이다. 이런 점에서 그 많은 논의에도 불구하고, 한국의 행정과 관료 현상이 명쾌하게 규명되지 못한 것은 너무나 자명하다 할 것이다. 왜냐하면 그러한 논의들은 어차피 특정한 관점에서 제한된 범위만을 다루기 때문

65) 최상룡, "현대 한국의 국가론적 이해," 한국정치학회(편), 앞 책, p. 18.

이다. 더불어 국가에 대한 본원적 이해라는 것도 국가라고 하는 실체가 선험적으로 주어지는 것이 아닌 이상, 구체적인 체험과 경험적 자료의 누적 속에서 이해의 폭을 넓혀 갈 수밖에 없을 것이다. 우리는 삶에 대한 본원적 이해 없이도 삶의 여러 국면에 관해 이야기한다. 이런 점에서 우리는 어느 촌부의 삶에 대한 이해가 고매한 철학자의 삶에 대한 이해보다 반드시 피상적이라고 생각하지는 않는다. 이러한 진술은 인간의 이념이나 희망의 언표 또는 현존하는 세계와 마땅히 존재해야 할 세계에 관한 정치한 이론화의 작업들이 공허하다는 것을 뜻하는 것은 아니다. 다만 여기서 지적하고 싶은 것은 우리가 이해하는 또는 이해하려는 세계란 것도 따지고 보면 우리의 이해(利害)의 등가물이 아니냐 하는 점이다.

제5절 전 망

우리는 위에서 한국의 정치 체제의 변동과 산업화에 따른 관료제의 성장이란 맥락 속에서 한국 관료제에 관한 여러 시각과 거기에 투영된 관료제의 모습을 살펴보았다. 여기서 의도한 것은 관료제를 이해하는 데 여러 방식이 가능하다는 것을 제시하고, 그러한 다양한 시각에서 포착된 한국의 관료제가 어떤 정향을 보여 주는가를 밝히는 것이었다. 지극히 제한된 자료의 범위 내에서 다룬 것이기 때문에 한계점이 없지 않을 것이다. 그럼에도 불구하고 한국의 관료제가 안고 있는 핵심적인 문제들은 어느 정도 드러난 것으로 볼 수 있다. 이제 한국 관료제의 정향에서 드러난 몇 가지 문제들을 중심으로 우리가 지향해야 할 바를 규범적 관점에서 검토하려고 한다.

우선 한국의 관료제에 대한 부정적 이미지는 그것이 역사의 산물인 동시에 상당한 정도로 정치 체제의 정통성의 결여와 연관되어 있다고 하는 점이다. 이른바 '치자(治者)와 피치자(被治者)의 동일성의 원리'의 경험과 비교적 무연(無緣)했던 우리의 경우, 관료제가 국민으로부터 지지와 성원을 받기는 매우 어려울 것이다. 관(官)과 민(民)이란 이원적 대립 구조에서 한쪽은 지시하고, 감독하고, 처벌하고, 정작 주인이어야 할 다른 한쪽은 묵종하고, 두려워하고, 회피하는 존재로서 규정되는 풍토에서 관료제가 자기 쇄신을 통해 국민에게 다가서기를 기대하기는 무망(無望)한 노릇일 것이다. 특히 정통성을 결여한 정치 체제에 봉사하는 존재로 비치는 관료제가 국민들의 따뜻한 시선을 받는다는 것은 나무에 올라가서 고기를 구하는 것만큼이나 어려운 일일 것이다.

그러나 이러한 부정적인 관료제의 이미지를 불식할 수 있는 기회는 이미 우리에게 도래한 것으로 판단된다. 예컨대 우리 사회에 놀라운 정도의 평등 의식, 자율성에 기초한 시민단체의 성장, 미비한대로 1995년 6월 실시된 지방자치단체장의 선거, 기존의 가부장제적 가족 관계 내에서 벌어지는 변화들, 요컨대 관(官)과 민(民)이란 이원적 대립 구조를 더 이상 유지하기 어려운 새로운 풍토가 마련되어 있는 것이다. 이러한 요소들은 한국 관료제와 그것이 의존하는 정치적 지형을 불가피하게 변화시킬 것이다.

또한 한국 관료제의 직업전문주의의 심화는 한국 관료들의 행태에도 적지 않은 변화를 가져올 것이 분명하다. 우리는 이미 이 문제를 행위 패러다임을 통해 검토한 바 있다. 그러나 여기서 문제가 되는 것은 직업전문주의자의 심성과 관료제적 위계 간의 갈등과 마찰이다. 더불어서 전문성이 관료들의 권력의 원천임에 비추어 그것이 고객에 대한 우월성을 강화할 개연성에 대해서 어떠한 대항 기제를 마련할 수 있는가 하는 점이다. 사실상 앞에서 논의되었듯이 전종섭이 새로운 윤리관의 확립을 역설한 것도 이런 맥락과 연관된 것이었다. 적어도 이 부분에 관한 한, 규범적 차원에서 광의의 교육을 통한 자기혁신 없이는 제도적 통제는 한계를 가질 수밖에 없다는 비관적 전망을 하지 않을 수 없다. 과학과 기술과 인간의 지식이 인간을 지배하는 도구로 전락할 때, 특히 그것이 억압적인 지배구조와 결합할 때 나타나는 공포에 값하는 상황은 제9장의 오웰의 『1984년』의 분석에서 제시될 것이다.

우리는 여기서 과학과 기술의 도구적 관점이 왜 제한적인 의미를 가져야 하는지를 끊임없는 교육을 통해서, 이른바 자각의 윤리를 통한 실천 이상의 좋은 방책은 없다고 생각한다. 그것은 인간이 주인이 되는, 이른바 물화(物化)된 세계에서의 탈피에서 그 가능성을 찾아야 한다는 것을 뜻한다.[66]

그것은 우리의 진정한 목표가 인간다움의 실현에 일차적 가치를 두어야 한다는 것을 의미한다. 양적 성장이 질적 삶의 개선에 항상 연관되는 것이 아니란 인식이 그 어느 때보다 필요한 이유가 여기에 있다. 기술적으로 가능한 것이 항상 우리의 삶의 질을 높여 주는 것은 아니다. 과학과 기술이 인간의 삶에 기여한 공로도 높이 평가하면서, 그것이 가져올 재앙에 대해서 관심을 기울이지 않는다면, 자기 파멸의 길밖에 없을 것이다. 직업전문주의에 기초한 한국 관료제의 능력도 이러한 테두리 안에서 재평가되지 않으면 안 될 것이다.

여기서 또 하나 지적될 것은 한국 관료제에 대한 인식에서 일견 모순되는 시각이 존재한다는 점인데, 이것에 대한 적절한 이해 및 해석과 관련된 것이다. 즉 한편으로 한국의 관료제의 비합리성이 지적되면서, 다른 한편 인간주의적 관점에 대한 요청이 나오고 있다는 점이다. 한국 관료제의 비합리적 국면은 주로 정치 행정문화의 시각에서 지적되고 있는 바, 이 관점에 따르면 한국의 관료제는 베버적 의미에서의 관료제를 아직 갖추고 있지 못한 것이다. 다시 말하면 좀더 합리화의 세례를 받을 필요성이 있는 것이다. 이는 인격적 질서 대신 비인격적 질서가 기축 원리(axial principle)가 되는 관료제의 합리성이 적어도 한국의 관료제에는 더욱 필요하다는 요청이다. 우리는 이러한 요청이 합당하다는 점에 동의한다. 동시에 우리는 관료제의 인간주의적 측면에 대한 관심을 표명한다. 이것은 말의 엄밀한 의미에서 관료제의 합리성에 대한 반명제이다.

이 역설적인 국면은 어떻게 설명될 수 있는 것인가? 우리는 그것을 두 가지 측면에서 해석하려고 한다. 하나는 한국의 관료제가 하나의 실체(entity)가 아닌 이상, 그 두 가지 요청이 모두 합당하다고 볼 수 있을 것이다. 다시 말해서 합리성을 상당히 갖춘 것과 그렇지 못한 것으로의 구분이 가능하다는 것이다. 아울러 합리성과 비합리성이 동시 병존적으로 한국의 관료제에 나타나고 있다는 것으로 규정해 볼 수도 있다. 다른 하나는 합리

66) 물화(物化)란 인간의 현상을 마치 그것이 사물인 것처럼 이해하는 것이다. 이러한 정의에 따르면, 물화된 세계란 비인간화의 세계이다. Peter L. Berger & Thomas Luckmann, *The Social Construction of Reality*(New York: Doubleday & Co., 1966), p. 82.

성에 대한 요청과 인간주의적 요청이 선택적인 것이 아니란 관점을 취하는 것이다. 우리는 이러한 관점을 이미 관료제의 가치를 다룬 바 있는 메데이로스의 시각을 통해서 확인한 바 있다. 덧붙인다면, 행위 패러다임의 시각을 빌려서 관료제를 포함한 제도를 2차적인 것으로 볼 때 인간주의적 관점에서의 요청은 그것이 합리적이든 비합리적이든 지배적 도구로서의 위험성에 대한 경고로서 받아들일 수도 있을 것이다(우리는 이 문제를 이 책의 결어 부분에서 다룰 것이다). 예컨대 인간주의적 관점에서 탈관료제화를 주장하는 것이 한국의 관료제의 합리성을 반드시 전제한 것은 아닌 것이다. 이런 점에서 한국 관료제에 대한 상충되는 요구는 한국 관료제의 전망이 불투명하다는 것을 입증하기에 충분하다. 그럼에도 불구하고 한국의 관료제가 전환기적 상황에 놓여 있다는 사실은 어느 누구도 부인하지 못할 것이다.

이제 한국의 관료제는 그 부정적 이미지를 쇄신하고, 지배의 도구가 아니라 국민에게 봉사하는 기관으로 자리잡기 위해서 강요된 힘이 아니라 도덕적 자각에 기초한 실천에 전념해야 할 것이다. 참여와 접근성의 통로를 열어 놓아 국민의 목소리에 마땅히 귀기울여야 할 것이다. 이러한 요청을 거부할 때 한국의 관료제는 감당하기 어려운 곤란에 부닥칠 것이다. 덧붙여 행정개혁이란 이름으로 진행되는 조직의 개편도 절약과 능률성이란 신앙에서 벗어나서 양질의 행정 서비스를 제공하는 것이 궁극적으로 '사람'에게 달려 있다는 인식하에서, '사람'에 대한 관심을 중심으로 이루어져야 마땅할 것이다. 어차피 제도로서의 관료제의 존속과 발전도 상당한 정도 거기에 속한 사람에 의존적이기 때문이다. 그들의 욕구와 소망이 부재인 상태에서 개편된 관료제가 더 많은 국민의 목소리에 귀기울이기를 기대하기는 더욱 힘든 일일 수밖에 없을 것이다. 이런 관점에서 제도로서의 한국 관료제는 더 이상 정치적 편의주의의 희생양이 되어서도, 특정한 집단의 포로가 되어서도, 자기 극대화의 이기적 집단으로 되어서도 고립이란 대가 이외에 얻을 것이 없을 것이다. 가장 확실한 길은 과감한 자기 변신을 통해서 국민의 폭넓은 지지를 얻는 것이다.

우리의 규범적인 차원에서의 이러한 요청이 현실적으로 무력하다고 할지라도, 또한 그것이 비과학적 억견(臆見, doxa)으로 폄훼(貶毁)되는 일이 있다고 할지라도, 한국의 관료제에 대한 우리의 요구와 주장은 지속적인 울림으로 남아 있어야 할 것이다. 이것이 한국 관료제의 위상을 재정립하는 지름길이라고 생각하기 때문이다. 이런 점에서 우리가 다음에 검토하는 관료제의 몇 가지 쟁점들도 이러한 관점의 논리적 연장선상에서 이루어진 것이라고 볼 수 있다.

제 8 장 관료제의 문제: 몇 가지 쟁점들

주지하다시피 관료제는 그것이 소모하는 자원의 규모와 양(量)뿐만 아니라 질(質)적인 측면에서도 지속적인 성장과 변화를 경험했다. 더불어 시민들의 일상생활의 거의 모든 영역에서 정부관료제의 촉수가 미치지 않는 곳을 찾기 어려울 정도로 그 영향력을 확대해 왔다.[1] 사실상 현대 국가의 관료제의 성장은 개인적 수준의 시민의 생활 영역에서부터 사회와 국가의 성격에 관한 규정에 이르기까지 많은 영향을 끼쳤으며, 또한 거기에 수반되는 여러 쟁점들을 제기한 것이 사실이다. 따라서 관료제의 성장의 의미와 그것을 둘러싼 여러 쟁점들을 검토하는 것은 관료제를 이해하는 또 하나의 방편이 될 것이다.

우선 우리는 정책 과정에서 이루어지는 관료제의 관여를 관료제 성장의 주된 근거의 하나로 보고 관료제와 정책 과정, 관료제와 정당 및 이익집단과의 관계를 논의하려고 한다. 그리고 정치적 대표의 보조적 장치로서의 대표관료제와 관료제 성장의 대항기제로서 이해되는 관료제에 대한 통제의 문제를 개관하려고 한다. 끝으로 사회 변화와 관련해서 관료제의 변화 문제를 검토하고자 한다. 여기서는 관료제의 미래에 관한 전망들을 간략하게 다룰 것이다.

---

1) Kenneth J. Meier, *Politics and the Bureaucracy*(Belmont: Wardsworth Publishing Co., 1979), p. 4.

제1절 관료제와 정책 과정

1 정책 개념의 다의성

미국의 경우, 공공정책에 관한 논의가 활발히 이루어진 것은 1960년대부터이다. 그것은 두 가지 관심사에 연원을 두고 있다. 하나는 서구의 산업사회의 경우, 정부가 직면한 문제의 규모가 크고 다루기 곤란하기 때문에 그러한 문제의 해결을 위해 도움이 필요했다는 점이다. 다른 하나는 학자들, 특히 사회과학자들이 정책과 관련된 쟁점에 이전보다 많은 관심을 기울였고, 또한 그러한 쟁점을 규명하는 데 자신들의 지식을 활용하려고 한 점이다.[2] 그러나 정책에 관한 관심이 그 이전부터 행정학 분야에 편입되어 있었다는 점이 지적되어야 한다. 가령 애플비(Paul Appleby)는 이미 1940년대에 정치·행정 이원론의 비현실성을 지적하고 행정을 정책형성이라고 갈파한 바 있다.[3] 또한 화이트(L. D. White)도 행정을 공공정책의 충족과 집행을 목적으로 하는 작용으로 구성된다고 정의한 바 있다.[4]

행정학의 정책에 대한 관심은 사회적 가치로 표현되는 공공조직 혹은 관료제의 역할을 이해하는 방식의 반영이라고도 볼 수 있다. 그런데 이 분야를 기술하는 데 사용되는 여러 용어들—예컨대 정책연구(policy studies), 정책분석(policy analysis), 정책학(policy science)—은 그것이 서로 다른 학문과 다양한 관점을 배경으로 하고 있음을 시사한다.

정책에 관한 다양한 정의는 이런 사정을 상당한 정도 반영한 것으로 볼 수 있다. 예컨대 피터스(B. Guy Peters)는 정책을 시민의 생활에 영향을 미치는 정부 활동의 총화로 규정하고, 정책의 수준을 정책선택(policy

---

2) Christopher Ham & Michael Hill, *The Policy Process in the Modern Capitalist State*(Bristol: Wheatsheaf Books, 1984), p. 1.

3) Paul Appleby, *Policy and Administration*(Alabama: University of Alabama Press, 1949), p. 170.

4) L. D. White, *Introduction to the Study of Public Administration*(New York: The Macmillan Co., 1955), p. 1.

choices), 정책산출(policy outputs), 정책효과(policy impacts)로 구분한다.[5)]

리플리(Randall B. Ripley)와 프랭클린(Grace A. Franklin)은 정책을 정부가 인지된 문제에 대해서 진술하고 행하는 것으로 정의하고, 정책결정(policy-making)을 정부가 인지된 문제에 관해 무엇을 행할 것인가를 결정하는 것으로 규정한다. 이 때 정책결정은 정부와 비정부 부문의 행위자 간의 상호작용이며, 따라서 정책은 그러한 상호작용의 결과로 이해된다.[6)]

또한 덴하트(R. B. Denhardt)의 견해에 의하면 정책은 정부 활동의 결과이고, 정책형성(policy formation)과 정책집행(policy implementation)은 정치 과정의 중심에 위치하는 것으로 파악된다.[7)] 앤더슨(James E. Anderson)은 정책을 관련 문제 혹은 관심사를 처리할 때 관련 행위자들에 의해 추구되는 합목적적인 행동 노선으로 규정하고, 그것이 정부기관 및 관리들에 의해 수행되는 것을 공공정책으로 정의한다.[8)]

정책 개념의 다양성은 그것이 지시하는 의미가 폭넓은 스펙트럼에 걸쳐 있기 때문에 구체적이고 명확하게 규정되기 어렵다는 것을 시사한다. 그럼에도 불구하고 우리는 위에 제시된 몇몇 정의를 통해서 공공정책의 함의를 밝힐 수 있을 것이다. 이를 요약하면 다음과 같은 진술이 가능할 것이다.

① 공공정책은 목표 지향적 행위이다.

② 그것은 관료들의 독립된 불연속적 결정이 아니고, 행동의 노선 혹은 패턴으로 구성된다.

③ 그것은 정부가 무엇을 행할 것인가 하는 의도가 아니고, 실제로 행한 것이다.

---

5) 정책선택이란 시민들의 생활에 영향을 미치는 공적 권력의 행사를 통해서-정치가, 관료, 압력집단 등-이루어지는 결정을 말한다. 정책선택이 행동으로 옮겨진 것이 장책산출이고, 정책선택과 정책산출이 시민에게 미친 영향이 정책효과이다. B. Guy Peters, *American Public Polity*(New York: Franklin Watts, 1982), pp. 4-5.

6) Randall B. Ripley & Grace A. Franklin, *Congress, the Bureaucracy and Public Policy*(Homewood, Ill.: The Dorsey Press, 1980), p. 1.

7) R. B. Denhardt, *Theories of Public Organization*(Monterey, California: Brooks/Cole Publishing Co., 1984), p. 117.

8) James E. Anderson, *Public Policy-Making*(New York: Holt, Rinehart & Winston, 1979), p. 3.

④ 그 형태는 적극적인 것일 수도 있고, 소극적인 것일 수도 있다. 전자는 특정한 문제에 영향을 미치기 위한 드러난 정부 활동의 형태를 가리키며, 후자는 관료들이 행동에 관여치 않기로 한 결정을 포함한다.

⑤ 그것은 법률에 기초하고, 권위적이다.[9]

우리는 여기서 정책 개념의 다의성과 더불어, 현실적으로 존재하는 공공정책의 포괄성을 지적하고자 한다. 그것은 정부의 수준－중앙정부 혹은 지방정부－이나, 기능적인 영역－예컨대 교육 분야 혹은 경제 분야 등－을 가리지 않고 정책이 정부 활동의 대부분을 차지하고 있음을 의미한다. 정책의 포괄성이야말로 정부의 존립 근거가 된다. 정책 과정을 통해 정부는 정당성을 확보하고 국민의 지지를 얻게 되나, 정당성을 확보하지 못한 경우 거꾸로 체제의 위기를 초래할 수도 있다.

2 정책 과정과 관료제의 성장

정책 과정이란 정책 문제의 인지에서부터 그 종결에 이르기까지의 일련의 동태적 과정을 말한다. 여기서 동태적 과정이란 정책 과정이 반드시 정연한 단계에 따라 이루어지는 것이 아니고, 가변적이며 불확실한 상황 속에서 전개되는 것을 의미한다. 정책 과정의 이러한 동태적 성격에도 불구하고 학자들은 그것을 각 단계별로 정연하게 체계화하려는 시도를 멈추지 않았다. 물론 학자들이 규정하고 있는 정책 과정의 단계도 차이를 보여 주고 있는 것이 사실이다.

예컨대 스탈링(Grover Starling)은 그 단계를 '욕구의 식별－정책제안의 형성－채택－프로그램 운영－평가'로 구분하며,[10] 앤더슨은 '정책 문제 인지－정책형성－정책채택－정책집행－정책평가'로 구분한다.[11] 리플리와 프랭클린은 정책의제 설정: 정부의 정책의제－정책형성 및 평가: 정책진술－정책집행 '정책행동－정책효과 및 정책효과의 평가'로 구분하며,[12] 존스

9) *Ibid.*, pp. 3-4.
10) Grover Starling, *The Politics and Economics of Public Policy*(Homewood: The Dorsey Press, 1979), pp. 11-14.
11) J. E. Anderson, *op., cit.*, pp. 23-24.
12) Ripley & Franklin, *op., cit.*, p. 2.

(Charles O. Jones)는 '문제의 식별－프로그램의 개발－집행－평가－종결'로 정책 과정의 단계를 설정하고 있다.[13] 정책을 정부 활동의 총화로 규정하는 피터스는 정책 과정을 '정책의제 설정과 정책형성－합법화－정책집행을 위한 조직화 및 예산－정책평가'로 구분한다.[14]

비록 이들이 사용하는 용어가 다르고, 단계를 설정하는 데도 학자마다 차이가 있는 것은 사실이지만 정책 과정에 관한 전반적인 인식의 틀은 위에서 언급했듯이 그것이 매우 복잡한 기제를 통해서 이루어지는 동태적 과정이라고 하는 점이다.

다시 말하면, 정책 과정과 관련된 기관들은 공식적이든 비공식적이든, 정부 부문이든 비정부 부문이든 무수히 많고, 정책 과정에 영향을 미치는 요소들도 다양하며, 나아가서 정책 과정이 반드시 정연한 절차나 순서에 의해 이루어지는 것은 아니라고 하는 점이다. 이는 정책 과정이 불가피하게 정치 체제의 성격을 반영할 뿐만 아니라, 그 대응물이라고 하는 점과도 연계된다. 요컨대 정책 과정은 집단과 세력들은 상충하는 이해가 첨예하게 맞서고, 조정되는 정치적 과정인 것이다. 여기에 불확실성이 따르는 것은 당연한 일이다. 정책 과정이 가변적인 것은 이러한 이유에서이다.

우리가 관심을 갖는 것은 이러한 정책 과정에서 관료제가 주요한 역할을 수행하고, 이것이 관료제의 성장과 비대화의 원천이 되고 있다는 점이다. 예컨대 관료들은 정책의제 형성의 단계에서부터 정책평가의 단계에 이르기까지 여러 형태로 관여한다. 특히 정책집행 단계에서 가장 깊숙이 관여하나 그것이 단순히 사무적인 일이 아님은 분명하다. 왜냐하면 정책집행도 과거의 관점과는 다르게 정치적 과정의 일부로 이해되기 때문이다.[15]

메데이로스(J. A. Medeiros)는 관료제의 정치적 성격에 특별히 주목한다.[16] 그는 관료제의 역할을 공공정책 결정, 서비스 제공, 정치적 대표제 그

---

13) Charles O. Jones, *An Introduction to the Study of Public Policy*, 2nd ed.(North Scituate: Duxbury Press, 1977), pp. 11-12.

14) B. Guy Peters, *op., cit.*, Chapter Ⅲ-Ⅶ.

15) Randall B. Ripley & Grace A. Franklin, *Bureaucracy and Policy Implementation*(Homewood, Ill.: The Dorsey Press, 1982), Chapter Ⅷ 참조.

16) J. A. Medeiros & D. E. Schmitt, *Public Bureaucracy*(North Scituate, Mass.: Duxbury Press, 1977), pp. 3-5.

리고 계도적 활동으로 규정한 바 있는데, 관료제의 정치적 성격은 주로 공공정책 결정과 연계되어 있는 것이다. 관료제의 정책 결정과의 연계는 관료들의 전문성, 합법적인 권한, 고객과의 접촉의 증대뿐만 아니라 이전에 정책 결정의 주체였든 의회 지위의 상대적 약화, 입법부 및 사법부 등에 의한 포괄적이고 일반적인 정책진술(policy statement)의 구체화 필요성 등이 관료제의 정책 결정에의 관여를 증대시키고 있는 것이다.

그는 "우리가 정치를 '누가 무엇을 언제 어떻게 얻는가'를 결정하는 과정으로 본다면, 관료제는 그러한 '자원의 배분' 과정의 중심에 확고하게 자리잡은 승인된 양식"이라고 규정하면서, 관료제가 경쟁적인 정치적 이해와 가치의 상호작용의 산물임을 이해하는 것이 중요하다고 본다. 따라서 관료제와 정치는 불가분의 관계이며, 관료제의 이러한 정치적 성격은 관료제가 정책집행과 더불어 정책형성 과정에서도 중요한 역할을 수행하고 있음을 의미하는 것이다. 이러한 사실은 서구의 주요 국가의 관료들 중 80~90%가 자신의 역할을 정책결정자로 간주하고 있다는 실증적 연구에도 반영되어 있다.[17)]

이런 관점에서, 관료제의 성장을 설명하는 작용-반응 명제(action-reaction thesis)가 정책결정자의 정부 역할에 대한 기본적 인식과 연결되어 있다는 것은 흥미 있고 주목할 만한 일이다.[18)] 작용-반응 명제는 정책결정자의 가치관과 그의 지각 작용을 거쳐 나온 사회적 관심사가 그것에 대한 대응을 낳고, 이것이 관료제의 성장을 촉진한다는 것이다.

이 때 관료제의 대응을 결정하는 데 영향을 미치는 정책결정자의 가치 및 지각 태도는 그들이 정부의 기능을 어떻게 인식하느냐에 따라 결정된다. 정부의 역할에 대한 기본적 인식은 중립적(neutrality), 소극적 관여(passive acquaintance), 적극적 개입(activism)으로 구분된다. 관료제의 성장을 촉진하는 것은 정부가 마땅히 사회의 각종 요구에 적극적으로 부응해야 한다는 행동주의적 철학이 우세할 때임은 재언할 필요가 없을 것이다.

---

17) Joel D. Aberbach et als., *Bureaucrats and Politicians in Western Democracies* (Cambridge, Mass.: Harvard University Press, 1981), p. 97.

18) Thomas Vocino & Jack Rabin, *Contemporary Public Administration*(New York: Harcourt Brace Jovanovich, Inc., 1981), pp. 52-53.

요컨대 관료제는 그들이 소유한 기술과 전문성을 바탕으로 정책 과정의 각 단계에서 일정한 역할을 수행하고 이를 통해 자신의 지위를 강화한다. 더불어 관료제의 존속에 불가결한 정치적 지지의 동원 능력도 관료제의 정치적 성격의 일단을 보여 주는 것으로 볼 수 있다. 우리는 이 문제를 아래에서 검토하고자 한다.

제 2 절 정당, 이익집단, 그리고 관료제

1 정치적 이해와 정당

정당과 여러 이익집단들이 관료제의 행태에 영향을 미친다는 것은 자명한 일이다. 특히 정치적 이해에 민감한 정당이 관료제에 대해서 일정한 영향력을 확보하는 것은 정당의 생존전략이라는 차원에서도 긴요한 일일 것이다.

잘 알려진대로 정당의 주요한 기능은—여기에는 정치적 엘리트의 형성과 충원, 정치적 동원 및 사회화 등이 포함된다—한 사회의 성원들의 각종 요구와 이해들을 집적하고 표출해, 그것이 공공정책(公共政策)으로 전환되도록 하는 것이다. 그러나 정당의 궁극적인 목표는 정권의 장악과 유지에 있으므로 정책 문제보다 권력에 더 많은 관심을 기울여 온 것은 당연한 일이다.[19]

여기서 정당의 역할과 지위를 결정하는 변수들이 많다는 점을 지적하고자 한다. 다시 말하면 단일 정당 체제인지 다당 체제인지, 의원내각제인지 대통령제인지, 집권 여당인지 야당인지, 또한 정당에 관한 입법 사항 등 여러 요소들이 정당의 성격을 규정하게 되고, 관료제와의 관계도 상이하게 설정될 것이라고 하는 점이다. 가령 정당의 결속력이 영국보다 상대적으로

---

19) James E. Anderson, *op. cit.*, p. 43.: Geoffrey Ponton & Peter Gill, *Introduction to Politics*(Oxford: Martin Robertson, 1982), p. 145.

약한 미국의 경우, 두 개의 정당이 뚜렷이 식별되는 이해를 반영하지 못하고 있는 것으로 평가된다. 그럼에도 불구하고 민주당은 소수집단과 더불어 덜 부유하고 더 진보적인 진영을 대변하고, 공화당은 실업계의 이해와 더 부유하고, 보수적인 진영의 의사를 반영하는 경향이 있다고 지적된다.[20]

요컨대 정당은 공공정책보다 정치적 이해에 더욱 민감하며, 이것이 관료제의 지위를 더욱 강화하는 요인으로 작용한다. 왜냐하면 정당이 소홀히 취급하는 만큼 그 몫이 관료제에 부과되고, 이것이 관료제의 성장을 재촉하기 때문이다. 이런 점에서 정당의 기능의 회복과 활성화는 공공정책에 대한 관심의 증폭과, 관료제에 대한 적절한 제약을 가져올 것이라는 가정을 세워볼 수 있을 것이다. 우리는 이러한 인식의 틀을 통해서 '정당의 활성화－의회의 효율성 제고－관료제에 대한 견제'라는 얼핏 단순해 보이는 도식을 이끌어 낼 수 있을 것이다.

한편 관료제는 정당과의 유대를 도모한다. 관료들은 정당이라는 정치적 실체를 인정하고, 그러한 유대가 공공정책에 대한 지지를 획득하는 데 기여한다고 보기 때문이다.[21] 이미 앞에서 시사했듯이 정치적 지지의 동원능력은 관료제의 정당성의 확보와 행정의 신뢰성을 높이는 데 불가결한 요소이다. 이런 관점에서 관료제와 정당의 관계가 적어도 다원주의적 정치체제하에서는 공공정책과 정치적 이해 간의 역동적인 힘의 배분 관계로 이해되어도 무방할 것이다.

2 정치적 대표성과 이익집단

이익집단도 정책 과정에서 주요한 역할을 수행하며, 관료제의 행태에 영향을 미친다. 정당과 달리 이익집단은 직접적으로 정권의 창출을 시도하지 않지만 이익 표출과 이익 집적의 기능을 수행하며, 자신들에게 유리한 결정이 이루어지도록 각종 영향력을 행사한다. 특히 이익집단은 그것이 시민과 국가 간의 완충 장치로 규정되는 민주적 다원주의 체제에서 그 정수로

20) J. A. Medeiros & D. E. Schmitt, *op. cit.*, pp. 46-47.
21) Harold F. Gortner, *Administration in the Public Sector*, second edition(New York: John Wiley and Sons, 1981), pp. 55-56.

승인되고 있다.[22]

그동안 이익집단을 분류하려는 다양한 시도가 행해졌는데,[23] 여기서 우리의 관심은 어느 정도 조직의 연륜을 쌓은, 제도화된 이익집단에 놓여 있다. 그리고 이러한 이익집단이 정책 과정에서 영향력을 행사하는 통로로 여론과 정당, 그리고 정부기구 예컨대 의회, 집행부, 관료제 등을 활용하고 있다는 점이다. 특히 이익집단이 공공정책에 영향을 미치기 위해 관료제에 접근하는 것은 충분한 이유가 있다. 재언할 필요없이 관료제가 공공정책의 형성과 집행에서 주요한 역할을 수행하기 때문이다.[24]

우리는 앞에서 관료제가－비록 제한적인 의미이기는 하지만－정치적 대표제의 기능을 수행한다고 지적한 바 있다. 그런데 다음의 사항에 유념하지 않으면 안 된다. 즉 이익집단들이 서로 다른 공중(公衆)을 구성하고 있으므로 여러 이익집단들이 관료제에 접근하는 것이 정치적 혹은 민주적 대표성을 갖추었다는 것과, 관료제 자체가 여러 구성 요소로 이루어졌기 때문에 정치적 대표성의 보완적 장치라는 것이 구분된다고 하는 점이다. 여기서 우리가 주목하는 것은 물론 전자의 경우이다. 즉 다양한 이익집단에 의한 관료제에의 접근과, 관료제를 통한 다양한 이해의 반영은 또 다른 형태의 정치적 대표성의 구현으로 이해될 수 있을 것이다.

그러나 관료제로 매개되는 이익집단의 활동이 가져오는 폐단이 적지 않다는 점이 여기서 지적되어야 한다. 이러한 폐단 가운데서 가장 두드러진 것은 아마도 관료제가 단일의 이익집단의 포로가 될 가능성일 것이다.[25] 이것은 광범위하고, 일반적인 이해를 반영할 것으로 기대되는 관료제의 역할과는 부합되지 않는 국면인 것이다. 관료제가 특정한 이익집단의 포로가 되었을 때 그의 영향력 혹은 권위의 범위가 좁아질 것은 불가피할 것이다.

---

22) Vernon Bogdanor, ed., *The Blackwell Encyclopedia of Political Institutions*(Oxford: Basil Blackwell, 1987), pp. 295-296.

23) 미국의 정치학자 아먼드와 파월에 의한 시도도 그 가운데 하나이다. 이들은(이익집단을 무정형적(anomic), 비결사적(nonassociational), 제도적(institutional), 결사적(associational) 이익집단으로 구분한 바 있다. Gabriel A. Almond & G. Bingham Powell, jr., *Compartive Politics*(Boston: Little, Brown and Co., 1966), pp. 74-79.

24) J. A. Medeiros & D. E. Schmitt, *op. cit.*, p. 47.

25) Francis E. Rourke, Bureaucracy, *Politics, and Public Policy*, 3rd edition(Boston: Little, Brown and Co., 1984), p. 58; Medeiros & Schmitt, *op. cit.*, p. 48.

그러면 이익집단과 관료제의 접근 혹은 제휴가 이루어지는 또 다른 이유는 무엇인가? 이 점에 관해 메데이로스는 양자간에 공유되는 유사한 직업전문주의적 가치, 양자간의 인적 교류 등을 제시한다.[26] 또한 우리는 양자간을 호혜적 관계로 규정함으로써 이들 간의 접근의 불가피성을 지적해 볼 수도 있을 것이다. 예컨대 관료제는 이들로부터 필요한 정보를 얻을 수 있고, 이익집단 역시 이러한 접촉 과정에서 공공정책에 영향을 미치는 기회를 갖게 될 것이다. 그런데 이익집단과 관료제의 호혜적 관계는 관료제가 우월한 '불균형적 호혜 관계'일 가능성이 많다. 이익집단과 달리 관료제는 자원 배분에서의 우선권, 자유재량권, 합법적인 권력을 독점하고 있기 때문이다. 결국 이익집단과 관료제의 자리매김에서 중요한 것은 이익집단의 영향력의 정도일 것이다. 그리고 이 때 이익집단의 영향력의 원천이 되는 것은 이익집단이 보유한 인적·물적 자원의 양과 질, 조직의 규모와 연륜, 리더십의 스타일과 기술, 이익집단이 그동안 구축한 사회적 이미지 등 여러 요인들이 될 것이다.

우리는 여기서 이익집단의 관료제에 대한 접근이 구현하는 정치적 대표성이 적어도 양자간의 '불균형적 호혜 관계' 속에서는 상당히 퇴색될 것으로 가정해 볼 수 있다. 또한 관료제가 이익집단의 포로가 되어 있을 때 역시 그러하다. 이러한 가정하에서 우리는 다음과 같은 명제를 제시해 볼 수 있다. 즉 이익집단에 의한 정치적 대표성은 관료제와 이익집단 간의 적절한 균형이 이루어지고, 관료제가 지향해야 할 일반적이고 보편적 이해와 이익집단이 현실적으로 추구하는 특정한 이해가 절묘하게 결합되어 있을 때만이 확보될 수 있다고 하는 점이다.

26) 직업전문주의란 단어처럼 빈번히 사용되는 용어도 드물며, 동시에 직업전문주의처럼 불확정적인 개념도 흔치 않을 것이다. 물론 그 개념의 정립을 위한 노력이 없는 것은 아니다. 가령 그린우드는 직업전문주의의 속성으로서 체계적 이론, 권위, 집단 내의 제재, 윤리강령, 하나의 문화를 제시한 바 있다. E. Greenwood, *Attributes of a Profession*, quoted in C. Ham & Michael Hill, *op. cit.*, pp. 142-143.

제 3 절 대표관료제

1 대표관료제의 개념

반세기 전에 영국의 킹슬리(J. Donald Kingsley)27)가 처음 사용한 것으로 알려진 대표관료제란 용어는 애초에 모든 사회집단들이 그들의 통치기관에 참여할 권리를 가졌다는 의미로 사용되었다.28) 그러나 최근에는 모든 사회집단들이 전체 국민에서 차지하는 비율에 상응해 관직을 보유해야 한다는 '규범적인 치장'으로까지 발전했다.29)

입장에 따라 견해의 차이는 있겠으나, 오늘날 관료제가 직면한 본질적 문제 가운데 하나는 능력이나 능률성의 담보가 아니라, 관료제의 책임성의 확보이다. 이러한 책임성의 확보와 연계되어 흔히 제안되고 있는 것이 관

---

27) 앤더슨은 결정에 대한 이익집단의 영향력은 여러 요소들에 의존적이라고 보며, 여기에 다음과 같은 것을 포함시킨다. 조직구성원의 규모, 재정 상태 및 기타 자원, 조직의 응집력, 리더십의 기술, 이익집단의 사회적 지위, 경쟁적 집단의 존재 여부, 관료들의 태도, 정치 체제의 의사결정의 여러 국면 등이다. James E. Anderson, *op. cit.*, p. 42.

28) 대표관료제란 용어가 상이한 맥락에서 사용되고 있음을 유념할 필요가 있다. 굴드너(Alvin W. Gouldner)는 석고 광산에 관한 경험적 연구를 통해서 관료제를 세 가지로 유형화한 바 있는데, 여기에는 모의(mock), 처벌 중심(punishment-centered), 대표관료제가 포함된다. 모의관료제에서 규칙은 외부에서 부과되고 참여자들에 의해 회피되며, 처벌 중심 관료제에서 규칙은 관리층이나 노동자의 압력에 대한 반응으로 생기며 다른 편에 의해 회피된다. 대표관료제에서 규칙은 합의에 의하며, 그 규칙을 자신들의 것으로 간주한다. 한편 페인소드(Merle Fainsod)는 관료제와 정치적 권위의 흐름이란 관점에서 대표제적, 당-국가, 군부 지배, 통치자 지배, 지배 관료제로 유형화한 바 있다. 그가 의미하는 대표제적 관료제는 정치적 민주주의의 소산으로서, '유권자의 지지를 얻고 정치조직을 지배하는 정치적 세력'에 책임을 지고 거기에 어느 정도 반응하는 체제로서, 여기서는 정당정치에 대한 반응성이 그 핵심을 이룬다. Alvin W. Gouldner, *Patterns of Industrial Bureaucracy*(New York: Free Press, 1954), 특히 제7장 참조: Merle Fainsod, "Bureaucracy and Modernization: The Russian and Soviet Case," Joseph Lapalombara, ed., *Bureaucracy and Political Development*(Princeton, New Jersey: Princeton University Press, 1963), pp. 234-235.

29) Jay M. Shafritz, *The Facts on File Dictionary of Public Administration*(New York: Facts on File Publications, 1985), p. 469.

료제를 '대표적'—관료제의 인적 구성이 그 사회의 주요한 사회 경제적, 인구학적, 그리고 여타의 집단들을 반영하는 것이다—으로 구성하자는 것이다. 이러한 사고의 밑바탕에는 다음과 같은 전제가 놓여 있다. 즉 관료제 내에 사회의 모든 주요한 가치, 이해, 관점 등이 반영되어 있다면, 이는 특정한 계급이나 분야 혹은 집단의 이해와 요구가 아니라, 모든 국민의 이해와 요구에 봉사한다는 의미에서 관료제가 책임성을 갖게 될 것이란 가정이다.[30]

이런 관점에서 대표관료제를 파악할 때, 우리는 이 이론이 현대 국가의 행정 혹은 관료제의 역할의 변모라는 배경 속에서 전개되었음을 알 수 있다. 즉 우리가 되풀이해서 확인했듯이 전통적 행정이론의 중심에 위치한 것은 정치와 행정의 분리, 절약과 능률성이란 가치의 추구, 정치적 중립성의 확보였다. 그러나 행정국가의 출현으로 변모된 행정의 실제는 이른바 탈정치화된 행정의 이상(理想)을 하나의 신화로 간주하듯 행정의 영역을 꾸준히 확대해 왔다.

이런 과정에서 전개된 정치와 행정 영역의 겹침, 관료 혹은 행정가들의 정책 과정에의 관여, 자유재량 범위의 확대 등은 불가피하게 행정책임의 중요성을 우리에게 일깨우게 되었다. 이러한 행정책임에 대한 자각의 산물로서 대표관료제를 이해하는 것은 타당하고도 적절한 접근이 될 것이다.

여기서 우리는 대표관료제에 포함된 주요한 명제를 다음과 같이 요약할 수 있다. 첫째, 관료제는 정책집행과 함께 정책형성에 깊이 관여하고, 둘째, 이러한 상황에서 행정책임을 확보하는 데 전통적인 외부통제가 적절치 못하며, 셋째, 행정책임은 관료제의 대표성의 확보를 통해서 고양될 수 있을 것이다. 이 세 개의 명제에 관해, 라슨(Arthur D. Larson)은 첫 번째와 두 번째의 명제는 논박할 여지가 없거나, 일견 타당한 듯하지만, 세 번째 명제인 이른바 대표관료제의 이론에는 여러 취약점이 있다고 본다.[31]

---

30) Arthur D. Larson, "Rrpresentative Bureaucracy and Administrative Responsibility: A Reassesment," Joseph A. Uveges, Jr., ed., *The Dimensions of Public Administration* (Boston: Allyn and Bacon, Inc., 1979), p. 612.

31) *Ibid.*, p. 612.

2 쟁점들

대표관료제를 둘러싼 쟁점은 적지 않다. 우선 '대표성'의 의미와 관련해서 빚어지는 문제가 있다. 모셔(Frederic C. Mosher)는 이를 두 가지로 구분한 바 있는데, 하나는 적극적 혹은 책임성 있는 대표성이고, 다른 하나는 소극적 혹은 사회학적 대표성이다.[32] 적극적 대표성이란 개인 혹은 행정가가 그가 대표한다고 상정된 사람들-그들이 전체 국민이든 국민의 일부이든-의 이해와 욕구를 위해 진력할 것으로 기대되는 곳에서 성립된다.

이러한 의미의 대표성을 보증하기 위해 어느 정도의 응답성이 요구되는 것이 사실이다. 그러나 관료제 내에 확보된 적극적 대표성은 질서 있는 민주 정체에 위험이 될 수 있다는 점이 지적되고 있다. 반면 소극적 대표성은 개인의 출신 배경과 집단적으로는 전체 사회를 반영하는 정도와 관련된다. 예컨대 출신지와 그 특성, 이전의 직업, 부친의 직업, 교육 정도, 가계 소득, 사회 계급, 인종, 그리고 종교 등은 통계적인 측정이 가능하다.

그런데 이러한 두 가지 의미의 '대표성'이 혼재되어 사용될 때 대표 관료제의 함의가 불분명할 것은 자명하다. 이와 관련해 페이지(Edward C. Page)도 대표관료제의 가장 커다란 취약점을 사회학적 혹은 기술적(記述的) 대표성과 정치적 대표성의 혼돈에서 찾고 있다.[33] 즉 사회학적 대표성이 시민들의 집단과 통치하는 자의 통계적 관계를 의미하는데 반해, 정치적 대표성은 권리와 의무를 포함한 관계, 무엇보다도 반응성과 책임성을 의미한다. 요컨대, 대표관료제란 용어가 서로 다른 맥락에서 사용되는 데서 빚어지는 불충분한 의사소통이 그것의 논리적 근거를 약화시키고 있는 것이다. 따라서 대표관료제란 용어는 그것이 구체적으로 논의되는 맥락의 범위 안에서 제한된 의미로 이해되어야 할 것이다.

또한 대표관료제의 논리적 정합성(整合性)이 의문시되는 것은 대표관료

---

32) Frederic C. Mosher, *Democracy and the Public Service*(New York: Oxford University, 1968), pp. 11-14.

33) Edward C. Page, *Political Authorty and Bureaucratic Power*(Knoxville: The University of Tennessee Press, 1985), pp. 165-166.

제의 존립 기반 자체가 흔들리는 중대한 제약이 되기에 충분할 것이다. 우선 대표관료제 이론이 가정하는 것은 관료들의 사회적 배경과 태도 사이에 상관 관계가 있다는 것인데, 경험적 연구가 이를 뒷받침하지 못하고 있는 것 같다.[34] 사실상 우리는 특정한 집단의 출신인이 반드시 그 집단의 이해를 반영할 것으로 기대하기 어려운 것이다. 그들은 관료제 그 자체, 혹은 인구학적 집단의 이해보다는 그들이 한 부분으로 편입되어 있는 직업전문주의 집단의 이해를 반영할지도 모른다.[35]

덧붙여, 행정책임을 확보하는 하나의 수단으로서 관료제에 대한 외부통제의 효과성에 의문을 갖는 대표관료제의 관점에도 비판이 가해지고 있다는 점이 지적될 수 있다. 예컨대 파이너(Herman Finer)와 같은 학자에게서 현대 행정의 역할과 힘의 증대는 전통적인 외부통제가 더욱 강화되어야 하며, 그 책임성의 확보가 관료들의 수중에 들어가서는 안 된다는 점을 의미하는 것이다.[36]

우리는 대표관료제가 지닌 이러한 취약점에도 불구하고, 그것이 행정 혹은 정치 과정에 광범위한 집단들이 관여해야 할 필요성에 대한 의문으로까지 인도되어서는 안 될 것으로 생각한다.[37] 이는 특정한 집단이 배제된 관료제를 상정할 경우 명백해질 것이다. 이런 점에서 대표관료제를 '참여'의 관점에서 파악하고, 이를 참여관료제로 부르는 것을 적절한 시도로 평가될 수도 있을 것이다.[38] 요컨대 대표관료제는 그 한계점에도 불구하고, 정치적 대표성의 보완적인 장치로서의 의미를 지닌다. 특히 고위직의 충원상의 지역적 편협성이 주요한 쟁점이 되어 왔던 우리의 경우, 대표관료제가 지닌 상징적 의미를 강조하는 것은 각별한 의미를 지닌 듯이 보인다.

---

34) *Ibid.*; A. D. Larson, *op. cit.*, p. 616; Frederick C. Mosher, *op. cit.*, pp. 12-13; Edward C. Page, *op. cit.*, p. 27. Robert B. Denhardt, *op. cit.*, p. 128.

35) R. B. Denhardt, *Theories of Public Organization*, p. 128.

36) Herman Finer, "Administrative Responsibility in Oemocratic Government," Alan A. Altshuler ed., *The Politics of the Federal Bureaucracy*(New York: Dodd, Mead & Co., 1968), pp. 425-432. 관료제에 대한 통제를 다룰 때 이 문제는 다시 검토된다.

37) R. B. Denhardt, *op. cit.*, p. 128.

38) Harry Kranz, *Participatory Bureaucracy*(Lexington, Mass.: Lexington Books, 1976), Chapter Ⅲ.

제 4 절 관료제에 대한 통제

1 행정책임의 성격

행정책임이란 권력을 행사하는 개인들이 외부의 수단이나 내재적 규범에 의해 억제되는 상태를 의미한다.[39] 사전의 정의이기 때문에 '추상의 레벨'이 높지만 스스로 자유롭지 못한, 즉 일정한 구속의 조건을 제시하고 있다는 점에서 행정책임의 본질을 정확하게 지적했다고 볼 수 있다. 일반적으로 책임이란 개인 또는 조직 단위가 일정한 행동 기준에 따라 행동할 의무를 전제로 하여, 그 행동 결과에 대해서 비판받는 것을 의미한다. 따라서 행정 책임이란 행정활동에 대해 응답할 것을 요청받는 것을 의미하며, 개인 및 조직구성원의 행동에 대한 통제는 조직의 효과적인 기능을 위해 필요한 것이다.[40]

그런데 행정책임을 뜻하는 accountability, responsibility, responsiveness는 상호 교체되어 사용되기도 하지만, 대체로 그 의미가 구분되어 사용된다. 즉 'accountability'가 법적 책임을 지시하는데 반해, 'responsibility'는 개인적 도덕적 책임으로 이해되며, 따라서 공식적 역할이나 지위 등과 반드시 연관되는 것은 아니다.[41] 예컨대 자유재량 행위에서 관료들은 법적 책임을 지지 않으나, 그들의 결정에 대해 도덕적 책임을 지는 경우가 있다. 이러한 두 가지 책임 즉 법적 책임과 도덕적 책임이 정해진 다음에, 그 위에 나타나는 반응성 혹은 응답성이 'responsiveness'이다. 체제의 적응성과 관련된 이러한 반응성 혹은 응답성으로서의 행정책임은 정치적 책임의 성격을 갖는다.

---

39) Ralph C. Chandler & Jack C. Plano, *The Public Administration Dictionary*(New York: John Wiley & Sons, 1982), p. 108.

40) R. Barton & William L. Chappell, *Public Administration*(Glenview, Ill.: Scott, Foresman & Co., 1985), p. 163.

41) Robert Presthus, *Public Administration*, sixth edition(New York: The Ronald Press, 1975), p. 411.

미국의 경우, 행정활동에 대한 법적 책임이 강조된 것은 제2차 세계대전 이후의 일이고, 1960년대의 격동기를 거치면서 법적 책임에 도덕적·반응적 책임이 부가적으로 결합되었다고 한다.[42] 이는 정치 및 사회의 여러 영역에서 진행된 새로운 이데올로기의 부활과도 맥락을 같이한다. 즉 1960년대를 풍미했던 일련의 반체제 대항문화운동, 롤스(John Rawls)의 정의론, 현대 산업사회에 대한 비판과 경고, 참여 요구의 증대 등을 배경으로 행정책임의 외연도 확대된 것이다. 따라서 행정 책임의 세 가지 국면 중에서 어느 것이 더욱 중요하고, 좀더 본질적인가를 일의적으로 규정하기는 어려우나, 관료제의 성장과 권력의 비대화에 비추어서 반응성이 새로운 쟁점으로 부각되고 있는 듯하다. 이런 점에서 가령 시민 참여에 대한 광범한 지지 및 요구의 증대, 그리고 이것의 구체적 표현인 'California Proposition 13'[43] 등은 행정책임이 민의(民意)에 대한 반응성을 얼마나 강력하게 내포하는가를 경험적으로 입증하는 사례라고 하겠다.

그런데 여기서 문제가 되는 것은 행정책임을 어떻게 확보하느냐는 것이다. 다시 말하면, 견고한 세력을 형성하고 있는 관료제에 대해서 정치가에게 책임을 추궁하듯 행정책임을 물을 수 있는 방법이 있느냐는 점이다. 이러한 책임의 확보와 관련해 그동안 두 가지 견해가 주류를 이루어 온 듯하다. 하나는 견제와 균형의 원리에 바탕을 둔 외부의 강제력을 동원한 외부통제이고, 다른 하나는 자기 억제의 원리에 근거한 관료들의 내재적·자율적 통제이다.[44]

우선 관료들의 윤리 의식 또는 도덕성에 바탕을 둔 자기 억제의 원리의 실현을 주장한 대표적 학자로서 프리드리히(Carl J. Friedrich)를 들 수 있다. 그는 "공공정책과 행정책임의 성격"이란 논문을 통해서 관료들의 역할이 증대된 것에 상응해 행정 책임의 범위가 확장되었음을 지적한다.[45] 그

42) Walter D. Broadnax, "Making Public Agencies Accountable," in Thomas Vocino & Jack Rabin, eds., *Contemporary Public Administration*, p. 398.

43) Richard L. Lucier, "Gauing the Strength and Meaning of the 1978 Tax Revolt," *PAR*, Vol. 39, No. 4(July/August, 1979), pp. 371-379.

44) 행정에 관한 통제를 내부통제와 외부통제, 혹은 공식적 통제와 비공식적 통제로 구분하는 것이 일반적이지만 그것이 의미하는 바가 반드시 일치되는 것은 아니다. 따라서 그 용어들은 놓여진 문맥에 따라 이해되어야 한다.

는 관료들의 관여로 형성되는 공공정책은 행정책임을 이루는 기술 지식과 대중의 감정이라고 하는 요소를 갖추어야 하므로, 기술적 책임뿐만 아니라 정치적 책임도 요청되는데 외부통제가 이를 충분히 실현하지 못했다는 것이다. 따라서 관료들의 책임성 있는 행동은 강요에 의해서가 아니고, 그들의 내재적 책임성에 의존하도록 일정한 심리적 상황을 마련하는 것이 중요하다고 본다. 나아가서 기술과학 및 사회·정치적 변동으로 인한 심리적 분파 작용의 결과로서 개인이 소외 및 격리감 그리고 무력감을 느끼는 상황에서 행정가는 그들의 고립감을 종식시키고, 이들을 통합할 행정책임을 갖고 있다는 주장까지 나오고 있다.[46] 이는 고도의 명확성, 업무 성과 등으로 이해되는 전통적 행정책임에 대한 비판적 성찰이며, 행정책임의 본질이 '자각의 윤리(ethics of consiousness)'임을 예증하는 것으로 볼 수 있다. 왜냐하면 윤리적 당위의 세계에 내포된 문제가 분석적 존재의 세계에 포함된 문제보다 논리적으로 선행해야 한다는 명제를 우리는 당분간 수락할 수 있기 때문이다.

한편 영국의 밀(John S. Mill)에서부터 관료제의 합리적 질서와 전문성의 필요성을 인정하면서 정치적 통제를 강조하는 마인저(Lewis C. Mainzer)에 이르기까지 관료제에 대한 외부통제를 옹호하는 견해가 또 하나의 흐름을 형성하고 있다. 이 견해는 관료들이 자신의 행동 노선을 결정해서는 안 되고, '선출된 대표'에게 책임이 있다는 명제로 요약될 수 있다. 즉 관료제는 정치적 지도를 수락해야 한다는 관점에 서 있는 것이다. 그런데 행정책임을 확보하기 위한 이러한 외부통제도 그 주체가 누구냐에 따라 의회에 의한 통제, 사법부에 의한 통제, 민중 통제 등으로 구분된다. 여기서는 의회에 의한 통제에 초점을 모아 보려고 한다.

---

45) Carl J. Friedrich, "Public Policy and the Nature of Administrative Responsibility," in Alan A. Altshuler, ed., *The Politics of the Federal Bureaucracy*, pp. 414-425.

46) Louis C. Gawthrop, "Administrative Responsibility: The Systems State and Our Wilsonians Legacy," in H. Gorge Frederickson & Charles R. Wise eds., *Administration and Public Policy*(Lexington, Mass.: Lexington Books, 1977), p. 207.

2 의회에 의한 통제

잘 알려져 있듯이 의회는 법률 제정 이상의 활동을 한다. 학자들의 견해가 반드시 일치하는 것은 아니지만 의회는 정책결정의 활동, 갈등의 조정, 체제 유지 및 통합화의 기능을 수행한다.[47] 의회의 정책결정 활동이란 목표 설정기관으로서 법률을 제정하는 것이며, 이 때 의회의 영향력은 두 가지 측면에서의 측정이 가능하다. 하나는 입법의 원천, 즉 '누가 법률안을 제출하는가'와 다른 하나는 법률안의 수정 특히 행정부에서 제출한 법안을 수정할 수 있는 능력이 그것이다. 의회의 갈등 관리의 기능이란 국민들의 상충하는 요구를 조정하는 것으로서, 각종 정책의 형성이나 법률 제정이 넓은 의미에서는 이러한 기능에 포함될 수 있을 것이다. 또한 의회는 국민과 정부 간의 연계를 통해서 국민적 합의를 창출하고, 정치 체제의 통합화에 기여한다.

한편 더 명시적으로 행정 또는 관료제에 대한 통제를 의회의 주요한 기능으로 파악하는 경우도 있다. 가령 해리스(Joseph P. Harris)는 행정에 대한 통제가 오늘날 민주국가 의회의 가장 중요한 기능 가운데 하나로 보며,[48] 하이네만(Charles S. Hyneman)도 의회가 법률 제정뿐만 아니라 이를 통해 관료제에 지침을 제공하고 통제에 관여한다고 본다.[49] 여기서 우리는 행정 또는 관료제에 대한 의회의 통제가 긍정적인 측면에서만 수용되었던 것은 아니란 점을 상기할 필요가 있다. 예컨대 쉬크(Allen Schick)에 의하면, 미국의 경우 1970년대 이전까지는 '윌슨주의'에 입각해 의회의 통

---

47) 이 부분에 관한 상세한 논의는 다음을 참조할 것: Gerhard Loewenberg & Samuel Patterson, *Comparing Legislatures*(Boston: Little, Brown and Co., 1979), pp. 43-67; G. R. Boyton & Chong Lim Kim, "Introduction," in G. R. Boyton & Chong Lim Kim eds., *Legislative System in Developing Countries*(North Carolina: Duke University Press, 1975), pp. 15-18; Michael L. Mezey, *Comparative Legislatures* (North Carolina: Duke University Press, 1979), pp. 6-11.

48) Joseph P. Harris, *Congressional Control of Administration*(Washington D. C.: The Brookings Institution, 1964), p. 1.

49) Charles S. Hyneman, *Bureaucracy in Democracy*(New York: Harper & Brothers Publishers, 1950), p. 158.

제로부터 행정의 독립성이 선호되었다는 것이다.[50] 그 이유는 ① 거대정부가 행정을 통제하는 의회의 통제력을 약화시켰고, ② 견제되지 않는 행정부의 권력이 국익을 위해 사용된다는 미국 외교정책의 비당파성, ③ 국내문제에서의 다원주의 등이 이러한 사고와 관행에 영향을 미쳤다는 것이다.

그러나 1970년대에 들어와서 '워터게이트사건'이 보여 준 권력의 남용, 베트남전쟁이 몰고온 재앙, 1960년대에 시도되었던 '위대한 사회(Great Society)'에 대한 환멸, 그리고 적지 않은 충격적인 사건들이 의회의 양심에 대해, 행정부의 우월성을 정당화하는 정치 체제에 대해 불만을 야기하고, 그 결과 의회는 행정부에 대한 통제를 강화해 왔다는 것이다. 대통령이 임명하는 고위직에 대한 상원의 인준 범위의 확대, 국민의 알 권리를 보장하기 위한 '정보공개법(Freedom of Information Act)'의 제정[51] 등은 그 전형적 사례라고 하겠다.

사실상 의회에 의한 관료제의 통제는 행정의 자율성을 침해하고 양자간의 갈등을 야기할 수도 있다. 또한 관료제에 대한 적대감이 전염병처럼 만연되어 있으나 그것이 정확한 진단에 의한 것이 아니란 견해도 있고,[52] 사회적 형평을 표방하는 신행정학파도 행정에 대한 정치적 통제는 바람직하지도, 적절하지도 못하다는 입장을 표명하고 있기는 하다.[53] 그러나 우리는 관료제에 대한 통제가 의회의 중요한 기능 가운데 하나라고 생각한다. 이는 홉스의 표현을 빌어서 '인간이 죽어야만 없어지는 권력'이,[54] 제도적 장치를 통해서나마 통제되지 않을 때 초래될 결과가 자명하기 때문이다. 다만 관료제에 대한 의회 통제의 한계점이 지적되고 있으나, 의회의 통제가

---

50) Allen Schick, "Congress and the Details of Administration," in Richard J. Stillman, Jr., ed., *Public Administration: Concepts and Case*, second edition(Boston: Houghton Mifflin Co., 1990), pp. 391-405.

51) 정보공개법에 관한 논의는 *Public Administration Review(PAR)*, Vol. 39, No. 4(July/August 1979), pp. 310-332 참조.

52) Herbert Kaufman, "Fear of Bureaucracy: A Raging Pandemic," in Frederick S. Lane, ed., *Current Issues in Public Administration*, second edition(New York: St. Martin's Press. 1982), pp. 215-229.

53) L. C. Mainzer, *op. cit.*, p. 72.

54) D. D. Raphael, *Hobbes: Morals and Politics*(London: George Allen & Unwin, 1978), p. 30.

하나의 신화에 불과하다는 견해는 합당치 못하다는 것이 우리의 생각이다. 왜냐하면 의회의 관료제에 대한 통제는 그 한계점에도 불구하고 관료제에 대해 가장 큰 영향력의 행사로 파악되기 때문이다.

3 의회에 의한 통제의 실제

우선 의회에 의한 관료제에 대한 통제의 실제는 정부 형태, 정치적 관행과 전통, 법제 등에 따라 차이가 있다는 점을 지적하고자 한다. 내각책임제를 채택하고 있는 영국의 경우, 내각의 성립과 존속이 의회에 의존하고 있으므로 의회에 의한 관료제의 통제는 대통령제에 비해 상대적으로 강력하다고 하겠다. 특히 하원의 활동 중 상당한 부분이 행정 및 정책에 대한 통제에 할애되어 있는 것이다.[55] 영국에서 의회의 관료제에 대한 통제는 '장관책임제(ministerial responsibility)'에 기초를 두고 있다.[56] 이론상 장관이 지는 책임은 ① 개인적 재정적 책임, ② 형사 책임, ③ 정치적 책임이 있는데, 여기서는 주로 정치적 책임을 뜻한다. 이는 법적 관점이 아니고, 의회가 표명한 여러 견해에 비추어 평가되는 책임인 것이다. 그러나 최근에 와서 장관책임제의 실효성에 관해 의문이 제기되고 있다. 그것은 장관이 그의 성내(省內)의 모든 행정활동을 숙지하고 관여하기 어려울 정도로 업무가 확대된 점, 의회보다 우월한 정당 그리고 내각의 권력의 증대에서 빚어진 것이다. 이런 취약점을 보완하기 위해 '옴부즈만(Ombudsman)' 제도를 수정한 '의회감찰관'제도를 창설했는데 이 기구는 의회의 보조기관으로서의 성격을 지닌다. 그동안 이 기관의 성과에 관해서 상반된 평가가 나오고 있으나, 관료제의 통제를 위한 또 다른 시도임은 명백하다. 또한 영국의 경우, 입법 과정에서 위원회의 활동은 미국에 비해서 미약하나, 그동안 특별위원회의 확대로 정책형성 및 관료제에 대한 통제에서 그 영향력이 증대되고 있는 형편이다.[57] 영국 의회가 보유하고 있는 또 하나의 주요한 통제 수단

55) P. Myers, *An Introduction to Public Administration*(London: Butterworth & Co., 1970), p. 106.

56) *Ibid.*, pp. 28-33; Ferret Heady, *Public Administration: A Comparative Perspectives*, forth edition(New York: Marcel Dekker, Inc., 1991), pp. 219-220.

은 질문권의 행사이다. 이는 의회가 수상을 포함해서 각료를 출석시켜 특정한 질문을 하고 답변을 듣는 제도이다. 이 밖에도 의회는 예산 심의와 승인, 임명 동의, 불신임 결의 등을 통해서 관료제를 통제한다. 특히 의회가 내각을 불신임할 경우 내각은 총사퇴해야 하나, 1942년 이래 의회에 의해 내각이 전복된 예는 없다.[58]

대통령제인 미국의 경우에도 의회는 입법권, 예산 심의·승인권, 임명동의권, 청문·조사권, 탄핵소추권 등을 통해 행정부의 프로그램, 절차, 자금, 인사, 조직에 통제력을 행사한다.[59] 미국의 경우 본회의에서 의원들의 질문권이 없어 각부 장관도 의회에 출석해 발언할 수 없으나, 위원회에서는 행정관을 소환하고 위원이 질문할 수 있다. 특히 방대한 권한을 갖고 있는 위원회는 의견을 청취할 필요성이 인정되면 누구라도 소환할 수 있으나, 실제로는 기관의 장이 소환의 대상이 된다.

프랑스 제5공화국은 실제로는 대통령의 개인적 통치에 의존하는 경향을 보여 주나, 이론상으로는 제3, 제4공화국처럼 의회제(parliamentary régime)를 유지하고 있다.[60] 즉 1958년의 헌법은 대통령의 권한을 강화하는 여러 장치를 마련했지만 의회제의 기본 원리들은 그대로 유지하고 있는 것이다. 슐레이만(Ezra N. Suleiman)이 프랑스의 정치 체제를 영국의 내각책임제와 미국의 대통령제의 결합이라고 규정한 것도 이러한 맥락에서이다.[61] 물론 프랑스 의회는 프랑스 제5공화국의 서자(庶子)라는 극단적인 견해도 있기는 하지만, 의회의 주요한 활동은 입법과 행정 및 관료제에 대한 통제인 것이다.[62] 다만 의회에 의한 관료제의 통제가 산발적이고 단편적이라는 지적은 있지만, 의회는 내각에 대해 불신임권을 행사할 수 있고, 수상 및 각

57) Rod Hague & Martin Harrop, *Comparative Government*(London: The Macmillan Press, 1982), p. 156.

58) Karl W. Deutsch, *Politics and Government*, second edition(Boston: Houghton Mifflin, 1974), p. 400.

59) L. C. Mainzer, *op. cit.*, pp. 76-84.

60) F. Ridley & J. Blondel, *Public Administration in France*(London: Routledge and Kegan Paul, 1964), p. 3.

61) Ezra N. Suleiman, *Politics, Power, and Bureaucracy in France: The Administrative Elite*(Princeton, N. J.: Princeton University Press, 1974), p. 358.

62) Jean Blondel, *The Government of France*(London: Methuen and Co., 1974), p. 149.

료에 대한 질문도 통제의 주요한 원천이 된다.[63]

한국의 경우도 제도적으로는 의회가 관료제에 대한 통제의 주요한 원천이 된다. 가령 입법권, 예산심의권, 고위공무원 임명동의권, 질문권, 국정조사 및 감사권, 조약동의권, 기타 각종 건의 등을 통해서 관료제를 통제할 수 있는 것이다. 다만 실제의 통제 상황은 역대 공화국마다 차이를 보여 주고 있는 바, 이는 정치 체제의 성격과 연관되어 논의될 성질의 것이다.

요약컨대, 관료제에 대한 통제는 관료 권력의 증대 및 비대화와 이에 따른 행정 책임의 확보라는 측면에서 이해되어야 한다. 그것은 행정 및 관료제의 창의성을 질식시키고, 쇄신을 가로막기 위한 것은 아니다. 그것은 관료제의 반응성을 제고하기 위한 하나의 기제인 것이다. 우리는 이 점에 관해 다음과 같은 빼어난 진술에 귀기울일 필요가 있다.

> 과도한 또는 잘못된 통제는 관료들을 파멸시킬 수 있는데, 이들에게는 재능, 창의성, 직업전문주의적 판단 그리고 상상적 혁신이 요구된다. 지나치게 적은 통제는 권력을 국민에게 직접적으로 책임을 지는 이로부터 자신들의 욕구와 자신들이 정의하는 공공선에 우선 순위를 두는 경력직 관료들에게 이전시킬 것이다.[64]

제 5 절 사회 변화와 관료제

1 변동 시대의 관료제

한 사회학자는 산업사회의 미래를 전망하면서 결국 가장 중요한 것은 우리가 미래에 대해 갖고 있는 이미지이며, 과도한 낙관주의는 자기 만족으로 그리고 지나친 비관론은 절망으로 인도할 것이라고 기술한 바 있다.[65]

---

63) J. R. Frears, *France in the Giscard Presidency*(London: George Allen & Unwin, 1981), p. 163.

64) L. C. Mainzer, *op. cit.*, p. 26.

65) William A. Faunce, *Problems of an Industrial Society*(New York: McGraw-Hill

관료제의 미래에 관해서도 우리는 비슷한 얘기를 할 수 있을 것이다. 나아가서 이는 관료제의 역할과 관료제가 있어야 하는 방식에 대한 논의에서도 상당한 제약이 따를 것임을 시사한다. 문제는 관료제의 미래에 대해 어떠한 확신도 갖기 어려운 점에서 비롯된다. 이는 관료제를 둘러싸고 있는 환경적 조건들의 변화와 그러한 변화가 관료제에 미칠 파급 효과들이 미지의 상태에 놓여 있기 때문이다. 관료제의 미래에 대한 이러한 불투명한 전망은 그것이 인간과 세계에 대한 해석과 연관되고, 또한 고도의 가치판단을 요구하는 문제인 데서 더욱 가중되는 듯하다. 말하자면 행정의 실체로서 존재하는 관료제에 관한 사실적 기술이라고 할지라도 거기에는 가치판단이 개입되고 그것에 기초한 미래의 전망은 불가피하게 관료제에 대해 자신이 갖고 있는 고정적 이미지의 투영일 가능성이 많기 때문이다. 따라서 관료제에 관한 우리의 전망은 불투명하다. 물론 확신을 갖고 관료제의 종언을 역설하는 논자들도 있기는 하다. 그러나 적어도 정부관료제의 경우, 이 명제의 타당성이 입증되기는 매우 어려운 일일 것이다.

우리의 논의는 관료제가 사회 변화를 일정한 부분 수용할 수밖에 없다는 가정에서 출발한다. 이는 관료제가 진공 상태에서 작동하는 기제가 아니기 때문이다. 이것을 좀더 분명히 하기 위해서 사회 변화와 관료제의 규모에 관해서 생각해 보자. 미국 사회의 선구자적 사상가로 불리는 드러커(Peter F. Drucker)는 앞으로는 특정한 과제나 조직에서 어떠한 규모가 적절한가 하는 것이 중심적 문제가 될 것이라며 다음과 같이 진술한다.

> 물리적인 시스템에서는 항상 대규모화함으로써 더 좋은 성과를 얻었다. 더 큰 힘은 더 큰 산출을 뜻했다. 더 큰 것이 더 좋은 것을 뜻했다. 그러나 그러한 것은 지금으로부터의 생물적인 시스템에서는 통용되지 않는다. 생물적인 시스템에서 규모는 기능에 의해 결정된다.66)

그의 지적대로 이러한 규모에 대한 신앙의 포기는 이미 1970년대부터 그

Book Co., 1981), p. 221.

66) Peter F. Drucker, *The New Realities*, 김용국(역), 『새로운 현실』(서울: 시사영어사, 1989), p. 312.

맹아가 발견되었던 것이다. 우리는 이를 슈마허(Ernst F. Schumacher)의 『작은 것이 아름답다』[67]에서도 확인할 수 있는데, 어쨌든 낙관적이고 팽창주의적인 규모에 대한 신앙이 과거의 위력을 되찾기 어렵게 된 것은 정부 관료제 부문에서 상당한 의미가 있는 듯하다. 특히 미국의 경우, 대기업의 구조 변혁과 분할이 급속히 진행되는 가운데 빚어진 공공 부문의 변화－정부의 기능이 중앙에서 지방으로, 지방에서는 지방정부의 기능이 민영화되고, 어떤 경우에는 민간 소기업에 위탁되고 있다－는 주목할 만한 가치가 있다.[68]

요컨대 관료제는 시대의 변화와 이념적 정향들을 앞장서서 이끌기는 어려우나, 그러한 변화를 일정한 부분 수용함으로써 자신의 힘을 온존시킬 수 있는 것이다. 변화에 적응하는 이러한 생존전략이 공적 부문보다 사적 부문에서 더욱 활발한 이유는 자명하다. 그것은 조직의 생명이 유지되느냐 아니면 그것이 마감되느냐 하는 중대한 문제이기 때문이다. 따라서 사적 부문에서 진행되는 생존전략은 단순히 변화에 적응한다는 차원을 넘어서 새로운 것을 창안하는 데까지 활동 영역을 확장한다. 이런 점에서 새로운 관리 기술의 발전이 사적 부문에서 선도된 것은 우연이 아닌 것이다. 이에 반해 공적 부문에서 변화의 수용이 완만한 것은 정치적 함의를 갖는 행정개혁의 대상이 아닌 이상, 조직이 해체되거나 소멸될 위험으로부터는 면제되어 있기 때문이다.

2 '작은 정부' 지향

우리는 위에서 관료제가 사회변화 혹은 환경적 요인들의 피조물인 듯 기술했다. 그러나 이것이 전면적 진실은 아니다. 관료제가 사회 변화 및 환경적 요인에 영향을 미치는 측면이 있기 때문이다. 다만 우리의 강조점이 사회 변화 쪽에 두어진 것은 관료제가 지닌 현상 유지적이고 보수적인 정향을 드러내기 위해서였다. 이는 관료제가 자족적(自足的)인 실체(實體)로서

67) Ernst F. Schumacher, *Small is Beautiful: A Study of Economics as if People Mattered*(New York: Harper & Row, 1973).

68) 김용국(역), 앞 책, p. 314.

보다는 정치의 하위 체제로서의 성격을 지녔다고 보는 우리의 기본적 시각에 근거한 것이다. 이런 점에서 환경적 요인을 포함해서 사회 변화가 관료제에 미치는 영향과 관료제의 미래를 전망하기 위해서는 이 부문의 변화를 탐색할 필요가 있을 것이나, 여기서는 그 단초에 관해서만 기술하려고 한다.

현대의 정치이론을 체계적으로 개관한 바 있는 셀프(Peter Self)는 정치의 미래와 관련해, 정부의 정책 혹은 가치에 근본적인 의문을 제기하는 다양한 사회적·정치적 운동에 관해 언급하고 있다.69)

우선 그는 '단일의 쟁점 정치'의 주요한 사례로서 환경보호주의, 평화운동, 급진적 여성해방론 등을 제시한다. 이 운동의 강점은 규모의 크기에 있고, 약점은 이들이 정치의 주류에서 벗어나 있다는 점이다. 특히 실제의 투표 과정에서 이러한 단일의 쟁점으로 지지를 확보하기 어려운 점 역시 이러한 운동의 취약점이다. 그가 이어서 제시하고 있는 것은 급진적 도시운동의 성장인데, 이 운동은 빈곤층, 실업자, 소수민족을 다양한 방식으로 동원한다. 이들의 전형적 목표는 더 좋은 공공 서비스와 취업, 자산가 및 토지투기에 대한 통제, 향상된 지방의 자율성과 '자주관리(self-managerment)'의 확보 등이다. 끝으로 새로운 생활 방식을 찾으려는 광범위한 탐색 활동이 있다. 이러한 운동은 중간 규모의 기술, 협동적 행위, 자기충족성과 자연주의의 미덕에 대한 믿음을 포용하고 있는 바, 이 운동은 소규모 공동체, 일련의 실험적 센터의 운영 등으로 구체화되고 있다.

셀프는 이러한 정치적·사회적 운동이 주어진 생활공간이나 생활 방식에 대한 방어의 성격을 갖기 때문에 정치적 지렛대의 힘은 제한되어 있고, 흔히 이러한 운동은 정부의 역할에 대해서는 양면적 또는 부정적인 태도를 갖고 있다고 본다. 그는 '건전한 사회'를 믿는 이들은 정부의 기술적 그리고 경제적 변화의 통제에 더 많은 역할이 부여되기를 기대하고, 사회 정의를 믿는 이들 역시 그러하다고 본다. 반면 이러한 운동의 가장 완강한 태도는 집권화된 관료제, 기술관료주의 그리고 자본주의와 관련된 중앙정부에 대한 깊은 불신감이라고 지적한다.

---

69) Peter Self, *Political Theories of Modern Government: Its Role and Reform* (London: George Allen & Unwin, 1985), pp. 175-176.

비록 셀프가 분석의 대상으로 삼은 것이 발전된 서구의 민주국가이지만, 적어도 산업화와 정치적 경쟁성의 확보를 위해 진력하는 국가–한국도 예외는 아닐 것이다–의 경우에는 그의 분석이 적실성을 갖는다고 보아도 무방할 것이다. 이런 점에서 그가 정치개혁과 관련해 부분 활동의 분권화, 정책 형성과 기획을 위한 능력의 신장 등을 제안한 것은,[70] 발전된 몇몇 선진국에만 적용될 처방은 아닌 것이다. 더불어 우리는 그러한 제안의 방향성이 적절하다고 본다. 이는 우리의 기본적 관점, 즉 관료제의 성장과 비대화가 정책 과정과의 연계에서 비롯되었고, 관료제는 더욱 반응성을 갖추어야 한다는 당위적 요청과도 부합되는 것이다. 특히 분권화에 대한 요청은 행정적 합리성이나 능률성만으로 설명되지 않는 정치적 가치가 있다는 점이 고려되어야 할 것이다.

그러나 우리의 경험이 일러 주듯이 당위적 요청과 현실적으로 존재하는 것 사이에는 간격이 있기 마련이다. 관료제 역시 예외는 아니다. 더 많은 공공 서비스를 원하는 고객의 욕구와 우리가 소망하는 분권화된 혹은 '작은 정부' 지향 사이에는 커다란 간격이 존재한다. 한편에서는 관료제의 성장을 재촉하는 여러 욕구들이 분출한다. 또 다른 쪽에서는 권력의 비대화를 우려하는 목소리가 끊임없이 나온다. 결국 그 간격을 어떻게 조절하느냐는 것이 향후 관료제의 역할과 위상의 정립에 커다란 영향을 미칠 것으로 본다. 그리고 이러한 딜레마를 인식하고 이를 해결하기 위해 진력하는 것은 최고통치자의 주요한 과제 중의 하나일 것이다.

3 관료제의 종언

지금부터 정확하게 25년 전에 베니스(Warren G. Bennis)는 향후 20~30년 후의 조직이 직면하게 될 여러 조건들을 스케치한 바 있다.[71] 거기서 검토의 대상이 된 것은 환경, 인구 특성, 일의 가치, 작업과 목표, 조직, 그리고 동기였다. 그는 여기서 미래 조직의 구조에서 핵심적 용어는 일시성

70) *Ibid.*, pp. 192-193.

71) Warren G. Bennis, *Organization Development: Its Nature, Origins, and Prospects*(Reading, Mass: Addison-Wesley Publishing Co., 1969), pp. 32-35.

(temporary)이 될 것이며, 이러한 새로운 스타일의 조직을 '적응적 구조'라고 불렀다. 독특한 용어의 뛰어난 발명자인 미래학자 토플러(Alvin Toffler)는 이러한 조직에 대해 재빨리 애드호크라시(ad-hocracy: 이 용어의 어원인 라틴어 ad hoc은 '이 때문에', '특별히'의 의미를 갖는다)란 이름을 붙였다. 이른바 관료제의 종언을 예고하는 의식들이 적응적 구조, 일시적 조직 또는 '애드호크라시'라는 이름 밑에서 전개된 것이다. 이 때 관료제의 종언은 여러 가지 원천에서 비롯되나 대별하면 두 가지이다. 하나는 개인과 관리 사이에서 빚어지는 긴장의 관리 능력의 부족이고, 다른 하나는 과학 기술혁명이다. 이런 이유로 빅토리아 시대의 가치와 요구에 적합했던 관료제는 '애드호크라시'라고 불리는 새로운 형태의 조직으로 대치되는 것이다. 당시 관료제가 새로운 시대의 도래에 대한 창조적 반응으로 출현했듯이, 오늘은 새로운 조직설계가 마련되지 않으면 안 되는 것이다.

'애드호크라시'의 역사는 제2차 세계대전 중의 태스크 포스(task forces, 전문기동반)의 출현시까지 소급되는데, 이는 군에서 임무 수행 후 해체되는 특별팀(at hoc team)이었다.[72] 그리고 팀이 존속하는 기간이 정해진 것이 아니어서 하루, 한 달 또는 일년간 존속할 수도 있었다. 팀에서 수행되는 역할은 상호 교체되기도 하고, 하위 단위로의 분할도 가능했다. 이 팀의 이점은 변화에 신속히 대응하는 능력과 여러 전문가들의 조정을 용이하게 할 수 있다는 점에 있다. 이는 토플러가 '애드호크라시'를 "신속하게 움직이고, 정보가 풍부한 미래의 활동적 조직으로서 일시적 세포들과 고도의 이동성을 지닌 개인들"로 이루어진 것으로 정의한 것과도 부합된다. 요컨대 이 새로운 형태의 조직은 비계층적이고, 일시적이며, 관리의 민주적 절차에 높은 가치를 부여한다.

그러나 '애드호크라시'가 지닌 취약점도 간과할 수 없는 부분이다.[73] 우선 그것이 일상적 업무를 수행하는 데 능률적이지 못하다는 점이 지적된다. 정확하고 표준화된 업무 수행 방식을 갖추지 못했기 때문이다. 또한 그 구

72) Stephen P. Robbins, *Organization Theory*(Englewood Cliffs, N. J.: Prentice-Hall, 1983), p. 212.

73) Henry Mintzberg, *Structure in Fives: Designing Effective Organizations* (Englewood Cliffs, N, J.: Prentice-Hall, 1983), pp. 275-279.

성원들은 사회적 압력이나 심리적 긴장감을 경험하게 된다. 이는 '애드호크라시'가 지닌 최대의 장점인 '변화와 새로운 상황에 대한 대응'의 과정에서 빚어진 부적응적 반응이라는 점에서 다소 역설적이기도 하다.

현재로서는 '애드호크라시'가 지닌 여러 장점에도 불구하고, 그것이 관료제를 전적으로 대치하기는 어려울 것이다. 특히 공적 부문에서는 더욱 그러하다. 우리의 이러한 판단은 새로운 행정 수요가 창출된다고 할지라도, 관료제가 수행하는 일상적 업무는 여전히 존재한다는 점에 근거한다. 그리고 무엇보다도 관료제가 권력의 세계와 손잡고 있는 인간의 세계라는 점에서, 관료제의 종언은 하나의 개연성으로만 존재할 가능성이 많다고 생각한다.

제 9 장 산업사회와 관료제

우리는 이제 우리 시대의 관료제가 구현하고 있는 여러 특징과 더불어 관료제가 부과하는 생의 관료제화를 분석하고자 한다. 이는 관료제화라는 프리즘을 통해서 산업사회 혹은 후기산업사회에서의 인간 존재의 방식이 어떻게 투영되어 있는가를 검토하는 작업이다. 그러므로 여기서 지향하는 것은 우리 시대의 생의 관료제화이다. 이 방면의 몇몇 업적이 생의 관료제화의 준거틀과 더불어 그 실상을 제공하게 된다.

제 1 절 산업사회 · 후기산업사회

산업사회란 일반적으로 발전된 테크놀로지, 사회조직의 복잡성, 급격한 사회 변동, 경제 성장에의 열망 등으로 그 성격이 규정되는 사회를 뜻한다. 아롱(Raymond Aron)은 이러한 산업사회의 특징으로서 세 가지를 제시한다. 즉 노동력의 대부분이 제2 · 3차 산업에 집중되고, 전통 사회의 비교적 정체적 성격과 달리 생산력의 증대를 위한 끊임없는 동인(動因)이 존재하고, 따라서 빠른 속도로 기술혁신이 이루어지는 것이 그것이다.[1] 아롱의 이 정의가 수용된다면 자본주의에 관한 마르크스의 분석의 일정한 정식

1) Raymond Aron, *La Lutte des Classes*, quoted in Anthony Giddens, *The Class Structure of the Advanced Societies*(London: Hutchinson, 1973), p. 59.

(formula)은 구소련과 같은 체제에도 적용될 수 있을 것이다.

18세기 후반 영어 및 불어로 통용된 산업(industry, industrie)이란 용어는 근면한 노동을 의미했다. 가령 스미스(Adam Smith)는 이 용어를 게으름과 대비되는 개념으로 규정하고 인간의 노동과 생산 수단을 지칭하는 의미로 사용했다.[2] 이러한 어원상의 고려는 산업사회로의 전환이 단순한 기술적 현상을 넘어선 함의를 지니고 있음을 시사한다.[3]

산업사회를 분석할 때 주요한 쟁점이 되는 것은 그 사회가 협력적인가 갈등적인가, 적응적인가 자기파괴적인가 하는 점이다.[4] 19세기의 스펜서(Herbert Spencer), 뒤르켐(Émile Durkheim)과 같은 사회학자들은 산업사회의 분업의 협력적이고 통합적인 성격을 강조했고, 또한 오늘날의 구조기능주의자들도 산업사회를 고도로 분화되고 일관성 있는 사회 체제로 간주한다. 반면 마르크스주의 사회학자들은 예컨대 임금노동자나 자본 소유자·관리자 간의 상충하는 이해를 지적함으로써 산업사회의 갈등구조를 강조한다.

산업사회는 흔히 대중사회와 연관을 맺고 있다. 주지하다시피 대중사회의 개념은 현대 사회를 규정하는 영향력 있는 사회이론의 중심에 위치하는 바, 여기에는 개인 간의 차별성의 무너짐, 일의 루틴화(routine化), 권위를 상실한 종교, 저급한 대중문화의 범람, 대중들의 정치적 무관심 등이 포함된다.

벨(Daniel Bell)은 구체적으로 대중사회를 다음과 같이 요약한다.[5] 교통 및 커뮤니케이션 분야에서의 혁명은 인간 사이의 접촉을 증대시키면서 새로운 방식으로 인간을 결합시킨다. 분업은 인간을 상호 의존적으로 만들고, 사회의 한 부분의 진동이 여타 부분에 영향을 준다. 그러나 그러한 상호 의존성에도 불구하고 인간은 서로에게 소원하게 된다. 가족과 지역공동체의

2) Adam Smith, *The Theory of Moral Sentiments*(Oxford: Oxford University Press, 1976), p. 11.
3) Anthony Giddens, *The Nation-State and Violence*(Oxford: Polity Press, 1985), p. 137.
4) N. Abercromble et at., *Dictionary of Sociology*, 2nd.(London: Penguin Books, 1988), p. 123.
5) Daniel Bell, *The End of Ideology*, Rev.(New York: The Free Press, 1962), pp. 21-22.

전통적인 일차 집단의 유대는 무너지고 옛날의 교구신앙(敎區信仰)이 의문시되는데도 어떠한 통합적 가치도 출현할 가능성은 희박하다.

더 중요한 것은 교육받은 엘리트의 비판적 기능이 더 이상 취향이나 여론을 형성하지 않는다는 점이다. 그 결과로서 관습이나 도덕이 끊임없는 유동적 상태에 있고, 개인 간의 관계는 유기적이기보다 접촉의 감소·간막이화된다. 동시에 공간적·사회적 유동성의 증가는 지위에 대한 관심을 강화하게 된다. 의복 및 타이틀로 상징되는 고정되고 잘 알려진 지위에 대신해서, 개인은 다양한 역할을 수행하고 새로운 상황 속에서 끊임없이 자기 자신의 존재를 증명하지 않으면 안 된다. 이러한 모든 이유로 인해서 개인은 자아정체성을 상실한다. 불안이 증대되고 새로운 믿음에 대한 모색이 이루어진다. 이렇게 해서 세속적 메시아인 카리스마적 지도자가 출현할 무대가 마련되는 바, 그는 대중사회가 파괴되었다는 믿음에 대한 하나의 대응물이다. 개인의 비범함을 추구하는 고독한 군중의 세계에서－가치들이 경제적 계산으로 끊임없이 전치되고, 극단적인 경우 수치와 양심이 과잉의 공포를 더 이상 억제할 수 없는 세계에서－대중사회 이론은 현대 사회의 강력하고 현실적인 기술(記述)이고 현대 생활의 질과 정서적 분위기를 정확하게 반영하는 듯하다.

콘하우저(W. Kornhauser)는 대중사회이론에는 기원을 달리하는 두 개의 지적 계보가 있다고 지적한다.[6] 하나는 19세기 서구 특히 프랑스 사회에서 혁명적 변화에 대한 반작용으로 등장한 대중사회에 대한 귀족주의적 비판과, 다른 하나는 20세기 러시아와 독일의 전체주의 대두에 대한 반작용으로 빚어진 민주주의적 비판이 그것이다. 전자의 경우 대중사회는 문화적·정치적 생활에서의 엘리트의 배타성의 상실과 대중 참여에 의해 엘리트가 대중의 압력에 직면하는 사회이다. 후자는 비엘리트의 격리의 상실 및 대중을 전체적으로 동원하려는 엘리트의 등장으로 초래된 비엘리트가 엘리트의 압력에 직면하는 사회이다. 콘하우저는 접근하기 쉬운 엘리트(accessible elite)와 조종되기 쉬운 비엘리트(availale non-elite)를 상호 의존적 관계로 규정한 후, 양자를 결합해 엘리트에의 접근 가능성과 비엘리

6) W. Kornhauser, *The Politics of Mass Society*(London: Routledge and Kegan Paul, 1957), p. 21.

트의 조종 가능성이 모두 높은 사회를 대중사회로 본다.7)

한편 벨에 의해 최초로 형성되고, 그의 『후기산업사회의 도래』(1974)에서 정교화된 후기산업사회의 개념은 20세기 후반의 경제적·사회적 변화와 긴밀하게 연결되어 있다. 벨에 의하면 이 사회에서는 이론적 지식이 사회의 기축 원리(axial principle)가 된다.8)

그는 후기산업사회의 개념을 다섯 가지 차원 혹은 구성 부분으로 일반화하고 있다.9)

① 경제 분야 : 재화의 생산에서 서비스 경제로의 전환

② 직업 분포 : 전문직 및 기술 계급의 우위

③ 기축 원리 : 사회를 위한 혁신과 정책 형성의 원천으로서의 이론적 지식의 중심성

④ 미래 정향 : 기술과 기술적 평가에 관한 통제

⑤ 의사 결정 : 새로운 지적 기술의 대두

요컨대 벨은 후기산업사회에서 이론적 지식의 중심성을 강조하고, 경험적으로 보아 발전된 산업사회에 이러한 현상이 지배적임을 지적하고 있다.

또한 후기산업사회의 기술 및 사회구조가 인간의 성장을 성취할 수 있는 잠재력을 갖고 있다고 보는 폰스(William A. Faunce)는 밀스(C. Wright Mills)의 '주된 추세(main drift)'란 용어를 채용하여 전(前)산업사회, 산업사회, 후기산업사회 간의 주요한 차이점을 제시한다.10)

또 다른 논자들은 후기산업사회를 논의하면서 경제 및 정치 영역에서의 테크노크라트(technocrat)의 증대되는 권력에 주목하고 있으나, 그것이 식별될 수 있는 사회계급을 구성하는지에 대해서는 의문이 제기된다.11)

우리는 이제 산업사회 혹은 후기산업사회에서의 인간의 존재 방식과 더불어 생(生)의 관료제화를 검토하고자 한다.

---

7) *Ibid.*, pp. 114-115.

8) D. Bell, *The Coming of Post-Industrial Society: A Venture in Social Forecasting*(New York: Basic Books, Inc., Publishers, 1973), p. 112.

9) *Ibid.*, p. 14.

10) William A. Faunce, *Problems of Industrial Society*(New York: McGraw-Hill Book Co., 1981), p. 216.

11) N. Abercromble et al., *op. cit.*, p. 191.

〈표 9-1〉 주된 추세

사회의 유형	생산 양식	사회구조의 기본적 특징	사회 변화율	전형적 조직 형태	사회적 통제의 위치	개인과 조직의 관계
전(前) 산업사회	수공업	• 저수준의 구조적 분화 • 고도의 구조적 통합	낮음	소유적	외부적 전통적	비개체화
산업사회	기계화	• 고도의 구조적 분화 • 저수준의 구조적 통합	높음	관료제적	외부적 합리적	소외
후기 산업사회	자동화	• 중간 수준의 구조적 분화와 통합	중간	직업전문 주의적	내부적	관여

자료: William A. Faunce, *Problems of An Industrial Society*, p. 216.

제 2 절 생의 관료제화

1 오르테가: 『대중의 반역』

사회는 대중과 소수자—사회 계급의 의미가 아니고 인간의 범주 또는 사회적 기능의 의미에서—로 구성된다. 1883년 마드리드에서 출생한, 스페인 지성계의 지도자 가운데 한 사람인 오르테가 이 가세트(Jose Ortega y Gasset)는 다음과 같이 양자의 성격을 규정한다.

소수자는 특별히 유능한 개인 또는 개인들의 집단이다. 대중이란 특별한 자질을 갖추지 못한 사람들의 집합이다. 따라서 대중이란 용어를 단순히 또는 주로 노동대중이란 의미로 이해해서는 안 된다. 대중이란 평균인이다. 그러므로 단순히 양적이었던 것이 질적인 존재로 전환된다. 즉 그것은 사회적으로 질을 공통으로 갖는 것이며, 타인과 자신을 구별하는 것이 아니

고 공통의 유형을 스스로 되풀이하는 것이다.[12)]

오르테가에게서 우리 시대의 특징은 범용한 정신이 자신의 범용함을 인지하면서 범용한 자의 권리를 확인하고, 그것을 도처에서 강요하려는 점이다. 대중은 모든 차별성, 우월한 것, 개인적인 것, 자질이 풍부한 것, 그리고 선택받은 자를 모두 분쇄하려고 한다.[13)] 대중의 반역이란 우월한 형태의 삶에 접근하기 위한 적극적 기도가 아니고 대중이 마치 자질을 풍부하게 갖춘 자들처럼 행동하는 병리적 노력을 뜻한다. 오르테가는 우리 시대의 최대의 위험물을 국가로 규정한다.

> 나는 현재 유럽 문명을 위협하고 있는 최대의 위험물에 관해 언급하고자 한다. 이 문명을 위협하는 모든 다른 위험물과 마찬가지로 그것은 유럽 문명 그 자체에서 잉태된 것이다. 더욱이 그것은 유럽 문명의 영광 중의 하나이기도 하다. 그 위험물이란 우리가 알고 있는 오늘날의 국가이다.[14)]

18세기 말 유럽에서의 국가는 보잘것 없는 것이었다. 그러나 새롭고 합리화된 기술이 최초로 승리를 구가하게 된 초기 자본주의와 상업조직은 사회력의 증대를 가져오기 시작했다. 하나의 새로운 사회 계급이 그 이전보다 수적으로 우월하게 그리고 강력한 힘을 가지고 출현한 것이다. 그들이 바로 중간층 즉 부르주아지인 것이다. 조직을 만들고, 규율을 따르고, 자신들의 노력에 지속성과 일관성을 부여하는 방법을 터득하고 있는 부르주아지의 출현 속에서 국가라고 하는 배는 위험한 항해를 하고 있었다. 이 국가라고 하는 배는 참으로 보잘것 없는 것이다. 병사도, 관료도, 재원도 거의 갖고 있지 못하다. 이 배는 부르주아지와는 구별되는 계급 즉 귀족들에 의해 건조된 것이다. 귀족들의 용기, 그들의 천부적인 리더십, 책임감에서 기인하는 정신적 덕성들이 국가라는 배를 이끌어 왔으나 그들의 빈약한 지성, 감상주의, 본능주의, 요컨대 그들의 비합리성으로 인해 합리성이 요구하는 기술을 발전시킬 수 없었다. 국가는 하나의 기술－공적 질서와 행정의 기

12) Jose Ortega y Gasset, *The Revolt of the Masses*(New York: W. W. Norton & Co., 1932), pp. 13-14.
13) *Ibid.*, p. 18.
14) *Ibid.*, p. 117.

술-이므로 앙시앵 레짐(ancien régime: 봉건적 구체제)이 18세기 말에 광범위한 사회적 반역에 직면해 약체국가로 전환된 것은 필연적 귀결이었다. 그리고 사회력과 공권력의 참으로 커다란 불균형이 프랑스혁명과 1848년에 이르기까지의 혁명을 가능케 했다. 그러나 혁명에 의해 공권력을 장악한 부르주아지들이 강력한 국가를 만들었다. 그리고 유럽에서의 진정한 혁명은 종식되었다. 혁명의 동기가 존재하지 않은 것이 아니고 혁명 수단의 부재 탓이다. 이제 공권력이 사회력의 수준에까지 도달했다.

오르테가의 진술은 다음과 같이 이어진다. 즉 우리 시대의 국가는 경이로운 방식으로 활동하는 가공할 기계가 되었다. 이 거대한 기계는 다수의 그리고 정밀한 수단에 의해 놀라운 능률성을 획득한다. 일단 그것이 사회의 한가운데 위치하게 되면 하나의 버튼으로 거대한 지렛대를 움직여 사회적 장치 내의 모든 부문에 위력을 발휘하게 된다.[15]

오르테가는 오늘날 문명을 위협하고 있는 최대의 위험을 국가의 간섭, 국가에 의한 모든 자발적인 사회적 노력의 흡수에서 찾는다. 즉 인간의 운명을 궁극적으로 유지하고, 양육하고, 촉진시키는 역사의 자발적 행위를 국가가 절멸시킨 데서 발견한다. 이러한 경향이 가져올 치명적 결과를 다음과 같이 제시한다.

> 사회는 국가를 위해, 그리고 인간은 정부라는 기계를 위해 살지 않으면 안 된다. 이 때 국가는 하나의 기계에 지나지 않고, 기계의 존속과 유지가 그것을 둘러싼 생명력에 의존하고 있듯이 국가는 사회의 골수마저 우려먹은 후, 활력을 잃고 형골화되었다가 죽게 될 것이다. 그리고 그 죽음은 녹슨 기계의 죽음이, 유기체의 죽음보다 더욱 스산한 것이 될 것이다.[16]

요컨대 사회는 예속화되고, 국가에 대한 봉사 이외에는 그 존속이 불가능하게 된다. 그리고 생의 모든 것이 관료제화된다. 그 결과는 무엇인가? 생(生)의 관료제화는 모든 질서 내에서 생의 절대적 쇠퇴를 가져온다. 그 때 국가는 자기의 욕구를 충족시키기 위해 인간 존속의 관료제화를 더욱

---

15) *Ibid.*, pp. 119-120.
16) *Ibid.*, p. 121.

강요하게 된다. 이러한 관료제화가 사회의 군국주의화이다.[17] 오르테가는 국가주의(statism)를 낳게 된 국가의 간섭이 다음과 같은 결과를 가져온다고 본다. 즉 국민들은 국가라고 하는 단순한 기계를 양육하기 위한 연료로 전환된다. 골격이 그 주위에 있는 고기를 먹어 버린다. 가옥을 위한 발판이 가옥의 소유주가 되고, 거주자가 된다.[18]

폭력과 직접적 행동으로 발현되는 국가주의하에서 익명의 기계인 국가를 통해서 대중은 그들 스스로를 위해 행동한다. 오르테가는 대중의 지배하에서 국가가 개인과 집단의 독자성을 분쇄하고 결정적으로 '미래의 보수(harvest of future)'를 훼손하는 것을 용인할 수 있는가 묻는다.

벨은 그의 『이데올로기의 종언』에서 대중이란 용어에 다섯 가지 상이한 용법이 있다는 것을 지적한 바 있다. 즉 ① 매스미디어란 용어가 시사하는 미분화된 무리로서의 대중, ② 현대 문명의 저급한 질을 나타내는 무능력자로 판단되는 대중, ③ 독일 낭만주의나 자연과 전원의 이상화에 대비되는, 기계화된 사회로서의 대중, ④ 극단적 합리화와 생활의 과도한 조직화와 관련된 관료제 사회로서의 대중, ⑤ 오합지졸로서의 대중이 그것이다. 이미 언급한 바 있듯이 오르테가의 경우 대중은 벨이 구분한 ②에 속하며, 오르테가의 국가와 현대 문명에 대한 공격은 그 통속성에 대한 고전주의자의 경멸인 것이다. 그러나 우리의 주된 관심은 슈마허에게 기울어진다.

슈마허의 "인간은 작은 것이다. 그러므로 작은 것이 아름다운 것이다. 거대함을 추구하는 것은 자기 파괴를 향하는 것이다"[19]라는 명제는 국가주의, 거대정부, 고전주의자의 경멸에 대한 '중층적 구조'의 응답이 된다. 슈마허의 다음과 같은 진술은 이를 뒷받침한다.

> 인생은 이율배반과 거대함으로 충만해 있으므로 논리로는 감당할 수 없다. 질서, 계획, 예측 가능성, 중앙의 통제, 회계의 책임, 부하에 대한 지시, 복종, 규율 등이 없다면 모든 것이 혼란스럽게 되므로 좋은 성과를 거둘 수 없다. 그럼에도 불구하고 무질서에 대한 관대함, 유쾌한 분방함, 미지의 불확실한 영역

17) *Ibid.*
18) *Ibid.*, p. 122.
19) R. F. Schmacher, *Small is Beautiful: A Study of Economics as if People Mattered*(New York: Harper & Row, 1973), p. 159.

으로 뛰어드는 기업가 정신이 없으면, 또한 위험이나 모험을 피하는 관료제의 수호자들이 두려워 접근하지 못하는 곳에 뛰어드는 창조적인 상상력이 없으면 인생은 명예롭지 못한 모조품에 지나지 않을 것이다.[20]

2 윤흥길: 「날개 또는 수갑(手匣)」

윤흥길(尹興吉)의 단편소설 「날개 또는 수갑」은 조직과 개인의 갈등을 다룬 작품이다.[21] 그것은 조직 속에서의 인간 존재 방식에 대한 진지한 모색이기도 하다. 사실상 조직과 개인의 갈등 문제는 조직이론의 중심에 위치하는 바, 이는 다양한 관점(perspective)에서 논의될 수 있다.

그러나 조직과 개인의 갈등의 원천은 추구하는 목표의 상이성에서 발견될 수 있다. 조직이 합리화·사회화의 원리에 근거한 생산성을 추구한다면 개인은 인간화·심리적 성취감과 연관된 자아 실현을 추구한다. 따라서 조직이 편성 운영하는 기제와 개인의 심리적 기제 간에는 불일치가 나타나게 마련이다.

윤홍길의 「날개 또는 수갑」은 제목이 시사하듯이 옷이 날개이기를 그치고 하나의 구속, 또는 감금 상태로 개인을 밀어넣게 되는 상황에서 벌어지는 인간들의 다양한 반응을 묘사한 작품이다. 소설의 줄거리는 간단하다. 일류 기업의 반열에 들지 못하는 섬유업체인 동림산업에서는 창업 10주년을 기념해 '동림산업의 기개를 대외에 과시함은 물론 사우 간에 일체감을 조성해 단결력을 더욱 공고히 하기 위해', 그 방편의 하나로 제복 착용의 문제를 검토할 사복 제정 준비위원회를 발족시킨다. 동림산업의 관리과 직원 일부가 사복 제정에 끝까지 반대할 것을 만장일치로 결의하고 준비위원회의 위원으로 선임된 '장상태'의 활약에 기대를 걸지만 위원회는 사복을 착용하기로 결정한다. 애초에 '회사를 내 몸같이 아끼고 사랑하는 동림 가족 여러분의 권고와 건의'에 귀기울인 오만한(吳萬漢) 사장의 배려로 제안된 것이지만, 이미 방침은 결정된 것이고, 그 결정이 여론에 의한 것이라는 점을 그럴 듯하게 포장하는 일이 준비위원에 맡겨진 소임이었다. 이제 동

20) *Ibid.*, pp. 250-251.
21) 윤홍길, 「날개 또는 수갑」, 『세계의 문학』, 제2권 제3호, 1977/가을호, pp. 266-285.

림산업의 사원들이 취할 행동노선은 두 가지이다. 하나는 회사의 방침에 순응해 제복을 착용하는 것이다. 동림산업의 대부분 사원들이 이 노선을 따른다. 다른 하나는 엘리트 사원으로 자처하는 우기환처럼 회사를 떠나는 것이다. 예외적으로, 드물게 적용되는 이 대안은 문제가 있다. 왜냐하면 조직의 생활을 포기하지 않는 한, 다른 조직으로의 이동 역시 또 다른 감금 상태가 기다리고 있기 때문이다. 그런데 우리의 주인공 민도식은 '정문으로 들어서지도 못하고 그렇다고 뒤돌아서서 나오지도 못한 채' 그 어느 곳에도 속하지 못한다. 말하자면 우리의 주인공은 경계인(境界人)으로 남아 있는 것이다.

그러면 제복 착용을 거부하는 이유는 도대체 무엇인가? 우기환의 변명을 들어보자.

> 색깔 다르고 디자인 다른 사복 차림이 각각 그 사람의 개성을 나타내듯이 유니폼은 어떤 조직집단의 성격을 단적으로 드러내는 상징들입니다. 어떤 개인한테 어떤 유니폼을 입혀 놓으면 그 사람이 자연인으로서 이제까지 누려온 자유와 권리를 속박당하고 그 대신 조직집단이 부과하는 책임과 의무가 그를 영치기 영차 끌고 갑니다.[22]

> 옷에는 보호 기능과 표현 기능이 있다고 들었습니다. 우리가 옷에서 바랄 수 있는 건 그 두 가지 기능만으로 충분하다고 믿고 있습니다. 제복으로 사원들 간에 일체감을 조성해서 회사를 더욱더 발전시키겠다고 그러시지만 제 생각엔 그렇게 해서 얻어지는 단결력보다는 제복에 눌려서 위축되고 단결력에 밀려서 자유로운 창의력이 퇴보되는 데서 오는 손실이 더 클 것 같습니다.[23]

윤흥길의 「날개 또는 수갑」은 조직과 개인의 갈등을 포함해서 힘을 가진 자에 의해 자행되는 여론의 조작, 기업 이미지의 부각을 위한 대중매체의 활용, 생산직 노동자에 대한 관리과 직원들의 터무니없는 우월 의식, 등장인물들의 심리적 변용 과정 등을 섬세하게 묘사한 작품이다. 그러나 우리는 동림산업의 기업 운영 방식이 합리성과는 거리가 먼 가족 중심의, 전근

22) 앞 책, p. 273.
23) 앞 책, p. 283.

대적인 점에 주목하고자 한다. 즉 동림산업은 베버적 의미에서의 관료제적 조직은 아닌 것이다. 우선 직원의 충원 및 승진이 실적(merit)에 의한 것이 아니고 귀속성(ascriptive)에 의존하고 있다. 부서의 주요한 직위에는 자수성가한 오사장을 포함한 친·인척이 배치되어 있다. 의사결정 과정도 하나의 요식행위로 묘사되어 있다. 나아가서 상사와 부하의 관계가 비인격적 질서에 의해 유지되는 것이 아니고, 고도의 인격적 질서에 의존한다. 이는 동림산업의 이미지 관리를 위해 사원의 가족까지 동원하는 데서 그 정점에 이른다. 또한 일방적 커뮤니케이션의 통로만 열려 있기 때문에, 어느 누구도 신분상의 불이익을 감수하지 않고는 회사의 방침에 반하는 개인적 견해를 표명하기 어렵다. 그러므로 「날개 또는 수갑」은 합리성이 결여된 조직 속에서의 구성원의 일부가 한순간 품었던 의식의 반란이 평정되는 삽화적 세계에 관한 소묘이다. 그것은 합리성의 세례를 받은 조직구성원의 일부가 공유하는 회사에 대한 누적적 불만, 타성에 길들여진 데 대한 심리적 좌절감, 자긍심의 상실 등이 복합적으로 엮어 내는 내면적 갈등의 표출이기도 하다. 이런 점에서 윤흥길의 「날개 또는 수갑」은 비합리적 조직 속의 인간 행태에 관한 뛰어난 통찰을 담고 있는 우리 시대－한국이라고 하는 특수한 지형을 우리는 염두에 두어야 한다－의 자화상이다. 그것은 수갑으로 비유되는 조직 속의 인간의 존재 방식에 대한 항의이며 동시에 무력감의 표현이기도 하다. 그러나 더욱 중요한 것은 하나의 조직이 역사적·정치적 맥락에서 절연되어 존립하는 것이 아니란 것을 윤흥길이 보여 주고 있다는 점이다. 조직은 시대적 상황과 연계되어 생존전략을 모색하지 않으면 안 된다. 우리는 “새로 맞춘 제복으로 단장한 남녀 전 사원이 각 부서별로 군대처럼 질서정연하게 도열해 서서 연단에 선 지휘자의 손끝을 우러러보며 사가(社歌)를 제창하기 직전의 예비운동으로 목청을 가다듬는 헛기침”[24]을 하는 모습에서 산업화 과정에서 정치적 퇴행을 경험한 우리의 암울했던 1970년대의 정치 상황을 상기하게 된다. 우리는 그들의 헛기침을 하는 모습에서 조직의 제일성(齊一性), 의식(儀式)에 대한 과도한 집착, 계층제적 구조가 빚어내는 엄격한 규율, 강요된 의식(意識)의 동질화, 미래에 대한

24) 앞 책, p. 285.

우렁찬 낙관주의 등을 발견한다. 아울러 방향을 정하지 못하고 경계선상에서 서성거리는 민도식의 모습에서 70년대 우리 지식인들의 자화상을 발견하게 된다. 더불어 우리에게 합리성의 찬가가 여전히 요청되는 이유를 우리에게 극명하게 보여 주는 것이다. 그리고 이른바 전통과 현대의 동시 공존성에서 우리에게 필요한 것이 과연 무엇인지 준엄한 질문을 던지는 것이다. 더불어 우리가 여기서 한국 관료제의 변태를 발견할 수 있다는 것은 사족일지 모른다.

3 오웰: 『1984년』

프롬(Erich Fromm)은 오웰(George Orwell)의 『1984년』의 발문(跋文)에서 다음과 같이 적고 있다.

> 오웰의 「1984년」은 정서의 표현이고 또한 하나의 경고이기도 하다. 『1984년』에 나타난 정서는 인간의 미래에 대한 절망에 가까운 무드이다. 그리고 「1984년」이 담고 있는 경고는 만약 역사의 진로가 바뀌지 않는다면 세계의 모든 인간이 인간으로서의 품성을 상실하고 영혼 없는 자동 인간이 되어, 인간이 그렇게 된 사실조차 깨닫지 못하게 될 것이란 점이다.[25)]

『1984년』은 완벽하게 관료제화된 사회를 묘사한 반유토피아 소설이다. 헉슬리(Aldous Huxley)의 『용감한 신세계(*Brave New World*)』가 거꾸로 선 과학의 허상을 드러냈다면, 『1984년』은 통제된 사회의 무망한 삶에 대한 기록이라고 할 수 있다. 절대 권력의 화신(化身)인 '빅브라더'와 그의 당은 인간의 모든 생활 영역과 내면 깊숙한 의식의 세계까지 지배한다. 개인의 움직임이 낱낱이 텔레스크린에 포착되는 기술 지배의 구조와 전체주의 체제 특유의 억압 구조를 통해 인간의 본성은 철저히 파괴된다. 사실에 관한 정보가 왜곡되고, 과거의 역사가 다시 쓰여지는 상황에서 논리적 사고는 설 자리를 잃게 된다. 여기서 『1984년』이 보여 주는 삶의 몇몇 세목을 찾아보자.

---

25) George Orwell, *1984*(New York: New American Library, 1961), p. 257.

우선『1984년』이 제시하고 있는 것은 개인에 대한 완벽한 통제와 비판적 사고를 잃어버린 이중사고(二重思考)의 세계이다. 이중사고란 국가가 개인에게 부과하는 의무로서 한 사람이 두 가지 상반된 신념을 동시에 가지며, 그 두 가지를 모두 받아들이는 능력을 의미한다. 그것은 모순을 또한 역설적 상황의 불가피한 수용을 뜻한다.

> 그(윈스턴)는 혼자였다. 과거는 죽었고 미래는 상상할 수 없었다. 지금 살아 있는 또 하나의 인간 존재가 그의 편이라고 무슨 확신을 가지고 믿을 수 있는가? 당의 지배가 영원히 지속되지 않을 것이란 사실을 확인할 수 있는 방법이 도대체 있을 수 있는 것인가? 이 질문에 대한 답변이나 되는 것처럼 진실성(Ministry of Truth)의 하얀 벽에 써 있는 구호가 그의 눈에 들어왔다.
>
> 전쟁은 평화다.
> 자유는 예속 상태다.
> 부자는 힘이다.
>
> 그는 주머니에서 25센트짜리 동전을 꺼냈다. 거기에도 역시 아주 미세하고 명료한 글씨체로 똑같은 구호가 새겨져 있었다. 그리고 동전의 다른 면에는 두목의 초상이 그려져 있었다. 동전으로부터 조차도 그 눈은 그를 쫓아다니고 있었다. 동전에, 우표에, 책표지에, 깃발에, 포스터에, 담배갑의 껍질에, 어디에서든 언제나 그 눈은 감시하고 그 목소리는 들렸다. 자고 있건, 깨어 있건, 외출을 하건, 목욕을 하건, 침대에 눕건, 도망갈 곳은 없다. 자기의 두개골 양쪽에 있는 몇입방 센티미터를 빼고는 그의 것은 하나도 없다.[26]

『1984년』의 세계에서는 개인의 생각하는 자유마저 허용되지 않는다. 사상 범죄가 이를 증거한다.

> 그가 '두목이여 망하라'고 쓰건, 그렇게 쓰기를 주저하건 아무 중요성이 없는 것이었다. 그가 일기를 계속 써 나가건, 쓰기를 그만두건 아무 상관이 없다. 사상통제 경찰은 그를 똑같이 잡아갈 것이었다. 그는 비록 그가 종이 위에 펜을 전혀 대지 않았다 하더라도 분명히 의도했기 때문에 의도 그 자체에 포함

26) *Ibid.*, pp. 25-26; 은여진(역),『1984년』(서울: 두풍, 1989), p. 43.(인용된 부분은 은여진(역)의 것이고, 이하에서도 같다.)

> 되는 다른 범죄를 이미 저지른 것이었다. 그들은 이를 사상범죄라고 불렀다. 사상범죄는 영원히 감춰질 수 있는 것은 아니었다. 그는 잠시 아니 몇 년은 성공적으로 숨을 수 있을지도 모른다. 하지만 얼마 지나지 않아 곧 그들은 그를 반드시 잡아넣고 말 것이다. 그것은 언제나 밤이었다. 체포는 예외없이 밤에 행해졌다. 갑작스럽게 어깨를 흔들어 잠을 깨운 다음 눈에 불을 비춰댄다. 그래서 돌아다보면 침대를 빙 둘러선 딱딱한 표정들이 서 있었다. 거의 대다수의 사건에서 재판도 없고 체포영장도 없었다. 사람들은 언제든지 밤시간에 간단하게 사라진다. 그 이름은 기록부에서 삭제되고 그가 해왔던 모든 일에 대한 기록이 역시 없어진다. 한때 살아 있었다는 사실도 부정되고 곧 잊혀진다. 그가 제거되고 뿌리가 뽑히는 것이다. '증발한다'는 이런 경우에 통용되는 일반용어였다.[27)]

주인공 윈스턴이 애정성(Ministry of Love)에 감금되어 고문관(拷問官) 오브라이언에 의해 인간성이 철저히 파괴되는 장면은 전율 그 자체이다.

> 우리는 수동적 복종이나 비열한 순응 따위에 만족하지 않아. 마침내 자네가 우리에게 항복할 때, 그것은 자네의 자유 의사에 의한 것이어야 해. 우리는 우리에게 저항한다는 이유로 이단자를 죽이지 않아. 우리에게 반항하는 한 우리는 그를 죽이지 않아. 우리는 그를 전향시키고 그의 내부의 마음을 사로잡고 그것을 변형시키지. (……) 우리는 그를 죽이기 전에 우리의 일부가 되게 하지. 잘못된 생각이 이 세상 어디엔가 존재한다는 것, 그것이 아무리 힘없는 생각이라 할지라도 우리에겐 견딜 수 없는 일이야. (……) 과거의 전제정치에서의 명령은 '너는 하지 못한다'였어. 그리고 전체주의자들의 명령은 '너는 해야 한다'였지. 우리의 명령은 '너는……이다'야.[28)]

『1984년』에서의 권력의 목적은 권력 그 자체로 규정된다.

> 당은 오로지 자신을 위해서 권력을 추구하는 거야. 우리는 남의 행복 따위에는 관심이 없어, 오로지 권력만이 우리의 관심사야. 부나 사치, 장수, 행복 따위가 아니라 오로지 권력, 순수한 권력이야. 순수한 권력이 무엇을 의미하는지

---

27) *Ibid.*, pp. 19-20; 은여진, pp. 34-35.
28) *Ibid.*, pp. 210-211; 은여진, pp. 297-298.

> 이제 자네도 이해할 거야. 우리는 우리가 하는 일을 잘 알고 있다는 점에서 과거의 모든 과두지배자들과 달라. 독일의 나치당이나 러시아 공산당도 수단에서는 우리와 아주 유사했지만 그들은 자신의 동기를 인정해 버릴 정도로 용기있지는 못했어. 그들은 제한된 기간 동안 마지못해 권력을 잡는 척했었고 어느 구석엔가 인간이 자유롭고 평등한 낙원이 있노라고 믿기조차 했지. 우리는 그렇지 않아. 우리는 어느 누구도 권력을 포기할 생각으로 그것을 잡지는 않는다는 것을 알고 있어. 권력은 수단이 아니라 목적 자체야. 사람은 혁명에 대비하기 위해 독재를 구축하지는 않아. 오히려 독재를 구축하기 위해 혁명을 시도하는 것이지. 추방 목적은 추방이야. 고문의 목적은 고문이고, 또한 권력의 목적은 권력이지. 이제 내 말을 이해할 수 있겠나?[29]

오웰의 『1984년』의 모델이 된 것이 소련의 공산주의 체제라는 점은 잘 알려진 사실이나, 그것이 반드시 소련의 경우에만 국한되지 않는다는 점에서 사태의 심각성은 증대된다. 이는 『1984년』을 단지 스탈린주의의 야만성에 대한 묘사로서만 해석하고 만족한다거나, 그것이 우리에게 의미하는 바를 알지 못한다면 불행한 일이란 프롬의 진술 속에 극명하게 드러나 있는 것이다.[30] 이런 점에서 『1984년』은 '인류 전체에 대한 묘사이며', '다양한 이념과 상관없이 현대적인 생산 양식과 조직 속에 내재한다'는 점에서, 그것은 산업사회의 인간 존재 방식에 대한 하나의 항의이며 우려의 표명인 것이다. 그러나 우리는 좀더 제한된 조건 내에서도 비슷한 상황과 마주친다. 가령 우리는 정치적 자유와 권리 그리고 경쟁성이 제한된 많은 발전도상국들, 특히 군부 통치의 경험을 갖고 있는 권위주의적 체제 하에서－비록 체제의 억압구조와 기술 지배의 구조가 결합된 것은 아니지만－『1984년』의 부분적 실현을 목격하게 된다. 그것은 체제의 현재적·잠재적 억압구조가 체제 유지를 위해 동원하는 모든 수단들을 포함하고 있는 것이다. 이런 점에서 구소련을 포함한 동구권의 체제 변혁은 탈(脫)전체주의 경향을 보여 주는 혁명적 전환이라고 할 수 있다. 사회주의의 퇴조와 더불어 정치적 다원주의의 추구는 이들 체제의 새로운 변화의 가능성을 예고하는 것이다. 그럼에도 불구하고 산업사회에서의 인간 존재 방식은 정치적 억압구조를

29) *Ibid.*, p. 217; 은여진, p. 307.
30) *Ibid.*, p. 267.

넘어서 삶의 전반적인 관료제화에 의해 성격의 일단이 규정된다. 그리고 '결프 전쟁'이 보여 주었듯이 인류는 여전히 그 절멸의 위기 속에 놓여 있는 것이다.

4 프롬: 『건전한 사회』

맥코비(Michael Maccoby)는 프롬(Erich Fromm)의 주된 관심 영역을 네 가지 부분 즉 ① 사회적 성격 규명, ② 프로이트 정신분석 및 정신병리학의 수정, ③ 산업사회에 대한 비판, ④ 종교 및 종교와 인간 계발과의 관계분석으로 범주화한 바 있다.31) 여기서 검토하는 프롬의 『건전한 사회』는 산업사회에 대한 강력한 비판서로서, 자본주의와 사회주의 체제에 공통적으로 존재하는 관료제적·기계적 장치들이 비인간화와 인간의 자기로부터의 소외를 야기한다는 결론을 도출해 낸다.

프롬은 17~18세기 이래 서구를 지배한 경제 체제를 자본주의로 규정하고, 이 체제는 많은 변화를 경험했으나 몇 가지 공통적 속성을 지녔다고 본다. 즉 ① 정치적·법적인 측면에서의 자유민의 존재, ② 자유민은 자신의 노동력을 노동시장에서 계약을 통해 자본가에게 판매한다는 사실, ③ 가격이 결정되고 사회적 생산물의 교환이 규제되는 메커니즘으로서의 상품시장의 존재, ④ 개인들은 자신의 이익을 추구하고, 이와 같은 경쟁적 행위에 의해 결과적으로 모든 사람에게 최대의 이익이 돌아간다는 것이 그것이다.32) 프롬은 역사적으로 전개된 자본주의 체제가 공유하고 있는 이러한 유사성에도 불구하고 거기에서 일어난 중요한 변화에 주목할 필요성이 있음을 지적한다.

우선 17~18세기의 경우, 자본주의의 초기 성격을 규정짓는 두 가지 국면이 상기되어야 한다. 하나는 이 시기의 기술과 산업이 그 단초에 머물러 있었다는 점과 다른 하나는 중세문화의 관행 및 이념이 경제 활동에 심대

31) M. Maccoby, "Erich Fromm," in D. L. Sills, ed., *International Encyclopedia of the Social Sciences*, Vol. 18, p. 216.

32) Erich Fromm, *The Sane Society*(London: Routledge & Kegan Paul, 1956), pp. 83-84.

한 영향을 미쳤다는 점이다. 이는 사회와 경제가 인간을 위해 있는 것이지 인간이 그들을 위해서 존재하는 것이 아니란 점을 시사한다. 즉 경제적 진보는 사회 내의 어떤 집단에도 유해하지 않았을 때 건강한 것으로 간주되었음을 의미한다.[33)]

그러나 19세기에 들어와서 이러한 전통적 태도에는 변화가 일어난다. 인간은 경제 영역에서 '모든 사물의 척도'이기를 그친다. 노동자는 착취당하고, 자본가의 이윤 창출을 위한 극대화된 노동력의 이용이 도덕적으로도 용인되고, 따라서 자본가와 노동자 간의 연대성은 무너진다. 프롬은 이 시기의 사회적 성격을 본질적으로 경쟁적·저장 지향적·착취적·권위주의적·공격적 개인주의적인 것으로 규정한다.[34)]

그런데 20세기에 들어오면서 자본주의 체제는 산업기술, 경제, 사회구조적 측면에서 새로운 변화를 경험한다. 사실상 전(前)세기의 개혁가들이 요구했던 사실들이 이 시기에 들어와서 어느 정도 충족된 것은 사실이다. 즉 노동자의 몫의 증가와 더불어 인간적·정치적 조건의 개선, 비합리적 권위에 대한 순종과 성적 억압의 감소, 요컨대 13세기의 관점에서 20세기의 자본주의는 많은 것을 성취했고, 끊임없이 진보하고 있다는 확신을 사람들에게 심어 주었다.

그러나 물질적 풍요, 정치적·성적 자유에도 불구하고 20세기는 전세기보다 정신적으로는 더욱 병들어 있는 것이다.[35)] 이는 스티븐슨(Adlai Stevenson)이 1954년 컬럼비아대학교에서 행한 연설의 한 구절, "우리가 더 이상 예속 상태에 놓일 위험성에서는 벗어났지만, 우리 인간은 로봇이 될 것이다"에 간결하게 함축되어 있는 하나의 시대적 증후이다. 그것은 또한 프롬이 『희망의 혁명』(1968)에서 지적한 바 있는 기술적 시스템의 두 가지 지도 원리, 즉 무엇인가를 하는 일이 기술적으로 가능만 하다면 무슨 일이 있어도 반드시 행해지지 않으면 안 된다는 원리와, 최대의 능률성과 산출의 원리 위에 서 있는 20세기 기술사회가 안고 있는 병리인 것이다.[36)]

---

33) *Ibid.*, p. 85.
34) *Ibid.*, p. 99.
35) *Ibid.*, p. 102.
36) E. Fromm, *The Revolution of Hope*(New York: Harper & Row, 1958), pp. 33-34.

프롬은 19세기와 구분되는 20세기 사회의 특징으로서 ① 새로운 에너지의 개발 및 대체를 통한 생산 과정상의 기술적 변화, ② 자본과 기업의 집중과 소유와 경영의 분리, ③ 자영기업가의 감소와 신중간 계급의 성장, ④ 대량생산 및 대량소비 체제의 구축, ⑤ 경제적 · 정치적 측면에서의 노동자 계급의 신장 등을 지적한다.[37] 그리고 여기서 결과된 '생산의 기적'을 통해서 우리 시대의 인간들은 모든가 전체의 부분이 되어 동일한 생활의 리듬을 경험한다고 본다. 이런 점에서 우리 시대는 특정한 권위, 원리, 의식에 예속되지 않는 인간을 필요로 하나 기꺼이 명령받고, 어떤 일을 할 것으로 기대되고, 균열 없는 사회적 장치에 적합하도록 요청받고 있다.[38] 프롬은 소외의 개념을 통해서 우리 시대의 이러한 인간적 상황을 규정한다. 프롬은 소외의 성격에 관해 다음과 같이 지적한다.

> 소외란 인간이 자기자신을 예외자로서 경험하는 하나의 경험의 양식이다. 이 때 우리는 인간이 그 자신으로부터 소원하게 되었다고 말할 수 있다. 인간은 자기자신을 세계의 중심이라든지 자기 행위의 창조자로서 경험하는 것이 아니고 그 행위와 결과가 주인이 되고 인간은 이것에 순종하거나 이를 숭배하지 않으면 안 되는 것이다. 소외된 인간은 그가 타인으로부터 떨어져 있듯이 그 자신으로부터 떨어져 있다. 그는 타인과 마찬가지로 사물이 경험되는 것처럼 경험된다. 즉 인간은 지각과 상식을 가진 존재이나, 동시에 이것을 자신이나 외부 세계에 생산적으로 관련시키지 못하는 존재이기도 하다.[39]

프롬이 의미하는 소외의 양상은 인간과 노동, 국가, 동료 및 자신과의 관계에서 발견되는 '전면적인 것'인 바, 특히 관료제에서 두드러지게 나타난다. 프롬은 거대기업 및 정부의 관리 활동이 관료제에 의해 수행된다고 본다. 이 때 관료들은 사물과 인간의 관리에서 전문가로 이해된다. 관리되어야 할 기구의 거대성과, 그것이 결과하는 양화(量化)와 추상화로 인해 관료와 인간과의 관계는 완전히 소외의 형태를 갖춘다. 관리되는 인간은 사랑이나 미움의 대상이 아니며 완전히 비인격적 존재이다. 관료들은 그의 전

37) E. Fromm, *op. cit.*, pp. 103-109.
38) *Ibid.*, p. 110.
39) *Ibid.*, p. 120.

문적 활동에 관한 한, 감정을 개입해서는 안 된다. 관료들은 인간을 숫자나 사물로서 조작하지 않으면 안 된다. 조직의 거대성과 고도의 분업이 특정한 개인을 전체로서 온전하게 이해하는 것을 불가능하게 하고, 산업 활동에서 다양한 개인·집단 간의 유기적이고 자발적인 협력 관계가 존재하지 않기 때문에 관료들은 필수불가결한 존재이다. 모든 사람들이 무력감을 갖고 관료들의 중요한 역할을 인지하기 때문에 관료들은 거의 신(神)과 같은 존재로 존중된다.[40] 프롬의 관료제에 관한 비판적 시각은 두 가지의 생존 양식을 다루고 있는 그의 『소유냐 존재냐?』(1976)에서도 극명하게 드러나 있다. 그는 인간이 구속받지 않는 삶의 주인이 되려는 꿈은 인간이 관료제적 장치의 톱니바퀴가 되어 있다는 사실을 깨닫게 되었을 때 부수어졌다고 보는 것이다.[41]

프롬은 관료제의 병리적 현상이 오늘날의 자본주의 체제에서만 발견되는 것으로 보지 않는다. 그는 어떤 조건하에서는 러시아가 공포 없이도 존재할 수 있으나 전면적 관료제화, 즉 소외 없이는 존속할 수 없다고 본다.[42] 프롬의 이러한 견해는 사실상 마르크스의 과도하게 단순화된 낙관적 인간관에 대한 비판과 연결되어 있는 것이다.

5 다렌도르프: 『산업사회의 계급과 계급갈등』

다렌도르프(Ralph Dahrendorf)는 산업사회의 구조적 변화를 분석할 필요성을 두 가지로 요약한다. 하나는 경험적 관찰을 통해서 마르크스의 계급이론이 오류임을 밝히는 사회 발전의 패턴을 제시하는 것이다. 다른 하나는 갈등 및 변동이론을 통해서 설명되는 선진 산업사회의 양상들을 검토하는 것인 바, 이는 자본주의 사회뿐만 아니라 산업사회에도 일반적으로 적용되는 것이다.[43]

---

40) *Ibid.*, pp. 126-127.
41) Erich Fromm, *To Have or To Be?*(New York: Harper & Row, Publishers, 1976), p. 2.
42) E. Fromm, *The Sane Society*, p. 127.
43) Ralph Dahrendorf, *Class and Class Conflict in Industrial Society*(Starord: Stanford University Press, 1959), p. 36.

우선 다렌도르프는 자본주의란 용어가 경제적 · 역사적 개념이라고 전제하고, 그것을 산업사회의 한 유형으로 본다. 그리고 그는 자본주의의 중심적 요소로서 생산 수단의 사적 소유와 사적 계약을 통한 생산 과정의 규제로 본다. 그는 특정한 사회를 분석하는 데 자본주의와 산업사회란 용어가 적용될 수 있으나 유용성은 크지 못하다고 생각한다. 왜냐하면 이 용어들은 사회구조의 일반적 특징을 기술하는 모형에 지나지 않기 때문이다. 그러므로 특정 사회에 관한 완벽한 기술 및 분석에서는 자본주의 혹은 산업사회와 같은 분류 이외에 사회의 구조적 변인, 문화적 특성, 역사적 전통 등이 부가되어야 된다고 본다. 그러나 좀더 일반적인 구조적 요소에 관한 분석과 그 요소들을 공유하는 여러 사회의 분석인 경우, 자본주의 및 산업사회란 범주로서도 충분하다고 생각한다. 요컨대 그는 자본주의와 산업사회를 부분(자본주의)과 전체(산업사회)로 대비시키는 관점에서 마르크스 이후의 산업사회의 구조적 변동을 분석한다.[44]

첫째, 다렌도르프는 산업사회에서의 소유와 통제 기능의 분리를 사회적 지위 및 지위의 충원 방식의 변동으로 파악하고, 자본가 기업으로부터 주식회사로의 전이 과정을 역할 분화의 과정으로 규정한다. 이는 애초에 자본가의 지위에서 결합되었던 소유자와 경영자의 기능이 분리되었음을 의미한다.[45] 소유와 통제의 분리는 '기능 없는 자본가'를 창출해 생산 수단을 소유했기 때문에 권위를 행사했던 자본가의 권위의 정당성의 기초에 변화를 야기한다. 또한 '생산 수단이 없는 경영자'는 그들에게 위임된 통제 기능을 수행한다. 다렌도르프는 소유와 통제의 분리가 근본적 변화는 아니지만 계급구조 및 갈등에 한정된 의미를 지닌 변화로 간주한다.

둘째, 산업사회에서 고도로 숙련된 노동자의 증가와 더불어 생산 부문의 기술혁신, 조직의 합리화 및 운영의 기계화로 인해 상대적으로 안정된 반숙련 기술자가 증가한다. 이러한 사실은 비숙련 노동자의 감소를 의미한다. 이와 같은 기술의 계층제는 노동자 계급 내의 책임과 위임된 권위의 계층제와 상응하는 것이다.[46] 이것은 산업의 기술적 발전이 산업노동이 요구하

---

44) *Ibid.*, pp. 37-41.
45) *Ibid.*, pp. 43-44.
46) *Ibid.*, p. 50.

는 기술과 자격의 차이점을 소멸시킬 것이란 가정하에서 노동자의 동질성의 증대를 예견했던 마르크스의 견해에 대한 부정이다. 사실상 마르크스는 노동자 계급의 제일성의 증대가 계급 투쟁의 치열함의 불가결한 조건으로 상정했으나, 다렌도르프는 노동자뿐만 아니라 자본가의 경우에도 그러한 방향으로 전개되지 않았다고 본다.

셋째, 자본가와 노동자의 해체와 더불어 이른바 신중간층(new middle class)의 등장이 지적된다.[47] 다렌도르프는 신중간층에 대한 상반된 이론—신중간층이 지배 계급의 한 부분이라는 지배 계급 이론과 노동자 계급에 더욱 가깝다는 노동자 계급 이론—이 지닌 난점을 지적하고, 신중간층의 성장이 계급구조 및 계급 갈등에 미치는 영향과 관련해 두 개의 이론이 적용될 수 있는 기준을 모색한다. 그것이 바로 관료제적 계층제의 지위를 차지하는 봉급자와 그렇지 않은 봉급자 즉 화이트칼라 노동자와의 구분이다. 그는 지배 계급 이론은 관료의 사회적 지위에 예외 없이 적용되고, 노동자 계급 이론은 화이트칼라 노동자의 사회적 지위에 적용된다는 점을 지적한다. 그러나 다렌도르프 자신은 화이트칼라 노동자가 재산과 권위를 갖지 않음에도 과거의 노동자 계급과 다른 사회적 성격을 지녔고, 관료들도 권위를 행사함에도 불구하고 과거의 지배 계급과는 다르다고 보고, 계급의 개념이 후기자본주의 사회의 갈등집단에 적용될 수 있는지에 대해 의문을 제기한다. 요컨대 갈등의 참여자, 쟁점 그리고 유형에 변화가 생겼고, 사회에 관한 마르크스 견해의 단순성이 의미를 상실했기 때문에 수정되지 않은 마르크스의 이론으로는 선진 산업사회의 구조와 갈등을 설명하는 데는 실패할 수밖에 없다는 것이 다렌도르프의 견해이다.[48]

넷째, 사회적 유동성은 산업사회의 구조 가운데 주요한 요소의 하나인데 그 유동률은 대체로 산업화의 정도에 상응한다. 마르크스는 사회적 유동성을 단기적 전환기의 증후로 보고 있으나 산업사회의 경우 상향적·하향적, 세대 내·세대 간의 유동성이 높다. 또한 산업사회에서 교육 및 직업 체계를 통한 사회적 유동성의 제도화는 계급 갈등의 강도의 지속적 증대라고 하는 예언과도 명백하게 대립된다.[49]

---

47) *Ibid.*, p. 51.
48) *Ibid.*, pp. 56-57.

다섯째, 산업사회에서 시민권의 확보를 통한 평등화의 진전이 현저한 특징이다. 시민권의 확립은 법적·정치적·사회적 측면에서의 권리 및 자유의 증대로 나타난다. 물론 소득, 사회적 위신, 소비의 관행, 생활 스타일에서의 차이가 존재하는 것은 사실이다. 그러나 사회적 차별성의 감소는 부정하기 어렵다. 기술적 편의, 지위 상징(status symbols) 등은 많은 사람들에게 이용 가능한 것이 된다. 그동안 사회 발전에서 비롯된 지위의 평등화가 계급 갈등의 강도를 낮추어 왔다는 점이 지적되어야 한다. 다렌도르프의 견해로는 사회구조의 근본적 불평등과 사회 갈등의 궁극적 결정 요인이 사회조직에 불가피하게 수반되는 권력과 권위의 불평등에서 기인하는 것으로 파악된다. 그러나 산업사회의 평등의 이론과 실제에 관한 한 그것이 계급 갈등의 정점과 유형에 변화를 가져왔다고 그는 본다.[50)]

여섯째, 산업사회의 발전에는 하나의 노선이 있는데 그것이 계급 갈등의 제도화이다. 가이거(Theodor Geiger)는 다음과 같이 진술한다.

> 자본가와 노동자 간의 긴장은 노동시장 구조의 원리로서 승인되고, 사회의 법적 제도를 창출하게 되었다. ……계급 투쟁의 방법, 무기, 기법 등이 인정되므로 그것은 일정한 통제하에 놓인다. 투쟁은 일정한 게임의 규칙에 따라 전개된다. 그러므로 계급 투쟁은 최악의 고통을 회피하고 서로간에 균형을 취하는 권력 요인들 간의 합법적 긴장으로 전환된다. 자본가와 노동자는 서로 투쟁하고, 타협하고, 해결책을 모색함으로써 임금 수준, 노동 작업 시간, 기타 노동 조건 등을 결정하게 된다.[51)]

계급 갈등의 제도화는 계급 갈등의 지속적인 존속을 함축한다. 그럼에도 불구하고 제도화된 계급 갈등은 마르크스에 의해 구체화된 무자비하고 무제한적인 계급 투쟁의 제거를 뜻한다. 다렌도르프는 어느 누구도 지금의 갈등 규제의 패턴이 성공적인 것이라고 확신할 수 없지만, 대부분의 산업사회가 자본주의 사회로서 시종(始終)할 개연성이 높다고 본다.[52)]

---

49) *Ibid.*, pp. 57-60.
50) *Ibid.*, pp. 61-64.
51) T. Geiger, quoted in *Ibid.*, p. 65.
52) *Ibid.*, pp. 66-67.

우리는 다렌도르프가 전개한 산업사회의 구조적 변동을 살펴본 토대 위에서 그가 분석한 관료제의 성격을 살펴보고자 한다. 그는 관료제적 조직이 산업조직과 다르다는 점에서 출발한다. 산업조직의 권위구조에는 사실상 지배와 복종의 지위로 양분되는 경계가 설정되어 있는 반면, 관료제적 조직은 능력, 권위의 연속적 등급화를 전형적으로 보여 주는 계층제인 것이다.[53] 이원화된 조직에서는 계급 갈등이 존재하나 계층제적 조직에서는 그렇지 아니한데, 이 차이점은 관료제의 역할을 규정하는 데 주요한 요소이다. 그 이유는 관료제적 역할구조의 특징이 개인간의 경쟁이고, 관료제적 역할구조 내의 긴장은 거기서 비롯되는 심리적 억압 및 긴장이기 때문이다. 다렌도르프는 계급이론의 관점에서 잠재적 이해의 대립에 기초한 구조적 갈등이 관료제적 조직에서 발견되지 않는 것은 관료제가 갖고 있는 계층제적 성격에서 비롯된 것으로 본다. 계급 갈등에서 빚어지는 균열이 관료제적 구조 내에서 일어날 수 없기 때문에 비록 관료제적 역할이 자격, 지위, 권위에 따라 분화된다고 할지라도, 관료제는 전체가 지배의 편이나 복종의 편에 서는 것이다. 다렌도르프는 관료제의 역할을 정치적 지배의 역할로 규정하고 이들을 지배준집단(ruling quasi-group)으로 본다. 이 정의는 현존하는 제도 및 타당한 가치를 유지하는 잠재적 이해를 포함한다. 이런 점에서 베버가 권위 관계의 사회화로 규정한 '위임의 이론'은 권위 행사 과정에서의 분업인 것이다. 이 분업은 생산 활동에서의 분업처럼 많은 전문가를 탄생시키는 한편 어느 누구도 특별히 권위를 행사하지 않음에도 불구하고 권위가 행사됨을 의미한다.

요컨대 관료제적 역할은 아무리 적은 범위일지라도 그들이 기여하는 전반적 권위 행사 과정을 준거틀로 정의되는 것이다. 이 때 권위의 분화는 다양한 등급화를 가능케 한다. 다렌도르프는 권위를 독점한다는 이유로 그들을 '배타적 지배 계급'으로 보는 것은 잘못이지만 전문지식에서 발견되는 권위의 독점은 그들에게 동일한 준집단(準集團) 구성원으로서의 단합을 강조하는 배타성을 제공한다고 본다.[54]

다렌도르프는 관료제의 잠재적 이해가 현존하는 것의 유지이고, 현존하

53) *Ibid.*, p. 296.
54) *Ibid.*, pp. 298-299.

는 것은 관료제에 의해 결정된 것이 아니고 소여의 것으로 본다. 그리고 두 가지 점에서 관료제적 역할은 관료제를 넘어서는 권력에 의존적임을 지적한다. 하나는 그들의 권위가 위임된 것이고, 다른 하나는 그들의 권위의 실체를 규정하는 이해가 관료제에게 주어진 것으로 본다. 이러한 이중적 의존성으로 인해서 관료제는 이른바 정치적 예비군, 권위의 예비군을 의미하게 된다. 관료제 없는 지배가 더 이상 가능하지 않듯이 오로지 관료제에 의한 지배도 역시 불가능하다. 그러나 실제의 경우, 관료제는 그처럼 무력한 것은 아니다. 그들은 언제나 정치적 지배준집단에 속하는 것이다. 이런 점에서 관료제는 하나의 잠재력이고 역설적이게도 결코 계급이 될 수 없는 하나의 계급이고, 조직에의 통로가 그 구성원의 역할에 관한 사회적 정의(定義)에 의해 봉쇄되는 하나의 준집단이다. 관료제적 권위의 예비군은 계급 갈등의 용병이다.[55]

6 마르쿠제: 『일차원적 인간』

마르쿠제(Herbert Marcuse)가 『일차원적 인간』에서 시도한 것은 기술이 새로운 통제의 형태를 갖추게 된 선진 산업사회에서 인간의 사고나 행동이 기성 질서에 편입됨으로써 부정적 사유를 잃어 버리게 된 상황에 대한 비판적 분석이다. 이런 점에서 『일차원적 인간』이 '대중사회의 허위의식의 현상학'[56]을 마련했다는 지적은 설득력을 갖는다. 주지하다시피 마르쿠제는 프랑크푸르트 학파의 일원이다. 프랑크푸르트 학파는 하나의 기관이고 동시에 '사고(思考)의 양식'이기도 한데,[57] 이들은 현대 생활에 대한 독특하고도 강력한 비판을 제기함으로써－이들의 관심사는 이성 대신 20세기의 합리성이고, 평등성이 아니고 대중사회, 그리고 자연의 정복이 아니고 자연의 약탈이다－1960년대의 학생운동에 이론적 기반을 제공했다. 마르쿠제가 그

55) *Ibid.*, p. 301.
56) Martin Jay, "Herbert Marcuse," in D. L. Sills, ed., *International Encyclopedia of the Social Sciences*, Vol. 18, p. 499.
57) George Friedman, *The Political Philosophy of the Frankfurt School*(Ithaca: Cornell University Press, 1981), p. 13.

일익을 담당한 것 역시 잘 알려진 사실이다. 마르쿠제는 선진 산업사회의 성격을 다음과 같이 규정한다.

> 현대 사회의 정신적·물질적 능력은 이전과 비교해 측량할 수 없을 정도로 거대하며, 이는 개인에 대한 사회의 지배력의 범위가 과거 어느 때보다 확대되었음을 의미한다. 우리 사회는 압도적인 능률성과 생활 수준의 향상이라는 두 개의 원리 위에서 폭력보다는 기술로 사회의 원심력을 정복함으로써 그 특성을 드러낸다.[58]

여기서는 현대 산업사회의 새로운 지배 형태가 기술의 지배로 파악된다. 그리고 기술적 합리성에 근거한 사회에서는 생산기구가 기술적 기초를 조직화함으로써 전체주의적 경향을 갖게 된다. 왜냐하면 전체주의적 경향이란, 공포에 기초한 사회의 정치적 균질화일 뿐만 아니라 욕구의 조작을 통해서 귀속된 이해에 따라 작용하는 비공포적인 경제적·기술적 균질화이기 때문이다. 따라서 그것은 전체에 대항하는 효과적인 방해물의 등장을 저지하게 된다.[59] 이러한 전체주의적 경향 속에서 기술의 중립성이라는 전통적 개념은 더 이상 유지될 수 없게 된다. 그와 같은 기술은 그 용도와 분리할 수 없기 때문이다. 기술사회는 이미 기술의 개념과 구조 내에서 작용하는 하나의 지배 체제인 것이다.[60]

그는 산업화의 기술을 정치적 기술이라고 규정하고, 기술적 합리성이 더욱 훌륭한 지배의 거대한 도구가 될 때 정치적 성격을 드러낸다고 본다. 이때 기술적 합리성은 전체주의적 세계를 창설하는 바, 이는 사회와 자연, 정신과 육체가 이러한 세계의 방어를 위해 영구적인 동원 상태에 놓여 있음을 의미하는 것이다.[61]

마르쿠제는 선진 산업사회에서 형성된 국가의 특징들이 생산체(productive union)로 연결된 것으로 규정하고 여기서 이른바 정치 세계의 종언을 발견한다. 예컨대 정치적 반대파들의 통합 및 근접성, 자기 결정의 부

---

58) Herbert Marcuse, *One-Dimensional Man*(London: ARK Paperbacks, 1956), p. x.
59) *Ibid.*, pp. 2-3.
60) *Ibid.*, p. xvi.
61) *Ibid.*, p. 18.

재, 조작과 균질화를 오히려 신장시키는 정치적 다원주의 등은 이를 뒷받침한다. 마르쿠제는 이와 관련해 선진 산업사회에서의 노동자 계급의 결정적 변모를 지적하고 있다. 그는 주된 요인을 다음과 같이 열거한다.[62]

① 기계화는 노동으로 소모되는 물리적 에너지의 양과 강도를 지속적으로 감소시킨다. 마르크스에게서 노동자 계급은 비록 기계를 갖고 일한다 할지라도 작업 과정에서 자신의 물리적 에너지를 소모·탕진하는 수공업 노동자이다. 고도 산업사회에서는 표준화와 규칙성이 생산직과 비생산직을 비슷하게 만들고 있다.

② 동화(同化)의 추세(assimilating trend)가 직업적 계층화로 나타난다.

③ 노동과 생산 도구의 성격의 변화가 노동자의 태도와 의식을 변모시킨다.

④ 새로운 기술적 노동 세계는 노동자 계급의 부정적 위치의 약화를 초래한다. 즉 노동자 계급은 더 이상 기존 사회의 살아 있는 모순으로 나타나지 않는다.

마르쿠제는 ④항과 관련해 이러한 경향이 생산의 기술적 조직화의 영향으로 강화된다고 보고, 여기서 관료제가 인간을 도구화한다는 명제를 이끌어 낸다. 전술한 바 있듯이 마르쿠제에게서 기술은 기계적 원리일 뿐만 아니라 사회적 원리로 작동한다. 합리화된 생산 양식을 갖춘 기술은 생산의 형태를 합리화하고 그 자신을 통제한다. 그리고 이 때 관료제는 사회적 원리로서 채택된다. 그러나 사회의 체계적 관료제화는 개인에게 거의 여지를 남기지 않고 예속 상태를 부과한다. 그것은 페로(François Perroux)가 지적했듯이 "복종이나 힘든 노동이 아니라 단순한 도구로서 존재하는 사태, 그리고 인간이 사물의 형태로 환원"[63]되는 데서 결과되는 것이다. 마르쿠제는 이러한 물화(物化)가 기술적 형태로 인해 전체주의적 경향을 나타내고, 조직화 및 경영자는 그들이 조직화 및 경영하는 기계적 장치에 더욱 의존적임을 지적한다.

요컨대, 마르쿠제에게서 관료제는 그의 명백한 정의 속에서 그 성격이 규정되고 있는 것은 아니다. 마르크스가 상정했던 자본가와 노동자 계급

62) *Ibid.*, pp. 24-31.
63) François Perroux, *La Coexistence Pacifique*, quoted in *Ibid.*, pp. 32-33.

간의 대립이 그들 간의 공유된 운명이란 환상으로 대치되는 상황에서, 지배가 경영으로 전환된 것으로부터 관료제의 진정한 모습을 발견하고 있는 것이다.

그런데 마르쿠제는 일차원적 사유와 이차원적 사유를 구분한다. 이차원적 사유—변증법적 사유—는 주어진 현실의 틀을 넘어서는, 더 나은 가능성의 실현을 위해 대립한다. 반면 일차원적 사유는 현상을 이성의 구체화로 보고 주어진 현실의 틀을 넘어서는 것을 거부한다. 일차원적 사유는 정치제조자(maker of politics)와 대량정보의 조달자에 의해 체계적으로 발전되는데, 선진 산업사회는 일차원적 사유의 구체화이다. 따라서 마르쿠제가 『일차원적 인간』에서 규정하고 있는 관료제는 일차원적 사유에 근거한 '객관적 합리성'의 전면에 나타난 도구에 지나지 않는 것이다.

마르쿠제가 『일차원적 인간』에서 다룬 문제는 포괄적이면서도 상호 연관성을 맺고 있는 여러 부문들의 유기적 결합물이다. 여기에는 선진 산업사회에서 발견되는 문화의 비속화 과정, 진실된 욕구와 거짓 욕구의 구별, 보편적 개념을 조작적 개념으로 전환시키는 데서 비롯되는 사유의 억압적 측면, 일차원적 사유의 언어, 자본주의 체제와 사회주의 체제의 수렴의 단서, 사실과 가치를 준별하는 논리실증주의의 압도적 영향, '비합리성의 합리적 성격'에 대한 날카로운 비판적 성찰 등이 포함되어 있다. 마르쿠제가 벤야민(Walter Benjamin)의 진술, 즉 "우리에게 희망이 주어지는 것은 오직 희망이 없는 사람들을 위해서이다"로 끝을 맺은 것은 자신의 견해가 비관적으로 비칠 것에 대한 변호로 이해되어도 무방할 것이다.

제 3 절 전망: 탈(脫)비즈니스화

우리 시대의 생의 관료제화는 이미 상당한 정도로 진행되고 있는 우리의 자화상이다. 다만 그 세목에서 차이가 있을 뿐이다. 이미 산업사회를 넘어서 후기산업사회로 접어든 이 시점에서 생의 관료제화가 또 다른 모습으로 투영될지는 의문이다. 왜냐하면 구체적인 인간의 삶의 세목이 편차를 보여 주는 것은 사실이나, 인간의 자유와 평등에 대한 열망과 그것을 억누르는 또 다른 힘이 존재해 왔다는 것은 역사적으로 불변의 사실이기 때문이다. 그럼에도 불구하고 새로운 변화에 대한 인간의 욕구와 그것이 촉발하는 인간과 사회의 역동적 구조는 우리들의 삶의 세목에 완만하나마 새로운 변화를 가져오게 할 것이다.

드러커(Peter F. Drucker)는 바야흐로 모든 선진국이 지식사회로 되고 더구나 탈비즈니스 사회로 되어가고 있다고 지적한다.[64] 이는 지식이 경제활동의 중심적 자원이 되고, 사회의 중심이 지식노동자에게 옮겨지고 있는 것을 의미한다. 그의 이러한 진단이 역사의 불가피성으로 해석되어도 좋을지는 모르겠으나, 선진 산업사회에서의 이러한 탈비즈니스화는 또다시 우리의 삶의 세목에 변경을 가져올지도 모른다.

64) Peter F. Drucker, *The New Realities*, 김용국(역), 『새로운 현실』(서울: 시사영어사, 1991), pp. 211-226.

결 어 새로운 패러다임을 위해

관료제에 대한 이해는 궁극적으로 우리의 삶에 대한 이해와 연관되어야 한다는 것이 저자의 기본적 관점이었다. 이 책의 마지막 장에서 논의된 주제가 생의 관료제화였던 점을 상기한다면, 저자의 의도는 어느 정도 드러난 셈이다. 그러나 거기서 어떤 대안을 모색하려고 시도하지는 않았다. 다만 관료제를 제도적 장치로서보다 그러한 제도적 장치가 우리의 삶을 어떻게 굴절시키고, 어떤 방식으로 우리의 삶에 관여하는지를 이해하는 것이 관료제를 둘러싼 문제의 본질에 접근하는 유용한 방식임을 드러내려고 했다. 왜냐하면 어떤 이념이나 제도이든, 나아가서 어떤 문화 현상이든 삶의 고양을 위한 것이 아니라면, 그것은 인간에게 재앙 이외의 다른 것이 아닐 것이기 때문이다. 그것은 인간의 간주관적 삶의 국면에 초점을 맞추었을 때 비로소 어떤 실체에 대한 평가가 가능하다는 관점에서였다. 이런 점에서 서언에서 지적했듯이 세계의 합리화와 관료제화에 대한 베버의 우려, 즉 인간의 미래가 '쇠우리'가 될 것이란 그의 통찰이 여전히 유효한 이 시점에서 관료제적 경험에 대한 새로운 시각의 정립이 요청된다고 할 수 있다.

우리에게 무엇보다도 필요한 것은 관료제를 '누구의' 관점에서 이해하느냐에 대한 폭넓은 공감대의 형성과 그 확산일 것이다. 그리고 그것을 평가하는 잣대에 관한 것이다. 우리는 우선 '삶의 기회(life chance)'란 것이 이러한 두 가지 문제에 대한 응답의 단서를 제공한다고 생각한다. 다렌도르프는 삶의 기회와 관련해, "특권적 자유 선택과 결속 혹은 기회 선택과 연결 간의 독특한 결합은 사회 속에서의 인간의 삶의 기회를 구성하는 것이며, 동시에 역사 속에서 구성되고 형상화되는 물적 기반"[1)]이라고 말한다. 다렌도르프의 진술은 다음과 같이 명쾌하게 이어진다.

> 인간의 삶의 기회는 확대될 수 있고, 인간은 그 자신의 삶의 기회를 따라 성장할 수 있다. 역사 과정을 측정할 수 있는 한 가지 방법은 이것이 실제로 실현된 범위를 알아내는 것이다. 인간 사회는 더 많은 사람에게 더 많은 삶의 기회를 부여해 줄 수 있는 능력으로 인해 그 자체의 질적 수준을 확보한다. 개개인은 삶의 기회를 새로이 만들어 내거나 실현하거나 확대함으로써 의미 있는 역사 과정에 공헌하게 된다. 역사란 이제까지 알려지지 않은 강둑이나, 대양이 펼쳐진 해변까지의 여행이다. 그러나 그것을 오해해서는 안 된다. 이것은 비단 대안이나 자유 선택, 즉 이제까지 알려지지 않은 새로운 것만을 의미하는 것이 아니고, 강둑과 해변처럼 매듭과 연결도 의미하는 것이다.[2)]

그러나 삶의 기회가 관료제가 있어야 하는 방식을 평가하는 잣대가 된다고 할지라도 문제는 여전히 남아 있다. 예컨대 복지 서비스의 증가는 삶의 기회를 확대하게 될 것이다. 그러나 복지 서비스의 증가는 관료제의 성장을 불가피하게 가져온다. 그리고 이러한 관료제의 성장은 그것이 억압적인 기제로서 작용할 가능성을 증대시킬지도 모른다. 사실상 이러한 딜레마의 원천은 그 역사가 오래된 것이다. 인간의 필요성에 의해서 탄생한 것이 또 다른 한편 인간을 억압하는 기제로서도 작동했던 것이다. 제이코비(Henry Jacoby)가 그의 저서 『세계의 관료제화』에서 지적하고 있듯이, 사람들은 관료제에 대해서 불평하고 개탄하면서, 다른 한편 그것에 의존하고 그것을 필요로 하는 것이다.[3)] 이 역설적인 상황이야말로 삶과 역사의 아이러니로 이어지는 것이기도 하다.

---

1) Ralf Dahrendorf, *Life Chance*, 김병서(역), 『삶의 기회』(서울: 이대출판부, 1986), p. 29.
2) 앞 책, p. 32.
3) Henry Jacoby, *The Bureaucritization of the World*(Berkeley: University of California Press, 1972), pp. 1-5.

우리는 '삶의 기회'를 증대시키면서, 동시에 관료제가 마땅히 정위(定位)되어야 할 것에 대한 규범적 요청을 충족시킬 수 있는 개념적 장치로서 '상호성(mutuality)'의 개념을 도입하려고 한다. 여기서 상호성이란 사회적 상호작용의 과정이 사회적 행위의 실질적 목표보다 선행하고, 도덕적 우월성을 갖고 있음을 뜻한다.[4] 이것이 시사하는 것은 인간의 행위는 그 자체가 개인의 능동적·표현적 본성을 확인하는 것이고, 단지 목표의 달성을 위한 도구적 수단이 아니란 사실이다. 이런 관점에서 복지 서비스의 증가가 개인의 능동적 또는 표현적 본성에 기초하지 않은 것이라면, 그것은 궁극적으로 '삶의 기회'에 기여하지 못하는 것으로 볼 수 있을 것이다.

관료제가 있어야 하는 방식을 논의하기 위해 도입한 '삶의 기회'와 '상호성'은 사실상 인간의 존재 방식에 대한 사회적·도덕적 실천으로서의 의미도 갖는다. 왜냐하면 그 두 가지 개념은 인간과 사회의 이해를 위한 근거 규칙이기 때문이다. 여기서 중요한 것은, 우리가 개인의 '삶의 기회'와 사회의 '상호성'의 이분법적 준별을 상정하는 것이 아니란 점이다. 개인의 '삶의 기회'는 '상호성'을 통해서 의미를 갖게 되고, '상호성' 역시 개인의 '삶의 기회'와 고양을 통해서 질적인 변화를 경험하는 것이다. 따라서 양자는 변증법적 관계로서 규정되어야 한다. 이런 관점에서 관료제가 있어야 하는 방식은 '상호성'에 토대를 둔 '삶의 기회'의 증대이다.

---

4) 윈터는 서구의 전통에서 인간의 관계성의 규범적 표현으로서 상호성과 사랑의 원리를 찾고 있는데, 이것은 인간이 자신과 타인으로부터 소외되는 것이 타인과 거리를 유지하기 위해서 자신과 그 상황을 초월하려는 지배로서의 권력에서 비롯되는 국면과 대조되는 것이다. Gibson Winter, *Elements for A Social Ethic*(New York: The Macmillan Co., 1966), pp. 222-230. 행위 패러다임을 제안하는 하몬은 여기에 기초하여 상호성을 다음과 같이 규정한다. "상호성의 개념은 개인 혹은 더 큰 분석 단위에 의한 것이라기보다 대면 상황(우리 관계)에 근거하기 때문에 상호성은…… 개인적 가치와 집단적 가치 사이의 명백한 갈등을 독특하게 초월한다. 한편 인간은 자신의 목표를 주관적으로 정의하고 이러한 목표에 개인의 행위를 통해 의미를 부여하므로 개인의 욕구와 집단의 욕구 간에 근본적으로 화해 불가능한 갈등이 있다고 상정할 필요는 없다. ……사회와 집단은 자유를 제약할지 모른다. 그러나 그것은 또한 자유를 가능케 한다. 공동체란 관념은……우리 관계에 내재하는 상호성의 개념을 통해서 그럴싸하게 형성된다. 공동체는 더구나 사회적 맥락에서 자유롭게 행동하는 개인들이 없는 상태에서 존속이 불가능할 것이다. …… Michael M. Harmon, *Action Theory for Public Administration*(New York: Longman, 1981), p. 83.

이런 시각은 설정된 목표를 합리적으로 달성하는 행정장치로 규정하는 관료제에 관한 고전적 패러다임을 기각하는 것이다. 또한 현실적으로 관료제를 억압의 기제로서만 막연하게 생각하는 이들에게 관료제의 진정한 모습을 파악하기 위해서 우리가 어디에 초점을 맞추어야 하는지를 말해 준다. 관료제를 '누구의' 관점에서 이해하느냐가 중요한 이유는 '삶의 기회'와 '상호성'의 보존이 최종적으로 누구에게 귀속되어야 하느냐는 문제로 귀결되기 때문이다. 이런 관점에서 '삶의 기회'와 '상호성'의 보존은 관료제를 평가하는 잣대이자, 나아가서 인간의 존재 방식을 규정하는 잣대가 될 것이다. 더불어 관료제에 대한 새로운 패러다임의 모색도 '상호성'에 토대를 둔 '삶의 기회'의 확대가 시간의 동태성에서 정위(定位)되는 지점에서 출발해야 할 것이다. 이것은 인간의 실존이 시간 구속적이면서, 동시에 그것을 넘어서려는 자기 충족적 예언에 의해 스스로를 규정하기 때문이다. 물론 이 어려운 작업은 앞으로 해결해야 할 과제일 것이다.

이제 멈포드(Lewis Mumford)가 그의 한 저서 마지막 부분에서 인용하고 있는 러스킨(John Ruskin)의 감동적인 구절－생명 없이는 부(富)도 없다[5]－을 다음과 같이 바꾸어 놓으면서 긴 항해를 마치려고 한다. "생명 없이는 관료제(또는 권력)도 없다."

5) Lewis Mumford, *Interpretation and Forecast: 1922-1972,* 김진욱(역), 『개성과 역사』(서울: 종로서적, 1983), p. 338.

부 록

1. 용어 정리

■ 가치(values)

개인이나 집단이 가지고 있는 바람직한 것, 적당한 것, 좋은 것, 나쁜 것에 대한 생각. 서로 다른 가치들이 인간 문화에서 핵심적인 편차를 대변한다. 개인들이 가치 있다고 하는 것은 그들이 살게 된 특정한 문화에 의해서 강하게 영향을 받는다.

■ 가치관(a sense of values)

가치관은 역사적으로 발전되어 온 문화 혹은 사회의 지배적인 공약을 의미한다. 이러한 가치관은 그 사회나 문화 속의 삶의 방식뿐만 아니라 삶의 질까지도 규정한다. 그리고 가치관의 개념에는 개인적 가치관과 사회적 가치관이 있는데, 전자는 개인의 선호 형태로 명백해지는데 반해 후자는 개인적 가치관이 좀더 추상화될 수 있는 좀더 범위가 넓고 안정적이며 공식성을 지닌 전체 문화의 공약을 의미한다.

■ 가치 판단(value judgement)

각 대안의 장단점 혹은 비용과 효과가 분석되었다고 하더라도 선택이 기계적으로 이루어지는 것은 아니다. 선택의 주체가 인간인 이상 준거(criteria)의 설정 및 상대적인 판단에서 개인적인 주관이나 선호, 즉 가치 판단이 개재된다는 것이다.

■ 갈등(conflict)

갈등은 어떠한 조직에서나 생겨나는 현상이다. 따라서 조직은 갈등 현상에 의식적으로 대처하는 활동을 하지 않으면 안 된다. 갈등관리는 조직의 존립을 위해 필요한 하나의 핵심적인 과정이다. 그리고 조직 내 갈등이란 행동 주체들 간의 대립적 또는 적대적 교호작용이라 할 수 있다.

■ 객관성(objectivity)

객관성이란 감정중립성, 가치중립성, 또는 과학적인 방법의 사용을 일컫는데 이러한 견해에서는 감정이나 직관, 창의성 등과 같은 요소들은 무시된다. 그러나 사회과학과, 특히 정책학에서는 합리성을 대체로 비합리적인 요소 및 초합리적인 요소는 물론 정치적 합리성까지도 포함하는 광의의 합리성으로 파악하고 있다.

■ 계급(class)

계급이 사회학에서 가장 흔하게 사용되는 용어이지만, 계급 개념이 어떻게 정의되어야 가장 적합한 정의가 될 수 있는가에 대한 분명한 합의는 없다. 그렇지만 대부분의 사회학자들은 개인들의 물질적 풍요와 권력상의 차이를 만들어 내는 개인들로 이루어진 집단들 사이의 사회·경제적 차이를 지칭하는 것으로 계급을 사용한다.

■ 계선(line)

계선이란 계층제의 구조를 가진 조직의 집행·운용·활동·권한의 면을 말한다. 사이먼(H. A. Simon) 등은 이것을 단일기관이라고 했다. 그리고 계선은 행정 체계에서 중추적인 위치에 있으며, 계선기관은 법령을 집행하고 정책을 결정하며 국민에게 직접 봉사한다.

■ 과학혁명(scientific revolution)

이 용어를 처음으로 사용한 사람은 쿤(Tomas S. Kuhn)이다. 그에 의하면 모든 과학은 모든 사람이 정당한 것으로 믿고, 거기에 따라 자기의 행동 규범을 설정하며 이것을 바탕으로 자기의 과학적 성취를 이루고자 한다.

쿤은 이것을 패러다임(paradigm)이라고 지칭했다.

■ 관리자(manager)

관리자란 관리의 담당자를 의미한다. 즉 관리자는 조직체 내에서 조직목표의 달성을 위해 타인의 노력을 이끌어 냄으로써, 그것을 소기의 목적으로 향하도록 집중·조정하는 역할을 수행하는 사람이다.

■ 구조(structure)

구조란 일반적으로 역할을 근거로 하여 이루어지는 유형화된 관계라고 정의할 수 있다. 따라서 구조란 분업 체계로 파악할 수 있으며, 환경과의 끊임없는 교류를 통해 존재 의의를 확인하는 것이라 할 수 있다. 그리고 구조론(構造論)의 용어는 과학적 관리법과 인간관계론이 취한 공식적·비공식적 측면을 좀더 완벽하게 통합한 것이며, 조직 내적인 문제뿐만 아니라 문화를 포함한 조직환경적인 문제를 다루는 것이고, 인간과 조직 사이의 갈등을 필연적으로 보는 입장이다.

■ 권력(power)

개인들이나 집단의 성원들이 가지고 있는 목적을 달성하거나 이익을 증대시킬 수 있는 능력. 권력은 모든 인간 관계에서 전반적인 양상이다. 사회에서 많은 갈등은 권력을 둘러싼 투쟁이다. 왜냐하면, 개인이나 집단이 얼마나 많은 권력을 행사하는가는 다른 사람들을 희생해 얼마나 자신들의 소망을 실현시킬 수 있는가를 결정하기 때문이다.

■ 규범(norms)

사회적 맥락의 범위에서 합당한 행위를 밝혀 주는 행위의 규칙들. 규범은 주어진 행위 유형을 지시하거나 금지한다. 모든 인간 집단들은 한정된 규범 유형을 따르며, 규범 유형은 비공식적인 거부에서부터 신체적인 처벌 혹은 처단에 이르기까지 다양한 처벌에 의해서 뒷받침된다.

■ 규범적 접근 방법(normative approach)

이 방법은 무엇을 어떻게 "해야만 하는가(sollen)라는 당위적 가치관과 규범을 분석하는 데 쓰인다. 예컨대 행정학의 규범적 접근 방법은 행정이 과연 무엇을 해야만 어떻게 변할 것인가에 대한 것이다.

■ 막료(staff)

막료는 계선이 원활하게 기능을 수행하여 조직의 존립 목적으로 달성할 수 있도록 지원・조성 내지는 촉진을 목적으로 자문・권고・협의・정보의 모집과 판단・기획・통제・인사・회계・법무・조사・연구 등의 기능을 한다. 막료는 조직의 목적 달성에 간접적으로 기여하지만, 명령・집행・결정을 행할 수 있는 독자적인 권한을 가지고 있지 않다.

■ 무의식(the unconscious)

개인의 의식적인 마음으로는 파악할 수 없는 동기와 생각. 무의식에 포함된 핵심적인 심리학적 기제는 억압이다. 억압은 직접적인 인식으로부터 '차단된' 정신의 일부이다. 프로이트(Sigmund Freud)에 의하면, 어린 시절에 형성된 무의식적인 소망과 충동은 성인이 되었을 때의 생활에서도 지속적으로 주요한 역할을 한다.

■ 문화(culture)

특정한 집단의 독특한 가치, 규범과 물질적 재화. 사회의 개념과 같이, 문화의 개념은 다른 사회과학(특히 인류학)뿐만 아니라, 사회학에서도 대단히 광범위하게 사용된다. 문화는 인간의 사회적 결합 가운데서 가장 특징적인 속성 가운데 하나이다.

■ 민족성(ethnicity)

특정한 집단을 다른 집단으로부터 구별하는 문화적 가치와 규범. 민족집단은 주변의 다른 집단과 구분되는 공동의 문화적 동질성에 대한 뚜렷한 인식을 공유하는 사람들이다. 거의 모든 사회들에서 민족적 차이는 권력과 물질적인 부(富)의 편차와 관계되어 있다. 민족적 차이가 또한 인종적 차이인 곳에서 때때로 이러한 차이는 특히 심하다.

■ 비공식 관계(informal relations)

집단이나 조직 내에서 개인적 친분에 기초하여 발전된 관계. 이것은 공식적으로 인정된 과정과는 다르게 일을 처리하는 방식이다.

■ 사회 계층(social stratification)

사회 내 집단들 사이에 존재하는 물질적 혹은 상징적 보상에서의 구조화된 불평등. 모든 사회들은 어떤 유형의 계층을 포함하지만, 부와 권력의 차이가 커진 것은 국가에 기초한 체제의 발달에 따른 것이다. 오늘날 가장 특별한 계층 유형은 계급 구분이다.

■ 사회구조(social structure)

사회구조는 사회가 무작위적인 행위로 구성된 것이 아니라, 안정되고 조직화된 속성으로 구성되었다는 사실을 지칭한다. 사회구조는 사람들이 관여하는 사회적 관계에 깔려 있는 규칙성 혹은 유형성을 지칭한다. 사회구조는 건물의 골격이나 신체의 골격과 같이 그려질 수 있지만, 이러한 비유를 너무 지나치게 하는 것을 조심해야 한다.

■ 사회 변동(social change)

사회집단이나 사회의 기본 구조가 변화하는 것. 사회 변동은 사회생활에서 항상 존재하는 현상이지만 현대에 특별히 심하다. 현대 사회의 기원은 전통적인 세계를 뒤흔들고 새로운 형태의 사회 질서를 촉진시키는 급격한 변동을 이해하려는 시도에서 연유한다.

■ 사회운동(social movement)

사회 변동을 성취하거나 혹은 저지하기 위해 참여한 사람들의 대규모 집단화. 사회운동은 정상적으로 조직들과 갈등 관계에 놓인다. 흔히 조직들의 목적과 외형은 사회운동들이 반대하는 것이다. 그렇지만 일단 사회운동이 제도화되면, 권력에 성공적으로 도전하는 운동들은 조직들에서 발전한다.

■ 사회 이동(social mobility)

개인이나 집단이 서로 다른 사회적 위치로 움직이는 것. 수직적 이동은 계층 체계 내에서 상승하거나 하강하는 이동을 지칭한다. 수평적 이동은 개인이나 집단이 한 지역에서 다른 지역으로 이동하는 것을 지칭한다. 수직적 이동을 분석할 때, 사회학자들은 개인 전생애 동안 얼마나 이동하는가와 부모와 얼마나 다른 위치를 점하는가를 구분한다.

■ 사회 제도(social institution)

사회의 대다수 인구가 따르는 사회활동의 기본 양식들. 제도는 대다수 인구가 순응하는 규범과 가치를 포함하고, 모든 제도화된 행동 양식들은 강한 제재에 의해서 유지된다. 제도는 오랫동안 지속되는 상대적으로 고정된 행동 양식이기 때문에 사회의 '초석'을 이룬다.

■ 사회집단(social groups)

체계적인 방식으로 상호 교류하는 개인들의 집합. 집단은 대단히 작은 단체에서부터 대규모 조직 혹은 사회들에 이르기까지 범위가 넓다. 크기에 관계 없이, 구성원들이 공동의 정체성(正體性)을 인식하는 것이 집단을 정의하는 모습이다. 우리의 삶의 대부분은 집단을 접촉하는 데 소비되고, 현대 사회에서 대부분의 사람들은 다양한 유형의 집단에 속한다.

■ 소외(alienation)

인간 존재로서의 자신의 능력이 다른 존재에 의해서 행사되는 느낌. 원래 이 용어는 인간의 힘을 신에게 투사하는 것을 지칭하기 위해 마르크스에 의해서 사용되었다. 뒤이어 그는 노동자들이 일의 내용과 노동의 산물에 대한 통제를 상실하는 것을 지칭하기 위해 사용했다.

■ 순응(conformity)

집단이나 사회의 규범을 따르는 행위. 사람들은 사회 규범의 밑바탕에 깔린 가치를 받아들이기 때문에 항상 사회 규범에 순응하는 것은 아니다. 단지 그렇게 하는 것이 편리하기 때문에 인정된 방식으로 행동할 수도 있고 혹은 제재 때문에 그렇게 할 수도 있다.

■ 의사소통(communication)

개인이나 집단으로부터 다른 개인이나 집단으로 정보가 전해지는 것. 의사소통은 모든 사회활동의 필수적인 기반이다. 면접적 맥락에서 의사소통은 언어를 통해서 이루어지지만 다른 사람이 말하거나 행동하는 것을 이해하는 데 고려하는 신체적 움직임을 통해서 이루어지기도 한다.

■ 의식(ritual)

집단이나 공동체 성원들이 규칙적으로 참여하는 공식화된 행동 양식. 종교는 의식이 실시되는 주된 배경 가운데 하나이지만, 의식적 행동의 범위는 특정한 영역을 넘어간다. 대부분의 집단들은 어떤 종류의 의식(儀式) 관행을 가지고 있다.

■ 이데올로기(ideology)

지배집단의 이해를 정당화하는 데 봉사하는 공유된 사고나 믿음. 이데올로기는 집단들 사이에 체계적이고 뿌리 깊은 불평등이 존재하는 모든 사회에서 존재한다. 이데올로기 체계가 집단들이 가지고 있는 차등적 권력을 정당화하는 데 봉사하기 때문에 이데올로기 개념은 권력과 밀접하게 연관된다.

■ 이론(theory)

규칙적으로 관찰된 사건들을 설명하는 일반적인 속성들을 밝히고자 하는 시도. 이론 구성은 모든 사회학 연구의 핵심을 이룬다. 이론이 더 광범위한 이론적 접근과 연결되기 쉽지만, 또한 이론에 도움을 받아 이루어진 연구 결과에 의해서 강하게 영향을 받는다.

■ 이론적 접근(theoretical approach)

특정한 이론적 전통에서 연유한 사회생활에 대한 관점. 사회학의 주요 이론적 전통들은 기능주의, 구조주의, 상징적 상호 작용과 마르크스주의를 포함한다. 이론적 접근은 사회학자들의 연구 활동에 전반적인 관점을 제공하고, 연구 주제를 선택하고 다루는 방식뿐만 아니라 연구 영역에 영향을 준다.

■ 인과 관계(causation)

한 요소나 변수가 다른 변수에 미치는 인과적 영향력. 특정한 사건이나 일의 상태(결과)가 다른 사건이나 일의 상태(원인)에 의해서 생겼을 때, '원인과 결과' 관계가 존재한다. 사회학에서 인과 요인들은 개인들의 행동에 영향을 끼치는 외적인 요소들뿐만 아니라 개인들이 자신들의 행동에 붙인 이유도 포함된다.

■ 일탈(deviance)

집단이나 사회의 대다수 성원들에 의해서 받아들여지는 규범과 가치에 순응하지 않는 행동 양식. 서로 상이한 문화나 하위 문화를 구별짓는 규범들과 가치들처럼 일탈로 간주되는 것도 가변적이다. 한 맥락이나 집단에서 매우 존경받는 행동 유형이 다른 맥락이나 집단에서는 부정적으로 받아들여진다.

■ 자아의식(self-consciousness)

자신이 다른 사람과는 다르다는 자기 자신의 고유한 사회적 정체성을 깨닫는 것. 인간들은 자아의식을 가지고 태어나는 것은 아니며, 초기 사회화의 결과로 자신을 인지하게 된다. 언어 습득은 어린 아이가 자아의식적 존재가 되는 것을 배우게 되는 과정에서 가장 중요한 것이다.

■ 정치(politics)

행정부의 활동의 성격과 내용에 영향을 주기 위해 권력이 적용되는 수단. '정치'의 영역은 행정부의 활동을 포함하지만, 또한 많은 집단이나 개인들의 행위도 포함한다. 사람들이 정부기구 밖에서 정부에 영향을 행사하고자 하는 많은 방법들이 있다.

■ 탈산업 사회(post-industrial society)

사회 변동 과정이 우리를 산업화된 질서를 넘어서게 했다고 믿는 사람들에 의해서 주장된 개념. 탈산업 사회는 물질적 재화의 생산보다 정보의 생산에 기초한 사회이다. 이러한 개념을 좋아하는 사람들에 의하면, 현재 우리는 약 200년 전에 산업 시대를 이끈 사회 변동만큼 심대한 사회 변동을 겪고 있다.

■ 페미니즘(feminism)

모든 생활 영역에서 남성의 권리와 동일한 여성의 권리를 주장하는 것. 페미니즘은 18세기 말에 유럽에서 시작되었고, 오늘날 페미니즘 운동은 모든 나라들에서 존재한다.

■ 합리성(rationality)

합리성은 주어진 조건과 제약에 의해 부과된 한도 내에서 주어진 목표(goals)를 달성하는 데 적합한 행태(behavior) 또는 양식(style)을 말한다. 여기서 합리성은 선택 과정을 의미하기도 하며 그 과정을 통해 산출된 선택 그 자체를 의미하기도 한다.

■ 행정(government)

정치적 기구들 내에서 공무원이 정책이나 결정을 집행하는 과정. 우리는 '행정'을 하나의 과정으로 말할 수 있고, 혹은 '행정부'를 정치적 결정을 책임지는 공무원을 지칭하는 것으로 말할 수 있다. 과거 모든 행정은 실질적으로 군주나 왕에 의해서 이루어졌지만, 현대 사회에서 행정은 공무원들에 의해서 이루어진다. 공무원들은 권력을 세습하지 않고 전문성이나 자격에 기초해서 선출되거나 혹은 임명된다.

■ 혁명(revolution)

대중적 사회운동의 동원을 포함하면서, 폭력을 이용해 성공적으로 기존의 정권을 타도하고 새로운 정부를 세우는 정치적 변동 과정. 혁명은 대중운동을 포함하고, 전체 정치 체제에 주요한 변화가 일어나기 때문에 쿠데타와 구분된다. 쿠데타는 정부 체계를 변화시키지 않고 기존의 정치 지도자들을 대체하려는 개인들이 무력(武力)을 사용해서 권력을 장악하는 것을 지칭한다. 또한 혁명은 기존의 정치적 권위에 도전하지만 정치 구조의 변화보다는 개인들의 대체를 목표로 하는 반란과도 구분된다.

2. 인물 탐구

■ 리그스(Fred W. Riggs, 1917~)

인디애나대학교, 하와이대학교 교수 등을 역임한 미국의 정치·행정학자로 프리즘 사회이론으로 비교행정론의 발전에 크게 기여했다. 주요 저작으로는 *Thailand: The Modernization of a Bureaucratic Policy*(1966), *Administration in Developing Countries: The Theory of Prismatic Society*(1964), *The Ecology of Public Administration*(1961) 등이 있다.

■ 마르크스(Karl Marx, 1818~1883)

독일의 공산주의자·혁명가·경제학자이다. 라인 주(州) 트리어 출생으로 유대인 그리스도교 가정의 7남매 중 셋째아들로 태어났다. 아버지는 변호사로 자유사상을 지닌 계몽주의파 인물이었고, 어머니는 네덜란드의 귀족 출신이었다. 1935년 본대학에 입학 그리고 1936년에 다시 베를린대학에 입학해 법률·역사·철학을 공부했다. 당시 독일의 철학계에서 강한 영향력을 가지고 있던 헤겔(G. W. F. Hegel)의 철학을 알게 됨으로써 마르크스는 헤겔학파의 좌파인 청년 헤겔파에 소속되어 무신론적 급진(急進) 자유주의자가 되었다. 1947년 런던에서 공산주의자동맹이 결성되자 엥겔스(Friedrich Engels)와 함께 이에 가입해 동맹의 강령인 『공산당선언』을 공동 명의로 집필했다. 그 저작 중 유명한 『자본론』은 1967년 제1권이 함부르크에서 출판되었다. 그러나 제2권과 제3권은 마르크스의 사후에 엥겔스가 1985년과 94년에 각각 출판했다. 마르크스의 마지막 10년은 자신의 말대로 만성적인 정신적 침체에 빠져 있었으며, 최후의 수 년 동안은 많은 시간을 휴양지에서 보냈다. 1881년 12월에는 아내의 죽음으로, 1983년 1월에는 장녀의 죽음으로 충격을 받은 그는 그 해 3월 14일 런던 자택에서 평생의 친구이자 협력자인 엥겔스가 지켜보는 가운데 64세로 일생을 마쳤다.

■ 모스카(Gaetano Mosca, 1858~1941)

이탈리아의 시칠리아 출생으로 마키아벨리 계통을 따른 대표적 이탈리아 정치학자·정치가, 종신 상원의원이었다. 팔레르모대학에서 수학한 후 팔레르모대학(1885~1888), 로마대학(1888~1896), 토리노대학(1896~1908)에서 헌법학을 강의했다. 마키아벨리의 계통을 따른 대표적인 이탈리아 정치학자로, 현실을 직시하고 과학적인 정치 법칙을 수립하려고 했다. 어떤 사회에서나 지배하는 소수자와 지배되는 다수자가 존재하며(소수 지배의 법칙, 지배계급론), 지배 계급은 있는 그대로의 권력을 법의 지배로 바꾸어 정치 기구를 정비하고 여러 사회 세력의 균형 위에 서서 지배할 때 안정된다. 또 지배 계급은 이데올로기인 정치적 방식(political formula)을 짜내어서 이를 조작한다. 문명의 패턴과 수준은 지배 계급에서 결정한다는 등의 이론을 전개했다. 주요 저서로 『정부론과 의회정치』(1884), 『정치학의 기본원리』(1896) 등이 있다.

■ 미헬스(Robert Michels, 1876~1936)

독일 쾰른 출생으로 귀족 가문에서 태어나 영국·프랑스에 유학했으며, 마르부르크대학 강사로서 독일 및 이탈리아의 사회주의운동에 관여했다. 1913년 베버(Max Weber)에게 학문적 재능을 인정받아 『사회과학 및 사회정책 잡지』의 공동 편집자가 되었다. 그의 학문 영역은 정당·조합·대중사회·내셔널리즘에서 우생학·성문제에 이르기까지 광범했다. 그 중에서도 특히 그의 저서 『정당사회학』(1912)에서 독일과 이탈리아의 사회민주당의 실태를 분석해 '과두제의 철칙(Iron Law of Oligarchy)'을 실증적으로 밝혀 낸 것이 유명하다. 즉 독일과 이탈리아의 사회민주당은 평등과 민주주의를 표방하는 진보 정당임에도 불구하고 조직 내부에서는 현실적으로 관료제 엘리트의 지배, 즉 과두제화가 불가피하다는 것을 실증했다.

■ 밀(John S. Mill, 1806~1873)

영국의 철학자이면서 경제학자로서 많은 철학적 사상에 깊은 영향을 주었다. 밀은 19세기 초 영국의 개혁 시대에 많은 사상적 흔적을 남긴 시사평론가이기도 하다. 밀의 핵심적 철학은 공리주의이다. 그러나 밀의 저서에서는 간혹 공리주의에 정면으로 반대되는 구절이 나타나기도 한다. 밀을 흔히 경험주의자라고 하지만 밀의 수학이론은 경험주의적 사고가 숙명적으로 처할 수밖에 없는 귀결들을 제시하는 데 이용되고 있다. 밀은 어떤 철학 주제에서도 정확히 규정될 수 없는 성격을 갖는데, 때로는 공리주의자라기보다는 분별력 없는 낭만주의자처럼 보이기도 한다. 분명 밀은 어떤 종류이든 생명력 있는 사상 조류를 수용하는 일을 게을리하지 않은 낭만주의자였다는 점에서 그의 시대를 대표한다.

■ 바나드(Chester Irving Barnard, 1886~1961)

미국 매사추세츠 주(州) 출생으로, 하버드대학교를 중퇴하고 1909년 미국전신전화회사에 들어갔으며, 1927년 뉴저지 벨 전화회사 사장을 거쳐 1948년 록펠러재단 이사장이 되었다. 실무계에서의 오랜 경험을 바탕으로 경영관리론에 업적을 남겼다. 주요 저서인 『경영자의 역할(집행자의 기능, 최고관리자의 기능)(*Functions of the Executive*)』(1938)은 미국의 관리론적 경영학의 초석이 된 명저로서 행동과학적 조직이론으로의 길을 열어놓았다. 인간 조직에서의 활동을 문제삼음으로써 그 전까지의 경영관리론에는 없었던 새로운 인간관을 제시했다.

■ 베버(Max Weber, 1860~1920)

독일의 중산층 가정에서 태어나 베를린대학을 졸업하고 그곳의 사회학 교수가 되었으며, 1910년에 독일사회학회를 창설했다. 그는 마르크스, 스펜서, 뒤르켐, 콩트와는 달리 사회학자는 개인의 감정과 사상에 관심을 가져 연구해야 한다고 했고, 이해(Verstehen, understanding)의 방법을 제안했다. 이해는 다른 사람들이 그들의 행동에 부여하는 의미를 그들의 입장에서 이해하는 것을 말한다. 이와 함께 베버는 어떤 현상의 가장 본질적인 부분을 추출한 서술을 이념형(idee typus, ideal type)이라고 했는데, 이것은 사회 현상의 탐구에 크게 공헌했다. 예컨대, 민주주의 사회의 이념형은 의회 제도, 삼권 분립, 인권 존중, 자유와 평등, 국민의 정치 참여, 다수결 제도 등이 보장된 사회라고 할 수 있다.

■ 비트포겔(Karl August Wittfogel, 1896~1988)

독일 하이델베르크대학교에서 베버(Max Weber)의 지도를 받은 후, 1925~1933년 프랑크푸르트대학교 사회연구소에서 아시아, 특히 중국 사회에 대해 마르크스주의의 입장에서 연구했다. 1934년 나치스 정권의 탄압을 피해 미국으로 망명했으며, 1935년 중국으로 건너가 중국 농촌 사회의 특징, 공업 발전의 정체성(停滯性), 관료주의적 봉건국가의 경제적 기초 등에 관한 연구에 전념했다. 그는 국가의 치수 관개(治水灌漑) 사업을 중국 사회의 기초적 요인으로 생각해, '물의 이론'을 제시했다. 1939년 컬럼비아대학교의 중국연구회 회장, 1941년 미국에 귀화한 후 1949년부터 워싱턴대학교 중국사 교수를 지냈다. 저서에 『시민사회사』(1924), 『해체(解體) 과정에 있는 중국 경제와 사회』(1931), 『동양적 사회의 이론』(1938), 『동양적 전제주의』(1961) 등이 있다.

■ 사이먼(Herbert Alexander Simon, 1916~2001)

1916년 6월 15일 미국 밀워키 주에서 출생했다. 1936년 시카고대학교 정치학과를 졸업하고 모교에서 철학박사 학위를 받은 뒤, 1939~1942년 캘리포니아대학교 버클리 캠퍼스 행정연구소 연구원, 1942~1949년 일리노이대학교 교수, 1949년부터 카네기 멜론대학 경영학·행정학 교수를 역임하고, 1967년 컴퓨터학 및 심리학 교수를 지냈다. 행동과학적 조직론의 창시자의 한 사람이며, 저서 『행정행태(*Administrative Behavior*)』(1947)에서 의사결정 과정을 분석하고, 불완전 정보와 다원적 선택이라는 조건 하에서의 행동 방식으로 '만족화(滿足化) 행동 원리'를 정식화했다. 마치(J. G. March)와 공저인 『조직론(*Organizations*)』(1958)은 조직의 체계적 이론화를 확립해 의사결정자의 모형이론을 전개했다. 이 연구 업적으로 1978년 노벨경제학상을 받았다.

■ 아이젠슈타트(Samuel Noah Eisenstadt, 1923~)

폴란드 바르샤바 출생으로, 예루살렘의 헤브루대학을 졸업한 뒤 런던대학에 유학해 사회학을 연구, 철학박사 학위를 취득했다. 1949년 헤브루대학

강사를 거쳐 1959년 교수가 되었다. 하버드대학교 등 미국·영국·스위스의 여러 대학에서 객원교수로 활약해 국제적 평가가 높다. 한편 미국 스탠퍼드대학교의 행동과학(行動科學) 고등연구소 연구원, 이스라엘 과학아카데미 회원, 미국 인문·사회과학아카데미 회원, 스위스 국제문제연구협회 평의원 등으로 활약했다. 정치사회학, 특히 정치 체계의 비교분석, 정치적 근대화, 리더십과 엘리트 선발, 관료제, 사회변동론, 세대론 등 다방면에 걸친 연구 업적을 쌓았다. 미국사회학회 맥이버상(賞)·사회과학 로스차일드상·사회과학 캐프런상·사회과학 이스라엘상 등 많은 상을 받았다. 주요 저서로는 『근대화의 정치사회학』(1967) 등이 있다.

■ 왈도(Clifford Dwight Waldo, 1913~2000)

왈도는 1913년 9월 미국 네브라스카 주 드윗에서 다섯 명의 형제 중에 넷째로 태어났다. 그는 부모님의 고교 시절 선생님의 권유로 1931년 네브라스카 웨슬리언대학교에서 공부를 시작했다. 그러나 경제적 원인과 깊은 우울증으로 인해 1932년 네브라스카 주립사범대학으로 학교를 옮기게 되었다. 그는 대학원 과정을 공부하던 중 전공을 영어에서 정치학으로 바꾸게 되었고, 그 결과 네브라스카대학에서 정치학 석사학위를 취득하게 된다. 또한 1942년에는 예일대학교에서 「민주적 전통에서의 전문가 이론」으로 박사학위를 받았다. 1948년 버클리로 가던 해에 왈도는 예일대학교에서 박사학위 논문으로 제출했던 내용을 『행정국가론』이라는 단행본으로 출간했다. 그는 1967~1977년까지 교수를 역임했고, 『미국행정학보』 편집장으로 있으면서 행정학의 변화와 발전을 종합하고 분석해 행정학의 발전 방향에 대한 나침반 역할을 했다. 1979년에 은퇴해 2000년 말 작고하기까지 버지니아에서 여생을 보냈다. 그의 경력 중 주목할 만한 것은 1956~59년, 1961~62년 두 차례에 걸쳐 이태리 볼로냐대학에서 행정학 설립을 위한 프로그램에 참여한 것이다. 이로 인해 그는 미국적 스타일의 교육 프로그램을 이식함으로써 이태리 행정학의 향상을 도모했다. 그리고 비교행정연구회를 통해 비교 및 발전 행정에 많은 기여를 했다. 그는 1956년 과학주의적 이론에 대한 비판을 강화한 『행정학에 대한 관점들(*Perspective on Administration*)』

을 저술했는데, 왈도는 당시의 "과학적 지식이 사회적 발명보다 더 중요하다"라는 주장에 정면으로 도전함으로써 과학주의적 이론에 대해 비판했다.

■ 윌슨(Thomas Woodrow Wilson, 1856~1924)

버지니아 주(州) 출생으로, 프린스턴대학교·버지니아대학교에 이어 존스 홉킨스대학교 대학원에서 법학·정치학을 공부하고, 1886년 박사학위를 받았다. 1887년 「행정의 연구」란 논문을 출판하고, 1889년 근대 정부에 대한 교과서라고 할 수 있는 『국가』를 출판했다. 그는 역사와 법률에 관해 적지 않은 저서를 남겼다. 그 중에서 『의회정치론』과 『미국 민중사』 등은 명저로 꼽힌다. 1890년 프린스턴대학교 교수가 되고, 1902년 이 대학총장으로 선출되어 대학 개혁에 힘썼다. 1910년 미국 민주당에서 뉴저지 주지사 후보로 추천받아 1911년 당선, 정계에 발을 들여놓았다. 1912년 민주당 대통령 후보로 추대, 신자유주의(New Freedom)라고 하는 혁신정책을 내걸고 출마해 당선되었다.

■ 토플러(Alvin Toffler, 1928~)

미국 뉴욕에서 출생했다. 1949년 뉴욕대학교를 졸업한 뒤 중서부 공업지대에서 용접공으로 일하면서 노동조합 관련 잡지에 글을 기고하며 문필가로서 두각을 나타내기 시작하면서 저널리스트가 되었다. 1980년에 출판된 대표작 『제3의 물결(*The Third Waves*)』은 고도 정보화 사회에 대한 시나리오로 돌출적인 사회 현상을 신문 잡지식으로 다루어, 그 저류(底流)가 되는 사회의 변혁 방향을 교묘하고도 날카롭게 지적했다. 그는 이 책에서 미래 사회는 정보화 사회가 될 것이며, 특히 처음으로 재택근무·전자·정보화 가정 등의 새로운 용어를 사용했다. 1991년에 출판된 『권력 이동(*Power Shift*)』에서는 권력의 세 가지 원천을 폭력(暴力)·부(富)·지식(知識)으로 규정하고, 폭력을 저품질 권력, 부를 중품질 권력, 지식을 고품질 권력으로 규정하고 있다. 21세기의 전 세계적 권력 투쟁에서의 핵심 문제는 지식의 장악이며, 이 지식이 진정한 권력의 수단이 될 것이라고 전망했다.

■ 프레드릭슨(Hprace G. Frederickson, 1934~)

신행정학(new public administration)의 주창자로 널리 알려진 미국의 행정학자로, 주요 저작으로는 *Toward a New Public Administration*(1971), *Toward A New Public Administration: The Minnowbrook Perspective*, *Power, Public Opinion and Policy in a Metropolitan Community: A Case Study of Syracuse*(1973), *Social Equity and Public Administration* (1974, *PAR*), *The Lineage of the New PA*(1977, Administration and Society), *New Public Administration*(1980) 등이 있다.

■ 하버마스(Jürgen Habermas, 1929~)

독일의 철학자이자 사회학자이다. 프랑크푸르트학파 속에서 성장해『공공성의 구조전환』(1962)으로 하이델베르크대학교 교수가 되고, 곧이어 프랑크푸르트대학교 교수로서 철학과 사회학을 강의했다. 1971년 이후 과학기술에 의해 각인(刻印)된, 현대 문명 세계에서의 인간의 생생한 체험의 여러 조건을 연구하는 막스프랑크연구소 교수로 임명된 후로는 저술 활동을 활발히 전개했다.

학파적(學派的)으로는 프랑크푸르트학파의 마르크스주의자지만 특히 사회학에서의 비판적 합리주의(H. Albert, K. R. Popper), 정신과학에서의 해석학(H. G. Gadamer)의 방법 논쟁을 통해 마르크스주의에 결핍된 유연한 방법론적 기초를 제공했다. 주요 저서로는『이데올로기로서의 기술과 과학』,『사적(史的) 유물론의 재건을 위하여』등이 있다.

■ 헤겔(G. W. F. Hegel, 1770~1831)

칸트 철학을 계승한 독일 관념론의 대성자이다. 18세기의 합리주의적 계몽 사상의 한계를 통찰하고 '역사'가 지니는 의미에 눈을 돌린 데 의미가 있다. 특히 모든 사물의 전개를 정(正)·반(反)·합(合)의 3단계로 나누는 변증법(辨證法)은 그의 논리학과 철학의 핵심이다.

3. 정보의 창

■ 리그스의 프리즘 사회

리그스(F. W. Riggs)는 사회적 가치가 분화되는 과정에 있는 신생국 사회를 프리즘 사회(Prismatic Society)로 개념화했다. 즉 그는 과도 사회를, 빛이 프리즘을 통해 일곱 가지 무지개 색으로 분화되듯이, 가치가 분화되는 과정에 있다는 의미에서 프리즘 사회로 불렀다. 사회가 단선적인 방향으로 발전되는 것으로 이해한 리그스는 사회가 전통적인 융합적 구조에서 프리즘 사회로, 그리고 현대의 분화적 구조로 발전한다고 보았다.

■ 마르크스의 계급갈등이론

마르크스(K. Marx)는 베버(M. Weber)와 함께 갈등이론의 선구자로 꼽힌다. 마르크스는 혁명주의자로서 인간의 역사를 계급 간의 갈등의 역사로 보았으며, 모든 사회 변화는 생산 수단의 소유 집단과 그것을 쟁취하려는 비소유 집단 간의 갈등과 투쟁의 결과라고 보았다. 이러한 그의 관점은 오늘날 마르크스주의적 입장의 사회학적 이론의 근간을 이룬다. 한편 베버는 집단 간의 권력 배분의 불평등에서 기인하는 권력갈등론을 성립시켰으며, 이것은 다렌도르프(R. Dahrendorf)에 이르러 권위의 차별적 분배로 인한 이해 관계의 차이로 갈등 현상을 설명하는 갈등이론을 성립시켰다.

■ 마르크스의 계급국가론

마르크스는 일찍이 『공산당선언』(1884)에서 인간의 역사는 계급 투쟁사라고 규정했다. 그에 의하면 '계급'이란 공통적인 특성을 가진 사람들의 집단을 의미한다. 또한 그는 현 자본주의 사회는 생산자 계급인 노동 계급과 생산 수단을 통제하고 소유하는 부르주아 계급 곧 지배 계급으로 양분되어 있다고 했다. 그리고 이 노동자 계급이 자신들의 필요 이상으로 생산한 잉여 부분을 지배 계급이 착취하기 때문에 계급 간의 갈등이과 투쟁이 발생한다고 보았다. 따라서 자본주의 사회에서 프롤레타리아 계급만이 진정한 혁명 계급임을 강조했고, 이 계급 이외의 다른 계급은 자본주의가 성장함에 따라 점차 소멸될 것이라고 예견했다. 특히 마르크스는 국가를 '상부구조'의 일부분으로 보았는데, 국가를 생산 수단을 소유한 소수 자본가 계급이 대다수 피지배 계급을 억압하는 수단이며 일종의 부르주아에 종속된 위원회에 불과하다고 생각했다.

■ 밀의 자유론

『자유론(*On Liberty*)』(1859)』은 시민의 자유를 논한 고전적 저작으로 서설/사상과 언론의 자유/행복의 한 요소로서의 개성/개인에 대한 사회적 권위의 한계/원리의 적용 등의 5장으로 구성되어 있다. 철학사의 필연론에 대한 자유론이 아니라, 시민의 사회적 자유를 논했다. 밀은 『자유론』에서 사회와 개인의 적절한 관계에 관한 자신의 논의를 전개하고 있다. 밀은 인류가 나아가야 할 길을 개인의 자아 완성과 자유의 신장에 있다고 보고, 공리의 원칙에 충실하면서도 개인의 개별성을 보존하는 길을 제시한다. 그러나 『자유론』이 발간된 이래 지금까지도 밀의 자유관에 대한 해석상의 논란이 계속되고 있는 이유는 바로 자유와 공리, 그리고 개별성과 사회성이 상호 충돌하는 경우 밀이 어떠한 처방을 제시했는가에 대한 의견의 통일이 이루어지지 않고 있기 때문이다. 『자유론』에서 그의 관심은 '대중 여론'이라는 매개체를 통해 개인에 대해 가하는 불법적 통제에 관한 것이었다. 사회는 지배적인 여론과 감정을 사법적 제재 이외의 방법으로 강제할 수 있고, 그것을 통해 "사회는 다양한 종류의 정치적 억압보다 더 강력한 사회적 횡포를 행사한다." 밀은 그러한 사회적 압력을 개인 발달에 대한 굴레로서, 또 지배적 관습에 대한 굴종을 강요하는 것으로서 묘사한다.

■ 베버의 관료제 관점

관료제를 자신의 중심적인 관심사의 하나로 만들었고, 그의 개념이 관료제의 현대적 분석에 중심적인 인물로 생각되고 있는 이론가는 베버(Max Weber)이다. 그는 권력, 권위 및 관료제를 설명하고 있는데, 권력이란 사회적 관계 내에서 한 행위자가 다른 행위자의 저항에도 불구하고 자신의 의지를 수행할 수 있는 지위에 있을 가능성이라고 하며, 그것은 명령이 일단의 사람들에 의해서 복종될 가능성이라고 한다. 또 권위는 복종이 명령의 정당성에 대한 믿음에 기초할 때 존재하며, 따라서 정당성은 권력과 지배를 권위로 변화시킨다고 한다. 그가 말하는 정당성을 기초로 하는 권위는 세 가지가 있는데, 바로 전통적 권위, 카리스마적 권위 그리고 합법적 권위이다.

■ 베버의 관료제 이념형(Ideal Type)

베버는 관료적 조직이 확장되는 것의 기원과 그 성격을 파악하기 위해 관료제의 이념형을 만들었다. 여기서 '이념(ideal)'은 가장 바람직한 의미가 아니라, 관료적 조직의 '순수(pure form)'라는 의미이다. 이념형이란 실제 존재하는 사례의 가장 핵심적 특징들을 드러내기 위해서, 그것의 여러 가지 특징 가운데 일부를 특히 강조함으로써 만들어낸 추상적 묘사이다. 베버는 관료제 이념형이 갖는 몇 가지 특징들을 다음과 같이 열거했고, 조직이 이 같은 이념형에 가까이 접근하면 할수록 그 조직의 목적을 달성하는 데 더 효과적이라고 믿었다.

• 명료한 '권위의 위계'가 존재하고 있어서, 조직의 업무는 '공식적 직무수칙'에 따라 이루어진다. 관료제는 피라미드 모양의 구조로 되어 있고, 가장 높은 권위를 가진 사람이 피라미드 정점에 위치한다.

• 조직의 모든 수준에서 성문화(成文化)된 규칙이 관료들의 업무 수행을 통제한다.

• 관료(official)들은 전일제로 고용되며 봉급을 받는다. 개인은 조직 내에서 경력을 쌓도록 요구받고, 승진은 능력과 연공서열제나 이 둘의 혼합에 의해 이루어진다.

• 조직 내에서의 관료의 업무와 조직 밖에서의 생활은 분리된다(가정생활과 직장생활 분리).

• 조직에 속하는 그 누구도 조직에서 사용하는 물질적 자원을 소유할 수 없다.

■ 비트포겔의 동양적 전제주의

아시아적 전제주의라고도 한다. 동양적 혹은 아시아적이라고 하는 것은 그것이 주로 아시아 또는 동양 사회에서 우세한 정치 형태로 나타났기 때문이다. 전제정치는 세계 어느 나라에도 존재했으나, 중국에서 가장 오랫동안 존속했기 때문에 중국의 정체(政體)를 대표하는 것처럼 생각되었다. 일찍이 비트포겔(K. A. Wittfogel)은 중국에서는 수리통제(水利統制), 즉 치수(治水)의 필요에서 전제군주가 출현하게 되었다고 주장했다. 그러나 중국에서 군주권이 발달한 것은 로마와 마찬가지로 오랜 역사적 전통의 결과이다.

■ 프레드릭슨의 신행정론

신행정론은 능률과 절약의 전통적 가치들을 부인하는 것이 아니라, 단지 능률적이고 절약하는 정부라 할지라도 여전히 빈곤과 불평등을 갖고 있음을 지적하면서 가치 중립적인 행정이론을 비판하며 사회적 형평성을 염두에 두어야 한다고 지적한다. 그리고 변화에 대응하기 위해서 시민과 주민의 폭넓은 참여를 허용해야 하며, 합리성의 개념도 기획과 정책분석의 한계에서 벗어나 무엇을 해야 하는지 결정하는 것까지 포함하는 것으로 보아야 한다고 한다. 그리고 이에 맞는 조직구조로 행정분권모형, 주민통제모형 등 구조적 동태성을 가진 구조를 제시한다. 또한 행정학 교육으로 직업적 전문성, 일반관리 지식, 서비스 관리 능력을 중시해야 한다고 한다.

■ 하버마스의 의사소통 행위

하버마스는 왜곡되고 억압된 현대인들의 영혼을 해방시킬 수 있는 열쇠를 찾는 데 한평생을 바친 독일의 사회철학자이다. 그가 찾아낸 해방의 비결은 의사소통, 즉 대화이다. 그는 사라진 규범과 잃어버린 자유를 되찾아 줄 가능성을 의사소통이 제공할 수 있다고 믿는다. 의사소통에는 참여자들이 누구나 암묵적으로 동의하는 규범이 있다. 의사소통이 성공하려면 말하는 이는 참되고, 옳고, 진실하고, 이해할 수 있는 말을 해야 한다. 참됨(진리성), 옳음(정당성), 진실성, 이해 가능성은 각각 인지적·기술(記述)적 합리성, 도덕적 · 실천적 합리성, 심미적 · 표현적 합리성, 문법적 · 의미론적 합리성을 생명으로 삼는 과학, 도덕이나 법, 예술, 언어가 추구하는 규범이다. 이 네 가지 규범들이 온전히 지켜지는 합리적인 의사소통 상황이 이상적인 의사소통 상황이고 이상적인 사회의 기초가 된다고 했다.

돈의 힘으로 조직된 경제 체계와 권력의 힘으로 조직된 정치 체계는 현대인들을 돈과 권력의 노예로 만들어 의사소통 상황을 왜곡시켰다. 현대인들은 돈이나 권력의 체계 속에 갇혀 그 힘에 억눌려 거짓말이나 그릇된 말이나 진실하지 못한 말이나 이해할 수 없는 말을 한다. 하지만 왜곡된 의사소통 상황으로부터 해방시킬 수 있는 열쇠 또한 의사소통에 있다. 공론의 장에서 해방에 대한 관심을 가지고 자기 반성을 통해 왜곡된 모습을 자각하고, 이상적인 모습을 추구하는 합리적인 의사소통(또는 그것에 바탕을 둔 민주주의)을 통해 왜곡된 의사소통 상황으로부터 해방되어 제대로 의사소통할 수 있는 자유를 되찾을 수 있다. 이러한 자유만이 이상사회를 만들 수 있는 원동력이다.

■ 헤겔의 국가철학

헤겔의 국가철학의 전개는 자유의 개념에서 출발한다. 여기서 자유는 '구속받지 않지 않음'을 의미하는데, 헤겔의 자유는 하고자 하는 바(개인의 의지)와 저절로 되는 바(세계=보편적인 것)가 일치하는 것에 있다. 특히 자유로의 시도는 법률을 구성한다는 것을 강조하고 있다. 구성 요소는 가족, 시민사회, 국가인데 국가는 전체적인 인격체인 것이다. 따라서 헤겔의 국가관에 따르면 개인의 자유는 국가의 이익을 위해서 무시될 수도 있다는 것이다.

참고 문헌

국내 및 일본 문헌

권영성. 『헌법학원론』. 서울: 법문사, 1990.

김광수. 『중상주의』. 서울: 민음사, 1884.

김광웅. 『한국의 관료제 연구』. 서울: 대영문화사, 1991.

김　구. 『백범일지』. 서울: 마당문고사, 1983.

김두식 외. 『행정학 원론』. 서울: 대영문화사, 2006.

김병섭 외. 『조직이해와 관리』. 서울: 대영문화사, 2000.

김석준. "한국의 국가 성격과 관료의 형평의식". 『한국행정학보』. 제25권 제3호, 1991.

———. 『뉴거버넌스 연구』. 서울: 대영문화사, 2000.

김석준 외. 『거버넌스의 정치학』. 서울: 대영문화사, 2002.

김영래. 『한국 이익집단과 민주정치 발전』. 서울: 대왕사, 1990.

김영명. 『제3세계의 군부통치와 정치경제』. 서울: 한울, 1985.

———. "한국의 정치변동과 유신체제." 한국정치학회(편). 『현대 한국정치와 국가』. 서울: 법문사, 1986.

김운태(외), 『한국 정치행정의 체계』. 서울: 박영사, 1982.

김정렬. "영국 블레어 정부의 거버넌스." 『한국행정학보』. 제35권 제3호(2001).

———. "정부의 미래와 거버넌스: 공공관리와 정책네트워크." 『한국행정학보』. 제34권 제1호(2001).

김종술. "포스트모더니즘을 통해서 본 행정학의 이해." 『정부학연구』. 제5권 제1호.

김호진. 『한국정치체제론』. 서울: 박영사, 1993.

박수영 외. 『현대사회와 행정』. 서울: 대영문화사, 2004.

박영기. 『조직관리론 길라잡이』. 서울: 대영문화사, 2004.

박종민(외). "한국 국가관료의 의식." 『한국행정학보』. 제25권 제4호(1992).

백완기. 『행정학』, 서울: 박영사, 2006.
변형윤(외). 『한국사회의 재인식』. 서울: 한울, 1988.
서창록 외. "거버넌스의 개념: 거버넌스의 개념과 쟁점에 관한 소고." 김석준 외. 『거버넌스의 정치학』. 서울: 대영문화사, 2002.
신두범 · 오무근. 『최신행정학 원론』. 서울: 박영사, 2003.
안병만. 『한국정부론』. 서울: 다산출판사, 1990.
안병만 · 김인철. "한국정치 · 행정문화의 구조 분석." 『한국행정학보』. 제23권 제3호. 1991.
안해균. 『행정체계론』. 서울: 서울대학교출판부, 1986.
양시호. "막스 베버의 관료제 연구." 윤근식 · 양시호(외). 『현대정치와 관료제』. 서울: 대왕사, 1976.
오석홍. 『행정학』. 서울: 박영사, 2004.
유광호. "관료제 통제로서의 대정부 질문." 『사상과 정책』. 1988, 가을호(Vol. 5, No. 3).
———. "중간층의 의식 성향과 갈등의 진폭." 『사상과 정책』. 1989, 겨울호(Vol. 6, No. 4).
윤영진 · 김태룡 외. 『새 행정이론』. 서울: 대영문화사, 2002.
윤우곤. "현대 한국 관료의 의식구조: 그 병리와 처방." 『계간경향』. 1988 봄호(통권 제18호).
윤태림. 『의식구조상으로 본 한국인』. 서울: 현암출판사, 1978.
윤홍길. 「날개 또는 수갑」. 『세계의 문학』. 제2권 제3호, 1977 가을호.
이대희. "유교식 행정문화에 대한 새로운 해석." 『한국행정학보』. 제25권 제2호 1991.
이영균. "한국 정부의 팽창 요인에 관한 실증적 분석." 『한국행정학보』. 제27권 제4호. 1993.
이종수 · 윤영진 외. 『새행정학』. 서울: 대영문화사, 1993, 2003.
이한빈. 『사회변동과 행정』. 서울: 박영사, 1973.
전해종. "문화의 중심과 주변." 『서울평론』. 제59호(1974, 12, 16).
정성호. "한국 행정연구에 있어 문화심리적 접근의 평가." 『한국행정학보』. 제25권 제3호. 1991.
차인석. 『현대정치와 철학』. 서울: 평민사, 1978.
최상룡. "현대 한국의 국가론적 이해." 한국정치학회(편). 『현대 한국정치와 국가』. 서울 : 법문사, 1986.
최창호 · 하미승. 『새행정학』. 서울: 삼영사, 2006.
한국사연구회(편). 『한국사연구법문』. 서울: 지식산업사, 1981.

한국정치학회(편). 『현대 한국정치와 국가』. 서울: 법문사, 1986.

한상진. 『한국 사회와 관료적 권위주의』. 서울: 문학과지성사, 1989.

Paik, Wan Ki. "A Psycho-Cultural Approach to the Study of Korean Bureaucracy." Kim Bun Woong et al. eds. *Korean Public Bureaucracy*. Seoul: Kyobo Publishing, Inc., 1982.

Yoon, Woo Kon. "The Korean Bureaucrats' Behavior: The Effect of Persoality on Behavior." Kim Bun Woong et al. eds. *Korean Public Bureaucracy*. Seoul: Kyobo Publishing, Inc., 1982.

Abrams, Philip. *Historical Sociology*. 신용하(외) 역. 『역사사회학』. 서울: 문학과지성사, 1986.

Dahrendorf, Ralf. *Life Chance*. 김병서(역). 『삶의 기회』. 서울: 이대출판부, 1986.

Drucker, Peter F. *The New Realities*. 김용국(역). 『새로운 현실』. 서울: 시사영어사, 1989.

Hauser, Arnold. *The Social History of Art*. Vol. 1. 백낙청(역). 『문학과 예술의 사회사』. 서울: 창작과 비평사, 1976.

Maurois, André. 전영애(역). 『독일사』. 서울: 홍성사, 1993.

Mumford, Lewis. *Interpretation and Forcast: 1922-1972*. 김진욱(역). 『계성과 역사』. 서울: 종로서적, 1983.

Niebuhr, Reinhold. *Moral Man and Immoral Society*. 이병섭(역). 『도덕적 인간과 비도덕적 사회』. 서울: 현대사상사, 1977.

Offe, C. 한상진(편). 『국가이론과 위기분석』. 서울: 전예원, 1988.

Orwell, George. *1984*. 은여진(역). 『1984』. 서울: 두풍, 1989.

Reagan, Ronald W. *An American Life*. 고명식(역). 『레이건 회고록』. 서울: 문학사상사, 1991.

Rifkin, Jeremy. *Entropy: A New World View*. 김 건·김명자(역). 『엔트로피』. 서울: 정음사, 1991.

Riggs, F. W. *Prismatic Socierty Revisited*. 구자용(역). 『비교행정: 프리즘적 사회재론』. 서울: 경문사, 1987.

Schlesinger, Arthur M. Jr., *The Politics of Hope*. 차기벽(역). 『희망의 정치』. 서울: 탐구당, 1972.

Stillman Jr., Richard J. *The American Bureaucraw*. 김번웅(외) 역. 『미국관료제론』. 서울: 대영문화사, 1991.

Tausky, Curt. *Work Organization: Major Theoritiaz Perspectiues*. 유종해(외)

역, 최이론』. 서울: 연세대학교출판부, 1974.
경제기획원. 『경제백서』. 1994.
——. 『한국의 사회지표』. 1988.
통계청. 『한국의 주요 경제지표』. 1994.
——. 『한국통계월보』. 1994, 9.
행정개혁위원회. 『행정개혁에 관한 건의』. 1989.
PAR. Vol. 39, No. 4(July /August, 1979).
PAR. Vol. 40, No. 2(March/April, 1980).
PAR. Vol. 41, No. 6(November / December, 1981).
PAR. Vol. 49, No. 2(March/ April, 1989).
PAR. Vol. 50, No. 2(March/ April, 1990).
PAR. Vol. 51, No. 5(September / October, 1991).

加藨哲朗. 『國家論のルネサンス』. 東京: 青木書店, 1986.
吉富重夫. "官僚制論と行政學", 辻清明. 行政學講座, 第1卷, 『行政の理論』. 東京 : 東京大學出版會, 1979.

국외 문헌

Aberbach, Joel D. et al. *Bunaucrats and Politicians in Western Democracies*. Cambridge, Mass.: Harvard University Press, 1981.

Abercromble, N. et al. *Dictionary of Sociology*. 2nd edition. London: Penguin Books, 1988.

Albrow, Martin. *Bureaucrasy*. London: Macmillan, 1970.

Alford, Robert R. & Friedland R. *Power of Theory: Capitalism, the State, and Democrasy*. Cambridge: Cambridge University Press, 1985.

Almond Gabriel A. & Powell Jr., G. Bingham. *Comparative Politics Today*. Boston: Little, Brown & Co., 1984.

Altshuler, Alan A. ed. *The Politics of the Federal Bureaucracy*. New York: Dodd, Mead & Co., 1968.

Anderson, James E. *Public Policy-Making*. New York: Holt, Rienhart & Winston, 1979.

Appleby, Paul. *Policy and Administration*. Alabama: University of Alabama Press, 1949.

Aristotle. *The Politics*. edited by Stephen Everson, Cambridge: Cambridge University Press, 1984.

Aron, Raymond. *Main Currents in Sociological Thought II*. translated by Richard Howard, & Helen Weaver, Harmondsworth: Penguin Books, 1967.

Baber, Waiter F. *Organizing the Future*. Alabama: The University of Alabama Press, 1983.

Barnard, Chester I. *The Function of the Executive*. Cambridge: Harvard University of Alabama Press, 1966, first published in 1938.

Barton, R. & Chappell, William L. *Public Administration*. Glenview, Ill.: Scott, Foresman & Co., 1985.

———. *Bureuacracy*. Milton Keynes: Open University Press, 1987.

Bell, Daniel. *The End of Ideology*. rev. New York: The Free Press, 1962.

———. *The Coming of Post-Industrial Society*. New York: Basic Books, Inc. Publishers, 1973.

Bellone. Carl(ed.). *Organization Theory and the New Public Administration* (Boston: Allyn and Bacon Co., 1980.

Bendix, Reinhard. *Max Weber: An Intellectual Potrait*. London: Methuen & Co., 1962.

Bennis, Warren G. *Organization Development: Its Nature, Origins, and Prospects*. Reading, Mass.: Addison Wesley Publishing Co., 1969.

Berger, Peter L. & Luckmann, Thomas. *The Social Construction of Reality*. New York: Doubleday & Co., 1966.

Bernstein R. J. *The Restructuring of Social and Political Theory*. New York: Harcourt Brace Jovanovich, 1976.

Black, C. E. *The Dynamics of Modernization*. New York: Harper & Row, 1966.

Blau, Peter M. & Scott, W. Richard. *Bureaucrasy in Modern Society*. New York : Random House, 1956.

———. *Formal Organization*. London: Routledge and Kegan Paul, 1963.

———. *The Dynamics of Bureaucracy*. rev. Chicago, Ill.: University of Chicago Press, 1963.

Blondel, Jean. *The Government of France*. London: Methuen and Co., 1974.

Bogdanor, Vernon. ed. *The Blackwell Encyclopaedia of Political Institutions*. New York: Basil Blackwell, 1987.

Bottomore, T. B. *Elite and Society*. Harmondsworth: Penguin Books, 1964.

Boyton, G. R. & Kim, Chong Lim. eds. *Legislative System in Developing Countries*. North Carolina: Duke University Press, 1975.

Bryant, Coralie & White, Louise G. *Managing Development in the Third World*. Boulder, Colorado: Westview Press, 1982.

Burns, Edward M. & Ralph, Philip L. *World Civilizations*. Vol. 1. New York: W. W. Norton & Co., 1964.

Caiden, Gerald E. *Public Administration*. 2nd edition. Pacific Palisades, Calif., Palisades Publishers, 1982.

Chandler, Ralph & Plano, Jack C. *The Public Admintstration Dictionary*. New York: John Wiley & Sons, 1982.

Chapman, Brian. *The Profession of Government*. London: Unwin University Books, 1959.

Charlesworth J. C. ed. *The Theory and Practice of Public Administration*. Philadelphia: The American Academy of Political and Social Science, 1968.

Chilcote, Ronald H. & Johnson, Dale A. eds. *Theories of Development*. Beverly Hills: Sage Publications, 1983.

Chodak, Szymon. *Societal Development*. New York: Oxford University Press, 1973.

Clegg, S. & Dunkerley, D. *Organization, Class and Control*. London: Routlege & Kegan Paul, 1980.

Cobban, Alfred. *A Histo교 of Modern France*. Vol. Ⅱ. Baltimore : Penguin Books, 1961.

Cohen, Ronald & Service, Elman R. eds. *Origins of State*. Philadelphia: Institute for the Study of Human Issues, 1978.

Collingwood, R. G. *The Idea of History*. New York: Oxford University Press, 1978.

Coser, Lewis. *Masters of Sociological Thought*. New York : Harcourt Brace Jovanovich, Inc., 1971.

Coulborn, Rushton. ed. *Feudalism in History*. Hamden, Conneticut: Archon Books, 1965.

Crozier, Michel. *The Bureucratic Phenomenon*. Chicago: The University of Chicago Press, 1964.

Dahl, Robert A. *Modern Political Analysis*. New Delhi: Prentice Hall of India,

1978.
Dahrendorf, Ralph. *Class and Class Conflict in Industrial Society*. Stanford: Stanford University Press, 1959.
Denhardt, Robert B. *In The Shadow of Organization*. Lawrence: The Regent Press of Kansas, 1981.
———. *Theories of Public Organization*. Monterey, Calif.: Books/Cole Publishing Co., 1984.
Deutsch, Karl W. *The Nerves of Government*. New York : The Free Press of Glencoe, 1963.
———. *Politics and Government*. Boston: Houghton Mifflin Co., 1974.
Dodd, C. H. *Political Development*. London: Macmillan, 1972.
———. *Modernization: Protest and Change*. New Delhi: Prentice-Hall, 1969.
Eisenstadt, S. N. *The Political Systems of Empires*. Glencoe, Ⅲ.: The Free Press, 1965.
———. *Readings on Modern Organization*. Englewood Cliffs, N.J.: Prentice-Hall, 1969.
Etzioni, Amitai. ed. *Modern Organizations*. Englewood Cliffs, New Jersey: Prentice-Hall Inc., 1964.
Etzioni-Halevy, Eva. *Bureaucracy and Democracy: A Political Dilemma*. London: Routledge and Kegan Paul, 1983.
Farazmand, Ali. *Handbook of Comparative and Development Public Admintstration*. New York: Marcel Dekker, Inc., 1991.
Farmer, D. J. *The Language of Public Administration: Bureaucracy, Modernity, and Postmodernity*. Tuscaloosa, Alabama: The Univ. of Alabama Press, 1995.
Faunce, William. *Problems of An Industrial Society*. New York: McGraw-Hill Book Co., 1981.
Fesler, James W. ed. *American Public Administration: Patterns of the Past*. New York: ASP, 1982.
Fine, John V. A. *The Ancient Greeks*. Cambridge, Ma.: Harvard University Press, 1983.
Fisher, Frank & Sirianri, Carmen. ed. *Critical Studies in Organization and Bureaucracy*. Philadelphia: Temple University Press, 1984.
Fox, C. J. & Miller, H. T. *Postmodern Public Administration: Toward Discourse*. London: Sage Publications, 1995.

Frears, J. R. *France in the Giscard Presidency*. London: George Allen & Unwin, 1981.

Frederickson, H. George. *New Public Administration.* Alabama: The University of Alabama Press, 1980.

Frederickson, H. George & Wise, Charles R. eds, *Public Administration and Publicy Policy*. Lexington, Mass. Lexington Books, 1977.

Friedman, George. *The Political Philosophy of the Frankfurt School*. Ithaca: Cornell University Press, 1981.

Fromm, Erich. *The Sane Society*. London: Routledge & Kegan Paul, 1956.

———. *The Revolution of Hope*. New York: Harper & Row, 1968.

———. *To Have or To Be*? New York: Harper & Row, Publishers, 1976.

Gaus, John M. *Reflection on Public Administntion*. Alabama: University of Alabama Press, 1947.

Giddens, Anthony. *Capitalism and Modern Social Theory*. Cambridge: Cambridge University Press, 1971.

———. *The Class Structure of The Advanced Societies*. London. Hutchinson & Co., 1973.

———. *The Nation State and Violence*. Cambridge: Polity Press, 1985.

Gladden, E. N. *A History of Public Administration*. Vol. 1-Vol. II. London: Frank Cass, 1972.

Golembiewski, Robert T. *Public Administration as a Developing Discipline*. New York: Marcel Dekker, 1977.

Gortner, Harold F. *Administration in the Public Sector*. 2nd edition. New York: John Wiley and Sons, 1981.

———. et al. *Organization Theory: A Public Perspective*. Chicago: The Dorsey Press, 1987.

Gouldner, Alvin W. *Patterns of Industrial Bureaucracy*. New York: Free Press, 1954.

Gross, E. & Etzioni, Amitai. *Organization in Sooiety*. Englewood-Cliffs, N.J.: Prentice-Hall, Inc., 1985.

Habermas, Jürgen. *Toward a Rational Society*. translated by Jeremy J. Shapiro. London: Heineman, 1971.

———. "The New Obscurity." *Philosophy and Social Criticism* 11, 1986.

Hague, Rod & Harrop, Martin. *Comparative Government*. London: The Macmillan Press, 1982.

Ham, Christopher & Hill, Michael. *The Policy Process in the Modern Capitatist State*. Bristol : Weatsheaf Books, 1984.

Harmon, Michael M. *Action Theory for Public Administration*. New York: Longman, 1981.

Harmon, Michael M. & Mayor, Richard T. *Organization Theory for Public Administration*. Boston: Little, Brown & Co., 1986.

Heady, Ferrel. *Public Administration: A Comparative Perspective*, fourth edition New York: Marcel Dekker, Inc., 1991.

Heeger, Gerald A. *The Politics of Underdevelopment*. New York: St. Martin's Press, 1974.

Henderson, K. M. *Emerging Synthesis in American Public Administration*. New York: Asia Publishing House, 1966.

Henry, Nicholas. *Public Administration and Public Affairs*. fifth edition. Englewood-Cliffs, N. J. : Prentice-Hall Inc., 1992.

Heper, Metin. *The State and Public Bureaucracies*. New York. Greenwood Press, 1987.

Hill, Michael J. *The Sociology of Public Administration*. London : Weidenfeld and Nicolson, 1972.

Hitchner, Dell G. & Levine, Carol. *Comparative Government and Politics*. New York: Harper & Row, Publishers, 1981.

Hugh, O. E. *Public Management and Administration: An Introduction*. N. Y: St. Martin's Press, 1994.

Hume, L. J. *Bentham and Bureaucracy*. Cambridge: Cambridge University Press, 1981.

Hummel, Ralph P. *The Bureaucratic Experience*. 2nd edition. New York : St. Martin's Press, 1982.

Huntington, Samuel P. *Political Order in Changing Societies*. New Haven: Yale University Press, 1968.

Huse, Edgar E. & Bowditch, James L. *Behavior in Organization*. Reading, Mass.. Addison-Wesley Publishing Co., 1977.

Hyneman, Charles S. *Bureaucracy in A Democracy*. New York: Harper & Brothers Publishers, 1950.

Issak, A. C. *Scope and Methods of Political Science*. Homewood. IL: The Dorsey Press, 1981.

Jackson, P. M. *The Political Economy of Bureaucracy*. New Jersey: Barnes and Noble Books, 1983.

Jacoby, Henry. *The Bureaucratization of the World.* translated by Eveline L. Kanes. Berkeley, Calif. : University of California Press, 1973.

Jones, Charles O. *An Introduction to the Study of Public Policy*. 2nd edition. North Scituate: Duxbury Press, 1977.

Kautsky, John H. *The Politioal Consequences of Modernization.* New York: John Wiley & Sons, Inc., 1972.

Kornhauser, W. *The Politics of Mass Society*. London: Routlege and Kegan Paul, 1957.

Kramer, Fred A. *Dynamics of Public Bureaucracy*. 2nd edition. Cambridge, Mass.: Winthrop Publishers, Inc., 1981.

Kranz, Harry. *Participatory Bureaucracy*. Lexington, Mass.: Lexington Books, 1976.

Lane, Frederick S. ed. *Current Issues in Public Administration.* 2nd edition. New York: St. Martin's Press, 1982.

Lipset, S. M. *Political Man: The Social Bases of Politics.* New York: Doubleday & Co., 1963.

Loewenberg, G, & Patterson, Samuel. *Comparing Legislatures*. Boston: Little, Brown and Co., 1979.

Lynn, Naomi B. & Wildavsky, Aaron. eds. *Public Administration.* Chatham N.S.: Chatham House Publishers, Inc., 1990.

Lyotard, J. F. *The Postmodern condition.* Minneapolis: University of Minnesota Press, 1984.

Macridis, Roy C. *Modern Political Systems*. London: Prentice-Hall International, Inc., 1987.

Mainzer, Lewis C. *Political Bureaucracy*. Glenview, Ⅲ : Scott, Foresman, 1973.

Mannheim, Karl. *Freedom, Power and Democratic Planning.* London: Routledge and Kegan Paul, 1951.

March, J. & Simon, H. A. *Organizaion.* New York: John Wiley & Sons, Inc., 1958.

Marcuse, Herbert. *One-Dimensional Man.* London: ARK Paperbacks, 1986.

Marini, Frank. ed. *Toward a New Public Administration.* Scranton: Chandler Publishing Co., 1971.

Marx, F. M. *The Administrative State*. Chicago: The University of Chicago

Press, 1957.

Medeiros, J. A. & Schmitt, D. E. *Public Bureaucracy: Values and Perspectives*. North Scituate, Mass.: Duxbury Press, 1977.

Meier, K. J. *Politics and the Bureaucracy*. Belmont: Wardsworth Publishing Co., 1979.

Melcher, Arlyn J. et al. eds. *General Systems and Organization Theory*. Kent: Kent State University Press, 1975.

Merton, Robert K. et al., eds. *Reader in Bureaucracy*. New York: The Free Press, 1952.

Mezey, L. *Comparative Legislatures*. North Carolina : Duke University Press, 1979.

Michels, Robert. *Political Parties: A Sociological Study of the Oligarchical Tendencies of Modern Democray*. New York: The Free Press, 1962.

Miliband, R. *The State in Capitalist Society*. New York : Basic Books, Inc., 1969.

Mill, J. S. *On Liberty*. Harmondsworth: Penguin Books, 1974.

Mills, C. Wright. *The Power Elite*. London: Oxford University Press, 1956.

Mintzberg, Henry. *Structure in Fives: Designing Effective Organizations*. Englewood Cliffs, N. J.: Prentice-Hall, 1983.

Mommsen, Wolfgang J. *The Age of Bureaucracy*. New York: Harper & Row, 1974.

Mosca, Gaetano. *The Ruling Class*. New York: McGraw-Hill, 1939.

Mosher, Frederic C. *Democracy and the Public Service*. New York: Oxford University Press, 1968.

Mouzelis, Nicos P. *Organisation and Bureaucray: An Analysis of Modern Theories*. Chicago: Aldine Publishing Co., 1967.

Myers, P. An *Introduction to Public Administration*. London: Butterworths, 1970.

Nash, Gerald D. *Perspectives on Administration: The Vistas of History*. Berkeley, Calif. Institute of Government Studies, University of California, 1969.

Newman, Otto, *The Challenge of Corporatism*. New York: The Macmillan Press, 1981.

Nigro, Felix A. & Nigro, Lloyd G. *Modern Public Administration*. New York: Harper & Row, 1973.

Nordlinger, Eric. *Soldiers in Politics: Military Coups and Government.* Englewood Cliffs, N. J. : Prentice-Hall, Inc., 1977.

Organski, A. F. K. *The Stage of Political Development.* New York : Alfred A. Knopf, 1965.

Ortega y Gasset, Jose. *The Revolt of the Masses.* New York: W. W. Norton & Co., 1932.

Orwell, George. *1984.* New York: New American Library, 1961.

Ostrom, Vincent. *Intellectual Crisis in American Public Administration*, 2nd edition. Alabama : The University of Alabama Press, 1989.

Page, Edward C. *Political Authority and Bureaucratic Power.* Knoxville: The University of Tennessee Press, 1985.

Palumbo, Dennis J. *Public Policy in America.* San Diego: Harcourt Brace Jovanovich Publishers, 1988.

Patterson, Samuel C. et al. *A More Perfect Union: Introduction to American Government.* Homewood, Ⅲ. : The Dorsey Press, 1979.

Perrow, Charles. *Complex Organization: A Critical Essay.* Glenview, Ⅲ.: Scott, Foresman & Co., 1972.

Ponton, G. & Gill, P. *Introduction to Politics.* Oxford: Martin Robertson, 1982.

Posey, Rollin B. *American Government.* Totowa, N.J.: Rowman & Allanheld, 1983.

Powell, James M. *The Civilization of the West.* New York : The Macmillan Press, 1967.

Presthus, Robert. *Public Administration*, sixth edition. New York: The Ronald Press, 1975.

——. *The Organizational Society*, rev. editon. New York: St. Martin's Press, 1978.

Preston, P. W. *Theories of Development.* London: Routledge & Kegan Paul, 1982.

Puge, D. S. ed. *Organization Theory.* Harmondsworth, Middlesex : Penguin Books, 1971.

Pye, Lucian W. *Aspects of Politicai Development.* Boston: Little, Brown & Co, 1966.

Pye, Lucian W. & Verba, Sidney. *Political Culture and Political Development.* Princeton, N.J.: Princeton University Press, 1965.

Rabin, Jack et al. eds. *Handbook of Public Admintstration.* New York: Marcel

Dekker, Inc., 1989.

Raphael, D. D. *Hobbes: Morals and Politics*. London: George Allen & Unwin, 1978.

Rawls, John. *A Theory of Justice*. Cambridge, Mass. : The Belknap Press of Harvard University Press, 1971.

Redford, Emmett S. *Democracy in the Administrative State*. New York: Oxford University Press, 1969.

Ridley, F. & Blondel, J. *Public Administration*. London : Routledge & Kegan Paul, 1964.

Riggs, Fred W. *Administration in Developing Countries*. Boston : Houghton Mifflin, 1964.

Ripley, Randal B. & Franklin, Grace A. *Bureaucracy and Policy Implementation*. Homewood, Ⅲ.: The Dorsey Press, 1982.

Robbins, Stephen P. *Onganization Theory*. Englewood Cliffs, N. J.: Prentice-Hall, 1983.

Robert, J. M. *History of the World*. Oxford : Helicon, 1992.

Roche, Maurice. *Phenomenological, Language and the Social Science*, London, RKP, 1973.

Rosenberg, Hans. *Bureaucracy, Aristocrasy, and Autocracy*. Boston: Beacon Press, 1966.

Rourke, Francis E. *Bureaucracy, Politics, and Public Policy*. 3rd edition. Boston: Little, Brown and Co., 1984.

Schumacher, Ernst F. *Small Is Beautiful : A Study of Economies as if People Mattered*. New York: Harper & Row, 1973.

Self, Peter. *Political Theories of Modern Government*. London : George Allen & Unwin, 1985.

Shafritz, Jay M. *The Facts on File Dictionary of Public Admintstration*. New York: Facts on File Publications, 1985.

Simon, Herbert. A. *Administrative Behavior*. 2nd edition. New York : The Free Press, 1957.

Smith, Gordon. *Democracy in West Germany*. New York: Holmes & Meier Publishers, Inc., 1986.

Starling, Grover. *The Politics and Economics of Public Policy*. Homewood: The Dorsey Press, 1979.

Stillman Jr., Richard J. ed. *Public Administration: Concepts and Case*. 2nd edition. Boston : Houghton Mifflin Co., 1980.

Suleiman, Ezra. *Politics, Power, and Bureaucracy in France: The Administrative Elite*. Princeton, N.J. : Princeton University Press, 1974.

Taylor, F. W. *The Priniples of Scientific Management*, New York : The Norton Library, 1967.

Thompson, James D. *Organization in Action*. New York : McGraw-Hill Book, 1967.

Toffler, Alvin. *Future Shock*. New York: Bantam Books, 1971.

Uveges Jr., J. A. ed. *The Dimensions of Public Administration*. Boston: Allyn and Bacon, Inc., 1979.

——. *Public Administration: History and Theory in Contemoporary Perspective*. New York: Marcel Dekker, Inc., 1982.

Vocino, Thomas & Rabin Jack. eds. *Contemporary Public Administration*. New York: Harcourt Brace Jovanovich, Inc,, 1981.

Waldo, D. *The Administrative State: A Study of the Political Theory of American Public Administration*. New York: The Ronald Press Co., 1949.

——. *The Study of Public Administration*. New York : Random House, 1955.

——. *Perspectives on Administration*. Alabama : University of Alabama Press, 1966.

——. *The Enterprise of Public Administration*. Navato, Calif. : Chandler and Sharp Publishers, Inc., 1980.

Waldo, D. ed *Ideas and Issues in Public Administration*. New York: McGraw-Hill, 1953.

Wallerstein, Immanuel. *The Modern World System* 1. New York : Academic Press, 1974.

Weber, Max. *The Methodology of the Social Sciences*. translated and edited by Edward Shils and Henry A. Finch. New York: The Eree Press, 1949.

——. *The Theory of Social and Economic Organization*. translated by A. M. Henderson, & Talcott Parsons. New York: The Free Press, 1964.

——. *Essay in Sociology*. translated by H. H Gerth & C. W. Mills. London: Routledge & Kegan Paut 1970.

——. *Selections in Translation*. edited by W. G. Runciman & translated by

Eric Matthews. Cambridge: Cambridge University Press, 1980.

White, L. D. *Introduction to the Study of Public Administration*. New York: The Macmillan Co., 1955.

Wilson, Graham K. *Interest Groups in the United States*. New York : Oxford Unversity Press, 1981.

Wilson, James Q. *Bureaucracy: What Government Agencies Do and Why They Do it*. New York: Basic Books, Inc., 1989.

Winter, Gibson. *Element for A Social Ethic*. New York: The Macmillan Co., 1966.

Wittfogel, Karl A. *Oriental Despotism: A Comparative Study of Total Power*. New Haven: Yale University Press, 1957.

찾아보기

[인 명]

[사 항]

ㄱ

ㄴ

ㄷ

ㅇ

ㅈ

저자 소개

유광호(柳光鎬)

- 건국대학교 행정학과 졸업/행정학 박사
- (전) 상지대학교 교수

[주요저서]

- 관료제도론(1995)
- 지배의 언어를 넘어서(1998)
- 비판행정학(2001)
- 벌거벗은 사회(2005) 등

박기관(朴起觀)

건국대학교 대학원에서 행정학 박사학위를 취득하고, 현재 상지대학교 행정학과 교수, 인문사회연구원 원장을 맡고 있다.

주요 학문 관심 분야는 지방자치, 성과평가, 관료제, 비교행정 등이다.

주요 저서 및 논문으로는 「수험행정학」(1999), 「우리 사회 이렇게 바꾸자」(공저, 2000), 「지방분권과 지방자치」(2000), 「지방정부 기능론」(공저, 2001), 「한국 지방자치론」(2007), 「일본 지방자치의 이해」(공역, 1999), 「복지행재정론: 제도와 정책」(역, 2003), 「지방정부의 아웃소싱」(역, 2007) 등이 있으며, "지역사회 권력구조와 지방정치의 역동성", "민선자치시대 지역주민의 정치적 태도에 대한 실증적 분석", "행정구역 개편에 따른 도농 통합의 성과와 결정요인 분석" 등을 비롯한 다수의 논문을 주요 학회보에 발표했다.

주요 경력으로는 행정자치부, 강원도, 원주시 등에서 자문위원 및 평가위원, 한국지방자치학회, 한국정책과학학회, 한국공공행정학회 등에서 이사로 활동하고 있다. 국가고시를 비롯한 각종 지방 공무원 출제 및 면접위원을 역임했다.

관료제론

-이론, 역사, 실제-

펴낸날 / 1995년 6월 30일 제1판 제1쇄 발행
2003년 2월 10일 제1판 제5쇄 발행
2007년 8월 30일 증보판 제1쇄 발행
2011년 7월 20일 증보판 제3쇄 발행

지은이 / 유광호·박기관
펴낸곳 / 도서출판 대영문화사
주소 / 서울 용산구 청파동 1가 178-2 ㉾ 140-869
등록 / 1975년 12월 26일 제3-16호
전화 / (02)716-3883, (02)714-3062
팩시밀리 / (02)703-3839
우체국 온라인 / 011353-02-009106

ISBN 978-89-7644-252-9

〔값 20,000원〕